国家社会科学基金重点项目（项目号：8201000707）

国家发展战略与宏观政策（上）

徐宪平 等 ◎ 编著

图书在版编目(CIP)数据

国家发展战略与宏观政策:全2册/徐宪平等编著. —北京:北京大学出版社,2018.11
(光华思想力书系)
ISBN 978 - 7 - 301 - 29927 - 2

Ⅰ. ①国… Ⅱ. ①徐… Ⅲ. ①发展战略—中国—高等学校—教材 ②宏观经济—经济政策—中国—高等学校—教材 Ⅳ. ①D60②F120

中国版本图书馆CIP数据核字(2018)第220789号

书　　　名	国家发展战略与宏观政策(上下册)
	GUOJIA FAZHAN ZHANLÜE YU HONGGUAN ZHENGCE(SHANG XIA CE)
著作责任者	徐宪平　等编著
责 任 编 辑	贾米娜
标 准 书 号	ISBN 978 - 7 - 301 - 29927 - 2
出 版 发 行	北京大学出版社
地　　　址	北京市海淀区成府路205号　100871
网　　　址	http://www.pup.cn
微信公众号	北京大学经管书苑(pupembook)
电 子 邮 箱	编辑部 em@pup.cn　总编室 zpup@pup.cn
电　　　话	邮购部 010 - 62752015　发行部 010 - 62750672　编辑部 010 - 62752926
印 刷 者	北京市科星印刷有限责任公司
经 销 者	新华书店
	787毫米×1092毫米　16开本　51.75印张　1134千字
	2018年11月第1版　2024年4月第3次印刷
定　　　价	158.00元(全2册)

未经许可,不得以任何方式复制或抄袭本书之部分或全部内容。
版权所有,侵权必究
举报电话: 010 - 62752024　电子邮箱: fd@pup.cn
图书如有印装质量问题,请与出版部联系,电话: 010 - 62756370

谨以此书献给

波澜壮阔的改革开放四十周年

序 一

徐宪平同志同北京大学光华管理学院已有较长的合作经历。20世纪90年代,我当时仍担任光华管理学院院长和全国人民代表大会代表、常务委员会委员,我的编组(七届、八届、九届)都在湖南省。徐宪平同志从开始担任湖南省计划委员会主任,到后来任副省长,和我都经常见面。我发现徐宪平同志不仅对湖南的经济和改革趋向十分清楚,常有自己的独到见解,而且对今后的发展趋势,也有自己的判断,并在公开场合敢于陈述。

徐宪平同志后来调到了国家发展和改革委员会,担任副主任之职。这时我已调任全国政协常委并在财经委员会担任工作。我和徐宪平同志时常见面。他也接受了北京大学光华管理学院的聘书,担任教授。从2015年4月到现在,他在北京大学光华管理学院承担"中国经济改革和发展"课程教学任务,为这一课程的研究生、本科生讲课,受到选课的学生们的欢迎。

徐宪平同志在教学方面是十分认真的。他在教学中深切感到,自中华人民共和国成立以来,特别是改革开放这40年,国家制定实施的发展战略和宏观政策,为推动经济社会持续健康发展,发挥了至为重要的导向和引领作用。但目前既没有完整的教材,也没有全面走进高校的课堂。

正是在上述情况下,在北京大学光华管理学院的支持下,有着数年教学经验的徐宪平同志下决心以习近平总书记治国理政新思想新理念新战略为指南,以中国特色社会主义建设实践为蓝本,以国民经济和社会发展五年规划为依据,编写一本国家发展战略与宏观政策教学参考书,填补高等教育教学中的这一空白,以增加高校学生及党校学员对中国特色社会主义事业的学习和了解。

我阅读了徐宪平同志送来的《国家发展战略与宏观政策》文稿,感到这本著作确实体现了习总书记治国理政的新思想新理念新战略,具有深远的理论意义,但能不能在以下方面再做进一步的阐述?

一是,在现有版本后,可以考虑再出一个简化本,更便于本科生、研究生阅读。据我在高等院校任教多年的经验和心得,本科生、研究生的课程多,他们一般没有时间像专门的研究者那样阅读专著。如果这本书内容过多,反而达不到"普及版"的要求。现有的版本可能更适合制定和研究发展战略与政策的相关人士阅读。如果本科生、研究生们毕业后成为专门的研究工作者,那么他们会有机会深入阅读的。

二是,为了让国际上专门研究中国的新思想、新理念的专家们阅读本书,建议输出这本书的版权,出版英语版、法语版、西班牙语版、阿拉伯语版等,这样既可以帮助不懂中文的外国专家了解中国的情况,又可以使外国专家们对中国的发展和政策有较深入的理解。

显然,有汉语翻译著作供外国专家阅读,是一件好事,但"一带一路"的政策更在于使"一带一路"上的外国专家和群众不仅能阅读翻译版本,还能参加学术性的会议,在这些学术会议上能相互讨论。北京大学光华管理学院正在朝着培养"中国通"的方向前进,我们都希望这一任务在不久的将来可以初见成效。

厉以宁

著名经济学家、北京大学光华管理学院名誉院长

2018年10月

序 二

改革开放 40 年,得益于思想解放所释放出的动人心魄的力量,我们亲历了人类经济史上的一个奇迹。1978—2017 年,中国按国内生产总值来衡量的经济总量增长了近 35 倍,占全球经济的比重从微不足道的 1.8% 上升到 2017 年的 14.8%,超过 7 亿中国人摆脱了贫困。一个在过去 150 年一直在苦苦探索如何实现"工业化"的国家,在中华人民共和国成立后再度开启"工业化"的伟大征程,最终在改革开放这 40 年修成正果,建成了完整的现代工业体系和产业集群。与此同时,我们见证了一个全世界最大的中等收入阶层的崛起,他们的消费需求正引领着全球经济重心的倾斜和产业格局的变迁……

波澜壮阔的 40 年,时光流逝中一定有些恒常不变的东西。中国的改革设计者和各个领域的践行者们不囿于陈规俗见的约束,创造了大量独具中国特色的实践经验。如何仔细梳理中国发展经验,总结中国发展道路并探索中国模式是否具有更多的普适性,这些问题不仅在政策界,而且在学术界,不仅在国内,而且在全世界范围内,都引起了广泛的关注。怎样解释中国经济奇迹已成为发展经济学里一个最令人目眩神迷的问题。

关于中国经济奇迹一个广为接受的解释是,改革开放 40 年,通过政府顶层设计和对外开放,同时激发自下而上的活力,我们积极参加全球产业链的分工布局;与此同时,中国庞大的人口和全球化市场令制造业能快速崛起并扩张,涵盖诸多领域的制造业集群不断涌现,这一切使得大规模生产和产业的崛起在中国成为可能;中国的高速增长还得益于政府积极制定长远发展战略并贯彻实施发展战略的出色能力——政府制定并实施不会受到利益集团掣肘的长远发展计划,并利用各种行之有效的方法确保规划目标的实现。

过去 40 年,我们看到了政府和自由市场的有效结合。政府通过国家发展战略的制定和具体规划的执行,主导以基础设施为代表的公共产品和具有显著外部好处的活动(如教育、医疗和科研投资等),同时鼓励市场在资源配置上扮演重要乃至主导作用。以此形成的混合经济带来了持续 40 年的高速发展。用描述经济增长的索罗模型(Solow's Model)可以帮助我们理解国家战略在中国经济高速增长阶段发挥的重要作用。经济学家罗伯特·索罗在资本和劳动力之外,加入了全要素生产率(Total Factor Productivity, TFP)这一变量去解释经济增长。三者的不同组合,不仅告诉人们经济增长的来源,也揭示了不同增长模式因三者的不同侧重所呈现出的差异性。

在中国快速推进工业化进程早期资金严重缺乏时,国家发展战略的制定与实施聚焦于将稀缺的资金聚集起来,投入国家重点扶持行业,助力产业发展;地方政府创造性地把土地和城市的未来收益"证券化",以房地产投资和城镇化推进来促进经济增长……这一切都有助于经济发展所需要的资本的形成。国家发展战略对教育、医疗等领域的规划和引领性的投资,伴随着改革开放40年中国出现的人口红利,为经济发展提供推进工业化进程的劳动力。国家发展战略对大规模提高教育水平和对重大科研项目的投资,经过数十年的努力,渐成气候,对中国经济提升全要素生产率,起到了重要作用。改革开放前30年,中国全要素生产率的年均增速达到4%左右,为经济高速增长提供了强大的动能。

国家发展战略对经济的影响也反映在对企业的影响上,国有企业和民营企业往往根据国家规划的发展目标调整其商业战略以抓住规划带来的投资机遇。在中国改革开放初期,在商品市场与公平竞争所需要素都不具备的情况下更是如此,国家发展战略对于中国市场经济体系的形成和经济的高速增长更是起到了极大的推动作用。

然而,长期以来,我们对政府与市场的关系及它们对经济的复杂作用却缺乏一个更为系统、理性的认识。这一方面反映为人们对政府所起的作用缺乏足够的认知;另一方面,在市场失灵或是经济遇到大的挑战时又习惯性地产生对市场极大的质疑,从而过度强调政府对经济生活干预之手的重要性。人们通常难以认识到国家发展战略所发挥的强大作用,部分原因在于这是一个非常复杂的领域,人们对其知之甚少。令人兴奋的是徐宪平教授对本书的著述将帮助人们更好地了解这一领域。而市场围绕价格这个核心信号,调动各种分散的活动和个别决策,产生的影响更显而易见,也容易理解。但是,一旦市场失灵,政府就会发挥关键作用。但是,政府的作用并不在于强势主导经济发展,挤占市场应该发挥的作用。事实上,中国发展模式提供了具有强大说服力的证据告诉我们,对于一个经济亟待腾飞的国家而言,政府更重要的作用在于建立市场体系,创造市场能够有效运行的前提条件,包括受尊重的私有财产、有效的金融、能够顺利流动的劳动力等。这一切,再加上科学和知识的进步以及基础设施方面投资的不断增长,为经济和社会繁荣提供了现实可行的机会。因此,国家发展战略能否与市场有效结合,决定了一个经济体是繁荣昌盛还是积贫积弱。中国改革开放40年的经济和社会发展表明,若想实现经济发展和社会富裕,一个高效、强力且反应迅速的政府非常重要。从这个意义上讲,中国发展路径提供了一个国家发展战略与经济政策有效结合从而推动经济发展的范例。

必须指出,国家发展战略与经济发展之间的关系并非一成不变。在中国迅速推动工业化的进程中,国家发展战略的侧重点是放在如何更好地动员诸如资金、能源和劳动力这样的生产要素,从而实现大规模投资和完整产业体系的形成上。在中国经济进入新时代后,国家发展战略的侧重点应该转向如何更好地实现高质量发展上来。我们必须认识到,促成中国经济高速增长的很多因素是一次性的。在享受了多年的人口红利之后,我们的人口老龄化问题在加剧,中国制造的成本优势不复存在;长期的高投资带来大面积的产能过剩和企业高杠杆,未来继续维持高投资率变得越来越困难;地方政府之间的经济绩效竞赛极大地激发了地方政府投资的热情,但增长主义倾向也带来大量的低效投资和庞大的地方政府债务;适度"金融压抑"政策有助于迅速实现工业化,但也带来金融中介服务低效、覆盖面窄、结构不合理等痼疾,正制约着中国经济增长质量的提高;房地产曾极大地促进了投资拉动的中国经济,并为地方政府财力的扩大创造了条件,但"土地财政"和高房价也在很大程度上绑架了中国经济,制约着中国经济结构转型的实现;扭曲的公司治理模式模糊了企业经营的真实目标,企业缺乏创新商业模式和价值创造的动机与能力……

中国经济和社会生活中一系列结构性问题的出现和发酵,严重挑战了中国经济实现可持续的包容性成长。中国政府提出经济需要从高速增长向高质量发展转型。这一过程中,我们急需改变在过去40年经济高速增长时期形成的认知和思维定势,充分理解经济发展的阶段性,把国家发展战略与经济政策的侧重点放在寻找和培育经济增长新动能,解决实现高质量发展所需克服的关键问题上。

我们需要清醒地认识到,政府与市场的有效结合并非一成不变,而是需要根据战略发展目标不断进行动态规划。实现高质量发展,我们需要活跃的自由市场,同时也需要高效的政府和国家发展战略。步入新时代的中国经济的关键词在于知识、技术、创新、研发、企业家精神、包容性成长、绿色和共享等,而促成这些元素出现的国家发展战略与经济政策变得更为重要。

感谢徐宪平教授,会同他由志向、兴趣而聚集的团队,结合参与国家发展战略与宏观政策制定的丰富经验和深刻思考完成《国家发展战略与宏观政策》一书的著述。13篇55章的皇皇巨著,涉猎广深,全景描述了中国改革开放40年和中国进入发展新时代的国家发展战略与宏观经济政策,更提供了大量思考,帮助我们理解政府与市场的辩证关系。仔细阅读全书,结合过去几年与宪平教授无数次的交流和讨论,我有三点体会。

其一,全书对国家发展战略在中国经济社会发展中的重要作用做了非常详尽的论述。通过对不同发展阶段战略目标的确定、战略的制定和实施,以及实施效果的讨论,读者不仅能够理解国家发展战略是中国发展模式的一个重要特色,而且对国家发展战略以什么样的方式引领经济社会发展将形成一个完整的认识。本书对了解中国国情和理解中国发展模式有重要价值,讲述的是真正的中国故事。

其二,虽然强调国家发展战略的重要性,但是透过全书的宏大架构和详尽分析,读者能感受到宪平教授对有为政府与有效市场之间辩证关系的深度思考。强调国家发展战略与宏观政策对经济、社会、生活不同层面的影响以及对建立现代化经济体系的重要性,全书传递出一个强烈的信号,我们必须抛弃对政府和市场所做的简单的二元对立,我们需要更建设性地思考如何提高政府的效率,并如何通过进一步的改革开放来实现它。

其三,虽然篇幅宏大,但读者能够清晰地看到作者论述背后严谨的逻辑推理和实证证据。这不是狭隘的经验分享,也不是教条式的灌输,而是建立在科学理性分析基础上,对那些穿透时间、具有普适性的规律的认知。中国经济进入追求高质量发展的新阶段后,国家发展战略在内涵和对经济社会影响的方式上都会发生巨大的变化。本书建立在科学理性基础上的分析,让我们能够对未来中国经济社会的发展、国家发展战略可能出现的演化形成判断。

虽然讨论的主题是国家发展战略与宏观政策,但本书在理论层面上聚焦的是如何理解政府与市场之间的有效结合。这个切入角度,不仅帮助我们理解中国改革开放40年何以能够获得巨大成功,也启发我们去思考在改革再启程之际,我们如何以更高效的政府而非更多的政府介入,实现市场在资源配置中的主导作用。徐宪平教授集经济社会发展的实践者、学者和思考者于一身,是完成这一著述最适合的人选。我向读者诚挚地推荐这本了解中国故事的集大成之作。

北京大学光华管理学院院长、教授

2018年10月

序 三

四年前早春里的一个机缘,我有幸结识刚刚退任的国家发展和改革委员会副主任徐宪平。宪平兄可谓经历丰富,下乡知青,工厂骨干,国企领导,地方干部,从湘江到北京,从省级大员到主持国家经济和社会发展规划的编制。我乃一介书生,然而我们却非常投缘合拍。我当时担任北京大学光华管理学院院长,便顺势邀请他来光华任教。没想到,从"徐主任"到"徐教授"的转型,竟然出奇地自然顺利。教学著述,带领学生实习考察,指导他们做政策研究,宪平兄做得如鱼得水。

这些年来,宪平兄在北京大学光华管理学院讲授"中国经济改革和发展"。这是给本科生和研究生开的一门必修课,旨在让学生们了解改革开放40年中国经济的发展历程,理解中国经济腾飞的原因和经验,思考我们未来的选择和道路。这是一门很有挑战的课,在宪平兄几年的努力下,成为一门广受学生欢迎的热门课。他的认真,用心,激情,幽默,甚至偶尔捎带的湖南口音,都是吸引学生的原因。当然最根本的,还是课程内容,宪平兄是下了大功夫的。每一个课件,都要经过反复的讨论和切磋。每一年,他的课件都有大幅的更新和修订。经过几年的精雕细琢,宪平兄为这门课编写了一本体系完整的教学参考书。

这段经历启发了宪平兄。了解中国国情,理解中国故事的精髓和本质,不仅是北大学子所需要的,也是大专院校及广大的青年学子所迫切需要的。全国所有高校可能都有类似"中国经济改革和发展"的课,但是目前还没有一本好的通用教材。更重要的是,改革开放40年后的今天,中国经济转型升级面临一系列新的挑战,国际政治经济环境出现重大的变化,如何走好实现中国梦的下半程成了我们面临的时代性命题。要想清楚未来的路怎么走,我们必须正确理解中国是如何从40年前封闭的计划经济走到现在的,我们真正做对了什么,哪些经验在新的环境下仍然应当坚持,新时代的改革开放应该如何推动,等等。对于这些问题,不仅青年学子需要学习、思考,政策界、学术界和社会有识之士也都非常关注,都在积极探索。

有鉴于此,宪平兄聚焦国家发展战略与宏观政策,在"中国经济改革和发展"课件的基础上，反复与编写团队及众多学者同仁讨论推敲，集思广益，进一步提炼整合，写成了这本 13 篇 55 章的著作。这是一件有深远意义的工作。本书全面梳理和论述了我国国家发展战略与宏观政策的系统性框架，深入分析总结了关键领域发展战略的机遇、挑战和选择。本书的出版正逢其时，在相关领域的教学研究上填补了一个重要的空白。

此外，我认为本书还有两个鲜明的特点：

第一，本书难能可贵的是，它有机融合了国家战略理论和中国实践经验。这样的一本著作，让学院派的学者来写，很容易成为不接中国地气的生搬硬套理论；而让只有操盘经历的人来写，极有可能写成罗列堆砌的事件大全。宪平兄具有丰富的实操经验，但又非常好学，勤于思考，乐于钻研，善于利用一切机会汲取思想养分。在国家发展和改革委员会主持国家经济和社会发展规划编制的宝贵经历，让宪平兄拥有了更广阔的全局观和宏观视野。他是中国经济发展和改革的见证者、实践者及思考者，因此能将理论和思想性与我国国家发展战略的生动实践很好地结合起来。全书体系庞大，内容全面，但是结构紧凑，逻辑清晰。从中国国家战略的思想体系、决策体系、支撑体系到十个战略重点内容，从理论到实践，从现状到未来，本书做了精彩的阐述和分析。其中很多地方，只有对国家发展战略的制定和实施过程有深入的理解，才能写得透彻生动。

第二，本书具有鲜明的时代性。本书系统介绍了改革开放 40 年以来国家发展战略的演变和宝贵经验。更重要的是，本书对于新时代的把握非常准确，对于现阶段我国面临的战略环境分析精辟，对于新时代的战略思想理解深刻，而十大战略重点正是新时代我国经济社会所面临的突出领域。对于每一个战略重点内容的分析和阐述也充分体现了宪平兄对于新时代特征的准确把握和敏锐洞察。

总之，本书是宪平兄及团队的匠心之作。这是一部很有价值的著作。我相信，它一定会成为国家发展战略与宏观政策研究领域的经典之作。

香港大学经济及工商管理学院院长、教授
世界计量经济学会会士（Fellow）
2018 年 10 月

前　言

2015年4月至今,我在北京大学光华管理学院参与著名经济学家厉以宁教授开设的"中国经济改革与发展"课程的教学,一晃就是四个学年。这是一门面向本科生、研究生的必修课。我在国家发展和改革委员会任职期间,分管国民经济和社会发展中长期规划编制和实施工作,因此,主要以经济社会发展五年规划为依据,结合自己在省、市政府以及农村、企业的经历,讲授国家发展战略与宏观政策。

教学的过程是一个对知识与思想进行梳理、思考、升华的过程,也是一个不断学习、教学相长的过程。这几年,我努力做一个"三书先生":教书、读书、写书。感受最深的一点是,目前高等院校的经济学科大多讲的是西方经济学理论,而引领我国经济社会巨大变化的国家发展战略与宏观政策,没有完整的教材,也没有全面走进高校的课堂。

党的十八大以来,习近平总书记提出发展和完善中国特色社会主义政治经济学。我由此产生了一个想法,面向高校学生、党校学员、党政干部以及相关研究人员,编写一本国家发展战略与宏观政策的教学参考书,阐释我国经济社会发展的历史脉络、变革进程和未来前景,阐释习近平总书记治国理政新理念新思想新战略,为丰富中国特色社会主义政治经济学提供实证依据。

我的这一想法,得到中共中央宣传部、国家发展和改革委员会、国务院参事室和北京大学领导的重视与支持。2017年1月,"国家发展战略与宏观政策教学研究"这一课题,被列入国家社会科学基金重点项目。我邀请曾经一起参与编制战略规划、政策文件的二十多位同事,利用业余时间,分工协作,开始撰写。北京大学光华管理学院对此事大力推动。德高望重的厉以宁教授时常给予指导,前任院长蔡洪滨教授主持会议讨论写作大纲,现任院长刘俏教授将其纳入"光华思想力"课题,安排两名博士后参与,并和许多老师一起对初稿提出了很有价值的修改意见。

党的十九大以后,我们按照习近平新时代中国特色社会主义思想,更进一步突出了主线,聚焦了重点,充实了内容。2018年1月,北京大学习近平新时代中国特色社会主义思想研究院成立,聘请我为学术发展与战略咨询委员会委员,这对我来说,统筹编写工作有了一个更加清晰的方向。

本书从讲中国战略、中国政策,到讲中国制度、中国模式、中国理论以及背后的中国故事,力图解答"我们是怎么走过来的,今后将怎么走"的重大命题。作为教学参考书,在写作方法上,注重运用历史回顾、国际比较的手法进行论述,注重运用国内外的经典理论、案例予以佐证;既总结成就,梳理经验,又分析问题,认识不足;在力求权威性、系统性、针对性的同时,兼具理论性、文献性、通俗性;辅之以大量数据、专栏、表格、图片、边注,罗列出每章的内容小结、关键概念、思考讨论题等,形式较为活泼多样。我2015年出版的《中国经济的转型升级——从"十二五"看"十三五"》教学参考书,以及年年更新的12堂课的课件,为本书的撰写提供了一些框架和铺垫。

本书的结构,由于体量大,分为上、下册,共13篇55章。第1篇,总论:阐述战略与国家发展战略,重点介绍国家发展战略制定和实施中的思维体系、决策体系和支撑体系。第2篇,战略环境:展望我国发展面临的国际国内形势,当今世界正处于百年大变局之中,当代中国正站在新的历史起点上。第3篇,战略思想:诠释习近平新时代中国特色社会主义思想,核心内容包括"两个一百年"的奋斗目标、"五位一体"的总体布局、"四个全面"的战略布局、五大发展理念和一条发展主线。第4篇至第13篇,战略任务:从完善社会主义市场经济体制、建设创新型国家、优化现代产业体系、实施乡村振兴战略、推进新型城镇化、推动区域协调发展、构建现代基础设施网络、共建共治共享促进社会发展、建设生态文明美丽中国、形成全面开放新格局等经济社会发展的十个重要方面,阐明未来一个时期的战略方针、目标、任务和政策。我们设想,以后每一届党的代表大会召开或国家五年规划发布,便修订一次,持续更新出版。

今年是改革开放40周年。谨以此书献给这个充满勇气与信念、光荣与梦想的经典时刻。尽管眼前的世界风云变幻,但历史的长河永远会奔流向前,中国改革开放的大潮势不可挡,任何力量也阻止不了我们披荆斩棘前行的步伐,动摇不了我们实现中华民族伟大复兴的夙愿,正可谓"乘长风破万里浪",历尽艰难,百折不挠,必将到达理想的彼岸。

徐宪平

2018年10月

目 录

第1篇
总论

第1章
战略与国家发展战略

1.1 什么是战略 3
 1.1.1 战略的内涵 3
 1.1.2 战略的类型 6

1.2 什么是国家发展战略 8
 1.2.1 国家发展战略的意义 8
 1.2.2 国家发展战略的定位 11
 1.2.3 国家发展战略的特点 12
 1.2.4 国家发展战略的要素 14

第2章
国家发展战略的制定

2.1 战略思维体系 18
 2.1.1 一个目标 18
 2.1.2 三项制度 23
 2.1.3 九大价值取向 27
 2.1.4 若干重要方法 38

2.2 战略决策过程 43
 2.2.1 战略决策的方式 43
 2.2.2 五年规划的形成 46

第3章
国家发展战略的实施

3.1 规划计划体系 50
 3.1.1 总体规划 50
 3.1.2 专项规划 51
 3.1.3 区域规划 51
 3.1.4 年度计划 51

3.2 宏观政策体系 52
 3.2.1 宏观政策的经济学定义 52
 3.2.2 中国宏观政策的框架体系 54

3.3 实施保障机制 58
 3.3.1 责任主体机制 59
 3.3.2 协调衔接机制 59
 3.3.3 监测评估机制 60
 3.3.4 监督考核机制 61

3.4 五年规划案例 62
 3.4.1 "一五"计划(1953—1957年) 62
 3.4.2 "六五"计划(1981—1985年) 65
 3.4.3 "九五"计划(1996—2000年) 66
 3.4.4 "十二五"规划(2011—2015年) 68

第 2 篇
我国发展的战略环境

第 4 章
国际环境

4.1 国际政治格局复杂多变　75
 4.1.1 国际力量对比发生重要变化　75
 4.1.2 大国博弈与冲突加剧　76
 4.1.3 地缘性风险与全球性挑战交织　77
 4.1.4 全球治理体系变革加速　77
4.2 世界经济面临深度调整　78
 4.2.1 经济全球化在曲折中深入发展　79
 4.2.2 世界经济在调整中艰难复苏　80
 4.2.3 国际经济格局正在重构　82
4.3 新一轮科技革命和产业变革蓄势待发　84
 4.3.1 人类社会又一次进入创新活跃期　84
 4.3.2 主要国家加速培育新的增长动力　87
 4.3.3 国内外经济转型形成历史性交汇　89

第 5 章
国内环境

5.1 中国特色社会主义进入新时代　91
 5.1.1 国家发展站在新的历史起点上　91
 5.1.2 发展条件出现新情况、新变化　96
5.2 我国社会主要矛盾已经发生历史性变化　98
 5.2.1 人民美好生活需要和不平衡不充分发展的矛盾　99
 5.2.2 发展不平衡不充分问题更加突出　101
5.3 我国经济由高速增长阶段转向高质量发展阶段　104
 5.3.1 转变发展方式的攻关期　104
 5.3.2 优化经济结构的攻关期　105
 5.3.3 转换增长动力的攻关期　106

第 3 篇
新时代的战略思想

第 6 章
"两个一百年"的奋斗目标

6.1 第一个百年奋斗目标:决胜全面建成小康社会　111
 6.1.1 小康社会的缘由　111
 6.1.2 从总体小康到全面小康　112
 6.1.3 全面建成小康社会目标　114
6.2 第二个百年奋斗目标:建成社会主义现代化强国　119
 6.2.1 社会主义现代化建设新征程　119
 6.2.2 社会主义现代化建设战略安排　121

第 7 章
"五位一体"的总体布局

7.1 经济建设是根本　124
 7.1.1 以经济建设为中心是兴国之要　125
 7.1.2 十八大以来的经济建设成就　125
 7.1.3 十九大经济建设部署　127
7.2 政治建设是保证　128
 7.2.1 走中国特色社会主义政治发展

　　　　道路　128
　7.2.2　十八大以来的政治建设成就　129
　7.2.3　十九大政治建设部署　129
7.3　文化建设是灵魂　131
　7.3.1　文化自信是更基本、更深沉、更持久的力量　131
　7.3.2　十八大以来的文化建设成就　131
　7.3.3　十九大文化建设部署　132
7.4　社会建设是支撑　133
　7.4.1　打造共治共建共享的社会治理格局　133
　7.4.2　十八大以来的社会建设成就　134
　7.4.3　十九大社会建设部署　135
7.5　生态文明建设是基础　136
　7.5.1　生态文明事关人民福祉民族未来　136
　7.5.2　十八大以来的生态文明建设成就　137
　7.5.3　十九大生态文明建设部署　138

第 8 章
"四个全面"的战略布局

8.1　全面建成小康社会是引领目标　140
　8.1.1　贵在全面建成　140
　8.1.2　重在补齐短板　141
8.2　全面深化改革是动力源泉　142
　8.2.1　改革开放决定当代中国命运　142
　8.2.2　改革只有进行时没有完成时　143
8.3　全面依法治国是重要保障　144
　8.3.1　依法治国是中国特色社会主义的本质要求　145
　8.3.2　法治国家、法治政府、法治社会一体建设　145
8.4　全面从严治党是根本保证　146
　8.4.1　实现中华民族伟大复兴关键在党　146
　8.4.2　从严治党永远在路上　147

第 9 章
五大理念和一条主线

9.1　五大理念：创新、协调、绿色、开放、共享　150
　9.1.1　创新发展注重解决发展动力问题　150
　9.1.2　协调发展注重解决发展不平衡问题　152
　9.1.3　绿色发展注重解决人与自然和谐问题　153
　9.1.4　开放发展注重解决发展内外联动问题　154
　9.1.5　共享发展注重解决社会公平正义问题　156
9.2　一条主线：供给侧结构性改革　156
　9.2.1　以提高供给体系质量为主攻方向　157
　9.2.2　实施五大政策　157
　9.2.3　完成五大任务　158
　9.2.4　建设现代化经济体系　161

第 4 篇
完善社会主义市场经济体制

第 10 章
我国改革进程的历史回顾

10.1　探索起步阶段（1978—1991 年）　167
10.2　框架构建阶段（1992—2001 年）　170
10.3　体制完善阶段（2002—2011 年）　172

10.4　全面深化阶段(2012年至今)　*173*

第 11 章
坚持和完善基本经济制度

11.1　健全现代产权制度　*176*
　　11.1.1　产权及产权制度内涵　*176*
　　11.1.2　完善现代产权制度　*177*
　　11.1.3　推进产权保护法治化　*179*
11.2　深化国有企业改革　*180*
　　11.2.1　分类推进国有企业改革　*180*
　　11.2.2　完善现代企业制度　*181*
　　11.2.3　健全国有资产管理体制　*183*
　　11.2.4　发展混合所有制经济　*184*
11.3　支持非公有制经济发展　*186*
　　11.3.1　废除各种形式的不合理规定　*186*
　　11.3.2　制定进入特许经营领域具体办法　*187*
　　11.3.3　鼓励民营企业建立现代企业制度　*188*

第 12 章
现代市场体系改革

12.1　完善要素市场体系　*190*
　　12.1.1　优化要素市场化配置　*190*
　　12.1.2　建立城乡统一的建设用地市场　*192*
12.2　健全价格形成机制　*194*
　　12.2.1　形成主要由市场决定价格的机制　*194*
　　12.2.2　建立健全政府定价制度　*195*
12.3　维护公平竞争　*196*
　　12.3.1　打破各类垄断　*196*
　　12.3.2　放宽市场准入　*198*
　　12.3.3　完善市场监管　*199*

第 13 章
机构和行政体制改革

13.1　统筹各类机构设置　*202*
　　13.1.1　机构改革的鲜明特征　*202*
　　13.1.2　机构改革的八大任务　*204*
13.2　推进简政放权　*206*
　　13.2.1　"三个清单"的管理模式　*206*
　　13.2.2　"两个最大限度"的审批制度　*208*
　　13.2.3　便利便捷的商事制度　*208*
　　13.2.4　政事分开的事业单位改革　*209*
13.3　提高政府监管效能　*209*
　　13.3.1　明确市场监管规则　*210*
　　13.3.2　加强事中事后监管　*210*
　　13.3.3　创新监管机制和监管方式　*210*
13.4　优化政府服务　*211*
　　13.4.1　简化优化办事流程和服务标准　*211*
　　13.4.2　建立高效便捷的"互联网+政务服务"体系　*212*

第 14 章
财税体制改革

14.1　建立责权清晰、财力协调、区域均衡的中央和地方财政关系　*214*
　　14.1.1　划分中央与地方财政事权　*214*
　　14.1.2　完善中央与地方的支出责任划分　*215*
　　14.1.3　健全中央与地方收入划分和转移支付制度　*216*
14.2　建立全面规范透明、标准科学、约束有力的预算制度　*217*

14.2.1　完善政府预算体系　217
　　14.2.2　建立跨年度预算平衡机制　217
　　14.2.3　全面实施预算绩效管理　218
　　14.2.4　强化政府债务管理制度　218
14.3　深化税收制度改革　219
　　14.3.1　完善直接税体系　219
　　14.3.2　健全间接税体系　219
　　14.3.3　健全地方税体系　220
　　14.3.4　落实税收法定原则　221

第 15 章
金融体制改革

15.1　丰富金融机构体系　223
　　15.1.1　优化金融机构布局　223
　　15.1.2　发展中小银行和民营金融机构　224
　　15.1.3　发展普惠金融和多业态中小微金融组织　225
　　15.1.4　完善现代金融企业制度　226
15.2　健全金融市场体系　226
　　15.2.1　推进金融要素市场化改革　227
　　15.2.2　有序发展股权融资市场　227
　　15.2.3　大力发展债券市场　228
　　15.2.4　引导期货市场健康发展　228
15.3　扩大金融对外开放　228
　　15.3.1　加大金融市场开放力度　229
　　15.3.2　稳步推进人民币国际化　230
　　15.3.3　积极参与全球金融治理　230
15.4　防范化解系统性金融风险　231
　　15.4.1　增强金融风险防范能力　231
　　15.4.2　改革金融监管框架　232
　　15.4.3　整顿规范金融秩序　232

第 5 篇
建设创新型国家

第 16 章
实施创新驱动发展战略

16.1　当今创新理论和实践概述　239
　　16.1.1　创新理论的提出　239
　　16.1.2　科技革命和产业变革　240
16.2　我国创新发展的历程　242
　　16.2.1　向现代科学进军的号召　242
　　16.2.2　科学技术是第一生产力的论断　243
　　16.2.3　科教兴国和创新型国家建设　244
　　16.2.4　创新驱动发展战略的提出　245
16.3　创新驱动发展战略的内涵　246
　　16.3.1　创新是引领发展的第一动力　246
　　16.3.2　以科技创新为核心的全面创新　248
　　16.3.3　走中国特色自主创新道路　249
　　16.3.4　培育更多先发引领优势　249

第 17 章
强化科技创新引领作用

17.1　推动战略前沿领域创新突破　252
　　17.1.1　强化基础研究和应用基础研究　252
　　17.1.2　集中力量实施国家重大科技项目　253
　　17.1.3　突破战略性新兴产业核心

技术 254
17.2 优化创新组织体系 255
　　17.2.1 强化企业创新主体地位和主导作用 255
　　17.2.2 建设国际一流科研机构和研究型大学 256
　　17.2.3 建设国际领先的综合性国家科学中心 257
　　17.2.4 建立健全军民融合的创新体系 257
17.3 提升创新基础能力 258
　　17.3.1 战略综合类平台 258
　　17.3.2 科学研究类平台 259
　　17.3.3 技术创新类平台 260
　　17.3.4 基础支撑类平台 261
17.4 打造区域创新高地 261
　　17.4.1 建设具有全球影响力的科技创新中心 261
　　17.4.2 推进全面创新改革试验 263
　　17.4.3 完善国家自主创新示范区布局 263

第18章
形成激励创新的体制机制

18.1 营造公平竞争的创新环境 266
　　18.1.1 实行严格的知识产权保护制度 266
　　18.1.2 改进新技术新产品新商业模式的准入管理 267
　　18.1.3 健全产业技术政策和要素价格市场化机制 267
18.2 深化科技管理体制改革 268
　　18.2.1 推动政府职能从研发管理向创新服务转变 268
　　18.2.2 建立统一的科技管理平台和新型科技计划体系 269
18.3 完善科技成果转化和收益分配机制 269
　　18.3.1 全面下放高校和科研院所成果使用、处置和收益权 269
　　18.3.2 促进科技成果的资本化和产业化 270
　　18.3.3 实行以增加知识价值为导向的分配政策 272
　　18.3.4 构建普惠性创新支持政策体系 272
18.4 实施人才优先发展战略 273
　　18.4.1 建设规模宏大的人才队伍 274
　　18.4.2 实施重大人才工程 274
　　18.4.3 建立健全人才流动机制 275
　　18.4.4 营造良好的人才发展环境 276
18.5 推进大众创业万众创新 277
　　18.5.1 建设创业创新服务平台 277
　　18.5.2 拓宽创业创新融资渠道 278

第6篇
优化现代产业体系

第19章
产业结构演进规律

19.1 典型国家产业结构变化 285
　　19.1.1 发达国家产业结构变化 285
　　19.1.2 新兴经济体国家产业结构变化 289
　　19.1.3 产业结构演进一般规律 291
19.2 我国三次产业结构变化 292
　　19.2.1 计划经济体制下产业结构变化（1952—1977年）292

19.2.2 体制转轨时期产业结构变化（1978—2000 年） 293
19.2.3 社会主义市场经济体制下产业结构变化（2001—2012 年） 294
19.2.4 十八大以来产业结构变化（2013 年至今） 295

第 20 章
实施制造强国战略

20.1 我国制造业发展历程 297
　　20.1.1 "一五"时期奠基 297
　　20.1.2 "三线"建设布局 299
　　20.1.3 改革开放加速 300
　　20.1.4 十八大以来提质 301
20.2 全球制造业变革新趋势 301
　　20.2.1 制造业智能化 301
　　20.2.2 制造业绿色化 303
　　20.2.3 制造业服务化 304
　　20.2.4 主要国家加快制造业战略布局 305
20.3 制造强国战略重点 306
　　20.3.1 全面提升工业基础能力 307
　　20.3.2 实施高端装备制造工程 307
　　20.3.3 改造升级传统产业 309
　　20.3.4 加强质量品牌建设 310

第 21 章
壮大战略性新兴产业

21.1 世界主要国家新兴产业布局 313
　　21.1.1 美国创新战略 313
　　21.1.2 欧盟"地平线 2020 计划" 314
　　21.1.3 德国新一轮高技术战略 315
　　21.1.4 日本"超智能社会计划" 316

21.2 我国战略性新兴产业发展现状 317
　　21.2.1 战略性新兴产业提出 317
　　21.2.2 战略性新兴产业发展特征 318
21.3 我国战略性新兴产业发展重点 319
　　21.3.1 明确新兴产业发展目标 319
　　21.3.2 促进新兴产业集聚发展 320
　　21.3.3 优化新兴产业发展环境 320
21.4 加快数字经济发展 321
　　21.4.1 发达国家数字经济发展战略 321
　　21.4.2 我国大数据战略与数字经济发展 322

第 22 章
加快现代服务业发展

22.1 我国服务业发展现状 325
　　22.1.1 服务业增加值和就业占比国际比较 325
　　22.1.2 服务业内部结构变化特征 327
22.2 服务业发展新趋势 328
　　22.2.1 现代服务业成为国际产业转移新热点 328
　　22.2.2 "互联网＋"构建现代服务业发展新生态 329
　　22.2.3 中高端消费拓展服务市场新空间 330
22.3 现代服务业发展重点 331
　　22.3.1 促进生产性服务业专业化 331
　　22.3.2 提高生活性服务业品质 332
　　22.3.3 推动服务业标准化规范化 333
　　22.3.4 完善服务业发展体制和政策 333

第7篇
实施乡村振兴战略

第23章
走中国特色社会主义乡村振兴道路

23.1 乡村振兴战略的重大意义 339
 23.1.1 实施乡村振兴战略是建设社会主义现代化强国的历史任务 339
 23.1.2 实施乡村振兴战略是解决我国社会主要矛盾的必然要求 340
 23.1.3 实施乡村振兴战略是实现全体人民共同富裕的关键举措 341
23.2 乡村振兴战略的总体要求 341
 23.2.1 产业兴旺是乡村振兴的重点 341
 23.2.2 生态宜居是乡村振兴的关键 342
 23.2.3 乡风文明是乡村振兴的保障 343
 23.2.4 治理有效是乡村振兴的基础 344
 23.2.5 生活富裕是乡村振兴的根本 344
23.3 乡村振兴战略的目标任务 345
 23.3.1 近期的目标任务 345
 23.3.2 远景的发展谋划 346

第24章
加快农业现代化

24.1 主要国家农业现代化模式 350
 24.1.1 美国农业现代化模式 350
 24.1.2 英国农业现代化模式 352
 24.1.3 日本农业现代化模式 353
 24.1.4 韩国农业现代化模式 354

24.2 我国农业现代化发展历程 355
 24.2.1 我国农业现代化的起步 355
 24.2.2 家庭联产承包责任制与农村生产力解放 356
 24.2.3 农村市场化改革与农业结构调整 356
 24.2.4 以工促农、以城带乡与乡村振兴 357
24.3 我国农业现代化发展重点 359
 24.3.1 增强农产品安全保障能力 359
 24.3.2 构建现代农业经营体系 361
 24.3.3 提高农业技术装备和信息化水平 362
 24.3.4 促进农村一二三产业融合发展 364

第25章
深化农村重点改革

25.1 农村土地制度改革 367
 25.1.1 稳定土地承包关系 367
 25.1.2 完善承包地"三权"分置制度 369
25.2 农村集体产权制度改革 371
 25.2.1 推进农村集体资产股份权能改革 371
 25.2.2 壮大农村集体经济 373
25.3 农业支持保护制度 374
 25.3.1 完善农产品价格和收储制度 374
 25.3.2 强化财政投入保障制度 375
 25.3.3 拓宽乡村振兴投融资渠道 376

第26章
打赢精准脱贫攻坚战

26.1 脱贫攻坚的总体要求 379
 26.1.1 脱贫攻坚的基本方略 379

26.1.2 脱贫攻坚的目标任务 **380**
26.2 脱贫攻坚的帮扶措施 **381**
　26.2.1 产业发展脱贫 **381**
　26.2.2 转移就业脱贫 **382**
　26.2.3 易地搬迁脱贫 **384**
　26.2.4 教育扶贫 **386**
　26.2.5 健康扶贫 **388**
　26.2.6 生态保护扶贫 **390**
　26.2.7 社保兜底扶贫 **392**

第8篇
推进新型城镇化

第27章
我国城镇化进入转型发展新阶段

27.1 世界城市化发展态势 **399**
　27.1.1 世界城市化三次浪潮 **399**
　27.1.2 世界城市化五大态势 **400**
27.2 我国城镇化发展历程 **403**
　27.2.1 改革开放前的波动发展阶段(1949—1977年) **403**
　27.2.2 改革开放后的快速发展阶段(1978—2012年) **403**
　27.2.3 十八大以来的转型发展阶段(2013年至今) **404**
27.3 新型城镇化的基本内涵 **406**
　27.3.1 以人为本、公平共享 **407**
　27.3.2 四化同步、统筹城乡 **407**
　27.3.3 优化布局、集约高效 **408**
　27.3.4 生态文明、绿色低碳 **409**
　27.3.5 文化传承、彰显特色 **409**

第28章
新型城镇化的目标任务

28.1 主要目标:提升城镇化水平和质量 **411**
　28.1.1 新型城镇化的五大目标 **411**
　28.1.2 新型城镇化的主要指标 **412**
28.2 首要任务:加快农业转移人口市民化 **413**
　28.2.1 推进符合条件农业转移人口落户城镇 **413**
　28.2.2 推进基本公共服务覆盖常住人口 **415**
　28.2.3 建立健全农业转移人口市民化推进机制 **417**
28.3 主体形态:城市群带动各类城镇协调发展 **418**
　28.3.1 构建"两横三纵"城镇化战略格局 **418**
　28.3.2 优化提升东部地区城市群 **419**
　28.3.3 培育发展中西部地区城市群 **420**
　28.3.4 增强中心城市辐射带动功能 **420**
　28.3.5 加快发展中小城市 **421**
28.4 城市模式:建设可持续发展的新型城市 **423**
　28.4.1 建设创新城市 **423**
　28.4.2 建设绿色城市 **424**
　28.4.3 建设智慧城市 **425**
　28.4.4 建设人文城市 **426**

第29章
新型城镇化的制度安排

29.1 人口管理制度 **429**
　29.1.1 依靠全国统一的社会保障号强化人

　　　　口管理服务　**430**
　　29.1.2　建设覆盖全国、安全可靠的国家人口综合信息库　**430**
29.2　土地管理制度　431
　　29.2.1　建立城镇用地规模结构调控机制　**432**
　　29.2.2　健全节约集约用地制度　**432**
29.3　资金保障机制　433
　　29.3.1　拓宽城市建设融资渠道　**433**
　　29.3.2　发挥政策性金融作用　**433**
29.4　城镇住房制度　434
　　29.4.1　建立多主体供给、多渠道保障、租购并举的住房制度　**434**
　　29.4.2　完善促进房地产市场健康发展长效机制　**436**
29.5　行政管理体制　437
　　29.5.1　修订设市标准　**437**
　　29.5.2　探索新型设市模式　**438**
　　29.5.3　推动经济发达镇扩权　**440**

第9篇
推动区域协调互动发展

第30章
我国区域发展的历程

30.1　我国自然地理条件及其影响　445
　　30.1.1　我国自然地理的基本特征　**445**
　　30.1.2　我国自然地理的综合评价　**446**
30.2　区域发展理论和实践　447
　　30.2.1　国外区域发展理论和实践　**447**
　　30.2.2　我国区域发展理论和实践　**450**
30.3　我国区域发展战略演进　451

　　30.3.1　沿海和内地工业平衡发展阶段（1949—1978年）　**451**
　　30.3.2　"先富带后富"非均衡发展阶段（1979—1995年）　**453**
　　30.3.3　东中西东北地区协调发展阶段（1996—2012年）　**454**
　　30.3.4　板块轴带功能类型协同互动发展阶段（2013年至今）　**456**

第31章
区域发展总体战略

31.1　推进西部大开发形成新格局　459
　　31.1.1　优化空间开发新布局　**460**
　　31.1.2　构建基础设施新网络　**461**
　　31.1.3　筑牢生态安全新屏障　**463**
　　31.1.4　发展特色优势产业新体系　**464**
　　31.1.5　培育开放开发新优势　**465**
　　31.1.6　推动基本公共服务迈上新台阶　**466**
31.2　加快东北老工业基地振兴　467
　　31.2.1　完善体制机制：治本之策　**469**
　　31.2.2　推进结构调整：主攻方向　**470**
　　31.2.3　鼓励创业创新：内生动力　**471**
　　31.2.4　保障改善民生：衡量标准　**473**
31.3　促进中部地区崛起　473
　　31.3.1　打造全国重要先进制造业中心　**474**
　　31.3.2　建设新型城镇化重点区　**475**
　　31.3.3　构建现代农业发展核心区　**476**
　　31.3.4　创建全国生态文明建设示范区　**477**
　　31.3.5　形成全方位开放重要支撑区　**477**
31.4　实现东部地区率先优化发展　478
　　31.4.1　更好发挥对全国改革发展的引领支撑作用　**479**
　　31.4.2　更大力度打造具有国际影响力的创新高地　**479**
　　31.4.3　更高层次参与国际经济合作和

竞争 *481*

31.4.4 更快步伐推进陆海统筹 *482*

第32章
推动京津冀协同发展

32.1 优化空间布局和功能定位 *485*
- 32.1.1 空间布局 *485*
- 32.1.2 功能定位 *485*

32.2 有序疏解北京非首都功能 *486*
- 32.2.1 建设雄安新区:非首都功能疏解集中承载地 *486*
- 32.2.2 建设通州新城:北京城市副中心 *487*

32.3 推进重点领域率先突破 *487*
- 32.3.1 构建一体化现代交通网络 *488*
- 32.3.2 实行生态环境联防联治 *488*
- 32.3.3 推动产业升级转移 *488*
- 32.3.4 推动公共服务共建共享 *489*

第33章
推进长江经济带发展

33.1 生态优先、绿色发展的战略定位和空间布局 *492*
- 33.1.1 战略定位 *492*
- 33.1.2 空间布局 *494*

33.2 保护和修复长江生态环境 *495*
- 33.2.1 保护和改善水环境 *495*
- 33.2.2 保护和修复水生态 *496*
- 33.2.3 保护和利用水资源 *497*
- 33.2.4 有序利用长江岸线资源 *498*

33.3 构建综合立体交通走廊 *498*
- 33.3.1 提升黄金水道功能 *498*
- 33.3.2 促进港口合理布局 *499*
- 33.3.3 完善综合交通网络 *500*
- 33.3.4 发展联程联运 *501*

33.4 优化沿江产业布局和城镇化格局 *501*
- 33.4.1 引导产业合理布局和有序转移 *502*
- 33.4.2 形成大中小结合、东中西联动的新型城镇化格局 *505*

第10篇
构筑现代基础设施网络

第34章
基础设施支撑引领作用

34.1 世界基础设施发展演进 *511*
- 34.1.1 农耕社会的基础设施 *511*
- 34.1.2 工业社会的基础设施 *513*
- 34.1.3 信息社会的基础设施 *514*

34.2 现代基础设施发展方向 *514*
- 34.2.1 布局网络化 *515*
- 34.2.2 装备自主化 *516*
- 34.2.3 技术标准化 *517*
- 34.2.4 服务一体化 *517*
- 34.2.5 管理智能化 *518*
- 34.2.6 投资多元化 *519*

第35章
现代综合交通运输体系

35.1 我国交通运输发展历程 *522*
- 35.1.1 中华人民共和国成立初期至改革开放前(1949—1978年):恢复发展 *522*
- 35.1.2 改革开放至21世纪初(1979—2000

年):改革发展 *523*

35.1.3 21世纪初至十八大(2001—2012年):跨越发展 *524*

35.1.4 十八大以来(2013年至今):融合发展 *525*

35.2 现代综合交通运输体系发展重点 *526*

35.2.1 构建内通外联的综合运输通道网络 *527*

35.2.2 建设现代高效的城际城市交通 *530*

35.2.3 打造一体衔接的综合交通枢纽 *532*

35.2.4 推动运输服务绿色智能安全发展 *533*

第36章
现代能源体系

36.1 我国能源发展历程 *537*

36.1.1 能源发展恢复奠基阶段(1949—1978年) *538*

36.1.2 能源发展产业形成阶段(1979—1999年) *539*

36.1.3 能源发展跨越扩张阶段(2000—2012年) *539*

36.1.4 能源发展优化升级阶段(2013年至今) *540*

36.2 现代能源体系发展重点 *542*

36.2.1 推动能源结构优化升级 *542*

36.2.2 构建现代能源储运网络 *544*

36.2.3 加强智慧能源系统建设 *546*

第37章
水利基础设施网络

37.1 我国水利基础设施发展历程 *548*

37.1.1 大规模建设期(1949—1978年) *548*

37.1.2 缓慢发展期(1979—1998年) *549*

37.1.3 加快发展期(1999—2011年) *549*

37.1.4 加速提质期(2012年至今) *550*

37.2 水利基础设施网络发展重点 *551*

37.2.1 优化水资源配置格局 *551*

37.2.2 完善综合防洪减灾体系 *552*

37.2.3 夯实农村水利基础设施 *553*

37.2.4 实施流域水生态综合治理 *554*

第38章
信息基础设施网络

38.1 我国信息网络发展历程 *556*

38.1.1 探索发展期(1949—1978年) *557*

38.1.2 快速成长期(1979—1985年) *557*

38.1.3 发展壮大期(1986—2008年) *558*

38.1.4 跨越提升期(2009年至今) *559*

38.2 我国信息网络发展重点 *560*

38.2.1 加速完善新一代高速光纤网络 *561*

38.2.2 加快建设先进移动宽带网 *561*

38.2.3 加强信息应用基础设施部署 *561*

38.2.4 推动全球网络设施建设 *562*

38.2.5 加快民用空间基础设施建设 *562*

第11篇
共建共治共享促进社会发展

第39章
推进基本公共服务均等化

39.1 公共服务制度概述 *567*

39.1.1 主要国家公共服务供给模式 *567*

39.1.2 我国基本公共服务发展实践 *569*

39.2 完善基本公共服务体系 *571*
   39.2.1 主要目标:提升公众获得感、幸福感、安全感 *571*
   39.2.2 发展方向:坚持普惠性、保基本、均等化、可持续 *572*
   39.2.3 核心任务:健全国家基本公共服务制度 *573*

第40章
优先发展教育事业

40.1 教育改革发展概述 *577*
   40.1.1 国际教育改革发展态势 *577*
   40.1.2 我国教育改革发展实践 *579*
40.2 教育现代化发展重点 *583*
   40.2.1 加快基本公共教育均衡发展 *583*
   40.2.2 推进职业教育产教融合 *585*
   40.2.3 提升大学创新人才培养能力 *586*
   40.2.4 建设学习型社会 *587*
   40.2.5 增强教育改革发展活力 *588*

第41章
实现更高质量和充分就业

41.1 就业政策概述 *591*
   41.1.1 主要国家的就业政策 *591*
   41.1.2 我国就业政策的演进 *593*
41.2 实施就业优先战略的重点 *595*
   41.2.1 以促进充分就业为优先目标 *596*
   41.2.2 提高公共就业创业服务能力 *597*
   41.2.3 构建和谐劳动关系 *598*

第42章
缩小收入分配差距

42.1 我国收入分配制度演进 *601*

   42.1.1 计划经济时期的"平均主义"分配方式 *601*
   42.1.2 社会主义市场经济条件下的收入分配制度改革 *602*
42.2 促进收入分配更合理更有序 *603*
   42.2.1 完善初次分配制度 *603*
   42.2.2 健全再分配调节制度 *606*
   42.2.3 规范收入分配秩序 *606*

第43章
完善社会保障体系

43.1 我国社会保障制度发展实践 *609*
   43.1.1 社会保障制度的改革探索(1991—2000年) *609*
   43.1.2 社会保障制度的框架形成(2001—2007年) *610*
   43.1.3 城乡社会保障体系的统筹推进(2008—2012年) *611*
   43.1.4 覆盖城乡居民的社会保障体系基本建立(2013年至今) *611*
43.2 建设更加公平、更可持续的社会保障制度 *613*
   43.2.1 实施全民参保计划 *613*
   43.2.2 完善社会保险体系 *614*
   43.2.3 健全社会救助体系 *614*
   43.2.4 发展社会福利和慈善事业 *615*

第44章
实施健康中国战略

44.1 医疗卫生制度概述 *617*
   44.1.1 典型国家医疗制度 *617*
   44.1.2 我国医药卫生体制改革实践 *618*
44.2 推进健康中国建设重点 *620*
   44.2.1 深化医药卫生体制改革 *621*
   44.2.2 强化基层医疗卫生体系建设 *621*

- 44.2.3 全面提升公共卫生服务水平 *622*
- 44.2.4 传承发展中医药事业 *622*
- 44.2.5 大力发展健康产业 *623*
- 44.2.6 完善人口政策体系 *623*

第45章
推动文化事业和文化产业发展

45.1 我国文化体制改革实践 *626*
- 45.1.1 文化市场地位得到承认(1978—1991年) *626*
- 45.1.2 市场机制作用加大(1992—2001年) *627*
- 45.1.3 文化事业和文化产业并举(2002年至今) *628*

45.2 文化事业和文化产业发展重点 *629*
- 45.2.1 实施文化精品创作工程 *629*
- 45.2.2 完善现代公共文化服务体系 *631*
- 45.2.3 构建中华优秀传统文化传承体系 *632*
- 45.2.4 培育现代文化产业体系 *634*
- 45.2.5 发展对外文化交流体系 *635*

第46章
加强和创新社会治理

46.1 我国社会治理发展实践 *638*
- 46.1.1 计划经济体制下的社会管理 *638*
- 46.1.2 社会主义市场经济条件下的社会治理 *639*

46.2 加强和创新社会治理重点 *641*
- 46.2.1 完善社会治理体制 *642*
- 46.2.2 完善社会信用体系 *644*
- 46.2.3 健全公共安全体系 *645*
- 46.2.4 建立国家安全体系 *646*
- 46.2.5 强化网络安全保障体系 *647*

第12篇
建设生态文明美丽中国

第47章
生态文明建设的战略地位

47.1 全球可持续发展大趋势 *653*
- 47.1.1 生态环境危机的警示 *653*
- 47.1.2 全球环保意识的觉醒 *656*
- 47.1.3 绿色发展浪潮的兴起 *657*

47.2 我国生态文明建设演进 *659*
- 47.2.1 环境保护基本国策的确立 *659*
- 47.2.2 可持续发展战略的出台 *660*
- 47.2.3 资源节约型和环境友好型社会的提出 *661*
- 47.2.4 社会主义生态文明新阶段的开启 *661*

47.3 我国生态文明建设总体要求 *662*
- 47.3.1 生态文明建设的基本方针 *662*
- 47.3.2 生态文明建设的基本途径 *662*
- 47.3.3 生态文明建设的主要目标 *663*

第48章
主体功能区布局

48.1 主体功能区的内涵 *667*
- 48.1.1 主体功能区的基本理念 *669*
- 48.1.2 主体功能区的开发原则 *670*

48.2 主体功能区的四大空间布局 *671*
- 48.2.1 优化开发区 *671*
- 48.2.2 重点开发区 *672*
- 48.2.3 农产品主产区 *672*
- 48.2.4 重点生态功能区 *673*

48.3 主体功能区的三大战略格局 674
  48.3.1 "两横三纵"为主体的城市化战略格局 674
  48.3.2 "七区二十三带"为主体的农业战略格局 675
  48.3.3 "两屏三带"为主体的生态安全战略格局 676
48.4 主体功能区的政策保障体系 677
  48.4.1 差别化的政策措施 678
  48.4.2 分类考核的绩效评价机制 679

第49章 资源节约集约利用

49.1 推进能源消费革命 681
  49.1.1 深化重点领域节能 681
  49.1.2 实行能耗总量和强度"双控" 684
49.2 建设节水型社会 685
  49.2.1 守住水资源管理三条红线 685
  49.2.2 实施全民节水行动计划 686
49.3 强化土地节约集约利用 688
  49.3.1 控制建设用地总量 688
  49.3.2 提升节约集约用地水平 689
49.4 加强矿产资源节约管理 690
  49.4.1 坚持合理开发 691
  49.4.2 强化综合利用 691
49.5 发展循环经济 692
  49.5.1 工业园区的循环经济 692
  49.5.2 农业领域的循环经济 693
  49.5.3 生活领域的循环经济 694

第50章 生态环境保护

50.1 环境污染防治 696
  50.1.1 大气污染防治 696
  50.1.2 水污染防治 698
  50.1.3 土壤污染防治 699
  50.1.4 环境风险防控 700
50.2 生态保护修复 702
  50.2.1 提升生态系统功能 702
  50.2.2 推进重点区域生态修复 707
  50.2.3 扩大生态产品供给 708
  50.2.4 维护生物多样性 709
50.3 应对气候变化 710
  50.3.1 有效控制温室气体排放 710
  50.3.2 实施适应气候变化行动 712
  50.3.3 广泛开展国际合作 712

第51章 健全生态文明制度体系

51.1 自然资源资产产权制度 716
  51.1.1 统一确权登记 716
  51.1.2 建立产权体系 716
  51.1.3 健全国家自然资源资产管理体制 717
51.2 国土空间开发保护制度 717
  51.2.1 划定并严守生态保护红线 717
  51.2.2 建立国家公园体制 718
  51.2.3 建立自然资源监管体制 719
  51.2.4 建立空间规划体系 720
51.3 资源有偿使用和生态补偿制度 721
  51.3.1 资源有偿使用 722
  51.3.2 生态补偿机制 722
51.4 环境治理体系 723
  51.4.1 完善排污许可制度 723
  51.4.2 建立污染防治区域联动机制 724
  51.4.3 改革环境保护执法体制 724
51.5 环境治理和生态保护市场体系 725
  51.5.1 发挥市场主体活力 725
  51.5.2 推行市场化机制 726
  51.5.3 建立绿色金融体系 726
51.6 绩效评价考核和责任追究制度 727
  51.6.1 生态文明建设目标评价考核 727

51.6.2　环境保护督察　*728*
　　51.6.3　生态环境损害责任追究　*729*

第13篇
形成全面开放新格局

第52章
对外开放的历史地位

52.1　世界文明史是一部开放史　*735*
　　52.1.1　大河流域文明的开放特征　*735*
　　52.1.2　古典文明的开放特征　*736*
　　52.1.3　中世纪文明的开放特征　*737*
　　52.1.4　中华文明的开放特征　*737*
52.2　开放是近代大国崛起的必由之路　*739*
　　52.2.1　英国的崛起与工业革命　*739*
　　52.2.2　美国的崛起与全球秩序　*740*
　　52.2.3　日本的崛起与明治维新　*741*
52.3　我国四十年开放的伟大进程　*741*
　　52.3.1　沿海率先开放带动沿江沿边内陆开放(1978—2000年)　*742*
　　52.3.2　加入世界贸易组织后构建全方位开放格局(2001—2012年)　*743*
　　52.3.3　"一带一路"建设推动形成全面开放新格局(2013年至今)　*744*

第53章
完善对外开放战略布局

53.1　优化对外开放区域布局　*748*
　　53.1.1　构建内陆开放新机制　*748*
　　53.1.2　培育沿边开放新支点　*749*
　　53.1.3　建设沿海开放新高地　*750*
　　53.1.4　深化内地和港澳、大陆和台湾地区合作　*751*
53.2　推进贸易强国建设　*752*
　　53.2.1　加快对外贸易优化升级　*753*
　　53.2.2　促进出口市场和结构多元化　*753*
　　53.2.3　培育对外贸易新业态新模式　*755*
　　53.2.4　深化国内自由贸易试验区改革　*756*
53.3　提升利用外资和对外投资水平　*757*
　　53.3.1　积极有效利用外资　*757*
　　53.3.2　完善境外投资管理体制　*760*
53.4　推进国际产能和装备制造合作　*761*
　　53.4.1　重点领域和合作方向　*761*
　　53.4.2　重点国别和重大项目　*763*

第54章
推进"一带一路"建设

54.1　"一带一路"建设的基本理念　*765*
　　54.1.1　丝路精神　*765*
　　54.1.2　三大原则　*766*
　　54.1.3　"五路"愿景　*766*
54.2　"一带一路"建设的主要内容　*767*
　　54.2.1　五大走向　*767*
　　54.2.2　六大走廊　*768*
　　54.2.3　"五通"合作　*770*
54.3　"一带一路"建设的合作机制　*772*
　　54.3.1　多双边合作机制　*772*
　　54.3.2　"1+4"合作模式　*773*
　　54.3.3　金融合作平台　*774*

第55章
推动构建人类命运共同体

55.1　推动建设新型国际关系　*776*
　　55.1.1　以相互尊重为基础　*776*

55.1.2　以公平正义为准则　*777*
　　55.1.3　以合作共赢为目标　*777*
55.2　维护发展开放型世界经济　*778*
　　55.2.1　支持多边贸易体制　*778*
　　55.2.2　促进自由贸易区建设　*778*
　　55.2.3　推动完善国际经济治理体系　*780*

55.3　积极承担国际责任和义务　*781*
　　55.3.1　扩大对外援助力度　*781*
　　55.3.2　维护国际公共安全　*781*

后记　*785*

第 1 篇

总论

崛起与没落，繁荣与衰败，在历史长河中跌宕起伏，是一个国家最深沉的记忆。中国作为一个具有五千多年历史的文明古国，创造了令世界瞩目的璀璨文化和辉煌成就，是推动人类社会进步的重要力量。但是，鸦片战争后，中国陷入内忧外患、战乱频仍的黑暗境地，山河破碎，民不聊生，民族危在旦夕。为了国家的独立和人民的幸福，一代又一代仁人志士上下求索、前仆后继，进行了各种各样的尝试，最终在中国共产党的正确领导下，推翻了压在中国人民头上的帝国主义、封建主义、官僚资本主义三座大山，建立起中华人民共和国，确立了社会主义制度，开启了中华民族伟大复兴的进程。

改革开放40年，中国发展进入快车道。经济实力、科技实力、国防实力、综合国力跃入世界前列，国家的面貌、民族的面貌发生了前所未有的变化。这一巨变的动力源泉，来自中国特色社会主义理论和实践。在中国特色社会主义伟大旗帜的引领下，国家发展战略的制定和实施，有力地推动了经济的发展和社会的进步。国家发展战略扮演的重要角色，演绎的中国故事，推动形成的中国模式，已成为一个全球性的讨论话题，也为现代经济学、社会学、管理学等学科提供了宝贵的研究对象和实证依据。在决胜全面建成小康社会、开启全面建设社会主义现代化国家的新征程中，它的内涵将更加丰富、作用将更为明显。

第1章
战略与国家发展战略

什么是战略？什么是国家发展战略？本章通过阐述战略的内涵、类型和国家发展战略的意义、定位、特点、要素构成等，结合一些实际案例来诠释这两个基本概念。

1.1 什么是战略

战略（Strategy）一词原为军事用语，源自希腊语 Strategos（军事战略），是指在战争中通过对军事力量的计划部署，达到特定的军事目的的行为。相较于战术，战略是对战争全局的一种谋划、决策。基于这样的特点，战略的应用范围逐渐从军事斗争领域延伸到经济、社会发展等领域。

1.1.1 战略的内涵

战略思想是文明在发展中、人类在竞争中凝结的智慧结晶。"重谋""善谋""远谋"是中国古代军事家、政治家的一个思维特征。2500 多年前问世的《孙子兵法》，就是一部著名的军事战略著作，涵盖统筹全局的战略及战术、计谋，开篇讲"兵者，国之大事，死生之地，存亡之道，不可不察也"，强调战略思想的极端重要性。其基本原则已渗透到现代商业竞争、企业管理、体育竞赛、外交谈判等多个领域，被译成多国文字，为国际商界、政界所推崇借鉴。

一般而言，战略可理解为一个组织为了实现某个特定目的，基于对内外部条件的分析,制定相应行动策略的集合。从广义上说,战略即总体规划、取胜之道,是竞争丛林中的引领者,是管理者的核心活动。从狭义上说,战略有三层含义:

- **战略是对组织目标的规划设计**

目标是战略的灵魂。任何组织的发展都需要目标导向。战略以目标为牵引,具有强烈的导向性。目标是对期望状态的一种预设和规划,期望与现实的差距促使组织剖析问题,追溯原因,采取行动。缺乏目标,组织就会盲目行动进而失去方向。战略就是对资源配置、组织分工的优化,从而推动目标的实现。战略目标为未来发展提供了一个包含基本方向、行动准则和政策举措的蓝图,它既是对组织目标的设计,也是实现组织目标的工具。

专栏1.1
诸葛亮"三分天下"的《隆中对》

东汉末年,雄心勃勃而又无所作为的刘备前往隆中三顾茅庐,向诸葛亮请教平天下之策。诸葛亮与刘备分析天下大势及曹操、孙权、刘表、刘璋等各方地缘实力,独具慧眼地提出"三分天下"的战略构想。同时,清晰地指出战略目标实现的路径与步骤:先夺荆州,再取益州,后图中原。在其后的半个多世纪里,"三分天下"的构想逐渐成为现实,形成曹魏、蜀汉、东吴三国鼎立的格局。《隆中对》成为中国战略思想的典范。

附原文:"亮答曰:自董卓已来,豪杰并起,跨州连郡者不可胜数。曹操比于袁绍,则名微而众寡,然操遂能克绍,以弱为强者,非惟天时,抑亦人谋也。今操已拥百万之众,挟天子而令诸侯,此诚不可与争锋。孙权据有江东,已历三世,国险而民附,贤能为之用,此可以为援而不可图也。荆州北据汉、沔,利尽南海,东连吴会,西通巴、蜀,此用武之国,而其主不能守,此殆天所以资将军,将军岂有意乎?益州险塞,沃野千里,天府之土,高祖因之以成帝业。刘璋暗弱,张鲁在北,民殷国富而不知存恤,智能之士思得明君。将军既帝室之胄,信义著于四海,总揽英雄,思贤如渴,若跨有荆、益,保其岩阻,西和诸戎,南抚夷越,外结好孙权,内修政理;天下有变,则命一上将将荆州之军以向宛、洛,将军身率益州之众出于秦川,百姓孰敢不箪食壶浆以迎将军者乎?诚如是,则霸业可成,汉室可兴矣。"

资料来源:《三国志·蜀志·诸葛亮传》。

- **战略是对外部环境和内部条件认知分析后的一种选择**

一个组织的生存与发展受到外部环境和内部条件的影响,既有有利的一面,也有不利的一面。战略是组织对外部竞争状况、发展机会和内部资源配置能力、比较优势等进行综合分析后的一种平衡的选择。中国传统战略思想强调:"知己知彼,百战不殆;不知彼而知己,一胜一负;不知彼不知己,每战必殆。"从这个意义上讲,战略也是一种思想方法,一种认知分析,是一门在组织目标和约束条件之间寻找优化平衡的艺术。

- **战略是获取竞争优势、创造预期价值的行动策略**

战略是为了取胜,但又不止于取胜,重在登高望远,谋定而动。登高望远,就是抢占全局的制高点、未来的制高点,做好已知,应对未知,超前布局,提前行动,赢取长期的、可持续的竞争优势。谋定而动,就是要深思熟虑,谋划好了,想明白了再干。你今天的认识水平,决定了你明天的发展水平。同时,随着竞争环境的变化和竞争对手的博弈,谋划也不是以不变应万变,而是一个持续、动态的过程。在人机互联、万物互联的信息化、网络化、智能化时代,战略理论出现了一种新的趋向,强调战略的重心是创造预期价值,包括为服务对象创造价值,创造经济、社会、文化、生态等多元价值。

专栏 1.2

迈克尔·波特的国家产业竞争力"钻石模型"

哈佛大学商学院教授、著名战略管理学家迈克尔·波特通过分析一个国家的某种产业为什么会在国际上有较强的竞争力,认为竞争优势形成的关键是将企业与其所处的环境联系起来。战略需要对内部资源进行管理,使资源配置方式与外部竞争机会相契合,服务于组织目标。他提出内外因主要包括四个方面,**生产要素**:如人力资源、天然资源、知识资源、资本资源、基础设施等;**需求条件**:主要是本国市场的需求;**相关及支持产业**:是指这些产业和相关上游产业是否有国际竞争力;**企业的战略、结构与同业竞争**:是指国际市场需求的拉力与国内竞争对手的推力。波特认为,这四个要素具有双向作用,形成了一个钻石体系。在四大要素之外,还存在两大变数:**政府**与**机会**。机会是无法控制的,政府政策的影响是不可漠视的。因此,在制定发展战略和政策,提高产业的国际竞争力时,需要对这四个因素及相关关系进行深入分析。波特提出的国家产业竞争力"钻石模型"可如图1.1所示。

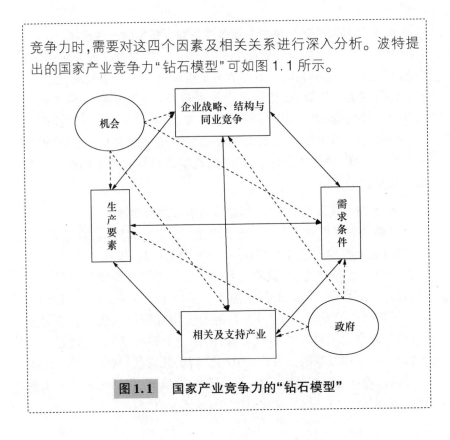

图1.1　国家产业竞争力的"钻石模型"

1.1.2　战略的类型

由于战略在服务的对象、服务的范围、时间的跨度上存在差异性、特殊性和层次性,战略类型的划分主要包括三大类:

- **从服务对象看,分为国家战略和企业战略**

国家战略服务于国家的繁荣稳定与人民的幸福安康。对内是国家在政治、经济、社会、文化等领域的宏图大计,对外是国家在经济、安全、外交、军事等领域的竞合之策。国家战略的核心目标很清晰,它的出发点和落脚点就是两句话:使国家更强大,让人民更幸福。

企业战略服务于企业商业竞争与长期发展。企业战略重点研究在市场环境和资源禀赋条件下企业的生存、发展之道,同时尽可能为客户创造最大价值。伦敦商学院战略领导学知名教授康斯坦丁诺斯·马凯思认为:战略必须决定我们玩什么游戏,以及怎样玩好游戏。好的企业战略的关键在于创造新市场、新产品及新产业,在争取现有的市场份额的同时,开发未来的市场和产业。国家战略与企业战略的比较可如表1.1所示。

表 1.1　国家战略与企业战略的比较

	国家战略	企业战略
战略目标	国家繁荣,社会安定,人民幸福	最大化的经营绩效,可持续的发展能力
关注重点	经济增长,就业状况,物价水平,公共服务,社会治理	经营利润,市场份额,投资回报,技术研发,品牌建设,社会价值
外部约束	民众利益诉求,制度约束,国家间经济、政治、外交竞合,等等	技术趋势,同业竞争,政策规制,营商环境,社会资源,等等
资源禀赋	自然资源,人口资源,教育资源,等等	企业人力资源,技术水平,组织结构,管理制度,商业模式,等等
决策过程	政府主导,企业、社会各方协调互动	董事会、高级管理层主导、股东大会、监事会制衡
执行工具	规划、计划、财政、货币、产业、区域政策,等等	财务、技术、职位、薪酬、股权,等等
评估指标	经济增长率,国民生活水平,自主创新能力,生态环境质量,治理体系和治理能力	盈利水平,投资回报率,市场份额,成本,品牌效应

- **从服务范围看,分为总体战略和局部战略**

总体战略,具有全局性、纲领性,确定总目标、总任务,发挥统领作用。比如,每五年召开一次的中国共产党全国代表大会作出的重大战略部署,每五年编制一次的国民经济和社会发展五年规划,都是国家战略的总体性安排。

局部战略,具有针对性、特定性,也称专项战略。以总体战略为依据,聚焦某一领域、某一方面的重大问题,落实总体战略确定的重点任务,突出补短板、强弱项。比如,创新驱动发展战略,新型城镇化战略,乡村振兴战略,军民融合发展战略,等等。局部战略还包括全国 31 个省(市、自治区)制定的地区性战略。

- **从时间跨度看,分为长期性战略和阶段性战略**

长期性战略是组织着眼未来的一种远景设计,需要在较长周期中推进,通常分几步走。最经典的案例是,中国现代化建设"三步走"战略,最早由邓小平同志在改革开放初期提出,1987 年写进党的十三大报告,最终预期在本世纪中叶实现,时间跨度超过 70 年。

阶段性战略则是针对当前和一个时期特定的目标任务所采取的行动策略,通常是长期性战略的组成部分。比如,实施脱贫攻坚战略,从 2016 年到 2020 年,实现农村贫困人口全部脱贫,做到"两不愁,三保障",即不愁吃、不愁穿、义务教育、基本医疗和住房安全有保障;实现贫困地区农民人均可支配收入增长幅度高于全国平均水平,基本公共服务公共安全领域指标接近全国平均水平，并以此作为全面建成小康社会的基本标准。这也是现代化战略的一个阶段性目标。

1.2 什么是国家发展战略

这里所讲的国家发展战略，主要是指党中央的战略部署以及由此而制定的经济社会发展的重大战略、重大规划。国民经济和社会发展五年规划，是国家发展战略的主要表现形式，也是中国发展模式的重要组成部分。

1.2.1 国家发展战略的意义

客观地说，从当代史看中国、看世界，中国变得越来越强大、越来越稳定，而世界变得越来越不确定、越来越不安宁。这无疑与中国共产党人的战略意识、战略思维以及背后的体制因素有着密切的关系。

- **中国共产党人高度重视战略问题**

习近平同志指出，战略问题是一个政党、一个国家的根本性问题。战略上判断得准确，战略上谋划得科学，战略上赢得主动，党和人民事业就大有希望。从新民主主义革命时期、社会主义革命和建设时期到改革开放和中国特色社会主义新时代，战略思维始终是中国共产党人的一种思维方式。

作为中华人民共和国的主要奠基者，毛泽东同志是一个伟大的战略家，领导中国共产党带领全国人民从黑夜走向光明，顶天立地站了起来。他在《论中国革命战争的战略问题》一文中指出："战略问题是研究战争全局的规律的东西。"土地革命战争时期，他提出以农村包围城市、武装夺取政权的战略思想，创建发展了红军，在井冈山建立了第一个农村革命根据地，以星星之火形成燎原之势。抗日战争爆发后，针对"亡国论""速胜论"等错误论调，他提出的打持久战、组成抗日民族统一战线、开辟敌后根据地等一系列战略方针，成为抗日战争总战略的核心部分。当年，毛泽东在延安窑洞里以驾驭全局的战略思维指引抗日战争、解放战争胜利向前，"胸中自有雄兵百万"，正如西汉史学家司马迁所言："夫运筹策帷帐之中，决胜于千里之外。"他晚年提出的"三个世界划分"的战略理论，对建立最广泛的国际

"三个世界划分"理论
1974年2月，毛泽东在会见赞比亚总统卡翁达时说："我看美国、苏联是第一世界。中间派，日本、欧洲、加拿大，是第二世界。咱们是第三世界。""亚洲除了日本，都是第三世界。整个非洲都是第三世界，拉丁美洲是第三世界。"

统一战线、反对美苏两霸、捍卫世界和平产生了深刻影响。

作为我国改革开放和社会主义现代化建设的总设计师，邓小平同志以放眼世界、放眼未来的历史眼光和战略思维，第一次比较系统地初步回答了"什么是社会主义、怎样建设社会主义"这个基本问题，响亮地提出"走自己的道路，建设有中国特色的社会主义"的坚定主张。他强调必须坚持"一个中心，两个基本点"的基本路线，即以经济建设为中心，坚持四项基本原则，坚持改革开放；他指导我党制定了现代化建设"三步走"战略，创造性地提出了"一国两制"的科学构想，实现了香港、澳门的顺利回归，为开创中国特色社会主义作出了历史性贡献。在这一伟大进程中，江泽民同志提出的"三个代表"重要思想，胡锦涛同志提出的科学发展观，为中国特色社会主义事业写下了精彩篇章。

党的十八大以来，习近平同志以全新的视野深化了对共产党执政规律、社会主义建设规律、人类社会发展规律的认识，创立了新时代中国特色社会主义思想。总任务是实现社会主义现代化和中华民族伟大复兴，统筹推进"五位一体"的总体布局，协调推进"四个全面"的战略布局，以创新、协调、绿色、开放、共享理念和供给侧结构性改革引领发展，建设现代化经济体系，推进国家治理体系和治理能力现代化，推动构建人类命运共同体等，充分展示了习近平同志高瞻远瞩、开拓奋进的战略思想。

- **经济体制决定发展战略，发展战略决定发展模式**

什么样的经济体制决定什么样的发展战略，最终形成什么样的发展模式、发展成果。从世界范围看，主要有三类情况，这里简要地作一个回顾分析：

一是自由主义经济。自1776年亚当·斯密的《国富论》问世，自由主义经济思想便被西方国家奉为金科玉律，市场这只"看不见的手"在自发调节经济运行，政府只是充当"守夜人"的角色。1929—1933年的全球经济大危机，宣告自由放任主义的失灵。1936年，凯恩斯在其代表作《就业、利息和货币通论》中提出，国家应该积极干预经济，通过宏观政策这只"看得见的手"管理需求，从而达到充分就业。凯恩斯主义为美国总统罗斯福应对经济大萧条的新政提供了思想支撑，并深刻地影响了第二次世界大战之后西方国家的发展，美国进入国家资本主义垄断时期。20世纪70年代，石油危机爆发，整个西方世界陷入"滞胀"危机，凯恩斯主义束手无策，败下阵来。新自由主义成为西方经济学主流学派，核心的政策纲领就是自由化、私有化、市场化，并得到英国首相撒切尔、美国总统里根的极力推崇，这剂药方缓解了危机，恢复了增长。

1990年，国际货币基金组织、世界银行、美国财政部等牵头，在华盛顿召开研讨会，为指导拉美经济改革提出了十条政策主张，被称为"华盛顿共识"，其理论基础就是"自由化、私有化、市场化"，宣称这是发展中国家经济增长的"灵丹妙药"，也成为苏东国家改革的"圣经"。但是，在"华盛顿共识"的指导下，拉美国家不仅没有出现黄金时代，反而引发严重的经济衰退。据拉丁美洲和加勒比经济委员会统计，1950—1980年拉美国家年均经济增长5.3%，1990—2000年反而降到3.2%，"休克疗法"导致苏东地区政局更迭、社会动荡。大规模的自由化、私有化、市场化，使得这些国家的产业向外国资本集中，金融主权受到极大的削弱，社会和经济不平等加剧，贫富两极分化。2000年至今，拉美国家年均经济增长仅为2.7%。据世界银行统计，基尼系数超过警戒线0.4的前十名的国家，主要是拉美国家。这种政策主张在全球化加速的背景下，加大了经济结构失衡和金融风险，2008年金融危机席卷全球，"华盛顿共识"遭到重创。目前，西方国家经济政策也在回调，并非完全自由放任，政府的干预同样存在。

欧盟2020战略（2011—2020年）

2008年全球金融危机之后，欧洲陷入增长泥潭。为提振经济，欧盟积极应对，发布《欧盟2020战略》，结合欧洲自身的特点，提出把实现智能型、可持续和普惠性增长，作为21世纪第二个十年建设欧洲社会市场经济的三大战略优先任务。智能型增长：主要是打造并巩固知识与创新经济，让知识与创新成为未来经济增长的动力。可持续增长：主要是发展更具资源效率、绿色和竞争力的经济，建设资源高效、可持续和具有竞争力的经济。普惠性增长：主要是培育高就业经济，实现社会和地区融合。

> **专栏1.3**
> **美国政府的再工业化战略**
>
> 面对国际金融危机带来的冲击及教训，奥巴马政府在2009年宣布实施7870亿美元的经济刺激方案的同时，增加科技投入133亿美元，采取税收补贴等手段，利用杠杆效应撬动社会资本加大对新兴产业领域投资；设立民用空间项目计划，组建公私合营企业探索清洁煤技术的商业化模式，鼓励私人投资进入宽带服务领域等。在此基础上，提出"再工业化"和"重振制造业"战略。2012年，美国总统行政办公室和国家科技委员会发布《先进制造业战略计划》，提出五大目标：加大先进制造企业技术投资，加强工人技能培训，强化产学研合作，推进跨政府部门行动，增加先进制造业研发的总投入；出台了与企业、大学、社区共同建立全国制造业创新研究网络的倡议，联邦政府首期出资10亿美元，10年内在全美创建45个制造业创新中心。例如，位于俄亥俄州的3D打印中心，是由80多家公司、9所研究型大学、6所社区学院和18家非营利机构参与的广泛联盟，共享资源、经验和成果。

二是苏联计划经济模式。 苏联作为世界上第一个社会主义国家,实行的是高度集中的指令型经济,核心是国家所有制和计划经济。国家管理经济,制订、下达、实施经济计划,生产、分配、消费都由计划安排。这种模式一度显示出它的优越性。1937年与1913年相比,这24年间的工业产值,资本主义国家只增长了44.3%,美国增长了54.3%;而苏联却增长了7.5倍,其工业总产值的排位从欧洲第4位上升到欧洲第1位,从世界第5位上升到世界第2位,为苏联赢得卫国战争并实现战后经济恢复奠定了基础。第二次世界大战以后,计划经济体制内生的效率低下的弊端暴露,苏联经济增长速度开始下降,国民生产总值占世界的份额不断萎缩,1970年为15.9%,1975年为14%,1980年为11.6%;苏联的人均消费水平从1917年的世界第7位下降到1990年的第77位。1991年苏联解体、苏共解散,从某种程度上说,也是计划经济体制结下的苦果。

三是中国特色社会主义市场经济体制。从1949年中华人民共和国成立,到1978年改革开放前,我国参照苏联的经验,实行的是计划经济体制。生产什么、怎么生产、为谁生产,完全依赖国家的计划安排。那时,位于偏僻山区的工厂,修建一个厕所都要上报北京的主管部委审批。改革开放40年,从"计划经济为主,市场调节为辅""有计划的商品经济"到"建立和完善社会主义市场经济体制",从"市场在社会主义国家宏观调控下对资源配置起基础性作用"到"市场在配置资源中起决定性作用",我国经济体制在处理计划与市场的关系、政府与市场的关系中发生了深刻变革,实现了根本转换,极大地解放和发展了社会生产力。1978—2017年,我国经济增长年均达到9.5%,成为世界第二大经济体,城镇居民人均可支配收入年均增长7.3%,农村居民人均可支配(纯)收入年均增长7.6%;贫困人口减少约8亿人,对世界减少贫困人口的贡献率达到70%以上。我国的经济体制及发展战略所带来的巨大变化、所形成的发展模式、所积累的实践经验,引起国际社会关注,一些规律、理念和方法是值得总结的,是可以借鉴的。这里面本身也吸收和借鉴了当今世界各国包括资本主义发达国家反映现代社会化生产规律的先进经营方式、管理方式。当然,我们还有不少需要改进、完善的地方,我们的体制、理论和战略也在不断创新、不断完善。应该相信,面临的各种问题、矛盾和风险,都会逐步化解。

1.2.2 国家发展战略的定位

国家发展战略的定位,可以概括为四句话:国家意志的集中体

十九大提出构建"三有"经济体制
市场机制有效:实现要素市场化配置,实现要素自由流动,形成主要由市场决定价格的机制,打破垄断,竞争公平有序,企业优胜劣汰,市场监管体制完善。**微观主体有活力**:完善产权制度,依法保护各种所有制经济组织和自然人财产权;推动国有资本做强做优做大,发展混合所有制经济,支持民营企业发展,激发和保护企业家精神。**宏观调控有度**:发挥规划和战略导向作用,健全财政、货币、产业、区域等经济政策协调机制,注重引导市场行为和社会预期。

现,面向未来的宏伟蓝图,人民共同的行动纲领,政府履职的重要依据。

- **国家意志的集中体现**

国家意志是国家利益、国民利益的反映。国家意志的形成与国家、民族的价值观念、文化传统、制度设计息息相关,是推动国家发展进步的最重要的力量。对于国家意志而言,国家发展战略是一个载体、一个工具,其使命就是充分体现国家意志,通过一系列思想、策略、行动的组合,向社会、公众阐述和传递国家的战略意图,落实国家的战略目标。

- **面向未来的宏伟蓝图**

国家发展战略立足眼前,谋划长远,提出未来一个时期的发展愿景、总体布局,有目标,有方法,有路线图,有时间表,让人们清晰地知道,国家将朝着一个什么样的方向发展,将采取什么样的方针和政策,将集中解决哪些难题和努力办成哪些大事,将取得什么样的成效和发生什么样的变化。

- **人民共同的行动纲领**

人民是历史的创造者,是国家的主人。国家发展战略的制定和实施,就是要把国家意志和人民意志,把国家利益和人民利益有机统一起来,以维护人民利益、增进人民福祉为根本目的,使之成为代表全民利益诉求的权威性、合法性的施政纲领,成为全国各族人民共同的行动纲领。

- **政府履职的重要依据**

对于政府而言,国家发展战略具有双重意义。首先,它为政府履行经济调节、市场监管、社会管理、公共服务、环境保护职能提供了法律依据和权力边界。其次,它为处理政府与市场的关系勾画出了一个合理的框架。市场按其规律运行,在资源配置中起决定性作用,政府适时适度进行宏观调控,引导市场主体行为,产生预期效应,推动政府和市场主体之间形成有效合力。

1.2.3 国家发展战略的特点

古人言:"不谋万世者,不足谋一时;不谋全局者,不足谋一域。"国家发展战略是一个顶层设计,从它的内涵和定位看,有四个鲜明的特点,即全局性、前瞻性、导向性、统筹性。

- **全局性：把握宏观、统揽大局**

国家发展战略所确立的是经济社会发展的总方针、总目标、总任务和总要求，所服务的对象是一国范围内的经济社会活动，必须从全局的高度，从宏观的层面去思考和谋划。1956年2月至4月，毛泽东同志在先后听取34个部委汇报的基础上，总结我国社会主义建设的实践经验，针对苏联经济建设中的一些问题和不足，提出了带有全局性的十个问题，即正确处理十大关系，对适合中国国情的社会主义建设道路进行了初步探索，其视野、格局可谓顶天立地，纵横开阖。

- **前瞻性：谋划长远、未雨绸缪**

国家发展战略是事关长远的根本大计，需要认清面临的机遇与挑战，预见未来的大势和发展的前景，未雨绸缪，趋利避害，甚至引领潮流。改革开放初期，我国经济发展的大格局如何构建，这是一个重要的战略问题。当时沿海地区基础条件、区域优势比内陆地区要好得多、强得多。对于沿海与内地的关系，邓小平同志从当前和长远的结合上，极具前瞻性、指导性地提出"两个大局"的战略构想。1988年9月，他与中央负责同志谈话时指出："沿海地区要加快对外开放，使这个拥有两亿人口的广大地带较快地先发展起来，从而带动内地更好地发展，这是一个事关大局的问题。内地要顾全这个大局。反过来，发展到一定的时候，又要求沿海拿出更多力量来帮助内地发展，这也是个大局。那时沿海也要服从这个大局。"

- **导向性：问题导向、目标导向**

国家发展战略是理想与现实的结合，是问题导向与目标导向的产物。问题是因，目标是果。国家发展战略以解决问题为出发点，以实现目标为落脚点，针对什么样的问题，确定什么样的目标，采取什么样的行动。2015年11月，习近平同志在对中共中央关于"十三五"规划的建议作说明时强调："坚持目标导向和问题导向相统一，既从实现全面建成小康社会目标倒推，厘清到时间节点必须完成的任务，又从迫切需要解决的问题顺推，明确破解难题的途径和方法。"这两个导向，阐述了国家发展战略的逻辑关系，闪耀着辩证唯物主义的思想光芒。

- **统筹性：综合平衡、协调各方**

国家发展战略必须注重和强化统筹性，通过综合协调，解决城乡、区域、不同群体等多个方面发展不平衡、不充分的矛盾，有效配置资源，平衡重大关系，形成协调发展的局面。20世纪90年代，江泽民

《论十大关系》

毛泽东同志提出的《论十大关系》是其关于社会主义建设的代表作，反映了经济发展的客观规律和社会政治稳定的需要，对当时和以后的社会主义建设都有很强的针对性和理论指导作用。十大关系包括：
- 重工业和轻工业、农业的关系
- 沿海工业和内地工业的关系
- 经济建设和国防建设的关系
- 国家、生产单位和生产者个人的关系
- 中央和地方的关系
- 汉族与少数民族的关系
- 党和非党的关系
- 革命和反革命的关系
- 是非关系
- 中国和外国的关系

同志在阐述西部大开发的战略意义时强调:"没有西部地区的稳定就没有全国的稳定,没有西部地区的小康就没有全国的小康,没有西部地区的现代化就不能说实现了全国的现代化。"2003年7月,胡锦涛同志提出"坚持以人为本,树立全面、协调、可持续的发展观",强调要"统筹城乡发展、统筹区域发展、统筹经济社会发展、统筹人与自然和谐发展、统筹国内发展和对外开放"。这些战略思想充分反映了国家发展战略中统筹兼顾的属性。

1.2.4 国家发展战略的要素

国家发展战略通常由战略环境、战略方针、战略目标、战略任务、战略保障等要素构成,相互之间是一个逻辑关系严密的整体(见图1.2)。战略环境是基础,战略方针是指南,战略目标是核心,战略任务是重点,战略保障是支撑,相互衔接,相互影响,相互作用。

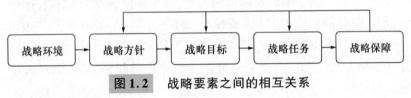

图1.2 战略要素之间的相互关系

- **战略环境**

战略环境是指发展面临的国内外环境,包括发展的内部基础和外部条件及未来趋势、面临的历史机遇与风险挑战等。这些因素在不断动态变化,有的可能是稳定性趋强,有的可能是不确定性增加,从而形成对落实战略方针、目标、任务的正向支撑和反向约束。

专栏1.4
日本"脱亚入欧"和"脱欧入美"

作为一个内部资源匮乏、发展空间狭小的岛国,日本的崛起具有明显的外向型特色:以强为师,革新图治;以强为友,外向增长。这可以说是日本对战略环境进行研判后作出的战略选择。

近代日本的"脱亚入欧"。1835年黑船事件让日本看到了曾被奉为圭臬的东亚文明在治理体制、科学技术和军事力量上的全面落后,而1840年中国在鸦片战争中的惨败,更坚定了日本摆脱

东方礼制文明,全面转向近代西方资本主义文明的决心。1860年明治维新后,日本派出岩仓使团前往西方各国考察,确立了政治体制上从幕藩体制转向君主立宪制度,从封建小农经济转向资本主义生产方式的转型目标。

现代日本的"脱欧入美"。日本的经济实力和政治地位在第二次世界大战战败后严重受挫。然而,第二次世界大战后尤其是冷战开始后,美国出于全球战略的考量,意图维持在远东的有利地位,将亚洲政策中心放在日本。日本紧紧抓住这一机会,及时构建起美日同盟,借美国之手推进政治改造、经济复兴和管理革新,奠定了战后日本经济腾飞的政治、经济和管理基础,在日本开始了持续至今的"脱欧入美"之路,美日同盟成为日本现当代发展战略的核心内容。

- **战略方针**

战略方针是指发展遵循的指导思想、基本原则等。国家发展战略规划通常都有一个主题、一条主线。以国民经济和社会发展五年规划为例,"十二五"规划的主题是科学发展,主线是加快转变经济发展方式;"十三五"规划提出创新、协调、绿色、开放、共享的五大发展理念,强调以供给侧结构性改革为主线,以提高发展质量和效益为中心。战略方针处在战略的最高端,管方向、管全局、管根本,贯穿战略和实施的全过程。

- **战略目标**

战略目标是指根据面临的战略环境分析、提出的战略指导方针而确立的目标体系,包括主要目标、具体指标以及实现目标的时限。其中既有宏大的定性目标,描述未来发展的图景,又有细化的定量目标,列出一系列精确的数据;既有预期性指标,如经济增速等,引导市场主体行为,又有约束性指标,如节能减排等,强化政府职责。目标体系可比较,可评估,可考核。

- **战略任务**

战略任务是指战略方针、目标的着力点和突破口。它针对重点领域、关键环节的若干重大问题而设计,力求破解难题,寻求突破从而影响和带动全局。它处于整体和局部、长远与当前的交汇点上,对战略方针、目标的实现通常具有事关成败、事半功倍的作用。

> **专栏 1.5**
> **中华人民共和国"十三五"规划纲要目录**
>
> 第一篇　指导思想、主要目标和发展理念
> 　第1章　发展环境
> 　第2章　指导思想
> 　第3章　主要目标
> 　第4章　发展理念
> 　第5章　发展主线
> 第二篇　实施创新驱动发展战略
> 第三篇　构建发展新体制
> 第四篇　推进农业现代化
> 第五篇　优化现代产业体系
> 第六篇　拓展网络经济空间
> 第七篇　构筑现代基础设施网络
> 第八篇　推进新型城镇化
> 第九篇　推动区域协调发展
> 第十篇　加快改善生态环境
> 第十一篇　构建全方位开放新格局
> 第十二篇　深化内地和港澳、大陆和台湾地区合作发展
> 第十三篇　全力实施脱贫攻坚
> 第十四篇　提升全民教育和健康水平
> 第十五篇　提高民生保障水平
> 第十六篇　加强社会主义精神文明建设
> 第十七篇　加强和创新社会治理
> 第十八篇　加强社会主义民主法治建设
> 第十九篇　统筹经济建设和国防建设
> 第二十篇　强化规划实施保障
> 　第79章　发挥党的领导核心作用
> 　第80章　形成规划实施合力
>
> 注:"十三五"规划纲要共二十篇,八十章。对应五大要素,第一篇涵盖了战略环境、战略方针、战略目标,第二篇至第十九篇即战略任务,第二十篇即战略保障。限于篇幅,此处仅详细列出前几章和最后两章的内容。

- **战略保障**

战略保障包括组织实施、政策协同、资源配置、评估反馈等机制,是战略能否成功的支撑。在战略方针、目标、任务明确后,通过一系列的策略、手段、途径和监测、评估、考核,推动战略的实施,总结实施中的经验和教训,保证实施效果的最大化、最优化。同时,根据战略环境的变化,对战略目标、任务进行调整和修正。

内容小结

本章论述了战略与国家发展战略。一般而言,战略的内容可理解为一个组织为了实现某个特定目的,基于对内外部条件的分析,制定相应行动策略的集合。具体来说,战略是对组织目标的规划设计,是对外部环境和内部条件认知分析后的一种选择,是获取竞争优势、创造预期价值的行动策略。战略的类型可分为国家战略和企业战略、总体战略与局部战略、长期性战略与阶段性战略。国家发展战略是国家意志的集中体现,是面向未来的宏伟蓝图,是人民共同的行动纲领,是政府履职的重要依据,具有全局性、前瞻性、导向性、统筹性的特点。国家发展战略的要素包括战略环境、战略方针、战略目标、战略任务、战略保障。

关键概念

战略的内涵　　　　战略的类型　　　　国家发展战略的意义
国家发展战略的特点　国家发展战略的要素　国家发展战略的定位

思考讨论题

1. 谈谈你对国家发展战略的认识和理解。
2. 举例说明国家发展战略对经济社会发展和个人生活产生的影响。
3. 以"十三五"规划纲要为例,阐述五大战略要素之间的关系。

第 2 章
国家发展战略的制定

我国国家发展战略的制定,有其独特的思维体系、决策过程。本章讲述影响世界、引人入胜的中国特色的发展模式究竟"特"在哪里,讲述背后强大的逻辑支撑和丰富多彩的故事。

2.1 战略思维体系

中国国家发展战略及模式的形成,是由中国共产党人的战略思维决定的。它涉及历史、政治、经济、文化等深层次的因素,包括历史情结、制度基础、价值观念、方式方法等丰富的内容。中国共产党人的战略思维具有鲜明的中国特色,特殊的战略思维源自特殊的国情,已经形成了一个完整的体系,可以概括为一个目标、三项制度、九大价值取向、若干重要方法。

2.1.1 一个目标

千百年来,中国人民最深厚的情结、最坚定的目标、最伟大的梦想就是实现中华民族的复兴,这是中国共产党人战略思维和国家发展战略的精神内核。中华民族曾经是世界上最强大的民族。古代造纸术、指南针、火药、印刷术等四大发明,对人类社会的发展产生了很大的影响。两千多年前,我国经济总量就位于世界前列。有关研究表明,到 1820 年,中国的总产出占世界的比重已达到 32.9%(见图 2.1)。

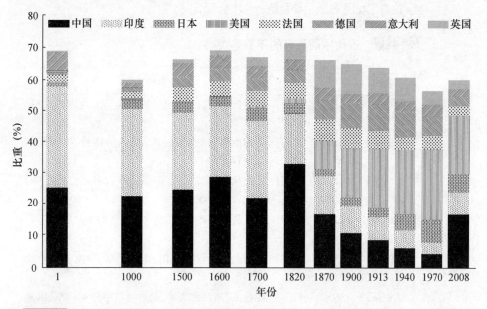

图 2.1 自公元 1 年以来主要国家占世界国内生产总值比重的变化

注:按 1990 年购买力平价,公元 1 年(汉平帝元年),中国占世界国内生产总值的比重为 26.2%;公元 1000 年(宋真宗三年),占比为 22.7%;公元 1500 年(明孝宗十三年),占比为 25%;公元 1600 年(明神宗二十八年),占比为 29.2%;公元 1700 年(清康熙三十九年),占比为 22.3%;1820 年(清嘉庆二十五年),占比为 32.9%,达到历史巅峰;1870 年(清同治九年),占比为 17.2%;1913 年(中华民国二年),占比直落到 8.9%。

资料来源:《经济学人》(*Economist*)杂志。

但是,1840 年鸦片战争的炮火,打破了清王朝"天国上朝"的美梦。辉煌的封建主义农业文明被崛起的资本主义工业文明击败,中国从一个强盛的文明古国衰落成一个徒有其表的虚弱巨人,任西方列强宰割。从 1842 年英国强迫战败的清政府签订的第一个不平等条约——中英《南京条约》,到 20 世纪初清政府与英、美、俄、日等八国联军签订的丧权辱国的《辛丑条约》,这一系列的不平等条约(见表 2.1),使中国沦为一个半殖民地半封建国家。

中国近代史既是一部中华民族灾难深重、山河破碎的屈辱史,也是一部中国人民救亡图存、追求复兴的奋斗史。饱受一百多年的蹂躏,中国的先进分子以百折不挠的精神奋起抗争和探索,孙中山喊出"振兴中华"的口号,辛亥革命推翻了统治中国两千多年的封建专制制度,但终究未能改变旧中国的社会性质和中国人民的悲惨命运。一百多年前,十月革命一声炮响,给中国送来了马克思列宁主义。1921 年,中国共产党应运而生,团结带领人民经过 28 年的浴血奋战,完成了新民主主义革命,1949 年建立了中华人民共和国,实现了民

孙中山的《建国方略》

《建国方略》是孙中山 1917—1920 年间所著的三本书——《孙文学说》(心理建设)、《实业计划》(物质建设)、《民权初步》(社会建设)的合称。其中,《实业计划》由六大计划共 33 个部分组成,是一份全面发展中国经济的宏伟纲领。孙中山提出要修建约 16 万公里的铁路,把中国沿海、内地、边疆连接起来;修建 160 万公里的公路,形成遍布全国的公路网,并进入青藏高原;开凿和整修全国水道及运河,建设三峡大坝,发展内河交通和水利、电力事业;在中国北部、中部、南部沿海各修建一个世界水平的大海港;发展农业、制造业、矿业;主张个人经营与国家经营并行不悖,相辅相成等。

第 2 章 国家发展战略的制定

族独立、人民解放、国家统一、社会稳定。

表2.1 近代中国签订的不平等条约

名称	签订时间	主要内容
南京条约	1842年8月29日	开放广州、厦门、福州、宁波、上海五处港口,割让香港等。
望厦条约	1844年7月3日	美国取得与《南京条约》同样的特权,扩大领事裁判权等。
黄浦条约	1844年10月24日	法国除取得英、美在中国的特权外,还取消了对天主教的禁令等。
瑷珲条约	1858年5月28日	割让外兴安岭以南、黑龙江以北的大片领土等。
天津条约	1858年6月26日	在通商港口设领事馆,增开南京、台南等九个通商口岸等。
北京条约	1860年11月2日	规定蒙、新西北边界,割占巴尔喀什湖以东、以南的领土等。
烟台条约	1876年9月13日	英国可经印度、甘肃、青海、四川等地进入西藏等。
伊犁条约	1881年2月24日	争夺伊犁河流域的中国领土,并将兵费增为九百万卢布等。
中法新约	1885年6月9日	承认法国在越南的特权,法国退出台湾、澎湖等。
马关条约	1895年4月17日	承认朝鲜由日本控制,日本强占台湾和辽东半岛等。
辛丑条约	1901年9月7日	赔款九亿八千多万两白银,是中国近代史上赔款最多的条约。将东交民巷划为外国使馆区等。

在中国这样一个人口众多、幅员辽阔、经济文化十分落后的国家探索民族复兴道路,是一项长期的、艰巨的任务。中华民族伟大复兴的历史进程,可以说始于中华人民共和国成立初期,兴于改革开放,聚焦于"中国梦"的提出。

- **中华人民共和国成立初期:从工业化到"四个现代化"**

"一穷二白"的含义

毛泽东同志曾经说过,我们一为"穷",二为"白"。"穷",就是没有多少工业,农业也不发达。"白",就是一张白纸,文化水平、科学水平都不高。从发展的观点看,这并不坏。穷就要革命,富的革命就困难。

中华人民共和国刚成立,处于"一穷二白"的状况。1956年毛泽东同志在同民族党派负责人谈话时说:"现在我们能造什么?能造桌子椅子,能造茶壶茶碗,能产粮食,还能磨成面粉,还能造纸,但是,一辆汽车,一架飞机,一辆坦克,一辆拖拉机都不能制造。"1957年2月,他在《关于正确处理人民内部矛盾的问题》的讲话中提出:"将我国建设成为一个具有现代工业、现代农业、现代科学文化的社会主义国家。"1959年12月,毛泽东在读苏联《政治经济学教科书》时谈道:"建设社会主义,原来要求是工业现代化、农业现代化、科学文化现代化,现在要加上国防现代化。"

1964年12月,在第三届全国人民代表大会第一次会议上,周恩来同志根据毛泽东同志的建议,在政府工作报告中首次提出,在20世纪内,把中国建设成为一个具有现代农业、现代工业、现代国防和现代科学技术的社会主义强国。为了实现这个伟大的历史任务,当时提出分两步,从第三个五年计划开始,第一步,用15年时间,建立一个独立的、比较完整的工业体系和国民经济体系,使中国工业大体接近世界先进水平;第二步,力争在20世纪末,使中国工业走在世界前列,全面实现农业、工业、国防和科学技术的现代化。这一构想,因党在领导社会主义建设中出现的严重失误和"文化大革命"的发生而受挫。

- 改革开放:现代化建设"三步走"战略构想

1978年12月,党的十一届三中全会作出把全党的工作重点转移到社会主义现代化建设上来的伟大决定。1979年12月,邓小平同志会见日本首相大平正芳,客人问中国现代化的蓝图是如何构想的?他回答道:"我们的四个现代化的概念,不是像你们那样的现代化的概念,而是'小康之家'。到本世纪末,中国的四个现代化即使达到某种目标,我们的国民生产总值人均水平也还是很低的。要达到第三世界中比较富裕一点的国家的水平,比如国民生产总值人均1 000美元,也还得付出很大的努力。就算达到那样的水平,同西方来比,也还是落后的。所以,我只能说,中国到那时也还是一个小康的状态。"1987年4月,邓小平在会见西班牙工人社会党副总书记、政府副首相格拉时,第一次明确提出经济建设大体分"三步走"的战略目标,"本世纪走两步,达到温饱和小康,下个世纪用三十到五十年时间再走一步,达到中等发达国家的水平"。

根据邓小平同志的设想,1982年9月,党的十二大确定了到20世纪末,力争使全国工农业总产值翻两番,使全国人民的物质文化生活达到小康水平的战略目标。1987年10月,党的十三大进一步明确,我国经济建设的战略部署大体分三步走:"第一步,实现国民生产总值比1980年翻一番,解决人民的温饱问题。第二步,本世纪末,使国民生产总值再增长一倍,人民生活达到小康水平。第三步,到下个世纪中叶,人均国民生产总值达到中等发达国家水平,人民生活比较富裕,基本实现现代化。"1997年9月,江泽民同志在党的十五大报告中提出新的"三步走"战略:"展望下世纪,我们的目标是,第一个10年实现国民生产总值比2000年翻一番,使人民的小康生活更加宽裕,形成比较完善的社会主义市场经济体制;再经过10年的努力,到建党100

年时,使国民经济更加发展,各项制度更加完善;到下世纪中叶建国100年时,基本实现现代化,建成富强民主文明的社会主义国家。"

- **十八大:聚焦实现中华民族伟大复兴的中国梦**

2012年11月,党的十八大明确提出:建设中国特色社会主义的总任务是实现社会主义现代化和中华民族伟大复兴。2012年11月29日,党的十八大闭幕后第21天,刚刚当选中共中央总书记的习近平同志率中央政治局常委和中央书记处的同志们,参观《复兴之路》展览,首次提出并阐述中国梦。他说:"现在,大家都在讨论中国梦,我以为,实现中华民族复兴,就是中华民族近代以来最伟大的梦想。"他指出,中华民族的昨天,可以说是"雄关漫道真如铁";中华民族的今天,正可谓"人间正道是沧桑";中华民族的明天,可以说是"长风破浪会有时"。经过鸦片战争以来170多年的持续奋斗,中华民族伟大复兴展现出光明的前景。我们比历史上任何时期都更接近中华民族伟大复兴的目标,比历史上任何时期都更有信心、有能力实现这个目标。中国梦是实现中华民族伟大复兴的形象表达。

只有创造过辉煌的民族,才懂得复兴的意义;只有历经苦难的民族,才对复兴有如此深切的渴望。中国梦凝聚了几代中国人的夙愿,是每一个中华儿女的共同期待。每个人都有理想和追求,都有自己的梦想。历史告诉我们,每个人的前途命运都与国家和民族的前途命运紧密相关。国家好,民族好,大家才会好。

专栏 2.1
百年奥运梦与百年世博梦

百年奥运梦:1908年,《天津青年》杂志向国人提出三个追问:中国何时才能派一位选手参加奥运会?中国何时才能派一支队伍参加奥运会?中国何时才能举办奥运会?整整100年后,2008年我们在北京成功地举办了一届无与伦比的奥运会,实现了中华民族的百年期盼,完成了海内外中华儿女的共同心愿,赢得了国际社会的高度评价。

百年世博梦:1910年,晚清小说家陆士谔在其幻想小说《新中国》中构想了100年后在上海浦东举办万国博览会的情景。又是整整100年后,2010年我们成功地举办了上海世博会。上海世博会创造和上演了一场精彩纷呈、美轮美奂的世界文明大展示,以一届成功、精彩、难忘的世博会胜利载入史册。

2.1.2 三项制度

一个国家的政治、经济、社会制度对一个国家的发展战略具有决定性的影响。中国特色社会主义制度,与中国特色社会主义道路、中国特色社会主义理论体系、中国特色社会主义文化构成的中国特色社会主义,是党和人民历尽千辛万苦,付出各种代价,奋斗、创造而积累成的。中国特色社会主义制度主要包括根本政治制度、基本政治制度和基本经济制度。这三项制度是当代中国发展进步的根本保障,也是决定国家发展战略的关键因素。

- **根本政治制度:党的领导、人民当家作主、依法治国有机统一的人民代表大会制度**

人民代表大会制度是我国人民当家作主的根本途径和最高实现形式,是中国共产党在国家政权中充分发挥民主、贯彻群众路线的最好实现形式。一个国家的性质是这个国家的国体,一个国家的政治组织形式是这个国家的政体。我国的国体是工人阶级领导的、以工农联盟为基础的人民民主专政的社会主义国家,与之相适应的政体就是人民代表大会制度。这是历史的选择、人民的意志。中国共产党作为执政党,是中国特色社会主义事业的领导核心,党政军民学,东西南北中,党是领导一切的。党通过人民代表大会制度对国家事务实行领导,切实保障人民管理国家事务和社会事务、管理经济和文化事业的权利,保证国家权利最终掌握在全体人民手中。

在人民代表大会制度下,整个国家机构按照一切权力属于人民和民主集中制的原则组成及运转。人民按照法定的程序选举代表,组成全国人民代表大会和地方各级人民代表大会,作为人民行使国家权力的机关。全国人民代表大会是最高国家权力机关,有权修改宪法,制定法律,决定国家重大问题。地方各级人民代表大会是地方国家权力机关,依照宪法和法律规定的权限,决定地方的各种重大事项。这里所说的"决定国家重大问题",其中就包括审查批准国民经济和社会发展五年规划、年度计划、预算执行报告和政府工作报告。

- **基本政治制度:中国共产党领导的多党合作和政治协商制度、民族区域自治制度、基层群众自治制度**

中国共产党领导的多党合作和政治协商制度,是中国共产党和各民主党派以及无党派人士在政治问题上协商的制度,主要形式是中国人民政治协商会议。民族区域自治制度,是在国家统一领导下,

---

全国人民代表大会代表

全国人民代表大会及代表每届任期五年,一般每年举行一次全体会议。全国人大代表由下级人民代表大会选举产生。全国人大代表来自各条战线,具有广泛的代表性。第十三届全国人大代表共2980名,有关构成如下:

一线工人农民代表:468名,占15.70%;

专业技术人员代表:613名,占20.57%;

党政领导干部代表:1011名,占33.94%;

妇女代表:742名,占24.90%;

少数民族代表:438名,占14.7%;

香港特别行政区代表:36名,占1.21%;

澳门特别行政区代表:12名,占0.40%。

> **专栏 2.2**
> **十三届全国人民代表大会第一次会议审议、审查和选举、表决事项**
> （2018 年 3 月 5 日至 3 月 20 日）
>
> 一、审议和投票表决中华人民共和国宪法修正案草案
>
> 二、审议和投票表决关于批准国务院机构改革方案的决定草案
>
> 三、投票选举和决定任命国家机构组成人员，包括：选举中华人民共和国主席、副主席，中华人民共和国中央军事委员会主席，第十三届全国人大常委会委员长、副委员长、秘书长，决定国务院总理的人选，决定中华人民共和国中央军事委员会副主席、委员的人选，选举国家监察委员会主任，选举最高人民法院院长，选举最高人民检察院检察长，选举第十三届全国人大常委会委员，决定国务院副总理、国务委员、各部部长、各委员会主任、中国人民银行行长、审计长、秘书长的人选，表决全国人大民族委员会、内务司法委员会、教育科学文化卫生委员会、外事委员会、华侨委员会、环境与资源保护委员会、农业与农村委员会等专门委员会主任委员、副主任委员、委员的人选
>
> 四、审议和投票表决政府工作报告
>
> 五、审议和投票表决中华人民共和国监察法草案
>
> 六、审查和投票表决 2017 年国民经济和社会发展计划执行情况与 2018 年国民经济和社会发展计划草案的报告
>
> 七、审查和投票表决 2017 年中央和地方预算执行情况与 2018 年中央和地方预算草案的报告
>
> 八、审议和投票表决全国人民代表大会常务委员会工作报告
>
> 九、审议和投票表决最高人民法院工作报告
>
> 十、审议和投票表决最高人民检察院工作报告

各少数民族聚居地方实行区域自治，设立自治机关，行使自治权。基层群众自治制度，是人民参与管理国家事务和社会事务的一种形式，城市和农村按居民居住地区设立居民委员会或者村民委员会，依法自我管理、自我服务、自我教育、自我监督。

中国人民政治协商会议是中国政治生活中发扬社会主义民主的一种重要形式。由中国共产党、八个民主党派、无党派民主人士、人

民团体、各界爱国人士共同组成,具有广泛的社会基础。它对国家的大政方针和群众生活的重要问题进行政治协商,并通过建议和批评发挥参政议政、民主监督作用,推进科学、民主决策。每年一次的全国政治协商会、定期举行的双周协商座谈会以及大量的政协提案,涉及的问题通常是经济社会发展的重大问题。

国家发展改革委作为负责编制和推动实施国民经济和社会发展五年规划、年度计划的牵头部门,每年要办理大量的人大代表建议、政协委员提案。这些建议、提案的内容主要集中在"三农"、创新、区域、民生、生态、产业升级和基础设施等领域的重点热点问题,对于制定和实施国家发展战略和政策具有重要影响和作用。办理方式有主办、分办、会办等多种形式,办理过程和结果要直接与人大代表、政协委员通气、反馈,全国人大、政协要督办。近五年,国家发展改革委办理的全国人大代表建议共 10 263 件,政协委员提案共 4 747 件,分别占总数的 24.82% 和 19.82%(见表 2.2)。

表 2.2　国家发展改革委办理十二届全国人大代表建议、政协委员提案情况

年份	人大代表建议(件)				政协委员提案(件)		
	主办	分办	会办	参阅	主办	分办	会办
2013	718	35	894	142	370	32	573
2014	700	33	1 137	294	400	18	510
2015	695	29	1 065	178	363	29	711
2016	736	97	1 239	169	294	23	534
2017	508	45	1 275	274	307	39	544
合计	10 263				4 747		

- **基本经济制度:以公有制为主体、多种所有制经济共同发展的经济制度**

以公有制为主体、多种所有制经济共同发展是我国社会主义初级阶段的基本经济制度。这一制度的确立,是由社会主义的性质和初级阶段的国情所决定的:第一,我国是社会主义国家,必须坚持公有制作为社会主义经济制度的基础;第二,我国处在社会主义初级阶段,需要在公有制为主体的条件下发展多种所有制经济;第三,一切符合"三个有利于"的所有制形式都可以而且应该用来为社会主义服务。2002 年 11 月,江泽民同志在党的十六大报告中提出,坚持和完善基本经济制度,必须毫不动摇地巩固和发展公有制经济,必须毫不

社会主义初级阶段
特指我国生产力落后、商品经济不发达条件下建设社会主义必然要经历的特定阶段,即从 1956 年社会主义改造基本完成到 21 世纪中叶社会主义现代化基本实现的整个历史阶段。

三个有利于
1992 年年初,邓小平同志在南方谈话中指出,判断姓"资"还是姓"社"的标准,应该主要看是否有利于发展社会主义社会的生产力、有利于增强社会主义国家的综合国力、有利于提高人民的生活水平。

动摇地鼓励、支持和引导非公有制经济发展。党的十八大进一步强调"两个毫不动摇"的方针,推行公有制多种实现形式,增强国有经济活力、控制力、影响力,保证各种所有制经济依法平等使用生产要素、公平参与市场竞争、同等受到法律保护。

改革开放前的1978年,全民所有制企业产值占比达77.6%,集体经济占比达22.4%,个体经济、私营经济、"三资"企业等非公有经济成分占比几乎为零;全民所有制商业占比达54.6%,集体商业占比达43.3%,非公有制商业仅占2.1%。改革开放以来,非公有制经济发展迸发出强大的活力,各项主要指标占总量的比重大幅提升且处于高位(见图2.2),成为社会主义市场经济的重要组成部分,与公有制经济享有同等重要的地位。

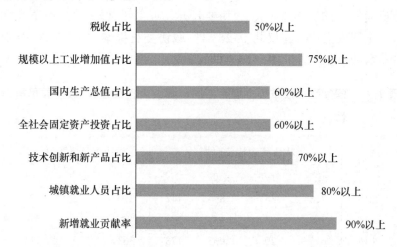

图 2.2 2017年非公有制经济主要指标占全国的比重

资料来源:国家统计局。

基本经济制度、所有制结构的调整和完善,使国家发展战略的关注点、着力点也发生了较大变化,逐渐从竞争性领域退出,把战略重点放在改革体制机制、营造市场环境等方面。比如,组织编制和实施重要改革举措实施规划,出台中共中央、国务院《关于完善产权保护制度依法保护产权的意见》《关于营造企业家健康成长环境弘扬优秀企业家精神更好发挥企业家作用的意见》,明确提出"要健全以公平为核心原则的产权保护制度,公有制经济财产权不可侵犯,非公有制经济财产权同样不可侵犯""着力营造依法保护企业家合法权益的法治环境、促进企业家公平竞争诚信经营的市场环境、尊重和激励企业家干事创业的社会氛围,引导企业家爱国敬业、遵纪守法、创业创新、服务社会"。

2.1.3 九大价值取向

价值取向是指导人们决策判断和行动的总体信念。诺贝尔经济学奖获得者、著名心理学家赫伯特·西蒙认为,决策判断有两种前提:价值前提和事实前提。一个国家、一个政党的价值取向决定其发展战略取向、政策取向和行动取向。中国共产党人的价值观以及由此确立的价值取向,既受到马克思列宁主义科学真理的指引,又受到中国优秀传统文化的熏陶,更重要的是在长期的实践中、在历史的检验中逐渐形成的。这里列举的九大价值取向,可以说是国家发展战略的思想支撑。

- **以人民为中心**

民本思想,在中国传统文化中有着深厚的渊源。"民惟邦本,本固邦宁""君者,舟也;庶人者,水也。水则载舟,水则覆舟""政之所兴,在顺民心;政之所废,在逆民心",等等。这些古训,都是古代治国思想的体现,意思是指人民是国家的根基,只有根基牢固,国家才能安定。马克思主义认为,实现人的全面发展,是社会发展的根本目标,是一个国家的最终使命。

早在延安时期,毛泽东同志就提出"为人民服务"的思想,这是中国共产党的初心。改革开放初期,邓小平同志就强调:人民满意不满意,人民高兴不高兴,人民赞成不赞成,应当成为检验我们一切工作的标准。江泽民同志在"三个代表"重要思想中强调,要把最广大人民的根本利益作为出发点和落脚点。胡锦涛同志提出以人为本的科学发展观,强调发展为了人民,发展依靠人民,发展成果由人民共享。党的十八大以来,习近平同志进一步丰富了我们党执政为民的学说,提出以人民为中心的发展思想,把人民对美好生活的向往作为党的奋斗目标。他多次强调"中国共产党人的初心和使命,就是为中国人民谋幸福,为中华民族谋复兴",必须有"天下之治乱,不在一姓之兴亡,而在万民之忧乐"的情怀,必须始终保持党同人民群众的血肉联系,始终与人民心连心、同呼吸、共命运。

- **发展是党执政兴国的第一要务**

中国是世界上人口最多的国家,也是世界上最大的发展中国家。加快发展,把经济建设搞上去,让人民过上好日子,不仅是重大的经济问题,也是重大的政治问题,事关社会主义事业的盛衰成败。党的十一届三中全会开始的全党工作重点的转移,实现了从"以阶级斗争为纲"到"以经济建设为中心"的历史性转变,开启了我国改革开放

> **专栏 2.3**
> **为人民服务宗旨的确立**
>
> 　　1944年9月,毛泽东同志在为战士张思德举行的追悼大会上,发表题为"为人民服务"的讲话。他说:"我们的共产党和共产党领导的八路军、新四军,是革命的队伍。我们这个队伍完全是为着解放人民的,是彻底地为人民的利益工作的。"他进而指出:"人总是要死的,但死的意义有不同。中国古时候有个文学家叫做司马迁的说过:'人固有一死,或重于泰山,或轻于鸿毛'。为人民利益而死,就比泰山还重。"1944年10月,他又谈道:"为人民服务,三心二意不行,半心半意也不行,一定要全心全意为人民服务。"1945年4月,毛泽东在党的七大报告中再次强调:"全心全意地为人民服务,一刻也不脱离群众,一切从人民的利益出发,而不是从个人或小集团的利益出发。"在这次大会上,"中国共产党人必须具有全心全意为中国人民服务的精神"这句话,第一次写入党章,被确定为党的根本宗旨。以后,又写入1954年的宪法,其中第27条规定:"一切国家机关和国家工作人员必须依靠人民的支持,经常保持同人民群众的密切联系,倾听人民的意见和建议,接受人民的监督,努力为人民服务。"

和社会主义现代化建设的新时期。从那以后,发展是硬道理,成为最响亮的口号;发展是解决我国一切问题的基础和关键,成为最广泛的共识;解放和发展社会生产力,成为建设中国特色社会主义的首要任务。

　　到今天,中国特色社会主义进入新时代,我国社会的主要矛盾已经转化为人民日益增长的美好生活需要和不平衡不充分的发展之间的矛盾。我们应该清醒地看到,尽管我国经济总量已经名列世界第2位,但根据世界银行2018年3月1日公布的数据,2016年中国的人均国内生产总值仅为8 123美元,在世界190个国家和地区中排在第77位,只占美国人均国内生产总值(57 638美元)的14.1%、日本人均国内生产总值(38 901美元)的20.9%(见表2.3)。发展仍然是党执政兴国的第一要务,是我们必须把控的战略价值观。

表 2.3　2016 年世界各个国家(地区)人均国内生产总值排位(前 100 名)

排位	国家/地区	人均国内生产总值(美元/人)	排位	国家/地区	人均国内生产总值(美元/人)	排位	国家/地区	人均国内生产总值(美元/人)
	世界	10 190	34	文莱	26 939	68	毛里求斯	9 631
1	卢森堡	100 739	35	西班牙	26 616	69	罗马尼亚	9 523
2	瑞士	79 888	36	马耳他	25 145	70	马来西亚	9 508
3	**中国澳门**	**74 017**	37	塞浦路斯	23 541	71	圣卢西亚	9 365
4	挪威	70 868	38	巴林	22 579	72	俄罗斯	8 748
5	爱尔兰	64 175	39	北马里亚纳群岛	22 572	73	赤道几内亚	8 747
6	冰岛	59 765	40	斯洛文尼亚	21 650	74	巴西	8 650
7	卡塔尔	59 324	41	沙特	20 029	75	黎巴嫩	8 257
8	**美国**	**57 638**	42	葡萄牙	19 838	76	墨西哥	8 209
9	丹麦	53 579	43	捷克	18 484	**77**	**中国内地**	**8 123**
10	新加坡	52 962	44	希腊	17 891	78	多米尼克	7 907
11	瑞典	51 845	45	爱沙尼亚	17 737	79	秘鲁	7 821
12	澳大利亚	49 755	46	圣基茨和尼维斯	16 597	80	哈萨克斯坦	7 715
13	圣马力诺	47 909	47	斯洛伐克	16 530	81	保加利亚	7 469
14	荷兰	45 638	48	特多	16 041	82	加蓬	7 179
15	奥地利	44 758	49	巴巴多斯	15 892	83	黑山	7 029
16	**中国香港**	**43 741**	50	乌拉圭	15 221	84	圣文森特和格林纳丁斯	7 007
17	芬兰	43 401	51	塞舌尔	15 076	85	博茨瓦纳	6 924
18	加拿大	42 183	52	阿曼	14 982	86	多米尼加	6 722
19	德国	42 161	53	立陶宛	14 901	87	土库曼斯坦	6 389
20	比利时	41 271	54	安巴	14 462	88	秘鲁	6 049
21	英国	40 367	55	帕劳	14 428	89	厄瓜多尔	6 019
22	新西兰	39 412	56	拉脱维亚	14 071	90	泰国	5 911
23	**日本**	**38 901**	57	智利	13 793	91	苏里南	5 871
24	阿联酋	37 622	58	巴拿马	13 680	92	哥伦比亚	5 806
25	以色列	37 181	59	匈牙利	12 820	93	塞尔维亚	5 426
26	安道尔	36 989	60	阿根廷	12 440	94	南非	5 275
27	法国	36 857	61	波兰	12 414	95	马其顿	5 237
28	关岛	35 563	62	克罗地亚	12 149	96	斐济	5 233
29	波多黎各	30 790	63	美属萨摩亚	11 835	97	伊朗	5 219
30	意大利	30 661	64	哥斯达黎加	11 825	98	白俄罗斯	4 989
31	巴哈马	28 785	65	土耳其	10 863	99	牙买加	4 879
32	韩国	27 539	66	马尔代夫	9 875	100	波黑	4 808
33	科威特	27 359	67	格林纳达	9 842			

注:本表由世界银行公开的 190 个国家/地区的人均国内生产总值整理。
资料来源:世界银行(2018 年 3 月 1 日)。

• 坚持共同富裕的根本方向

实现全体人民共同富裕,是中国共产党人的奋斗目标,是社会主义社会的本质特征。早在陕甘宁边区,毛泽东就说过:"全国人民都要有衣穿,有饭吃,有事做,有书读,总之是要各得其所。"1955年10月,毛泽东在党的七届六中全会上的讲话中指出:"要巩固工农联盟,我们就得领导农民走社会主义道路,使农民群众共同富裕起来。"不久,又在资本主义工商业社会主义改造问题座谈会上说:"现在我们实行这么一种制度,这么一种计划,是可以一年一年走向更富更强的,一年一年可以看到更富更强的,而这个富,是共同的富,这个强,是共同的强,大家都有份。"

1978年12月,邓小平在《解放思想,实事求是,团结一致向前看》的重要讲话中首次提出:"我认为要允许一部分地区、一部分企业、一部分工人农民,由于辛勤努力成绩大而收入先多一些,生活先好起来。一部分人生活先好起来,就必然产生极大的示范力量,影响左邻右舍,带动其他地区、其他单位的人们向他们学习。这样,就会使整个国民经济不断地波浪式地向前发展,使全国各族人民都能比较快地富裕起来。"1986年8月,在视察天津时,他又说:"我的一贯主张是,让一部分人、一部分地区先富起来,大原则是共同富裕。一部分地区发展快一点,带动大部分地区,这是加速发展、达到共同富裕的捷径。"1990年12月,在同几位中央负责人谈话时,他指出:"共同致富,我们从改革一开始就讲,将来总有一天要成为中心课题。社会主义不是少数人富起来、大多数人穷,不是那个样子。社会主义最大的优越性就是共同富裕,这是体现社会主义本质的一个东西。如果搞两极分化,情况就不同了,民族矛盾、区域间矛盾、阶级矛盾都会发展,相应地中央和地方的矛盾也会发展,就可能出乱子。"

习近平同志在党的十九大报告中,多次谈到共同富裕的问题。他指出,中国特色社会主义新时代"是全国各族人民团结奋斗、不断创造美好生活、逐步实现全体人民共同富裕的时代"。他强调:"在发展中补齐民生短板、促进社会公平正义,在幼有所育、学有所教、劳有所得、病有所医、老有所养、住有所居、弱有所扶上不断取得新进展,深入开展脱贫攻坚,保证全体人民在共建共享中有更多获得感,不断促进人的全面发展、全体人民共同富裕。"他在社会主义现代化建设两个阶段的安排中谈道:第一个阶段,从2020年到2035年,"城乡区域发展差距和居民生活水平差距显著缩小,基本公共服务均等化基本实现,全体人民共同富裕迈出坚实步伐";第二个阶段,从2035年到本世纪中叶,"全体人民共同富裕基本实现,我国人民将享有更加幸福安康的生活",为我们清晰地描绘了一幅共同富裕的发展愿景。

> **专栏 2.4**
> **中国传统文化中的"大同观"**
>
> 两千多年前,孔子就提出"天下大同"的理想。《礼记·礼运》记载了孔子关于大同世界的论述:"大道之行也,天下为公,选贤与能,讲信修睦。故人不独亲其亲,不独子其子,使老有所终,壮有所用,幼有所长,矜、寡、孤、独、废、疾者皆有所养,男有分,女有归。"在他的设想里,是一个以道德为基础的公平社会。戊戌变法失败后,康有为将传统的"大同观"和变法纲领结合起来,写成《大同书》,其中提出"均产说",指出私有制下"富者愈富,贫者愈贫",希望通过建立财产公有制实现社会的均平。1924年,孙中山在演讲中提出,"真正的三民主义,就是孔子所希望之大同世界,实现民有、民治、民享"。这些思潮因脱离当时的社会生产条件,被称为空想社会主义思潮。

● **对内深化改革**

自党的十一届三中全会起航,我国改革开放进程波澜壮阔。这一历史壮举给当代中国的发展注入了巨大的能量,对当今世界的格局产生了深刻的影响。中国人民从站起来走向富起来、强起来,中华民族正以崭新的姿态屹立于世界的东方。这一切充分证明,没有改革开放,就没有中国的今天,只有改革开放,才能发展中国、发展社会主义、发展马克思主义。改革是最大的动力、最大的红利。

改革初期,首先,是农村改革取得突破,实行以包产到户、包干到户为主要形式的家庭联产承包责任制,使农民获得了生产和分配的自主权,消除了平均主义、大锅饭的弊端,"保证国家的,留足集体的,剩下都是自己的",这种责、权、利的紧密结合,极大地调动了亿万农民的生产积极性,粮食产量、农民收入大幅度增长。接着,以城市为重点,探索性地推进经济体制改革,以增强国有企业活力为中心环节,扩大企业经营管理自主权,企业有了部分的自主计划权、产品销售权、资金使用权和干部任免权,开始废除铁交椅,打破铁饭碗,干部能上能下,职工能进能出,推行经济责任制,实行企业经济效益与职工经济利益挂钩。同时,推进商业流通体制改革,减少统购、低购和计划收购,建立多渠道、少环节、城乡开放、产销结合的新流通体制,支持城镇集体经济和个体经济发展,允许多种经济成分同时存在。

社会主义与市场经济的结合,是一个伟大的创举。党的十二大

城市经济体制综合改革试验
20世纪80年代初,国务院决定选择中小城市进行城市经济体制综合改革试验,主要内容包括生产、流通、交换、分配等方面的配套改革。1981年7月,国务院决定在湖北省沙市开始工业管理体制、计划体制、财政体制、银行体制、商业体制、物资体制、价格体制、劳动工资体制、科技体制和城市建设体制等10个方面的综合配套改革。1982年3月,国务院决定在江苏省常州市实施以搞活企业、搞活流通为中心的工业管理体制、计划体制、劳动工资体制、银行信贷体制、商业体制、外贸体制、财政体制和企业改组联合等11项综合配套改革。

以来,我国改革始终围绕经济体制改革深入推进。长期以来,计划与市场的关系困扰和束缚着人们的思想。传统观念认为,市场经济是资本主义特有的东西,计划经济才是社会主义的基本特征。1982年9月,党的十二大指出:"正确贯彻计划经济为主、市场调节为辅的原则,是经济体制改革中的一个根本性问题。"1984年10月,党的十二届三中全会通过的《关于经济体制改革的决定》首次提出我国社会主义经济是"公有制基础上的有计划的商品经济"。1987年10月,党的十三大指出,"社会主义有计划商品经济的体制,应该是计划与市场内在统一的体制",是"国家调控市场,市场引导企业"的机制。面对国际上东欧剧变、苏联解体的形势,1992年年初,邓小平同志在南方谈话中指出:"计划多一点还是市场多一点,不是社会主义与资本主义的本质区别。计划经济不等于社会主义,资本主义也有计划;市场经济不等于资本主义,社会主义也有市场。计划与市场都是经济手段。"强调不改革开放,只能是死路一条。1992年10月,党的十四大明确"我国经济体制改革的目标是建立社会主义市场经济体制"。2002年11月,党的十六大宣告"社会主义市场经济体制初步建立"。2012年11月,党的十八大强调"加快完善社会主义市场经济体制",党的十八届三中全会进一步指出:"市场决定资源配置是市场经济的一般规律,健全社会主义市场经济体制必须遵循这条规律。"

- **对外全面开放**

开放与改革比翼双飞,已经成为我们的基本国策,成为我们党的战略思维。近代中国的衰落,当代中国的崛起,足以说明开放带来进步,封闭导致落后,开放是国家繁荣发展的必由之路。中国的大门,对世界始终是敞开的,中国需要世界,世界需要中国,我们希望与世界各国人民一起构建人类命运共同体,建设持久和平、普遍安全、共同繁荣、开放包容、清洁美丽的世界。

中华人民共和国刚成立时,由于美苏两大阵营的对峙,我国的对外政策基本是"倒向社会主义一边",同时也与一些亚洲民族独立国家和欧洲资本主义国家建立了外交关系。后来,在同美国对抗、同苏联论战中,发展同亚非拉国家的关系成为我国外交工作的重点。20世纪70年代初,发生的两件大事,使我国对外关系出现新的局面。第一,在许多亚非拉国家和其他主持正义的国家的共同努力下,1971年10月,第二十六届联合国大会不顾美国的阻挠,以压倒性多数票决通过,恢复中华人民共和国在联合国的一切合法权利,并将台湾从联合国一切机构中驱逐出去。第二,中美关系实现突破,1972年2月尼克松总统访华,毛泽东主席会见尼克松总统,周恩来总理同他举行会晤,中美双方在上海发表《中美联合公报》,结束了长达20年之久的敌视政策,开启了两国关系正常化的进程。中美关系随之改善。

1978年以后,我国对外开放步伐加快。从利用外资、兴办中外合资合作经营企业到创办深圳、珠海、汕头、厦门等经济特区,从开放14个沿海港口城市到划出长江三角洲、珠江三角洲和闽南厦漳泉三角地区为沿海经济开放区,形成对外开放前沿地带。20世纪90年代,对外开放迈出重大步伐。党的十四大、十五大提出,要以更加积极的姿态走向世界,完善全方位、多层次、宽领域的对外开放格局,发展开放型经济,增强国际竞争力。开放的地域从沿海扩展到沿江、沿边和内陆城市,领域从工业扩大到金融、贸易、商业、交通、旅游等服务业。2001年11月,经过15年的艰难谈判,世界贸易组织通过决定,中国成为其第143名成员,标志着我国经济开始融入全球化进程,可以统筹利用国际国内两个市场、两种资源,实施"走出去"与"引进来"相结合的开放战略。2002—2011年,我国加入世界贸易组织这十年间,货物出口总额、进口总额年均增速分别为21.7%、21.8%,远高于世界同期的11.5%、11.1%,是我国经济增长、财政收入增速最快的十年,城镇居民人均可支配收入、农村居民人均纯收入年均增速也高达9.7%、7.8%。党的十八大以来,为适应经济全球化新形势,以"一带一路"建设为统领,致力于打造陆海内外联动、东西双向开放的全面开放新格局,推动构建人类命运共同体。

- **发挥市场和政府两个作用**

市场与政府的关系,是经济学中历久弥新的问题。无论是马克思主义政治经济学的发展,还是西方主流经济思想的演变,重要标志之一就是对市场与政府关系的重新认识、对市场与政府角色的重新定位。在我国,全面深化改革的重点是经济体制改革,而经济体制改革的核心问题是处理好政府与市场的关系。发挥好市场和政府两个作用,是我国经济体制的一大特色、发展战略的一大支撑。

党的十四大以来的二十多年间,对于如何处理市场与政府的关系,我们党一直在实践和理论的结合中寻找新的科学定位。党的十四大首次提出建立社会主义市场经济体制。同时指出:"市场有自身的弱点和消极方面,必须加强和改善国家对经济的宏观调控""使市场在社会主义国家宏观调控下对资源配置起基础性作用。"党的十六大、十七大、十八大多次提到要在更大程度上、从制度上、更大范围发挥市场在配置资源中的基础性作用。党的十八届三中全会首次提出"使市场在资源配置中起决定性作用和更好发挥政府作用",把"基

西方主流经济学思想的演变

政府干预与自由市场两大思潮的分歧与论争,是贯穿西方主流经济学两百多年发展演变的主线。

自由主义:推崇市场对资源配置的自发性调节,信奉生产自动创造需求,明确反对政府干预市场运行,主张政府仅仅承担维护法制、保护产权、提供公共产品等职能。

凯恩斯主义:强调通过政府干预纠正市场失灵的必然性,遵循需求创造供给的原则,认为有效需求不足导致供求失衡与失业长期存在,主张运用积极的财政与货币政策工具。

新自由主义:认为政府干预经济是低效、无效的,甚至会加剧经济波动,主张贸易与投资自由化、价格与利率市场化、公有制经济私有化,推崇长期稳定的供给管理,支持货币增长率稳定的货币政策、预算基本平衡的财政政策。

新凯恩斯主义:强调市场调节与政府干预的最佳结合,重视市场机制的作用,主张"适度"的国家干预,发挥政府对完善市场功能的作用,认为政府要协调需求管理与供给管理。

础性作用"改为"决定性作用",是社会主义市场经济内涵的丰富和提升,是我国改革理论具有里程碑意义的创新和发展。

习近平同志指出,在市场作用和政府作用的问题上,要讲辩证法、两点论。使市场在资源配置中起决定性作用和更好发挥政府作用,二者是有机统一的,不是相互否定的,不能把二者割裂开来、对立起来。要正确认识市场和政府在资源配置中的不同作用,将市场决定性作用和更好发挥政府作用看作一个有机的整体,善于用市场调节的优良功能抑制"政府调节失灵",善于用政府调节的优良功能纠正"市场调节失灵"。

- **科学技术是第一生产力**

马克思曾经指出,"生产力中也包括科学""大工业把巨大的自然力和自然科学并入生产过程,必然大大提高劳动生产率"。20世纪50年代中期,世界范围内的科学技术迅猛发展。我们党深切认识到发展科学技术和发挥知识分子作用的重要性、紧迫性。1956年1月,中共中央召开关于知识分子问题会议,会上向全国人民发出"向现代科学进军"的伟大号召,毛泽东同志要求"全党努力学习科学知识,同党外知识分子团结一致,为迅速赶上世界先进科学水平而奋斗"。周恩来同志在大会报告中,充分肯定知识分子在社会主义建设中的地位和作用,宣布他们的绝大部分"已经是工人阶级的一部分"。随后,国家集中数百位著名科学家编制出《1956—1967年科学技术发展12年远景规划纲要》,以突破高、精、尖、新技术为战略目标,从13个方面提出了57项重要科学技术任务和616个中心问题。

1978年3月,邓小平同志在全国科学大会上指出"科学技术是生产力"。1988年9月,邓小平同志会见捷克斯洛伐克总统胡萨克时,进一步提出"科学技术是第一生产力"的著名论断,阐明了科学技术是经济发展的首要推动力,继承并发展了马克思主义的生产力学说。进入20世纪90年代,世界科技革命出现新的高潮。1992年3月,国务院颁布《国家中长期科学技术发展纲要》。1993年7月,八届全国人大常委会通过《中华人民共和国科学技术进步法》。1995年5月,中共中央、国务院作出《关于加速科学技术进步的决定》,首次提出实施科教兴国战略,确立科技和教育是兴国的手段和基础的方针。江泽民同志强调,"没有强大的科技实力,就没有社会主义现代化""创新是一个民族进步的灵魂,是国家兴旺发达不竭的动力"。2006年1月,在全国科技大会上,胡锦涛同志提出建设创新型国家,走中国特色自主创新道路。他强调,这是事关社会主义现代化建设全局的重大战略决策。按照党中央、国务院的部署,两千多名专家在充分调查研究的基础上参与制定了《国家中长期科学和技术发展规划纲要（2006—2020年）》。党的十八大首次提出实施创新驱动发展战略，习近平同志多次强调，"创新是引领发展的第一动力""要把创新摆在国家发展全局的核心位置，贯穿党和国家的一切工作"。

专栏2.5
索洛余值

1956年，新古典增长理论代表人物诺贝尔经济学奖得主罗伯特·索洛阐述了其经济增长理论。索洛认为，单纯靠资本投入实现增长，在其他因素不变的条件下，必然会引起投资报酬递减和投资效率下降。这意味着要保持一定经济增长率的必要条件在于不断提高投资率，然而投资率不可能无限制地提高。随着投资报酬的递减，增长率应当趋于下降，但从美国等发达国家的经济增长过程来看，事实并非如此，第二次产业革命发生以后其经济增长率没有下降，反而还有较大的提高。这说明经济增长除常规要素投入以外，必定还有其他源泉。索洛认为，这一增长源泉就在于技术进步。其数学表达式为：

$$Y = AK^{\alpha}L^{1-\alpha}$$

其中，Y代表产出，K代表资本投入，L代表劳动投入，α和$(1-\alpha)$分别代表资本、劳动生产弹性，A代表科技进步。A是一个全要素生产率的概念，它不单指工艺改进，而是包括一切在资本、劳动投入不变的条件下影响产出的因素，是一般意义上的效率。

- **促进人与自然和谐共生**

人与自然的关系是人类社会最基本的关系，人类的行为必须符合自然规律，不能凌驾于自然之上。生态环境没有替代品，用之不觉，失之难存。中国传统文化中积淀了丰富的生态智慧。孔子说："子钓而不纲，弋不射宿。"《吕氏春秋》写道："竭泽而渔，岂不获得？而明年无鱼；焚薮而田，岂不获得？而明年无兽。"说的都是同一个道理——人与自然和谐共生。建设生态文明，核心是正确处理人与自然的关系，从过去的敬畏自然、依赖自然、征服自然转变为尊重自然、顺应自然、保护自然。这是对工业文明弊端的反思，对人类文明认识的深化,是缓解经济社会发展与生态环境保护这对矛盾的战略选择。

我国对环境保护、生态文明的认识在实践中不断深化。1983年12月,第二次全国环境保护会议上,把环境保护确立为基本国策。1992年6月,在巴西的里约热内卢召开的联合国环境与发展大会发布《21世纪议程》《联合国气候变化框架公约》,提出走可持续发展道路,我国政府积极响应,1994年率先制定《中国21世纪议程》,提出实施可持续发展战略。进入21世纪以来,我国积累的生态环境问题日益严重,成为全面建成小康社会的短板,也成为民生之患、民生之痛。人民群众希望饮用干净的水、呼吸清新的空气、吃到安全的食品,从盼温饱到盼环保,从求生存到求生态。顺应人们对美好生活的要求,2003年10月,党的十六届三中全会提出坚持以人为本、全面协调可持续的科学发展观;2005年10月,党的十六届五中全会把资源节约作为基本国策,提出建设资源节约型、环境友好型社会。2007年10月,党的十七大首次提出建设生态文明,把它作为全面建设小康社会的五大目标之一,并将建设资源节约型、环境友好型社会写入党章。党的十八大以来,生态文明建设被摆在更加突出的地位,与经济建设、政治建设、社会建设、文化建设一起纳入中国特色社会主义事业"五位一体"总体布局,"绿水青山就是金山银山"的理念深入人心。

- **勤劳奋斗的民族精神**

自古以来,勤劳奋斗的精神就是中华民族的一种文化,一种特质。从古代大禹治水"三过家门而不入"的传说、愚公移山"子子孙孙,挖山不止"的故事,到当今"铁人"王进喜的豪言:"宁可少活二十年,拼命也要拿下大油田"、"中国核潜艇之父"黄旭华的情怀:30年隐姓埋名,93岁仍在工作,都足以说明勤劳奋斗的精神已经深深植根于中国人的思想、工作和生活之中。20世纪60年代,毛泽东同志高度评价驻藏部队在充满艰难险阻条件下的英勇表现,说:"我赞成这样的口号,叫做'一不怕苦,二不怕死'",这个口号迅速成为激励全国人民战胜一个又一个困难的强大精神武器。改革开放初期,面对百废俱兴、万事待举的局面,邓小平同志告诫全党,"世界上的事情都是干出来的,不干,半点马克思主义也没有"。"多少事,从来急;天地转,光阴迫。一万年太久,只争朝夕。"中国共产党人、中国人民的这种精神风采,始终在发扬光大,开花结果。

勤劳奋斗的精神,激发了社会的活力,增强了人们的预期,产生了你追我赶的竞争效应(见表2.4)。中华民族在历史的长河中,依靠勤劳奋斗,创造了五千年灿烂文明;依靠勤劳奋斗,开启了从站起来、富起来到强起来的伟大进程;党和国家以人民为中心,人民以勤劳奋斗为本分。正如习近平同志在2017年新年贺词中所说:"上下同欲者胜。只要我们13亿多人民和衷共济,只要我们党永远同人民站在一起,大家撸起袖子加油干,我们就一定能够走好我们这一代人的长征路。"

专栏 2.6
"铁人"王进喜

王进喜(1923—1970),新中国第一代钻井工人,全国劳动模范。1960年,他率领1205钻井队在北大荒艰苦创业,喊着"宁可少活二十年,拼命也要拿下大油田"的口号,打出了大庆第一口油井,并创造了年进尺10万米的世界钻井纪录,为我国石油工业的发展作出了突出贡献。他所代表的"铁人精神"成为我国社会主义建设事业的宝贵财富。此照片反映的是,为制止油井发生井喷,拄着拐棍、缠着绷带的王进喜带头纵身跳入泥浆池,和工人们用身体搅拌泥浆,连续奋战三个多小时终于排除了风险。

专栏 2.7
"中国核潜艇之父"黄旭华

黄旭华(1926—),中船重工集团公司719研究所研究员、名誉所长,中国第一代攻击型核潜艇和战略导弹核潜艇总设计师。1994年当选为中国工程院院士,2013年当选"感动中国十大人物",荣获2017年度何梁何利基金最高奖——"科学与技术成就奖"。他从1958年开始,成为首批参与研制核潜艇的人员。1988年,核潜艇在南海作深潜试验,62岁的黄旭华亲自带队,下潜水下300米,完成了4个小时的下潜试验。其间,他隐姓埋名,整整30年没有回过父母家。黄旭华现在虽已是耄耋之年,却依然坚持在工作岗位上。

表 2.4　中国与世界主要国家的周平均工作时间对比（小时）

国家	近十年平均	近五年平均	2016 年
中国	45.9	46.2	46.1
美国	38.6	38.6	38.7
日本		39.3	38.8
德国	35.8	35.6	35.5
英国	35.8	35.9	36.0
法国	36.7	36.4	36.4
俄罗斯	38.9	39.0	38.0
巴西		39.1	38.8
澳大利亚	34.0	33.7	33.4
南非	43.8	43.4	43.3
世界平均	40.2	40.1	40.1

注：中国的统计口径为城镇就业人员调查周平均工作时间，而其他国家或地区的统计口径主要为就业人员实际平均每周工作时间。另外，根据国家统计局的调查，2016 年中国农民工的周平均工作时间大约为 48.6 小时，高于中国城镇就业人员。

资料来源：历年《中国劳动统计年鉴》、国际劳动组织数据库、国家统计局等。

2.1.4　若干重要方法

国家发展战略的思维体系，除目标、制度、价值观外，还有一个重要方面就是方法论，包括思想方法、领导方法、工作方法。这些在改革和发展的实践中形成的方式方法，或由上至下，或由下至上，因地制宜，因时施策，成为国家发展战略落地生根的有效工具。

- **理论创新引领**

坚持理论指导和实践探索、理论创新和实践创新有机统一是我们党的根本方法。马克思主义基本原理同中国实际和时代特征相结合，发生了两次历史性飞跃，产生了两大理论成果。第一次飞跃发生在新民主主义革命时期，中国共产党人不懈探索，找到了正确的革命道路，形成了马克思主义中国化的理论成果——毛泽东思想。中华人民共和国成立后，党在实现社会主义改造和探索适合中国国情的社会主义建设道路过程中，进一步丰富和发展了毛泽东思想。第二次飞跃发生在党的十一届三中全会以后，中国共产党人在准确预判国际形势，深刻把握中国国情，科学总结中华人民共和国成立以来正反两方面经验的基础上，在改革开放和社会主义现代化建设伟大实践中,形成了包括邓小平理论、"三个代表"重要思想、科学发展观、新时代中国特色社会主义思想在内的中国特色社会主义理论体系。两次历史性飞跃和两大理论成果,完成和推进了三件大事,实现了三次历史性转变,即从半殖民地半封建社会到民族独立、人民当家作主的新社会的历史性转变;从新民主主义革命到社会主义革命和建设的历史性转变;从高度集中的计划经济到充满活力的社会主义市场经济体制、从封闭半封闭到全方位开放的历史性转变。

专栏 2.8
习近平新时代中国特色社会主义思想

习近平新时代中国特色社会主义思想,是马克思主义中国化的最新成果。党的十九大报告将其核心意义和创新观点概括为"八个明确":

明确坚持和发展中国特色社会主义,总任务是实现社会主义现代化和中华民族伟大复兴,在全面建成小康社会的基础上,分两步走,在本世纪中叶建成富强民主文明和谐美丽的社会主义现代化强国。

明确新时代我国社会主要矛盾是人民日益增长的美好生活需要和不平衡不充分的发展之间的矛盾,必须坚持以人民为中心的发展思想,不断促进人的全面发展、全体人民共同富裕。

明确中国特色社会主义事业总体布局是"五位一体"、战略布局是"四个全面",强调坚定道路自信、理论自信、制度自信、文化自信。

明确全面深化改革总目标是完善和发展中国特色社会主义制度、推进国家治理体系和治理能力现代化。

明确全面推进依法治国总目标是建设中国特色社会主义法治体系、建设社会主义法治国家。

明确党在新时代的强军目标是建设一支听党指挥、能打胜仗、作风优良的人民军队,把人民军队建设成为世界一流军队。

明确中国特色大国外交要推动构建新型国际关系,推动构建人类命运共同体。

明确中国特色社会主义最本质的特征是中国共产党领导,中国特色社会主义制度的最大优势是中国共产党领导,党是最高政治领导力量,提出新时代党的建设总要求,突出政治建设在党的建设中的重要地位。

- **集中力量办大事**

集中力量办大事,是中国特色社会主义制度的一大优势。邓小平同志曾经说过:"社会主义同资本主义比较,它的优越性就在于能够做到全国一盘棋,集中力量,保证重点。"干一件事情,一下决心,便闻风而动,迎难而上,逢山开路,遇河架桥。作为世界最大的发展中国家,一方面,我们人口众多,资源相对短缺,生产力水平不高;另一方面,发展的任务很重,要办的事情太多。我们必须运用举国体制,有所为,有所不为,集中有限资源,聚焦国家安全、国计民生最核心的领域中的最关键问题攻坚克难。比如,20世纪60年代,在极其艰难困苦的条件下,发挥"爱国主义""集体主义""社会主义"与"科学精神"相结合的独特优势,独立自主研制成功"两弹一星"。以后,又建成世界上规模最大的三峡水电站、高铁网络、电信网络和天宫、蛟龙、天眼、悟空、墨子、大飞机等重大科技工程。

专栏 2.9
"两弹一星"的奇迹

20世纪50、60年代,面对国际上严峻的核垄断、核讹诈、核军备竞赛的形势,毛泽东同志在中央政治局扩大会议上提出:要发展尖端技术,"不但要有更多的飞机和大炮,而且还要有原子弹。在今天这个世界上,我们要不受人家欺负,就不能没有这个东西"。大批优秀的科技工作者,包括许多在国外已经有杰出成就的科学家,响应党和国家的号召,在经济技术基础十分薄弱,研制条件十分艰苦的情况下,以身许国、义无反顾地投身其中。1960年11月5日,中国仿制的第一枚导弹发射成功;1964年10月16日,中国第一颗原子弹爆炸成功;1967年6月17日,中国第一颗氢弹空爆试验成功;1970年4月24日,中国第一颗人造卫星东方红一号发射成功。中国完全依靠自己的力量,研制成功"两弹一星"。

1999年9月,党中央、国务院、中央军委隆重表彰为我国"两弹一星"事业作出突出贡献的23位科技专家,授予于敏、王大珩、王希季、朱光亚、孙家栋、任新民、吴自良、陈芳允、陈能宽、杨嘉墀、周光召、钱学森、屠守锷、黄纬禄、程开甲、彭桓武"两弹一星功勋奖章",追授王淦昌、邓稼先、赵九章、姚桐斌、钱骥、钱三强、郭永怀"两弹一星功勋奖章"。邓小平同志说:"如果六十年代以来中国没有原子弹、氢弹,没有发射卫星,中国就不能叫有重要影响的大国,就没有现在这样的国际地位。"

- **摸着石头过河**

摸着石头过河，是基于马克思主义认识论和实践论的一种思想方法，也是具有中国智慧、符合中国国情的改革方法。坚持和发展中国特色社会主义，是一场深刻革命，是一项前无古人的伟大创举。在前进的道路上，不是一马平川，有高山峻岭，有急流险滩。正如邓小平同志所说："我们现在所干的事业是一项新事业，马克思没有讲过，我们的前人没有做过，其他社会主义国家也没有干过，所以，没有现成的经验可学，我们只能在干中学，在实践中摸索。"摸着石头过河的意思，就是对一时看不准的重大问题、化解不了的突出矛盾和难以把握的重点改革事项，可以采取渐进式的办法，一步一步走，试点先行，探索前进，由点及面，逐步推开。比如，在计划经济向市场经济转轨过程中，短期内全面放开商品价格是不可取的，对某些重要初级产品和原材料，实行价格"双轨制"，即计划内部分实行国家定价，计划外部分实行市场调节价，是当时一种较好的过渡方式。又比如，增量改革也是一种合理的选择。在推进国有企业改革的同时，大力发展乡镇企业，吸引外资办厂，放开对私人创业活动的限制等，使非国有经济迅速壮大，多种所有制经济共同发展的局面随之形成。

- **基层首创与顶层设计结合**

在我国改革发展的历史进程中，基层首创与顶层设计结合，自下而上与自上而下互动，推动了许多大的突破，创造了许多好的经验，是一个在实践中被证明的行之有效的工作方法。20 世纪 70 年代，"政社合一"的人民公社，平均主义的分配政策，使农业生产、农民生活改善缓慢，有 2.5 亿人口没有解决温饱问题。1978 年，安徽省遭受大旱灾，面对严峻形势，安徽省委决定借地给农民种麦种菜，所产粮菜不征购，不计口粮，这一应急性措施使农村出现全家男女老幼齐下地的景象。受此启发，1978 年冬，安徽省凤阳县梨园公社小岗村 18 户农民冒着极大的风险，冲破体制约束，自发组织包产到户，约定先把该缴给国家的、该留给集体的固定下来，收获以后剩多剩少都是农民自己的。包产到户使小岗村一年大变样，1979 年秋收，小岗村的粮食总产由 1978 年的 1.8 万公斤猛增到 6.6 万公斤，人均收入由上年的 22 元跃升为 400 元，不仅结束了小岗村 20 多年吃"救济粮"的历史，而且向国家上缴粮食 3 200 多公斤。这种做法，当时引发了不少争议、疑虑，担心会不会偏离社会主义方向。邓小平同志旗帜鲜明地表态支持这项改革，中共中央连续出台文件，充分肯定农村家庭联产承包责任制。基层农民的伟大创造，成为党和国家的政策方针。实现包产到户、包干到户的生产队，1980 年迅速占到全国生

中共中央的两个文件
1980 年 9 月，中共中央印发《进一步加强和完善农业生产责任制的几个问题》文件，指出："在生产队领导下实行包产到户是依存于社会主义经济，而不会脱离社会主义轨道的，没有什么复辟资本主义的危险。"1982 年元旦，中共中央一号文件批转《全国农村工作会议纪要》，再次明确指出，包括小段包工定额计酬，专业承包联产计酬，联产到劳，包产到户、到组，包干到户、到组，等等，都是社会主义集体经济的生产责任制。

产队的50%,1982年6月上升到86.7%。改革走到今天,已经进入过深水区、啃硬骨头、打攻坚战的阶段,我们仍然需要或者更加需要把基层的创造变为顶层的政策,用顶层的设计指导基层的实践。

- **实施差别化政策**

中国幅员辽阔,城乡之间、区域之间资源禀赋条件和经济发展水平存在较大的差异性。阶段性地采取非均衡的措施,有针对性地实施差别化的政策,不失为一种正确的方法。比如,农业农村农民问题,既是关键领域,又是薄弱环节,是全党工作的重中之重。国家从2006年1月1日起废除延续千年的农业税,同时一直坚持工业反哺农业、城市支持农村和"多予、少取、放活"方针,加大强农惠农富农政策支持力度。又比如,先在沿海地区设立经济特区,打开对外开放的窗口,形成示范带动效应,进而从沿海向沿江、沿边和内陆延伸,构筑全面开放的格局。2013年以来,在经济外向度较高,开放型经济发展较快的省份,分三批设立了11个自由经贸试验区,鼓励其在构建高水平、国际化的开放型经济体制上为全国创造可借鉴、可复制的经验。还比如,实施西部大开发战略,对设在西部地区的鼓励类产业企业减按15%的税收征收企业所得税,对西部地区干线机场建设给予100%最高的投资补助;实施创新驱动发展战略,对高新技术产业企业减按15%征收企业所得税,对科技型中小企业的研发费用,形成无形资产的按成本的175%在税前摊销等。

- **发挥中央和地方两个积极性**

中央和地方的关系是一对举足轻重的关系。发挥好两个积极性,是处理中央和地方关系的根本原则。早在1956年,毛泽东同志就在《论十大关系》的讲话中明确指出:"我们的国家这样大,人口这样多,情况这样复杂,有中央和地方两个积极性比只有一个积极性好得多。"2017年我国31个省(市、自治区)[①]有5个国内生产总值超过6 000亿美元,无论是经济总量,还是人口总量都比一些西方大国要多;排名前三位的广东省、江苏省、山东省国内生产总值分别为1.33万亿、1.27万亿、1.08万亿美元,相当于2016年排在世界第12、13、15位的国家的国内生产总值,应赋予这些省份更多改革、开放、发展的自主权。充分发挥中央和地方两个积极性,已经成为国家发展战略的一个重要支撑,成为保证国民经济总量平衡和结构优化、维护全国市场统一、促进经济有序运行和协调发展的一个重要方法。要把握和处理好两者之间的关系,首先,宏观调控权必须集中在中央,维

[①] 本书如无特殊说明,均指我国不含港、澳、台的31个省(市、自治区)。

护中央权威和集中统一领导,确保全国政令畅通;其次,中央在制定国家发展战略和宏观政策时,充分考虑地方的特点和利益,赋予地方必要的权力;最后,按照有利于建立公平统一市场、有利于推进基本公共服务均等化的原则,加快形成中央和地方财力与事政相匹配的财税体制。

2.2 战略决策过程

国家发展战略的决策,是指国家法定机构研究、起草、修订、出台战略的一系列程序。在此过程中,战略从思维理念落到规划文件,便具备了法律或行政效力。战略的形成,是思想统一、认识深化的过程,是科学化、民主化决策的过程,也从一个侧面反映了国家权力机构、行政体系的工作运转方式。国民经济和社会发展五年规划作为最具代表性的战略性文件,其形成过程可以清楚地说明国家发展战略制定的来龙去脉。

2.2.1 战略决策的方式

国家发展战略的最高决策机构是党中央、全国人大和国务院,决策机构还包括中央财经领导小组、中央全面深化改革领导小组等。国家发展战略的决策方式,通常是党和国家的重大会议;决策形式,通常是大会通过的报告、决定和规划。

- **中国共产党全国代表大会**

中国共产党全国代表大会为中国共产党最高领导机关。每五年举行一次。每次大会,由中国共产党中央委员会总书记作报告,对过去的工作进行总结回顾,对今后的工作作出全面部署,选举产生新一届中央委员会和中央纪律检查委员会。大会报告,是今后一个时期党和国家事业发展的最顶层的战略设计,最权威的蓝图描绘。比如,党的十二大提出"建设有中国特色的社会主义"重大命题,党的十三大确定了社会主义现代化建设"三步走"发展战略,党的十四大明确了社会主义市场经济体制的改革目标,党的十六大制定了全面建设小康社会的宏伟蓝图,党的十九大作出了中国特色社会主义进入新时代的重大论断。

> **专栏 2.10**
> **国家发展战略的决策**
>
> **决策方式：**
> 中国共产党全国代表大会
> 中国共产党中央委员会全体会议
> 中央政治局会议和中央政治局常委会会议
> 中央专项工作委员会会议
> 中央经济工作会议
> 全国人民代表大会
> 国务院常务会议
>
> **决策形式：**
> 中国共产党全国代表大会报告
> 中共中央全会决定
> 政府工作报告
> 国民经济和社会发展五年规划
> 国民经济和社会发展计划报告
> 中央和地方预算报告

- 中共中央全会

中共中央全会即中国共产党中央委员会全体会议，每年至少举行一次，由中央政治局召集。一般而言，每届一中全会选举中央政治局、中央政治局常务委员会和中央委员会总书记。每届三中全会所作的决定都是重大战略决定。比如，党的十一届三中全会作出决定，把全党的工作重点转移到社会主义现代化建设上来；党的十四届三中全会作出关于建立社会主义市场经济体制若干问题的决定；党的十五届三中全会作出关于农业和农村工作若干重大问题的决定；党的十八届三中全会作出关于全面深化改革若干重大问题的决定；党的十九届三中全会作出关于深化党和国家机构改革的决定。每届五中全会的主题是审议通过中共中央关于国民经济和社会发展五年规划的建议。

- 中央政治局会议和中央政治局常委会会议

中央政治局和中央政治局常委会会议，在中央委员会全体会议闭会期间，行使中央委员会的职权，由中央委员会总书记负责召集。会议每年定期或不定期召开，讨论决定党和国家的重大问题，一般先召开中央政治局常委会会议讨论，然后再召开中央政治局会议讨论，作出决定和提出需要提交中共中央全会审议通过的重大事项。比如，党的十八大以来，《深化财税体制改革总体方案》《丝绸之路经济带和21世纪海上丝绸之路治理建设战略规划》《京津冀协同发展规划纲要》《长江经济带发展规划纲要》《生态文明体制改革总体方案》《关于全面振兴东北地区等老工业基地的若干意见》《关于深化人才发展体制机制改革的意见》《关于经济建设和国防建设融合发展的意见》等重大事项，都是经过这两个会议研究决定的。

- **中央专项工作委员会会议**

中央专项工作委员会，是党中央为具有全局性的重大工作而设立的议事协调机构。目前，由习近平同志挂帅的机构有：中央全面深化改革委员会、中央财经委员会、中央网络安全和信息化委员会、中央军民融合发展委员会等。中央专项工作委员会会议讨论的重大问题，一部分直接审议通过，一部分需要提交中央政治局常委会会议、中央政治局会议审议。比如，《国家新型城镇化规划》，中央财经委员会（当时为领导小组）讨论修改后，报中央政治局常委会、中央政治局会议审议同意；《关于完善产权保护制度依法保护产权的意见》，中央全面深化改革委员会（当时为领导小组）会议讨论修改后，报中央政治局常委会、中央政治局会议审议通过后，由中共中央、国务院印发。

- **中央经济工作会议**

中央经济工作会议是中共中央、国务院召开的规格最高的年度经济工作会议。1994年以来，每年举行一次，一般每年11月或12月举行，中心议题是总结当年的经济工作，部署来年的经济工作。会上，中共中央总书记讲话，分析面临的国际国内经济形势，提出经济工作指导思想、总体要求和主要任务；国务院总理讲话，对经济社会发展目标、重点工作作出具体部署。出席会议的成员，包括党和国家领导同志，各省、自治区、直辖市和计划单列市、新疆生产建设兵团党政主要负责同志，中央管理的部分企业和金融机构主要负责同志，军队及武警部队有关负责同志。

- **全国人民代表大会**

全国人民代表大会是最高权力机关，也是最高立法机构。每届任期五年，每年3月举行一次会议。每年的全国人民代表大会，要逐项审议全国人大常委会委员长所作的全国人大常委会工作报告，国务院总理所作的政府工作报告，最高人民法院工作报告，最高人民检察院工作报告，国家发展改革委、财政部受国务院委托提交的国民经济和社会发展计划报告，中央和地方预算报告；国民经济和社会发展五年规划经国务院、中央政治局常委会、中央政治局会议讨论修改后，

> 第十二届全国人民代表大会第四次会议关于国民经济和社会发展第十三个五年规划纲要的决议摘要
>
> 第十二届全国人民代表大会第四次会议审查了国务院提出的《中华人民共和国国民经济和社会发展第十三个五年规划纲要（草案）》，会议同意全国人民代表大会财政经济委员会的审查结果报告，决定批准这个规划纲要。
>
> 会议认为，"十三五"规划纲要全面贯彻了《中共中央关于制定国民经济和社会发展第十三个五年规划的建议》的精神，提出的"十三五"时期经济社会发展的主要目标、重点任务和重大举措，符合我国国情和实际，体现了全国各族人民的共同意愿，反映了时代发展的客观要求，经过努力是完全可以实现的。

第2章 国家发展战略的制定 ▶ 45

要提交全国人民代表大会审议,各项审议事项由人民代表投票表决通过。重要领域的法律起草和制定,如《土地法》《预算法》等的修订,都需要通过全国人民代表大会审议通过。

- **国务院常务会议**

中华人民共和国国务院,即中央人民政府,是最高国家权力机关的执行机关,是最高国家行政机关。国务院常务会议是法定会议,由总理、副总理、国务委员、秘书长等组成,讨论决定国务院工作中的重大问题,一般每周召开一次。国务院的法定职权有18项,编制、执行国民经济和社会发展计划与国家预算是其中之一。国务院常务会议讨论、审议的重大规划、政策文件,大部分会后修改完善后,以国务院或国务院办公厅名义印发,还有一部分需要提交中央专项工作领导小组、中央政治局会议、中央政治局常委会审议,以中共中央、国务院文件的形式印发。2013—2017年,国务院提请全国人大常委会修改的法律有54部,国务院废止的行政法规有6部、修改的行政法规有125部;国务院常务会议作出的重要决策有:实施大气、水、土壤污染防治三大行动计划,出台《国家集成电路产业发展推进纲要》《关于加快发展现代职业教育的决定》《关于进一步推进户籍制度改革的意见》《关于大力发展电子商务加快培育经济新动力的意见》《促进大数据发展行动纲要》《中国制造2025》《新一代人工智能发展规划》等重要规划、政策文件。

2.2.2 五年规划的形成

国民经济和社会发展的五年规划,是国家发展战略的主要表现形式。五年规划的形成,是一个系统工程,主要有四大步骤:开展前期研究,提出基本思路,制定中央建议,编制规划纲要,一般要用两年以上的时间,每个步骤半年多的时间。

- **开展前期研究**

前期研究是编制五年规划的一项重要基础工作。由国家发展改革委组织,围绕经济社会发展中的若干重大问题,通过公开投标、定向委托、国际合作等方式,决定一批研究课题,由相关部委、研究机构、知名高校、重点企业和国际组织承担。"十三五"规划前期研究,公开招标课题26个,定向委托课题29个,国际合作课题5个,国家发展改革委内部司局自行组织课题24个,最后形成了数百万字的研究报告。

> **五年计划与五年规划**
> 1953年,我国向苏联学习,开始编制第一个国民经济和社会发展五年计划,以后每隔五年编制一次。从"十一五"时期(2006—2010年)开始,将延续50年历史的"计划"改为"规划",进一步淡化计划色彩,强化预期作用,突出宏观性、战略性、指导性。到2016年,已发布十三个五年规划。

> **专栏 2.11**
> **"十三五"规划前期研究若干重大课题(部分)**
>
> | 序号 | 课题名称 | 研究单位 |
> |---|---|---|
> | 1 | 全面小康社会主要目标和评价指标体系研究 | 国家信息中心 |
> | 2 | "十三五"国际环境变化及对我国的影响分析 | 中国社会科学院世界经济与政治研究所 |
> | 3 | "十三五"产业结构升级与布局优化研究 | 中国宏观经济研究院 |
> | 4 | "十三五"创新驱动的战略重点与创新型国家建设研究 | 清华大学经济管理学院 |
> | 5 | "十三五"经济体制改革的目标与任务 | 中国(海南)改革发展研究院 |
> | 6 | 中国信息经济发展趋势与策略选择 | 阿里巴巴集团 |
> | 7 | "十三五"现代农业发展战略与粮食安全战略研究 | 中国农业科学院农业经济与发展研究所 |
> | 8 | "十三五"时期推进城乡发展一体化的总体思路 | 国务院发展研究中心 |
> | 9 | "十三五"社会结构转型问题研究 | 北京大学社会研究中心 |
> | 10 | 建立城乡统筹衔接的社会保障体系思路研究 | 中国人民大学 |
> | 11 | "十三五"完善扶贫脱贫机制研究 | 北京师范大学中国扶贫研究中心 |
> | 12 | "十三五"对外开放战略及开放新格局研究 | 上海社会科学院世界经济研究所 |
> | 13 | "十三五"生态环境保护重大问题研究 | 清华大学环境学院 |
> | 14 | 迈向高收入中国:挑战与建议 | 亚洲开发银行 |
> | 15 | 推动中国实现包容性增长 | 经济合作与发展组织 |
> | 16 | "十三五"时期世界科技革命和产业变革走势及其影响 | 麦肯锡咨询公司 |

- **提出基本思路**

基本思路是指未来五年经济社会的总体设想。由国家发展改革委具体负责,在前期研究的基础上,深入城市、农村基层单位实地调研,听取各个方面意见建议而形成。主要内容包括未来五年发展的指导思想、基本原则、目标任务、政策措施等设想。基本思路经国务院常务会议讨论后,报送党中央。

- **制定中央建议**

中央建议是指中共中央关于制定国民经济和社会发展五年规划

的建议,是编制五年规划的纲领性、指导性文件。"十三五"规划中央建议起草组,由习近平同志担任组长,中央相关部门具体负责,在中央政治局常委会领导下开展工作。中央建议的起草,参考国家发展改革委提出的基本思路和相关部门、机构的研究报告,分析判断国际国内形势,提出党对未来五年经济社会发展的战略意图和大政方针,广泛征求全党意见,提交中共中央全会审议。在中央建议起草过程中,国家发展改革委组织工作班子,与中央建议起草组保持沟通,着手研究五年规划纲要框架。

- 编制规划纲要

中央建议发布后,由国务院组织,国家发展改革委牵头,相关部门参加,根据中央建议精神,起草《国民经济和社会规划纲要(草案)》,提出具体目标指标、重大任务、重大举措、重大工程。初稿形成后,召开专家咨询委员会论证,面向公众开展建言献策活动,听取人大代表、政协委员和民主党派及社会各界的意见建议,依照程序提交国务院常务会议、中央财经领导小组会议、中央政治局常委会、中央政治局会议审议,修改完善后,提交全国人民代表大会审查批准,公开发布。

内容小结

本章论述了国家发展战略的制定。重点阐述战略思维体系和战略决策过程。关于战略思维体系,可概括为,一个目标:建设社会主义现代化国家,实现中华民族的伟大复兴;三项制度:根本政治制度,基本政治制度,基本经济制度;九大价值取向:以人民为中心,发展是党执政兴国的第一要务,坚持共同富裕的根本方向,对内深化改革,对外全面开放,发挥市场和政府两个作用,科学技术是第一生产力,促进人与自然和谐共生,勤劳奋斗的精神;若干重要方法:包括理论创新引领、集中力量办大事、摸着石头过河、基层首创与顶层设计结合、实施差别化政策、发挥中央和地方两个积极性等。关于战略决策过程,集中介绍了战略决策的方式和形式、五年规划形成的四个步骤。

关键概念

一个目标　　　　　三项制度　　　　　九大价值取向
若干重要方法　　　决策方式　　　　　五年规划
四大步骤

思考讨论题

1. 国家发展战略的思维体系和决策过程的主要内容是什么？
2. 国家发展战略的思维体系是如何形成的？
3. 你对国家发展战略的制定有何建议？

第 3 章
国家发展战略的实施

国家发展战略的实施，主要有规划计划体系、宏观政策体系、实施保障机制等三大支撑，彼此有效衔接，融合互动，以推动国家发展战略的落实。

3.1 规划计划体系

规划计划是国家发展战略的重要载体，也是政府宏观调控的重要手段，具有战略导向、引导约束两大作用。国家重大工程、重大项目、重大政策，必须列入规划计划，才能得以实施。规划计划体系由总体规划、专项规划、区域规划和年度计划构成一个有机整体，但各自的功能有所不同。

3.1.1 总体规划

总体规划即指中华人民共和国国民经济和社会发展五年规划。以国民经济和社会发展为规划对象，以五年时间为规划期。如前所述，五年规划是一个战略性、综合性的长期规划，主要阐明国家发展战略意图，明确政府工作重点，引导市场主体行为，是一个时期内我国经济社会发展的宏伟蓝图和行动纲领。这一定位决定了五年规划在国家发展战略层面的龙头地位，使之成为专项规划、区域规划和年度计划制订的主要依据。

3.1.2 专项规划

专项规划是指以关系经济社会发展大局的战略性重大问题为对象,或以解决经济社会发展关键领域和薄弱环节突出问题为对象编制的规划。专项规划也是总体规划在特定领域的细化和落实,是政府指导该领域发展、制定相关政策以及安排财政支出预算、政府投资的重要依据。主要包括农业、水利、能源、交通、信息基础设施建设等规划,土地、水、海洋、煤炭、油气、矿产等重要资源开发保护规划,科技、教育、文化、卫生、社会保障、生态建设、环境保护、防灾减灾、国防建设等公共事业和公共服务规划,根据党中央、国务院确定的重大战略任务而编制的重点专项计划,比如,信息化规划、战略性新兴产业发展规划、社会信用体系规划等。

3.1.3 区域规划

区域规划是指以特定区域经济社会发展为对象编制的规划,一般具有跨行政区的特点。区域规划是总体规划在特定国土空间的细化和落实,目的是解决区域发展不平衡问题,促进人口、经济增长与资源环境承载能力相适应,推动形成要素有序自由流动、主体功能约束有效、基本公共服务均等、环境资源可承载的区域协调发展新机制、新格局。主要包括革命老区、民族地区、边疆地区、贫困地区等特殊类型地区规划,西部、东北、中部、东部等四大板块发展规划,"一带一路"建设、京津冀协同发展、长江经济带发展新"三大战略"实施,以及蓝色经济空间拓展等规划。

3.1.4 年度计划

年度计划是指国民经济和社会发展年度计划,是总体规划目标任务的年度分解。在每年召开的全国人民代表大会上,经党中央审议,受国务院委托,由国家发展改革委将上年国民经济和社会发展计划执行情况、当年国民经济和社会发展计划草案,包括总体要求、预期目标、主要任务、改革举措和政策取向等,提交全国人民代表大会审议,由人民代表投票表决通过。

3.2 宏观政策体系

宏观政策体系是国家发展战略的重要工具,也是政府宏观调控的重要手段。发展战略决定宏观政策,宏观政策服务发展战略。依据发展战略制定的宏观政策,意在尽可能熨平周期性经济波动的影响,防止经济社会发展的大起大落,以保障战略目标的实现(见图3.1)。

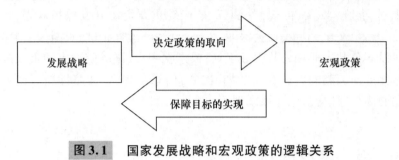

图 3.1 国家发展战略和宏观政策的逻辑关系

3.2.1 宏观政策的经济学定义

> **居民消费价格指数(CPI)**
> 反映与居民生活有关的消费品及服务价格水平的变动情况的重要宏观经济指标,其变动率在一定程度上反映了通货膨胀或紧缩的程度。
>
> **生产价格指数(PPI)**
> 衡量工业企业产品出厂价格变动趋势和变动程度的指数,是反映某一时期生产领域价格变动情况的重要经济指标,也是制定有关经济政策和国民经济核算的重要依据。
>
> **需求和供给**
> 需求:是指在一定的时期内,在每个价格水平下,消费者愿意并且能够购买的商品数量。
> 供给:是指在某一特定时期内,在每一价格水平上,生产者愿意并且能够提供的一定数量的商品或劳务。

在宏观经济学理论中,宏观政策具有标准的定义:是指政府有意识、有计划地运用一定的政策工具,调控宏观经济运行,以实现预期目标。按照西方经济学教科书的表述,宏观政策的主要内容包括四大目标、两大管理和两大政策。

- **四大目标**

一般认为,宏观政策调控的主要目标有四个方面:经济增长、充分就业、物价水平稳定、国际收支平衡。

经济增长:是指持续均衡的经济增长,即在一定时期内经济社会活动中人均产量和人均收入的增长,包括稳定经济、保持一个适度的增长率、培育经济持续增长的能力。

充分就业:是指包含劳动在内的一切生产要素都以愿意接受的价格参与生产活动的状态,即消除了非自愿失业,所有资源都得到了充分利用。实现充分就业常常成为西方国家宏观政策的首要目标。

价格水平稳定:是指价格总水平的稳定。一般采用价格指数来表示价格水平的变化。价格稳定不是指每种商品价格的固定不变,也不是指价格总水平的固定不变,而是指价格指数的相对稳定。我们通常讲的价格指数分为居民消费价格指数（CPI）、生产价格指数（PPI）。

国际收支平衡：是指一国国际收入等于国际支出。主要取决于一国进出口贸易和资本流入流出状况，即净出口与净资本流出的差额。它不仅反映了一国对外经济交往的情况，也反映了经济稳定的程度。

- 两大管理

需求管理：是指通过调节社会总需求与总供给，保持二者基本平衡，理想的状况是达到既无失业又无通货膨胀的政策目标，主要解决经济发展中的短期波动问题。

供给管理：是指基于结构调整，短期内侧重于管理生产成本，长期内侧重于提高生产能力，即经济潜力的增长，主要解决经济发展中的长期后劲问题。

- 两大政策

在宏观政策体系中，四大目标、两大管理之间都是密切联系和互为补充的，都是以财政、货币这两大基本政策的运用为基础的，这是两个最重要、最常用的政策工具。

财政政策：财政政策是指为促进就业水平提高，减轻经济波动，防止通货膨胀，实现稳定增长而对政府财政支出、税收和借债水平所进行的选择，或对政府财政收入和支出水平所作的决策。或者说，财政政策是指政府变动税收和支出以便影响总需求，进而影响就业和国民收入的政策。变动税收是指改变税率和税率结构，变动政府支出是指改变政府对商品与劳务的购买支出以及转移支付。

财政政策具有相机抉择属性。政府根据一定时期的经济社会状况，主动灵活选择不同类型的反经济周期的财政政策工具，干预经济运行行为。比如，扩张性财政政策，通过财政分配活动来增加和刺激社会的总需求，使经济恢复活力，主要手段有增加国债、降低税率、提高政府购买和转移支付水平；而紧缩性财政政策，则反向行之。

货币政策：是指中央银行为实现既定的经济目标，运用各种工具调节货币供应量和市场利率，通过市场利率的变化、货币供应的"松""紧"程度来影响民间的资本投资，间接影响总需求以实现对宏观经济运行的调控。货币政策的首要目标是稳定物价。运用货币政策的主要措施包括控制货币发行、控制和调节对政府的贷款、推行公开市场业务、改变存款准备金率、调整再贴现率、选择性信用管制、直接信用管制等。

货币政策分为两类：扩张性货币政策和紧缩性货币政策。在经济萧条时，中央银行采取措施降低利率，由此引起货币供给增加，刺激投资和净出口,增加总需求,称为扩张性货币政策;反之,经济过热、通货膨胀时,中央银行减少货币供给,以提高利率、抑制投资和消费,使总产出减少或放慢增长速度,使物价控制在合理水平,称为紧缩性货币政策。

3.2.2 中国宏观政策的框架体系

改革开放以来,中国的宏观政策,坚持从基本国情和发展阶段出发,不断完善和深化,逐步构建起一个具有特色、丰富多元的框架体系,包括以总量、结构、质量、民生为核心的目标体系和以财政、货币政策为主,产业、价格、区域等政策协调配合的政策体系。旨在保持经济总量平衡,促进经济结构和生产力布局优化,减缓经济周期波动影响,防范区域性系统性风险,实现经济持续健康发展。

- **宏观政策目标体系**

根据经济社会发展战略、规划计划的目标,按照可量化、可检测的要求,确定总量、经济结构和质量效益、民生和社会等三大类核心指标。同时,为增强宏观调控的针对性,又划分出预期性和约束性指标。

总量指标:主要是就业、经济增长、价格总水平、国际收支状况及货币供应量、社会融资规模、耕地保有量、新增建设用地规模、年末总人口等。

经济结构和质量效益指标:主要是城镇化率、三次产业结构、全员劳动生产率、能源资源消耗、主要污染物排放、生态环境质量、研究与试验发展经费投入强度、每万人口发明专利拥有量、科技进步贡献率等。

民生和社会指标:主要是居民人均可支配收入增长、农村贫困人口脱贫、社会保障水平、人均医疗资源和受教育水平、人均预期寿命等。

预期性和约束性指标:上述三大类指标中,涉及经济发展的指标,一般定性为预期性指标,主要依靠市场主体的自主行为,通过发挥市场配置资源作用去实现,政府创造良好的市场环境和政策环境予以引导。涉及资源环境、民生福祉的主要指标,定性为约束性指标,政府通过合理配置公共资源和有效运用行政力量来保证完成。约束性指标要分解到各个部门、各级政府,完成情况要进行考核和奖惩。

- **宏观政策体系结构**

宏观政策是一个包含多种单项政策,具有多个政策目标的有机联系与相互协调的体系。从政策的制定、运用和重要程度、实践效应来看,其体系结构可划分为三个圈层,如图3.2所示。

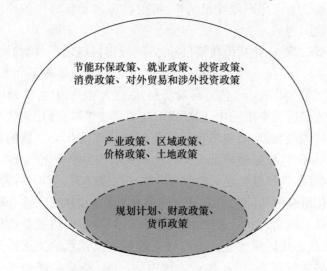

图3.2 中国宏观政策的体系结构

核心圈层:是具有战略引领、约束作用的国民经济和社会发展五年规划、年度计划,在宏观调控中发挥重要作用的财政、货币政策。五年规划、年度计划是国家发展战略意图的集中体现,财政、货币政策是实现国家发展战略目标的核心政策工具。

第二圈层:是产业政策、区域政策、价格政策、土地政策。我国已进入高质量发展阶段,这几项政策与规划、计划、财政、货币等政策协同发力,对于促进产业结构优化升级、解决区域发展中的不平衡问题、加快要素价格市场化改革,具有重要推动作用。

第三圈层:是节能环保政策、就业政策、投资政策、消费政策、对外贸易和涉外投资政策,这些政策属于方向性、领域性的政策集合,可以发挥功能性、配套性作用,每项政策既能够作用于直接对象,又能够影响其他经济政策和经济行为。

- **主要政策要点说明**

财政政策:建立事权和支出责任相适应的制度,适度加强中央事权和支出责任。结合税制改革,考虑税种属性,理顺中央和地方收入划分。完善中央对地方的转移支付制度,促进区域协调发展和基本公共服务均等化。建立全面规范公开透明的预算制度,加大政府性基金预算、国有资本经营预算与一般公共预算的统筹力度,完善社会保险基金预算编制制度。建立政府资产报告制度,建立规范的政府债务管理及风险预警机制。改革和完善税费制度,逐步提高直接税比重,完善地方税体系,深化增值税、消费税、个人所得税、房地产税、资源税等改革,开征环境保护税。清理规范相关行政事业性收费和政府性基金。优化财政支出结构,将财政赤字和政府债务控制在可承受的范围内。

货币政策:优化货币政策目标体系,处理好稳增长、调结构、控总量的关系,既要保持经济平稳运行,促进与提高发展质量和效益,又要防止货币供应过于宽松,影响价格水平稳定,加大系统性金融风险。加快推进利率市场化,创新货币政策调控工具,强化信贷政策定向结构性调整功能,把更多金融资源配置到经济社会发展的重点领域和薄弱环节,更好地满足人民群众和实体经济多样化的金融需求。完善系统性、区域性金融风险监测评估和预警体系,明确各级政府在防范和化解金融风险中的责任。建立存款保险制度,完善金融机构市场化退出机制。完善多层次金融市场体系,多渠道推动股权融资发展,提高直接融资比重。建立健全宏观审慎管理框架下的外债和资本流动管理体系,稳步推进人民币国际化,稳步实现资本项目可兑换。

产业政策:是国家为了弥补和纠正市场的缺陷、失败,进而促进国民经济持续协调发展而对特定产业的活动实施影响的经济政策。国际经验表明,无论是发达的市场经济国家还是追赶型的发展中国家,都曾不同程度地实施了产业政策。发挥好产业政策对产业结构优化调整的引导和促进作用,健全强农惠农政策体系,完善国家粮食安全保障体系和农业可持续发展长效机制;更多采用负面清单方式明确禁止或限制发展的产业,强化统一的节能节地节水、环境、技术、安全等市场准入标准;加强战略性新兴产业和基础产业布局规划,推动服务业特别是现代服务业发展壮大,完善有利于创新和公平竞争的体制机制。以主体功能区规划为基础,实行区域间有差别的产业政策。

区域政策:是国家为促进区域协调发展制定的政策。根据区域特点,完善和创新区域发展政策,在维护全国统一市场和公平竞争的前提下注重分类指导,培育新的区域发展增长极,稳步提升区域间基本公共服务均等化水平,缩小区域发展差距。引导各地立足区域发展战略,按照与国民经济和社会发展总体规划、主体功能区规划、土地利用总体规划、新型城镇化规划、城乡规划和宏观调控目标相协调的原则,科学设定地区发展目标。完善区域合作机制,加强区域间的协调协作。

价格政策:是国家对国民收入进行有计划的分配和再分配,利用价格调节各个社会集团之间的经济利益的经济手段。形成主要由市场决定价格的机制,完善政府定价规则,健全资源环境价格形成机制,实施阶梯价格、差别价格政策,发挥价格杠杆在促进资源节约和环境保护等方面的作用。以最低收购价、目标价格、直接补贴、价格保险等政策为手段,完善农产品价格形成机制。健全价格监测预警机制,完善价格调节基金制度,健全重要产品价格应急调控预案。

土地政策:是国家在土地资源开发、利用、治理、保护和管理方面规定的行动准则。根据国家发展战略和规划,发挥土地利用总体规划和年度计划的调控作用。完善区域、产业和不同地类的差别化用地政策,促进土地高效配置和合理利用。健全土地市场,严格土地使用标准,建立健全闲置土地消化处置机制。推进农村集体经营性建设用地使用权流转,加快构建体现城乡、区域和代际平衡的土地收益分配体系。

节能环保政策:是国家采取的防治环境污染和生态破坏的条例政策。提高能源资源利用率,强化资源约束机制和节能减排目标责任制,完善和严格执行节能环保法律法规和标准体系,实行能源消费总量和能源强度双控以及污染物排放总量和浓度控制,建立能评验收制度,完善污染物排放许可制度。稳步推进资源有偿使用制度和生态补偿制度等改革,推行节能量、碳排放权、排污权、水权交易制度。健全对节能环保的财税、价格政策支持体系,创新节能环保产品政府采购机制,推动企业间绿色供应链建设。

就业政策:是政府和社会群体为解决失业人员和新生劳动力初次就业的政策手段。实施就业优先战略和更加积极的就业政策,把充分就业作为经济社会发展的优先目标,稳定并扩大城镇就业规模,解决结构性就业矛盾,鼓励以创新创业带动就业。建立健全就业失业监测预警机制、经济政策对就业影响的评价机制、公共投资和重大项目与就业的联动机制,促进就业部际协调机制。完善创业扶持政策和困难人员就业援助制度,对就业困难人员实行实名制动态管理和分类帮扶。健全公共就业服务体系和职业培训体系。

投资政策:是指国家围绕扩大有效需求、提高投资效率,对投资特别是对固定资产投资活动进行宏观调节的政策措施。加快健全政府公共投资体系,制定出台政府投资条例,充分发挥政策投资的杠杆撬动作用,加大对公共产品、公共服务和人力资本的投资,建立健全落实规划重点任务和重大工程、与宏观调控取向相适应的政府投资规模形成机制。深化投资体制改革,更好地发挥社会投资主力军的作用,最大限度地缩小企业投资核准范围,营造宽松公平的投资经营环境,鼓励民间资本和企业投资。

消费政策:是国家为改善消费环境,创造消费需求,增强消费能力,发挥消费拉动经济的基础作用而作出的政策选择。深化收入分配制度改革,健全工资决定和正常增长机制,以推进信息消费、绿色消费、住房消费、旅游休闲消费、教育文体消费、养老健康家政消费等重点,带动消费结构升级。建立健全培育消费增长点的制度环境和政策体系,挖掘农村消费潜力,改善大众消费预期,扩大居民消费。完善现代流通体系,加强食品药品等质量安全制度建设,营造放心便利的市场消费环境。

对外贸易和涉外投资政策:对外贸易政策是指国家在一定时期内对进出口贸易活动制定的规则;涉外投资政策是指国家为积极高效利用外资,促进和规范境外投资而制定的规则。完善关税、出口退税、出口信用保险、出口信贷、进出口商品法定检验、部分产品进口管理以及符合世界贸易组织规则的反倾销、反补贴和保障措施等制度,有序推进自由贸易试验区建设,加快建立扩大内陆沿边开放的政策体系。统一内外资法律法规,制定外资基础性法律,保护外资企业合法权益,对外资全面实行准入前国民待遇加负面清单管理制度。构建备案为主、核准为辅的对外投资管理体制,健全对外投资促进政策和服务体系,完善外商投资国家安全审查机制。

与西方经济学中定义的宏观政策相比,中国的宏观政策具有自身的特征:政策范围有所拓展,既有五年规划、年度计划在顶层设计上作为指导和依据,又有产业、区域、价格、土地等多项政策在具体实施中加以配合和协调。政策手段更加多样,既有经济手段、法律手段,也辅之以必要的行政手段,通过人事任免、舆论导向等保证国家发展战略意图的实现。政府作用更为明显,政府具有较强的资源动员能力,从上到下具有较强的行政执行能力,发挥市场在配置资源中的决定性作用的同时,政府能够适时、积极、有效地发挥作用。

3.3 实施保障机制

为推进国家发展战略的顺利实施,确保各项目标任务的有效落实,多年来已形成一套完整的实施机制,包括责任主体机制、协调衔接机制、监测评估机制、监督考核机制。"十三五"规划纲要发布后,中共中央办公厅、国务院办公厅印发《关于建立健全"十三五"规划纲要实施机制的意见》。

3.3.1 责任主体机制

国家发展战略提出的每一个目标、每一项任务,都有责任分工、责任主体、责任机制。

- **明确责任分工**

首先,是根据目标任务,确定全国各地区、中央和国务院各部门的责任分工。涉及各地区的分工,责任主体是省、自治区、直辖市党委和政府。涉及部门的分工,责任主体是相关部门,牵头单位承担第一责任。各个责任主体按照分工制定涉及本地区、本部门主要目标和任务的实施方案,包括时间表和路线图。

- **强化领导责任**

各级领导是国家发展战略的关键实施因素。各地区各部门把目标任务的实施方案和落实情况列入党委(党组)和政府会议年度重点事项,主要负责同志,如省(市)委书记、省(市)长和各部部长为第一责任人,班子其他领导成员按照分管领域制定实施细则,抓好主要指标以及重大工程、重大项目、重大政策的落实工作。

- **落实工作职责**

各有关部门把可分解的约束性指标落实到各地,并完善相关指标的统计、监测和考核办法;对预期性指标加强跟踪分析和政策引导,促使如期完成。重大工程项目实施进展情况,国家发展改革委定期在投资项目在线审批监管平台上发布,中期财政规划和年度预算结合财力可能,统筹安排重大工程项目所需财政支出。重大改革和政策举措,加强督促检查,推进试点示范,确保按时保质完成任务。

3.3.2 协调衔接机制

为形成实施国家发展战略的合力,实现各地区各部门分工负责与协同行动的有机结合,从上到下建立起横向与纵向的协调衔接机制。

- **做好各类规划计划衔接**

以国民经济和社会发展总体规划为统领,以专项规划、区域规划、地方规划、年度计划为支撑,做好协调衔接。专项规划要细化落实总体规划明确的特定领域目标任务,区域规划要细化落实总体规划明确的特定区域目标任务,地方规划要加强发展战略、主要目标、重点任务、重大工程项目与总体规划的衔接,年度计划要充分体现总体规划的目标任务,搞好年度间综合平衡。

- **加强重大事项统筹协调**

重大规划战略、重大改革举措、重大发展政策、重大工程项目等事项,通常涉及中央、地方、部门、企业等多个主体、多个层级。需要加强各方面的统筹协调,建立权威的、高效的工作推进机制。比如,《中国制造2025》方案以及大气、水和土壤三大污染防治行动都成立了专门的领导小组,组长由国务院副总理挂帅,办公室分别设在工信部、环保部,定期开会研究协调,解决重点难点问题。

3.3.3 监测评估机制

监测评估是对国家发展战略实施情况的及时跟踪和有效反馈。以五年规划为例,可分为年度监测评估、中期评估和总结评估。充分利用各类信息和数据资源,加强动态监测分析,引入第三方,是监测评估的重要方法。

- **年度监测评估**

由国家发展改革委牵头建立五年规划跨年度滚动实施机制,组织开展重点任务实施情况年度评估,结果须向国务院报告。各有关部门针对本领域重点问题,适时开展专项评估。各地做好地方总体规划年度监测评估。把重点专项规划、区域规划等各类规划实施情况逐步纳入年度监测评估范围。发挥规划专家委员会作用,根据需要委托开展第三方评估。

- **中期评估和总结评估**

对国民经济和社会发展五年规划的组织实施情况开展中期评估和总结评估,是各级人大常委会的法定职责。中期评估和总结评估的结果要按程序向国务院、全国人大常委会财经委员会和常务委员会报告。地方各级政府组织开展地方总体规划实施情况中期评估和总结评估工作,要向本级人大常委会或人大财经委员会报告。专项规划、区域规划等各类规划都要开展中期评估及总结评估。充分借助智库等专业资源,全面开展第三方评估。

- **动态调整修订**

基于监测分析及评估结果,需要对五年规划进行调整时,由国家发展改革委会同有关方面提出调整方案,报国务院审查后,提交全国人大常委会审议批准。地方总体规划未经法定程序批准,不得随意调整主要目标任务。专项规划、区域规划等各类规划的编制主体负责向审批主体提出调整修订建议。

3.3.4 监督考核机制

监督考核是指对国家发展规划实施情况,加强人大监督,完善社会监督,加大督查审计力度,并把它作为改进政府工作和绩效考核的重要依据。

- 加强人大监督

依法向全国人大常委会报告实施情况和中期评估,总结评估报告,自觉接受人大监督,认真研究处理审议意见,及时报告整改结果。高度重视人大代表的意见建议,鼓励人大代表跟踪监督实施情况,充分发挥代表建议和代表专题调研、集中视察对规划实施的推动作用。

- 完善社会监督

各责任主体要及时发布实施进展情况,保障社会公众的知情权。畅通公众监督渠道,更好地发挥各民主党派、工商联和无党派人士对实施情况的民主监督作用。充分发挥行业协会商会、贸易投资促进机构、智库等社会力量的专业化监督作用,建立利用互联网等新媒体监督实施的有效机制。

- 开展督查审计

围绕主要目标任务和重大改革举措、重大发展政策、重大工程,强化联合督查和信息联动应用。将实施情况纳入国务院大督查内容,建立实施专项督查机制。各地区各部门负责组织开展地方总体规划和专项规划实施情况的督查。各级审计机关要依法加强对规划实施情况的审计监督。

- 实施考核评价

强化年度评估、中期评估、总结评估及专项评估结果的运用。将实施情况纳入各级领导干部考核评价体系,考核评价结果作为干部晋升和惩处的重要依据。针对各地区各部门实际,研究差别化、可操作的考核内容及权重,探索将实施考核的结果与被考核责任主体的绩效挂钩。

3.4 五年规划案例

鉴于五年规划在国家发展战略中的特殊地位、特殊作用,以若干个五年规划为案例,重点说明不同历史时期、不同发展阶段国家发展战略思维和政策取向呈现出来的不同重点、不同特点以及经验教训。

3.4.1 "一五"计划(1953—1957年)

- **战略定位**:中华人民共和国第一个国民经济发展五年计划
- **战略目标**:实现过渡时期总路线总任务
- **战略环境**

中华人民共和国成立后,在短短三年内就扭转了国民党反动统治者留下的混乱局面,实现了政治、经济、社会的稳定。土地改革在全国范围内基本完成,恢复国民经济的任务顺利实现,抗美援朝战争即将结束,国家具备了开展大规模经济建设的条件。基于对苏联模式的学习,1952年9月,毛泽东同志提出"中国怎样从现在逐步过渡到社会主义去"的指导方针和大致设想。1953年6月,他又在中央政治局扩大会议上首次提出党在过渡时期的总路线,强调"从中华人民共和国成立,到社会主义改造基本完成,这是一个过渡时期。党在这个时期的总路线和总任务,是要在一个相当长的时期内,逐步实现国家的社会主义工业化,并逐步实现国家对农业、对手工业和对资本主义的社会主义改造"。1954年2月,这条总路线在党的七届四中全会上得到确认,并于1954年9月写入新制定的第一部《中华人民共和国宪法》。

- **战略任务**

"一五"计划从1951年着手编制,1953年起一面开始实施,一面讨论修改,1954年9月形成草案,1955年3月经中国共产党全国代表会议讨论同意,7月在第一届全国人民代表大会第二次会议审议通过。这个计划被称为"全国人民为实现过渡时期总任务而奋斗的带有决定意义的纲领,是和平的经济建设和文化建设的计划"。"一五"计划确定的经济建设指导方针是,集中主要力量发展重工业,建

> **"一五"计划主要工业产品增长计划**
> **钢**:从135万吨增加到412万吨,增长2.1倍。**发电量**:从72亿度增加到159亿度,增长1.2倍。**原煤**:从6353万吨增加到11 298万吨,增长0.8倍。**原油**:从43.6万吨增加到270.2万吨,增长5.2倍。**发电机**:从3万千瓦增加到22.7万千瓦,增长6.7倍。**电动机**:从64万千瓦增加到105万千瓦,增长0.6倍。**载重汽车**:达到4000辆(1952年还不能制造)。**水泥**:从286万吨增加到600万吨,增长1.1倍。**机制纸**:从37万吨增加到65万吨,增长0.8倍。

立国家工业化和国防现代化的初步基础,同时要求相应发展交通运输业、轻工业、农业和商业;相应地培养建设人才;保证国民经济中社会主义成分的比重稳步增长;保证在发展生产的基础上逐步提高人民物质生活和文化生活水平等。最重要的是,实施苏联援建的156项工程,包括煤炭、石油、电力、钢铁、有色金属、化工、机械、轻工、医药和军工等重大项目。

- **战略评估**

"一五"计划实施情况评估表明:**从成就看**,各项指标全面完成,各项事业获得较快发展,人民生活水平有所提高,特别是工业生产能力和技术水平前进了一大步,为中国工业化起步奠定了决定性基础,为社会主义建设积累了宝贵经验。与同期世界发达国家相比,中国工业总产值增长速度位居第一(见表3.1)。"一五"计划时期是中华人民共和国经济效益最好的时期之一。**从经验看**,一是在优先发展重工业的同时,不放松农业、轻工业,对国民经济各个部门进行统筹管理、全面安排。二是在经济发展的布局上,基础设施投资及工业建设项目,有一半左右安排在内地,以改变历史上形成的我国工业大多集中在沿海地区的不合理状况。三是在经济建设的规模、效益和速度上,与国力相适应,确定工业、农业生产平均每年增长的指标既积极又稳妥。四是把发展生产和改善人民生活恰当地结合起来,积累和消费的比例关系比较协调。五是既争取外援,又强调自力更生,国家建设以国内力量为主。**从问题看**,国务院总理周恩来在党的八大所作的报告中指出:在"一五"计划实施过程中,"计划常常有不全和不

表3.1 1953—1957年我国工业总产值增长速度与主要国家比较

单位:%

	中国	苏联	美国	英国	西德	法国	日本
年平均增长速度							
1953—1957年	18.0	11.6	3.6	3.8	10.1	7.9	15.0
比上年增长速度							
1953年	30.2	11.9	8.1	5.7	8.7	1.0	22.5
1954年	16.3	13.2	-6.7	6.0	12.0	10.0	8.0
1955年	5.6	12.4	12.9	5.1	15.1	9.1	8.1
1956年	28.2	10.6	3.1	0.5	7.7	10.8	23.3
1957年	11.4	10.0	0.0	1.8	5.8	9.0	16.1

资料来源:中国社会科学院、中央档案馆,《1953—1957中华人民共和国经济档案资料选编·工业卷》,中国物价出版社,1998年,第1 147页。

准的缺点""部分地发生了偏低或者偏高的缺点";一些建设项目"只注重赶进度,忽视质量和安全,以致工程质量低劣,事故很多,并且造成浪费";"有些部门和有些地方,在建设工作中曾经发生过到处铺开、百废俱兴、不顾条件盲目冒进的偏向,结果,影响到国家的重点建设,并且造成财政上的困难和人力、物力的浪费";"国务院各部门机构大,层次多,因而公文多,电报多,表格多,弄得下级机关疲于奔命",等等。

专栏 3.1
"一五"计划启动实施的黄河综合利用规划

黄河是中华民族的摇篮,是我国的第二长河。黄河流域在相当长的一个时期内是全国的政治和经济中心。同时,黄河频繁的水旱灾害给沿岸人民带来了深重的灾难,被称为"中国之忧患"。中华人民共和国成立后,国家就着手提高黄河下游的防洪能力,开发利用黄河水资源的规划研究。1955 年 7 月 30 日,第一届全国人民代表大会第二次会议通过了《关于根治黄河水害和开发黄河水利的综合规划的决议》,并出台了《黄河综合利用规划纲要》。随着规划的实施,黄河治理开发取得了巨大的成绩。① 通过加高加固堤防、整治河道、修建拦蓄洪水和分滞洪水工程、改进暴雨洪水预报与防洪调度等措施,初步建成了防洪体系。② 全流域共建成各类水库 3 000 多座,其中大中型水库 170 多座;建成 500 千瓦以上的水电站 80 多处,装机容量约 260 万千瓦。干流上已建骨干工程有刘家峡、盐锅峡、八盘峡、青铜峡、三盛公、天桥、三门峡等七座。在建的龙羊峡水电站,装机容量 128 万千瓦(1988 年开始发电)。全流域有效灌溉面积由 1949 年的 1 200 万亩增至近 7 000 万亩。流域内工农业及城市用水已达 270 多亿立方米,约占地表水资源的 1/2,1972 年后,还曾先后 5 次向天津市送水约 16 亿立方米。③ 在黄土高原开展了以造林、种草、梯田、淤地坝等为主要内容的水土保持工作,至 1985 年初步治理面积约 10 万平方公里。④ 流域内广泛利用洪水、泥沙,如引洪漫地、高含沙水流灌溉、用挖泥船放淤加固大堤等。

3.4.2 "六五"计划(1981—1985年)

- **战略定位**:改革开放后的第一个国民经济和社会发展五年计划
- **战略目标**:进一步解决过去遗留下来的阻碍经济发展的各种问题,取得实现财政经济状况好转的决定性胜利,为下一个五年发展奠定更好的基础,创造更好的条件

- **战略环境**

针对工作重点向经济建设转移中出现的国民经济重大比例关系失调,生产建设任务安排过大,物资、财政、外汇都有相当大的缺口等情况,1979年4月,党中央召开工作会议,确立对国民经济实行"调整、改革、整顿、提高"的方针,以纠正多年来经济建设指导方针上存在的脱离实际、急于求成、盲目追求高速度的思想偏差和倾向。1982年9月,党的十二大确定了我国经济建设的战略目标、战略重点和战略步骤,要求在不断提高经济效益的前提下,从1981年到20世纪末的二十年内力争实现中国工农业总产值翻两番;要求从1983年到1987年的五年间争取实现国家财政经济状况的根本好转。强调前十年主要是打好基础,积蓄力量,后十年要进入新的经济振兴时期。

- **战略任务**

"六五"计划的基本任务,是继续实行"八字"方针,把经济工作转到以提高经济效益为中心的轨道上来。工农业生产,在提高经济效益的前提下,计划平均每年递增4%,争取达到5%,国民收入平均每年增长4%。"六五"计划的一个鲜明特点是,在重视经济发展的同时把社会发展摆到突出位置。以往的五年计划都是国民经济发展计划,从"六五"计划开始改为国民经济和社会发展计划,用较大篇幅对社会发展的各个方面作出安排,包括人口、平均就业、居民收入和消费、城乡建设、社会福利、文化、体育、环境保护、社会秩序等。"六五"计划首次单独提出了"对外经济贸易"的章节,阐述了进出口贸易、利用国外资金、国家外汇收支、国际经济技术援助和合作、经济特区、旅游、海关和商品检验等内容。

- **战略评估**

"六五"计划实施情况评估表明:**从成就看**,到1985年年底,"六五"计划的经济指标全面或超额完成。同1980年相比,工业总产值、

> **"六五"期间确定的两项基本国策**
> 1982年9月,为控制人口过快增长,党的十二大将计划生育确立为基本国策(随着我国老龄化问题日益突出,2015年10月,党的十八届五中全会决定全面实施一对夫妇可生育两个孩子的二孩政策)。
> 1983年12月,国务院召开第二次全国环境保护会议,把保护环境确立为基本国策,从"六五"计划开始,环境保护被纳入国民经济和社会发展计划。

国民生产总值分别年均增长11%、10%；农民人均纯收入、城镇职工家庭人均收入分别年均增长13.7%、6.9%；农业发展是中华人民共和国成立以来最快的时期，较快地实现粮食自给，棉花自给有余。国家财政收入由"五五"末期的逐年下降转为逐年上升，实现了收支基本平衡；进出口贸易总额比"五五"期间增长1倍；过去许多定量分配和凭票供应的商品，除粮、油外已基本取消票证，放开供应。**从经验看**，一是在经济和社会发展战略上，从片面追求工业特别是重工业产值产量的增长，开始转向以提高经济效益为中心，注重农、轻、重协调发展，注重经济、科技、教育、文化、社会的全面发展。二是在经济体制上，从管得过多、统得过死的僵化体制，开始转向适应在公有制基础上有计划发展商品经济要求的、充满生机和活力的新体制。三是在对外经济关系上，从封闭半封闭开始转向积极利用国际支援的开放型经济，在利用国际国内两种资源、开拓国内国外两个市场中学会组织国内建设和发展对外经济关系两套本领。**从问题看**，对有效控制社会总需求过度增长注重不够；在处理数量和质量、速度和效率的关系上，对提高经济效益特别是产品质量还缺乏有力的措施和有效的监督；在着力增强企业活力的同时，加强和改善宏观管理的措施未能及时跟上。特别是从1984年开始，在经济形势好转时，一度出现追求超高速现象，固定资产投资和消费基金增长过猛，货币发行过多，进口控制不严，引发了经济过热和物价上涨。

3.4.3 "九五"计划(1996—2000年)

- **战略定位**：社会主义市场经济条件下的第一个五年计划
- **战略目标**：实现经济体制和经济增长方式两个根本性转变，全面完成现代化建设的第二步战略部署
- **战略环境**

1992年，邓小平同志南方谈话和党的十四大召开，我国改革开放和社会主义现代化建设进入新的发展阶段。党的十四大对我国20世纪90年代的经济发展进度作出调整，从历史上的国民生产总值平均增长6%调整为8%至9%，提出到20世纪末，我国国民经济整体素质和综合国力将迈上一个新台阶，人民生活由温饱进入小康，并首次明确我国经济体制改革的目标是建立社会主义市场经济体制。1993年11月，十四届三中全会建议通过的《中共中央

"九五"期间国民经济和社会发展的九条重要方针
- 保持国民经济持续、快速、健康发展；
- 积极推进经济增长方式转变，把提高经济效益作为经济工作的中心；
- 实施科教兴国战略，促进科技、教育与经济紧密结合；
- 把加强农业放在发展国民经济的首位；
- 把国有企业改革作为经济体制改革的中心环节；
- 坚定不移地实行对外开放；
- 实现市场机制和宏观调控的有机结合，把各方面的积极性引导好、保护好、发挥好；
- 坚持区域经济协调发展，逐步缩小地区发展差距；
- 坚持物质文明和精神文明共同进步，经济和社会协调发展。

关于建立社会主义市场经济体制若干问题的决定》，勾画出社会主义市场经济体制的基本框架：在坚持以公有制为主体、多种经济成分共同发展的基础上，建立现代企业制度、全国统一开放的市场体系、完善的宏观调控体系、合理的收入分配制度和多层次的社会保障制度。

- **战略任务**

针对"八五"期间存在的经营管理比较粗放、经济素质不高、经济效益较差、通货膨胀压力较大、国有企业生产经营困难较多、管理体制和经济体制不适应社会主义市场经济要求等突出问题，"九五"计划明确，促进国民经济持续健康发展，关键要实行两个具有全局意义的根本性转变：一是经济体制要从传统的计划经济向市场经济转变，二是增长方式要从粗放型向集约型转变。"九五"计划的奋斗目标是，到2000年，国民生产总值年均增长8%左右，全面实现现代化建设的第二步战略部署；人口控制在13亿以内，实现人均国民生产总值比1980年翻两番；基本消除贫困现象，人民生活达到小康水平；加快现代企业制度建设，初步建立社会主义市场经济体制。"九五"计划还对2010年经济社会发展的远景目标进行了展望：实现国民生产总值比2000年翻一番，使人民的小康生活更加宽裕，形成比较完备的社会主义市场经济体制。1998年，"九五"计划执行刚刚过半，便遭遇了亚洲金融危机，应对危机的主要手段是扩大内需，发行国债，加大公路、水利、城市等基础设施建设投入，扩大高等教育招生规模，加快住房市场化改革等。

亚洲金融危机
1997年下半年，泰国泰铢贬值，引发东南亚国家爆发金融危机，迅速波及整个亚洲和世界其他地区，造成国际金融市场持续动荡。由于国际市场萎缩，我国外贸进出口总额呈下降趋势，我国果断采取扩大国内需求的方针，中央财政向商业银行增发1000亿长期建设国债，配资1000亿元银行贷款，增加基础设施投资，国民经济稳步回升。同时，坚持人民币不贬值的承诺，为缓解金融危机的影响作出了积极贡献。

- **战略评估**

"九五"计划实施情况评估表明：**从成就看**，到2000年，"九五"计划主要目标任务完成或超额完成，国内生产总值年均增长8.6%，人均国民生产总值比1980年翻两番的目标提前三年完成；货物进出口总额年均增长11.0%，国家外汇储备较1995年年底增加125.0%；实际利用外资比"八五"时期增长79.9%；国有企业改革三年脱困目标基本实现；财政收入年均增长16.5%，城镇居民人均可支配收入、农村居民人均纯收入年均分别增长5.7%、4.7%；社会主义市场经济体制初步建立，我国经济发展的体制环境发生重大变化。**从经验看**，国务院总理朱镕基在第九届全国人民代表大会第四次会议上指出，面对亚洲金融危机和严重水旱灾害的冲击，前期克服通货膨胀的影响，中后期抑制通货紧缩的趋势，按照发展社会主义市场经济的要求，加强和改善宏观调控：第一，坚持用发展的办法解决前进中的问题。第二，根据经济形势的变化，适时调整宏观调控政策取向

建立以市场价格为主的价格形成机制
1993年10月，中央农村工作会议作出粮食定购实行"保量放价"的决定，即保留定购数量，收购价格随行就市。同时，钢铁、煤炭等重要生产资料价格等也相继并轨。到1996年，价格"双轨制"基本结束。到2000年，市场调节价在社会商品零售总额、农副产品收购总额和生产资料销售总额中所占的比例分别达到95.8%、92.5%和87.4%。

和力度。第三,把扩大内需和调整经济结构紧密结合起来。第四,正确处理改革、发展、稳定的关系。**从问题看**,主要表现为:产业结构不合理,地区经济发展不协调;国民经济整体素质不高,国际竞争力不强;社会主义市场经济体制尚不完善,阻碍生产力发展的体制因素仍很突出;科技、教育比较落后,科技创新能力较弱;水、石油等重要资源短缺,部分地区生态环境恶化;就业压力大,农民和城镇部分居民收入增长缓慢,收入差距拉大;一些领域市场经济秩序相当混乱,重大安全事故时有发生;贪污腐败、奢侈浪费现象和形式主义、官僚主义作风还比较严重;一些地方社会治安状况不好。

3.4.4 "十二五"规划(2011—2015年)

- **战略定位:进入上中等收入阶段后的第一个五年规划**
- **战略目标:巩固和扩大应对国际金融危机的成果,为全面建成小康社会打下具有决定意义的基础**
- **战略环境**

从2007年开始的美国次贷危机,到2008年演变成为来势凶猛的国际金融危机。这场危机对以欧美消费、亚洲生产、中东拉美提供能源资源为主要特征的全球经济发展模式带来严重冲击,世界经济增长速度大幅减缓,供给结构、需求结构发生深刻变化。2009年第一季度,我国出口同比下降19.7%,经济增速回落到6.1%,规模以上工业增加值增速回落到5.1%。通过采取4万亿元的大规模刺激政策,2010年第一季度,经济增速回升到11.9%,规模以上工业增加值增速回升到19.6%,这对于防止经济断崖式下行起到了筑底作用,也成为全球应对危机的一抹亮色,但为日后部分行业产能过剩留下隐患。具有标志性意义的情况是,2010年,我国经济总量超过日本成为世界第二大经济体,人均国内生产总值达到4561美元,进入上中等收入阶段,开始向高收入国家迈进(见表3.2);与此同时,我国城镇化率达到50.0%,开启了从农业社会向城市社会转变的历史进程。如何应对国际金融危机影响,跨越中等收入陷阱,破解越来越突出的发展不平衡、不协调、不可持续的难题,成为"十二五"时期面临的主要挑战。

表 3.2　不同发展阶段的划分标准　　　　　　　　　　单位：美元/人

标准	1990年	1995年	2000年	2005年	2010年	2015年	2016年
低收入	<=610	<=765	<=755	<=875	<=1 005	<=1 025	<=1 005
下中等收入	611—2 465	766—3 035	756—2 995	876—3 465	1 006—3 975	1 026—4 035	1 006—3 955
上中等收入	2 466—7 620	3 036—9 385	2 996—9 265	3 466—10 725	3 976—12 275	4 036—12 475	3 956—12 235
高收入	>7 620	>9 385	>9 265	>10 725	>12 275	>12 475	>12 235

注：2016年标准于2017年7月1日公布（每年7月1日公布上年标准），口径为阿特拉斯（Atlas）法下的人均国民生产总值。

资料来源：世界银行。

- **战略任务**

进入本世纪第二个十年，"十二五"时期是全面建成小康社会的关键时期。"十二五"规划提出以科学发展为主题，以加快转变经济发展方式为主线，强调这是我国经济社会领域的一场深刻变革，必须贯穿经济发展全过程和各领域。为给转方式、调结构腾出空间，"十二五"规划把年均经济增长预期目标定为7%，比"十一五"时期年均经济增速11.2%低4.2个百分点；为提高能源效率，减少二氧化碳排放，提出控制能源消费总量，建立总量控制目标和分解落实机制；为合理调整国家、企业、个人分配关系，加快城乡居民收入增长，首次提出"努力实现居民收入增长和经济发展同步，劳动报酬提高和劳动生产率提高同步"的方针。在"十二五"规划实施过程中，增长速度换挡期、结构调整阵痛期、前期刺激政策消化期的叠加效应显现，我国经济发展进入新常态。

- **战略评估**

"十二五"规划实施情况表明：到2015年，**从成就看**，"十二五"规划确定的主要目标任务全面完成，实现程度是近几个五年规划中最好的。国内生产总值年均增长7.9%，是同期全球增速的2倍以上，较大幅度领先世界主要经济体；第三产业超过第二产业，成为第一大产业，增加值占比达到50.2%；城镇化率达到56.1%，城市社会成为主流社会形态；制造业产值占全球的比例提高到25%，位居世界第一位；货物贸易进出口额自2013年起位居世界第一位，利用外商直接投资自2014年起位居世界第一位；城镇居民人均可支配收入、农村居民人均纯收入分别年均增长7.7%、9.6%，城乡收入差距持续缩小；单位国内生产总值能耗下降18.4%。**从经验看**，紧紧围绕加快

"十二五"期间的十大政策导向

1. 实现经济增长速度和结构质量效益相统一
2. 建立扩大消费需求的长效机制
3. 调整优化投资结构
4. 同步推进工业化、城镇化和农业现代化
5. 依靠科技创新推动产业升级
6. 促进区域协调互动发展
7. 健全节能减排激励约束机制
8. 推进基本公共服务均等化
9. 加快城乡居民收入增长
10. 加强和创新社会管理

转变经济发展方式这一主线,一是把经济结构战略性调整作为主攻方向;二是把科技进步和创新作为重要支撑;三是把保障和改善民生作为根本出发点和落脚点;四是把建设资源节约型、环境友好型社会作为重要着力点;五是把改革开放作为强大动力;六是聚焦经济社会发展中的突出矛盾和问题,有针对性地提出了十大政策导向,编制实施了18个重点专项规划(见表3.3)。**从问题看**,在规划编制方面,三个估计不足:一是对国际金融危机的持续影响估计不足,对机遇看得多一些,对困难看得少一些;二是对4万亿元刺激政策的后果估计不足,对当时保增长的作用看得重一些,对长远调结构的影响看得轻一些;三是对空气污染恶化的态势估计不足,对节能减排单项指标研究得比较深,对综合施策、区域联动防止污染考虑得很不够。在规划实施方面,三个统筹不力:一是总体规划与专项规划统筹不够,专项规划编得过多,全局性、指导性不强;二是国家规划与地方规划统筹不够,"十二五"规划提出的全国经济增长预期目标年均为7%,但31个省(市、自治区)提出的经济增长预期目标平均为10.7%,高出3.7个百分点,地方规划贯彻国家规划的意识不强;三是公共服务与公共资源统筹不够,首次编制的基本公共服务规划缺乏公共资源的配置和支持,保障能力不强。十八大以后在创新驱动发展战略、供给侧结构性改革的推动下,互联网、物联网、云计算、大数据、人工智能等新技术、新产业、新业态、新模式蓬勃兴起,经济发展的新动能正在集聚和成长。

表3.3 "十二五"时期的18个重点专项规划

规划名称	规划名称
1. 国家新型城镇化规划	10. 能源发展规划
2. 国家基本公共服务体系规划	11. 水利发展规划
3. 自主创新能力建设规划	12. 综合交通运输体系规划
4. 战略性新兴产业规划	13. 节能减排规划
5. 现代农业发展规划	14. 社会信用体系建设规划
6. 工业转型升级规划	15. 重点领域改革规划
7. 现代服务业发展规划	16. 培育国际合作和竞争新优势规划
8. 重点产业生产力布局和调整规划	17. 统筹经济建设和国防建设规划
9. 信息化发展规划	18. 住房保障规划

注:重点领域改革、自主创新能力建设、战略性新兴产业、综合性交通运输体系、社会信用体系建设等规划是首次提出并编制的。重点产业生产力布局和调整规划、培育国际合作和竞争新优势规划后来改为指导意见,住房保障规划改变了编制方式,变为分年行动计划。

内容小结

本章论述了国家发展战略的实施。主要包括三大支撑体系:规划计划体系、宏观政策体系、实施保障机制。规划计划体系具有战略导向、引领约束作用,由专项规划、区域规划和年度计划组成。宏观政策体系服从服务于国家发展战略,包括以总量、结构、质量、民生为核心的目标体系,以财政、货币政策为主,产业、区域、价格、土地政策协调配合的政策体系。实施保障机制包括责任主体机制、协调衔接机制、监测评估机制、监督考核机制等。为了更好地说明战略制定和实施的情况,本章列举了四个具有典型意义的五年规划,从战略定位、战略目标、战略背景、战略任务、战略评估等方面说明国家发展战略和政策不断演进的过程,以便我们总结经验教训,更好地规划未来。

关键概念

规划计划体系:总体规划　　区域规划　　专项规划　　年度计划
宏观政策体系:宏观政策的经济学定义　　宏观政策目标体系　　宏观政策体系结构
实施保障机制:责任主体机制　　协调衔接机制　　监测评估机制　　监督考核机制

思考讨论题

1. 国家发展战略的三大支撑体系各自的特征和作用是什么?
2. 请你谈谈国家发展战略与宏观政策体系之间的关系。
3. 1998年、2008年两次金融危机,中国政府是如何从战略和政策两个层面予以应对的?
4. 你认为国家发展战略在制定和实施中有哪些经验教训值得总结。

本篇参考文献

习近平,《习近平谈治国理政》,外文出版社,2014年。
习近平,《习近平谈治国理政》(第二卷),外文出版社,2017年。
《党的十九大报告辅导读本》,人民出版社,2017年。
〔英〕斯图尔特·克雷纳、戴斯·狄洛夫,《战略的本质》,郝胜楠等译,中国人民大学出版社,2017年。
厉以宁,《中国经济双重转型之路》,中

国人民大学出版社,2013年。

马浩,《战略管理:商业模式创新》,北京大学出版社,2015年。

徐宪平,《中国经济的转型升级——从"十二五"看"十三五"》,北京大学出版社,2015年。

[美]诺姆·乔姆斯基,《新自由主义和全球秩序》,徐海铭等译,江苏人民出版社,2001年。

《建国以来国民经济和社会发展五年计划重要文件汇编》,中国民主法制出版社,2008年。

《中华人民共和国国民经济和社会发展第十二个五年规划纲要》,人民出版社,2011年。

《中华人民共和国国民经济和社会发展第十三个五年规划纲要》,人民出版社,2016年。

中共中央党史研究室,《中国共产党的九十年》,中共党史出版社、党建读物出版社,2016年。

中华人民共和国成立以来中国共产党历次全国代表大会报告、历届中央委员会历次全体会议公报。

第 2 篇

我国发展的
战略环境

当今世界正处于百年大变局之中。和平与发展仍是时代主题,机遇与挑战总是层出不穷,合作与竞争始终相伴相生。一方面,世界多极化、经济全球化、社会信息化、文化多样化深入发展,各国之间的相互联系和依存日益加深;另一方面,孤立主义、单边主义、保护主义思潮兴起,美国特朗普政府政策的不确定性,英国脱欧等地缘性事件的冲击,使整个世界充满了变数,突发性风险时有发生。与之形成鲜明对比的是,当代中国正经历着广泛而深刻的经济社会变革。40年波澜壮阔改革进程取得的巨大成就,中国特色社会主义进入新时代的伟大飞跃,现代化建设两个阶段的战略安排,使我国发展站在了新的历史起点上。客观地、冷静地认识世界、认识中国,顺应时代潮流,辨明大势、总揽全局,可以使我们在纷繁芜杂的国际风云变幻中更好地把握新时代的新方位,开启新时代的新征程,坚定不移、昂首阔步地走好自己的路。

第 4 章
国际环境

作为世界第二大经济体,我国经济已经与世界经济融为一体,形成你中有我、我中有你的深度关联,国际环境对我国发展的影响越来越大。分析研判未来的国际环境,不可预见的因素多,难以预测的事情多,很难作出面面俱到全景式的判断,只能力求对面临的主要机遇与挑战有一个基本认识。这里,主要从政治、经济、科技维度进行分析。

4.1 国际政治格局复杂多变

西方国家仍然保持强势地位,但政治极化突出,社会分化严重;新兴市场国家和发展中国家群体性崛起,正在改变全球政治经济版图,大国之间争夺全球治理和国际规则制定主导权的较量更趋激烈。

4.1.1 国际力量对比发生重要变化

国际力量对比发生前所未有的变化,大国力量此消彼长,世界多极化趋势增强,"东升西降""南升北降"态势明显。发达国家地位和作用相对下降。经济困境、政党争端、民粹政治、社会裂痕等问题日益掣肘西方国家的国际行动能力,面对越来越多的全球治理难题,拿不出有效的解决方案;七国集团难以垄断并主导国际事务。新兴市场国家和发展中国家快速崛起。2016 年,新兴市场国家和发展中国家对世界经济增长的贡献率达到 80%,占全球经济的比重为38.8%,较 2007 年提高了 10.5 个百分点;最具有代表性的"金砖五国"的经济总量占全球的比重达到 22.4%,较 2007 年的 13.6% 提高

世界多极化
是指国际关系格局由一两个超级大国为中心向由多个实力相当的国家或国家集团组成的力量中心转化的趋势。这是国际形势的一个突出特点,是顺应时代发展需求和不以人的意志为转移的客观发展趋势。

新兴市场国家
是指相对于成熟或发达市场而言目前正处于发展中的国家、地区或某一经济体,通常具有劳动力成本低、天然资源丰富的特征。如中国、印度、俄罗斯、巴西和南非"金砖五国",印度尼西亚、尼日利亚、土耳其和墨西哥"薄荷四国"等。

了 8.8 个百分点。经济实力的上升带来全球影响力、话语权的增强。

4.1.2 大国博弈与冲突加剧

西方国家社会分化严重

随着世界经济的下行，发达国家增长和分配、资本和劳动、效率和公平的矛盾更加突出。法国学者托马斯·皮凯蒂所著的《21世纪资本论》，用翔实的数据证明，美国等西方国家的不平等程度已经超过历史最高水平。瑞信研究院发布的2016年度《全球财富报告》显示，处于财富金字塔底层的35亿成年人占全球成年人总数的74.5%，但人均拥有的财富不到1万美元，拥有的总财富仅占全球总财富的2.4%；而3300万的百万富翁，仅占全球成年人口的0.7%，却拥有着全球45.6%的财富。收入差距扩大，中产阶级萎缩，民众怨恨上升，西方国家枪击、暴力犯罪等极端事件频频发生。

大国关系决定着全球和平稳定大局。受国际金融危机的影响，西方发达国家面临政治、经济、社会危机，孤立主义、民粹主义不断滋长，内顾倾向上升，部分国家政治碎片化和意识形态逆主流化现象明显。特朗普当选美国总统，在一定程度上是这种思潮、民意的反映。特朗普政府奉行"美国优先"的理念，实行对外政策上的单边主义、国际贸易中的保护主义、社会领域里的保守排外主义，对第二次世界大战以来形成的国际治理体系、经济全球化进程产生了巨大冲击。美国政府最新公布的《国家安全战略报告》以及美国国防部《2018年国防战略报告》，强调当今世界是一个"竞争的新时代"，把中国、俄罗斯视为"战略竞争对手""首要安全威胁"，称将开展全面竞争；特朗普政府同时还要求北约盟友承担更多的防务费用；没有美国参与、支撑的国际治理体系会变得更加脆弱。这些都将影响世界经济发展的轨迹，削弱国际秩序的稳定性，导致大国之间的关系更加复杂，博弈与冲突更加剧烈，进一步增加世界发展的不确定性。

专栏 4.1
特朗普政府的主要政策主张

对内政策
- 推动制造业和就业岗位回流
- 全面减税，大幅降低企业所得税税率
- 大规模投资基础设施
- 放宽金融监管，为企业扩大投资松绑
- 复兴中产阶级地位
- 撤回清洁能源计划，解禁能源生产
- 撤销和替换奥巴马医保法案

对外政策
- 美国第一，美国优先
- 退出《跨太平洋伙伴关系协定》，实行贸易投资保护主义，违反世界贸易组织规则，单边加征关税
- 控制难民、移民入境，修建美墨边境隔离墙，退出联合国《移民全球契约》制定
- 退出应对气候变化的《巴黎协定》
- 退出联合国教科文组织和人权理事会
- 扩大核武器库，大幅增加军费预算
- 宣布耶路撒冷为以色列首都
- 将中、俄定位为"战略竞争者"，推出"印太战略"，打造"美日澳印"同盟
- 退出伊朗核问题全面协议

4.1.3 地缘性风险与全球性挑战交织

大国间地缘政治博弈与部分国家民族主义、极端主义兴起,导致地缘政治关系复杂变化,全球热点地区争端和局部摩擦风险增加。在中东地区,各方利益犬牙交错,以色列与阿拉伯国家之间、阿拉伯国家之间、伊斯兰教派之间的新老矛盾复杂多变,民族、宗教、政治、领土问题并存交织,而域外大国的干预进一步加剧了中东局势的复杂性。在东北亚地区,朝鲜弃核的最新表态和朝美领导人新加坡峰会虽然使朝核问题出现了转机,朝、韩、美、日、中、俄等国难以建立真正的信任关系,未来地区形势的走向依然存在诸多不确定因素。乌克兰地区仍不安宁,西亚北非冲突频发。我国周边地区总体稳定,但南海、钓鱼岛、台湾等问题值得高度关注,外部势力的干预使局面更加复杂,需要严密防范。

人类社会正面临越来越多的共同挑战,传统安全与非传统安全威胁共存。不仅粮食安全、能源资源安全、气候变暖等方面的挑战十分严峻,而且衍生出信息网络安全、恐怖主义、核扩散威胁等一系列新的问题。在反恐领域,"伊斯兰国"、索马里"青年党"等极端组织尽管受到沉重打击,但仍然具有一定势力,肆意在全球范围内煽动引发暴力袭击。在应对气候变化领域,各国之间政策协调难度加大,美国退出《巴黎协定》,一些发达国家在减排问题上有明显倒退现象。此外,食品安全、大规模流行性疾病、跨国刑事犯罪等问题越来越多,海洋权益、极地资源争夺也日趋激烈。

4.1.4 全球治理体系变革加速

随着国际力量对比的消长和全球性挑战的增多,国际社会要求变革全球治理体系的呼声越来越高。全球治理体系面临困境,现有的治理理念、体系和模式越来越难以适应新的国际格局和时代潮流。

第一,全球治理"失序"和"碎片化"。 现行全球治理体系是以联合国为中心的国际安全治理体系和以世界贸易组织、国际货币基金组织、世界银行为核心的世界经济治理体系构成的,治理手段主要靠国际组织中国家间的协商和谈判。但当今全球问题的复杂性、多重性、交叉性相互叠加,仅依靠松散的协商和谈判,难以达成真正的全球共识,缺乏有效的治理行为约束。

英国脱欧事件
英国远离欧洲大陆,虽然加入欧盟,但由于历史及地缘因素,与欧盟保持一种若即若离的关系,一直未加入欧元区。欧债危机爆发,英国疑欧力量再度上升。随着欧盟及成员国内部矛盾加深,英国民粹主义思潮抬头和近年来呈现的大党渐衰、小党崛起、选票分散、议程破碎等特点,2016年6月23日,英国举行脱欧公投。投票结果显示,51.9%的英国人投票支持脱欧。2016年6月28日,欧洲议会投票通过决议案,启动英国脱欧程序。2017年12月8日,欧盟宣布与英国达成脱欧协议,英国确定将于2019年3月19日之前正式脱欧。

修昔底德陷阱
由古希腊历史巨著《伯罗奔尼撒战争史》的作者、被誉为西方史学之父的修昔底德提出,指的是一个新崛起的大国必然要挑战现存大国,而现存大国也必然会回应这种威胁,这样战争就变得不可避免。公元前5世纪,古希腊雅典和斯巴达两个城邦之间,雅典的急剧崛起震惊了陆地霸主斯巴达,双方之间的威胁和反威胁引发战争,长达30年的战争结束后,两国均遭毁灭。

全球治理体系

第二次世界大战后，世界形成了以雅尔塔体系为主要基础的世界格局和国际秩序，确立了通过国际合作来保卫和平与发展的原则，建立了以联合国为中心的国际安全治理体系，随着世界贸易组织、国际货币基金组织、世界银行等一系列国际组织的建立，全球治理体系得到不断完善和发展。

G20机制的形成

1998年国际货币基金组织年会期间，由G7成员、中国和印度尼西亚等新兴市场国家、韩国和澳大利亚等非G7发达国家共22个成员国的财长和央行行长召开对话会议。1999年再次召开两次对话会议，奠定了G20财长和央行行长会议的雏形，并选择了由成员国担任轮值主席，不设立秘书处的非正式机制安排。1999年12月15日，首届G20财长和央行行长会议在德国柏林召开，参加会议的成员为20个，包括阿根廷、澳大利亚、巴西、加拿大、中国、法国、德国、印度、印度尼西亚、意大利、日本、韩国、墨西哥、俄罗斯、沙特阿拉伯、南非、土耳其、英国、美国和欧盟。2008年的全球金融危机推动G20财长和央行行长会议升级为领导人峰会。2009年的匹兹堡峰会明确了G20是协调全球经济事务的首要平台。G20机制从危机应对为主的机制，转型成为长效经济治理和短期危机应对兼备的机制。2016年9月，习近平主席主持召开G20领导人杭州峰会，首次提出把创新作为全球恢复增长的新动力，首次把结构性改革作为解决世界经济难题的主方向，首次把发展置于宏观政策协调的突出位置，首次形成全球多边投资规则框架，取得了多项开创性、引领性的重要成果，在G20发展史上留下了深刻的中国印记。

第二，国际治理体系的公平性不够。现行全球治理的主导力量是发达国家，发达国家通过主导国际规则制定垄断国际事务，维护自身利益，治理方向偏离了维护和弘扬国际公平正义的基本原则。经济治理也存在同样的问题，全球贸易和投资规则主要是由发达国家主导制定的，较多地体现了发达国家的利益，而发展中国家的利益相对来说体现得不够。美国等西方国家对外政策的变化，不仅难以施行有利于世界经济长远发展的治理，反而可能会倾向于对外转嫁矛盾。

第三，全球治理的有效性不够。现有的国际治理旧体系滞后于国际形势新变化。一方面，全球经济治理不能充分适应国际分工深化的新要求，防范和应对金融危机乏力，难以有效化解国际金融市场频繁动荡、资产泡沫积聚等问题。另一方面，国际政策协调难度加大，全球治理制度供给明显不足，难以应对不断扩大的全球治理议程和范围，解决全球性问题时收效甚微。

在此背景下，全球治理新机制正在艰难形成。发展中国家在国际货币基金组织、世界银行等国际经济金融组织的投票权和话语权进一步增加，"金砖国家"开发银行和应急储备安排打破了发达国家在金融领域的垄断；发展中国家倡导的"南南合作"与区域性合作联盟不断发展壮大，提升了全球治理的制度性话语权。顺应时代潮流，我国积极参与和推进全球治理体系变革，习近平主席提出的"一带一路"，全球治理观，安全观，发展观，正确义利观，建设相互尊重、公平正义、合作共赢为核心的新型国际关系，构建人类命运共同体等一系列新理念、新主张，赋予了全球治理新的生命力和闪光点。

我国参与创建的二十国集团（G20）由应对金融危机的临时性机制发展为推动全球治理体系变革和宏观经济政策协调的常态化平台。与传统的西方七国集团（G7）相比，G20更具包容性、普惠性与广泛性。G20作为全球治理新机制的标志，增加了新兴经济体的发言权与代表性，把结构性改革作为破解世界经济难题的主方向，更加注重提出有利于低收入和发展中国家包容性增长的各项举措。

4.2 世界经济面临深度调整

国际金融危机爆发以来，尽管各国纷纷发力，持续应对，但世界经济的复苏进程曲折艰难。分析世界经济形势，既要看到积极因素在增加,新的动能在集聚,又要看到实行再平衡还需时日,转型尚未结束,世界经济增长趋势和格局变化仍具有不确定性。

4.2.1 经济全球化在曲折中深入发展

经济全球化是时代大潮、发展大势,不可扭转,不可阻挡,但其发展的过程并不平坦。可以预言,经济全球化的速度可能有所放缓,动力可能有所转换,规则可能有所改变。

- **贸易保护主义和反全球化思潮抬头**

历史上,每次面对经济危机和处于下行周期时,各国一般容易采取以邻为壑的贸易政策,实施多种多样的贸易保护手段。这次也不例外,近年来世界经济疲弱,发展失衡、治理困境、财政赤字等问题更加突出,贸易保护主义抬头,给全球化进程蒙上了阴影。世界贸易组织发布的《2017年贸易发展年度总报告》显示,2016年10月到2017年10月,世界贸易组织成员实施了108项新的贸易限制措施,包括新增关税、数量限制等,相当于平均每月有近9项新措施出台。其中,美国是采取贸易保护政策最多的国家。特朗普政府提出退出世界贸易组织、对中国和墨西哥产品征收高关税、重新谈判《北美自由贸易协定》等多项反全球化主张。贸易保护导致的贸易成本上升,已经成为影响全球贸易复苏的重要阻碍。

- **多边贸易体制受到前所未有的挑战**

全球贸易体系正经历自1994年乌拉圭回合谈判以来最大的一轮重构。世界贸易组织在多边贸易体制的核心地位有所削弱,启动于2001年的多哈回合谈判长期以来陷入停滞,虽然达成了《贸易便利化协定》和《信息技术协定》扩围协议,但仍无法实现全球性多边协议的突破。多边贸易体制和区域贸易安排一直是驱动经济全球化向前发展的两个轮子。多哈回合谈判受阻滞后,区域合作呈显著加强态势。奥巴马担任美国总统期间,联手有关国家出于对世界贸易组织新一轮谈判进展缓慢、对现有公平竞争机制的不满,启动了更高标准的区域性自由贸易机制《跨太平洋战略经济伙伴关系协定》(TPP)和《跨太平洋贸易与投资伙伴协定》(TTIP),企图用新的区域性贸易机制替代世界贸易组织多边机制,与此同时,更多区域贸易协定也相继出现,引起了人们对全球贸易体制碎片化的担忧。特别是一些国家试图通过主导区域性经贸协定的谈判,限制和排除区域外的竞争,加剧了"重区域主义"而"轻多边主义"的倾向。特朗普政府对现有贸易体制的不满更是溢于言表,不仅退出了TPP,还扬言要退

经济全球化
是指跨国商品与服务贸易及资本流动规模和形式的增加,以及技术的广泛迅速传播使世界各国经济的相互依赖性增强。

贸易大崩溃
2009年全球贸易大幅下降12%,成为第二次世界大战以来最大的降幅,被称为"贸易大崩溃",其影响至今尚未消散。贸易大崩溃时,货物贸易下降幅度大于服务贸易,货物贸易中的耐用品下降幅度大于非耐用品(消费品),导致货物贸易占总贸易的比重、耐用品占货物贸易的比重均下降。由于货物贸易和耐用品的收入弹性大于服务贸易和消费品,在接下来的这几年,即便相同的经济增速,对贸易的拉动力也将明显减弱。金融危机所造成的全球价值链的损害,是目前贸易增速低于经济增速的重要原因。全球价值链的修复并非一日之功,只能在经济稳步、持续的复苏中得以改善。

出世界贸易组织。

- **世界贸易增长进入一个较长的低谷期**

近些年,全球贸易增速持续低于经济增速,世界贸易额和国内生产总值之比持续下降。根据世界贸易组织的统计,全球贸易增速已从1990—2008年的年均7%降至2009—2015年的年均3%。2016年全球实际贸易量增速仅为1.3%,不仅低于全球经济增速,也是自2008年金融危机以来的最低增长率。尽管在全球投资增加的带动下,2017年世界贸易增速有所提高,并再次高于全球收入增速,但未来趋势是否稳定依然值得怀疑。世界贸易组织总干事罗伯托·阿泽维多认为,贸易增长的急剧减速是严重的,这对全球经济复苏和增长是一个重要的警钟及信号。全球贸易增长仍然面临减速风险,各国应予以充分的重视并通力合作。

4.2.2 世界经济在调整中艰难复苏

国际金融危机严重损害了世界经济的增长机制。虽然国际金融危机爆发至今已有10年,但世界经济尚未走出亚健康和弱复苏的调整期,增长水平尚未恢复到危机前。

- **世界经济内生动力仍然不足**

无论从深度、广度还是持续期看,本轮国际金融危机都是自大萧条以来最严重的危机。虽然近期世界经济呈现回暖向好态势,但全球新的增长动力并没有完全形成。主要发达经济体的结构性问题远未解决,一些新兴市场经济体面临的外部风险和压力增大。世界经济在"负重前行",缺乏内生动力。研究表明,劳动生产率增长乏力已成为长期性趋势和全球性问题。欧盟、日本劳动生产率增长放缓始于20世纪90年代,美国从2005年起出现下降,韩国的增长率已从20世纪70年代的6%下降到3%,背后的原因是人口老龄化加速,人力资本效率降低,"僵尸企业"数量增加,技术创新的"时滞效应",等等。

- **主要国家发展态势和政策取向面临不确定性**

从发达经济体看,美国经济复苏进程相对较为顺利,失业率大幅下降,经济表现有所改善。2018年1月,美国失业率保持在4.1%的历史低位,而上一轮失业率降至4%左右还是在2000年左右。欧洲和日本经济复苏相对缓慢,但2017年经济也有所回升。从发展中经济体看,中国和印度仍保持较高经济增速,巴西和俄罗斯经济继2016

年明显收缩之后有所改善。尽管2017年全球经济首次同步复苏,但2018年1月国际货币基金组织公布的《世界经济展望》提出,这并非"新常态",世界经济仍然面临中期下行风险,当前势头的持久性依然值得怀疑。国际金融危机之后,全球主要国家开启了长达10年的货币宽松时代,现在美元加息、货币减量,未来的货币政策将存在较大的不确定性。此外,过去几年发达经济体的财政政策总体上从紧缩转为大致中性,未来美国的财政政策即将转向明显的扩张。主要国家宏观政策的变化,将对国际经济产生复杂影响,并可能对全球金融市场产生明显的外溢效应。

- **未来一段时期世界和主要国家增长预测**

从中长期看,全球经济仍然面临诸多复杂挑战。人口老龄化、债务规模攀升、科技革命尚在孕育等因素使全球增长潜力受限,新的增长动能仍然缺乏,潜在增长率增速低迷,为寻求走出增长困境的良方,各国纷纷推进结构性改革。如果不发生突破性的技术进步,世界经济增长很难恢复到金融危机以前的高速增长。据国际货币基金组织2018年4月公布的《世界经济展望》预计,未来两年世界经济年均增长3.9%(见图4.1、图4.2),不及国际金融危机前10年4.2%的平均增速(见表4.1)。

全球人口老龄化趋势

联合国发布的《世界人口展望》(2017年修订版)报告显示,目前全球60岁及以上人口为9.62亿人,到2050年这一年龄层的人口数量将是现在的2倍多,达到21亿人;2100年将是现在的3倍多,达到31亿人。一些国家的人口老龄化现象已持续较长时间,其中,日本60岁及以上人口已占其总人口的33%,意大利占到29%,葡萄牙、保加利亚和芬兰都占到28%,均列世界上人口老龄化问题最严重的国家前列。中国人口老龄化在加速,60岁及以上人口占总人口的16%。

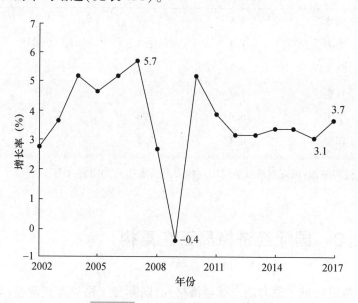

图4.1 全球经济增速走势图

资料来源:国际货币基金组织。

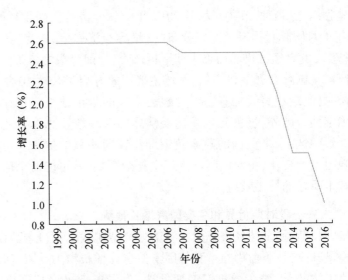

图 4.2　全球劳动生产率增长率变化

资料来源：国际货币基金组织、美国大型企业联合会研究报告。

表 4.1　全球主要国家经济发展预测　　　　　　　　　　单位：%

	2017 年	2018 年	2019 年
全球	3.8	3.9	3.9
美国	2.3	2.5	2.2
欧元区	2.3	2.4	2.0
日本	1.7	1.2	0.9
中国	6.9	6.6	6.4
印度	6.7	7.4	7.8

资料来源：国际货币基金组织，《世界经济展望》，2018 年 4 月。

4.2.3　国际经济格局正在重构

危机打破了原有的全球经济格局，国际分工格局深刻调整，对世界经济的影响重要而深远。全球经济重心继续向亚太转移。新兴市场经济体的群体性崛起大势难逆，而亚太地区的新兴市场经济体最为活跃、最具潜力，这将牵引全球经济重心进一步向亚太转移。国际分工格局面临深刻调整，为实现经济再平衡，美欧等发达国家积极推动制造业回归和扩大产品出口，美国实施重振制造业战略和出口倍增计划,与中国的产业竞争由互补为主向竞争为主转变,对我国出口需求增长和产业结构向中高端迈进形成重大挑战。发展中国家加快推进工业化进程,凭借劳动力成本和自然资源比较优势积极参与国际分工,对我国中低端产业、劳动密集型产业形成挤压。"高端回流,低端转移"将是未来我国产业竞争的新特点。

国际能源版图和结构发生了重大变化(见图4.3)。为应对气候变化、改善能源安全,各国推动能源体系向清洁、低碳、多元方向发展。预计未来数十年中,新能源、可再生能源和天然气将重塑能源结构,成为满足能源需求的主力军,化石能源在能源生产和消费中所占的比重将逐步降低。美国的页岩油革命改变了全球能源供求版图。美国作为全球第一大能源消费国,其能源自给率将大幅提高,天然气将转为净出口,在全球能源格局中由需求方转变为供给方和需求方双重角色。亚洲能源需求将快速增长,未来我国将成为全球最大的石油天然气进口国,印度将成为全球最大的煤炭进口国。美国页岩油气的产量不断上升,从边际生产者成为重要供给者,会对全球石油供给产生重大影响。能源供求版图的变化,将牵动地缘政治格局发生变化,对我国维护能源运输通道安全和应对地缘政治关系变化都提出了新的挑战。

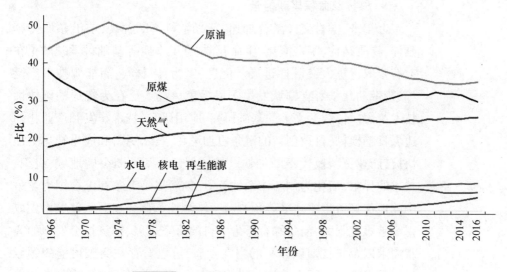

图4.3 全球能源结构变化

资料来源:《BP世界能源统计年鉴2017》。

4.3 新一轮科技革命和产业变革蓄势待发

历史经验表明,经济危机往往孕育着新的科技革命,科技的重大创新突破往往引发新的产业变革。人类历史上的每一次科技革命,都深刻影响了世界的发展面貌和力量格局。当前,从全球范围看,新一轮科技革命和产业变革正在孕育兴起。

4.3.1 人类社会又一次进入创新活跃期

全球科技创新呈现出新的发展态势和特征,一些重要科学问题和关键核心技术已经呈现出革命性突破的先兆,带动了关键技术交叉融合、群体跃进。

- 科技革命积累新能量

近年来,学科交叉融合加速,新兴学科不断涌现,前沿领域持续延伸,物质结构、宇宙演化、生命起源、意识本质等基础科学领域正在或有望取得重大突破性进展。信息、生物、新材料、新能源技术广泛渗透,带动几乎所有领域发生了以绿色、智能、泛在为特征的群体性技术革命。传统意义上的基础研究、应用研究、技术开发和产业化的边界日趋模糊,科技创新的链条更加灵巧,技术更新和成果转化更加快捷,产业更新换代不断加快。科技创新活动不断突破地域、组织、技术的界限,演化为创新体系的竞争,创新战略竞争在综合国力竞争中的地位日益重要。准确预测新一轮科技革命会在哪些领域率先取得突破难度很大,但是综合考虑学科的研究进展、经济社会发展的客观需求以及科技知识体系的内在矛盾,可以对存在突破可能的领域进行重点把握。国内外许多机构和不少专家学者都对科技创新的方向和趋势进行了研究和预测。

专栏 4.2
《麻省理工科技评论》发布的 2017 年、2018 年全球十大突破性技术

2017 年		2018 年	
技术突破	主要内容	技术突破	主要内容
强化学习（Reinforcement Learning）	一种人工智能方法，能使计算机在没有明确指导的情况下像人一样自主学习	给所有人的人工智能（AI for Everyone）	目前，人工智能的应用是由少数几家公司垄断的，但其一旦与云技术相结合，对许多人而言就可以变得触手可及，从而实现经济的爆发式增长
360°全景相机（The 360-Degree Selfie）	能够更真实地还原事件和场景，将开启摄影的新篇章	对抗性神经网络（Dueling Neural Networks）	两个 AI 系统可以通过相互对抗来创造超级真实的原创图像或声音，这给机器带来一种类似想象力的能力
基因疗法 2.0（Gene Therapy 2.0）	利用改造过的病毒将相关基因的健康副本递送至携带有缺陷基因的患者体内，美国即将批准首个基因治疗技术	完美的网络隐私（Perfect Online Privacy）	一种叫作"零知识验证"（Zero-knowledge Proof）的新密码协议，可以在不透露非必要信息的前提下完成验证
自动驾驶货车（Self-Driving Trucks）	可以在高速路上自动驾驶的长途货车	传感城市（Sensing City）	收集各种信息、软件和系统开源，给城市装上全新的数字肢体和感官，使城市更宜居、环保
细胞图谱（The Cell Atlas）	人体中各种细胞类型的完全目录，这种超精确的人类生理学模型将加速新药研发与试验	巴别鱼耳塞（Babel-fish Earbuds）	在风靡一时的经典科幻电影《银河系漫游指南》中，将巴别鱼塞入耳中，能听懂任何语言
太阳能热光伏电池（Hot Solar Cells）	一种可以让太阳能电池效率翻倍的技术	基因占卜（Genetic Fortune-telling）	大规模基因研究将使科学家能够预测普通疾病及人格特征
刷脸支付（Paying with Face）	人脸识别技术如今已经可以十分精确，但可能仍存在隐私泄露问题	人造胚胎（Artificial Embryos）	通过干细胞制造胚胎，可用于胚胎早期发育的基础研究，探究遗传缺陷

(续表)

2017年		2018年	
技术突破	主要内容	技术突破	主要内容
实用型量子计算机（Practical Quantum Computers）	在运行人工智能程序以及处理复杂的模拟和规划问题时，量子计算机的速度可能是传统计算机的指数倍	材料的量子飞跃（Materials' Quantum Leap）	借助该技术，科学家能了解分子各个方面的信息并以此开发出更有效的药物以及更高效地生成或传输能源的新材料
瘫痪治愈（Reversing Paralysis）	无线脑-体电子元件可绕过神经系统的损伤来实现运动，让患者摆脱瘫痪	3D金属打印机（3D Metal Printer）	新型设备首次让3D打印金属零部件成为实用型技术
僵尸物联网（Botnets of Things）	可以感染并控制摄像头、监视器以及其他消费电子产品的恶意软件，可造成大规模的网络瘫痪	零碳天然气（Zero-carbon Natural Gas）	一种针对天然气发电厂的新工程学方法，将二氧化碳回收再利用

● **产业变革孕育新突破**

在技术进步的驱动下，产业变革也蓄势待发。麦肯锡全球研究院发布了一项报告，提出了12项未来可能改变生活、企业与全球经济的颠覆性科技。后来麦肯锡城市中国计划又在此基础上进行了深化，总结出14项颠覆性技术（见表4.2）。普华永道在其研究报告中提出，人工智能将成为全球经济增长的主要推动力，并预测到2030年人工智能将带动全球国内生产总值增长近16万亿元。

表4.2 麦肯锡管理咨询公司提出的十二大颠覆技术及经济价值

颠覆性技术	所影响的产业
移动互联网	移动互联网的潜在经济影响将为3.7万亿至10.8万亿美元，这主要在于消费者获得的收益，医疗、教育等服务提供的改善，以及员工生产率的提升。
知识工作自动化	其潜在经济影响将达到5.2万亿至6.7万亿美元，相当于增加1.1亿至1.4亿个全职劳动力，其主要应用领域包括：销售、客服、行政支持等普通业务工作，教育、医疗保健等社会服务业，科学、工程、信息技术等技术性行业，法律、金融等专业服务业。

(续表)

颠覆性技术	所影响的产业
物联网	其潜在经济影响将达到2.7万亿至6.2万亿美元。医疗保健业和制造业是其经济影响最大的应用领域,其他应用领域包括智能电网、城市基础设施、公共安全、资源开采、农业和汽车等。
云技术	它使数字世界更简单、更快速、更强大、更高效,不仅为消费者和企业创造巨大价值,还使企业能更有效、更灵活地管理其信息技术。其潜在经济影响将为1.7万亿至6.2万亿美元。
先进机器人	其潜在经济影响将达到1.7万亿至4.5万亿美元,主要应用包括工业机器人、手术机器人、外骨骼机器人、假肢机器人、服务机器人和家用机器人。
自动驾驶汽车	自动驾驶汽车可增加安全性,减少拥堵,节省时间,并降低燃料消耗和污染排放。其产生的经济影响每年将达0.2万亿至1.9万亿美元,可挽回3万至15万人的生命。
下一代基因组学	其潜在经济影响可达0.7万亿至1.6万亿美元,主要应用于疾病诊断和治疗、农业以及生物燃料生产等。
储能技术	其潜在经济影响将达到900亿至6 350亿美元,主要应用于电动和混合动力汽车、分布式能源、公用事业级储能。
3D打印	其潜在经济影响将达到2 300亿至5 500亿美元,主要应用包括消费者使用、直接产品制造、工具和模具制造、组织器官的生物打印。
先进材料	先进纳米材料在医疗健康、电子、复合材料、太阳能电池、海水淡化、催化剂等领域具有广泛应用,但生产成本极高。纳米医用材料有很大潜力,可为癌症患者提供癌症靶向药物,其直接经济影响可达1 500亿至5 000亿美元。
先进油气勘探开采	页岩气和轻质致密油勘探开采的直接经济影响可达950亿至4 600亿美元,并且主要产生于北美。
可再生能源	风能和太阳能光伏占全球电力产量的比例可能由目前的2%增至16%,其潜在经济影响可达1 650亿至2 750亿美元,每年可减少碳排放10亿至12亿吨。

注:以上均预测到2025年。

4.3.2 主要国家加速培育新的增长动力

面对世界科技创新发展新趋势,主要国家都在寻找科技创新突破口,纷纷把科技投资作为战略性投资,超前部署和发展前沿技术及战略产业,力图抢占未来经济科技发展先机,占据国际竞争的有利地位(见表4.3)。美国国家经济委员会(NEC)与白宫科技政策办公室

(OSTP)联合发布的2015版《美国国家创新战略》,紧紧围绕国家重点领域,首次公布了维持创新生态系统的六个关键要素:投资基础创新领域;鼓励私人部门创新;培养更多创新人才;创造高质量就业岗位和促进经济增长;推动国家重点创新领域取得突破;建设创新型政府。日本《第五期科学技术基本计划(2016—2020年)》提出了"超智能社会"的概念,提出通过网络空间和现实空间的融合,最大限度地促进、利用和深化信息技术与物联网发展,促进生产方式、工作方式与生活方式的广泛变化。世界主要国家在出台新的创新战略的同时,也纷纷加大投入,加强人才、专利、标准等战略性创新资源的争夺。

表4.3 主要发达国家和地区的科技创新战略

	美国	德国	日本	欧盟
重点领域	先进制造业	制造业领域	社会生活的全部领域	电子信息、清洁能源与生物医药
主要战略规划	《先进制造业国家战略计划》(2012年)、《美国国家创新战略2015》	《新高科技战略》(2014年)、"未来工业联盟"联合声明(2015年)	《第五期科学技术基本计划2015—2020》《科学技术白皮书2016》	欧盟"地平线2020"计划
发展目标	先进制造、创造就业;回归制造业,创造新的就业机会,开发新技术,提升美国的竞争力	工业4.0提高竞争力;多种类、定制化、分散化生产,向世界推广德国先进的生产技术	超智能社会:产业模式、生产生活方式都将发生变化,人们轻松愉悦地生活	发展新兴产业:在高新技术和清洁能源技术领域占据领先地位,促进产业升级
战略规划所确定的关键研发领域	精准医疗计划 脑计划 卫生保健 先进交通工具 智慧城市 清洁能源 教育技术 空间技术 高性能运算	生物技术 纳米技术 微电子与纳米电子 光学技术 计算机系统 材料与生产技术 社会服务 先进交通 空间技术 健康与营养 信息与通信技术	机器人技术 传感器技术 个性化定制式制造 网络技术及基础设施 计算机开发能力 信息科技 智能化家电 智能化健康管理和医疗 智能化建筑行业自动化和可定制化农业 整合式灾害应对系统	石墨烯旗舰项目 人脑旗舰项目 创新药物 燃料电池与氢 清洁天空 生物基因产业电子元器件及系统 未来工厂 节能建筑 伽利略卫星导航系统

4.3.3 国内外经济转型形成历史性交汇

历史经验证明,谁能在科技革命和产业变革中抓住先机,谁就能在世界发展中占据领先地位。近代以后,由于国内外的各种原因,我国屡次错失科技革命发展先机。当前这场科技革命和产业变革,正与我国经济结构调整和产业升级形成历史性交汇。一方面,改革开放以来,我国综合国力不断提升,已经成为世界第二大经济体,在科学、技术、文教和人才方面都打下了坚实的基础。另一方面,我国经济由高速增长进入高质量发展阶段后,必须全力推进现代经济体系的建设,面临的产业升级和经济转型要求也愈加迫切。这一交汇,为我国实施创新驱动发展战略提供了重大历史性机遇。

但也要看到,世界科技和产业竞争日趋激烈。如果我们再次错失科技和产业革命带来的巨大机遇,不仅可能会面临与发达国家科技实力和产业竞争力差距进一步拉大的风险、被锁定在国际分工低端环节,而且在原有技术和产业背景下形成的庞大生产能力也将面临颠覆性技术冲击的挑战。因此,必须面向世界科技前沿、面向经济主战场、面向国家重大需求,加快各领域科技创新,掌握全球科技竞争先机。

> 来而不可失者时也,蹈而不可失者机也。
> ——苏轼《代侯公说项羽辞》

颠覆性技术
是相对于渐进式创新而言的技术创新,是一种另辟蹊径、对已有传统或主流技术途径产生整体或根本性替代效果的技术。它可能是全新的技术,也可能是现有技术的跨学科、跨领域应用。

内容小结

本章论述了我国发展的国际环境。主要从政治、经济、科技三个维度分析变化趋势。从国际政治格局看,国际力量对比发生重要变化,发达国家的地位和作用相对下降,新兴市场和发展中国家群体性崛起,大国博弈和冲突加剧,地区性风险与全球性挑战交织,国际政治领域的不确定因素明显增多,全球治理体系变革加速。从世界经济发展看,经济全球化在曲折中深入发展;世界经济在调整中艰难复苏;国际经济格局正在重构。从科技产业变革看,新一轮科技革命和产业变革蓄势待发,人类社会又一次进入创新活跃期;主要国家加速培育新的增长动力;国内外经济转型形成历史性交汇。

关键概念

国际政治格局　　　　　全球治理体系改革　　　　　世界经济调整重构
新一轮科技革命和产业变革

思考讨论题

1. 如何看待国际力量对比和大国关系的变化及对国际格局带来的深刻影响?
2. 请你谈谈我国在参与和推动全球治理体系变革中的角色及作用。
3. 你对经济全球化以及今后一个时期世界经济发展的趋势怎么看?
4. 你认为新一轮科技革命和产业变革最具突破性、影响力的是哪些领域、哪些方面?

第 5 章
国内环境

把握和分析今后一个时期的国内发展环境,我们必须认清历史方位、时代特征、发展基础、现实条件和主要问题,这样才能明确方向,扬长避短,兴利除弊,攻坚克难。

5.1 中国特色社会主义进入新时代

党的十九大宣告:中国特色社会主义进入新时代。这是基于新阶段我国发展的历史起点、发展环境和发展要求作出的重大政治判断,为深刻把握新的阶段性特征提供了时代坐标和科学依据。

5.1.1 国家发展站在新的历史起点上

经过 40 年的改革开放,我国经济社会发展发生了翻天覆地的变化,社会生产力迈上一个大台阶,综合国力迈上一个大台阶,人民生活水平迈上一个大台阶。

经济实力快速提升。如图 5.1 所示,1978—2017 年,我国国内生产总值共增长了 34.5 倍,年均增长 9.6%,经济总量从 1978 年的 3 678.7 亿元增加到 2017 年的 82.7 万亿元,稳居世界第二位,占世界经济总量的比重从 1978 年的 3.8% 提高到 2017 年的 15%。2017 年,我国经济增长 6.9%,所产生的增量为 1.2 万亿美元,在全世界的国家和地区中排第 15 位。

新时代的内涵
- 承前启后、继往开来、在新的历史条件下继续夺取中国特色社会主义伟大胜利的时代
- 决胜全面建成小康社会、进而全面建设社会主义现代化强国的时代
- 全国各族人民团结奋斗、不断创造美好生活、逐步实现全体人民共同富裕的时代
- 全体中华儿女勠力同心、奋力实现中华民族伟大复兴中国梦的时代
- 我国日益走近世界舞台中央、不断为人类作出更大贡献的时代

图5.1　1978年以来我国国内生产总值增长态势

经济结构更加优化。在经济保持中高速增长的同时,我国的产业结构、需求结构、城乡结构、区域结构、要素结构都呈现出不断优化的态势。1978—2017年,服务业比重从24.6%提高到51.6%,消费对经济增长的贡献率由38.3%提高到58.8%,高技术产业增加值占规模以上工业增加值比重大幅提高到12.4%(见图5.2、图5.3)。

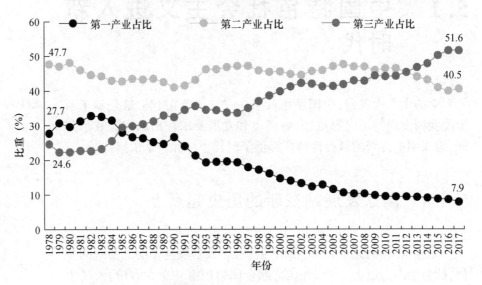

图5.2　1978年以来三次产业比重

资料来源:国家统计局。

城镇化水平持续提升。1978—2017年,我国常住人口城镇化率由17.92%上升到58.52%,年均提高超过1个百分点,城市社会成为社会的主流形态。特别是城镇化率在2011年超过50%后继续保持快速增长(见图5.4)。

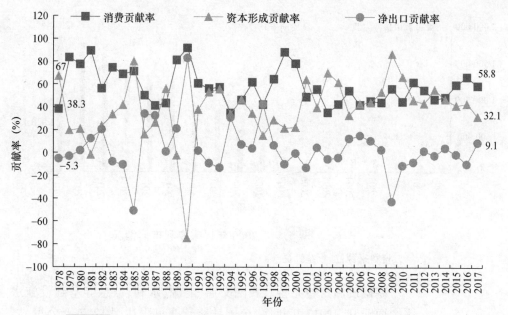

图 5.3　1978 年以来投资、消费、净出口贡献率

资料来源：国家统计局。

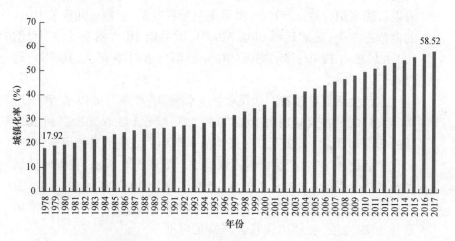

图 5.4　1978 年以来常住人口城镇化率

资料来源：国家统计局。

科技教育成果突出。2017 年我国研发经费投入总量为 17 500 亿元，位居世界第二，投入强度从 2000 年的 0.89% 提高到 2.12%；国际专利申请量达到 48 882 件，首次超越日本，位居世界第二；财政性教育经费支出占国内生产总值的比重达到 4.2%，总量约 3.5 万亿元；劳动力年龄人口平均受教育年限达到 10.5 年，高等教育在校学生规模达到 3 017.5 万人，位居世界第一。我国 2000 年以来专利申请情况见图 5.5。

创新驱动发展战略大力实施，创新型国家建设成果丰硕，天宫、蛟龙、天眼、悟空、墨子、大飞机等重大科技成果相继问世。

图 5.5 2000 年以来专利申请情况

资料来源:国家统计局。

基础设施日趋完善。我国交通、能源、水利、信息等基础设施水平全面跃升。2017 年年底,全国铁路营业里程达到 12.7 万公里,居世界第二位,其中高铁运营里程超过 2.4 万公里,居世界第一位,占比达到 73%;全国高速公路里程达到 13.8 万公里,居世界第一位;沿海港口深水泊位数 2 211 个,世界集装箱吞吐量、货物吞吐量前 10 名的港口占 7 个;民航运输机场 229 个,世界前 10 大机场占 3 个,前 100 大机场占 11 个;移动宽带(3G/4G)用户达 11.3 亿人,4G 用户超过 4 亿人。

人民生活显著改善。居民收入大幅提高,改革开放以来,我国城镇和农村居民收入分别由 1978 年的 343.4 元、133.6 元提高到 2017 年的 36 396 元、13 432 元。居民生活水平和生活质量显著提高,物质文化生活更加丰富,消费结构不断升级。如图 5.6 所示,我国城镇居民的恩格尔系数从 1978 年的 57.5% 下降到 2017 年的 28.6%,农村居民的恩格尔系数从 67.7% 下降到 31.2%,2017 年全国恩格尔系数为 29.3%,已经达到联合国富足标准。

贫困人口大幅减少。按现行农村贫困标准(2010 年价格每年 2 300 元)测算,全国农村贫困人口已下降至 2017 年年末的 3 046 万人,贫困发生率下降至 3.1%。根据世界银行的最新数据,按照 1990 年以前每日生活费 1.25 美元的标准、1990 年以后每日生活费 1.9 美元的标准,我国的贫困发生率已从 1981 年的 88% 下降到 2013 年的 1.9%(见图 5.7)。近 30 多年来,我国有 7 亿人摆脱了贫困,是第一个提前实现千年发展目标贫困人口减半的发展中国家,为世界减贫作出了巨大贡献。

> **恩格尔系数**
> 是指居民家庭中食物支出金额占消费总支出金额的比重。比重越大表明一个国家或家庭生活越贫困;反之,生活越富裕。根据联合国粮农组织提出的标准,恩格尔系数在 60% 以上为贫困,50%—60% 为温饱,40%—50% 为小康,30%—40% 为相对富裕,20%—30% 为富裕,20% 以下为很富裕。

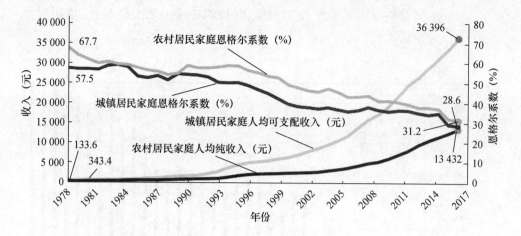

图 5.6 城乡居民恩格尔系数（1978—2017）

资料来源：国家统计局。

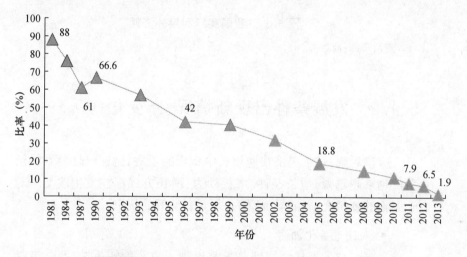

图 5.7 中国贫困人口比率（1981—2013）

资料来源：世界银行。

国际影响力全面提升。开放型经济新体制不断健全，对外贸易、利用外资、对外投资、外汇储备稳居世界前列，中国经济对世界经济增长的贡献率从 1978 年的 3.65% 增加到 2016 年的 31.53%，近五年平均超过 30%，超过美、欧、日贡献率的总和，成为世界经济增长的主要动力源和稳定源。货物进出口总额从 1978 年的 206.4 亿美元快速提升到 2017 年的 41 045 亿美元，占世界货物进出口总额的比重从 0.76% 提升到 13.12%。吸引外商直接投资稳步增长。我国实际利用外资从 1984 年的 12.58 亿美元大幅提高到 2017 年的 1 360 亿美元（见图 5.8），位居世界第二。跻身对外投资大国行列。近十年我国对外投资年均增长 27.2%,2017 年达到 1 201 亿美元,位居世界第二。

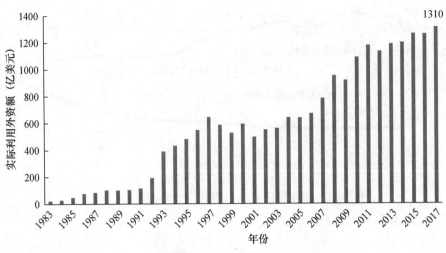

图 5.8　我国实际利用外资额

资料来源:商务部。

5.1.2　发展条件出现新情况、新变化

应该看到,过去经济快速增长中积累的矛盾日益凸显,要素供给条件越来越趋紧,增长条件、增长动力、增长方式都在发生改变。对于面临的新情况、新问题,我们必须要有清醒的认识。

- **人口老龄化加速**

我国人口发展从结构到总量都出现了重要的转折性变化,老龄化在加速。2010 年劳动力年龄人口(15—64 岁)总量达到峰值,占总人口的比重为 74.5%,随后占比将持续下降,2016 年已降至 72.5%,根据相关资料测算,2020 年预计为 70.2%,2035 年预计为 63.1%,2050 年预计为 58.7%;与此同时,人口抚养比上升,2010 年为 34.2%,2016 年已升至 37.9%,预计到 2020 年将达到 42.4%,2035 年将达到 58.4%,2050 年将达到 70.5%;65 岁及以上人口占比 2010 年为 8.9%,2016 年为 10.8%,预计 2020 年将达到 13%,2035 年将达到 23.3%,2050 年将达到 28.5%。我国人口总量也将在 2030 年前后达到 14.5 亿的峰值。到 2030 年 45—59 岁大龄劳动力占比将达到 36% 左右。虽然人口众多的基本国情不会根本改变,但人口总量达到峰值、老龄化加快的趋势,将使劳动力供给条件发生变化,人口红利趋于减弱,劳动力成本越来越高,养老负担越来越重。人口结构的变化将从生产、消费两个层面加大对经济社会发展的压力。

- **资源环境承载能力接近上限**

长期以来,我国发展的资源环境代价过高,生态环境脆弱,水资源、能源资源和生态环境瓶颈约束正在加剧。《BP世界能源统计年鉴2017》显示,尽管中国能源消费增长放缓,但仍然是世界上最大的能源消费国,占全球能源消费量的23%和全球能源需求增长的27%。水资源短缺问题更加凸显,660多个城市中有近200个城市严重缺水,主要能源和矿产资源对外依存度持续提高。一些地区盲目开发、过度开发、无序开发,给资源生态环境造成了很大压力。2017年,我国原油对外依存度超过68%。全国338个地级及以上城市中,有239个城市环境空气质量超标,占70.7%。目前1940个评价考核断面中,Ⅳ类、Ⅴ类和劣Ⅴ类水质断面占32.3%;土壤点位超标率达到16.1%,耕地土壤点位超标率达到19.4%。荒漠化和石漠化土地占国土面积的近20%,中度和重度退化草原面积仍占1/3以上,全国湿地面积近年来每年减少约510万亩。各种数据表明,我国环境承载能力已经达到或接近上限。这意味着我国的基本国情已经从过去的能源资源、生态环境空间相对较大,转变为资源环境瓶颈约束不断趋紧。继续沿用原有的发展模式将难以为继,节约资源、保护环境的要求更为迫切。

- **城镇化从快速发展期向成熟期过渡**

改革开放至今,我国经历了世界历史上规模最大、速度最快的城镇化进程。随着城镇化率的不断提高,城镇化发展也将进入一个新阶段。根据发达国家的经验,城镇化发展包括初期、加速和成熟三个阶段,从全球主要地区城市人口比重变化情况来看,当前全球城镇化正处于平稳增速期。我国城镇化正处在加快发展的中后期,预计到2030年左右将进入成熟阶段,城镇化速度将趋缓并逐步收稳,空间结构的剧烈变动也将逐步减缓(见图5.9)。未来十几年将是城乡结构变动的关键窗口期,城镇化蕴藏的巨大潜力和空间仍然存在,但提升城镇化发展质量的任务更加突出,消化农村转移人口市民化存量的任务更加艰巨,推进城乡一体化发展的任务更加紧迫。城镇化发展阶段的变化,将对我国的发展动力、空间结构、社会结构和社会治理产生重要影响。

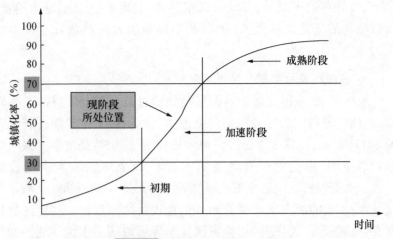

图 5.9　城镇化率的 S 曲线

注：美国地理学家诺瑟姆研究提出，城镇化过程大致可分为三个阶段。城镇化率30%以下是初级阶段，从30%到70%是加快阶段，超过70%以后进入成熟阶段，城镇化速度趋缓。

- **我国由上中等收入阶段向高收入阶段迈进**

我国是世界上最大的发展中国家，人均国内生产总值排名在70多位。根据国际货币基金组织的数据，2016年我国人均国内生产总值与美国、德国、日本、韩国的比分别为1∶7.0、1∶5.2、1∶4.8、1∶3.4，差距很大。2017年，我国人均国内生产总值为8 836美元，按照世界银行的标准，正处于由上中等收入阶段向高收入阶段迈进的关键时期。这一阶段充满矛盾和风险，需要爬坡过坎，攻坚克难，能否妥善应对，顺利跨越"中等收入陷阱"，是我们面临的最大挑战。第二次世界大战结束以来，曾有100多个进入中等收入国家（地区）行列的经济体，最后仅有13个保持持续增长，最终进入高收入国家（地区）行列，绝大部分经济体未能成功跨越"中等收入陷阱"，长期徘徊于中等收入阶段。一些经济学家把"中等收入陷阱"归纳为五个主要问题，即产业低端化、收入分配差距、城市化进程中的贫民窟、资本账户开放、社会福利诉求等。国际经验表明，要想迈向高收入国家（地区）行列，就必须创新发展方式，提高发展质量，解决这些难题。

5.2　我国社会主要矛盾已经发生历史性变化

适应社会历史条件变化，准确认识和清楚把握社会主要矛盾，是制定正确路线、方针政策的重要前提,是推进党和国家工作的重要基础。

5.2.1 人民美好生活需要和不平衡不充分发展的矛盾

党的十九大指出:中国特色社会主义进入新时代,我国社会主要矛盾已经转化为人民日益增长的美好生活需要和不平衡不充分的发展之间的矛盾。这是一个新的重大政治判断。

专栏 5.1
我国社会主要矛盾的变化

中华人民共和国成立后,在完成对生产资料私有制的改造之后,1956 年 9 月召开的党的八大宣布:"我国无产阶级与资产阶级之间的矛盾已经基本上解决,几千年来的阶级剥削制度的历史已经基本上结束,社会主义的社会制度在我国已经基本上建立起来。我国国内的主要矛盾已经是人民对于建立先进的工业国的要求同落后的农业国的现实之间的矛盾,已经是人民对于经济文化迅速发展的需要同当前经济文化不能满足人民需要的状况之间的矛盾。党和全国人民的主要任务,就是要集中力量解决这个矛盾,发展社会生产力,实现国家工业化。"

1981 年 6 月,党的十一届六中全会通过的《关于建国以来党的若干历史问题的决议》重申,"在社会主义改造基本完成以后,我国所要解决的主要矛盾,是人民日益增长的物质文化需要同落后的社会生产之间的矛盾。党和国家工作的重点必须转移到以经济建设为中心的社会主义现代化建设上来,大力发展社会生产力,并在这个基础上逐步改善人民的物质文化生活"。从党的十二大到十八大,一直坚持这一论断,始终致力于社会生产力的发展。

党的十九大报告,根据中国特色社会主义进入新时代这个我国发展新的历史方位,与时俱进地作出了新表述:"我国社会主要矛盾已经转化为人民日益增长的美好生活需要和不平衡不充分的发展之间的矛盾。"

> **马斯洛需求层次理论**
>
> 美国心理学家亚伯拉罕·马斯洛在1943年提出,人类需求像阶梯一样从低到高按层次分为五种,分别是生理需求、安全需求、社会需求、尊重需求和自我实现需求。人都潜藏着五种不同层次的需求,人类在不同的阶段表现出来的各种需求的迫切程度是不同的,体现为从外部得来的满足逐渐向内在得到的满足转化。

- **发展不平衡不充分影响满足人民美好生活需要**

变化了的客观实际,要求我们找准现阶段影响满足人民对美好生活向往、期盼和需要的主要因素。从社会生产看,经过改革开放40年的快速发展,我国社会生产力水平明显提高,社会生产能力在很多方面进入世界前列。我国长期所处的短缺经济和供给不足状况已经发生根本性转变,制造业产值全球第一,出口商品全球第一,高铁里程全球第一,移动宽带用户全球第一等,再讲"落后的社会生产"已经不符合实际。从人民需要看,我国稳定解决了十几亿人的温饱问题,总体上实现小康,不久将全面建成小康社会,人民美好生活需要日益广泛,不仅对物质文化生活提出了更高要求,而且在民主、法治、公平、正义、安全、环境等方面的要求日益增长,再讲"物质文化需要"已经不能真实全面地反映人民群众的愿望和要求了。

影响满足人民对美好生活需要的因素有很多,但主要是发展不平衡不充分问题。发展不平衡,主要是指各区域各领域各方面发展不够平衡,包括经济社会发展各个领域各个方面不够平衡、不够协调,制约了全国发展水平的提升。发展不充分,主要指一些地区、一些领域、一些方面还存在发展不足的问题,发展任务仍然很重。我国社会主要矛盾发生变化,意味着发展的内涵和重点、理念和方式,工作的方法、环境和条件、水平和要求,与过去相比有很大不同。需要坚定不移地贯彻落实新发展理念,针对发展不平衡不充分的问题,提出新的思路、新的战略、新的举措。

- **主要矛盾变化没有改变我国社会主义所处历史阶段**

虽然我国社会的主要矛盾发生了历史性变化,但没有改变我们对我国社会主义所处历史阶段的判断,我国仍处于并将长期处于社会主义初级阶段的基本国情没有变,我国是世界最大发展中国家的国际地位没有变。作出这一重大判断,源于对我国社会主义初级阶段的深刻理解和对不断变化的特点的准确把握。这决定了今后推动各项工作,既要立足社会主义初级阶段这个最大实际,全面坚持党在社会主义初级阶段的基本理论、基本路线、基本方略;也要适应社会主要矛盾的转化,调适工作重点、创新工作方法,更好地发展中国特色社会主义事业。

> **专栏 5.2**
> **社会主义初级阶段理论的创立**
>
> 　　毛泽东同志在20世纪50年代末60年代初研读苏联政治经济学教科书时,提出社会主义可以分为"不发达"和"比较发达"两个阶段。邓小平同志曾经说过"社会主义本身是共产主义的初级阶段,而我们中国又处在社会主义的初级阶段,就是不发达的阶段"。1981年6月,党的十届六中全会通过的《关于建国以来党的若干历史问题的决议》第一次提出"我们的社会主义制度还是处于初级的阶段"。党的十三大对社会主义初级阶段理论进行了系统阐述,第一,我国社会已经是社会主义社会,我们必须坚持而不能离开社会主义;第二,我国社会主义社会还处在初级阶段,我们必须从这个实际出发,而不能超越这个阶段。第三,生产资料所有制的社会主义改造基本完成,到社会主义现代化的基本实现,至少需要上百年的时间,都属于社会主义初级阶段。

5.2.2　发展不平衡不充分问题更加突出

　　在新的历史条件下继续推进社会主义现代化建设和发展中国特色社会主义,需要在准确把握发展成就的同时,清醒地认识我们在发展中需要更好地解决的各种问题,特别是发展不平衡不充分在各领域的突出表现。

- **发展质量和效益不高**

　　实体经济结构性供需失衡问题突出。目前我国模仿型排浪式消费阶段基本结束,但传统供给向新供给的转型,还跟不上消费需求升级的变化,大多数只能满足低质量、低价格的需求,低端产品供给过剩和中高端产品供给不足并存,实体经济盈利能力下降。从农产品供给看,一方面是粮食等部分农产品大量库存滞销,另一方面是高品质农产品和食品供给难以满足消费者对安全绿色食品的多样化需求。从制造品供给看,一方面220多种工业产品产量已经高居世界第一、不少产品产能过剩,另一方面包括高端装备、集成电路芯片等高端零部件、高端材料、高端消费品在内的高端制成品还不得不依赖进口。从服务供给看,在大量低端服务供给过剩的同时,在医疗健康、教育培训、文化娱乐、旅游休闲、法律咨询等领域,还有大量服务得不到满足,高端服务需求纷纷转向海外。根据携程旅行网的统计数字,2016年中国公民赴海外医疗旅游共计约50万次,比2015年增加了5倍。

金融和实体经济失衡问题突出。金融业在经济中的比重快速上升,制造业比重下降,大量投放的货币资金没有进入实体经济,在金融系统自我循环,以间接融资为主的金融体系以及刚性兑付等原因相互交织,助长了我国债务杠杆率的持续提高和风险积累。根据中国人民银行公布的资产负债表数据,2016年年底我国总负债244万亿元(不含外债),包含外债的债务约为255万亿元,与国内生产总值之比的总负债率为342.7%,除去金融的实体总负债率超过250%。国际清算银行估算,我国债务率低于日本(394%)、英国(266%)、加拿大(288%)等经济体,但超过美国(253%)、澳大利亚(247%)和韩国(237%)等发达经济体,明显高于印度(130%)、巴西(146%)和俄罗斯(89%)等新兴经济体,已经接近西班牙金融与经济危机前的债务率(262.1%)。

房地产和实体经济失衡问题突出。由于缺乏投资机会,加上土地、财政、金融政策不配套,致使大量资金涌入房地产市场,推高泡沫化风险,带动一线和热点二、三线城市房地产价格大幅上涨,进一步诱使资金脱实向虚,导致经济增长、财政收入、银行利润越来越依赖于"房地产繁荣"。从单个城市看,根据国际研究机构NUMBEO 2015年的数据,我国深圳、上海、北京均进入全球前十大高房价城市之列(中心城区房价),北、上、广、深在全球房价收入比前十大城市中占据四席,深圳的房价收入比更是高居全球首位。国家统计局调查显示,61%的经济学家认为房价大幅波动是当前我国经济要注意防范和化解的主要风险。

- **科技创新能力不强**

我国科技发展整体水平已经位居发展中国家前列,但创新能力特别是自主创新能力不强的问题依然突出,表现在,基础研究相对薄弱,跟踪式、改进式研究多,领跑式、原创式成果少,支撑科学探索和科技攻关的基础还不牢;许多产业处于全球价值链中低端,支撑产业升级、引领未来发展、推动动能转换的科学技术储备亟待加强;创新体系整体效能还不高,企业创新动力不足,激励创新的市场环境和社会氛围仍需进一步培育和优化,制约创新发展的思想观念和深层次体制机制障碍亟待破除;领军人才和高技能人才缺乏,创新型企业家群体亟须发展壮大;科技对经济社会发展的支撑能力不足、对经济增长的贡献率低于发达国家水平。我国关键核心技术受制于人的局面尚未得到根本改变,企业自主研发能力不足导致的技术瓶颈问题明显暴露,高度依赖低端加工组装、缺乏技术创新和品牌的产业体系越来越不适应竞争环境的变化,现有技术路线和生产能力面临被淘汰的风险。

- **城乡区域发展和收入分配差距较大**

从区域差距看,发展不协调是我国长期存在的突出问题。区域发展差距依然较大,一些中西部地区、贫困地区的基础设施和公共服务设施仍然较差,发展能力和公共服务能力还有差距。近年来,区域协调发展又面临不少新情况、新问题,特别是一些地区人才储备和技术支撑缺口较大、新动能培育与沿海发达地区的差距进一步拉大,一些资源型省份产业结构单一问题突出、发展面临的困难较多,导致地区发展态势有所分化。例如,东北地区与东部地区人均地区生产总值之比2012年已上升到80%,但从2013年开始又有所下降,2016年下降至62.9%,地方人均公共财政支出也呈现类似变化趋势。

从收入差距看,2017年城乡居民人均可支配收入比为2.71,延续下降态势,但总体上仍然偏高,部分地区的城乡收入倍差还在3倍以上,城乡居民收入还存在较大差距。农村转移人口落户进程不够快,户籍人口城镇化率与常住人口城镇化率之间的差距依然较大,户籍人口城镇化率与常住人口城镇化率还有十多个点的差距,大量进城的常住农业转移人口还不能享受均等化的基本公共服务。同时,农业科技含量、劳动生产率偏低,农村基础设施存在建设等级低、缺乏有效管理养护等突出问题,农村基本公共服务和社会保障水平与城镇仍然存在较大差距。从不同群体看,不同社会成员之间的收入差距依然较大。2017年,居民人均可支配收入最高与最低地区的差距仍为3.7倍;全国居民按五等份分组的人均可支配收入,高收入户与低收入户的收入差距仍为10.9倍。

- **民生社会领域发展相对滞后**

在产业转型、结构调整和技术升级中,部分地区、产业的摩擦性和结构性失业群体相对增多,直接影响居民收入。受财政收入增幅放缓制约,转移性收入快速增长的压力也在加大。党的十八大以后,党中央对脱贫攻坚工作强力推进,大幅减少了我国贫困人口。但消除贫困任务依然艰巨,贫困群体规模仍然较大。特别是扶贫开发难度越来越大,一些贫困者非残即病,劳动能力弱,一些贫困人口居住在深山区、石山区、高寒地区、沙化区和荒漠地区,脱真贫和真脱贫的难度加大。群众在就业、教育、医疗、居住、养老等方面还面临不少难题。同时,社会文明水平尚需提高,社会矛盾和问题交织叠加,国家治理体系和治理能力现代化亟待增强。对照全面建成小康社会目标要求和为全面建成现代化国家奠定坚实基础的要求,我国发展还面临不少亟待化解的难题挑战。

5.3 我国经济由高速增长阶段转向高质量发展阶段

党的十九大作出"我国经济已由高速增长阶段转向高质量发展阶段"的重大判断。发展不平衡不充分问题,就是发展质量不高的表现。解决我国社会的主要矛盾,必须坚持高质量发展。这意味着我们必须转变发展方式、优化经济结构、转换增长动力。

5.3.1 转变发展方式的攻关期

发展环境和条件的变化,源于我国以往的规模速度型增长越来越难以持续,必须大力提升发展质量和效益。

- **经济增长速度从高速向中高速转变**

1978—2017 年,我国经济保持年均 9.6% 的持续高速增长,部分年份增长速度在两位数以上,在世界主要经济体的同期增长中名列前茅。而随着经济发展进入新常态,一个最直观的特点就是经济增速转向 6% 左右的中高速增长。图 5.10 展现了自 20 世纪 80 年代以来我国每个五年经济增速的变化。

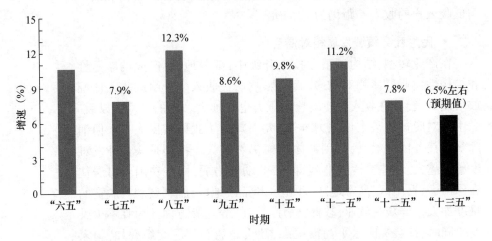

图 5.10 "六五"以来我国经济增速变化情况(1981—2020)

资料来源:"六五"至"十二五"时期的经济增速根据历年统计年鉴计算得出。"十三五"时期的经济增速来自国家"十三五"规划纲要提出的预期性指标。

- **发展方式从规模速度型向质量效益型转变**

过去40年,在经济快速增长中,土地、资本、劳动力、能源等要素投入的绝对数量大,而资本回报率、劳动生产率、资源能源利用率等不尽如人意。这种投入产出模式,导致并强化了要素投入结构、产业结构、需求结构等矛盾,而结构性矛盾的加剧又对经济正常循环造成阻碍,增加了宏观经济运行的潜在风险;高污染、高排放与高投入相伴而生,让增长付出了高昂的环境成本,使生态遭到了严重的破坏。高质量发展要求宏观战略、发展政策不能仅仅着眼于短期增长和需求刺激,而要更多从生产率的提升着眼,更多从供给端的改善入手,提高经济发展质量,核心是提高全要素生产率,激发经济增长潜能。既要继续优化劳动力等要素流动的市场环境,延长要素在部门间流动配置带来效率提升的周期;又要更加重视人力资本积累,使其成为与科技创新和管理创新等相配套的有效载体,进而推动产业升级和经济转型。

我国作为世界第二大经济体,这么大的块头、这么大的基数,再追求两位数的增长是不现实的。国际经验也表明,如果不顾潜在增长条件变化,强行通过政策激励拉高经济增速是不可行的。比如,日本从20世纪80年代中期开始,经济出现衰退,日元升值是一个原因,但主要原因是采取宽松货币政策应对经济下行,最终引发滞胀和资产泡沫,陷入"失去的二十年"。推动经济增长向高质量、高效益模式转变,不是非黑即白的关系,提升质量并不意味着增长速度的大幅下降,而是寻找一个更为合适的增长速度。我们既要尊重客观规律,承认经济高速增长的自然回落和资源环境约束加剧的影响不可回避,又要看到我国市场需求可以支撑持续健康增长、资本积累仍会贡献空间等有利因素,更要看到技术创新和制度创新作为增长新动能的巨大潜力。

5.3.2 优化经济结构的攻关期

外需拉动、投资拉动、工业主导的增长模式越来越不适应新阶段的新要求,优化经济结构、在更高水平实现供求关系新的动态均衡的任务更加迫切。

- **工业化发展阶段的必然选择**

工业化先行国家经验显示,随着一国工业化进程的推进,产业结构将不断升级。在工业化前期,工业开始出现加速增长,工业增速明显快于第一和第三产业;在工业化中期,第二产业仍然保持快速增

罗斯托的经济发展六阶段理论

罗斯托在其1960年出版的《经济增长的阶段》中,把人类社会发展的历史阶段划分为五个阶段:传统社会阶段、起飞前阶段、起飞阶段、成熟阶段和大众高消费阶段。后来,在1970年出版的《政治和成长阶段》中,又提出"追求生活质量"的第六阶段,与波特主要强调增长的要素特征不同,这六个阶段的划分侧重于从产业结构的角度。在起飞阶段,一国需要通过生产性投资加速资本积累,工业作为主导产业迅速成长。随着工业化水平的提高,投资对经济增长的贡献逐渐减小。到工业化中后期,一国将进入高额群众消费阶段,消费逐渐成为拉动经济增长的主要动力,社会注意力将从生产转向消费,并呈现耐用消费品普及化、闲暇消费崛起和新白领阶层形成三大特征。

长,但第二产业发展越来越需要第三产业的支撑,第三产业发展速度加快;在工业化后期,在专业化分工深化和居民消费升级的牵引下,第三产业发展将会超过第二产业,成为国民经济的主导部门。从我国发展情况看,我国正处于工业化发展的中后期,正处于服务业快速发展、发挥越来越重要支撑作用的阶段。

- **贸易结构改善的演进规律**

从发达国家经验看,第二次世界大战后德国、日本都经历了出口快速增长期,成为世界贸易大国。但当它们的货物贸易出口额占世界的比重达到10%左右时,出口增速就会出现拐点。从我国情况看,1979年至2012年我国货物出口保持20%左右的年均增长率,2016年货物贸易出口额占世界的比重已经达到13.1%。这意味着我国出口增速的拐点已经到来,再维持出口高增长会越来越难,内需特别是消费需求拉动将成为主导。

- **居民消费升级的内在要求**

国际经验显示,人均国内生产总值达到1万国际元是一个重要转折点。20世纪70年代的日本、80年代末的韩国在人均国内生产总值到1万国际元后,就开始进入居民消费快速升级阶段。据专家测算,2014年我国人均国内生产总值折合国际元约1.1万。从近年居民消费支出迅速扩大、服务消费快速增长、居民出境游表现出强大购买力看,我国已进入新消费快速兴起、消费结构快速升级的新阶段。居民消费正从生存型消费加快向发展型、享受型消费转变,消费重点从注重量的满足向追求质的提升转变,消费形式从有形的物质商品向越来越多的服务消费转变,模仿型排浪式消费阶段基本结束,个性化、多样化消费渐成主流,新的消费热点不断涌现、快速更迭。迫切需要以消费升级为导向,推动产业升级、供给创新,形成投资与消费良性互动、供给与需求动态协调的经济循环新机制。

国际元
多边购买力平价比较中将不同国家货币转换为统一货币的方法,旨在真实地反映出本国货币的价值。

5.3.3 转换增长动力的攻关期

在国内外因素综合作用下,我国传统的主要依靠资源要素投入数量、凭借低成本比较优势参与国际竞争的发展方式已难以为继,迫切需要向更多依靠创新驱动的发展转变。

1978—2010年间,我国技术进步虽然有了明显改善,但劳动力、资本、自然资源、土地等要素扩张在经济增长过程中发挥了更为重要的作用。劳动力规模持续扩大,15—64岁劳动年龄人口总量从1982年的62 517万人增加到2010年的99 938万人,年均增长1 336万人。

资本投入大幅增加,总储蓄率不断上升,1984—2010 年 27 年间利用外商直接投资年均增长 19.2%。城镇建设用地规模不断扩大,2010 年城镇建设用地 39 758 万平方米,是 1981 年的 5.9 倍。能源消费不断增加,能源消费总量从 1980 年的 60 275 万吨标准煤增加到 2010 年的 360 648 万吨标准煤。

"十二五"以来,随着我国经济发展水平和要素供给条件的变化,劳动力、土地、能源资源等供求关系日益趋紧,成本快速上升。近年来我国工资水平不断上升,城镇单位就业人员平均工资从 2000 年的 9 333 元上升到 2015 年的 62 029 元,年均增长 13.4%。与发达国家劳动力成本之间的差距迅速缩小,成本优势逐步减弱。土地、能源资源等的成本也呈长期上升态势。工业化、城镇化对土地需求的增长与有限的土地资源之间的矛盾更加突出,建设用地成本不断上升,2008—2015 年,主要监测城市综合地价从 2 474 元/平方米上升到 3 633 元/平方米。水资源短缺问题凸显,主要能源和矿产资源对外依存度不断提高,生态环境越来越脆弱,基于原有资源要素禀赋结构的传统比较优势趋于弱化。

波士顿咨询集团的一份研究报告显示,快速上升的劳动力和能源成本削弱了我国的竞争力。我国根据生产率调整后的制造业平均工资十年间翻了三倍,而美国仅上升了 27%。目前我国制造业综合成本只比美国低 4%,比印度尼西亚、印度、墨西哥、泰国分别高 15.7%、10.3%、5.5% 和 5.5%。一些对成本比较敏感的行业已经将生产制造环节向成本较低的国家转移。

内容小结

本章论述了我国发展的国内环境。从面临的时代特征、发展基础、现实条件和重要问题等方面,讲述了中国特色社会主义进入新时代,国家发展站在新的历史起点上,改革开放和社会主义现代化建设取得历史性成就;发展条件出现新情况新变化,面临许多问题和挑战。我国社会主要矛盾已经转化为人民日益增长的美好生活需要和不平衡不充分的发展之间的矛盾,主要矛盾变化没有改变我国仍处于并将长期处于社会主义初级阶段的判断;发展不平衡不充分问题更加突出,必须加快解决。我国经济已由高速增长阶段转向高质量发展阶段。正处于转变发展方式、优化经济结构、转换增长动力的攻关期,经济增长速度从高速向中高速转变,发展方式从规模速度型向质量效益型转变。

关键概念

新的历史起点　　发展环境和现实条件　　社会主要矛盾转化　　高质量发展阶段

思考讨论题

1. 如何深入理解改革开放以来我国经济社会发展取得的重大历史成就?
2. 新的历史条件下我国发展环境和现实条件发生了哪些深刻变化?对我国发展有哪些影响?
3. 社会主要矛盾已经转化为人民日益增长的美好生活需要和不平衡不充分的发展之间的矛盾,如何认识"美好生活需要"和"不平衡不充分的发展"?
4. 我国进入"高质量发展阶段"之后,将在哪些方面表现出与"高速增长阶段"不同的特点?

本篇参考文献

《党的十九大报告辅导读本》,人民出版社,2017年。

《党的十九大报告学习辅导百问》,党建读物出版社、学习出版社,2017年。

张维迎、林毅夫,《政府的边界》,民主与建设出版社,2017年。

张宇燕,《全球政治与安全报告(2017)》,社会科学文献出版社,2017。

邹至庄,《中国经济指南》,清华大学出版社,2016年。

刘世锦,《由数量追赶到质量追赶》,中信出版社,2016年。

李扬,《最新国家资产负债表到底揭示了什么》,中国社会科学出版社,2015年。

刘鹤,《两次全球大危机的比较研究》,中国经济出版社,2015。

王缉思,《大国关系:中美关系分道扬镳,还是殊途同归》,中信出版社,2015。

徐宪平,《中国经济的转型升级——从"十二五"看"十三五"》,北京大学出版社,2015。

第 3 篇

新时代的
战略思想

思想是引领行动的旗帜,是照亮航程的灯塔。正如德国著名诗人海涅所说:"思想走向行动之前,就像闪电出现在雷鸣之前",又如同明代思想家王阳明"知行合一"学说所言:"知是行的主意,行是知的功夫。"

党的十八大以来,以习近平同志为核心的党中央在实践中探索、在继承中创新,形成了习近平新时代中国特色社会主义思想,深刻地回答了新时代坚持和发展中国特色社会主义的总目标、总任务、总体布局、战略布局和发展理念、发展主线、发展重点等基本问题。它是对马克思列宁主义、毛泽东思想、邓小平理论、"三个代表"重要思想、科学发展观的继承和发展,是党和人民实践经验和集体智慧的结晶,是全党全国人民为实现中华民族伟大复兴而奋斗的行动指南。作为其中重要组成部分的习近平新时代中国特色社会主义经济思想,是运用马克思主义基本原理对中国特色社会主义政治经济学的理性概括,必将推动我国经济发展产生更深刻、更广泛的变革。

这是一个怀抱梦想、砥砺奋进的新时代,也是一个爬坡过坎、攻坚克难的新时代。尽管前行的路上充满了困难、矛盾和风险,但我们对中国特色社会主义道路、理论、制度、文化充满了自信,对实现社会主义现代化和中华民族伟大复兴的历史使命充满了自信。

第 6 章 "两个一百年"的奋斗目标

习近平同志提出的中国梦,核心内容就是"两个一百年"的奋斗目标:在中国共产党成立一百年时全面建成小康社会,在中华人民共和国成立一百年时建成富强民主文明和谐美丽的社会主义现代化强国,从而实现中华民族伟大复兴。

6.1 第一个百年奋斗目标:决胜全面建成小康社会

全面建成小康社会,是中华民族千百年来孜孜以求的梦想,是中国共产党向人民、向历史作出的承诺。从现在到 2020 年,是决胜期、攻关期,必须适应我国社会主要矛盾的历史性变化,确保实现第一个百年奋斗目标。

6.1.1 小康社会的缘由

"小康"一词,有着深刻而丰富的历史内涵,最早见诸《诗经·大雅·民劳》:"民亦劳止,汔可小康",反映了古代劳动人民希望轻徭薄赋、予民休息、过上小安康乐日子的美好愿望。《礼记·礼运》记载:"今大道既隐,天下为家。各亲其亲,各子其子,货力为己,大人世及以为礼,城郭沟池以为固。礼义以为纪,以正君臣,以笃父子,以睦兄弟,以和夫妇,以设制度,以立田里……是谓小康。"这里的"小康"描绘的是夏禹、商汤、西周时期一度出现的盛世。

"文化大革命"结束后,改革开放兴起,现代化建设被摆上重要议程。1979年12月,邓小平同志在会见日本首相大平正芳时,谈到中国20世纪的目标是实现小康,他言简意赅地说:"我们要实现的四个现代化,是中国式的四个现代化。我们的四个现代化的概念,不是像你们那样的现代化的概念,而是小康之家。"

1982年党的十二大首次正式提出"小康"的概念,把小康作为主要奋斗目标和我国国民经济和社会发展的阶段性标志,明确提出"到本世纪末的20年,我国经济建设总的奋斗目标是,在不断提高经济效益的前提下,力争使全国工农业总产值翻两番,实现这个目标,城乡人民收入成倍增长,人民物质生活可以达到小康水平"。1987年党的十三大正式将实现小康作为"三步走"发展战略的第二步目标,明确提出"第二步,到本世纪末,使国民生产总值再增长一倍,人民生活达到小康水平"。

6.1.2 从总体小康到全面小康

经过十多年的艰苦奋斗,到2000年,我国实现了现代化建设第二步战略目标,人民生活总体上达到小康水平,国内生产总值13年间增长了3.43倍,人均国民生产总值比1980年翻两番的任务提前三年完成;主要工农业产品产量位居世界前列,商品短缺状况基本结束,粮食等主要农产品生产能力明显提高,农产品供给实现由长期短缺到总量基本平衡、丰年有余的历史性转变;城乡市场繁荣,商品供应充裕,居民生活质量提高,衣食住用行都有较大改善;社会保障体系建设成效明显。农村贫困人口大幅度减少,"八七"扶贫攻坚目标基本实现。

> **"八七"扶贫攻坚计划**
> 1994年年初开始实施《国家八七扶贫攻坚计划》,即从1994年到2000年,集中人力、物力、财力,动员社会各界力量,力争用7年左右的时间,基本解决全国农村8000万贫困人口的温饱问题。扶贫资金投入逐年加大,从1994年的97.85亿元增加到2000年的248.15亿元,累计投入中央扶贫资金1 127亿元,没有解决温饱的贫困人口占农村人口的比重从7.7%下降到3.5%左右。

但是,这是一种低水平的、不全面的、发展很不平衡的小康。从国内看,2000年农村还有3 000多万贫困人口的温饱问题没有完全解决,城镇有将近2 000万人口的收入在最低生活保障线以下,城乡、区域间发展水平和收入水平还存在较大的差距。从国际看,当年我国人均国内生产总值还只有959美元,处于低收入国家水平,在世界上排名第119位。

1997年10月召开的党的十五大提出:21世纪的第一个十年要实现国民生产总值比2000年翻一番,使人民的小康生活更加宽裕。2002年党的十六大报告提出"要在本世纪头二十年,集中力量,全面建设惠及十几亿人口的更高水平的小康社会"。与总体小康不同,全面小康的目标是"六个更加":经济更加发展、民主更加健全、科教更加进步、文化更加繁荣、社会更加和谐、人民生活更加殷实。

告别苦日子、过上好日子,不仅是中国人民的热切期盼,也是世界人民的共同愿望。2000年9月,在联合国千年首脑会议上,以消除贫穷、饥饿、疾病、文盲和环境恶化为主要内容,189个国家签署《联合国千年宣言》,确立联合国千年发展目标(见表6.1)。

从2003年开始,国家统计局探索建立"全面建设小康社会统计监测指标体系",2008年正式形成6个方面、23个监测指标(见表6.2),对全国和地方的建设进度与成效进行跟踪评估。

表6.1 联合国千年发展目标

序号	目标	内容
1	消灭极端贫穷和饥饿	靠每日不到1美元维生的人口比例减半;使所有人包括妇女和青年人都享有充分的生产就业和体面工作;挨饿的人口比例减半
2	普及小学教育	确保不论男童还是女童都能完成全部初等教育课程
3	促进两性平等并赋予妇女权利	最好到2005年在小学教育和中学教育中消除两性差距,最迟于2015年在各级教育中消除此种差距
4	降低儿童死亡率	五岁以下儿童的死亡率降低2/3
5	改善产妇保健	产妇死亡率降低3/4;到2015年实现普遍享有生殖保健
6	对抗艾滋病/艾滋病毒以及其他疾病	遏止并开始扭转艾滋病/艾滋病毒的蔓延;到2010年向所有需要者普遍提供艾滋病/艾滋病毒治疗;遏止并开始扭转疟疾和其他主要疾病的发病率增长
7	确保环境的可持续能力	将可持续发展原则纳入国家政策和方案;扭转环境资源的流失;减少生物多样性的丧失,到2010年显著降低丧失率;到2015年将无法持续获得安全饮用水和基本卫生设施的人口比例减半;到2020年使至少1亿贫民窟居民的生活有明显改善
8	全球合作促进发展	满足最不发达国家的特殊需要;满足内陆国和小岛屿发展中国家的特殊需要;与发展中国家合作,为青年创造体面的生产性就业机会;与制药公司合作,在发展中国家提供负担得起的基本药物;与私营部门合作,提供新技术特别是信息和通信技术产生的好处

表6.2 全面建设小康社会统计监测指标体系

监测指标	单位	权重(%)	标准值(2020年)
一、经济发展		29	
1. 人均国内生产总值	元	12	≥31 400
2. 研发经费支出占国内生产总值比重	%	4	≥2.5
3. 第三产业增加值占国内生产总值比重	%	5	≥50

(续表)

监测指标	单位	权重(%)	标准值(2020年)
4. 城镇人口比重	%	5	≥60
5. 失业率(城镇)	%	4	≤6
二、社会和谐		15	
6. 基尼系数	—	2	≤0.4
7. 城乡居民收入比	—	2	≤2.80
8. 地区经济发展差异系数	%	2	≤60
9. 基本社会保险覆盖率	%	6	≥90%
10. 高中阶段毕业生性别差异系数	%	3	=100
三、生活质量		19	
11. 居民人均可支配收入	元	6	≥15 000
12. 恩格尔系数	%	3	≤40
13. 人均住房使用面积	平方米	5	≥27
14. 5岁以下儿童死亡率	‰	2	≤12
15. 平均预期寿命	岁	3	≥75
四、民主法制		11	
16. 公民自身民主权利满意度	%	5	≥90
17. 社会安全指数	%	6	≥100
五、文化教育		14	
18. 文化产业增加值占国内生产总值比重	%	6	≥5
19. 居民文教娱乐服务支出占家庭消费支出比重	%	2	≥16
20. 平均受教育年限	年	6	≥10.5
六、资源环境		12	
21. 单位国内生产总值能耗	吨标准煤/万元	4	≤0.84
22. 耕地面积指数	%	2	≥94
23. 环境治理指数	%	6	=100

注:城乡居民收入比指城镇居民人均可支配收入与农村居民人均纯收入之比(以农村为1)。计算公式为:城乡居民收入比 = 城镇居民人均可支配收入/农村居民人均纯收入。

6.1.3 全面建成小康社会目标

党的十六大之后的十年,全面建设小康社会取得了一系列历史性成就。2012年11月,党的十八大进一步明确提出"确保到二〇二〇年实现全面建成小康社会宏伟目标"。党的十九大号召全党全国人民决胜全面建成小康社会,夺取新时代中国特色社会主义伟大胜利。

- **七大发展目标**

到2020年我国经济社会发展的七大发展目标是：

经济保持中高速增长。在提高发展平衡性、包容性、可持续性基础上，到2020年国内生产总值和城乡居民人均收入比2010年翻一番，主要经济指标平衡协调，发展质量和效益明显提高。产业迈向中高端水平，农业现代化进展明显，工业化和信息化融合发展水平进一步提高，先进制造业和战略性新兴产业加快发展，新产业新业态不断成长，服务业比重进一步提高。

创新驱动发展成效显著。创新驱动发展战略深入实施，创业创新蓬勃发展，全要素生产率明显提高。科技与经济深度融合，创新要素配置更加高效，重点领域和关键环节核心技术取得重大突破，自主创新能力全面增强，迈进创新型国家和人才强国行列。

发展协调性明显增强。消费对经济增长贡献继续加大，投资效率和企业效率明显上升。城镇化质量明显改善，户籍人口城镇化率加快提高。区域协调发展新格局基本形成，发展空间布局得到优化。对外开放深度广度不断提高，全球配置资源能力进一步增强，进出口结构不断优化，国际收支基本平衡。

人民生活水平和质量普遍提高。就业、教育、文化体育、社保、医疗、住房等公共服务体系更加健全，基本公共服务均等化水平稳步提高。教育现代化取得重要进展，劳动年龄人口受教育年限明显增加。就业比较充分，收入差距缩小，中等收入人口比重上升。我国现行标准下农村贫困人口实现脱贫，贫困县全部摘帽，解决区域性整体贫困。

国民素质和社会文明程度显著提高。中国梦和社会主义核心价值观更加深入人心，爱国主义、集体主义、社会主义思想广泛弘扬，向上向善、诚信互助的社会风尚更加浓厚，国民思想道德素质、科学文化素质、健康素质明显提高，全社会法治意识不断增强。公共文化服务体系基本建成，文化产业成为国民经济支柱性产业。中华文化影响持续扩大。

生态环境质量总体改善。生产方式和生活方式绿色、低碳水平上升。能源资源开发利用效率大幅提高，能源和水资源消耗、建设用地、碳排放总量得到有效控制，主要污染物排放总量大幅减少。主体功能区布局和生态安全屏障基本形成。

各方面制度更加成熟更加定型。国家治理体系和治理能力现代化取得重大进展，各领域基础性制度体系基本形成。人民民主更加健全，法治政府基本建成，司法公信力明显提高。人权得到切实保障，产权得到有效保护。开放型经济新体制基本形成。中国特色现代军事体系更加完善。党的建设制度化水平显著提高。

- 25 项主要指标

到 2020 年我国经济社会发展的 25 项主要指标如表 6.3 所示。

表 6.3 "十三五"规划确定的经济社会发展主要指标

指标		2015年	2020年	年均增速（累计）	属性
经济发展					
（1）国内生产总值(万亿元)		67.7	>92.7	>6.5%	预期性
（2）全员劳动生产率(万元/人)		8.7	>12	>6.6%	预期性
（3）城镇化率	常住人口城镇化率(%)	56.1	60	(3.9)	预期性
	户籍人口城镇化率(%)	39.9	45	(5.1)	预期性
（4）服务业增加值比重(%)		50.5	56	(5.5)	预期性
创新驱动					
（5）研究与试验发展经费投入强度(%)		2.1	2.5	(0.4)	预期性
（6）每万人口发明专利拥有量(件)		6.3	12	(5.7)	预期性
（7）科技进步贡献率(%)		55.3	60	(4.7)	预期性
（8）互联网普及率	固定宽带家庭普及率(%)	40	70	(30)	预期性
	移动宽带用户普及率(%)	57	85	(28)	预期性
民生福祉					
（9）居民人均可支配收入增长(%)		—	—	>6.5	预期性
（10）劳动年龄人口平均受教育年限（年）		10.23	10.8	(0.57)	约束性
（11）城镇新增就业人数(万人)		—	—	(>5000)	预期性
（12）农村贫困人口脱贫(万人)		—	—	(5575)	约束性
（13）基本养老保险参保率(%)		82	90	(8)	预期性
（14）城镇棚户区住房改造(万套)		—	—	(2000)	约束性
（15）人均预期寿命(岁)		—	—	(1)	预期性
资源环境					
（16）耕地保有量(亿亩)		18.65	18.65	(0)	约束性
（17）新建建设用地规模(万亩)		—	—	(<3256)	约束性
（18）万元国内生产总值用水量下降(%)		—	—	(23)	约束性
（19）单位国内生产总值能源消耗降低(%)		—	—	(15)	约束性
（20）非化石能源占一次能源消费比重(%)		12	15	(3)	约束性
（21）单位国内生产总值二氧化碳排放降低(%)		—	—	(18)	约束性

(续表)

指标		2015年	2020年	年均增速（累计）	属性
(22) 森林发展	森林覆盖率(%)	21.66	23.04	(1.38)	约束性
	森林蓄积量(亿立方米)	151	165	(1.4)	
(23) 空气质量	地级及以上城市空气质量优良天数比例(%)	76.7	>80	—	约束性
	细颗粒物(PM2.5)未达标地级及以上城市浓度下降(%)	—	—	(18)	
(24) 地表水质量	达到或好于Ⅲ类水体比例(%)	66	>70	—	约束性
	劣Ⅴ类水体比例(%)	9.7	<5	—	
(25) 主要污染物排放总量减少(%)	化学需氧量	—	—	(10)	约束性
	氨氮			(10)	
	二氧化硫			(15)	
	氮氧化物			(15)	

注：① 国内生产总值、全员劳动生产率增速按可比价计算，绝对数按2015年不变价计算。② ( )内为5年累计数。③ PM2.5未达标指年均值超过35微克/立方米。

- 三大攻坚战

为了确保决胜全面建成小康社会，党的十九大提出要突出抓重点、补短板、强弱项，重点是要打好防范化解重大风险、精准脱贫、污染防治三大攻坚战。

打好防范化解重大风险攻坚战。防范化解重大风险是三大攻坚战的首要战役。当前经济社会生活中，存在诸多风险隐患，有可能发生各种"黑天鹅事件""灰犀牛事件"，金融风险是最突出的风险之一。金融是国民经济的血脉，金融不通，则经济不活；金融不稳，则经济生乱。防控金融风险事关国家安全、发展全局、人民群众财产安全，是金融改革发展的永恒主题和根本任务。防控金融风险立足于标本兼治、主动攻防和积极应对。坚持服务于供给侧结构性改革这条主线，促进形成金融和实体经济、金融和房地产、金融体系内部的良性循环，有效控制宏观杠杆率，提高金融结构适应性，增强金融服务实体经济能力。坚持问题导向，搞好金融领域风险防范和处置，防控银行不良资产扩大，控制地方政府债务水平，推进房地产长效发展机制，打击违法违规金融活动等。坚持底线思维，完善金融管理制度，健全金融监管体系，加强薄弱环节的制度建设，实

"黑天鹅事件"与"灰犀牛事件"

"黑天鹅事件"是美国作家纳西姆·尼古拉斯·塔勒布在《黑天鹅：如何应对不可预知的未来》一书中提出的，是指难以预测的小概率且影响巨大的危机事件，如美国"9·11"恐怖袭击、日本大地震等事件。

"灰犀牛事件"是全球思想领袖米歇尔·渥克在《灰犀牛：如何应对大概率危机》一书提出的，是指大概率且影响巨大的潜在危机，如影子银行、房地产泡沫等。

现高风险商业模式的根本转变。

打好精准脱贫攻坚战。脱贫攻坚是全面建成小康社会的最大"短板"。党的十八大以来,扶贫成就巨大,每年减少1 000多万贫困人口。但截至2017年年末还剩下3 000多万贫困人口,越往后脱贫成本越高、难度越大。现在看,主要难点是连片的深度贫困地区、特困贫困县、贫困村,贫困人口占比高,贫困发生率高,人均收入低,基础设施和住房条件差,是最难啃的硬骨头。习近平同志强调,要向深度贫困地区聚焦发力,坚持中央统筹、省负总责、市县抓落实的管理机制,强化党政一把手负总责的工作责任制,形成专项扶贫、行业扶贫、社会扶贫的"三位一体"大扶贫格局,把扶贫同扶志、扶智相结合,以解决突出制度问题为重点,以重大扶贫工程和到村到户帮扶措施为抓手,加大政策倾斜,激发内生动力,集中力量攻关,万众一心克难。到2020年,不仅要确保我国现行标准下农村贫困人口实现脱贫,同时要确保深度贫困地区和贫困群众同全国人民一道进入全面小康社会。

打好污染防治攻坚战。社会主义现代化是人与自然和谐共生的现代化,既要创造更多物质财富和精神财富以满足人民日益增长的美好生活需要,也要提供更多优质生态产品以满足人民日益增长的优美生态环境需要。习近平同志深刻指出,生态环境问题根子在粗放型增长方式。高排放、高污染的增长,不仅不是我们所要的发展,而且会反过来影响长远发展。生态环境问题严重到一定程度,我们就会遭到自然的报复,经济增长也必然难以持续下去。各级领导干部特别是高级干部,绝不能有保护、袒护、维护破坏生态环境的行为,绝不能口头上高唱绿水青山、背地里大搞"黑色增长"。重点是要打赢蓝天保卫战,明显减少重污染天气,改善大气环境质量,增强人民的蓝天幸福感。

- **165项重大工程**

围绕全面建成小康社会,"十三五"规划提出165项重大工程,内容涉及经济社会发展的重点领域和关键环节,既包括重大建设项目,也包括重大行动、重大计划、重大政策、重大改革等(见图6.1)。165项重大工程在经济社会发展全局中具有基础性、支撑性、引领性、战略性作用。抓好这些重大工程的落实,对于推进供给侧结构性改革、实现"十三五"时期经济社会发展目标任务、决胜全面建成小康社会,意义重大而深远。

强化科技创新支撑	强化结构升级支撑	强化基础设施支撑
科技创新重大项目 重大人才工程	现代金融体系建设 农业现代化重大工程 高端装备创新发展工程 战略性新兴产业发展行动 信息化重大工程 新型城镇化建设重大工程 特殊类型地区发展重大工程 海洋重大工程	交通建设重点工程 能源发展重大工程 水安全保障工程

强化生态环境支撑	强化民生改善支撑
资源节约集约循环利用重大工程 环境治理保护重点工程 山水林田湖生态工程	脱贫攻坚重点工程 教育现代化重大工程 健康中国行动计划 基本公共服务项目清单 促进就业行动计划 社会关爱行动计划 文化重大工程

图 6.1 "十三五"规划确定的 165 项重大工程

6.2 第二个百年奋斗目标：建成社会主义现代化强国

从 2020 年到本世纪中叶，在全面建成小康社会的基础上，按照两个阶段的战略安排，全面建成富强民主文明和谐美丽的社会主义现代化国家，是实现第二个百年奋斗目标的时间表，是实现中华民族伟大复兴的路线图，是全体中华儿女共同向往的中国梦。

6.2.1 社会主义现代化建设新征程

现代化是一个世界性的历史范畴，也是一个社会变革过程。自 18 世纪以来，世界现代化进程可以分为两个阶段，第一次现代化是从农业社会向工业社会的转变，是以工业化、城市化为主要特征的经典现代化；第二次现代化是从工业社会向知识社会的转变，是以信息化、知识化、绿色化为主要特征的新现代化。中国科学院中国现代化研究中心发布《中国现代化报告2015：工业现代化研究》，描绘了过去300年里不同国家的现代化，起步有先有后，速度有快有慢，水平有高有低。报告显示，2012年，美国等27个国家已经进入第二次现代化，中国等100个国家处于第一次现代化，乍得等4个国家仍然处于传统农业社会，有些原住民族仍然生活在原始社会（见图6.2）。目前世界上的现代化国家，都是联合国公布的人类发展指数高水平的国家，也是世界银行划分的高收入国家。前者包括4项指标：新生儿预期寿命、平均受教育年限、预期受教育年限、人均国民总收入；后者要达到的标准是：人均国内生产总值达到12 766美元以上。这两个方面，我国在世界上的排名分别是90多位和70多位。这些都说明，中国的现代化水平与发达国家相比仍然存在较大的差距。

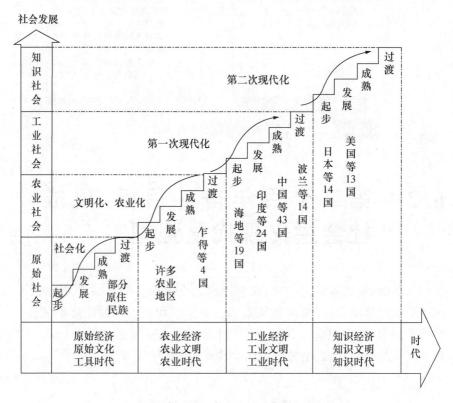

图6.2 世界各国的现代化发展阶段

资料来源：何传启，《中国现代化报告2014~2015：工业现代化研究》，北京大学出版社，2015年。

从十九大到二十大，是"两个一百年"奋斗目标的历史交汇期。我们既要全面建成小康社会，就是第一个百年奋斗目标，又要乘势开启全面建成社会主义现代化国家新征途，向第二个百年目标进军。

从现在到 2020 年，我们必须兑现庄严的承诺，紧扣我国社会主要矛盾变化，统筹推进经济、政治、文化、社会、生态文明建设，带领全体人民共同进入经得起历史检验的全面小康社会。站在我国发展新的历史起点上，党的十九大开启全面建设社会主义现代化国家新征程，将党的十三大、十五大确定的在第二个百年、到本世纪中叶达到的基本实现现代化的奋斗目标，提前到 2035 年，进程缩短了 15 年；把从 2035 年到本世纪中叶的奋斗目标，设定为建成富强民主文明和谐美丽的社会主义现代化强国。这一新征程、新目标，为我们描绘了新的蓝图，吹响了新的号角，是夺取新时代中国特色社会主义伟大胜利的行动纲领。

6.2.2 社会主义现代化建设战略安排

从全面建成小康社会到基本实现现代化再到全面建成富强民主文明和谐美丽的社会主义现代化强国，党的十九大综合分析国际国内形势和我国发展条件，作出了两个阶段的战略安排。

第一个阶段：从二〇二〇年到二〇三五年，在全面建成小康社会的基础上，再奋斗十五年，基本实现社会主义现代化。

目标要求是，我国经济实力、科技实力大幅跃升，跻身创新型国家前列；人民平等参与、平等发展权利得到充分保障，法治国家、法治政府、法治社会基本建成，各方面制度更加完善，国家治理体系和治理能力现代化基本实现；社会文明程度达到新的高度，国家文化软实力显著增强，中华文化影响更加广泛深入；人民生活更为宽裕，中等收入群体比例明显提高，城乡区域发展差距和居民生活水平差距显著缩小，基本公共服务均等化基本实现，全体人民共同富裕迈出坚实步伐；现代社会治理格局基本形成，社会充满活力又和谐有序；生态环境根本好转，美丽中国目标基本实现。

到二〇三五年，我国社会主义现代化的蓝图渐次展开。经济建设上，经济发展实现由数量和规模扩张向质量和效益提升的根本转变，形成若干世界级先进制造业集群，全要素生产率明显提升，现代化经济体系基本建成。政治建设上，党的领导、人民当家作主、依法治国达到高度有机统一，人民满意的服务型政府基本建成。文化建设上，全体人民的文化自信、文化自觉和文化凝聚力不断提高，公共文化服务体系、现代文化产业体系和市场体系基本建成，中华文化走出去达到新水平。社会建设上，实现幼有所育、学有所教、劳有所得、病有所医、老有所养、住有所居、弱有所扶的美好愿景，现代社会治理

> **社会主义现代化内涵的演进**
> 1997 年党的十五大提出，到下世纪中叶建国一百年时，基本实现现代化，建成富强民主文明的社会主义国家。2006 年党的十六届六中全会号召全党同志带领全国各族人民，为把我国建设成为富强民主文明和谐的社会主义现代化国家而奋斗。首次为社会主义现代化赋予了"和谐"的内涵，明确了构建社会主义和谐社会是社会主义现代化建设的重大战略任务。2017 年，党的十九大报告提出，到本世纪中叶，把我国建设成富强民主文明和谐美丽的社会主义现代化强国。"美丽"成为社会主义现代化内涵演进的又一个标志，同时突出"强国"目标，表明社会主义现代化内涵不断丰富延伸、与时俱进。

格局基本形成。生态文明建设上,清洁低碳、安全高效的能源体系和绿色低碳循环发展的经济体系基本建立,生态文明制度更加健全,绿色发展的生产方式和生活方式基本形成。

- **第二个阶段**:从二〇三五年到本世纪中叶,在基本实现现代化的基础上,再奋斗十五年,把我国建成富强民主文明和谐美丽的社会主义现代化强国。

目标要求是,我国物质文明、政治文明、精神文明、社会文明、生态文明全面提升,实现国家治理体系和治理能力现代化,成为综合国力和国际影响力领先的国家,全体人民共同富裕基本实现,我国人民享有更加幸福安康的生活,中华民族以更加昂扬的姿态屹立于世界民族之林。

到本世纪中叶,社会主义现代化强国屹立于世界的东方。建成富强的社会主义现代化强国,社会生产力水平大幅提高,核心竞争力名列世界前茅;建成民主的社会主义现代化强国,形成又有集中又有民主、又有纪律又有自由、又有统一意志又有个人心情舒畅生动活泼的政治局面,依法治国和以德治国有机结合;建成文明的社会主义现代化强国,践行社会主义核心价值观成为全社会自觉行动,中国精神、中国价值、中国力量成为中国发展的重要影响力和推动力;建成和谐的社会主义现代化强国,城乡居民将普遍拥有较高的收入、富裕的生活、健全的基本公共服务,全体人民共同富裕基本实现,公平正义普遍彰显,社会充满活力而又规范有序;建成美丽的社会主义现代化强国,天蓝、地绿、水清的优美生态环境成为普遍常态,开创人与自然和谐共生新境界。

内容小结

本章论述了"两个一百年"的奋斗目标。实现社会主义现代化和中华民族伟大复兴,核心体现是实现"两个一百年"的奋斗目标。第一个百年奋斗目标是,在中国共产党成立一百年时全面建成小康社会。全面建成小康社会的七大目标是经济保持中高速增长、创新驱动发展成效显著、发展协调性明显增强、人民生活水平和质量普遍提高、国民素质和社会文明程度显著提高、生态环境质量总体改善、各方面制度更加成熟更加定型,具体表现为二十五个主要指标。全面建成小康社会,重点是要坚决打好防范化解重大风险、精准脱贫、污染防治三大攻坚战,实施好事关经济社会发展大局的165项重大工程。第二个百年奋斗目标是,在中华人民共和国成立一百年时建成富强民主文明和谐美丽的社会主义现代化强国。从二〇二〇年到本世纪中叶可以分两个阶段来安排。第一个阶段,从二〇二〇年到二〇三五年,在全面建成小康社会的基础上,再奋斗十五年,基本实现社会主义现代化。第二个阶段,从二〇三五年到本世纪中叶,在基本实现现代化的基础上,再奋斗十五年,把我国建成富强民主文明和谐美丽的社会主义现代化强国。

关键概念

第一个百年奋斗目标　　第二个百年奋斗目标　　社会主义现代化建设的战略安排

思考讨论题

1. 从国家与个人的角度,请你谈谈实现中国梦的意义。
2. 你认为全面建成小康社会面临的困难是什么？如何解决？
3. 从现在看未来、从未来看现在,请你谈谈到二〇三五年中国基本实现现代化时,我们的生活会发生什么变化？

第7章 "五位一体"的总体布局

经济建设、政治建设、文化建设、社会建设、生态文明建设"五位一体",是党的十八大提出的建设中国特色社会主义事业总体布局(见图7.1)。

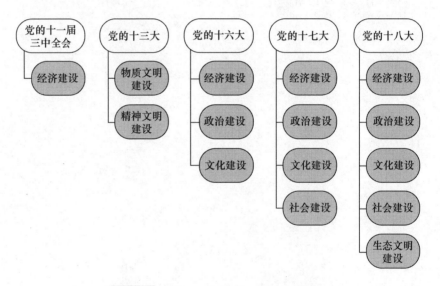

图 7.1 "五位一体"总体布局的演进

7.1 经济建设是根本

作为一个人口多、底子薄、发展不平衡不充分的发展中大国,我国正处于并将长期处于社会主义初级阶段,必须坚持发展是硬道理的战略思想,集中精力把经济建设搞上去、把人民生活搞上去,为中华民族伟大复兴奠定坚实的物质基础。

7.1.1 以经济建设为中心是兴国之要

发展仍是解决我国一切问题的基础和关键。只有坚持以经济建设为中心,推动经济持续健康发展,才能筑牢国家繁荣富强、人民幸福安康、社会和谐稳定的根基。

以经济建设为中心是改革开放以来最为成功的一条经验。改革开放40年,我国经济高速增长,经济总量实现一连串的超越,1995年超过加拿大,排名全球第七位;2000年超过意大利,排名全球第六位;2005年超过法国,排名全球第五位;2006年超过英国,2007年超过德国,2010年超过日本,成为世界第二大经济体。如果没有1978年全党工作重心的决定性转折,没有这些年一心一意、聚精会神抓经济建设的局面,就不可能有今天这样的历史性成就。以经济建设为中心是基本国情决定的一项长期战略选择。我们必须清醒地认识到,我国仍处于并将长期处于社会主义初级阶段的基本国情没有变,我国是世界最大发展中国家的国际地位没有变。坚持以经济建设为中心是坚持党的基本路线这个党和国家的生命线、人民的幸福线的根本要求,也是决胜全面建成小康社会、开启全面建设社会主义现代化国家新征程的根本要求。

7.1.2 十八大以来的经济建设成就

党的十八大以来,经济建设取得重大成就。2013—2017年,经济增长年均7.1%,明显高于同期世界平均增长水平(见图7.2),国内生产总值从59.5万亿元增长到82.7万亿元,稳居世界第二,对世界经济增长的贡献率超过30%,相当于美国、欧盟、日本贡献率的总和(见图7.3)。供给侧结构性改革深入推进(见图7.4),经济结构不断优化,数字经济等新兴产业蓬勃发展,服务业增加值占国内生产总值比从2013年的46.1%提高到2017年的51.6%。高铁、公路、桥梁、港口、机场等基础设施建设快速推进。农业现代化稳步推进,粮食生产能力达到1.2万多亿斤。常住人口城镇化率年均提高1.2个百分点,8 000多万农业转移人口成为城镇居民。区域发展协调性增强,"一带一路"建设、京津冀协同发展、长江经济带发展成效显著。

北斗卫星导航系统进入"全球组网"新时代

北斗卫星导航系统是中国自行研制的全球卫星导航系统,也是继美国卫星全球定位系统(GPS)、俄罗斯全球卫星系统(GLONASS)、欧洲伽利略定位系统之后第四个成熟的卫星导航系统。2017年11月5日,北斗三号第一、第二颗卫星成功发射,开启了北斗卫星导航系统全球组网的新时代。到2018年,北斗系统将面向"一带一路"沿线及周边国家提供基本服务;到2020年,建成由35颗卫星组成的北斗全球卫星导航系统,为全球用户提供服务。

创新驱动发展战略大力实施,科技进步贡献率从 2013 年的 53.1% 提高到 2017 年的 57.5%,创新型国家建设成果丰硕,天宫、蛟龙、天眼、悟空、墨子、大飞机等重大科技成果相继问世。开放型经济新体制逐步健全,对外贸易、对外投资、外汇储备稳居世界前列。

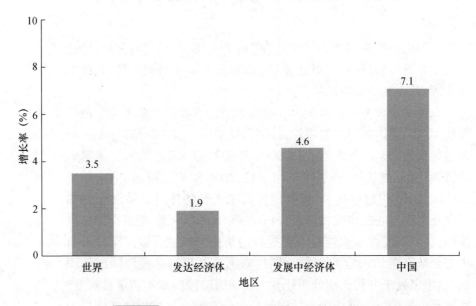

图 7.2 2013—2017 年中国与世界经济平均增速对比

资料来源:国际货币基金组织,2017 年为预测值。

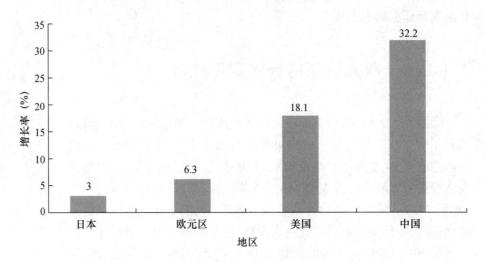

图 7.3 2013—2017 年主要经济体对世界经济增长的年均贡献率

资料来源:根据国际货币基金组织公布数据测算。

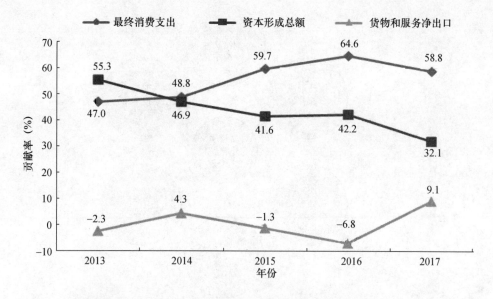

图 7.4　2013—2017 年三大需求对经济增长的贡献率

7.1.3　十九大经济建设部署

习近平同志在党的十九大报告中明确提出,我国经济已由高速增长阶段转向高质量发展阶段,正处在转变发展方式、优化经济结构、转换增长动力的攻关期,建设现代化经济体系是跨越关口的迫切要求和我国发展的战略目标。必须坚持质量第一、效益优先,以供给侧结构性改革为主线,推动经济发展质量变革、效率变革、动力变革,提高全要素生产率,加快建设实体经济、科技创新、现代金融、人力资源协同发展的产业体系,着力构建市场机制有效、微观主体有活力、宏观调控有度的经济体制,不断增强我国经济创新力和竞争力。围绕建设现代化经济体系,部署六大重点任务:一是深化供给侧结构性改革,这是主攻方向。二是加快建设创新型国家,这是战略支撑。三是实施乡村振兴战略,这是重要基础。四是实施区域协调发展战略,这是内在要求。五是加快完善社会主义市场经济体制,这是制度保障。六是推动形成全面开放新格局,这是必要条件(见图 7.5)。

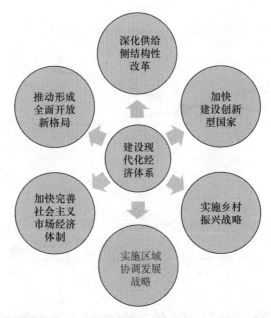

图 7.5 建设现代化经济体系的六项重点任务

7.2 政治建设是保证

人民民主是社会主义的生命,没有民主就没有社会主义,就没有社会主义现代化。必须坚定不移地走中国特色社会主义政治发展道路,发展社会主义政治文明,建设社会主义法治国家,使我国社会主义民主政治展现出更加旺盛的生命力。

7.2.1 走中国特色社会主义政治发展道路

中国特色社会主义政治制度拥有鲜明的特色与优势。在我国这样一个拥有 5 000 多年文明史、13 亿多人口的国家建立起人民当家作主的新型政治制度,在中国政治发展史乃至世界政治发展史上都具有划时代的意义。中国特色社会主义政治制度之所以行得通、有生命力、有效率,就是因为它是从中国的社会土壤中生长起来的。在中国特色社会主义政治制度下,我国社会主义民主是维护人民根本利益的最广泛、最真实、最管用的民主。这样一套制度安排,能够体现人民意志,保障人民权益,保证人民更加广泛参加国家治理和社会

西式民主的危机
2014 年 3 月,英国《经济学人》刊登了一篇文章《民主出了什么问题》。文章指出,从 2000 年至今,西式民主在全球范围内正在面对越来越多的障碍,以往被人们津津乐道的西式民主,到现在只剩下选举这个外在形式,而且西式民主制度的有效运转也面临缺乏制度保障的困境。民主在西方国家内部常常和运转失灵等紧密地联系在一起,在非西方国家则由于带来社会动荡和社会分裂而屡屡崩溃,西式民主暴露出越来越多的危机。有学者把发达国家的民主危机概括为金钱左右政治、体系运转失灵、民粹主义盛行。

治理;能够有效调节国家政治关系,发展充满活力的政党关系、民族关系、宗教关系、阶层关系、海内外同胞关系,增强民族凝聚力,形成安定团结的政治局面;能够集中力量办大事,有效促进社会生产力解放和发展,促进人民生活质量和水平不断提高;能够有效维护国家独立自主,有力维护国家主权、安全、发展利益,维护中国人民和中华民族的福祉。

中国特色社会主义民主是个新事物,也是个好事物,但并非完美无缺。要把坚定制度自信和不断改革创新统一起来,我们的民主法治建设同扩大人民民主和经济社会发展的要求还不完全适应,社会主义民主政治的体制、机制、程序、规范以及具体运行上还存在不完善的地方,在保障人民民主权利、发挥人民创造精神方面也还存在一些不足,必须继续加以完善和发展。在全面深化改革进程中,我们要积极稳妥地推进政治体制改革,以保证人民当家作主为根本,以增强党和国家活力、调动人民积极性为目标,不断建设社会主义政治文明。

7.2.2　十八大以来的政治建设成就

党的十八大以来,政治建设深入推进,围绕支持和保证人民通过人民代表大会行使国家权力、健全社会主义协商民主制度、完善基层民主制度、全面推进依法治国、深化行政体制改革、健全权力运行制约和监督体系、巩固和发展最广泛的爱国统一战线等重点,民主法治建设迈出重大步伐,积极发展社会主义民主政治,推进全面依法治国,完善党的领导体制机制,社会主义民主不断发展,党内民主更加广泛,社会主义协商民主全面展开,爱国统一战线巩固发展,民族宗教工作创新推进;科学立法、严格执法、公正司法、全民守法深入推进,法治国家、法治政府、法治社会建设相互促进,中国特色社会主义法治体系日益完善,全社会法治观念明显增强;国家监察体制改革取得重大突破,反腐成为国家行为,监察覆盖所有行使公权力的公职人员;行政体制改革聚焦简政放权,加快转变政府职能,司法体制改革突出完善司法责任制、完善司法人员分类管理制度,权力运行制约和监督体系建设有效实施。

7.2.3　十九大政治建设部署

党的十九大围绕新时代的社会主义民主政治建设,部署六项重

> 盖君子之为政,立善法于天下,则天下治;立善法于一国,则一国治。如其不能立法,而欲人人悦之,则日亦不足矣。
> ——王安石《周公》

点任务:一是坚持党的领导、人民当家作主、依法治国有机统一。加强党的集中统一领导,改进党的领导方式和执政方式,扩大人民有序政治参与,保证人民依法实行民主选举、民主协商、民主决策、民主管理、民主监督,维护国家法制统一、尊严、权威。二是加强人民当家作主制度保障。支持和保证人民通过人民代表大会行使国家权力,发挥人大及其常委会在立法工作中的主导作用,支持和保证人大依法行使立法权、监督权、决定权、任免权。三是发挥社会主义协商民主重要作用,统筹推进政党协商、人大协商、政府协商、政协协商、人民团体协商、基层协商以及社会组织协商,加强协商民主制度建设,加强人民政协民主监督。四是深化依法治国实践,成立中央全面依法治国领导小组,加强对法治中国建设的统一领导。加强宪法实施和监督,建设法治政府,全面落实司法责任制。五是深化机构和行政体制改革,科学配置党政部门及内设机构权力,完善国家机构组织法,建设人民满意的服务型政府,赋予省级及以下政府更多自主权。六是巩固和发展爱国统一战线,支持民主党派按照中国特色社会主义参政党要求更好履行职能,深化民族团结进步教育,坚持我国宗教的中国化方向,加强党外知识分子工作,构建"亲""清"新型政商关系,促进非公有制经济健康发展和非公有制经济人士健康成长,广泛团结联系海外侨胞和归侨侨眷(见图7.6)。

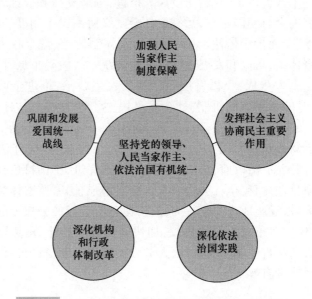

图7.6 发展社会主义民主政治的六项重点任务

7.3 文化建设是灵魂

一个国家、一个民族的强盛,总是以文化兴盛为支撑的。没有文明的继承和发展,没有文化的弘扬和繁荣,就没有中国梦的实现。要坚持走中国特色社会主义文化发展道路,弘扬社会主义先进文化,不断丰富人民精神世界,增强人民精神力量,努力建设社会主义文化强国。

7.3.1 文化自信是更基本、更深沉、更持久的力量

我们既要让人民过上殷实富足的物质生活,又要让人民享有健康丰富的文化生活,更好满足人民日益增长的精神文化需求,切实保障人民基本文化权益。没有高度的文化自信,没有文化的繁荣兴盛,就没有中华民族的伟大复兴。文化兴国运兴,文化强民族强。文化是民族的血脉,是人民的精神家园。只有扎实推进社会主义文化强国建设,才能进一步提升民族凝聚力和创造力,进一步解放和发展文化生产力,增强国家软实力和中华文化国际影响力,形成具有核心竞争力的文化优势,为实现中华民族伟大复兴提供强大动力和有力支撑。建设社会主义文化强国,是与我国的深厚文化底蕴和丰富文化资源相匹配、与中国特色社会主义事业总体布局相适应、与建设富强民主文明和谐美丽的社会主义现代化强国目标相承接的,是中国共产党人必须承担的庄严历史责任。

7.3.2 十八大以来的文化建设成就

党的十八大以来,围绕加强社会主义核心价值体系建设、全面提高公民道德素质、丰富人民精神文化生活、增强文化整体实力和竞争力,中央确定并完成了 104 项文化体制改革任务,出台了《深化文化体制改革实施方案》等 70 个改革文件,文化建设取得重大进展。2012—2016 年全国文化及相关产业增加值变化情况见图 7.7。现代公共文化服务体系建设步入发展快车道,2017 年,全国文化事业费 855.8 亿元,比 2012 年增长 78.2%;全国公共图书馆总藏量 9.69 亿

2017 感动中国十大人物

获得 2017 感动中国十大年度人物荣誉的分别是:

卢丽安——爱国爱乡的台湾籍党代表;

黄大发——一生只为一清渠的贵州遵义老支书;

谢海华、谢芳——30 载濡沫相惜的"中国好人";

王珏——匿名捐款 15 年的海岛医生;

黄大年——用生命叩开地球之门的海归教授;

刘锐——守卫祖国海疆的轰 6K"超大胆"机长;

西藏玉麦人——半个多世纪坚守祖国雪域边陲;

杨科璋——五楼坠落仍紧抱孩子的烈火英雄;

廖俊波——苦干实干的人民好公仆;

卢永根——毕生积蓄捐教育的 87 岁院士。

册,全国群众文化机构开展活动197.86万次,服务群众6.39亿人次,比2012年分别增长63%、46%;中华文化走出去硕果累累,已与157个国家和地区签署了文化合作协定,中俄、中美、中欧、中阿、中非等文化交流合作机制向更高层次发展,中国文化年(节)等活动成为促进政府间文化交流合作的常态化机制,"欢乐春节"等活动的影响遍及全球,2017年"欢乐春节"活动在140个国家、500个城市开展了2000多项活动,海外中国文化中心总数达到30个,成为全方位展示中华文化精粹和国家形象的重要平台。

图7.7　全国文化及相关产业增加值变化情况

7.3.3　十九大文化建设部署

党的十九大围绕建设社会主义文化强国部署了五项重点任务:一是牢牢掌握意识形态工作领导权,推进马克思主义中国化时代化大众化,建设具有强大凝聚力和引领力的社会主义意识形态,使全国人民在思想信念、价值理念、道德观念上紧紧团结在一起。二是培育和践行社会主义核心价值观,以培养担当民族复兴大任的时代新人为着眼点,发挥其对国民教育、精神文明创建、精神文化产品创作生产传播的引领作用。三是加强思想道德建设,提高人民思想觉悟、道德水平、文明素养,提高全社会文明程度,弘扬民族精神和时代精神,加强爱国主义、集体主义、社会主义教育,引导人们树立正确的历史观、民族观、国家观、文化观。四是繁荣发展社会主义文艺,坚持以人民为中心的创作导向,在深入生活、扎根人民中进行无愧于时代的文艺创造。五是推动文化事业和文化产业发展,加快构建把社会效益放在首位、社会效益和经济效益相统一的文化管理体制。推进国际传播能力建设,讲好中国故事,提高国家文化软实力(见图7.8)。

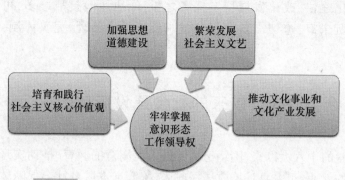

图7.8　建设社会主义文化强国的五项重点任务

7.4　社会建设是支撑

党的十九大报告指出,坚持人人尽责、人人享有,坚守底线、突出重点、完善制度、引导预期,完善公共服务体系,保障群众基本生活,不断满足人民日益增长的美好生活需要,不断促进社会公平正义,形成有效的社会治理、良好的社会秩序,使人民获得感、幸福感、安全感更加充实、更有保障、更可持续。

7.4.1　打造共治共建共享的社会治理格局

以人民为中心的发展思路,就是要以促进社会公平正义、增进人民福祉为出发点和落脚点,这也是我们党始终不渝的奋斗目标。改革愈是深化,愈要重视平衡社会利益;发展愈是向前,愈要体现到人民生活改善上。全面建成小康社会、建成社会主义现代化强国,就是要通过解放和发展社会生产力,满足人民日益增长的物质文化需要,促进人的全面发展,实现全体人民共同富裕。如果发展不能回应人民的期待,不能让群众得到实际利益,这样的发展就失去意义,也不可能持续。经济发展是硬道理,社会和谐、社会稳定也是硬道理,抓发展、抓稳定两手都要硬。如何把我国社会主义制度优势转化为社会治理优势,形成共治共建共享的社会治理格局,关系到人民安居乐业、社会安定有序、国家长治久安。随着我国新型工业化、信息化、城镇化、农业现代化快速发展,经济结构深刻变革、利益格局深刻调整、思想观念深刻变化、社会结构深刻变动,社会治理环境变化之快、改革发展稳定任务之重、矛盾风险挑战之多,可以说是前所未有,迫切需要我们加强和创新社会治理,完善体制,提高水平。

7.4.2 十八大以来的社会建设成就

党的十八大以来,围绕努力办好人民满意的教育、推动实现更高质量的就业、千方百计增收居民收入、统筹推进城乡社会保障体系建设、提高人民健康水平,社会建设取得显著成就,人民生活不断改善。一大批惠民举措落地实施,人民获得感显著增强;脱贫攻坚战取得决定性进展,6 000多万贫困人口稳定脱贫,贫困发生率从2012年的10.2%下降到2017年的3.1%;教育事业全面发展(见图7.9),中西部和农村教育明显加强,财政性教育经费占国内生产总值比例持续超过4%;就业状况持续改善,城镇年均新增就业1 300万人以上;全国居民人均可支配收入年均增速达7.4%,高于经济年均增速7.1%,中等收入群体持续扩大;覆盖城乡居民的社会保障体系基本建立,人民健康和医疗卫生水平大幅提高,健康水平总体处于中高收入国家平均水平,保障性住房建设稳步推进;社会治理体系更加完善,城乡社区网格化服务管理更加健全,社会大局保持稳定。各级财政对基本民生保障力度不断加大,教育、文化体育与传媒、社会保障和就业、医疗卫生与计划生育、住房保障等五项民生支出得到稳步提升(见图7.10)。

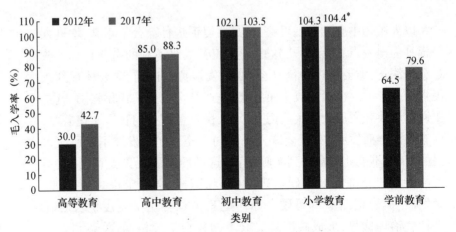

图7.9 2012年与2017年我国各阶段教育毛入学率对比

注:* 为2016年数据。

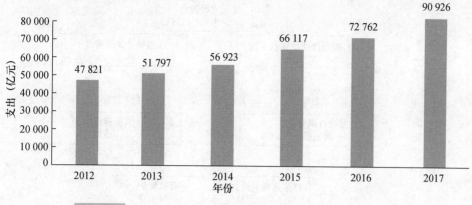

图 7.10 2012—2017 年民生支出情况(亿元)

7.4.3 十九大社会建设部署

党的十九大按照"尽力而为,又量力而行,一件事情接着一件事情办,一年接着一年干"的原则,部署了七大任务:一是优先发展教育事业,推动城乡义务教育一体化发展,办好学前教育、特殊教育和网络教育,普及高中阶段教育,完善职业教育和培训体系,加快一流大学和一流学科建设。二是提高就业质量和人民收入水平,坚持就业优先战略和积极就业政策,实现更高质量和更充分就业,坚持在经济增长的同时实现居民收入同步增长、在劳动生产率提高的同时实现劳动报酬同步提高。三是加强社会保障体系建设,全面实施全民参保计划,统筹城乡社会救助体系,保障妇女儿童合法权益,发展残疾人事业,加快建立多主体供给、多渠道保障、租购并举的住房制度。四是坚决打赢脱贫攻坚战,确保到 2020 年我国现行标准下农村贫困人口实现脱贫,贫困县全部摘帽,解决区域性整体贫困;五是实施健康中国战略,全面建立中国特色基本医疗卫生制度、医疗保障制度和优质高效的医疗卫生服务体系,实施食品安全战略,传承发展中医药事业,推进医养结合。六是打造共建共治共享的社会治理格局,加强预防和化解社会矛盾机制建设,健全公共安全体系,加快社会治安防控体系建设,加强社区治理体系建设。七是有效维护国家安全,完善国家安全战略和国家安全政策,严密防范和坚决打击各种渗透颠覆破坏活动、暴力恐怖活动、民族分裂活动、宗教极端活动,健全国家安全体系,加强国家安全教育(见图 7.11)。

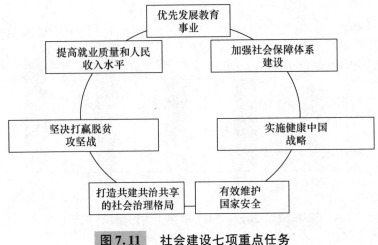

图7.11 社会建设七项重点任务

7.5 生态文明建设是基础

人与自然是生命共同体,人类必须尊重自然、顺应自然、保护自然。良好生态环境是最公平的公共产品,是最普惠的民生福祉。必须以对人民群众、对子孙后代高度负责的态度,全面推进生态文明建设,实现中华民族永续发展。

7.5.1 生态文明事关人民福祉民族未来

> 美索不达米亚、希腊、小亚细亚以及其他各地的居民,为了得到耕地,毁灭了森林,但是他们做梦也想不到,这些地方今天竟因此而成为不毛之地。
> ——恩格斯

人类只有遵循自然规律才能有效防止在开发利用自然上走弯路,人类对大自然的伤害最终会伤及人类自身,这是无法抗拒的规律。保护生态环境就是保护生产力,改善生态环境就是发展生产力。面对资源约束趋紧、环境污染严重、生态系统退化的严峻形势,必须正确处理人与自然的关系,由过去的敬畏、依赖、征服到现在的尊重、顺应、保护。要把生态环境保护摆在更加突出的位置,像保护眼睛一样保护生态环境,像对待生命一样对待生态环境,在生态环境保护上一定要算大账、算长远账、算整体账、算综合账,不能因小失大、顾此失彼、寅吃卯粮。生态兴则文明兴,生态衰则文明衰。殷鉴不远,西方传统工业化的迅猛发展在创造巨大物质财富的同时,也付出了十分沉重的生态环境代价。作为十三亿多人口的大国,我们要建设的现代化是人与自然和谐共生的现代化,既要创造更多物质财富和精神财富以满足人民日益增长的美好生活需要,也要提供更多优质生态产品以满足人民日益增长的优美生态环境需要,决不以牺牲环境、浪费资源为代价换取一时的经济增长,决不走"先污染后治理"的老路。

7.5.2 十八大以来的生态文明建设成就

党的十八大以来,围绕加快实施主体功能区战略、全面促进资源节约、加大自然生态系统和环境保护力度、实施重大生态修复工程,生态文明制度建设取得重大突破。大力度推进生态文明建设,全党全国贯彻绿色发展理念的自觉性和主动性显著增强,忽视生态环境保护的状况明显改变;生态文明制度体系加快形成,主体功能区制度逐步健全,国家公园体制试点积极推进;全面节约资源有效推进,能源资源消耗强度大幅下降;重大生态保护和修复工程进展顺利,森林覆盖率持续提高;生态环境治理明显加强,环境状况得到改善;引导应对气候变化国际合作,成为全球生态文明建设的重要参与者、贡献者、引领者。党的十八届三中全会提出建立系统完整的生态文明制度体系。2015 年,中央出台《关于加快推进生态文明建设的意见》《生态文明体制改革总体方案》,为生态文明领域重大制度、重大改革作出顶层设计。目前,已出台 37 项制度,生态文明制度体系的"四梁八柱"基本确立。污染防治攻坚战取得阶段性成效,2017 年,全国地级及以上城市 PM10 比 2013 年下降 22.7%,《大气十条》确定的各项空气质量改善目标得到实现。2013 年与 2017 年全国和重点地区 PM2.5 年均浓度及变化情况见表 7.1。

表 7.1　2013 年与 2017 年全国和重点地区 PM2.5 年均浓度及变化

	京津冀	长三角	珠三角	北京	全国
2013 年(微克/立方米)	106	67	47	90	77
2017 年(微克/立方米)	64	44	34	58	43
2017 年较 2013 年下降比例(%)	39.6	34.3	27.7	35.6	44.2

> **专栏 7.1**
> **株洲清水塘老工业区的绿色转型**
>
> 株洲是中华人民共和国成立后首批重点建设的八个工业基地之一,是亚洲最大的有色金属冶炼基地和全国重要的化工生产基地。在15平方公里的地域内聚集了株洲冶炼厂、化工厂等261家工业企业,60多年来累计向国家上缴利税500多亿元。由于长期粗放式发展,清水塘老工业区环境污染问题十分突出,2003年、2004年,株洲市连续两年被列入"全国十大空气严重污染城市"之一。在其污染高峰期,汞、砷、铅、镉等重金属污染物的排放量分别占湘江干流接纳量的90%、50%、30%和25%。
>
> 2013年以来,清水塘老工业区成为湖南省湘江保护与治理"一号工程"的重点区域,并获批全国21个城区老工业区搬迁改造试点。2017年年初,湖南省委、省政府明确提出打一场清水塘老工业区搬迁改造攻坚战。株洲市以壮士断腕、背水一战的意志推进绿色转型,提出五年完成治理、十年建设新城的目标,大力推进关停搬迁、土地收储、人员安置、污染治理等工作,已累计投入资金160多亿元,先后关停搬迁企业257家,安置职工3万多名,改造棚户区135.6万多平方米,株洲市区水质由Ⅲ类上升为Ⅱ类,全年空气优良天数增加了60天。

7.5.3 十九大生态文明建设部署

党的十九大强调坚持节约优先、保护优先、自然恢复为主的方针,形成节约资源和保护环境的空间格局、产业结构、生产方式、生活方式,部署了四大任务:一是推进绿色发展,加快建立绿色生产和消费的法律制度和政策导向,建立健全绿色低碳循环发展的经济体系,构建市场导向的绿色技术创新体系,构建清洁低碳、安全高效的能源体系,推进资源全面节约和循环利用。二是着力解决突出环境问题,持续实施大气污染防治行动,实施流域环境和近岸海域综合治理,强化土壤污染管控和修复,加强固体废弃物和垃圾处置,构建政府为主导、企业为主体、社会组织和公众共同参与的环境治理体系。三是加大生态体系保护力度,实施重要生态系统保护和修复重大工程,完成生态保护红线、永久基本农田、城镇开发边界三条控制线划定工作,开展国土绿化行动,完善天然林保护制度,严格保护耕地,建立市场化、多元化生态补偿机制。四是改革生态环境监管体制,加强对生态文明建设的总体设计和组织领导,设立国有自然资源资产管理和自然生态监管机构,构建国土空间开发保护制度,坚决制止和惩处破坏生态环境行为。

内容小结

本章论述了"五位一体"的总体布局。经济建设、政治建设、文化建设、社会建设、生态文明建设"五位一体",是中国特色社会主义事业的总体布局。经济建设是根本,以经济建设为中心是兴国之要。政治建设是保证,走中国特色社会主义政治发展道路。文化建设是灵魂,文化自信是更基本、更深沉、更持久的力量。社会建设是支撑,打造共治共建共享的社会治理格局。生态文明建设是基础,生态文明建设事关人民福祉、民族未来。本章就五大建设,总结了十八大以来取得的重要成就,介绍了十九大的重大部署。

关键概念

"五位一体"的总体布局　　经济建设　　政治建设
文化建设　　社会建设　　生态文明建设

思考讨论题

1. 请你谈谈中国特色社会主义事业"五位一体"总体格局的基本内涵和重大意义。
2. 十八大以来,我国经济建设、政治建设、文化建设、社会建设、生态文明建设取得了哪些突出成就?
3. 党的十九大对经济建设、政治建设、文化建设、社会建设、生态文明建设作出了什么新的部署和要求?

第 8 章
"四个全面"的战略布局

"四个全面"的战略布局是指全面建成小康社会、全面深化改革、全面推进依法治国、全面从严治党。"四个全面"是具有内在逻辑关系的有机统一体,全面建成小康社会是处于引领地位的战略目标,全面深化改革、全面推进依法治国、全面从严治党是实现战略目标的基本保障。

8.1 全面建成小康社会是引领目标

全面建成小康社会已经进入决胜阶段,这一目标是实现中国梦的关键一步。要在确保实现第一个百年奋斗目标的同时,为实现第二个百年奋斗目标打下更为坚实的基础。

8.1.1 贵在全面建成

全面小康覆盖经济、政治、文化、社会、生态五大领域,又包含东、中、西、东北四大板块和城市、农村两大头。全面小康,覆盖的领域要全面,同步推进五大建设协同。"千钧将一羽,轻重在平衡。"全面小康社会要求经济更加发展、民主更加健全、科教更加进步、文化更加繁荣、社会更加和谐、人民生活更加殷实。只有协同推进经济建设、政治建设、文化建设、社会建设、生态文明建设,才能促进现代化建设各个环节和各个方面全面发展、协调发展,不能长的很长、短的很短。

比如,生态文明建设就是突出短板。全面小康,覆盖的人口要全面,全体人民普遍受惠。"公与平者,即国之基址也。"全面小康,是全民共享的小康,不仅要从总体上、总量上实现小康,更重要的是要让13亿多人民都进入小康,得到实惠,绝不能让一部分人掉队、落伍。全面小康,覆盖的区域要全面,城乡区域统筹发展。发展不平衡、不充分的矛盾主要表现在城乡区域之间。小康不小康,关键看老乡;同步不同步,主要看西部。全面建成小康社会,最繁重的任务在农村、在西部、在贫困地区。西部人口占全国人口的27%,贫困人口却占到54%,集中连片贫困地区有680个贫困县,西部地区就有505个,占到77.4%。我国大多数地区已经从传统的农业社会进入了全面发展的现代社会,但农村地区发展仍然滞后,5.8亿多农村居民与8亿多城镇居民的人均可支配收入差距达到1:2.7。因此,全面建成小康社会,任务十分艰巨繁重。

8.1.2 重在补齐短板

全面建成小康社会,突出的短板除脱贫攻坚、城乡区域差距之外,生态环境保护、基本公共服务也是薄弱环节。发达国家200多年工业化进程中出现的资源环境问题,在我国现阶段集中凸显。40年的快速发展,我国农产品、工业品、服务产品的生产能力迅速提高,但提供优质产品的能力却在减弱,一些地方的生态环境日益恶化,特别是空气、水、土壤三大污染严重,不仅损害人民群众的身体健康,而且制约经济社会的持续发展。如果按照发达国家现阶段的人均资源消耗水平,无论是从资源保障还是从环境保护的角度分析,承担能力都是不可支撑的。民生领域,基本公共服务一方面总体供给能力不足,另一方面城乡区域间供给水平差距较大,群众在就业、教育、医疗、居住、养老等方面面临不少难题。这些短板对全面建成小康社会都将产生制约作用,必须下大力气破解。

> **专栏 8.1**
> **十八大以来脱贫攻坚成绩单**
>
> 十八大以来,脱贫攻坚取得决定性进展,全国农村贫困人口从2013年年末的8 249万人减少到2017年年末的3 046万人(见图8.1),贫困发生率从10.2%下降到3.1%。2013—2017年,中央

财政安排专项扶贫资金从394亿元增加到861亿元,累计投入2 822亿元;省级及以下财政扶贫资金投入也大幅度增长;安排地方政府债务1 200亿元,用于改善贫困地区生产生活条件;安排地方政府债务994亿元和专项建设基金500亿元,用于易地扶贫搬迁。

图 8.1　全国农村贫困人口

8.2　全面深化改革是动力源泉

中国特色社会主义事业诞生和成长在改革开放中,也必将在改革开放中发展和壮大。过去的巨大变革、巨大动力、巨大成就、巨大进步,靠的是改革开放,今天的伟大斗争、伟大工程、伟大事业、伟大梦想,依然要靠改革开放。只有社会主义才能救中国,只有改革开放才能发展中国、发展社会主义、发展马克思主义。

8.2.1　改革开放决定当代中国命运

习近平同志指出,改革开放是决定当代中国命运的关键一招,也是决定实现"两个一百年"奋斗目标、实现中华民族伟大复兴的关键一招。实践发展永无止境,解放思想永无止境,改革开放永无止境。全面深化改革,强调"全面",就是要统筹推进各领域改革,构建丰富全面的改革目标体系,在总目标引领下,增强改革的系统性、整体性和协同性,注重顶层设计和整体谋划,形成改革的总体效应,建立更完备、更稳定、更管用的制度体系。强调"深化",就是表明已进入深水区、啃硬骨头、打攻坚战的阶段,进入增量改革与存量改革并重的阶段,改革不能浮于表面,必须向纵深推进,在以往改革成果的基础上,再上层楼、再进一步、再深一层,坚决破除一切不合时宜的思想观念和体制机制弊端,就是鼓励改革者要敢于触碰深层次矛盾,打破既有利益格局,敢闯敢试敢担当。

8.2.2 改革只有进行时没有完成时

全面深化改革的总目标是完善和发展中国特色社会主义制度,推进国家治理体系和治理能力现代化。经济体制改革是全面深化改革的重点,核心是处理好政府和市场的关系,使市场在资源配置中发挥决定性作用,更好发挥政府作用。通过全面深化改革,到2020年,将在重要领域和关键环节改革上取得决定性成果,形成系统完备、科学规范、运行有效的制度体系。全面深化改革要做到六个紧紧围绕:紧紧围绕使市场在资源配置中起决定性作用深化经济体制改革,紧紧围绕坚持党的领导、人民当家作主、依法治国有机统一深化政治体制改革,紧紧围绕建设社会主义核心价值体系、社会主义文化强国深化文化体制改革,紧紧围绕更好保障和改善民生、促进社会公平正义深化社会体制改革,紧紧围绕建设美丽中国深化生态文明体制改革,紧紧围绕提高科学执政、民主执政、依法执政水平深化党的建设制度改革。全面深化改革需要抓好十四项主要任务:坚持和完善基本经济制度、加快完善现代市场体系、加快转变政府职能、深化财税体制改革、健全城乡发展一体化体制机制、构建开放型经济新体制、加强社会主义民主政治制度建设、推进法治中国建设、强化权力运行制约和监督体系、推进文化体制机制创新、推进社会事业改革创新、创新社会治理体制、加快生态文明制度建设、深化国防和军队改革。中国特色社会主义事业是与时俱进的事业,改革只有进行时没有完成时。

> **专栏 8.2**
> **十八大以来全面深化改革成绩单**
>
> 党的十八大以来,先后召开38次中央深化改革领导小组会议,审议通过365个重要改革文件,确定357个重点改革任务,出台1500多项改革举措,重要领域和关键环节改革取得突破性进展,国家治理体系和治理能力现代化水平明显提高,全社会发展活力和创新活力明显增强,全面深化改革各主要领域具有"四梁八柱"性质的改革主体框架已基本确立。
>
> 2014年,中央全面深化改革领导小组确定的80个重点改革任务基本完成,各方面共出台370个改革方案。2015年,中央全面深化改革领导小组确定的101个重点改革任务基本完成,各方面共出台415个改革方案。2016年,中央全面深化改革领导小组确定的97个重点改革任务基本完成,各方面共出台419个改革方案。2017年年底中央全面深化改革领导小组审议106个改革文件。
>
> 从2013年至今,连续五年政府工作的"当头炮"都是"简政放权"。五年来,国务院部门行政审批事项削减44%,非行政许可审批彻底终结,中央政府层面核准的企业投资项目减少90%,行政审批中介服务事项压减74%,职业资格许可和认定大幅减少。中央政府定价项目缩减80%,地方政府定价项目缩减50%以上。

8.3 全面依法治国是重要保障

法律是治国之重器,法治是国家治理体系和治理能力的重要依托。全面推进依法治国,是解决党和国家事业发展面临的一系列重大问题、解放和增强社会活力、促进社会公平正义、维护社会和谐稳定、确保党和国家长治久安的根本要求。

8.3.1 依法治国是中国特色社会主义的本质要求

依法治国是中国共产党执政为民的优良传统。改革开放以来,依法治国的路线图逐渐清晰。1978年,党的十一届三中全会提出"有法可依、有法必依、执法必严、违法必究"的十六字方针。1997年,党的十五大确立"依法治国"的基本方略。2002年,党的十六大将"依法治国基本方略得到全面落实"列入全面建设小康社会的重要目标。2007年,党的十七大提出加快建设"社会主义法治国家"。2012年,党的十八大提出"全面推进依法治国"和"科学立法、严格执法、公正司法、全民守法"新十六字方针。2013年,党的十八届三中全会提出建设法治中国,共同推进依法治国、依法执政、依法行政。2014年,党的十八届四中全会全面部署依法治国各项任务。依法治国,是坚持和发展中国特色社会主义的本质要求和重要保障,是实现国家治理体系和治理能力现代化的必然要求。必须清醒看到,同党和国家事业发展要求相比,同人民群众期待相比,同推进国家治理体系和治理能力现代化目标相比,法治建设还存在许多不适应、不符合的问题。在决胜全面建成小康社会、开启全面建设社会主义现代化国家新征程中,依法治国在党和国家工作全局中的地位更加突出、作用更加重大。

8.3.2 法治国家、法治政府、法治社会一体建设

全面推进依法治国,总目标是建设中国特色社会主义法治体系,建设社会主义法治国家,总体布局是形成完备的法律规范体系、高效的法治实施体系、严密的法治监督体系、有力的法治保障体系、完善的党内法规体系等五大体系,主要任务是完善以宪法为核心的中国特色社会主义法律体系,加强宪法实施;深入推进依法行政,加快建设法治政府;保证公正司法,提高司法公信力;增强全民法治观念,推进法治社会建设;加强法治工作队伍建设;加强和改进党对全面推进依法治国的领导。从社会主义法治建设的历程看,党的领导是中国特色社会主义最本质的特征,是社会主义法治最根本的保证,把党的领导贯彻到依法治国全过程和各方面,是我国社会主义法治建设的一条基本经验。

> **专栏 8.3**
> **十八大以来全面依法治国成绩单**
>
> 党的十八大以来,立法步伐不断加快,法律体系进一步完善。截至 2017 年年底,我国现行有效法律 261 件,行政法规 750 多件,地方性法规 10 500 余件,行政规章 11 000 多部。五年来,提请全国人大常委会制定修订法律 95 部,制定修订行政法规 195 部,修改废止一大批部门规章。2015 年年底,《法治政府建设实施纲要(2015—2020)》出台。这是党中央、国务院首次就法治政府建设发文,进一步明确通过大力推行权力清单、责任清单、负面清单制度等来依法全面履行政府职能,让权力更为有法可依。紧紧围绕"努力让人民群众在每一个司法案件中感受到公平正义"目标,2013—2017 年,最高人民法院受理案件 82 383 件,审结 79 692 件,制定司法解释 119 件,发布指导性案例 80 件,地方各级人民法院受理案件 8 896.7 万件,审结、执结 8 598.4 万件,结案标的额 20.2 万亿元。司法为民、公正司法扎实推进,人民检察事业取得长足发展,2013—2017 年,全国检察机关共批捕各类刑事犯罪嫌疑人 453.1 万人,起诉 717.3 万人。

8.4 全面从严治党是根本保证

习近平同志指出,中国特色社会主义进入新时代,我们党一定要有新气象新作为。打铁必须自身硬。全面从严治党要贯穿于改革开放和现代化建设全过程,贯穿于党的建设和党内生活各方面,真正做到要求严、措施严、对上严、对下严、对事严、对人严。

8.4.1 实现中华民族伟大复兴关键在党

党兴则国兴,党强则国强。历史已经并将继续证明,没有中国共产党的领导,民族复兴必然是空想。站在新的历史起点上,前进道路上不确定、不稳定、不安全因素增多,难以预见的风险矛盾频发和叠加。必须深刻认识到党面临的执政考验、改革开放考验、市场经济考验、外部环境考验的长期性和复杂性,深刻认识党面临的精神懈怠的危险、能力不足的危险、脱离群众的危险、消极腐败的危险的尖锐性和严峻性。"四大考验"和"四种危险"摆在中国共产党人面前,中国共产党要始终成为时代先锋、民族脊梁,始终成为马克思主义执政党,自身必须始终过硬。全党要敢于刮骨疗毒,着力解决管党治党失之于宽、失之于松、失之于软的问题,消除一切损害党的先进性和纯洁性的因素,清除一切侵蚀党的健康肌体的病毒,不断增强党的政治领导力、思想引领力、群众组织力、社会号召力,确保我们党永葆旺盛生命力和强大战斗力。

8.4.2 从严治党永远在路上

习近平同志指出,人民把权力交给我们,我们就必须以身许党许国、报党报国,该做的事就要做,该得罪的人就得得罪。不得罪腐败分子,就必然会辜负党、得罪人民。是怕得罪成百上千的腐败分子,还是怕得罪十三亿人民?不得罪成百上千的腐败分子,就要得罪十三亿人民。

勇于自我革命,从严管党治党,是我们党最鲜明的品格。党要团结带领人民进行伟大斗争、推进伟大事业、实现伟大梦想,必须毫不动摇坚持和完善党的领导,毫不动摇把党建设得更加坚强有力。新时代党的建设总要求是:坚持和加强党的全面领导,坚持党要管党、全面从严治党,以加强党的长期执政能力建设、先进性和纯洁性建设为主线,以党的政治建设为统领,以坚定理想信念宗旨为根基,以调动全党积极性、主动性、创造性为着力点,全面推进党的政治建设、思想建设、组织建设、作风建设、纪律建设,把制度建设贯穿其中,深入推进反腐败斗争,不断提高党的建设质量,把党建设成为始终走在时代前列、人民衷心拥护、勇于自我革命、经得起各种风浪考验、朝气蓬勃的马克思主义执政党。八项重点任务是:把党的政治建设摆在首位;用新时代中国特色社会主义思想武装全党;建设高素质专业化干部队伍;加强基层组织建设;持之以恒正风肃纪;夺取反腐败斗争压倒性胜利;健全党和国家监督体系;全面增强执政本领。

专栏 8.4
十八大以来全面从严治党成绩单

党的十八大以来党内制度建设取得重大成就,逐步形成 1 部党章、2 部准则、25 部条例和一系列规则、规定、办法、细则等完备的党内法规体系。2015 年审议通过的《中国共产党纪律处分条例》开列"负面清单",划出了党组织和党员不可触碰的硬杠杠,树立了纪律底线。党的十八大以来,中央巡视工作领导小组组织了 12 轮巡视,巡视了 277 个单位党组织,对 16 个省区市开展"回头看",对 4 个中央单位进行"机动式"巡视,共计完成对 8 362 个地方、部门、企事业单位党组织全面巡视任务,实现了对省区市地方、中央和国家机关、国有重要骨干企业、中央金融单位和中管高校等 5 个"板块"的巡视全覆盖。

党的十八大以来,持续保持"打虎""拍蝇""猎狐"的高压态势。果断查处周永康、薄熙来、郭伯雄、徐才厚、孙政才、令计划严重违纪违法问题,铲除政治腐败和经济腐败相互交织的利益集团。440 多名省军级以上党员干部及其他中管干部(其中中央委员、候补中央委员 43 人,中央纪委委员 9 人)、8 900 多名厅局级干部、6.3 万多名县处级干部严重违纪违法受到惩处,共处分基层党员干部 27.8 万人,共追回外逃人员 3 453 人,其中"百名红通人员"已有 48 人落网。反腐败力度史无前例、成效世界瞩目,压倒性态势已经形成并巩固发展。

党的十八大以来,国家统计局问卷调查结果显示,人民群众对党风廉政建设和反腐败工作满意度逐年上升(见图 8.2)。

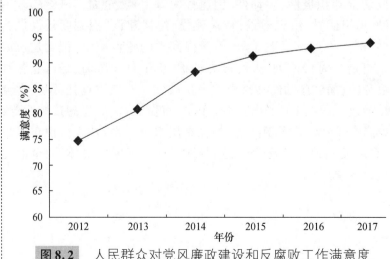

图 8.2 人民群众对党风廉政建设和反腐败工作满意度

内容小结

本章论述了"四个全面"的战略布局。全面建成小康社会、全面深化改革、全面推进依法治国、全面从严治党,是具有内在逻辑关系的有机统一体。全面建成小康社会是战略目标,贵在全面建成,重在补足短板。全面深化改革是动力源泉,改革开放决定当代中国命运,改革只有进行时没有完成时。全面依法治国是重要保障。依法治国是中国特色社会主义的本质要求,坚持法治国家、法治政府、法治社会一体建设。全面从严治党是根本保证。实现中华民族伟大复兴关键在党,全面从严治党永远在路上。

关键概念

四个全面　　　　　　　全面建成小康社会　　　　　　　全面深化改革
全面依法治国　　　　　全面从严治党

思考讨论题

1. 谈谈你对"四个全面"的战略布局的重大意义与相互关系的认识。
2. 联系经济社会发展实际,举例说明十八大以来"四个全面"取得的主要成就。
3. 你对协调推进"四个全面"的战略布局有何建议?

第 9 章
五大理念和一条主线

习近平同志在党的十八届五中全会上,系统论述了创新、协调、绿色、开放、共享五大发展理念,提出了供给侧结构性改革的发展主线。五大理念和一条主线,攸关"十三五"乃至更长时期我国发展思路、发展方式和发展着力点,是我们党认识把握发展规律的再深化和新飞跃,是决胜全面建成小康社会、开启全面建设社会主义现代化国家新征程的行动指南、实现"两个一百年"奋斗目标的思想指引。

9.1 五大理念:创新、协调、绿色、开放、共享

> **"墨子号"发射升空**
>
> 中国科技大学的潘建伟院士带领研究团队在量子科学研究和量子通信领域取得了一系列举世瞩目的成就。2012 年,在国际上首次成功制备八光子薛定谔猫态;2014 年,将可以抵御黑客攻击的远程量子密钥分发系统的安全距离扩展至 200 公里;2015 年,在国际上首次成功实现多自由度量子体系的隐形传态;2016 年,我国量子通信技术再次取得跨越发展,世界上第一条量子通信保密干线"京沪干线"全面建成,世界首颗量子科学实验卫星"墨子号"发射升空,使我国在世界上首次实现卫星和地面之间的量子通信。我国量子通信技术达到世界顶尖水平。

实践告诉我们,发展是一个不断变化的进程,发展环境不会一成不变,发展条件不会一成不变,发展理念也不会一成不变。五大新发展理念,是在深刻总结国内外发展经验教训的基础上形成的,是在深刻分析国内外发展大势的基础上形成的,也是针对我国发展中的突出矛盾和问题提出来的。

9.1.1 创新发展注重解决发展动力问题

我们正处于全球新一轮科技革命与我国经济转型开放形成历史性交汇的重要时期。依靠物质要素投入实现持续增长、依靠引进技术实现创新发展、依靠劳动力无限供给实现低水平竞争的增长模式

已经难以为继。发展动力的转换迫在眉睫,刻不容缓。面对外部世界的变化,增强内生发展的动力,关键在于加快实施创新驱动发展战略,推动经济增长从要素驱动、投资驱动向科技创新、制度创新双轮驱动转变,推动从外延式增长向内涵式增长转变。我们必须把创新作为引领发展的第一动力,把人才作为支撑发展的第一资源,把创新摆在国家发展全局的核心位置,不断推进理论创新、制度创新、科技创新、文化创新等各方面创新,让创新贯穿党和国家一切工作,让创新在全社会蔚然成风。

  党的十八大以来,我国创新支撑体系逐步完善,创新能力日益增强。2015年9月,《关于在部分区域系统推进全面创新改革试验的总体方案》正式发布,重点促进经济社会和科技等领域改革的相互衔接与协调,探索系统改革的有效机制、模式与经验。国家自主创新示范区和国家高新区在增强科技创新能力、深化科技体制改革、推进协同创新发展、优化战略布局等方面成效显著,目前已建设17个国家自主创新示范区与56+1个国家高新区,成为区域创新发展的新高地。2017年中国的全球创新指数排名上升至第22位(见图9.1),是唯一进入前25位的中等收入国家。"中国天眼"落成启用,"悟空号"已在轨运行一年多,"墨子号"飞向太空,神舟十一号和天宫二号遨游星汉;使用自主芯片制造的"神威太湖之光"登上超级计算机榜首;C919成功首飞,实现国产大型客机"零的突破",等等。重大工程建设取得了一系列具有重大现实意义和深远历史意义的成就,载人航天、量子通信、载人深潜、航空母舰等重大成果和关键性突破,为我国成为有世界影响的大国奠定了重要基础。我国科技进步与研发投入情况见图9.2。

华为创新领跑全球通信产业

华为成立于1987年,是一家初始注册资本只有2.1万元的深圳民营企业。经过30年的奋斗,华为的电信网络设备、IT设备以及智能终端已应用到全球170多个国家和地区,2017年销售收入超过6000亿元,位列世界500强的第285名。华为的成功源自三大创新。一是技术创新。华为追求"傻功出精品",专业做通信制造,专心做技术研发,多年来研发投入占主营业务收入的10%以上,近十年累计研发投入达到3940亿元。华为拥有约8万名研发人员,占总人数的45%。拥有中国企业最多的发明专利。二是产品创新。华为弘扬"乌龟精神",认定目标,心无旁骛,笃定前行,在产品开发上坚持以客户需求为导向持续进行微创新,实现从乌龟到大象的跨越。三是管理创新。华为实行"奋斗者有其股",让员工作为核心资产成为华为的股东。华为共有8万名员工股东,形成了"胜则举杯相庆,败则拼死相救"的激励制度与企业文化。

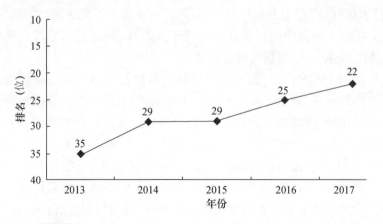

图9.1 2013—2017年中国的全球创新指数排名变化

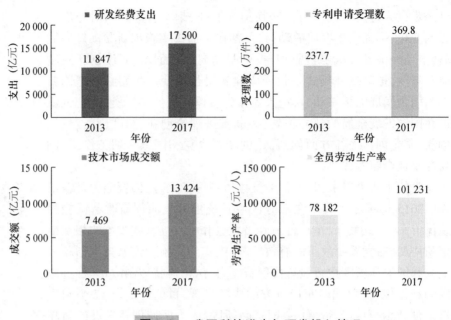

图9.2　我国科技进步与研发投入情况

9.1.2　协调发展注重解决发展不平衡问题

京津冀一体化率先从交通破局

交通一体化是京津冀协调发展的"先手棋"。近年来,京津冀三地打通扩容"断头路""瓶颈路"800多公里;京津城际延长线、石济客专、津保铁路、张唐铁路等建成通车;京雄铁路、京张铁路建设正在紧张有序地推进;兴延高速、G110二期、京秦高速、新机场高速、延崇高速都已经开工;京津城际推行月票制,环首都"半小时通勤圈"覆盖区域逐步扩大,"轨道上的京津冀"正在形成。未来,国家干线铁路、城际铁路、市郊铁路、城市地铁,将构成京津冀之间的四层轨道交通网络。

我国发展不协调是一个长期存在的问题,突出表现在区域、城乡、经济和社会、物质文明和精神文明、经济建设和国防建设等关系上。在经济发展水平落后的情况下,一段时间的主要任务是要跑得快,但跑过一定路程后,就要注意调整关系,注重发展的整体效能,否则"木桶效应"就会愈加显现,一系列社会矛盾会不断加深。为此,我们必须牢牢把握中国特色社会主义事业总体布局,正确处理发展中的重大关系,不断增强发展整体性。

党的十八大以来,城乡区域协调发展取得明显成就。着力推动城乡协调发展,健全城乡发展一体化体制机制,健全农村基础设施投入长效机制,推动城镇公共服务向农村延伸,提高社会主义新农村建设水平。2013—2017年,中央对地方转移支付规模由4.3万亿元增加到5.71万亿元,有力推进了基本公共服务均等化,促进了区域协调发展,保障了各项民生政策顺利落实。区域协调发展取得明显成就。中国经济发展进入新常态后,通过跨区域的协调发展,可以在更大范围内进行资源的优化配置,提高经济发展的效率和质量。当前实施的"一带一路"、京津冀协同发展、长江经济带三大战略,都是推动区域协调发展、推动资源要素在更宽的范围内优化配置的举措。

9.1.3 绿色发展注重解决人与自然和谐问题

绿色循环低碳发展,是当今时代科技革命和产业变革的方向,是最有前途的发展领域,我国在这方面的潜力相当大,可以形成很多新的经济增长点。我国资源约束趋紧、环境污染严重、生态系统退化的问题十分严峻,人民群众对清新空气、干净饮水、安全食品、优美环境的要求越来越强烈。为此,我们必须坚持节约资源和保护环境的基本国策,坚定走生产发展、生活富裕、生态良好的文明发展道路,加快建设资源节约型、环境友好型社会,推进美丽中国建设,为全球生态安全作出新贡献。

党的十八大以来,低碳发展全面推进,单位国内生产总值能耗、水耗均下降20%以上(见图9.3)。2013—2017年,全国累计节能10.3亿吨标准煤,相当于减少二氧化碳22.9亿吨。通过实施水资源消耗总量与强度控制,用水效率大幅提升,万元国内生产总值用水量从2013年的121立方米下降到2017年的78立方米。能源消费结构持续改善,天然气、水电、核电、风电等清洁能源消费量占能源消费总量的比重显著提升,从2013年的15.5%提高到2017年的20.8%(见图9.4)。环境资源司法保障有力。全国共有7个省级检察院、47个市级检察院、178个县级检察院设立独立的专门性环境资源监察机构;全国各级人民法院设立环境资源审判庭296个、合议庭617个、巡回法庭33个。

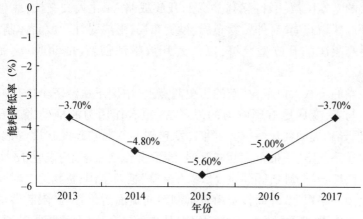

图9.3 2013—2017年万元国内生产总值能耗降低率

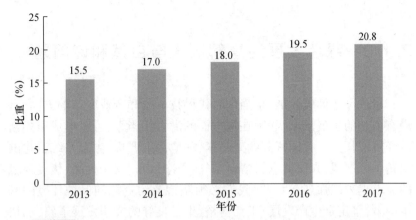

图 9.4　2013—2017 年清洁能源消费量占能源消费总量的比重

> **习近平在博鳌亚洲论坛 2018 年年会上宣布对外开放新的重大举措**
> 第一，大幅度放宽市场准入。在服务业特别是金融业方面，放宽外资股比限制，放宽外资金融机构设立限制，扩大外资金融机构在华业务范围，拓宽中外金融市场合作领域；在制造业方面，放宽汽车、船舶、飞机等行业外资股比限制。
> 第二，创造更有吸引力的投资环境。加强同国际经贸规则对接，增强透明度，强化产权保护，坚持依法办事，鼓励竞争、反对垄断。组建国家市场监督管理总局，坚决破除制约使市场在资源配置中起决定性作用、更好发挥政府作用的体制机制弊端。完成修订外商投资负面清单工作，全面落实准入前国民待遇加负面清单管理制度。
> 第三，加强知识产权保护。重新组建国家知识产权局，完善执法力量，加大执法力度，把违法成本显著提上去，把法律威慑作用充分发挥出来。鼓励中外企业开展正常技术交流合作，保护在华外资企业合法知识产权。
> 第四，主动扩大进口。中国不以追求贸易顺差为目标，真诚希望扩大进口，促进经常项目收支平衡。相当幅度降低汽车进口关税，同时降低部分其他产品进口关税，努力增加人民群众需求比较集中的特色优势产品进口，加快加入世界贸易组织《政府采购协定》进程。在上海举办首届中国国际进口博览会。

9.1.4　开放发展注重解决发展内外联动问题

国际经济合作和竞争局面正在发生深刻变化，全球经济治理体系和规则正在面临重大调整，引进来、走出去在深度、广度、节奏上都是过去所不可比拟的，应对外部经济风险、维护国家经济安全的压力也是过去所不能比拟的。现在的问题不是要不要对外开放，而是如何提高对外开放的质量和发展的内外联动性。我国对外开放水平总体上还不够高，用好国际国内两个市场、两种资源的能力还不够强，应对国际经贸摩擦、争取国际经济话语权的能力还比较弱，运用国际经贸规则的本领也不够强，需要加快弥补。为此，我们必须坚持对外开放的基本国策，奉行互利共赢的开放战略，深化人文交流，完善对外开放区域布局、对外贸易布局、投资布局，形成对外开放新体制，发展更高层次的开放型经济，以扩大开放带动创新、推动改革、促进发展。

党的十八大以来，在新的历史起点上，中国正从经济全球化的积极参与者，变成更有影响力的思考者、更有作用力的推动者。五年来，倡导和推动共建"一带一路"，发起创办亚洲基础设施投资银行，设立丝路基金，一批重大互联互通、经贸合作项目落地；设立13个跨境电商综合试验区，国际贸易"单一窗口"覆盖全国，货物通关时间平均缩短一半以上；外商投资由审批制转向负面清单管理，限制性措施削减 2/3；推进国际产能合作，高铁、核电等装备走向世界；沪港通、深港通、债券通相继启动，人民币加入国际货币基金组织特别提款权货币篮子，人民币国际化迈出重要步伐。以上海自由贸易试验区为发端，分三批批准设立上海、广东、天津、福建、辽宁、浙江、河南、湖北、重庆、四川、陕西等11个自由贸易试验区,创造了一批与国际经贸规则相衔接的可复制、可推广的经验和做法。

> **专栏9.1**
> **葛洲坝集团打造"走出去"领军企业**
>
> 葛洲坝集团成立于1970年,因建设葛洲坝工程和三峡工程闻名于世。党的十八大以来,葛洲坝集团提出国际优先发展战略,构建国际业务管理新体制,旗下有专司国际业务的中国葛洲坝国际工程有限公司、中国葛洲坝海外投资有限公司以及参股设立的中国海外基础设施投资开发有限公司。葛洲坝集团与国内外200多家设计、咨询、施工、制造企业建立了长期合作伙伴关系;在全球设立了99个分支机构,其中有41个在"一带一路"沿线国家,业务范围覆盖了全球142个国家;累计实施国际项目150个,合同总额超2 000亿元。葛洲坝集团先后被评为中国"走出去"企业履行社会责任金奖单位、"感动非洲"十大中国企业、"走进东盟"十大成功企业。
>
> 2013年葛洲坝集团中标承建阿根廷圣克鲁斯孔多克里夫—拉巴朗科萨水电站(简称CC/LB水电站,见图9.5)。项目建成后平均年发电量达49.5亿度,使阿根廷电力装机总容量提升约6.5%。该工程合同金额47亿美元,项目资金85%来自中国,15%来自阿根廷。它是中国企业在海外承揽的最大水电项目,也是位于地球最南端的水电项目,成为中国与阿根廷全面战略伙伴关系的核心成果,也是中国与拉美命运共同体建设的重要载体。
>
>
>
> **图9.5** 阿根廷圣克鲁斯CC/LB水电站

9.1.5 共享发展注重解决社会公平正义问题

"治天下也,必先公,公则天下平矣。"让广大人民群众共享改革发展成果,是社会主义的本质要求,是社会主义制度优越性的集中体现。这方面的问题解决好了,全体人民推动发展的积极性、主动性、创造性就能充分调动起来,国家发展也才能具有最深厚的内生动力。在共享改革发展成果上,无论是实际情况还是制度设计,都还有不完善的地方。必须作出更有效的制度安排,让发展成果更多更公平地惠及全体人民。

党的十八大以来,人民群众获得感不断增强。教育普惠共享取得突出成效,实施学生资助和中职免学费政策,全国92%的中职学生都免除了学费,近40%的中职学生、25%的高职学生享受到国家助学金,对各类学校家庭困难学生的资助惠及4.3亿人次;重点高校专项招收农村和贫困地区学生人数由2013年的1万人增加到2017年的10万人,中西部特别是农村地区学生上重点大学的机会增加;劳动年龄人口平均受教育年限提高到10.5年。实施农村义务教育学生营养改善计划以来,中央财政累计投入1591亿元,受益学生3600多万人。社会保障水平显著提升,居民基本医保人均财政补助标准由240元提高到450元,大病保险制度基本建立,已有1700多万人次受益,异地就医住院费用实现直接结算;持续合理提高退休人员基本养老金;完善社会救助制度,近6000万低保人员和特困群众基本生活得到保障,建立困难和重度残疾人"两项补贴"制度,惠及2100多万人。

9.2 一条主线:供给侧结构性改革

目前我国经济发展面临"四降一升",即经济增速下降、工业品价格下降、实体企业盈利下降、财政收入增速下降、经济风险发生概率上升。这些问题的主要矛盾不是周期性的,而是结构性的——供给结构错配问题严重。由于需求管理边际效益不断递减,单纯依靠刺激内需难以解决这些结构性矛盾。因此,必须把改善供给结构作为主攻方向,实现由低水平供需平衡向高水平供需平衡跃升。

9.2.1 以提高供给体系质量为主攻方向

推动供给侧结构性改革,就是要提高供给体系质量和效率,增强经济持续增长动力。供给侧结构性改革,重点是解放和发展社会生产力,用改革的办法推进结构调整,减少无效和低端供给,扩大有效和中高端供给,增强供给结构对需求变化的适应性和灵活性,提高全要素生产率。

当前和今后一个时期,我国经济发展面临的问题,供给和需求两侧都有,但矛盾的主要方面在供给侧。比如,我国一些行业和产业产能严重过剩,同时大量关键装备、核心技术、高端产品还依赖进口,国内庞大的市场没有掌握在我们自己手中。再比如,我国一些有大量购买力支撑的消费需求在国内得不到有效供给,消费者将大把钞票花费在出境购物、"海淘"购物上,购买的商品已从珠宝首饰、名包名表、名牌服饰、化妆品等奢侈品向电饭煲、马桶盖、奶粉、奶瓶等普通日用品延伸。事实证明,我国不是需求不足,或没有需求,而是需求变了,供给的产品却没有变,质量、服务跟不上。有效供给能力不足带来大量"需求外溢",消费能力严重外流。要解决这些结构性问题,必须推进供给侧改革。

供给侧结构性改革,既强调供给又关注需求,既突出发展社会生产力又注重完善生产关系,既发挥市场在资源配置中的决定性作用又更好发挥政府作用,既着眼当前又立足长远。从政治经济学的角度看,供给侧结构性改革的根本,是使我国供给能力更好满足广大人民日益增长、不断升级和个性化的物质文化和生态环境需要,从而实现社会主义生产目的。供给侧结构性改革的主攻方向是提高供给质量,根本途径是深化改革。

9.2.2 实施五大政策

推进供给侧结构性改革,需要在战略上夯实五大政策支柱。

第一,宏观政策要稳,就是要为结构性改革营造稳定的宏观经济环境。积极的财政政策要加大力度,实行减税政策,阶段性提高财政赤字率,在适当增加必要的财政支出和政府投资的同时,主要用于弥补降税带来的财政减收,保障政府应该承担的支出责任。稳健的货币政策要灵活适度,为结构性改革营造适宜的货币金融环境,降低融资成本,保持流动性合理充裕和社会融资总量适度增长,扩大直接融资比重,优化信贷结构,完善汇率形成机制。

第二,产业政策要准, 就是要准确定位结构性改革方向。要推进农业现代化、加快制造强国建设、加快服务业发展、提高基础设施网络化水平等,推动形成新的增长点。要坚持创新驱动,注重激活存量,着力补齐短板,加快绿色发展,发展实体经济。

第三,微观政策要活, 就是要完善市场环境,激发企业活力和消费者潜力。在制度上、政策上为企业营造宽松的市场经营和投资环境,鼓励和支持各种所有制企业创新发展,保护各种所有制企业产权和合法利益,提高企业投资信心,改善企业市场预期。营造商品自由流动、平等交换的市场环境,破除市场壁垒和地方保护。提高有效供给能力,通过创造新供给、提高供给质量,扩大消费需求。

第四,改革政策要实, 就是要加大力度推动改革落地。完善落实机制,把握好改革试点,加强统筹协调,调动地方积极性,允许地方进行差别化探索,发挥基层首创精神。要敢于啃硬骨头、敢于涉险滩,抓好改革举措落地工作,使改革不断见到实效,使群众有更多获得感。

第五,社会政策要托底, 就是要守住民生底线。要更好发挥社会保障的社会稳定器作用,把重点放在兜底上,保障群众基本生活,保障基本公共服务。在幼有所育、学有所教、劳有所得、病有所医、老有所养、住有所居、弱有所扶上不断取得新进展。

9.2.3 完成五大任务

推进供给侧结构性改革,需要在战术上抓好"三去一降一补"五大关键任务。

第一,去产能。要按照企业主体、政府推动、市场引导、依法处置的办法,研究制定全面配套的政策体系,因地制宜、分类有序处置,妥善处理保持社会稳定和推进结构性改革的关系。要依法为实施市场化破产程序创造条件,加快破产清算案件审理。要提出和落实财税支持、不良资产处置、失业人员再就业和生活保障以及专项奖补等政策,资本市场要配合企业兼并重组。要尽可能多兼并重组、少破产清算,做好职工安置工作。要严格控制增量,防止新的产能过剩。党的十八大以来,钢铁煤炭行业去产能成效明显,退出钢铁产能1.7亿吨以上、煤炭产能8亿吨,其中2017年钢铁去产能5 000万吨、煤炭去产能1.5亿吨。钢铁、煤炭去产能改善了供给质量,提高了产品价格,企业效益大幅回升(见图9.6)。

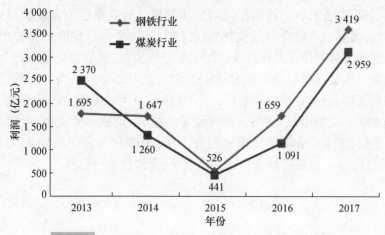

图 9.6 2013—2017 年全国煤炭、钢铁行业的利润

第二，去库存。按照加快提高户籍人口城镇化率和深化住房制度改革的要求，通过加快农民工市民化，扩大有效需求，打通供需通道，消化库存，稳定房地产市场。落实户籍制度改革方案，允许农业转移人口等非户籍人口在就业地落户，使他们形成在就业地买房或长期租房的预期和需求。明确深化住房制度改革方向，以满足新市民住房需求为主要出发点，以建立购租并举的住房制度为主要方向，把公租房扩大到非户籍人口。发展住房租赁市场，鼓励自然人和各类机构投资者购买库存商品房，成为租赁市场的房源提供者，鼓励发展以住房租赁为主营业务的专业化企业。鼓励房地产开发企业顺应市场规律调整营销策略，适当降低商品住房价格，促进房地产业兼并重组，提高产业集中度。取消过时的限制性措施。2017 年年末，全国商品房待售面积 58 923 万平方米，比上年年末下降 15.3%，其中住宅待售面积下降 25.1%，房地产去库存任务初步完成（见图 9.7）。

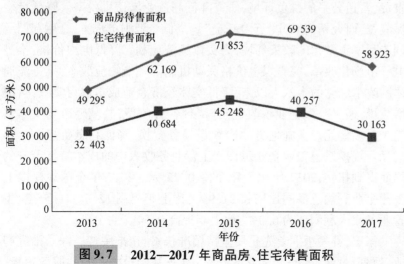

图 9.7 2012—2017 年商品房、住宅待售面积

第三，去杠杆。对信用违约依法处置。有效化解地方政府债务风险，做好地方政府存量债务置换工作，完善全口径政府债务管理，改进地方政府债券发行办法。加强全方位监管，规范各类融资行为，抓紧开展金融风险专项整治，坚决遏制非法集资蔓延势头，加强风险监测预警，妥善处理风险案件，坚决守住不发生系统性和区域性风险的底线。党的十八大以来，积极稳妥去杠杆，控制债务规模，增加股权融资，工业企业资产负债率连续下降，2017年年末下降到55.5%（见图9.8），宏观杠杆率涨幅明显收窄，总体趋于稳定。

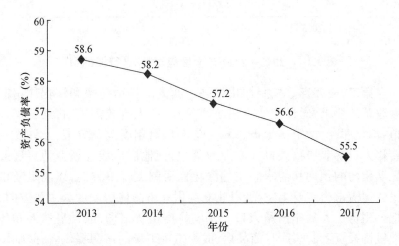

图9.8 2013—2017年全国规模以上工业企业资产负债率

第四，降成本。开展降低实体经济企业成本行动，打出"组合拳"。降低制度性交易成本，转变政府职能、简政放权，进一步清理规范中介服务。降低企业税费负担，进一步正税清费，清理各种不合理收费，营造公平的税负环境，研究降低制造业增值税税率。降低社会保险费，研究精简归并"五险一金"。降低企业财务成本，金融部门要创造利率正常化的政策环境，为实体经济让利。降低电力价格，推进电价市场化改革，完善煤电价格联动机制。降低物流成本，推进流通体制改革。党的十八大以来，降低实体经济企业成本取得实效，营改增减税，通过小微企业税收优惠、清理各种收费，共减轻市场主体负担3万多亿元。实施地方政府存量债务置换，降低利息负担1.2万亿元。规模以上工业企业每百元主营业务收入中的成本持续上升的局面得到扭转，2017年比上年下降0.25元。2017年全国规模以上工业企业利润总额同比增长21.9%，比上年提高12.5个百分点，主营业务收入利润率为6.3%，比上年提高0.54个百分点。

第五，补短板。首先是要坚持精准扶贫、精准脱贫。深入推进产业、教育、健康、生态和文化等扶贫，补齐基础设施和公共服务短板，加强东西部扶贫协作和对口支援,注重扶贫同扶志、扶智相结合,激发脱贫内生动力。强化对深度贫困地区支持,中央财政新增扶贫投入及有关转移支付向深度贫困地区倾斜。对老年人、残疾人、重病患者等特定贫困人口,因户因人落实保障措施。攻坚期内脱贫不脱政策,新产生的贫困人口和返贫人口要及时纳入帮扶。加强扶贫资金整合和绩效管理。其次是要坚持人与自然和谐发展,着力治理环境污染。树立绿水青山就是金山银山的理念,以前所未有的决心和力度,加强生态环境保护。重拳整治大气污染,深入推进水、土壤污染防治,实施重点流域和海域综合治理,建设天蓝、地绿、水清的美丽中国。

9.2.4 建设现代化经济体系

建设现代化经济体系是跨越关口的迫切要求和我国发展的战略目标,需要着力抓好六大重点工作。

第一,建设现代化经济体系,必须把发展经济的着力点放在实体经济上,把提高供给体系质量作为主攻方向,显著增强我国经济质量优势。加快建设制造强国,支持传统产业优化升级,加强基础设施网络建设,激发和保护企业家精神,建设知识型、技能型、创新型劳动者大军。

第二,建设现代化经济体系,必须加快建设创新型国家,强化基础研究,加强应用基础研究,加强国家创新体系建设,深化科技体制改革,强化知识产权创造、保护、运用,培养造就一大批具有国际水平的战略科技人才、科技领军人才、青年科技人才和高水平创新团队。

第三,建设现代化经济体系,必须实施乡村振兴战略,要坚持农业农村优先发展,按照产业兴旺、生态宜居、乡风文明、治理有效、生活富裕的总要求,建立健全城乡融合发展体制机制和政策体系,加快推进农业农村现代化。

第四,建设现代化经济体系,必须实施区域协调发展战略,加大力度支持革命老区、民族地区、边疆地区、贫困地区加快发展,强化举措推进西部大开发形成新格局,深化改革加快东北等老工业基地振兴,发挥优势推动中部地区崛起,创新引领率先实现东部地区优化发展,建立更加有效的区域协调发展新机制。

第五,建设现代化经济体系,必须加快完善社会主义市场经济体制。经济体制改革必须以完善产权制度和要素市场化配置为重点,实现产权有效激励、要素自由流动、价格反应灵活、竞争公平有序、企业优胜劣汰。

第六,建设现代化经济体系,必须推动形成全面开放新格局,开放带来进步,封闭必然落后,中国开放的大门不会关闭,只会越开越大。要以"一带一路"建设为重点,坚持引进来和走出去并重,遵循共商共建共享原则,加强创新能力开放合作,形成陆海内外联动、东西双向互济的开放格局。

内容小结

本章论述了五大理论和一条主线。五大发展理念是指创新发展、协调发展、绿色发展、开放发展、共享发展。创新发展注重解决发展动力问题,协调发展注重解决发展不平衡问题,绿色发展注重解决人与自然和谐问题,开放发展注重解决发展内外联动问题,共享发展注重解决社会公平正义问题。一条主线是指供给侧结构性改革,主攻方向是提高供给质量,根本途径是深化改革,最终目的是满足需求。推进供给侧结构性改革,需要实施五大政策:宏观政策要稳,就是要为结构性改革营造稳定的宏观经济环境;产业政策要准,就是要准确定位结构性改革方向;微观政策要活,就是要完善市场环境、激发企业活力和消费者潜力;改革政策要实,就是要加大力度推动改革落地;社会政策要托底,就是要守住民生底线。围绕供给侧结构性改革,要落实去产能、去库存、去杠杆、降成本、补短板五大任务。

关键概念

五大理念　　　　创新发展　　　　　　协调发展　　　　　　绿色发展
开放发展　　　　共享发展　　　　　　供给侧结构性改革

思考讨论题

1. 怎样理解"五大理念"的战略意义与相互关系?
2. 十八大以来,践行"五大理念"取得了哪些成就?
3. 供给侧结构性改革包括哪些内容?
4. "三去一降一补"取得了哪些主要成就?

本篇参考文献

习近平,《习近平谈治国理政》,外文出版社,2014年。

习近平,《习近平谈治国理政》(第二卷),外文出版社,2017年。

《中华人民共和国国民经济和社会发展第十三个五年规划纲要》,人民出版社,2016年。

《砥砺奋进的五年——从十八大到十九大》,中国统计出版社,2017年。

《党的十九大报告辅导读本》,人民出版社,2017年。

纪录片《辉煌中国》解说词,2017年9月。

第4篇

完善社会主义市场经济体制

1978年召开的党的十一届三中全会,作出了中华人民共和国成立以来具有深远意义的伟大决定,开启了改革开放和社会主义现代化建设的新时期。40年来,我国成功实现了从高度集中的计划经济体制到充满活力的社会主义市场经济体制、从封闭半封闭到全方位开放的历史性转折,生产力得到前所未有的大解放,人民生活水平大幅改善,社会事业全面进步,综合国力显著增强,走出了一条在一个十几亿人口的发展中大国摆脱贫困、迈向富强的崭新道路。

党的十八大以来,以习近平同志为核心的党中央,站在新的历史起点上推进全面深化改革。从全面建成小康社会到基本实现现代化,再到全面建成社会主义现代化强国,这既是一场史无前例的伟大实践,也是一场改天换地的深刻变革,唯改革兴,唯改革胜,把改革进行到底,这是历史的经验、时代的选择。

第 10 章
我国改革进程的历史回顾

回顾40年来改革的历程,对我们认识改革的此岸与彼岸,进而做到"不忘本来""面向未来",具有重大意义。总的来看,我国改革从农村到城市,从经济、社会到政治、文化、生态等各个领域全面展开,以建立和完善社会主义市场经济体制为主线,大致可以分为四个阶段。

10.1 探索起步阶段(1978—1991年)

以1978年12月党的十一届三中全会召开为标志,我国改革开放的大幕正式拉开。这一时期,我们党恢复了"解放思想,实事求是"的思想路线,把党和国家的工作重心从"以阶级斗争为纲"转移到以经济建设为中心上来。这一阶段的主要特点是,突破了束缚生产力的计划经济。改革探索主要表现为松绑、放权、打破铁饭碗、实行承包制,等等。

1978—1984年,改革的重点在农村。1978年以前,我国农村的体制是"政社合一"的人民公社体制。人民公社既是行政组织,又是经济组织,既要组织群众生产,又要负责群众生活,履行两种完全不同的职能。这种统一管理、集中劳动、平均分配的体制和方式,脱离了农村生产力水平和农业生产实际。安徽、四川农民发明的"大包干"是改革的发端,迅速形成星火燎原之势。农村改革最关键的是理顺了农村最基本的经济关系,废除了人民公社制度,建立了家庭联产承包责任制,农民成为自主经营的经济主体。当时创造的家庭联产承包责任制,稳定运行到现在,极大地调动了农民的积极性,解放了农村的生产力。与此同时,城市进行扩大企业自主权的改革试点,逐步减少国家指令性计划。这些改革虽然是初步的,但是在计划经济体制上打开了一个缺口,使改革在一开始就走上了市场化取向的轨道。

从1984年开始,改革重点从农村转移到城市。这一阶段,争论比较大的是,到底是以国有企业改革还是以价格改革为中心环节?一种意见认为,应该把国有企业改革作为重点,通过简政放权和增强企业活力,使国有企业成为相对独立、自主经营、自负盈亏的商品生产者和经营者;一种意见认为,价格改革尚未根本突破,企业盲目追求计划外生产和提高产品价格的冲动,一定程度上造成了宏观经济的不稳定,因此,要把价格改革作为重点。除了这两种观点外,也有主张价、财、税改革联动的。1984年10月,党的十二届三中全会通过的《中共中央关于经济体制改革的决定》下了定论,指出"增强企业的活力,特别是增强全民所有制的大、中型企业的活力,是以城市为重点的整个经济体制改革的中心环节",但同时指出"价格体系的改革是整个经济体制改革成败的关键",依然是改革的重头戏。

城市经济体制改革的重点是冲破高度集中的计划经济壁垒,以扩大企业自主权为突破口,使企业拥有部分自主计划权、产品购销权、资金使用权;实行各种形式的经济责任制,国家对企业实行经济责任制,建立企业内部经济责任制,把企业和职工的经济利益与承担的经济责任和实行的经济效益挂起钩来;实施承包制、租赁制,推行厂长负责制、劳动合同制等改革举措。价格体系改革方面实行放调结合、以放为主,放开了大部分农产品价格和多种工业消费品价格,对工业生产资料价格实行双轨制,探索建立价格调控体系,改革的方式是控中求改、相机调放;初步建立了价格总水平的监测与调控体系,对重要商品储备制度、价格调节基金制度也进行了一些探索。

早期改革若干个"第一"

(1) 第一个实行包产到户的村:1978年年末,安徽省凤阳县小岗村18户农民冒着风险,秘密签订协议,实行包产到户。

(2) 第一批经济特区:1979年7月15日,中共中央、国务院决定在深圳、珠海、汕头和厦门试办特区。

(3) 第一张个体工商业营业执照:1980年12月11日,温州人章华妹成为中国第一位个体工商户。营业执照上写的生产经营范围:小百货。

(4) 第一家中外合资企业:1980年4月25日,与香港合资的北京航空食品有限公司成立。

(5) 第一家实行承包制的企业:1984年3月28日,马胜利提出承包石家庄造纸厂,以"马承包"而闻名全国。

(6) 第一个允许农民进城务工的中央文件:1985年1月1日,《中共中央、国务院关于进一步活跃农村经济的十项政策》。

(7) 第一家股份公司:1984年7月25日,北京天桥百货股份有限公司正式成立。

(8) 第一家公开发行股票的企业:1984年11月4日,上海飞乐音响股份公司公开发行股票。

(9) 第一家破产企业:1986年8月3日,国有企业沈阳防爆器械厂正式宣布破产。

(10) 第一家证券交易所:1990年12月19日,上海证券交易所成立。

> **专栏 10.1**
> **生产资料价格双轨制**
>
> 是指同种工业生产资料在同一时间、地点上存在计划内价格和计划外价格。1984年5月,国务院规定:工业生产资料属于企业自销的(占计划内产品的2%)和完成国家计划后的超产部分,一般在不高于或低于国家定价20%的幅度内,企业有权自定价格,或由供需双方在规定的幅度内协商定价。1985年,国家物价

局和国家物资局发出通知,取消了对超产自销生产资料原定的加价幅度不高于国家定价20%的决定,可按稍低于当地的市场价格出售,参与市场调节。从此,双轨制价格合法化和公开化。到1988年,在重工业品出厂价格中,按国家定价包括地方临时价格销售的比重,采掘业产品为95.1%、原材料产品为74.6%、加工工业产品为41.4%。国家定价外销售的部分,一般都实行市场调节价。历史地看,价格"双轨制"作为一种渐进的改革方式,对刺激生产、搞活流通和逐步理顺价格体系起到了积极作用。但是,价格"双轨制"也导致了"官倒""卖批文"等现象,滋生了腐败,引发了社会的不满。1992年,国家物价局重新修订和颁布中央管理价格的分工目录,其中,重工业市场资料和交通运输价格由1991年的47类737种减少为89种(国家定价33种,国家指导价56种),一次放开近600种,这使绝大部分工业生产资料双轨价一次性并轨为市场单轨价。

这一阶段,除了国有企业改革、价格改革,还在财税体制方面,推行两步"利改税",逐步推进"划分收支、分级包干"的财政体制改革。在流通体制方面,废除了农副产品的统购统销制度,逐步培育农产品市场。在对外开放方面,1980年决定兴办深圳、珠海、汕头、厦门四个经济特区,1984年开放14个沿海港口城市。1981—1982年,国务院先后在湖北省沙市市、江苏省常州市开展工业管理体制、计划体制、财政体制、银行体制、商业体制、物资体制、劳动工资体制、科技体制、外贸体制等综合配套改革试点。这一阶段,国家对集体经济发展采取扶持政策,农村乡镇企业异军突起,对激发经济活力,突破所有制形式桎梏,推动经济体制改革从农村到城市的全面展开,发挥了重要作用。

专栏 10.2
乡镇企业的崛起

乡镇企业的前身是农村社队企业。1979年7月,国务院颁布《关于发展社队企业若干问题的规定(试行草案)》,明确了社队企业的发展方针,并给予了低税、免税政策,社队企业进入了飞速发展的新阶段。到1983年年底,全国共有社队企业134.6万个,职工3 235万人;总产值851亿元,比1978年的431亿元增加了近

1倍；销售和劳务收入比1980年增长51.2%。1984年3月，中共中央、国务院转发了农牧渔业部《关于开创社队企业新局面的报告》，将社队企业改称乡镇企业，在这个文件推动下，乡镇企业开始超常规发展。1984年年末，全国乡镇企业数达到606.5万个，比1983年翻了两番多；乡镇企业总收入为1537亿元，比1983年增长65.5%。到1987年年末，全国乡镇企业产值达到4764亿元，占当年农村社会总产值的50.5%，首次超过农业总产值，从业人数达到8805万人。

10.2 框架构建阶段（1992—2001年）

分税制改革

1994年以前，我国财政体制基本上是"包干制"，财政收入增长较慢，中央财政能力较弱。1994年实行的分税制改革，主要内容包括：将税种划分为中央税、地方税和中央地方共享税，建立中央税收和地方税收体系，建立规范的中央财政对地方财政的税收返还制度；同时，对税制进行了改革，简化税种，取消工商税，出台增值税、消费税，形成以流转税、所得税为主体，多种税种相支撑的体系，并统一了内资企业所得税和个人所得税。分税制改革后，1994—2002年，财政收入从5218.1亿元增长到18903.64亿元，年均增长17.5%；2002年，中央财政收入占财政收入比重达到54.6%，实现了经济快速发展与政府财力增强的"双赢"，增强了中央政府的宏观调控能力。

　　我国经济体制改革确定什么样的目标模式，是关系社会主义现代化建设全局的一个重大问题。这个问题的核心，是正确认识和处理计划与市场的关系。这一阶段，发生的最重要的两件大事是，1992年10月，党的十四大确立了建立社会主义市场经济体制的改革目标；2001年12月，我国正式成为世界贸易组织成员。

　　20世纪80年代末90年代初，国内发生了政治风波，国际上苏联和东欧社会主义国家政局发生了剧变。此时，关于改革开放姓"资"还是姓"社"的争论开始出现。在改革开放的紧要关头，1992年1月28日至2月21日，邓小平同志视察武昌、深圳、珠海、上海等地，沿途发表重要谈话。邓小平指出："计划多一点还是市场多一点，不是社会主义与资本主义的本质区别。计划经济不等于社会主义，资本主义也有计划；市场经济不等于资本主义，社会主义也有市场。计划和市场都是经济手段"；判断姓"资"还是姓"社"的标准，主要应该看"是否有利于发展社会主义社会的生产力，是否有利于增强社会主义国家的综合国力，是否有利于提高人民的生活水平"。长期以来争论不已的若干重大问题，诸如什么是社会主义、社会主义的本质以及计划和市场的关系等，自此有了深刻而清晰的定论。以邓小平南方谈话和党的十四大为标志，我国改革开放进入新的发展阶段。

　　1993年11月，党的十四届三中全会通过《关于建立社会主义市场经济体制若干问题的决定》，明确了改革的重点任务，勾画出社会主义市场经济体制的基本框架。

> **专栏 10.3**
> **党的十四届三中全会明确的重点改革任务**
>
> ——坚持以公有制为主体、多种经济成分共同发展的方针,进一步转换国有企业经营机制,建立适应市场经济要求,产权清晰、权责明确、政企分开、管理科学的现代企业制度;
> ——建立全国统一开放的市场体系,实现城乡市场紧密结合,国内市场与国际市场相互衔接,促进资源的优化配置;
> ——转变政府管理经济的职能,建立以间接手段为主的完善的宏观调控体系,保证国民经济的健康运行;
> ——建立以按劳分配为主体,效率优先、兼顾公平的收入分配制度,鼓励一部分地区一部分人先富起来,走共同富裕的道路;
> ——建立多层次的社会保障制度,为城乡居民提供同我国国情相适应的社会保障,促进经济发展和社会稳定。
> 这些主要环节是相互联系和相互制约的有机整体,构成社会主义市场经济体制的基本框架。

这一阶段,改革的主要进展是:**宏观管理体制方面**,1994 年实施对财政、税收、金融、外汇、计划和投融资体制进行系统改革方案。国家计划管理总体上实现了从指令性计划向指导性计划的转变;确立以分税制为核心的新的财政体制框架和以增值税为主的流转税体系;实行汇率并轨,实现了人民币经常项目下可兑换,加强了中央银行的调控职能。**国有企业改革方面**,按照建立现代企业制度的方向,实施"抓大放小",积极推进国有企业改革和国有经济布局的结构调整。一批国有大中型企业改制为国有独资公司、有限责任公司或股份有限公司;许多全国性的行业总公司改组为控股公司;通过改组、联合、兼并、租赁、承包经营和股份合作制、出售等形式,对中小型国有企业进行了改革。**市场体系建设方面**,取消了生产资料价格双轨制,进一步放开了竞争性商品和服务的价格,商品市场大发展,要素市场逐步形成。到 2000 年,市场调节价在社会商品零售总额、农副产品收购总额和生产资料消费总额中所占比例分别达到 95.8%、92.5% 和 87.4%。**社会保障体系建设方面**,开展了多种形式的社会保障制度改革试点,逐步建立起社会统筹和个人账户相结合的养老、医疗保险制度,建立了失业保险、社会救济制度及城镇居民最低生活保障制度。**对外开放方面**,开放了一批新的沿江、沿边及省会城市;2001 年 12 月 11 日,我国加入了世界贸易组织,获得了在经济全球化

国有企业改革与脱困三年目标

1997 年年底,全国国有及国有控股的 16 874 户大中型工业企业,亏损 6 599 户,亏损面 39.1%,亏损额达 665.9 亿元。全国 31 个省(市、自治区)的国有及国有控股工业企业盈亏相抵之后,有 12 个省(市、自治区)为净亏损。面对如此严峻的形势,1997 年 9 月,党的十五届一中全会明确提出,用三年左右的时间,通过改革、改制、改造和加强管理,使大多数国有大中型亏损企业摆脱困境;力争到本世纪末使大多数国有大中型企业初步建立现代企业制度。为实现国有企业改革脱困三年目标,党中央、国务院采取了一系列政策措施,实施积极的财政政策和稳健的货币政策,重点是债转股、技改贴息和政策性关闭破产;扩大国内需求,促进经济增长。这一目标通过艰苦努力得以完成,14 个重点行业有 12 个扭亏增盈,31 个省(市、自治区)有 30 个扭亏增盈。

进程中参与竞争、制定规则的有利地位和机会。

这 10 年不断深化的改革实践,使我国社会主义市场经济体制的基本框架初步建立,公有制为主体、多种所有制经济共同发展的基本经济制度得到确立,全方位、宽领域、多层次的对外开放格局基本形成,市场在资源配置中的基础性作用进一步发挥,政府宏观调控的手段和能力进一步加强,市场微观活动主体日益成熟,充满活力与生机的国民经济运行机制基本形成,我国改革开放的历史进程实现了关键性的跨越。

10.3 体制完善阶段(2002—2011年)

我国基本经济制度的演进
- 允许多种所有制并存
- 单一公有制
- 公有制为主体、非公有制为补充
- 公有制为主体、多种所有制经济共同发展

2002 年 11 月,党的十六大宣告我国"社会主义市场经济体制初步建立",并提出到 2020 年建成完善的社会主义市场经济体制的改革目标。2003 年 10 月,党的十六届三中全会通过《关于完善社会主义市场经济体制若干问题的决定》,从七个方面作出全面部署。与此同时,党中央提出科学发展观和构建社会主义和谐社会的重大战略构想,作为改革发展的重要指导思想。

这一阶段的主要特点是,对行政管理、农村发展、医药卫生、文化、教育、事业单位等体制改革分别作出重大部署;财税、金融、价格、国有企业和各项社会事业改革取得重大进展;综合配套改革试验取得积极成效。主要的改革措施有:取消农业税、牧业税、特产税。清理和修订限制非公有制经济发展的法规、规章和政策性规定,放宽非公有制经济的市场准入,允许非公有资本进入法律法规未禁入的行业和领域。公共财政体制不断健全。大型商业银行股份制改革基本完成,利率市场化进一步推进,实现有管理的浮动汇率制度,跨境贸易人民币结算试点积极推进。改革投资体制,政府投资范围明显缩小,企业投资自主权逐步扩大。土地、劳动力、技术、产权、资本等要素市场进一步发展,水、电、石油和天然气等重要资源价格的市场化步伐加快。医药卫生体制改革持续深化,社会保障体系不断完善,社会保障覆盖面不断扩大。

应该看到,加入世界贸易组织后,对我国经济体制改革形成一种倒逼机制。我国全面修订了包括宪法在内的法律法规体系,创造了公平和可预见的法制环境;推进了进出口体制、外汇管理体制、行政审批制度改革以及相关的宏观管理体制改革,形成了比较稳定、透明

的涉外经济管理体制;实现了内外贸分离向内外贸一体化的转变,实现了工贸脱节向工贸结合的转变,推进了外贸主体的多元化;加快了与国民待遇相关的体制机制建设,确保各类企业包括对外经济贸易活动在内的一切经济活动中的自主权和平等地位;引进了国外战略投资者参与国内企业特别是国有大型企业的改革、改组、改造,提升了国内企业的竞争力;一大批企业在国际国内竞争中,创新了体制机制,发展为富有活力和竞争力的跨国企业,拥有了世界著名品牌和自主知识产权;建立健全了外贸运行监控体系和国际收支预警机制,维护了国家经济安全。

10.4 全面深化阶段(2012年至今)

2012年11月,党的十八大提出了全面建成小康社会,全面深化改革开放的奋斗目标,部署了加快完善社会主义市场经济体制,加快转变经济发展方式的重点任务。以党的十八大为标志,我国改革开放进入全面深化阶段。2013年11月,党的十八届三中全会作出了《关于全面深化改革若干重大问题的决定》,明确全面深化改革的总目标是完善和发展中国特色社会主义制度,推进国家治理体系和治理能力现代化,并从经济、政治、文化、社会、生态文明、国防和军队六个方面,部署了60项改革任务、336项重要改革举措。

需要特别指出的是,党的十八届三中全会明确提出,经济体制改革是全面深化改革的重点,核心问题是处理好政府和市场的关系,使市场在资源配置中起决定性作用和更好发挥政府作用。这是这次全会提出的一个重大理论观点。进一步处理好政府和市场关系,实际上就是要处理好在资源配置中市场起决定性作用还是政府起决定性作用这个问题。经济发展就是要提高资源尤其是稀缺资源的配置效率,以尽可能少的资源投入生产尽可能多的产品、获得尽可能大的效益。理论和实践都证明,市场配置资源是最有效率的形式。市场决定资源配置是市场经济的一般规律,市场经济本质上就是市场决定资源配置的经济。健全社会主义市场经济体制必须遵循这条规律,着力解决市场体系不完善、政府干预过多和监管不到位问题。作出"使市场在资源配置中起决定性作用"的定位,有利于在全党全社会树立关于政府和市场关系的正确观念,有利于转变经济发展方式,有利于转变政府职能,有利于抑制消极腐败现象。

十八大以来经济体制改革若干重要文件

《深化财税体制改革总体方案》
《关于进一步推进户籍制度改革的意见》
《关于农村土地征收、集体经营性建设用地入市、宅基地制度改革试点工作的意见》
《关于实行市场准入负面清单制度的意见》
《关于推进价格机制改革的若干意见》
《推进普惠金融发展规划(2016—2020年)》
《国务院部门权力和责任清单编制试点方案》
《关于深化投融资体制改革的意见》
《关于建立公平竞争审查制度的意见》
《关于建立完善守信联合激励和失信联合惩戒制度加快推进社会诚信建设的指导意见》
《关于构建绿色金融体系的指导意见》
《关于完善产权保护制度依法保护产权的意见》
《关于创新政府配置资源方式的指导意见》
《关于完善农村土地所有权承包权经营权分置办法的意见》
《关于进一步激发和保护企业家精神的意见》
《关于完善主体功能区战略和制度的若干意见》

对非公有制经济的基本认识和长期方针

两个都是：公有制经济和非公有制经济都是社会主义市场经济的重要组成部分,都是我国经济社会发展的重要基础。

两个毫不动摇：毫不动摇地巩固和发展公有制经济,发挥国有经济的主导作用;毫不动摇地鼓励、支持、引导非公有制经济发展,激发非公有制经济的活力和创造力。

三个平等：坚持权利平等、机会平等、规则平等。

两个不可侵犯：公有制经济财产权不可侵犯,非公有制经济财产权同样不可侵犯;国家保护各种所有制经济产权和合法利益,保证各种所有制经济依法平等使用生产要素、公开公平公正参与市场竞争、同等受到法律保护,依法监管各种所有制经济。

三个没有变：非公有制经济在我国经济社会发展中的地位和作用没有变,我们鼓励、支持、引导非公有制经济发展的方针政策没有变,我们致力于为非公有制经济发展营造良好环境和提供更多机会的方针政策没有变。

当然,我国实行的是社会主义市场经济体制,我们仍然要坚持发挥我国社会主义制度的优越性、发挥党和政府的积极作用。市场在资源配置中起决定性作用,并不是起全部作用。发展社会主义市场经济,既要发挥市场作用,也要发挥政府作用,但市场作用和政府作用的职能是不同的。党的十八届三中全会决定对更好发挥政府作用提出了明确要求,强调科学的宏观调控,有效的政府治理,是发挥社会主义市场经济体制优势的内在要求。党的十八届三中全会决定对健全宏观调控体系、全面正确履行政府职能、优化政府组织结构进行了部署,强调政府的职责和作用主要是保持宏观经济稳定,加强和优化公共服务,保障公平竞争,加强市场监管,维护市场秩序,推动可持续发展,促进共同富裕,弥补市场失灵。

十八大以来,习近平同志先后主持召开38次中央全面深化改革领导小组会议,审议重大改革事项,出台1 500多项改革举措。供给侧结构性改革,通过"三去一降一补",化解了诸多深层次矛盾,实现了经济稳中向好发展,为转变经济发展方式找到了治本良方。把简政放权作为"先手棋",通过"放管服"改革,进一步理顺了政府与市场的关系,最大限度地减少了政府的不当干预,最大限度地激发了市场主体活力。国有企业改革多点突破,一大批企业通过混合所有制改革焕发了生机和活力;电力、石油天然气、盐业等重点行业改革全面启动,有效促进了竞争,节约了经济运行成本。完善产权保护制度、弘扬优秀企业家精神、市场准入负面清单制度、公平竞争审查制度等重大改革举措的出台,使非公有制经济加快发展。以全面推开营业税改征增值税改革、利率汇率市场化为抓手,推进财税金融改革,为经济发展构建了更加完善的宏观制度环境。以"一带一路"战略、自由贸易试验区建设为切入点,为参与更高水平的国际合作和竞争提供了大批系统集成的制度创新成果。生态文明建设改革方案出台,为绿色发展奠定了根本性体制机制保障。精准扶贫、精准脱贫的体制机制更加完善,全面打响脱贫攻坚战。

内容小结

本章论述了我国40年改革历程,以建立和完善社会主义市场经济体制为主线,在探索起步阶段,改革由农村向城市渐次展开,冲破计划经济体制对生产力的束缚。在框架构建阶段,聚焦构建社会主义市场经济体制的改革目标,正确认识和处理计划与市场的关系。在体制完善阶段,对若干重大领域改革作出部署,持续完善社会主义市场经济体制。在全面深化阶段,完善和发展中国特色社会主义制度,推进国家治理体系和治理能力现代化,经济、政治、文化、社会、生态、党建等各个领域改革全面发力、多点突破、纵深推进。

关键概念

改革进程的四个阶段　　　计划经济　　　　　　社会主义市场经济体制
全面深化改革的总任务　　政府和市场的关系

思考讨论题

1. 请你联系实际谈谈我国改革开放的重大意义。
2. 40年改革历程有哪些成功的经验?
3. 社会主义市场经济体制的内涵是什么?
4. 为什么说处理好政府和市场的关系是经济体制改革的核心问题?

第 11 章
坚持和完善基本经济制度

公有制为主体、多种所有制经济共同发展的基本经济制度,是社会主义市场经济体制的根基。如何更好地体现和坚持公有制主体地位,如何更好地激发非公有制经济活力和创造力,进一步探索基本经济制度的有效实现形式,是摆在我们面前的一个重大课题。

11.1 健全现代产权制度

产权是所有权的核心,产权制度是社会主义市场经济的基石。财产权是中等收入群体对社会信心的主要来源。两千多年前,孟子就说过:"有恒产有恒心。"当人们拥有稳定的财产收入时,才会有好的道德观念和行为准则,才会有社会的公平正义和国家的长治久安。党的十八届三中全会旗帜鲜明地提出,要健全归属清晰、权责明确、保护严格、流转顺畅的现代产权制度。公有制经济财产权不可侵犯,非公有制经济财产权同样不可侵犯。党的十九大指出,完善产权制度是经济体制改革的一个重点。

11.1.1 产权及产权制度内涵

> **产权的定义**
> 马克思认为,以阶级人民为假设前提,以劳动者产权为核心,财产权并不是单一的权利,而是一组权利的结合体,除了所有权,还有占有权、使用权、出借权、转让权、用尽权、消费权和其他与财产相关的权利。
> 《牛津法律大辞典》这样定义:"产权亦称财产所有权,是指存在于任何客体之中或之上的完全权利,它包括占有权、使用权、出借权、转让权、用尽权、消费权和其他与财产相关的权利。"

一般认为,产权主要是指财产权或财产权利,是以财产所有权为主体的一系列财产权利的总和,包括所有权及其衍生的占有权、使用权、支配权、收益权、处置权等权利。现代意义上的财产,既包括土地、房屋、设备及存款、现金等不动产和动产,也包括股票、债券等证券资产,还包括由专利、商标、名誉、商业秘密等构成的无形资产。产权具有以下特征:一是独立性,产权主体拥有自主运用产权的权利;二是排他性,产权受到法律保护不可侵犯;三是流动性,产权主体可以通过产权流动、重组,谋取产权收益最大化;四是可分性,产权所包含的一组权利可根据利益要求与经营需要分割组合使用。近代股份制产生之后,就形成了财产所有权与财产实际占有、使用权相分离的状况,并衍生出"法人财产权",即非财产所有者由于实际上经营属于财产所有者的财产,而对其享有的占有、使用及在一定限度内依法享有的收益和处置的权利。因此,现代产权不仅包括法律上的财产所有权,还包括企业"法人所有权"。

产权制度是覆盖各类财产以及财产权利界定、运营、交易、保护的一系列体制安排和法制规定,而现代产权制度则是与社会化大生产和现代市场经济相适应的制度安排。其主要特征,一是归属清晰,各类财产所有权的具体所有者为法律法规所清晰界定;二是权责明确,产权具体实现过程中各相关主体权利到位,责任落实;三是保护严格,保护产权的法律制度完备,各种类型、各种形式的产权一律受到法律的严格保护;四是流转顺畅,各类产权可以通过产权交易市场自由流动,以实现产权的最大收益。产权制度保障了主体对客体拥有的法定的、排他专属的所有权、占有权、收益权和处置权。可以说,产权制度是社会主义市场经济体制的基础性制度。

11.1.2 完善现代产权制度

现代产权制度的基础性作用,突出体现在四个方面:一是保障基本经济制度的基础。有利于维护公有财产权,巩固公有制经济的主体地位;有利于保护私有财产权,促进非公有制经济发展;有利于各类资本的流动重组、交叉持股,推动混合所有制经济发展。二是保障市场秩序的基础。产权的主要功能是为经济主体参与市场经济活动提供激励和约束,减少不确定性,将外部性内部化,是规范市场主体生产经营行为、优化资源配置、降低市场交易成本、形成良好市场秩序的重要保障。三是保障市场主体活力的基础。追求和拥有产权及其收益,是市场经济条件下各类市场主体开展生产经营活动的根本动力所在。四是保障市场预期的基础。完善产权制度,有效保护产权,才能形成鼓励人们通过自我奋斗、诚实劳动、合法经营创造财富、实现人生价值的良好氛围和预期效应。

完善现代产权制度,重点是在企业法人财产权、农村集体产权、自然资源资产产权、知识产权等方面加快相关制度和体制机制建设。

完善企业法人财产权制度。一要依法合规界定企业财产权归属。根据"谁投资、谁所有"的基本原则，充分考虑原始出资者权益和企业转制等历史因素，依法依规、合理界定企业财产权归属。二要保障企业自主经营权。把政府公共管理职能与国有资产出资人职能分开，以管资本为主完善国有资本授权经营体制，形成股权结构多元、股东行为规范、内部约束有效、运行高效灵活的经营机制，确保企业依法自主经营，防止不当行政干预。三要保护国有资本出资人收益权。建立覆盖全部国有企业、分级管理的国有资本经营预算管理制度，到2020年，将国有资本收益上缴公共财政比例从目前的16%提高到30%。将部分国有股权划转社会保障基金管理机构持有，分红和转让收益用于弥补社会保障资金缺口。

> **不动产统一登记制度**
> 不动产登记是《中华人民共和国物权法》确立的一项物权制度，是指经权利人或利害关系人申请，由国家专职部门将有关不动产物权及其变动事项记载于不动产登记簿的事实。《不动产登记暂行条例》2015年3月1日落地实施。需要登记的不动产权有：(一)集体土地所有权；(二)房屋等建筑物、构筑物所有权；(三)森林、林木所有权；(四)耕地、林地、草地等土地承包经营权；(五)建设用地使用权；(六)宅基地使用权；(七)海域使用权；(八)地役权；(九)抵押权；(十)法律规定需要登记的其他不动产权利。

完善农村集体产权权能。全面完成农村承包经营地、宅基地、农房、集体建设用地确权登记颁证。在此基础上，完善农村集体经济组织成员认定办法和集体经济资产所有权实现形式，并规范农村产权交易流转。按照"落实集体所有权、稳定农户承包权、放活土地经营权"的思路，扩大农村承包地确权颁证试点，明确和提升农村土地承包经营权确权登记颁证的法律效力，探索对通过流转取得的农村承包地的经营权进行确权颁证。按照不动产统一登记制度建设和宅基地制度改革要求，全面落实宅基地、集体建设用地使用权以及农房等建筑物、构筑物确权登记发证工作安排，完成房地一体的农村集体建设用地和宅基地使用权确权登记颁证。

构建自然资源资产产权制度。一要清晰界定产权主体。坚持资源公有、物权法定，明确全部国土空间各类自然资源资产的产权主体。全面落实不动产统一登记制度，建立统一的确权登记系统，推进确权登记法治化。二要创新产权实现形式。对全民所有的自然资源资产，按照不同资源种类和在生态、经济、国防等方面的重要程度，实行中央和地方政府分级代理行使所有权职责的体制。处理好所有权与使用权的关系，创新自然资源全民所有权和集体所有权的实现形式，除生态功能重要的外，可推动所有权和使用权相分离，明确占有、使用、收益、处分等权利归属关系和权责，适度扩大使用权的出让、转让、出租、抵押、担保、入股等权能。保护自然资源资产所有者权益，公平分享自然资源资产收益。全面建立覆盖各类全民所有自然资源资产的有偿出让制度，严禁无偿或低价出让。三要深化矿业权制度改革。完善矿业权出让制度，建立符合市场经济要求和矿业规律的探矿权采矿权出让方式，原则上实行市场化出让，国有矿产资源出让收支纳入预算管理。理清有偿取得、占用和开采中所有者、投资者、使用者的产权关系,建立矿产资源国家权益金制度。调整探矿权采矿权使用费标准、矿产资源最低勘查投入标准。推进实现全国统一的矿业权交易平台建设,加大矿业权出让转让信息公开力度。建立健全生态环境性权益交易制度和平台。

实施严格的知识产权保护制度。一是完善有利于激励创新的知识产权归属制度。完善知识产权创造激励政策,优化知识产权考核评价体系,推动职务发明相关制度的出台,明确财政性资金形成的科技成果的归属。二是实行严格的知识产权保护。充分发挥知识产权法院职能,加强对涉及专利权、商标权、著作权等知识产权类案件的审理。加大执法力度,引导创新主体多渠道、低成本、高效率保护知识产权合法权益,推动形成行政保护与司法保护优势互补、有机衔接的保护模式。三是建设知识产权运营交易和服务平台。完善知识产权权益分配机制、搭建知识产权转化交易平台,强化企业知识产权运用主体地位,提升企业知识产权综合运用能力,发挥市场决定性作用,培育知识产权运营新业态新模式,多渠道盘活知识产权资产,加速知识产权价值实现,提高知识产权运用综合效益。四是加快建设知识产权强国。坚持"数量布局、质量取胜"的理念,推动知识产权创造由多向优、由大到强转变,合理降低专利申请和维持费用,促进产出技术含量高、市场效益好的高价值专利。充分利用多边、双边和区域合作平台,推动知识产权国际规则更好地朝着普惠包容、平衡有效的方向发展。

11.1.3 推进产权保护法治化

2016年11月,中共中央、国务院发布《关于完善产权保护制度依法保护产权的意见》,这是一个顺应时代潮流、呼应社会期盼的纲领性文件。从立法上赋予私有财产和公有财产以平等地位并给予平等保护,在执法、司法和行政实践中加强对平等市场主体之间产权纠纷的公平裁决,使公权力切实成为私有产权的"保护神"而不是"侵犯者",使非公有产权与共有产权真正得到平等对待。同时强调做到三个"一批":甄别纠正一批社会反映强烈的产权纠纷申诉案件,剖析一批侵害产权的案例,总结宣传一批依法有效保护产权的好做法、好经验、好案例。加强产权保护,根本之策是全面推进依法治国。推进产权保护法治化,在事关产权保护的立法、执法、司法、守法等各领域各方面各环节体现法治理念。

完善产权保护法律制度。全面梳理现行法律中对公有产权和私

完善产权保护制度的十项措施
一、加强各种所有制经济产权保护
二、完善平等保护产权的法律制度
三、妥善处理历史形成的产权案件
四、严格规范涉案财产处置的法律程序
五、审慎把握处理产权和经济纠纷的司法政策
六、完善政府守信践诺机制
七、完善财产征收征用制度
八、加大知识产权保护力度
九、健全增加城乡居民财产性收入的各项制度
十、营造全社会重视和支持产权保护的良好环境

有产权不平等保护的内容,推动相关法律的调整和完善。把产权平等保护要求落实于司法实践及具体行政和执法实践中。在对私有财产的征收征用方面,避免滥用行政权力以公共利益的名义、通过征收征用的方式随意侵犯私有产权。建立健全产权保护配套救济机制。建立和完善相关司法救济制度和法律援助制度,制定规范有效的救济程序和方式,对弱势群体产权受侵害及时提供司法救济和法律救助。探索设立产权争议调解中心和仲裁中心,建立专门的产权争议解决机制。培养社会大众的产权保护法治意识。在全社会树立依法保护产权的思想基础和观念,在社会民众中形成关于产权的权利意识,使平等保护意识常态化、普及化、法治化。充分认识完善产权保护制度、依法保护产权的重要性、紧迫性、长期性。以法治之力推动产权保护落地。各地建立党委牵头,人大、政府、司法机关共同参加的产权保护协调工作机制,加强对产权保护工作的组织领导和统筹协调。

十八大以来深化国有企业改革若干重要政策文件

《关于深化国有企业改革的指导意见》《关于国有企业发展混合所有制经济的意见》《关于鼓励和规范国有企业投资项目引入非国有资本的指导意见》《关于改革和完善国有资产管理体制的若干意见》《关于加强和改进企业国有资产监督防止国有资产流失的意见》《关于推动中央企业结构调整与重组的指导意见》《关于国有企业改革试点工作事项及分工的方案》《关于国有企业功能界定与分类的指导意见》《中央管理企业主要负责人薪酬制度改革方案》《关于合理确定并严格规范中央企业负责人履职待遇业务支出的意见》《关于国有企业职工家属区"三供一业"分离移交工作的指导意见》《关于建立国有企业违规经营投资责任追究制度的意见》《关于进一步完善国有企业法人治理结构的指导意见》《关于深化国有企业和国有资本审计监督的若干意见》《国务院国资委以管资本为主推进职能转变方案》《关于在深化国有企业改革中坚持党的领导加强党的建设的若干意见》

11.2 深化国有企业改革

国有企业属于全民所有,是推进国家现代化、保障人民共同利益的重要力量,是我们党和国家事业发展的重要物质基础和政治基础。十八大以来,国有企业改革被列为全面深化改革的一项重大任务。2015年8月,中共中央、国务院发布《关于深化国有企业改革的指导意见》,随后出台了若干配套文件。党的十九大进一步明确了国有企业改革的任务和目标:要完善各类国有资产管理体制,改革国有资本授权经营体制,加快国有经济布局优化、结构调整、战略性重组,促进国有资产保值增值,推动国有资本做强做优做大,有效防止国有资产流失。深化国有企业改革,发展混合所有制经济,培育具有全球竞争力的世界一流企业。

11.2.1 分类推进国有企业改革

对不同国有企业的功能进行准确界定和合理分类,是深化国有企业改革的重要基础,是制定国有资产管理体制、国有企业公有制改革方案和发展混合所有制经济首先要解决的重点问题。

划分国有企业的不同类别。根据国有资本的战略定位和发展目标,结合不同国有企业在经济社会发展中的作用、现状和发展需要,将国有企业分为商业类和公益类。通过界定功能、划分类别,实行分类改革、分类发展、分类监管、分类定责、分类考核,提高改革的针对性、监管的有效性、考核评价的科学性,推动国有企业同市场经济深入融合,促进国有企业经济效益和社会效益的有机统一。

推进商业类国有企业改革。 商业类国有企业按照市场化要求实行商业化运作,以增强国有经济活力、放大国有资本功能、实现国有资产保值增值为主要目标,依法独立自主开展生产经营活动,实现优胜劣汰、有序进退。

主业处于充分竞争行业和领域的商业类国有企业,原则上都要实行公司制股份制改革,积极引入其他国有资本或各类非国有资本实现股权多元化,国有资本可以绝对控股、相对控股,也可以参股,并着力推进整体上市。对这些国有企业,重点考核经营业绩指标、国有资产保值增值和市场竞争能力。

主业处于关系国家安全、国民经济命脉的重要行业和关键领域、主要承担重大专项任务的商业类国有企业,要保持国有资本控股地位,支持非国有资本参股。对自然垄断行业,实行以政企分开、政资分开、特许经营、政府监管为主要内容的改革;对需要实行国有全资的企业,要积极引入其他国有资本实行股权多元化;对特殊业务和竞争性业务实行业务板块有效分离,独立运作、独立核算。对这些国有企业,加强对服务国家战略、保障国家安全和国民经济运行、发展前瞻性战略性产业以及完成特殊任务的考核。

推进公益类国有企业改革。 公益类国有企业以保障民生、服务社会、提供公共产品和服务为主要目标,引入市场机制,提高公共服务效率和能力。这类企业可以采取国有独资形式,具备条件的也可以推行投资主体多元化,还可以通过购买服务、特许经营、委托代理等方式,鼓励非国有企业参与经营。对公益类国有企业,重点考核成本控制、产品服务质量、营运效率和保障能力,根据企业不同特点有区别地考核经营业绩指标和国有资产保值增值情况,考核中要引入社会评价。

> **国有企业改革十项改革试点**
> 一是落实董事会职权试点。
> 二是市场化选聘经营管理者试点。
> 三是推行职业经理人制度试点。
> 四是企业薪酬分配差异化改革试点。
> 五是国有资本投资、运营公司试点。
> 六是中央企业兼并重组试点。
> 七是部分重要领域混合所有制改革试点。
> 八是混合所有制企业员工持股试点。
> 九是国有企业信息公开试点。
> 十是剥离企业办社会职能和解决历史遗留问题试点。

11.2.2 完善现代企业制度

把国有企业打造成为独立的市场主体,充分激发和释放企业活力,提高市场竞争力和发展引领力,是深化国有企业改革的出发点和落脚点。深化国有企业改革要遵循市场经济规律和企业发展规律,坚持政企分开、政资分开、所有权与经营权分离，坚持权利、义务、责任相统一，坚持激励机制和约束机制相结合，使国有企业真正成为依法自主经营、自负盈亏、自担风险、自我约束、自我发展的独立市场主体。

推进公司制股份制改革。 加大集团层面公司制改革力度，积极引入各类投资者实现股权多元化，大力推动国有企业改制上市，创造条件实现集团公司整体上市。根据不同企业的功能定位，逐步调整国有股权比例，形成股权结构多元、股东行为规范、内部约束有效、运行高效灵活的经营机制。允许将部分国有资本转化为优先股，在少数特定领域探索建立国家特殊管理股制度。

健全公司法人治理结构。 重点是推进董事会建设，建立健全权责对等、运转协调、有效制衡的决策执行监督机制，规范董事长、总经理行权行为，充分发挥董事会的决策作用、监事会的监督作用、经理层的经营管理作用、党组织的政治核心作用，切实解决一些企业董事会形同虚设、"一把手"说了算的问题，实现规范的公司治理。切实落实和维护董事会依法行使重大决策、选人用人、薪酬分配等权利，保障经理层经营自主权，法无授权任何政府部门和机构不得干预。加强董事会内部的制衡约束，国有独资、全资公司的董事会和监事会均应有职工代表，董事会外部董事应占多数，落实一人一票表决制度，董事对董事会决议承担责任。改进董事会和董事评价办法，强化对董事的考核评价和管理，对重大决策失误负有直接责任的要及时调整或解聘，并依法追究责任。加强外部董事队伍建设。

建立国有企业领导人员分类分层管理制度。 坚持党管干部原则与董事会依法产生、董事会依法选择经营管理者、经营管理者依法行使用人权相结合，不断创新有效实现形式。上级党组织和国有资产监管机构按照管理权限加强对国有企业领导人员的管理，广开推荐渠道，依规考察提名，严格履行选用程序。根据不同企业的类别和层级，实行选任制、委任制、聘任制等不同选人用人方式。推行职业经理人制度，实行内部培养和外部引进相结合，畅通现有经营管理者与职业经理人身份转换通道，董事会按市场化方式选聘和管理职业经理人，合理增加市场化选聘比例，加快建立退出机制。推行企业经理层成员任期制和契约化管理，明确责任、权利、义务，严格任期管理和目标考核。

实行与社会主义市场经济相适应的企业薪酬分配制度。 企业内部的薪酬分配权是企业的法定权利，由企业依法依规自主决定。完善既有激励又有约束、既讲效率又讲公平、既符合企业一般规律又体现国有企业特点的分配机制。建立健全与劳动力市场基本适应、与企业经济效益和劳动生产率挂钩的工资决定和正常增长机制。推进全员绩效考核,以业绩为导向,科学评价不同岗位员工的贡献,合理拉开收入分配差距,切实做到收入能增能减和奖惩分明,充分调动广大职工积极性。对国有企业领导人员实行与选任方式相匹配、与企业功能性质相适应、与经营业绩相挂钩的差异化薪酬分配办法。对党中央、国务院和地方党委、政府及其部门任命的国有企业领导人员,合理确定基本年薪、绩效年薪和任期激励收入。对市场化选聘的职业经理人实行市场化薪酬分配机制,可以采取多种方式探索完善中长期激励机制。健全与激励机制相对称的经济责任审计、信息披露、延期支付、追索扣回等约束机制。严格规范履职待遇、业务支出,严禁将公款用于个人支出。

深化企业内部用人制度改革。建立健全企业各类管理人员公开招聘、竞争上岗等制度,对特殊管理人员可以通过委托人才中介机构推荐等方式,拓宽选人用人视野和渠道。建立分级分类的企业员工市场化公开招聘制度,切实做到信息公开、过程公开、结果公开。构建和谐劳动关系,依法规范企业各类用工管理,建立健全以合同管理为核心、以岗位管理为基础的市场化用工制度,真正形成企业各类管理人员能上能下、员工能进能出的合理流动机制。

11.2.3　健全国有资产管理体制

推动国有资本做强做优做大,这是一个重大的理论创新。做强,强调的是国有资本的竞争力及安全性;做优,强调的是国有资本的布局优化及流动性;做大,强调的是国有资本的保值增值及营利性。推动国有资本做强做优做大,对深化国有企业改革,加快国有经济布局优化、结构调整、战略性重组,对完善基本经济制度的实现形式、创新所有制模式,提出了新的更高要求。

落实以管资本为主的改革要求,加快完善国有资产管理体制。科学界定国有资产出资人监管的边界,将国有资产监管机构原有的对国有企业的管人、管事、管资产,转变为对国有资本的股权管理,更多运用法治化、市场化的监管方式。在优化资本布局的前提下,强化国有资本的收益性功能,建立健全以多年平均资本回报率为根本的国有资本经营目标考核评价体系,以可持续的国有资本收益作为国家重要战略储备和公共财政的补充来源。大力深化国有资本经营预算制度改革,加快国有资产的资本化、证券化,推动一般竞争性领域的国有资产转变为价值形态的国有资本,加强国有资本投资运营平台建设,探索价值管理的市场化运作机制与方式,健全、完善国有资本分红制度和国有股份转让收益的使用制度。

理顺委托代理关系,改革国有资本授权经营体制。扩大中央企业授权经营试点,选择具备条件的中央企业,作为国有资本市场化运作的专业平台,并授权对其所属企业的国有资本履行出资人职责,积极扩大试点范围。开展政府直接授权经营改革试点,选择符合条件的有行业代表性的中央企业,由国务院直接授权进行国有资本经营试点,由企业对授权范围内的国有资本直接履行出资人职责。国有资本监管机构开展的国有资本投资运营公司试点,要明确界定国有资本投资运营公司与所出资企业的关系,国有资本投资运营公司依据公司法等相关法律法规,对所出资企业依法行使股东权利,以出资额为限承担有限责任。支持和鼓励地方根据实际情况加大国有资本授权经营体制改革力度。

着眼国有资本布局优化,加快推进国有经济战略性重组。按照国有资本战略布局调整方向,立足提高国有资本整体配置效率,国有资本应从成熟的、产能过剩的产业逐步退出,投向公共服务领域,投向引领未来的战略性领域。建立健全优胜劣汰的市场化退出机制,加快处置低效无效国有资产。提高国有资本流动性,以市场化手段实现国有资本形态转换,促进国有资本向长期资本回报率比较稳定的领域聚集,向预期资本回报率趋于高涨的股权多元化企业流动。以产权和资本为纽带,推动中央企业重组。

11.2.4 发展混合所有制经济

党的十八届三中全会明确要求"积极发展混合所有制经济",指出"国有资本、集体资本、非公有资本等交叉持股、相互融合的混合所有制经济,是基本经济制度的重要实现形式"。在2016年中央经济工作会议上,习近平同志进一步强调:"混合所有制改革是国企改革的重要突破口,要按照完善治理、强化激励、突出主业、提高效率的要求,在电力、石油、天然气、铁路、民航、电信、军工等领域迈出实质性步伐。"2015年9月发布的《国务院关于国有企业发展混合所有制经济的意见》,对国有企业混合所有制改革作出了总体安排。

推进国有企业混合所有制改革。以促进国有企业转换经营机制,放大国有资本功能,提高国有资本配置和运行效率,实现各种所有制资本取长补短、相互促进、共同发展为目标,稳妥推动国有企业发展混合所有制经济。对通过实行股份制、上市等途径已经实行混合所有制的国有企业,着力在完善现代企业制度、提高资本运行效率上下功夫;对于适宜继续推进混合所有制改革的国有企业,充分发挥市场机制作用,坚持因地施策、因业施策、因企施策,宜独则独、宜控则控、宜参则参,不搞拉郎配,不搞全覆盖,不设时间表,成熟一个推进一个。改革要依法依规、严格程序、公开公正,切实保护混合所有制企业各类出资人的产权权益,杜绝国有资产流失。

引入非国有资本和非公有制企业参与国有企业改革。鼓励非国有资本投资主体、非公有制企业通过出资入股、收购股权、认购可转债、股权置换等多种方式,参与国有企业改制重组或国有控股上市公司增资扩股以及企业经营管理,实行同股同权,切实维护各类股东合法权益。在石油、天然气、电力、铁路、电信、资源开发、公用事业等领域,向非国有资本、非公有制企业推出符合产业政策、有利于转型升级的项目。拓宽国有企业投资项目引入非国有资本、非公有制企业的领域,完善相互促进、共同发展的体制机制和政策环境。开展多类型政府和社会资本合作试点,推广政府和社会资本合作模式。

鼓励国有资本以多种方式入股非国有企业。充分发挥国有资本投资、运营公司的资本运作平台作用,通过市场化方式,以公共服务、高新技术、生态环保、战略性产业为重点领域,对发展潜力大、成长性强的非国有企业进行股权投资。鼓励国有企业通过投资入股、联合投资、重组等多种方式,与非国有企业进行股权融合、战略合作、资源整合。

探索实行混合所有制企业员工持股。坚持试点先行,在取得经验基础上稳妥有序推进,通过实行员工持股建立激励约束长效机制。优先支持人才资本和技术要素贡献占比较高的转制科研院所、高新技术企业、科技服务型企业开展员工持股试点,支持对企业经营业绩和持续发展有直接或较大影响的科研人员、经营管理人员和业务骨干等持股。员工持股主要采取增资扩股、出资新设等方式。完善相关政策,健全审核程序,规范操作流程,严格资产评估,建立健全股权流转和退出机制,确保员工持股公开透明,严禁暗箱操作,防止利益输送。

> **混合所有制改革试点"十六字"要求**
>
> **完善治理**:股权结构要合理。法人治理结构要规范。要加强董事会建设,特别是要落实和维护好董事会依法行使重大决策、选人用人、薪酬分配等权利。
>
> **强化激励**:要探索建立市场导向的选人用人和激励约束机制。对企业经理层实行市场化选聘,推行任期制和契约化管理,严格目标考核,建立市场化退出机制。要探索员工持股的可行路径和方式。混合所有制企业内部用工不能再分三六九等。
>
> **突出主业**:推动产业链、价值链关键业务重组整合。加快从非主业领域、缺乏竞争优势的领域及一般产业的低端环节退出,增强核心竞争力。
>
> **提高效率**:压缩管理层级,精简管理部门和人员,提高劳动生产率。深挖降成本潜力,止住出血点、找出风险点、形成利润点。淘汰落后产能,向产业链、价值链高端发展。

专栏 11.1
东航物流混合所有制改革试点

从 2016 年起至今,国家在电力、石油、天然气、铁路、民航、电信、军工等重要领域开展了三批混合所有制改革试点。2017 年 6 月 19 日,中国东方航空集团公司与联想控股股份有限公司、普洛

> 斯投资(上海)有限公司、德邦物流股份有限公司、绿地金融投资控股集团有限公司等四家投资者,以及东航物流核心员工持股层代表,在上海签署增资协议、股东协议和公司章程。这标志着国家首批推进的"七大领域"混合所有制改革试点在民航领域实现"落地"。
>
> 改革后,东航物流将实现股权多元化,东航集团、联想控股、普洛斯、德邦、绿地、东航物流核心员工将分别持有东航物流 45%、25%、10%、5%、5%、10% 的股份。东航实际投入 18.45 亿元国有资本,有效引入 22.55 亿元非国有资本投入,切实放大国有资本的带动力和影响力;东航物流资产负债率将从 2016 年 12 月底的 87.86%,降低到 75% 左右,达到全球一流航空物流企业的平均负债率水平。
>
> 东航物流混合所有制改革的目标是努力把东航物流打造成各类资本优势互补、股权结构均衡有序,具有健全的法人治理机构、完善的现代企业制度、市场化的体制机制,符合物流行业产业生态圈的高端物流服务集成商,打造成能够比肩联邦快递(FedEx)、联合包裹(UPS)和敦豪速递(DHL)的世界一流航空物流国家队,并为国有企业改革探索路径,积累可复制、可推广的改革经验。

"亲""清"新型政商关系

2016 年 3 月 4 日,习近平总书记参加全国政协十二届四次会议的民建、工商联委员联组会,听取委员们的意见和建议时,首次提出构建"亲""清"新型政商关系。他指出,新型政商关系,概括起来说就是"亲""清"两个字。**对领导干部而言**,所谓"亲",就是要坦荡真诚同民营企业接触交往,特别是在民营企业遇到困难和问题情况下更要积极作为、靠前服务,对非公有制经济人士多关注、多谈心、多引导,帮助解决实际困难。所谓"清",就是同民营企业家的关系要清白、纯洁,不能有贪心私心,不能以权谋私,不能搞权钱交易。**对民营企业家而言**,所谓"亲",就是积极主动地同各级党委和政府及部门多沟通多交流、讲真话、说实情,建诤言,满腔热情支持地方发展。所谓"清",就是要洁身自好、走正道,做到遵纪守法办企业、光明正大搞经营。

11.3 支持非公有制经济发展

40 年改革开放,我国非公有制经济实现大发展、大繁荣、大跨越。但是,非公有制经济特别是民营企业仍然面临的"玻璃门""旋转门""弹簧门"等问题,阻碍了它们的发展,影响了经济的整体活力。解决这个问题,关键在于充分发挥市场在配置资源中的决定性作用,更好发挥政府作用,完善方针政策,强化具体措施。

11.3.1 废除各种形式的不合理规定

"十三五"规划提出,支持非公有制经济健康发展,消除多种隐性壁垒,保证依法平等使用生产要素、公平参与市场竞争、同等受到法律保护、共同履行社会责任。鼓励民营企业依法进入更多领域。党的十九大报告强调,清除废除妨碍统一市场和公平竞争的各种规定和做法,支持民营企业发展,激发各类市场主体活力。目前,有些地方还存在一些歧视性政策和不合理规定。比如,在企业设立与注册方面,对非公有制经济过高的设立注册条件、过多的前置审批事项、过严的资本募集方式,束缚了非公有制经济发展;在市场准入方面,在传统国有经济控制的行业和领域,非公有制经济仍然面临着各种直接或间接的政策性限制和阻碍;在税费方面,还存在一些不合理的收费项目,与公有制企业相比,非公有制企业负担仍然较重,等等。解决这些问题,必须从制度设计入手,加快完善非公有制经济发展的各项法规政策规定,实行统一的市场准入制度,在制定负面清单基础上,各类市场主体可依法平等进入清单之外的领域,实施"非禁即入""法无禁止皆可为",扫清影响非公有制经济发展的制度障碍,拓展非公有制经济发展的空间。

11.3.2 制定进入特许经营领域具体办法

当前我国特许经营领域主要集中在供水、供气、供热、垃圾污水处理及公共交通等直接关系社会民生和涉及公共资源配置的市政公用行业。2010年出台的《国务院关于鼓励和引导民间投资健康发展的若干意见》提出:"鼓励民间资本参与市政公用事业建设。支持民间资本进入城市供水、供气、供热、污水和垃圾处理、公共交通、城市园林绿化等领域。"2012年出台的《关于进一步鼓励和引导民间资本进入市政公用事业领域的实施意见》强调,要"进一步鼓励引导民间资本参与市政公用事业建设",但这些政策缺乏可操作性强的具体办法,实际进入特许经营领域的非公有制企业比较少。大部分行政特许经营领域的公益性与市场经营的营利性存在矛盾,非公有制企业不愿进入;一些地区的特许经营领域深陷垄断弊端,机构臃肿、效率低下、成本高涨,非公有制企业不想进入;一些政府部门为了局部利益,存在滥用特许经营权的行为,非公有制企业不敢进入。"制定非公有制企业进入特许经营领域具体办法",增强特许经营领域的透明度和规范度,提升非公有制企业进入特许经营领域的可操作性,将有效消除导致非公有制企业不愿、不想、不敢进入特许经营领域的约束,拓展非公有制经济发展的领域。

> **创新重点领域投融资机制鼓励社会投资**
> 2014年11月,《国务院关于创新重点领域投融资机制鼓励社会投资的指导意见》。
> 2014年12月,《国家发展改革委关于开展政府和社会资本合作的指导意见》。
> 2015年4月21日,国务院常务会议通过《基础设施和公用事业特许经营管理办法》。
> 2015年5月,《国务院办公厅转发财政部、国家发展改革委、人民银行关于在公共服务领域推广政府和社会资本合作模式指导意见的通知》。
> 2015年7月,《国家发展改革委、财政部、国土资源部、银监会、国家铁路局关于进一步鼓励和扩大社会资本投资建设铁路的实施意见》。

11.3.3　鼓励民营企业建立现代企业制度

我国的民营企业99%为中小企业、90%为家族制企业,企业制度还停留在传统模式阶段,企业产权不明晰,法人治理结构不科学,管理制度不合理,不利于企业持续健康发展,实现企业制度现代化迫在眉睫。党的十八届三中全会提出"鼓励有条件的私营企业建立现代企业制度",这将促进非公有制企业构建与市场经济相适应的科学化、规范化的现代企业组织制度和管理制度,进一步提升非公有制经济的发展能力和水平。

民营企业建立现代企业制度,需要立足民营企业实际,重点把握好几点:一是具体实现形式。总体来看,作为现代企业制度重要实现形式的股份制公司制企业比重会不断提高。家族制企业与现代企业制度并不冲突。国内外相当多的家族制企业建立了规范、完善的现代企业制度,重点是要突破家族制企业管理经营方面的弊端,重点引导企业建立健全权责明确、运转协调、有效制衡的决策执行监督体系。二是政府引导与企业自主的边界。现代企业制度的演变遵循制度变迁的基本路径,是诱致性制度变迁和强制性制度变迁的结合,这就要求政府既要充分尊重民营企业意愿和需求,又要以适当方式积极有效作为。政府的鼓励、支持和引导作用,应重点体现在示范指引、案例带动、分类指导和精准帮扶上,不搞强制命令和行政命令。三是方式方法。民营企业的情况千差万别,建立现代企业制度决不能搞"模式化""一刀切",要体现分层次、分类别、差异化,在不同地区、不同企业进行探索。要充分考虑企业的规模、业态、发展阶段和主观意愿等,把握好改革的度,对小微初创企业、中型成长企业、成熟企业等因企施策。

内容小结

本章论述了坚持和完善基本经济制度。公有制为主体、多种所有制经济共同发展的基本经济制度,是社会主义市场经济体制的根基。坚持和完善基本经济制度,围绕如何更好地体现和坚持公有制主体地位,如何更好地激发非公有制经济活力和创造力,健全现代产权制度,弄清产权制度内涵,推进产权保护法治化;深化国有企业改革,完善现代企业制度,健全国有资产管理体制,发展混合所有制经济;支持非公有制经济发展,废除各种形式的不合理规定,制定进入特许经营领域具体办法,鼓励民营企业建立现代企业制度。

关键概念

基本经济制度　　　　公有制经济　　　　非公有制经济
产权　　　　　　　　现代产权制度　　　　产权保护法治化
现代企业制度　　　　混合所有制经济　　　特许经营

思考讨论题

1. 为什么必须坚持公有制为主体、多种所有制经济共同发展的基本经济制度,不能搞单一公有制和私有化?
2. 联系实际举例说明深化国有企业改革的重要性和必要性。
3. 为什么要把发展混合所有制经济作为深化国有企业改革的突破口?
4. 你对支持非公有制经济特别是民营企业发展有何建议?

第12章
现代市场体系改革

市场体系主要包括商品市场和要素市场两个方面,是市场机制有效发挥作用和拓展功能的运行载体。我国现代市场体系基本形成,市场机制在资源配置中的决定性作用基本确立。加快完善社会主义市场经济体制,必须加快建设统一开放、竞争有序的现代市场体系。

12.1 完善要素市场体系

生产要素
一般来说,生产要素就是生产物品和提供服务必须具备的因素或条件,通常所指的就是劳动、土地、资本等要素。从某种程度上说,指的是以物质形态而存在的生产要素。但现当代的科学发展、高新技术、人力资本要素的作用日益凸显,技术、信息、知识等非物质形态的要素对经济发展产生了积极的促进作用。
生产要素的含义有狭义和广义之分,狭义的生产要素指劳动、土地、资本、技术等;广义的生产要素不仅包括物质投入要素,也包括制度、开放等非物质要素,以及这些要素之间的相互作用。

现代市场体系是由各种相对独立的商品市场和生产要素市场所形成的不可分割的有机统一体。从有形客体与载体上看,市场体系不仅包括消费品和生产资料等的商品市场,也包括土地、资本、劳动力等的生产要素市场;从无形构件与支撑体系上看,市场体系还包括上述各类市场运动、变化、发展的运行机制和管理调控机制。加快完善要素市场化配置,内容涉及完善金融市场特别是资本市场体系、建立城乡统一的建设用地市场、健全人力资源市场、完善技术市场体系等诸多方面。这里重点讨论优化要素市场化配置和建立城乡统一的建设用地市场问题,其他问题在相关章节中讨论。

12.1.1 优化要素市场化配置

要素市场化配置是完善社会主义市场经济体制的关键,其内在逻辑和要求体现在,市场经济是通过市场机制配置资源的经济形式。

市场机制对资源配置的作用首先就要求有一个完整的市场体系,从而使得供求、竞争、价格等市场行为发生互动关系并调节资源的充分流动。可以说,市场经济体制的有效运行,完备的市场体系是其先决条件。市场体系是相互联系的各类市场的有机统一体,各类市场之间存在着相互制约、相互依赖、相互促进的关系。如果某一类市场发育不全、发展滞后,就会影响其他市场的发展和功能发挥,从而影响市场体系的整体效率,并最终影响市场经济机制的作用。市场在资源配置中起决定性作用,前提是要形成统一、竞争、有序、开放的市场体系。

目前我国已经形成了较为健全的商品市场,但生产要素市场发展相对滞后,要素价格市场化机制尚未形成。一方面,有公开的、透明的、可调控的市场,另一方面,还有不公开、不透明因而也不可调控的市场。比如,金融市场中,信贷资金支持国有企业力度大、份额大,而对经济贡献超过 2/3 的民营企业获得信贷支持不足;既有经过政府批准的规范的证券市场,又有不规范的融资市场,股票发行和上市交易受到行政审批限制等。土地市场中存在城乡二元壁垒,农村集体建设用地,只有通过政府先征用为国有用地,才能进入城镇土地市场,再通过公开招拍挂等市场手段获得土地。劳动力市场同样是城乡分割,城市中的数亿农村转移劳动力因为户籍壁垒而不能平等地享有城镇基本公共服务,加之不同城市间基本公共服务的供给不均,妨碍了劳动力的自由流动。

实现要素市场化配置,深化经济体制改革是关键。要素市场发展滞后有其深刻的体制根源。比如资本市场多元结构的情况,不论直接融资还是间接融资,其背后反映的都是国有企业、国有银行和政府之间特殊的相互关系。要素市场发展滞后的种种现象,从总体上关系到市场经济的运行机制,显而易见,所有问题的重心都集中在国有经济部门(包括国有企业、国有银行等)和政府经济管理体制。这也就是实现生产要素市场化配置必须要深化经济体制改革的内在逻辑。一方面,要加快要素价格市场化改革。凡是能由市场形成价格的都要交给市场,政府不进行不当干预,最大限度地发挥市场决定价格的作用,通过市场竞争形成价格,进而调节供求关系,优化资源配置。另一方面,要深化要素市场改革。提高直接融资比重,促进多层次资本市场健康发展;破除妨碍劳动力、人才社会性流动的体制机制弊端;加强知识产权保护和激励。深化农村土地制度改革,建设城乡统一的建设用地市场,允许农村集体经营性建设用地出让、租赁、入股,实行与国有土地同等入市、同地同权。扩大国有土地有偿使用范围,减少非公益性用地划拨。

12.1.2 建立城乡统一的建设用地市场

土地是最重要的生产要素之一。党的十八届三中全会决定提出,"建立城乡统一的建设用地市场"。"十三五"规划纲要进一步明确,"在符合规划、用途管制和依法取得前提下,推进农村集体经营性建设用地与国有建设用地同等入市、同权同价。健全集体土地征收制度,缩小征地范围,规范征收程序,完善被征地农民权益保障机制。开展宅基地融资抵押、适度流转、自愿有偿退出试点。完善工业用地市场化配置制度"。基本要求是统筹城镇建设用地和农村集体建设用地,实行统一规划、统一管理。

- **坚持同等入市、同权同价**

同等入市意味着农村集体经营性建设用地可以与国有建设用地以平等的地位进入市场,可以在更多的市场主体间、在更宽的范围内、在更广的用途中进行市场交易。同权同价意味着农村集体经营性建设用地享有与国有建设用地相同的权能,在一级市场中可以出让、租赁、入股,在二级市场中可以租赁、转让、抵押等。农村集体经营性建设用地入市要以严格用途管制、符合用地规划为前提。建设用地具有较强的不可逆性,实现土地资源的优化配置,既要发挥"看不见的手"的作用,也要发挥"看得见的手"的作用。要坚持两手抓,两手都要硬。实行用途管制是世界大多数国家的通行做法,这是确保土地利用经济效益、社会效益、生态效益相统一的根本途径,是统筹经济发展与耕地保护的重要举措。无论是国有建设用地还是农村集体经营性建设用地都要遵守用途管制和用地规划。

- **缩小征地范围,规范征地程序,完善被征地农民权益保障机制**

缩小征地范围,就是将征地界定在公共利益范围内,逐步减少强制征地数量,从源头上减少征地纠纷的产生,同时也为建立农村集体经营性建设用地市场留出充足空间。规范征地程序,就是通过改革完善征地审批、实施、补偿、安置、争议调处裁决等程序,强化被征地农民的知情权、参与权、收益权、申诉权、监督权,进一步规范和约束政府的征地行为,防止地方政府滥用征地权。完善对被征地农民权益保障机制,就是从就业、住房、社会保障等多个方面采取综合措施维护被征地农民权益,使被征地农民生活水平有提高、长远生计有保障,确保社会和谐稳定。这里关键是要建立兼顾国家、集体、个人的土地增值收益分配机制,合理提高个人收益。也就是说,被征地农民集体和个人除了得到土地合理补偿,还应能通过一定方式分享一定比例的增值收益,并且所获得的增值收益要向个人倾斜。

- **规范农村集体经营性建设用地流转**

随着经济的快速发展,农村集体建设用地和宅基地有了较大增值空间,自发隐性无序流转十分普遍,城乡接合部尤为突出。由于这种流转不符合法律规定,缺少有效监管措施和办法,存在巨大法律风险,一旦发生纠纷,集体建设用地和宅基地所有者、使用者的权益都难以得到有效保护。要借鉴国有建设用地管理的经验,加快建立农村集体经营性建设用地流转制度,并将农村集体经营性建设用地交易纳入已有国有建设用地市场等交易平台,促进公开公平公正和规范交易。大力培育和发展城乡统一建设用地市场信息、交易代理、市场咨询、地价评估、土地登记代理、纠纷仲裁等服务机构。

- **维护农民宅基地用益物权**

十八届三中全会决定提出:"保障农户宅基地用益物权,改革完善农村宅基地制度,选择若干试点,慎重稳妥推进农民住房财产权抵押、担保、转让,探索农民增加财产性收入渠道。""十三五"规划进一步提出,"开展宅基地融资抵押、适度流转、自愿有偿退出试点"。当前,一方面,农村宅基地取得困难,违法点多面广,治理难度大;另一方面,退出机制不健全,既造成宅基地闲置,也影响农民财产权益的实现,在一定程度上阻碍了农民顺利进城落户。维护农民宅基地用益物权,推动农民增加财产性收入,必须改革完善宅基地制度,在确保农民住有所居前提下,赋予农民宅基地更完整的权能,并积极创造条件,将其逐步纳入城乡统一的建设用地市场。

- **扩大市场配置国有土地的范围**

十八届三中全会决定明确,"减少非公益性用地划拨""完善土地租赁、转让、抵押二级市场",就是要让市场在国有建设用地配置中发挥更大作用。虽然国有土地有偿使用推行多年,但重点是在新增建设用地;大量存量建设用地属于划拨用地,比例依然偏高,存量划拨用地的盘活还存在政策障碍,二级市场的作用尚未充分发挥;同时,在新增建设用地中经营性基础设施用地等尚未纳入有偿使用范畴。从发展趋势看,新增建设用地增长将受到严格制约,存量建设用地的盘活将成为建设用地供给的主要来源。因此,在进一步扩大国有建设用地市场配置新增建设用地范围的同时,大力发展和规范完善租赁、转让、抵押二级市场,鼓励支持盘活存量建设用地。

- **建立建设用地合理比价调节机制**

十八届三中全会决定要求:"建立有效调节工业用地和居住用地合理比价机制,提高工业用地价格。""十三五"规划提出,要"完善工

> **农村土地"三权分置"改革**
> 将农村土地承包经营权分为承包权和经营权,实行所有权、承包权、经营权(简称"三权")分置并行,是继家庭联产承包责任制后农村改革又一重大制度创新。科学界定"三权"内涵、权利边界及相互关系,不断健全归属清晰、权能完整、流转顺畅、保护严格的农村土地产权制度,优化土地资源配置,培育新型经营主体,促进适度规模经营发展,为发展现代农业、增加农民收入提供坚实保障。
> 逐步形成"三权分置"格局,完善"三权分置"办法,落实集体所有权,稳定农户承包权,放活土地经营权,充分发挥"三权"的各自功能和整体效用,形成层次分明、结构合理、平等保护的格局。一是扎实做好农村土地确权登记颁证工作;二是建立健全土地流转规范管理制度;三是构建新型经营主体政策扶持体系;四是完善"三权分置"法律法规。
> ——中共中央办公厅、国务院办公厅《关于完善农村土地所有权承包权经营权分置办法的意见》

业用地市场化配置制度"。价格是实现土地资源优化配置的重要手段。多年来,居住用地价格过高、工业用地价格过低,导致资源利用效率降低、产业结构失衡,影响民生事业和经济持续健康发展。这个问题,要引起高度重视,切实加强土地供需调节,加快构建居住用地和工业用地合理比价调节机制,促进地价合理回归和土地市场健康发展。

- **完善建立城乡统一的建设用地市场法律法规和配套措施**

坚持培育扶持和严格管控相结合,从法制建设、用途管制、确权登记、市场管控、共同责任等方面整体设计、配套推进。在深入研究重大问题和系统总结各地改革实践经验的基础上,进一步修改完善《中华人民共和国物权法》《中华人民共和国土地管理法》《中华人民共和国担保法》《中华人民共和国城市房地产管理法》等法律法规。抓紧研究出台农村集体经营性建设用地流转条例、农村集体土地征收补偿安置条例。做好城乡建设用地确权登记发证工作,加快完成农村集体建设用地、宅基地和城镇国有建设用地的确权登记发证工作,建立城乡建设用地统一登记信息查询系统。根据《不动产登记暂行条例》,依法登记集体土地所有权、土地承包经营权、建设用地使用权、宅基地使用权等法律规定需要登记的不动产权利。

12.2 健全价格形成机制

由市场决定价格是市场经济的基本要求和市场配置资源的基本途径,只有当价格信号是真实、客观、灵敏的,才能充分有效发挥价格杠杆的调节作用。党的十八大以来,价格体制改革明显加快,市场决定价格机制基本建立。

12.2.1 形成主要由市场决定价格的机制

党的十八届三中全会要求,"完善主要由市场决定价格的机制",强调"凡是能由市场形成价格的都交给市场,政府不进行不当干预"。价格改革的主要目标是,到2017年,竞争性领域和环节价格基本放开,政府定价范围主要限定在重要公用事业、公益性服务、网络型自然垄断环节。到2020年,市场决定价格机制基本完善,科学、规范、透明的价格监管制度和反垄断执法体系基本建立,价格调控机制基

价格改革的目标、任务和措施
2015年9月,习近平同志主持召开中央全面深化改革领导小组第十六次会议,审议通过《关于推进价格机制改革的若干意见》。
一个目标:完善主要由市场决定价格的机制。
四大任务:一是深化重点领域价格改革,充分发挥市场决定价格作用;二是建立健全政府定价制度,使权力在阳光下运行;三是加强市场价格监管和反垄断执法,逐步确立竞争政策的基础性地位;四是充分发挥价格杠杆作用,更好服务宏观调控。
五项措施:加强组织落实;健全价格法制;强化能力建设;兜住民生底线;做好舆论引导。

重点领域价格改革
一、完善农产品价格形成机制;
二、加快推进能源价格市场化;
三、完善环境服务价格政策;
四、理顺医疗服务价格;
五、健全交通运输价格机制;
六、创新公用事业和公益性服务价格管理。

本健全。价格改革的主要任务是，紧紧围绕使市场在资源配置中起决定性作用，加快价格改革步伐，深入推进简政放权、放管结合、优化服务，尊重企业自主定价权、消费者自由选择权，促进商品和要素自由流动、公平交易。

- **深化重点领域价格改革，充分发挥市场决定价格作用**

适时放开成品油、电力、天然气、交通运输等竞争性领域或环节价格，以及教育、医疗、养老等领域的非基本公共服务价格，更大限度地发挥市场决定价格作用。党的十九大报告进一步要求"加快要素价格市场化改革"。主要任务是，深化资源性产品、垄断行业等领域要素价格形成机制改革，进一步破除各种形式的自然垄断和行政垄断，根据水、石油、天然气、电力、交通、电信等不同行业特点实行网运分开和公共资源市场化配置，放开竞争性业务和竞争性环节价格，真实反映市场供求关系、资源稀缺程度和环境损害成本。深化利率和汇率市场化改革，稳步推进人民币国际化，提高金融市场国际化水平，有序实现人民币资本项目可兑换。

- **加强市场价格监管和反垄断执法**

对经济社会影响重大特别是与民生紧密相关的商品和服务，依法制定价格行为规则和监管办法，合理引导经营者价格行为。加强电信资费行为监管，推进宽带网络提速降费。有效预防、及时制止和依法查处各类价格违法行为，强化反垄断执法，着力解决群众反映的突出问题。充分发挥全国四级联网的12358价格举报管理信息系统作用，定期发布分析报告，警示经营者，提醒消费者。加快推进价格诚信体系建设。

- **充分发挥价格杠杆作用，更好服务宏观调控**

加强价格与财政、货币、投资、产业、进出口、物资储备等政策手段的协调配合，努力保持价格总水平处于合理区间。加强通缩、通胀预警，制定和完善相应防范治理预案。实施并适时调整脱硫、脱硝、除尘等环保电价政策。鼓励各地根据产业发展实际和结构调整需要，完善差别电价、水价政策，促进产业结构转型升级。加快自然资源及其产品价格和财税制度改革，全面反映市场供求、资源稀缺程度、生态环境损害成本和修复效益。创新促进区域发展的价格政策。

12.2.2 建立健全政府定价制度

对于极少数保留的政府定价项目，要推进定价项目清单化，规范定价程序,加强成本监审,推进成本公开,管细管好管到位,最大限度减少自由裁量权,推进政府定价公开透明。

- **推进政府定价项目清单化**

中央在加快推进价格改革的基础上,于 2016 年 1 月实施新的《中央定价目录》,将政府定价范围主要限定在天然气、供水、电力、特殊药品及血液、铁路和民航运输服务、重要邮政业务、商业银行基础服务收费等项目上。凡是政府定价项目,一律纳入政府定价目录管理。目录内的定价项目要逐项明确定价内容和定价部门,确保目录之外无定价权,政府定价纳入权力和责任清单。定期评估价格改革成效和市场竞争程度,适时调整具体定价项目。

- **规范政府定价程序**

对纳入政府定价目录的项目,制定具体的管理办法、定价机制、成本监审规则,进一步规范定价程序。鼓励和支持第三方提出定调价方案建议、参与价格听证。完善政府定价过程中的公众参与、合法性审查、专家论证等制度,保证工作程序明晰、规范、公开、透明,主动接受社会监督,有效约束政府定价行为。

- **加强成本监审和成本信息公开**

坚持成本监审原则,将成本监审作为政府制定和调整价格的重要程序,不断完善成本监审机制。对按规定实行成本监审的,要逐步建立健全成本公开制度。公用事业和公益性服务的经营者应当按照政府定价机构的规定公开成本,政府定价机构在制定和调整价格前应当公开成本监审结论。

12.3　维护公平竞争

公平竞争是市场经济的基本原则,是市场机制高效运行的重要基础。完善现代市场体系,最重要的是要建立公平开放透明的市场规则。健全竞争政策,完善市场竞争规则,实施公平竞争审查制度。放宽市场准入,健全市场退出机制。健全统一规范、权责明确、公正高效、法治保障的市场监管和反垄断执法体系。

12.3.1　打破各类垄断

厘清自然垄断业务边界,打破行政性垄断,防止市场垄断,放宽市场准入限制,强化反垄断监管,是实现市场公平竞争、市场机制发挥作用的必然要求。

- **区分垄断性质,进行分类改革**

对行政性垄断要坚决、尽快打破,开放准入,形成公平竞争的市场环境。极少数需要由政府垄断或管制的特殊行业,要在内部最大限度地引入市场机制、提高效率;对自然垄断环节业务,要与其相关的竞争性业务彻底分开,由政府采取技术标准、产品质量、服务水平、产品和服务价格等规制手段对垄断环节业务进行严格监管,并通过特许经营权拍卖等方式增进其竞争性和效率。对垄断行业中的竞争性业务,要开放竞争;对市场自由竞争形成的市场垄断,要严格依据反垄断法来调整企业经营行为,强化与互联网经济相适应的市场垄断规制。

- **消除行政性垄断根基,有效防止市场垄断**

一方面,打破各种形式的行政性垄断和市场分割。深入推进政府职能转变,最大限度地减少对微观经济的干预,推进政企分开、政资分开、政事分开、政府与市场中介组织分开、管办分开,清理废除基于行政权力的垄断性政策措施,重点是清理地方政府制定的包含地方保护、指定交易、市场壁垒等内容的政策措施。另一方面,依法严格规制市场垄断地位企业操纵价格、划分市场、价格歧视等不正当排斥竞争手段。深入研究互联网经济并购交易对创新的影响,在保护消费者福利、促进市场有效竞争、保护创新三者之间寻求有效平衡。

- **破除歧视性、隐蔽性的市场准入限制**

对自然垄断业务,除特殊情况外,探索采取招投标等方式,竞争性地确定经营主体,允许具备经营资质条件的企业或资本通过公平竞争、合法进入;对保留的极少数行政性垄断行业,在企业层面推行混合所有制改革,完善公司治理机制、提高经营效率;对市场垄断企业,要破除不合理的技术和市场壁垒,鼓励更多市场主体在竞争中提高效率。这里,破除非公有制经济健康发展的各种隐性壁垒是重中之重。在市场准入、产业发展、企业融资、政府服务等方面,还存在着不少歧视性、隐蔽性障碍,必须予以破除。

- **确立竞争政策基础性地位,强化反垄断监管**

推进各类经济政策与竞争政策相协调,弱化政府直接干预经济的各项措施,并接受竞争政策的审视,培育竞争政策理念和文化。完善执法规则和执法程序,实现执法的规范化、常态化和精细化。推动企业内部建立有效的反垄断合规制度,及时发现企业生产经营活动中可能出现的垄断风险。

12.3.2 放宽市场准入

市场准入管理制度是一国政府与市场关系的集中体现,其科学性与合理性是市场经济成熟程度的重要体现,直接关系着一个国家经济发展的活力。党的十八届三中全会提出"实行统一的市场准入制度",2015年10月,国务院发布《关于实行市场准入负面清单制度的意见》,明确了实行市场准入负面清单制度的总体要求、主要任务和配套措施。党的十九大要求"全面实施市场准入负面清单制度"。

- 一张清单

包括两层含义。一方面,强调清单全覆盖。要求全面梳理禁止和限制市场主体投资经营的行业、领域、业务等,做到"一单尽列",而市场准入负面清单以外的事项由市场主体依法自主决定。另一方面,强调制度统一性。市场准入负面清单由国务院统一制定发布,做到全国一张单子。未经国务院授权,各地区各部门不得自行发布市场准入负面清单,不得擅自增减、变更市场准入负面清单条目。

- 两个类别

市场准入负面清单包括禁止准入类和限制准入类,适用于各类市场主体基于自愿的初始投资、扩大投资、并购投资等投资经营行为及其他市场进入行为。

- 三种准入方式

对禁止准入事项,市场主体不得进入,行政机关不予审批、核准,不得办理有关手续;对限制准入事项,或由市场主体提出申请,行政机关依法依规作出是否予以准入的决定,或由市场主体依照政府规定的准入条件和准入方式合规进入;对市场准入负面清单以外的行业、领域、业务等,各类市场主体皆可依法平等进入。

- 四个衔接

实现市场准入负面清单与行政审批事项清单,与《产业结构调整指导目录》,与《政府核准的投资项目目录》,以及与依据法律、行政法规、国务院决定设定的市场准入管理事项的衔接。

- 六项改革措施

建立健全与市场准入负面清单制度相适应的准入机制、审批体制、监管机制、社会信用体系和激励惩戒机制、信息公示制度和信息共享制度、法律法规体系。放宽服务业准入限制是放宽市场准入的重点。我国已经进入服务业发展的黄金时期,居民消费结构正在由

负面清单的定位

市场准入负面清单制度,是指国务院以清单方式明确列出在我国境内禁止和限制投资经营的行业、领域、业务等,各级政府依法采取相应管理措施的一系列制度安排。市场准入负面清单以外的行业、领域、业务等,各类市场主体皆可依法平等进入。对禁止准入事项,市场主体不得进入,行政机关不予审批、核准,不得办理有关手续;对限制准入事项,由市场主体依照政府规定的准入条件和准入方式合规进入;对市场准入负面清单以外的行业、领域、业务等,各类市场主体皆可依法平等进入。

市场准入负面清单与外商投资负面清单

国务院《关于实行市场准入负面清单制度的意见》明确:"市场准入负面清单是适用于境内外投资者的一致性管理措施,是对各类市场主体市场准入管理的统一要求;外商投资负面清单适用于境外投资者在华投资经营行为,是针对外商投资准入的特别管理措施。"也就是说,境内市场主体(中国本土企业)的投资经营要遵守市场准入负面清单的要求,境外市场主体的投资经营既要遵守外商投资负面清单的要求,还要按照国民待遇原则,遵守市场准入负面清单的要求。随着市场准入负面清单和外商投资负面清单的普遍推行,对于外资企业来说,在市场准入负面清单及其管理方式面前,其与中国本土企业一样,平等享受国民待遇。

实物消费为主向实物消费与服务消费并重转变,生活服务消费快速增长,成为当前和今后一个时期拉动经济增长的新动力。从城乡居民消费支出变化趋势看,健康、养老、文化、体育、教育培训等生活服务消费增长速度快、需求潜力大。目前这些领域的供给主体主要是体制内的事业单位,由于事业单位改革滞后,导致这些服务业领域的有效供给不足。要按照十九大报告的要求,放宽服务业准入限制,加快推进事业单位改革。严格区分基本与非基本公共服务,理顺政府与事业单位在基本公共服务供给中的关系。对于基本公共服务,政府在履行职责的同时,要注重运用市场手段和办法,实现更有效率的公平性和均等化。对于非基本公共服务,要充分发挥市场机制作用,建立竞争机制和优胜劣汰机制,实现效益最大化和效率最优化。

12.3.3 完善市场监管

市场监管的主要目的是保证市场公平竞争。科学高效的市场监管可以营造宽松便捷的市场准入环境,激发市场和社会活力,营造公平竞争的市场秩序,引导企业实现优胜劣汰,实现供给与需求的良性循环。

- **实施公平竞争审查制度**

一是将涉及市场主体经济活动的所有政策措施纳入审查范围。对于规章、规范性文件和其他政策措施,要在正式出台前进行公平竞争审查;对于行政法规、国务院制定的其他政策措施以及地方性法规,鉴于制定主体的特殊性,要由负责起草的政府部门在起草过程中进行审查,未经审查的不得提交审议。二是明确将某些限制竞争情况多发、对竞争影响较大的领域作为重点审查的对象,包括市场准入、产业发展、招商引资、招标投标、政府采购、经营行为规范、资质标准等方面的政策措施。三是自我审查与社会监督、责任追究相结合。政策制定机关在制定涉及市场主体经济活动重点领域的政策措施时,要严格对照标准进行自我审查。强化社会监督和责任追究机制,政策制定机关在审查时,应当征求利害关系人意见,或者向社会公开征求意见,经审查出台的政策措施,要按照有关要求向社会公开;对未进行公平竞争审查,或者违反审查标准出台政策措施的,要严格追究责任。四是规范增量与清理存量相结合。对于增量,要通过实施公平竞争审查进行全面规范;对于存量,要按照分类处理、不溯及既往的原则,对照审查标准进行梳理,对其中妨碍全国统一市场和公平竞争的要有序进行清理。

公平竞争审查制度
2016年4月,习近平同志主持召开中央全面深化改革领导小组第二十三次会议,会议审议通过了《关于建立公平竞争审查制度的意见》。从维护全国统一市场和公平竞争的角度,公平竞争审查制度明确了审查对象、审查方式、审查标准、实施步骤、保障措施,按照市场准入和退出标准、商品和要素自由流动标准、影响生产经营成本标准、影响生产经营行为标准等,对有关政策措施进行审查,从源头上防止出台排除限制市场竞争的措施。对涉嫌违反公平竞争审查标准的,依法查实后要作出严肃处理。

- **实施综合监管和审慎监管**

适应科技创新、产业融合、跨界发展的大趋势,推进市场监管领域综合执法,建立综合监管体系。通过机构整合、职能调整,解决部门间多头执法、权责不清等问题,优化执法资源,提高监管效能,减轻企业负担。丰富监管手段,加强大数据监管,加强大数据基础设施建设,推动大数据广泛应用,发展大数据信用服务市场。与此同时,探索建立鼓励创新的审慎监管方式,对新的发展趋势、新经济、新业态,实行审慎包容式监管,鼓励创新、宽容创新,不让新经济适应旧规则。

内容小结

本章论述了现代市场体系改革。加快完善社会主义市场经济体制,必须加快建设统一开放、竞争有序的现代市场体系。现代市场体系改革的重点是:完善要素市场体系,优化要素市场化配置,建立城乡统一的建设用地市场;健全价格形成机制,完善主要由市场决定价格的机制,建立健全政府定价制度;维护公平竞争,打破各类垄断,放宽市场准入,完善市场监督。

关键概念

生产要素　　　　　　　要素市场化配置　　　　　　城乡建设用地市场
价格形成机制　　　　　垄断　　　　　　　　　　　市场监督
市场准入负面清单制度　公平竞争审查制度

思考讨论题

1. 为什么说要素市场化配置是经济体制改革的重点?
2. 请你谈谈建立城乡统一的建设用地市场的重要意义和难点问题。
3. 请你举例说明我国经济生活中有哪些自然垄断、行政性垄断、市场垄断。
4. 你对实行市场准入负面清单制度、公平竞争审查制度有何建议?

第 13 章
机构和行政体制改革

我国先后于 1982 年、1988 年、1993 年、1998 年、2003 年、2008 年、2013 年集中进行了 7 次较大规模的行政体制(包括党和国家机构)改革。党的十八届三中全会提出,"转变政府职能,深化行政体制改革"。党的十九大提出,深化机构和行政体制改革,转变政府职能,增强政府公信力和执行力。党的十九届三中全会进一步指出:"深化党和国家机构改革是推进国家治理体系和治理能力现代化的一场深刻变革。"

> **专栏 13.1**
> **历次国务院机构改革概览**
>
> 1982 年:改革后,国务院所属部委、直属机构和办事机构由 100 个裁并调整为 61 个,国务院各部门机关工作人员由 51 000 多人核减为 38 300 人,精简了 25%。
> 1988 年:改革后,国务院所属部委由 45 个减为 41 个;直属机构由 22 个减为 19 个;将 15 个部分业务比较接近的直属机构划归有关部委归口管理;办事机构由 4 个调整为 7 个;国务院非常设机构由 77 个减为 44 个;国务院各部门机关工作人员由 50 000 多人减少到 40 000 多人,精简了 20%。
> 1993 年:改革后,国务院组成部门设置 41 个,加上直属机构 13 个和办事机构 5 个,工作部门共 59 个。国务院非常设机构由 85 个减少到 26 个。国务院各部门严格定编定员,精简了 20% 左右。

> 1998年:改革后,国务院组成部门由40个减少到29个,直属机构设置17个,办事机构设置5个,加上国务院办公厅,共计52个。此外,还设有部委管理的国家局19个。司局级机构减少了200多个,精简了1/4;机关人员编制由3.2万名减为1.67万名,精简了47.5%。
> 2003年:改革后,国务院29个组成部门经过改革调整为28个,新组建商务部。设立国务院国有资产监督管理委员会,设立中国银行业监督管理委员会,组建国家食品药品监督管理局等。
> 2008年:改革后,国务院组成部门27个,直属特设机构1个,直属机构16个,办事机构4个,直属事业单位14个。
> 2013年:改革后,国务院组成部门25个,减少2个,国务院正部级机构减少4个,副部级机构增减相抵数量不变。

13.1 统筹各类机构设置

党的十九届三中全会审议通过的《中共中央关于深化党和国家机构改革的决定》和《深化党和国家机构改革方案》,是适应新时代中国特色社会主义发展要求作出的重大决策部署,是着眼实现全面深化改革总目标的重大制度安排。落实好这项重大改革,才能加快形成系统完备、科学规范、运行高效的党和国家机构职能体系,顺利推进国家治理体系和治理能力现代化,实现有效治理国家和社会的目标。

13.1.1 机构改革的鲜明特征

面对新时代提出的新任务新要求,目前党和国家机构设置、职能设置、履职能力与有效治理国家和社会的要求相比,还存在不少问题。比如,一些领域党政机构重叠、职责交叉、权责脱节问题比较突出;一些政府机构设置和职责划分不够科学,职责缺位和效能不高问题凸显,政府职能转变还不到位;一些领域中央和地方机构职能上下一般粗,权责划分不尽合理等。针对这些问题,此次改革具有如下鲜明的特征:

- **改革的核心是加强党的全面领导**

  党政军民学,东西南北中,党是领导一切的。完善坚持党对重大工作的全面领导制度,是深化党和国家机构改革的首要任务。一是建立健全党对重大工作的领导体制机制,确保集中统一领导。二是强化党的组织在同级组织中的领导地位,总揽全局,协调各方。三是更好发挥党的职能部门作用,统筹本系统本领域工作。四是统筹设置党政机构,党的有关机构可以与职能相近、联系紧密的其他部门实行合并设立或合署办公。五是推进党的纪律检查体制和国家监察体制改革,组建国家、省、市、县监察委员会,实现对所有行使公权力的公职人员监察全覆盖。

- **改革的范围具有全面性**

  与以往机构改革主要涉及政府机构和行政体制不同,这次机构改革是全面的改革,包括党、政府、人大、政协、司法、群团、社会组织、事业单位、跨军地,中央和地方各层级机构。在完善坚持党的全面领导制度的同时,一是优化政府机构设置和职能设置。二是统筹党政军群机构改革,完善布局。三是合理设置地方机构,赋予省级及以下机构更多自主权。

- **改革的深度具有革命性**

  这次改革不回避权力和利益调整,而是要对现有的传统既得利益进行整合,重塑新的利益格局。坚决破除制约使市场在资源配置中起决定性作用、更好发挥政府作用的体制机制弊端,围绕推动高质量发展,建设现代化经济体系,加强和完善政府经济调节、市场监管、社会管理、公共服务、生态环境保护职能,调整优化政府机构职能,最大限度减少政府对市场资源的直接配置,最大限度减少政府对市场活动的直接干预。

- **改革的设计具有科学性**

  针对我国机构编制科学化相对滞后,一些领域权力运行制约和监督机制不够完善等问题,坚持优化协同高效原则,统筹党和国家机构设置和职能配置。一是坚持一类事项原则上由一个部门统筹、一件事情原则上由一个部门负责。二是要求精干设置各级政府部门及其内设机构,推行扁平化管理,形成自上而下的高效率组织体系。三是理顺党政机构职责关系,减少多头管理,减少职责分散交叉。四是省、市、县各级涉及党中央集中统一领导和国家法制统一、政令统一、市场统一的机构职能要基本对应;把直接面向基层、量大面广、由地方实施更为便捷有效的经济社会管理事项下放给地方;允许地方因地制宜设置机构和配置职能。

- **改革的成果实行法定化**

机构编制法定化是深化党和国家机构改革的重要保障。针对我国机构编制规范化、法定化相对滞后,机构编制管理方式有待改进等问题,这次改革明确要求推进机构编制法定化。依法管理各类组织机构,加快推进机构、职能、权限、程序、责任法定化。一是完善党和国家机构法规制度,研究制定机构编制法,全面推行政府部门权责清单。二是强化机构编制管理刚性约束,严格执行机构限额、领导职数、编制种类和总量等规定,严格控制编外聘用人员。三是加大机构编制违纪违法行为查处力度,严肃追责问责。

13.1.2 机构改革的八大任务

按照中共中央印发《深化党和国家机构改革方案》的部署和要求,这次改革要完成以下八项任务:

一是深化党中央机构改革。组建国家监察委员会;组建中央全面依法治国委员会、中央审计委员会、中央教育工作领导小组、中央和国家机关工作委员会、新的中央党校(国家行政学院)、中央党史和文献研究院等;中央组织部统一管理中央机构编制委员会办公室和公务员工作;中央宣传部统一管理新闻出版和电影工作;中央统战部统一领导国家民族事务委员会,统一管理宗教、侨务工作等。

二是深化全国人大机构改革。包括组建全国人大社会建设委员会,整合全国人大内务司法委员会、财政经济委员会、教育科学文化卫生委员会的相关职责;全国人大内务司法委员会更名为全国人大监察和司法委员会;全国人大法律委员会更名为全国人大宪法和法律委员会。

三是深化国务院机构改革。根据十三届全国人民代表大会第一次会议审议通过的《国务院机构改革方案》,这次改革后,除国务院办公厅外,国务院设置组成部门26个,正部级机构减少8个,副部级机构减少7个(见图13.1)。

四是深化全国政协机构改革。组建全国政协农业和农村委员会;全国政协文史和学习委员会更名为全国政协文化文史和学习委员会;全国政协教科文卫体委员会更名为全国政协教科卫体委员会。

五是深化行政执法体制改革。整合组建市场监管综合执法队伍;整合组建生态环境保护综合执法队伍;整合组建文化市场综合执法队伍;整合组建交通运输综合执法队伍;整合组建农业综合执法队伍。

图 13.1　国务院机构改革

六是深化跨军地改革。公安边防部队改制；公安消防部队改制；公安警卫部队改制；海警队伍转隶武警部队；武警部队不再领导管理武警黄金、森林、水电部队；武警部队不再承担海关执勤任务。

七是深化群团组织改革。坚决贯彻党的意志和主张，自觉服从服务于党和国家工作大局，改革机关设置，优化管理模式，创新运行机制，增强群团组织教育、维护权益、服务群众功能，充分发挥党和政府联系人民群众的桥梁纽带作用。

八是深化地方机构改革。允许地方根据本地区经济社会发展实际，在规定限额内因地制宜设置机构和配置职能。统筹设置党政群机构，在省市县对职能相近的党政机关探索合并设立或合署办公，市县要加大党政机关合并设立或合署办公力度。借鉴经济发达镇行政管理体制改革试点经验，适应街道、乡镇工作特点和便民服务需要，构建简约高效的基层管理体制。加强各级党政机构限额管理，地方各级党委机构限额与同级政府机构限额统一计算。强化机构编制管理刚性约束，坚持总量控制，严禁超编进人、超限额设置机构、超职数配置领导干部。

13.2 推进简政放权

行政体制改革的实质是转变政府职能,而简政放权是转变政府职能的重头戏。坚持"简"字当头,"放"字为先,真正使政府减少对微观经济事务的管理,把手中更多的权力放给市场、企业和社会。

> **专栏 13.2**
> **国务院三次"放、管、服"电视电话会议**
>
> 　　2015 年 5 月 12 日,国务院召开第一次全国深化简政放权、放管结合、优化服务改革电视电话会议,释放市场活力和社会创造力。重点措施是"五个砍掉一批":砍掉一批审批事项,切实降低就业创业创新门槛;砍掉一批审批中介事项,切实拆除"旋转门""玻璃门";砍掉一批审批过程中的繁文缛节,切实方便企业和群众办事;砍掉一批企业登记注册和办事的关卡,切实清除创业创新路障;砍掉一批不合法不合规不合理的收费,切实减轻企业和群众负担。
>
> 　　2016 年 5 月 9 日,国务院召开第二次全国深化简政放权、放管结合、优化服务改革电视电话会议,再次提出要求:实施精准协同放权;深入推进商事制度改革;合理扩大高校和科研院所自主权;以更大力度推进政务公开。推进政府监管体制改革,实施公正监管,推进综合监管,探索审慎监管,促进各类市场主体公平竞争;优化政府服务,着力提高创业创新服务效率,提升公共服务供给效率,提高政务服务效率。
>
> 　　2017 年 6 月 13 日,国务院召开第三次全国深化简政放权、放管结合、优化服务改革电视电话会议,会议指出,"放、管、服"改革就是要实现政府职能的转变,重点措施是"五个为":为促进就业创业降门槛;为各类市场主体减负担;为激发有效投资拓空间;为公平营商创条件;为群众办事生活增便利。

13.2.1 "三个清单"的管理模式

建立健全权力清单、责任清单、负面清单管理模式,划定政府与市场、社会的权责边界。在全面梳理、清理规范、审核确认、优化流程的基础上,将政府职能、法律依据、实施主体、职责权限、管理流程、监督方式等事项以权力清单的形式向社会公开,逐一厘清与行政权力相对应的责任事项、责任主体、责任方式(见图13.2)。加快形成边界清晰、分工合理、权责一致、运转高效、依法保障的政府职能体系和科学有效的权力监督、制约、协调机制。扎实推进国务院部门编制、公布权力和责任清单工作,做到"有权必有责、用权受监督、违法要追究"。要求省级政府2015年年底前、市县两级政府2016年年底前要基本完成政府工作部门、依法承担行政职能的事业单位权力清单的公布工作;根据《国务院关于实行市场准入负面清单制度的意见》,按照先行先试、逐步推开的原则,从2016年起用两年时间在部分地区试行市场准入负面清单制度,2018年在全国全面推开。

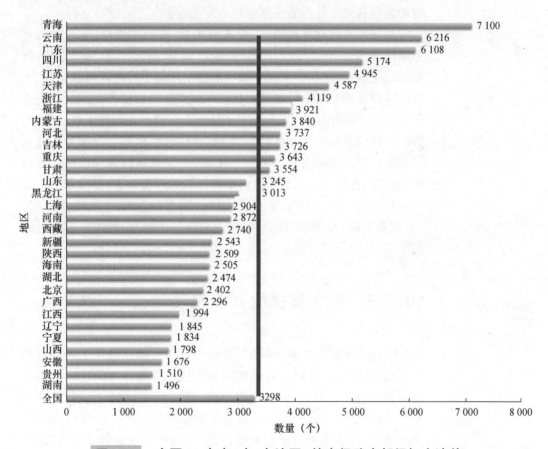

图13.2　全国31个省(市、自治区)的省级政府部门权力清单

资料来源:截至2018年4月,中国政府网公布的各省(市、自治区)省级政府部门权力清单。

13.2.2 "两个最大限度"的审批制度

行政审批制度改革是推进简政放权的"先手棋"。基本要求是最大限度减少政府对企业经营的干预,最大限度缩减政府审批范围。全部取消非行政许可审批事项,尽可能减少对生产经营活动的许可,尽可能缩小投资项目审批、核准的范围,尽可能减少对各类机构及其活动的认定。取消不符合行政许可法规定的资质资格准入许可,研究建立国家职业资格目录清单管理制度。直接面向基层、量大面广、由地方实施更方便有效的行政审批事项,一律下放地方和基层管理。严格控制新设行政许可,加强合法性、必要性、合理性审查论证。对增加企业和公民负担的证照进行清理规范。

对保留的行政审批事项,探索目录化、编码化管理,全面推行一个窗口办理、并联办理、限时办理、规范办理、透明办理、网上办理,提高行政效能,激发社会活力。加快推进相对集中行政许可权工作,支持地方开展相对集中行政许可权改革试点。全面清理规范行政审批中介服务,对保留的行政审批中介服务实行清单管理并向社会公布,切断行政机关与中介服务机构之间的利益链,推进中介服务行业公平竞争。针对束缚大众创业万众创新、企业投资经营和便民服务的突出问题,在继续取消和下放行政许可事项的基础上,重点解决放权不同步、不协调、不到位等问题,治理"明放暗不放""选择性放权""你放我不放"等顽症,打通"最后一公里",防止"中梗阻",真正做到为市场主体"松绑开路"。

13.2.3 便利便捷的商事制度

> **浙江台州的"十一证合一"**
> 2017年,浙江省台州市在全国率先实施"十一证合一"商事登记制度改革:在组织机构代码证、税务登记证、社保登记证、统计证和营业执照"五证合一"的基础上,又将海关报关单位注册登记证、出入境检验检疫报检企业备案、对外贸易经营者备案、信息化公章执章证、开户许可证、原产地企业登记证整合到营业执照上,让企业"一个身份证闯天下"。

深化商事制度改革,提供便捷便利服务。继续清理工商登记前置审批,加快工商登记后置审批改革。进一步推进工商注册登记制度便利化,在"三证合一""一照一码"的基础上,加快推进"证照分离"。推进电子营业执照和全程电子化登记,实行"一址多照"和"一照多址"。梳理名称登记业务操作规则,探索开放企业名称数据库,推进企业名称网上自主申报。全国日均新登记企业数量见图13.3。

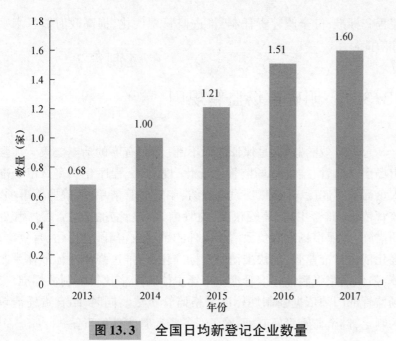

图 13.3　全国日均新登记企业数量

13.2.4　政事分开的事业单位改革

深化事业单位改革,强化公益属性,推进政事分开、事企分开、管办分离。按照中共中央国务院《关于分类推进事业单位改革的指导意见》,在从严认定的基础上,区分不同情况实施改革,对部分承担行政职能的事业单位,认真梳理职能,将属于政府的职能划归相关行政机构;对完全承担行政职能的事业单位,可调整为相关行政机关的内设机构,确需单独设置行政机构的,按照精简效能原则设置;已认定为承担行政职能但尚未调整到位的事业单位,在过渡期内继续按照现行法律法规和政策规定履行职责,使用事业编制且只减不增,人事、财务、社会保险等依照国家现行政策规定实施管理。加大政府购买公共服务力度,推动公办事业单位与主管部门理顺关系和去行政化,逐步取消学校、科研院所、医院等单位的行政级别。推进有条件的事业单位转为企业或社会组织。

13.3　提高政府监管效能

改革监管体制,创新监管方式,制定科学有效的市场监管规则、流程和标准,健全监管责任制,推进监管现代化,提高政府监管水平和效能。

13.3.1 明确市场监管规则

合理有效的监管,是保证放而不乱、活而有序的治本之策。加强市场活动监管,推进市场监管制度化、规范化、程序化。实行市场准入负面清单制度,严格依法设定红线,制定监管清单,明确监管事项、监管依据、监管主体、监管权限、监管内容、监管方法、监管程序和处罚措施,确保市场准入负面清单以外的事项放得开、管得住、有效率。强化依据标准监管,加快推动修订标准化法,推进强制性标准体系改革,强化国家强制性标准管理。市场主体须严格执行强制性标准,市场监管部门须依据强制性标准严格监管执法。同时,结合责任清单的制定,健全监管责任制,明确各级各类监管主体的责任。

13.3.2 加强事中事后监管

转变监管理念,加强事中事后监管。长期以来,各级政府及其工作人员习惯于行政审批,已经形成了一套机制、理念和方法,而加强监管还缺少经验、规则和手段,往往不得其法。加强监管、学会监管、善于监管,是摆在各级政府面前的一个重要课题。要认识到"放是改革,管也是改革",既要积极主动地放,也要理直气壮地管,切实做到权力和责任同步下放、调控与监管同步强化。监管是政府的法定职责,政府必须全面履行监管职能,坚持运用法治思维和法治方式搞好市场监管。同时,转变监管重心,在放宽准入的同时,强化过程的监管;转变监管内容,从传统的侧重管准入转向更多地管公平、管安全、管秩序;转变监管思路,强化发展规划、总量控制、技术政策、准入标准等的指导和约束。

13.3.3 创新监管机制和监管方式

推进综合执法和大数据监管,运用市场、信用、法治等手段协同监管。在综合执法方面,要改革市场监管执法体制,清理整顿归并各类执法监督队伍,推进重点领域跨部门、跨行业综合执法。在创新监

"十三五"市场监管规划

2017年1月,国务院发布《关于印发"十三五"市场监管规划的通知》。

主要目标:到2020年,按照全面建成小康社会和完善社会主义市场经济体制的要求,围绕建设统一开放、竞争有序、诚信守法、监管有力的现代市场体系,完善商事制度框架,健全竞争政策体系,初步形成科学高效的市场监管体系,构建以法治为基础、企业自律和社会共治为支撑的市场监管新格局,形成有利于创业创新、诚信守法、公平竞争的市场环境,形成便利化、国际化、法治化的营商环境。具体目标:宽松便捷的市场准入环境基本形成;公平有序的市场竞争环境基本形成;安全放心的市场消费环境基本形成;权威高效的市场监管体制机制基本建立。

管方面,要积极运用大数据、云计算、物联网等信息化手段,加快政府部门之间、上下级之间乃至政府与社会之间的监管信息互联互通,提升监管信息共享和使用效率,实行"互联网+监管"新模式,提高监管能力和水平。把握市场监管规律,建立符合我国现阶段市场运行特点的监管机制,建立与改革相适应的监管规则和办法,使宽进与严管统筹推进,放活与管好同步到位。加强社会信用体系建设,建立完善信用信息共享交换平台和信用网站,实现信用信息的归集、共享、公开和应用,加快建立事前信用承诺制度、事中信用分类监管、事后信用联合奖惩机制,构建以诚信为核心的新型市场监管体系。全面实行随机抽取检查对象、随机抽取执法人员的"双随机"抽查机制,抽查情况及查处结果要及时向社会公布,严格限制监管部门的自由裁量权。

13.4 优化政府服务

从企业需要、群众需要出发,优化政府服务,加强薄弱环节,解决突出问题,提供公开透明、高效便捷、公平可及的政务服务和公共服务,建设人民满意的服务型政府。

13.4.1 简化优化办事流程和服务标准

围绕更好地为市场主体服务,按照简化手续、优化程序、在线运行、限时办结、把审批变成服务的要求,进一步精简审批环节、优化审批流程、压缩审批时限、规范审批行为,提升行政服务质量和水平,增强为市场主体服务的主动性;围绕为大众创业、万众创新提供全方位服务,强化政策、法律和信息咨询服务,加强知识产权保护,做好对大学生的就业创业指导服务和农民工的职业技能培训;围绕为人民群众提供公平、可及的公共服务,创新公共服务供给机制和服务方式,充分利用社会力量,实现提供主体和提供方式多元化,增强多层次供给能力,满足群众多样化需求。

优化直接面向企业和群众服务项目的办事流程和服务标准。编制审批事项目录标准,清晰列出事项名称、事项编码、事项性质、设定依据、适用区域、适用的申请主体、法定实施主体、实际实施主体、项目生效及失效时间、重要说明及注意事项等,实现行政审批实施权力

> **"减证"便民**
> 针对烦扰群众的各种"奇葩"证明、循环证明、重复证明等问题,凡没有法律法规依据的一律取消,能通过个人现有证照来证明的一律取消,能采取申请人书面承诺方式解决的一律取消,能通过网络核验的一律取消。即使必要的证明,也可通过部门之间的信息共享互认来核查解决,减少不必要的重复举证。

要件的标准化。编制审批流程标准,在法定程序的基础上,将行政审批中的申请、受理、审批、送达流程整合优化,实现审批流程的标准化。编制裁量准则标准,列明申请人获得批准所必须具备的条件,对审批同意与否的各种审批裁量依据标准与情况进行标准化处理,实现审批实施裁量准则的标准化。编制服务方式标准,从公开服务信息、健全服务制、推进网上审批等方面,实现审批实施服务方式的标准化。

加强部门间业务协同。实现一个窗口对外集中受理、集中办证、联合办证,真正解决企业、公众办事跑多个部门,在多个部门间来回折腾的现象。树立"以相对人为中心"的现代公共行政服务理念,设身处地为办事人着想,提供更加人性化、更富人情味的服务。打破部门利益局限,加强协调配合,建立跨部门、跨行业的政务服务和公共服务平台,把相关部门的审批、监管等事项和规则放到统一的平台上。加快推动跨部门、跨区域、跨行业涉及公共服务事项的信息互通共享、校验核对。从方便人民群众办事角度,合理设置行政审批流程,变"群众来回跑"为"部门协同办"。对群众必须到场办理的事项,尽可能减少到场次数,努力实现"最多跑一次"。

13.4.2 建立高效便捷的"互联网+政务服务"体系

打破"信息孤岛",整合政府各部门数据资源,运用大数据和云计算技术为政府、企业、个人提供统一的数据共享服务。积极打造行政审批、信用信息共享、公共资源交易、价格举报、便民服务等综合服务平台。依托实体大厅功能,积极拓展网上服务,并向手机端延伸。坚持以公开为常态、不公开为例外的原则,通过各部门各地区门户网站及其他综合性政务门户网站,政务微博、微信等途径依法公开政务信息,特别是财政预算、公共资源配置、重大建设项目批准和实施、社会公益事业建设等领域的政府信息,加快推进决策公开、执行公开、管理公开、服务公开和结果公开。凡在网上能办的事尽可能网上办理,让企业和群众少跑腿。

"互联网+政务服务"工作目标和主要任务

工作目标:2020年年底前,实现互联网与政务服务深度融合,建成覆盖全国的整体联动、部门协同、省级统筹、一网办理的"互联网+政务服务"体系,大幅提升政务服务智慧化水平,让政府服务更聪明,让企业和群众办事更方便、更快捷、更有效率。

主要任务:一是优化再造政务服务。规范网上服务事项;优化网上服务流程;推进服务事项网上办理;创新网上服务模式;全面公开服务信息。二是融合升级平台渠道。规范网上政务服务平台建设;推进实体政务大厅与网上服务平台融合发展;推动基层服务网点与网上服务平台无缝对接。三是夯实支撑基础。推进政务信息共享;加快新型智慧城市建设;建立健全制度标准规范;完善网络基础设施;加强网络和信息安全保护。

——国务院《关于加快推进"互联网+政务服务"工作的指导意见》

内容小结

本章论述了机构和行政体制改革。深化机构和行政体制改革，是国家治理体系和治理能力现代化的一场深刻变革，是关系党和国家事业全局的重大政治任务。统筹各类机构设置，把握改革的鲜明特征，落实改革的八大任务，加快形成系统完备、科学规范、运行高效的党和国家机构职能体系。推进简政放权，实行"三个清单"的管理模式和"两个最大限度"的审批制度，加快商事制度改革和政事分开的事业单位改革。提高政府监管效能，明确市场监管规则，加强事中事后监督，创新监管机制和监管方式。优化政府服务，从企业需要、群众需要出发，简化优化办事流程和服务标准，建立高效便捷的"互联网＋政务服务"体系。

关键概念

党和国家机构改革　　行政体制改革　　政府职能转变　　简政放权
"三个清单"管理制度　　行政审批制度　　商事制度　　事业单位改革
市场监管　　政府服务

思考讨论题

1. 请你联系实际谈谈深化党和国家机构改革的重大意义。
2. 政府的五项职能是什么？
3. 如何认识简政放权、放管结合、优化服务三者之间的关系。
4. 你对行政体制改革有何建议？

第 14 章
财税体制改革

财政是国家治理的基础和重要支柱。党的十八届三中全会指出:"必须完善立法、明确事权、改革税制、稳定税负、透明预算、提高效率,建立现代财政制度,发挥中央和地方两个积极性。"党的十九大报告强调:"加快建立现代财政制度,建立权责清晰、财力协调、区域均衡的中央和地方财政关系。建立全面规范透明、标准科学、约束有力的预算制度,全面实施绩效管理。深化税收制度改革,健全地方税体系。"

14.1 建立权责清晰、财力协调、区域均衡的中央和地方财政关系

> **中央与地方财政关系的三大原则**
> **权责清晰**:形成中央领导、合理授权、依法规范、运转高效的财政事权和支出责任划分模式;
> **财力协调**:形成中央与地方合理的财力格局,为各级政府履行财政事权和支出责任提供有力保障;
> **区域均衡**:着力增强财政困难地区兜底能力,稳步提升区域间基本公共服务均等化水平。
>
> **财政事权与支出责任**
> 财政事权是一级政府应承担的运用财政资金提供基本公共服务的任务和职责,支出责任是政府履行财政事权的支出义务和保障。

科学规范中央和地方财政关系,事关区域发展、社会公平和国家长治久安。1994 年实施的财税体制改革还不尽完善,受种种因素制约,中央与地方财政事权和支出责任存在不清晰、不合理、不规范问题。理顺中央和地方财政关系,必须具有清晰的财政事权和支出责任划分、合理的财力配置和明确的目标导向,这是政府有效提供基本公共服务的前提和保障,是建立现代财政制度的重要内容。2016 年 8 月,国务院印发《关于推进中央与地方财政事权和支出责任划分改革的指导意见》。

14.1.1 划分中央与地方财政事权

适度加强中央财政事权。财政事权由中央决定。坚持基本公共

服务的普惠性、保基本、均等化方向,加强中央在保障国家安全、维护全国统一市场、体现社会公平正义、推动区域协调发展等方面的财政事权。深化中央财政事权履行责任,中央的事权原则上由中央直接行使。

保障地方履行财政事权。加强地方政府公共服务、社会管理等职责。将直接面向基层、量大面广、与当地居民密切相关、由地方提供更方便有效的基本公共服务确定为地方的财政事权,赋予地方政府充分自主权,依法保障地方的财政事权履行,更好地满足地方基本公共服务需求。要逐步将社会治安、市政交通、农村公路、城乡社区事务等受益范围地域性强、信息较为复杂且主要与当地居民密切相关的基本公共服务确定为地方的财政事权。

减少并规范中央与地方共同财政事权。考虑到我国人口和民族众多、幅员辽阔、发展不平衡的国情和经济社会发展的阶段性要求,需要更多发挥中央在保障公民基本权利、提供基本公共服务方面的作用,针对中央与地方共同财政事权过多且不规范的情况,必须逐步减少并规范中央与地方共同财政事权。逐步将义务教育、高等教育、科技研发、公共文化、基本养老保险、基本医疗和公共卫生、城乡居民基本医疗保险、就业、粮食安全、跨省(区、市)重大基础设施项目建设和环境保护与治理等体现中央战略意图、跨省(区、市)且具有地域管理信息优势的基本公共服务确定为中央与地方共同财政事权,并明确各承担主体的职责。

建立财政事权划分动态调整机制。财政事权划分要根据客观条件变化进行动态调整。在条件成熟时,将全国范围内环境质量监测和对全国生态具有基础性、战略性作用的生态环境保护等基本公共服务,逐步上划为中央的财政事权。对新增及尚未明确划分的基本公共服务,要根据社会主义市场经济体制改革进展、经济社会发展需求以及各级政府财力增长情况,将应由市场或社会承担的事务交由市场主体或社会力量承担,将应由政府提供的基本公共服务统筹研究划分为中央财政事权、地方财政事权或中央与地方共同财政事权。

14.1.2 完善中央与地方的支出责任划分

中央的财政事权由中央承担支出责任。属于中央的财政事权,应当由中央财政安排经费,中央各职能部门和直属机构不得要求地方安排配套资金。中央的财政事权如委托地方行使,要通过中央专

财政事权与支出责任的划分原则
- 体现基本公共服务受益范围
- 兼顾政府职能和行政效率
- 实现权、责、利相统一
- 激励地方政府主动作为
- 做到支出责任与财政事权相适应

——《国务院关于推进中央与地方财政事权和支出责任划分改革的指导意见》(国发〔2016〕49号)

省以下财政事权和支出责任划分

省级政府要参照中央做法,结合当地实际,按照财政事权划分原则合理确定省以下政府间财政事权。将部分适宜由更高一级政府承担的基本公共服务职能上移,明确省级政府在保持区域内经济社会稳定、促进经济协调发展、推进区域内基本公共服务均等化等方面的职责。将有关居民生活、社会治安、城乡建设、公共设施管理等适宜由基层政府发挥信息、管理优势的基本公共服务职能下移,强化基层政府贯彻执行国家政策和上级政府政策的责任。省级政府要根据省以下财政事权划分、财政体制及基层政府财力状况,合理确定省以下各级政府的支出责任,避免基层政府承担过多支出责任。

项转移支付安排相应经费。

地方的财政事权由地方承担支出责任。属于地方的财政事权原则上由地方通过自有财力安排。对地方政府履行财政事权、落实支出责任存在的收支缺口,除部分资本性支出通过依法发行政府性债券等方式安排外,主要通过上级政府给予的一般性转移支付弥补。地方的财政事权如委托中央机构行使,地方政府应负担相应经费。

根据中央与地方共同财政事权区分情况划分支出责任。对体现国民待遇和公民权利、涉及全国统一市场和要素自由流动的财政事权,如基本养老保险、基本公共卫生服务、义务教育等,可以研究制定全国统一标准,由中央与地方按比例或以中央为主承担支出责任;对受益范围较广、信息相对复杂的财政事权,如跨省(区、市)重大基础设施项目建设、环境保护与治理、公共文化等,根据财政事权外溢程度,由中央和地方按比例或中央给予适当补助方式承担支出责任;对中央和地方有各自机构承担相应职责的财政事权,如科技研发、高等教育等,中央和地方各自承担相应支出责任;对中央承担监督管理、出台规划、制定标准等职责,地方承担具体执行等职责的财政事权,中央与地方各自承担相应支出责任。

14.1.3 健全中央与地方收入划分和转移支付制度

加快研究制定中央与地方收入划分总体方案,进一步理顺中央与地方的财政分配关系,形成财力与事权相匹配的财政体制。进一步完善中央对地方转移支付制度,清理整合与财政事权划分不相匹配的中央对地方转移支付,增强财力薄弱地区尤其是老少边穷地区的财力。完善一般性转移支付的稳定增长机制。增加一般性转移支付规模和比例,更好发挥地方政府贴近基层、就近管理的优势,促进地区间财力均衡,重点增加对革命老区、民族地区、边疆地区、贫困地区的转移支付。中央出台减收增支政策形成的地方财力缺口,原则上通过一般性转移支付调节。清理、整合、规范专项转移支付项目。大幅度减少转移支付项目,归并重复交叉的项目,逐步取消竞争性领域专项和地方资金配套,严格控制引导类、救济类、应急类专项,对保留的专项进行甄别,属于地方事务且数额相对固定的项目,划入一般性转移支付。

14.2 建立全面规范透明、标准科学、约束有力的预算制度

政府预算制度是现代财政制度的基础。经过多年探索,我国建立了由一般公共预算、政府性基金预算、国有资本经营预算和社会保险基金预算组成的预算体系。四个政府预算相互独立,统一、协调不够,预算管理偏重收入,支出预算偏软,不利于依法治税和人大监督。2014年10月,国务院印发《关于深化预算体制改革的决定》,要求按照新修订的《预算法》,进一步提升预算的全面性、规范性和透明度,推进预算科学精准编制,增强预算执行刚性约束,提升财政资源配置效率。

现代政府预算制度要求
全面规范透明:推进全口径政府预算管理,全面反映政府收支总量、结构和管理活动;
标准科学:遵循财政预算编制的基本规律,根据经济社会发展目标、国家宏观调控要求和行业发展需要等因素,明确重点支出预算安排的基本规范;
约束有力:严格落实《预算法》,切实硬化预算约束。

14.2.1 完善政府预算体系

实行全口径预算管理,明确一般公共预算、政府性基金预算、国有资本经营预算、社会保障预算的收支范围和功能定位,建立定位清晰、分工明确的政府预算体系。加大政府性基金预算、国有资本经营预算与一般公共预算的统筹力度,完善社会保障预算编制制度。健全预算标准体系,深入推进项目支出标准体系建设,发挥支出标准在预算编制和管理中的基础性作用。加强预算评审结果运用,及时总结不同项目的支出规律,探索建立同类项目的标准化管理模式。

跨年度预算平衡机制
跨年度预算平衡机制是在预算决策中结合财政政策的相机变化,进行多年期的财政收入与支出预测,实现预算收支从强制约束性向展望预期性的转变,更加强调预算收支在一个动态经济周期内的大致均衡,而不再过多强调年度预算的收支平衡,从而兼顾预算的逆周期调节作用和预算在经济周期内的平衡。

14.2.2 建立跨年度预算平衡机制

我国税收制度以流转税为主体,财政收入具有随着经济高速增长而加速增长,随着经济减速而加速放缓的顺周期特征,财政支出刚性越来越强,中长期支出压力越来越大。实行中期财政规划管理,编制三年滚动财政规划。改进年度预算控制方式,强化支出预算约束。中央一般公共预算因宏观调控政策需要可编列赤字,通过发行国债予以弥补。经国务院批准,地方一般公共预算为没有收益的公益性事业发展可编列赤字,通过举借一般债务予以弥补。加强政府性基

我国财政赤字和政府债务规模
2017年中央政府性预算12.89万亿元,地方政府性预算16.47万亿元。赤字率2.6%,比2016年降低0.4个百分点。财政赤字2.38万亿元,中央1.55万亿元;地方8300亿元。

金预算编制管理,经国务院批准,地方政府性基金预算为有一定收益的公益性事业发展可举借专项债务。地方政府一般债务、专项债务规模纳入限额管理。国有资本经营预算按照收支平衡的原则编制,不列赤字。根据经济形势发展变化和财政政策逆周期调节的需要,建立跨年度预算平衡机制。

14.2.3 全面实施预算绩效管理

> **新修订的《预算法》**
> 2014年8月,十二届全国人大常委会第十次会议通过了《全国人民代表大会常务委员会关于修改〈中华人民共和国预算法〉的决定》,并重新颁布修订后的《预算法》。新《预算法》充分体现了"预算完整,公开透明,科学有序,执行有效,纪律严明"等现代预算管理的基本要素。新修订的内容有:规制预决算的编制、审查、批准、监督,以及预算的执行和调整;实行五级预算、四类预算、跨年度预算;建立健全专项转移支付定期评估和退出机制;规范中央政府、地方政府举债等。

严格落实《预算法》,硬化预算约束。绩效管理覆盖所有财政资金,体现权责对等,放权和问责相结合。坚持先预算后支出,年度预算执行中,严格执行人民代表大会批准的预算,严控预算调整和调剂事项,强化预算单位的主体责任。规范国库资金管理,提高国库资金收支运行效率。强化绩效目标管理,建立预算安排与绩效目标、资金使用效果挂钩的激励约束机制。严格控制政府性楼堂馆所、财政供养人员以及"三公"经费等一般性支出,提升公共服务质量和水平,提高人民满意度。建立权责发生制的政府综合财务报告制度和财政库底目标余额管理制度,建立政府综合财务报告和政府会计标准体系。

14.2.4 强化政府债务管理制度

建立规范的政府债务管理及风险预警机制,合理确定政府赤字和政府债务规模。明确各级政府对本级债务负责,地方政府一律采取发行政府债券方式规范举债,强化地方政府债务预算管理和限额管理。地方政府举借的债务,只能用于公益性资本支出和适度归还存量债务,不得用于经常性支出。层层落实各级地方政府主体责任,加大问责追责和查处力度,完善政绩考核体系。地方政府对其举借的债务负有偿还责任,中央政府实行不救助原则。剥离融资平台公司政府融资职能,推动规范运作政府与社会资本合作模式。建立地方政府信用评级制度,逐步完善地方政府债券市场。建立债务风险预警及化解机制,根据债务率、新增债务率、偿债率、逾期债务率等指标,评估各地区债务风险状况,对债务高风险地区进行风险预警。

14.3 深化税收制度改革

税收是政府收入的基本形式,是国家实施宏观调控、调节收入分配的重要工具。我国税费制度在化解过剩产能、调节收入分配、促进生态保护和资源节约等方面的功能还不够强。间接税比重过高,地方税体系不健全等,对地方政府发展经济、保障民生的积极性和能力存在影响。深化税收制度改革的目标是形成税法统一、税负公平、调节有度的税收制度体系,促进科学发展、社会公平和市场统一,同时,建立科学规范、依法有据、公开透明的非税收入管理制度。

14.3.1 完善直接税体系

建立综合与分类相结合的个人所得税制度,优化税率结构,完善税前扣除,规范和强化税基,加强税收征管,充分发挥个人所得说调节功能。实行代扣代缴和自行申报相结合的征管制度,加快完善个人所得税征管配套措施,建立健全个人收入和财产信息系统。密切关注国际税收改革动态,审慎评估和研判国际税制发展趋势,进一步完善企业所得税制度。适应经济全球化发展和"一带一路"建设的需要,加强国际税收协调,提升我国税制的国际竞争力。按照"立法先行、充分授权、分步推进"的原则,推进房地产税立法和实施。对工商业房地产和个人住房按照评估值征收房地产税,适当降低建设、交易环节税费负担,逐步建立完善的现代房地产税制度。

直接税

直接税是指税负不能转嫁、由纳税人直接负担的税收。直接税以归属于私人(为私人占有或所有)的所得和财产为课税对象。在我国,直接税主要包括:所得税类,个人所得税、企业所得税;财产税类,房产税、契税、车船税、船舶吨税、车辆购置税;行为税中的城市维护建设税、烟叶税。

14.3.2 健全间接税体系

按照税收中性原则,全面完成营业税改增值税,消除重复征税问题,合理确定增值税税率水平和税率档次,进一步健全抵扣链条,完善出口退税等政策措施,构建更加公平、简洁的税收制度。结合增值税改革进程,推进增值税立法,最终形成规范的现代增值税制度。结合实施中央和地方收入划分改革,研究调整部分消费税品目征收环节和收入归属。

间接税

间接税是指纳税人能将税负转嫁给他人负担的税收。间接税对商品和劳务征税,商品生产者和经营者通常将税款附加或合并于商品价格或劳务收费标准之中,从而使税负发生转移。在我国间接税主要包括:流转税类;增值税、营业税、消费税、关税;资源税类:资源税、土地增值税、城镇土地使用税、耕地占用税;行为税中的印花税。

> **专栏 14.1**
> **营业税改增值税前后中央和地方一般预算收入划分**
>
> **营业税改增值税前：**
>
> 中央固定收入　关税，海关代征消费税和增值税，消费税，铁道部门、各银行总行、各保险公司总公司等集中交纳的收入（包括营业税、利润和城市维护建设税），未纳入共享范围的中央企业所得税、中央企业上交的利润等
>
> 中央与地方共享收入　增值税中央分享75%，地方分享25%；纳入共享范围的企业所得税和个人所得税中央分享60%，地方分享40%；资源税按不同的资源品种划分，海洋石油资源税为中央收入，其余资源税为地方收入；证券交易印花税中央分享97%，地方（上海、深圳）分享3%
>
> 地方固定收入　营业税（不含铁道部门、各银行总行、各保险公司总公司集中交纳的营业税），地方企业上缴利润，城镇土地使用税，城市维护建设税（不含铁道部门、各银行总行、各保险公司总公司集中交纳的部分），房产税，车船使用税，印花税，耕地占用税，契税，遗产和赠予税，烟叶税，土地增值税，国有土地有偿使用收入，等等
>
> **营业税改增值税后：**
>
> 以2014年为基数核定中央返还和地方上缴基数；所有行业企业缴纳的增值税均纳入中央和地方共享范围；中央分享增值税的50%；地方按税收缴纳地分享增值税的50%；中央上划收入通过税收返还方式给地方，确保地方既有财力不变；中央集中的收入增量通过均衡性转移支付分配给地方。

14.3.3　健全地方税体系

调整税制结构，培育地方税源，加强地方税权，理顺税费关系，逐步建立稳定、可持续的地方税体系。一是完善地方税种。根据税基弱流动性、收入成长性、征管便利性等原则，合理确定地方税税种。在目前已实施的城镇土地使用税、房产税、车船税、耕地占用税、契税、烟叶税、土地增值税等为地方税的基础上，继续拓展地方税的范围，同时逐步扩大水资源费改税改革试点，改革完善城市维护建设税。二是扩大地方税权。在中央统一立法和税种开征权的前提下，根据税种特点，通过立法授权，适当扩大地方税收管理权限，地方税

收管理权限主要集中在省级。三是统筹推进政府非税收入改革。加快非税收入立法进程。深化清理收费改革,继续推进费改税。在规范管理、严格监督的前提下,适当下放部分非税收入管理权限。

14.3.4 落实税收法定原则

落实税收法定原则,是党的十八届三中全会决定提出的一项重要改革任务。2015年3月,党中央审议通过的《贯彻落实税收法定原则的实施意见》,明确不再出台新的税收条例;新开征税,通过全国人大及其常委会制定相应的税收法律,将现行由国务院行政法规规范的税种上升为由法律规范;废止有关税收条例。力争到2019年完成全部立法程序,2020年完成"落实税收法定原则"的改革任务。

税收法定原则
税收法定原则是党的十八届三中全会决定提出的一项重要改革任务。新修改的《中华人民共和国立法法》,对税收法定原则进行了明确和细化,规定"税种的设立、税率的确定和税收征收管理等税收基本制度"只能由法律规定。这一修改变化,得到了社会各界的广泛认同,被认为是税收法定迈出的关键性一步。

内容小结

本章论述了财政体制改革。财政是国家治理的基础和重要支柱。必须完善立法、明确事权、改革税制、稳定税负、透明预算、提高效率,加快建立现代财政制度。建立责权清晰、财力协调、区域均衡的中央与地方财政关系,合理划分中央与地方财政事权和支出责任,健全中央与地方收入划分和转移支付制度;建立全面规范透明、标准科学、约束有力的预算制度,完善政府预算体系,建立跨年度预算平衡机制,全面实施绩效管理,强化政府预算管理制度;深化税收制度改革,完善直接税体系,健全间接税体系,健全地方税体系。

关键概念

中央与地方财政关系　　财政事权　　　支出责任
转移支付制度　　　　　预算制度　　　赤字率
政府责任　　　　　　　税收制度　　　直接税
间接税　　　　　　　　税收法定原则

思考讨论题

1. 为什么要加快建设现代财政制度?
2. 如何构建科学规范的中央与地方财政关系?
3. 我国预算制度的构成如何?强化预算约束的主要措施是什么?
4. 请你谈谈深化税收制度改革的主要任务以及政策建议。

第 15 章
金融体制改革

金融是国家重要的核心竞争力。党的十九大要求："深化金融体制改革，增强金融服务实体经济能力，提高直接融资比重，促进多层次资本市场健康发展。健全货币政策和宏观审慎政策双支柱调控框架，深化利率和汇率市场化改革。健全金融监管体系，守住不发生系统性金融风险的底线。"

15.1 丰富金融机构体系

金融机构是金融服务的主体，合理的金融机构结构与布局，是金融服务实体经济的必然要求，也是金融体系稳健运行的重要保障。目前金融机构在服务的广泛性、差异性以及分工的合理性方面尚有差距。改革完善金融机构体系，要统筹发展商业性金融、开发性金融、政策性金融、合作性金融，构建多层次、广覆盖、有差异的金融机构体系。

15.1.1 优化金融机构布局

完善银行业金融机构。加快实现国有大银行战略转型，鼓励引导全国性股份制银行、城市商业银行、民营银行等金融机构专业化、差异化发展，发挥比较优势，提高核心竞争力。坚持分类指导的原则，深化国家开发银行、进出口银行和农业发展银行改革，加强资本约束，完善治理结构，加大对重点领域、薄弱环节的支持力度。依托

增强金融服务实体经济能力
为实体经济服务，满足经济社会发展需要，是金融的本分。金融只有在为实体经济服务中才能实现自身持续健康发展。金融要把为实体经济服务作为出发点和落脚点，主动适应全面建成小康社会新形势，主动适应深化供给侧结构性改革新要求，全面提升金融服务效率和水平，把更多金融资源配置到经济社会发展的重点领域和薄弱环节，更好满足人民群众和实体经济多样化的金融需求。

合作组织,引导合作性金融健康发展,提高金融机构管理水平和服务质量。规范发展信托公司、财务公司。稳步发展消费金融公司。有序发展融资租赁。支持外资银行本土化发展,促进我国银行业服务国际化程度不断提高。

稳步发展证券期货经营机构。支持发展具有国际竞争力和品牌影响力的投资银行、资产管理机构和投资咨询机构。支持证券期货经营机构、各类资产管理机构在依法合规、风险可控的前提下,围绕财富管理、资本中介等业务自主创设产品,规范发展柜台业务。建立健全长期资金投资资本市场的制度,加强基本养老基金投资管理,完善企业年金投资资本市场的制度机制。大力发展专业投资公司,推动基金管理公司向现代资产管理机构转型。培育发展私募基金市场,建立健全私募基金管理法规体系。

更好发挥保险机构功能。保险机构回归本源,做强主业、专业化经营,强化风险保障和长期储蓄功能。增强保险机构核心竞争力,着力发展农业保险、大灾保险、企业财产险、责任保险、商业车险等业务,支持发展相互保险、健康和养老保险等机构,积极发展长期寿险、意外险、健康险、养老险等人身保险,发挥好弥补经济损失、完善社会保障、参与社会管理等作用,努力成为经济的"减震器"和社会的"稳定器"。健全再保险市场体系。建立多层次、多成分、多形式的保险中介服务体系。

15.1.2 发展中小银行和民营金融机构

美国大中小银行结构
2016年,美国银行总数为6 530家,大银行占比约为一成,中小银行占比约为九成,资产规模在1亿—10亿美元的银行占61.51%。美国大银行主要面向高中端企业客户,中小银行主要面向当地中小企业、社区居民和农民。中小银行净息差水平和信贷资产质量高于大银行,但总体盈利能力低于大银行。2016年资产规模在1亿—10亿美元的中小型银行贷款净损失率为0.15%。

金融机构的服务对象有大有小,所处领域、机构类型及发展阶段等各不相同。为实现金融服务供给与金融服务需求的有效衔接,既需要大型金融机构,也需要中小型金融机构,形成大中小共生并存的金融机构体系和功能互补的金融服务主体。推动民间资本进入银行业,支持民间资本参与或发起设立中小型银行业金融机构。鼓励民间资本进入证券业、保险业。简化行政许可事项,便利民间资本以适当方式依法投资证券公司、基金管理公司、期货公司、投资咨询机构、证券资信评级机构、独立基金销售机构等。鼓励资本多元化和股权多元化,推进保险公司混合所有制改革。

15.1.3 发展普惠金融和多业态中小微金融组织

普惠金融是解决小微企业等薄弱环节金融服务难题的有效途径。抓紧建设广覆盖、可持续、互助共享、线上线下同步发展的普惠金融体系,加强对小微企业、"三农"和偏远地区的金融服务。以小微企业、农民、城镇低收入人群、贫困人群和残疾人、老年人等特殊群体为普惠金融重点服务对象,发展能够高效便捷低成本地提供融资、汇款、结算和支付等基本金融服务的各类金融机构。引导有条件的股份制商业银行设立普惠金融事业部,拓展普惠金融业务。支持并规范移动互联、小额贷款等创新性、社区型金融业态发展。规范发展互联网金融。推动民间融资阳光化。优化小微企业金融服务生态环境,加强金融消费者保护和金融知识普及教育。

专栏 15.1
普惠金融发展目标

到2020年,建立与全面建成小康社会相适应的普惠金融服务和保障体系,有效提高金融服务可得性,明显增强人民群众对金融服务的获得感,显著提升金融服务满意度,特别是要让小微企业、农民、城镇低收入人群、贫困人群和残疾人、老年人等及时获取价格合理、便捷安全的金融服务,使我国普惠金融发展水平居于国际中上游水平。

- 提高金融服务覆盖率。要基本实现乡乡有机构,村村有服务,乡镇一级基本实现银行物理网点和保险服务全覆盖,推动行政村一级实现更多基础金融服务全覆盖。拓展城市社区金融服务广度和深度,显著改善城镇企业和居民金融服务的便利性。
- 提高金融服务可得性。大幅改善对城镇低收入人群、困难人群以及农村贫困人口、创业农民、创业大中专学生、残疾劳动者等初始创业者的金融支持。加大对新业态、新模式、新主体的金融支持。提高小微企业和农户贷款覆盖率。提高小微企业信用保险和贷款保证保险覆盖率,力争使农业保险参保农户覆盖率提升至95%以上。

- 提高金融服务满意度。有效提高各类金融工具的使用效率。进一步提高小微企业和农户申贷获得率和贷款满意度。提高小微企业、农户信用档案建档率。明显降低金融服务投诉率。

资料来源: 国务院《推进普惠金融发展规划(2016—2020年)》。

15.1.4 完善现代金融企业制度

我国金融机构快速发展,实力增强,多家金融机构进入世界500强。但金融机构法人治理结构不健全、风险控制机制不完善等问题明显,必须加快完善现代金融企业制度,健全金融机构公司治理势在必行。一是严格股东资质和准入管理,规范股东行为,防范股东特别是主要股东和控股股东对金融机构的不良干预。在保持对国有重点金融机构控制力的同时,通过引资、扩大对外开放等方式,扩大民间资本股权,优化金融机构股权结构。二是规范股东大会、董事会、监事会与管理层关系,形成有效的决策、执行、制衡机制。加强董事会在重大决策、选人用人和激励机制等方面的重要职责,建立董事履职问责制度,明确监事会监督职责,加强对企业财务及高管履职行为合法性的监督。三是完善激励约束机制,优化管理层考评,规范高管人员行为,开展建立职业经理人制度试点。四是加强风险内控制度建设,从职责、措施、保障、评价和监督等方面细化完善内控体系,严守会计准则和审慎监管要求,强化自身资本管理和偿付能力管理,保证充足的风险吸收能力。

15.2 健全金融市场体系

我国金融结构总体上仍以间接融资为主,资本市场发育不足,直接融资占比偏低,杠杆率偏高。各层次股权融资市场转板机制尚不完善,债券市场互联互通机制仍未畅通。利率、汇率市场发展得不充分,影响了货币政策的传导和货币调控的有效性。健全金融市场体系,就是要充分发挥市场化竞争性金融要素价格在优化资源配置中的决定性作用,形成融资功能完备、基础制度扎实、市场监管有效、投资者合法权益得到充分保障的多层次金融市场体系。

15.2.1 推进金融要素市场化改革

深化利率市场化改革。完善金融机构公司治理,健全内控制度,增强自主合理定价能力,提高风险管理水平,培育市场基准利率和收益率曲线,健全市场化的利率形成机制。深化人民币汇率形成机制改革。完善以市场供求为基础、参考一篮子货币进行调节、有管理的浮动汇率制度,加大市场决定汇率的力度,增强汇率弹性,保持人民币汇率在合理均衡水平上的基本稳定,促进国际收支基本平衡。推进新股发行市场化定价。增强发行人信息披露的真实性、准确性、完整性、充分性和及时性,投资者自行判断发行人的盈利能力和投资价值,自担投资风险。深化保险市场价格改革。进一步完善中国风险导向的偿付能力体系,推进商业车险费率市场化改革,完善交强险费率动态调整机制,健全区域差异化费率制度。

15.2.2 有序发展股权融资市场

与大中小企业不同的成长阶段、发展环境等相适应,统筹股票市场主板、中小板和创业板的市场定位和功能分工,形成不同层次市场相互衔接、相得益彰的多层次有机体系,提高直接融资特别是股权融资比重。主板市场要不断完善发行、上市、交易等重大基础制度,稳步推进股票发行市场化改革。改革创业板市场,在提高投资者适当性要求基础上,支持发展潜力好但尚未盈利的创新型企业上市或在新三板挂牌。深化新三板改革,提升新三板市场融资和交易定价等核心功能,推进市场精细化分层,支持挂牌企业兼并重组。区域性股权市场要严守私募股权市场定位,服务当地中小微企业。优化创业投资市场环境,实行与其他私募基金区别对待的差异化监管政策。

建立健全转板机制和退出机制。研究建立多层次资本市场转板与合作对接机制。探索新三板挂牌公司到交易所上市的介绍上市机制。建立新三板与区域性股权市场的合作机制。完善市场化退市制度。构建符合我国实际并有利于投资者保护的退市制度,建立健全市场化、多元化退市指标体系并严格执行。发挥交易所主体责任。严格执行财务指标退市标准,促进"僵尸企业"出清。对严重违法的上市公司实行强制退市。支持上市公司以吸收合并、股东收购、转板等形式实施主动退市。明确退市公司重新上市的标准和程序。

15.2.3　大力发展债券市场

完善债券市场制度安排。发展并规范债券融资，深化市场互联互通，推动公司信用类债券信息披露标准的统一，逐步实现发行人自主选择发行场所、投资者自主选择交易场所。完善做市机制等债券市场基础制度，推进三方回购和集中债券借贷业务发展。建立健全债券发行人信息披露机制和信用信息查询系统。强化发行人和投资者的责任约束，健全债券违约监测和处置机制，支持债券持有人会议，维护债权人利益，切实防范道德风险。丰富债券市场品种。发展创新创业债、可转换债、并购重组债、绿色债、熊猫债、农村产业融合发展企业专项债券、项目收益债券、政府和社会资本合作项目企业专项债券等，鼓励服务中小企业的债券品种创新，支持重点领域、重点项目建设。

15.2.4　引导期货市场健康发展

完善优化商品期货品种上市机制，稳步增加期货、期权新品种，扩大"保险＋期货"试点、探索"保险＋期权"试点。高标准、稳起步推出原油期货，建设国际化原油期货市场。加大商品期货市场对外开放，有序引入境外投资者参与成熟品种商品期货交易。稳步发展股票指数、国债等金融期货交易，增加外汇期权产品类型。加强期货交易行为监管，积极防控市场风险，抑制过度投机。积极引导企业利用商品期货、期权管理市场风险，发挥好期货市场价格发现和风险管理功能。

15.3　扩大金融对外开放

有序扩大金融对外开放，有利于我们更好利用全球资源，有利于发展更高层次的开放型经济，有利于为"一带一路"建设提供长期稳定的金融支持，通过扩大金融开放，更进一步促进金融业的优化和繁荣。

15.3.1 加大金融市场开放力度

放宽外资金融机构市场准入。坚持自主、有序、平等、安全,实施准入前国民待遇加负面清单制度。在持股比例、设立形式、业务范围等方面给予外资更大的空间。改进股比管理,提高中资金融机构国际化水平。支持有条件的中资金融机构走出去,优化全球网点布局,增强对境外中资企业服务能力,推动跨境金融服务从传统业务向新兴业务或高附加值业务方向发展,提高本土化程度和国际竞争力。扩大国内债券市场开放。推进股票、保险市场双向开放。推动金融衍生品市场对外开放。支持高水平的贸易和投资自由化、便利化,深化自由贸易试验区开放创新。

> **专栏 15.2**
> **金融业开放的 12 项举措**
>
> 在 2018 年 4 月的博鳌亚洲论坛上,央行宣布:
> 1. 取消银行和金融资产管理公司的外资持股比例限制,内外资一视同仁;允许外国银行在我国境内同时设立分行和子行。
> 2. 将证券公司、基金管理公司、期货公司、人身险公司的外资持股比例上限放宽至 51%,三年后不再设限。
> 3. 不再要求合资证券公司境内股东至少有一家是证券公司。
> 4. 为进一步完善内地与香港两地股票市场互联互通机制,从 5 月 1 日起把互联互通每日额度扩大四倍,即沪股通及深股通每日额度从 130 亿元人民币调整为 520 亿元人民币,港股通每日额度从 105 亿元人民币调整为 420 亿元人民币。
> 5. 允许符合条件的外国投资者来华经营保险代理业务和保险公估业务。
> 6. 放开外资保险经纪公司经营范围,与中资机构一致。
> 7. 鼓励在信托、金融租赁、汽车金融、货币经纪、消费金融等银行业金融领域引入外资。
> 8. 对商业银行新发起设立的金融资产投资公司和理财公司的外资持股比例不设上限。

9. 大幅度扩大外资银行业务范围。
10. 不再对合资证券公司业务范围单独设限,内外资一致。
11. 全面取消外资保险公司设立前需开设两年代表处的要求。
12. 中英双方争取于2018年内开通"沪伦通"。

15.3.2 稳步推进人民币国际化

以人民币加入国际货币基金组织特别提款权为基础,稳步推进人民币国际化,有序实现资本项目可兑换。逐步加大资本市场和货币市场、衍生工具、信贷业务以及个人资本交易等资本账户开放力度。研究推出可转换股票存托凭证,研究推出合格境内个人投资者境外投资制度试点。提高人民币可自由使用程度,完善人民币的计价结算功能,研究推动大宗商品交易用人民币计价结算,支持跨境电子商务人民币计价结算。提升人民币交易和储备功能,进一步推动人民币对其他货币直接交易,扩大与境外中央银行或货币当局的货币合作。支持离岸人民币市场健康发展。

15.3.3 积极参与全球金融治理

推动国际金融治理体系改革。参与国际经济合作机制,参与全球国际经济金融标准及规则的调整和制定,加强同经济金融领域主要国际组织的沟通交流与合作,提升中国在国际金融行业标准制定中的话语权。推动多边和双边金融合作和改革协调。积极利用二十国集团、国际货币基金组织、国际清算银行、金融稳定理事会和巴塞尔银行监管委员会等多边平台,共同促进全球经济增长,维护国际金融稳定。加强国际金融监管合作。推动多边监管合作和规则互认,推动全球金融安全网建设,提升全球应对系统性冲击的能力,完善区域性金融安排,加强对全球和区域系统性风险的监测和预防。加强对资本流动的统计和监测,加强跨境监管合作。

15.4 防范化解系统性金融风险

总体上看,我国金融机构和金融体系是健康的,风险是可控的,但当前和今后一个时期我国金融领域尚处在风险易发高发期,呈现隐蔽性、复杂性、突发性、传染性、危害性等特点,要科学防控风险,处理好治标和治本的辩证关系,按照回归本源、优化结构、强化监管、市场导向的原则,把主动防范化解金融风险放在更加重要的位置。

> **"明斯基时刻"**
> 美国经济学家明斯基在《稳定不稳定的经济:一种金融不稳定视角》中指出,经济好的时候投资者倾向于承担更多风险,导致债务增加、杠杆率上升,随着时间的推移,投资者承受的风险水平越来越高,进而从内部滋生爆发金融危机的风险,直到发生资产价格崩溃、通货紧缩和经济萧条。这个崩溃点就被称为"明斯基时刻"。

专栏 15.3
当前面临的金融风险

一是宏观层面的金融高杠杆率和流动性风险。高杠杆是宏观金融脆弱性的总根源。2016 年年末,我国宏观杠杆率为 247%,其中企业部门杠杆率达到 165%,高于国际警戒线,企业债务风险突出,一些地方政府也以各类"名股实债"和购买服务等方式加杠杆。**二是微观层面的金融机构信用风险。**近年来不良贷款有所上升,侵蚀银行业资本金和风险抵御能力,债券市场信用违约事件明显增加。**三是跨市场跨业态跨区域的影子银行和违法犯罪风险。**一些金融机构和企业利用监管空白或缺陷"打擦边球",套利行为严重,理财业务多层嵌套、资产负债期限错配、隐性刚性兑付、内幕交易、关联交易、非法集资、利益输送等行为比较突出。

资料来源:周小川,《守住不发生系统性金融风险的底线》,载于《党的十九大报告辅导读本》。

15.4.1 增强金融风险防范能力

健全货币政策和宏观审慎政策双支柱的调控框架。货币政策主要针对整体经济和总量问题,保持经济稳定增长和物价水平基本稳定。宏观审慎政策则直接和集中作用于金融体系,着力减缓因金融体系顺周期波动和跨市场风险传染所导致的系统性金融风险。**推动经济去杠杆。**通过处置"僵尸企业",实施市场化债转股,推进混合所有制改革，发展直接融资，强化资本约束等多种方式，逐步降低社会整体负债，抑制风险的积累。**完善国有金融资本管理**。合理调整国有金融资本在银行、保险、证券等行业的比重，保持对国有重点金融机构的控制力，增强国有企业负债约束。**完善房地产金融调控政策**。着力防范房地产泡沫引发金融风险，合理确定房贷首付比例和最长贷款年限等政策，严格限制信贷资金用于投资投机性购房。

15.4.2 改革金融监管框架

> **影子银行**
> 影子银行是美国次贷危机爆发后出现的一个金融学概念，广义上是指传统银行体系之外的信用中介体系；狭义上是指正规银行体系之外，容易引发系统性风险和监管套利的信用中介机构和业务。国际金融危机爆发的前几年，全球影子银行体系的规模急剧增长。2002 年，全球 20 个国家和地区以及欧元区影子银行体系的规模估计为 26 万亿美元，2007 年达到 62 万亿美元，占金融中介机构总资产的 27%。

健全金融监管规则。统筹金融业综合统计，强化综合监管。实现金融风险监管全覆盖，实现新型金融业态监管全覆盖，实现以理财产品、私募基金、场外配资等为代表的跨行业跨市场交叉性金融业务监管全覆盖。**完善金融监管体系**。建立国务院金融稳定发展委员会，强化人民银行宏观审慎管理和系统性风险防范职责，落实金融监管部门监管职责，明确监管主体，强化监管责任问责。制定统一的金融市场和金融业务监管规则，对地方金融监管有效监督，纠偏问责。地方负责地方金融机构风险防范处置，维护属地金融稳定，不得干预金融机构的独立自主经营。**强化金融机构防范风险主体责任**。严把市场准入关，加强金融机构股东资质管理，防止利益输送、内部交易、干预金融机构经营等行为。严格限制和规范非金融企业投资金融机构，从制度上隔离实业板块和金融板块。推进金融机构公司治理改革，切实承担起风险管理、遏制大案要案滋生的主体责任。

15.4.3 整顿规范金融秩序

重点整治乱办金融、非法集资、乱搞同业、乱加杠杆、乱做表外业务、违法违规套利等严重干扰金融市场秩序的行为。坚决取缔非法金融机构，禁止非法金融活动。严格规范金融市场交易行为，加强金融机构资产管理业务监管。**清理整顿影子银行**。对线上线下各类资产管理业务实施穿透式、全覆盖监管，建立复杂金融产品审批或备案制度，加强联合风险监测，限制杠杆比例、多层嵌套，严禁开展资金池业务。**加强互联网金融监管**。规范互联网金融规制，完善市场准入、登记托管、资金监测等制度，规范网络借贷市场发展，加强非银行支付机构监管，遏制虚拟货币投机炒作与利用虚拟货币筹资行为。

专栏 15.4
金融业改革发展大事记

1978年,中国人民银行脱离财政部。

1979年,恢复中国农业银行、中国银行、中国人民建设银行;日本输出入银行在北京设立第一家外资银行代表处。

1987年,成立第一家证券公司(深圳经济特区证券公司)。

1990年,相继成立上海证券交易所、深圳证券交易所。

1992年,美国友邦保险成为第一家在华设立分公司的外资保险公司;成立中国证券监督管理委员会。

1993年,颁布《中华人民共和国公司法》。

1994年,实行以市场供求为基础的、单一的、有管理的浮动汇率制;成立第一家由企业出资的股份制商业保险公司(天安保险)。

1995年,颁布《中华人民共和国中国人民银行法》《中华人民共和国保险法》《中华人民共和国商业银行法》,开始由混业经营转向分业经营。

1996年,放开银行间同业拆借市场利率,开启利率市场化改革进程;实行人民币经常项目下可兑换。

1998年,清理整顿期货交易所,整合保留上海、郑州、大连三家期货交易所;撤销中国保险集团,三家子公司更名为中国人民保险、中国人寿保险、中国再保险;成立中国保险监督管理委员会;颁布《中华人民共和国证券法》。

1981年,颁布《中华人民共和国国库券条例》,恢复国债发行;颁布《中华人民共和国经济合同法》。

1984年,成立中国工商银行;恢复中国人民保险公司;公开发行第一只股票(上海"飞乐音响")。

1999年,颁布《期货交易管理暂行条例》。

2002年,成立上海黄金交易所。

2003年,成立中国银行监督管理委员会,金融业"分业经营,分业管理"的框架形成;颁布《中华人民共和国证券投资基金法》。

2005年,中国建设银行在香港交易所上市,成为首家公开上市的国有商业银行。

2006年,国务院印发《关于保险业改革发展的若干意见》;颁布《合格境外机构投资者境内证券投资管理办法》;成立中国金融期货交易所。

2007年,颁布《期货交易管理条例》。

2008年,颁布《保险公司偿付能力管理规定》。

2013年,全国中小企业股份转让系统("新三板")在北京挂牌。

2014年,启动"沪港通"。

2016年,人民币加入国际货币基金组织特别提款权(SDR);启动"深港通"。

2017年,A股纳入"MSCI指数";成立国务院金融稳定发展委员会。

2018年,中国原油期货上市;中国银行保险监督管理委员会成立。

内容小结

本章论述了金融体制改革。金融是国家重要的核心竞争力。深化金融体制改革,核心目标是增强金融服务实体经济能力,防范化解系统性金融风险。重点任务是丰富金融机构体系,优化金融机构布局,发展中小银行和民营金融机构,发展普惠性金融和中小微金融组织,完善现代金融企业制度;健全金融市场体系,推进金融要素市场化改革,有序发展股权融资市场,大力发展债券市场,引导期货市场健康发展;扩大金融对外开放,加大金融市场开放力度,稳步推进人民币国际化,积极参与全球金融治理;防范化解系统性金融风险,增强金融风险防范能力,改革金融监管框架,整顿规范金融秩序。

关键概念

金融服务实体经济　　金融机构　　普惠性金融　　金融市场体系
人民币国际化　　全球金融治理　　金融监管框架　　金融风险
杠杆率　　影子银行　　货币政策和宏观审慎政策双支柱调控框架

思考讨论题

1. 深化金融体制改革的主要目标任务是什么?
2. 请你联系实际论述金融与实体经济之间的关系。
3. 你对化解当前所面临的金融风险有何看法和建议?
4. 为什么要进一步扩大金融业对外开放?

本篇参考文献

邓小平,《邓小平文选》(第二卷、第三卷),人民出版社,1994年。

习近平,《习近平谈治国理政》,外文出版社,2014年。

习近平,《习近平谈治国理政》(第二卷),外文出版社,2017年。

中央全面深化改革领导小组第一次会议至第三十八次会议新闻稿。

政论专题片《将改革进行到底》解说词。

国家发展改革委经济体制综合改革司、国家发展改革委经济体制与管理研究所,《改革开放30年:从历史走向未来——中国经济体制改革若干历史经验研究》,人民出版社,2008年。

《十四大以来重要文献选编》,中央文献出版社,1997年。

《十五大以来重要文献选编》,中央文献出版社,1997年。

党的十一届三中全会、十二届三中全会、十四大、十四届三中全会、十六届三中全会、十七大、十八大、十八届三中全会、十九大文件。

中共中央、国务院,《关于深化国有企业改革的指导意见》,2015年8月。

国务院,《关于国有企业发展混合所有制经济的意见》,2015年9月。

中共中央、国务院,《关于完善产权保护制度依法保护产权的意见》,2016年11月。

中共中央、国务院,《关于营造企业家健康成长环境弘扬优秀企业家精神更好发挥企业家作用的意见》,2017年9月。

彭森等,《中国经济体制改革基本经验》,中国人民大学出版社,2008年。

魏礼群等,《中国经济体制改革30周年回顾与展望》,人民出版社,2008年。

张平等,《中国改革开放(1978—2008)》,人民出版社,2009年。

刘仲藜,《奠基——新中国经济五十年》,中国财政经济出版社,1999年。

吴敬琏,《当代中国经济改革战略与实施》,上海远东出版社,1999年。

中共中央办公厅、国务院办公厅,《关于完善农村土地所有权承包权经营权分置办法的意见》,2016年10月。

中共中央、国务院,《关于稳步推进农村集体产权制度改革的意见》,2016年12月。

中共中央、国务院,《关于推进价格机制改革的若干意见》,2015年3月。

国务院,《关于实行市场准入负面清单制度的意见》,2015年10月。

国务院,《关于在市场体系建设中建立公平竞争审查制度的意见》,2016年6月。

中共中央办公厅、国务院办公厅,《关于推行地方各级政府工作部门权力清单制度的指导意见》,2015年3月。

李克强总理在全国推进简政放权放管结合职能转变工作电视电话会议上的讲话:《简政放权放管结合优化服务 深化行政体制改革切实转变政府职能》,2015年5月。

李克强总理在全国推进简政放权放管结合优化服务改革电视电话会议上的讲话:《深化简政放权放管结合优化服务 推进行政体制改革转职能提效能》,2016年5月。

李克强总理在全国深化简政放权放管结合优化服务改革电视电话会议上的讲话:《紧扣重点不断深化"放管服"改革坚持不懈推动政府职能转变》,2017年6月。

中共中央,《关于深化党和国家机构改革的决定》(2018年2月28日中国共产党第十九届中央委员会第三次全体会议通过)。

中共中央,《深化党和国家机构改革方案》,2018年3月。

贾康等,《全面深化财税体制改革之路》,人民出版社,2015年。

高培勇,《财税体制改革与国家治理现代化》,社会科学文献出版社,2014年。

第 5 篇

建设创新型国家

纵观人类发展历史，创新始终是一个民族、一个国家兴旺发达的不竭源泉，始终是推动人类社会进步的重要力量。中华民族是富有创新精神的民族。早在3000多年前，商朝、周朝的先人们就提出，"苟日新，又日新，日日新""周虽旧邦，其命维新"。意思是说，除旧布新，是一个持续不断的过程，是一个国家发展的使命。我国古代在天文、历法、数学、农学、医学、地理学等众多领域取得了举世瞩目的成就，英国哲学家培根评价：印刷术、火药、指南针，这三种发明曾经改变了整个世界的面貌和状态。史料记载，16世纪以前，世界上最重要的300项发明和发现中，我国占173项，远远超过同时代的欧洲。近代以来，我国逐渐由领先变为落后，一个重要原因就是我们错失了多次科技和产业革命带来的巨大发展机遇。

创新是牵动经济社会发展的"牛鼻子"。党的十八大作出实施创新驱动发展战略的重大部署，强调科技创新是提高社会生产力和综合国力的战略支撑，必须摆在国家发展全局的核心位置。十八大以来，习近平同志提出，"创新是引领发展的第一动力。抓创新就是抓发展，谋创新就是谋未来"。党的十九大再次明确要加快建设创新型国家，到2035年，我国基本实现社会主义现代化时，我国的经济实力、科技实力将大幅跃升，跻身创新型国家前列。中共中央、国务院印发的《国家创新驱动发展战略纲要》提出，到2050年建成世界科技创新强国，成为世界重要的科学中心和创新高地。科技强国梦与民族复兴梦紧紧相连。

第 16 章
实施创新驱动发展战略

建设创新型国家是建设现代化经济体系的根本途径,实施创新驱动发展战略是实现"两个建设"目标的重大举措,内涵深刻,意义深远。

16.1 当今创新理论和实践概述

当今时代是一个创新的时代。创新理论渊源深厚,创新实践丰富多彩。只有从理论和实践两个维度,才能加深对创新驱动发展内涵的理解。

16.1.1 创新理论的提出

创新作为一个经济学概念,最早是由美籍奥地利经济学家约瑟夫·熊彼特提出来的。1912年,熊彼特在他那本轰动西方经济学界的著作《经济发展理论》中,把技术创新置于经济增长的首要位置,认为资本主义经济发展过程中之所以出现经济周期,与创新密切相关,经济由于技术创新而得到发展,创新活动是研究和解释经济周期波动的基石。他还有一句名言:"创新是创造性破坏。"

俄国经济学家康德拉季耶夫第一个提出长波周期理论(见表16.1)。这种长波周期的推动力是创新与主导产业的演进,在此推动下全球经济形成复苏、繁荣、衰退、萧条的周期轮回。由于技术创新的应用时间较长,长波周期通常经历20—30年的上升,接着是

科学、技术与创新

科学是发现。科学研究的任务是发现自然规律和解释自然现象,终而形成人类认识世界的知识体系。马克思把科学看成是在历史上起推动作用的、革命的力量。

技术是手段。是人类利用自然、改造自然的手段和方法。科学与技术关系紧密。科学是技术发明的知识源泉,技术是科学发展的重要动力。

创新是变革。核心是通过新的思想、新的知识、新的发明、新的方法创造新的价值。创新包含了科学发现、技术发明和商业价值、社会价值实现的一系列活动。

经典的创新定义

著名经济学家熊彼特:创新是企业家对生产要素和生产条件的重新组合。

英国经济学家弗里曼:创新是第一次引入一种产品或工艺所包括的技术、设计、生产、财政、管理和市场的过程。

美国管理学家德鲁克:创新是赋予资源以新的创造财富能力的行为,创新主要有两种,技术创新和社会创新。

经济合作与发展组织:创新是一种新的成果或显著改进的产品(货物或服务)、工艺过程、商业模式、组织方式等的实现。

20—30年的下降,这一波动过程对于全球经济产生深远的影响。

表16.1　康氏周期历史阶段

	繁荣	衰退	萧条	回升	标志性创新技术
第一波	1782—1802	1815—1825	1825—1836	1838—1845	纺织机、蒸汽机
第二波	1845—1866	1866—1873	1873—1883	1883—1892	钢铁、铁路
第三波	1892—1913	1920—1929	1929—1937	1937—1948	电气、化学、汽车
第四波	1948—1966	1966—1973	1973—1982	1982—1991	汽车、计算机
第五波	1991—2007	2007—?			信息技术

技术演进论的经济学家认为技术革新是经济长期波动的主要起因。每次科技革命和产业变革都伴随着技术经济范式的调整。新旧技术经济范式变迁的过程是破旧立新的过程,也是经济增长新旧动能转换的过程。一方面,新的技术经济范式往往会显示出迅速提高全要素生产率的潜力,创造出空前的新投资机会;另一方面,新的技术经济范式也会造成技术和管理的根本改变,迅速地扩散到整个经济体系中。

马克思曾经指出:"生产力中也包括科学""社会劳动生产力,首先是科学的力量""大工业把巨大的自然力和自然科学并入生产过程,必然大大提高劳动生产率。"马克思还通过对燃料、动力、照明与建筑的支出不随产量成比例上升的分析,评论并阐述了创新导致的规模报酬递增的趋势。与以熊彼特为代表的西方经济学认为企业家是创新的主要推动者不同,马克思主义政治经济学认为社会各阶层都是创新活动的主体,经济的持续健康发展依靠全体劳动者的创新活动,不仅包括科技创新,也包括理论创新、文化创新、制度创新,等等。

16.1.2　科技革命和产业变革

蒸汽机革命,或称工业革命。以蒸汽机的发明和应用为主要标志的工业革命,发轫于18世纪80年代的英国,并由此带动了纺织机、鼓风机、抽水机、磨粉机的制造,促进了纺织、煤炭、冶金等近代机器工业的兴起和发展,推动了人类社会生产力的极大发展。蒸汽机是英国经济的发动机,英国成为欧洲乃至世界技术革命的引领者(见图16.1)。1850年,英国生产的金属制品、棉织品和铁产量占了世界的一半,煤产量占了 2/3,造船业、铁路里程位居世界首位。1860 年,英国工业品产量占世界工业品的 40%—50%,对外贸易占世界贸易的比重由 10 年前的 20% 增至 40%。

图 16.1　瓦特和第一台实用蒸汽机

电机革命,或称电力革命。1834 年诞生的电动机,带动了电力、电子、航空、汽车、化工,工业革命从机械化时代走进电气化时代(见图 16.2)。这次革命爆发出前所未有的能量,迅速席卷世界各地、各个产业。德国紧紧抓住电力革命的机遇,经济出现飞跃性发展。德国制造的产品风靡世界,19 世纪末,德国的酸、碱等基本化学品产量均为世界第一,世界所用燃料 4/5 出自德国。20 世纪初,德国在总人口、国民生产总值、钢铁产量、煤产量、铁路里程等方面均超过英国。1913 年,德国的电气产品占全世界的 34%,居各国之首。

图 16.2　西门子和第一台直流电动机

电子革命,或称信息革命。20 世纪 40 年代,人类发明了第一代电子管计算机(见图 16.3),1947 年美国贝尔实验室发明半导体,1959 年出现晶体管计算机,20 世纪 60 年代出现集成电路,每秒计算速度达到上千万次。以微电子技术为基础的现代信息技术突飞猛进地发展,推动人类社会进入一个历史的新纪元。与此同时,航空航天、原子能、生物技术蓬勃兴起,日新月异。美国抓住以电子信息等为代表的第三次科技革命的机遇,成为世界头号经济、军事强国。

图 16.3　约翰·冯·诺依曼和第一台电子计算机

16.2　我国创新发展的历程

回顾中华人民共和国成立以来创新发展的历程,从向现代科学进军到科学技术是第一生产力,从科教兴国战略到建设创新型国家,再到实施创新驱动发展战略,我们党对创新发展的认识不断深化,创新发展的实践也在不断丰富。这个历史演进的过程,是一个从科技与人才相结合、科技与产业相结合,到科技与市场相结合的过程,是一个构建创新发展体系、形成社会创新合力的过程。

16.2.1　向现代科学进军的号召

早在延安时期,毛泽东同志就在 1940 年 2 月召开的陕甘宁边区自然科学研究会上谈道:"大家要来研究自然科学,否则世界上就有许多不懂的东西,那就不算一个最好的革命者。"中华人民共和国成立伊始,满目疮痍、百废待兴。以毛泽东同志为主要代表的第一代党和国家领导人就作出决策,集聚人才、重建机构、制定规划,以科技先行促进经济恢复和国防建设。1949 年发布的中国人民政治协商会议《共同纲领》第 43 条规定:"努力发展自然科学,以服务工业、农业和国防建设,奖励科学的发现和发明,普及科学知识。"当时国内仅有30多个专门的研究机构,全国科技人员不超过5万人。1949年10月,开始筹建中国科学院,随后组建一系列研究院所。

1956年1月,中共中央召开关于知识分子问题的会议。周恩来同志代表中央作报告,充分肯定知识分子在社会主义建设中的地位和作用,郑重发出"向现代科学进军"的动员令。毛泽东同志号召全党努力学习科学知识,同党外知识分子团结一致,为迅速赶上世界科学先进水平而奋斗。会后,国务院成立科学规划委员会,集中数百位著名科学家编制《1956—1967年科学技术发展远景规划纲要》,这是中华人民共和国第一份中长期科学规划,根据"重点发展,迎头赶上"的方针,从13个方面提出了57项重大科学技术任务和616个中心问题。对某些特别重要但在我国却很薄弱甚至是空白的学科,如计算机、半导体、无线电、自动化、远距离操纵技术等,1956年还专门制定出四项紧急措施。1962年,这一规划提前五年完成。我国建立了学科齐全的科学研究体系、工业技术体系、国防科技体系、地方科技体系。在资源勘探、工农业、医学、基础科研等方面取得了显著的进步,整体水平从十分落后的状况,达到国际上20世纪40年代的水平。

20世纪60年代初,国际社会动荡加剧,世界和平受到美苏争霸的严重威胁,外部对我国的封锁加剧。在这种背景下,我国必须突破国防等领域的尖端科技,为此编制了《1963—1972年科学技术规划纲要》,提出"科学技术现代化是实现农业、工业和国防现代化的关键"。这一规划在执行头几年进展顺利,取得了包括"两弹一星"、人工合成胰岛素等一批重大科技成果,为我国跻身世界大国奠定了基础。但由于"文化大革命"的发生,规划的执行陷入了停滞,规划的目标最终没有完成。

16.2.2 科学技术是第一生产力的论断

1978年3月,邓小平同志在"文化大革命"后的第一次全国科学大会讲话中提出,要实现农业、工业、国防和科学技术现代化,关键在于实现科学技术现代化,强调"科学技术是生产力"。1985年3月,中共中央发布《关于科学技术体制改革的决定》,确立了"经济建设必须依靠科学技术,科技工作必须面向经济建设"的科技工作基本方针。1988年9月,邓小平同志在会见捷克斯洛伐克总统胡萨克时谈道:"马克思说过,科学技术是生产力,事实证明这话讲得很对。依我看,科学技术是第一生产力。"这一重要论断,继承并发展了马克思主义的生产力学说,既凸显了现代科学技术发展的重要特点,也展现出科学技术发展的必然结果。

从 1978 年开始,我国制定了多个中长期科技规划,包括《1978—1985 年全国科学技术发展规划纲要》《1986—2000 年科学技术发展规划》《1991—2000 年科学技术发展十年规划和"八五"计划纲要》。实施了包括科技攻关计划、重大技术装备研制计划、重大科学工程、重点工业试验项目计划、重点实验室计划、技术开发计划、重点新技术推广项目计划、星火计划、自然科学基金、高技术研究计划("863"计划)等一系列重大科技计划工程。随着对外开放格局的形成,引进技术能力和科技再创新能力大幅提高。在此期间,我国的科技发展取得巨大成就,建成了正负电子对撞机等重大科学工程,秦山核电站并网发电,银河系列巨型计算机相继研制成功,长征系列火箭在技术性能和可靠性方面达到国际先进水平。

16.2.3 科教兴国和创新型国家建设

1995 年 5 月,中共中央、国务院颁布《关于加速科学技术进步的决定》,首次提出实施科教兴国战略,确定科技和教育是兴国的手段和基础的方针。江泽民同志在全国科学技术大会上提出,没有强大的科技实力,就没有社会主义的现代化。科教兴国就是要全面落实科学技术是第一生产力的思想,坚持教育为本,把科技和教育摆在经济社会发展的重要位置,增强国家的科技实力及实现生产力转化的能力,提高全民族的科技文化素质,把经济建设转移到依靠科学进步和提高劳动者素质的轨道上来。同年,党的十四届五中全会在关于国民经济和社会发展"九五"计划和 2010 年远景目标的建议中,把实施科教兴国战略作为社会主义现代化建设的重要方针之一。

"九五"计划进一步提出要把提高经济效益作为经济工作的中心,实现经济增长方式从粗放型向集约型转变,形成有利于自主创新的技术进步机制、有利于市场公平竞争和资源优化配置的经济运行机制。为配合科技进步的决定和"九五"计划的实施,国家编制了《全国科技发展九五计划和到 2010 年远景目标纲要》,提出了攻克产业关键技术、发展高技术产业、合理布局基础性研究、稳定科技队伍、增加科技投入、建立新型科技体制等重点任务。2001 年,国家计委、科技部又联合发布了《国民经济和社会发展第十个五年计

"863"计划

1986 年 3 月,王大珩、王淦昌、杨嘉墀、陈芳允等科学家联名向中央领导同志写信,提出跟踪世界先进水平、发展高技术的建议。邓小平同志当天批示:"此事宜速作决断,不可拖延。"同年 11 月,中共中央、国务院转发《高技术研究发展计划纲要》,提出把生物技术、航天技术、信息技术、先进防御技术、自动化技术、能源技术和新材料等 7 个领域中的 15 个主题项目,作为我国发展高科技的重点。该计划后被称为"863"计划,实施后有力地推动了我国科技事业的发展。

十个民口科技重大专项

1. 核心电子器件、高端通用芯片及基础软件
2. 极大规模集成电路制造技术及成套工艺
3. 新一代宽带无线移动通信
4. 高档数控机床与基础制造技术
5. 大型油气田及煤层气开发
6. 大型先进压水堆及高温气冷堆核电站
7. 水体污染控制与治理
8. 转基因生物新品种培育
9. 重大新药创制
10. 艾滋病和病毒性肝炎等重大传染病防治

划科技教育专项规划》,确立了"有所为、有所不为,总体跟进、重点突破,发展高科技、实现产业化,提高科技创新能力、实现技术跨越式发展"的指导方针。

2005年10月,党的十六届五中全会提出建设创新型国家的重大战略思想。2006年1月,胡锦涛同志在全国科学技术大会上提出,坚持走中国特色自主创新道路,到2020年把我国建设成为创新型国家。中共中央、国务院发布《关于实施科技规划纲要,增强自主创新能力的决定》和《国家中长期科学和技术发展规划纲要(2006—2020)》。这个横跨三个五年规划期的科技发展规划,确立了"自主创新、重点跨越、支撑发展、引领未来"的基本方针,确定了11个重点领域,选择了68项优先主题,安排了16个重大科技专项,超前布局了8个领域、27项前沿技术、18个基础科学研究问题等。规划实施中,重要学科前沿和战略必争领域取得一批重大创新成果,载人航天、探月工程、超级计算机实现重大突破,但一些民口科技重大专项进展不理想。

16.2.4 创新驱动发展战略的提出

党的十八大以来,国内外形势发生重大变化,新一轮科技革命和产业变革与我国经济发展方式转变形成历史性交汇。以习近平同志为核心的党中央以宽广的全球视野,从时代发展前沿和国家战略高度,提出加快实施创新驱动发展战略,强调最核心的是强化自主创新,最紧迫的是破除体制机制障碍。

2014年8月,习近平同志主持召开中央财经领导小组第七次会议,专题研究创新驱动发展问题,部署了深化体制机制改革、实施重大科技专项、加快研究提出创新驱动发展顶层设计方案、改革中央财政科技资金管理办法、修改完善相关法律法规、实施更加积极的创新人才引进政策、推进全面创新改革试验等七项重点工作。2015年3月,中共中央、国务院发布《关于深化体制机制改革加快实施创新驱动发展战略的若干意见》,围绕破除制约创新发展的制度障碍提出了8个方面、30项具体举措。2015年10月,党的十八届五中全会审议通过中共中央关于"十三五"规划的建议,明确提出"创新是引领发展的第一动力。必须把创新摆在国家发展全局的核心位置"。2016年1月,中共中央、国务院发布《国家创新驱动发展战略纲要》,提出"三步走"的战略目标(见图16.4)。2016年3月"十三五"规划把创新发展作为五大新发展理念之一,把实施创新驱动发展战略作为重要任务。

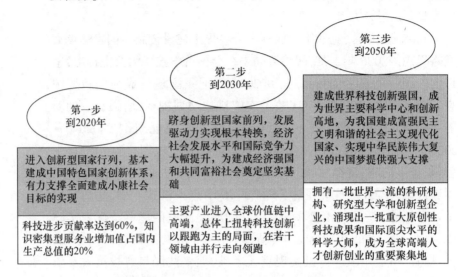

图 16.4　建设世界科技强国"三步走"战略目标

16.3　创新驱动发展战略的内涵

实施创新驱动发展战略,创新是着力点,发展是落脚点。创新驱动发展,就是要破除一切制度障碍和思想障碍,激发全社会的创新活力和创造潜能,提升劳动、信息、知识、技术、管理、资本的效率和效益,增强科技进步对经济发展的贡献度。

16.3.1　创新是引领发展的第一动力

在党的十八届五中全会上,习近平同志指出,创新发展注重的是解决发展动力问题。目前我国创新能力还不强,科技发展水平总体不高,科技对经济社会发展的支撑能力不足,对经济增长的贡献率远低于发达国家水平,这是我国这个经济大个头的"阿喀琉斯之踵"。新一轮科技革命带来的是更加激烈的科技竞争,如果科技创新搞不上去,发展就缺乏动力,在全球竞争中就会处于下风。把创新作为引领发展的第一动力,是对"科学技术是第一生产力"重要思想的创造性发展,表明我们党在新时代对创新发展的新认识达到了历史的新高度。

众所周知,自然资源会越用越少,而科技和人才等创新要素却会越用越多。世界上资源禀赋差不多的国家,由于创新能力的不同,综合国力截然不同。20 世纪 60 年代,全世界有 101 个经济体进入中等收入阶段,但到现在只有 13 个经济体顺利进入高收入阶段。一些国家因为发展动力不足而落入"中等收入陷阱"。其中一个很重要的原因就是,科技创新和制度创新没能及时跟上时代的变化、发展的变化,劳动生产率提升缓慢,经济增长停滞不前。实践证明,创新既是发展的第一动力,也是持续动力。

> **专栏 16.1**
> **习近平同志五下上海人大代表团谈创新**
>
> 习近平同志作为第十二届全国人民代表大会上海代表团成员,连续五年在"两会"期间参加上海代表团讨论,每次都谈到创新。
>
> 2013 年 3 月,习近平同志在上海代表团强调,我国经济已由较长时期的两位数增长进入个位数增长阶段。在这个阶段,要突破自身发展瓶颈、解决深层次矛盾和问题,根本出路就在于创新,关键要靠科技力量。要坚持自主创新,努力实现优势领域、关键技术的重大突破,尽快形成一批带动产业发展的核心技术。
>
> 2014 年 3 月,习近平同志在上海代表团要求,坚持以制度创新为核心,推进中国上海自由贸易试验区建设,走出一条符合特大城市特点和规律的社会治理新路子。
>
> 2015 年 3 月,习近平同志在上海代表团多次提出,创新是引领发展的第一动力。抓创新就是抓发展,谋创新就是谋未来。适应和引领我国经济发展新常态,关键是要依靠科技创新转换发展动力。
>
> 2016 年 3 月,习近平同志在上海代表团指出,建设具有全球影响力的科技创新中心,是上海实施创新驱动发展战略的重要载体。要抓住时机,瞄准世界科技前沿,力争在基础科技领域作出大的创新、在关键核心技术领域取得大的突破。要以更加开放的视野引进和集聚人才,加快集聚一批站在行业科技前沿、具有国际视野的领军人才。

> 2017年3月,习近平同志在上海代表团指出,希望上海的同志们当好全国改革开放排头兵、创新发展先行者,在深化自由贸易试验区改革上有新作为,在推进科技创新中心建设上有新作为,在推进社会治理创新上有新作为,在全面从严治党上有新作为。

16.3.2 以科技创新为核心的全面创新

科技是国家强盛之基,创新是民族进步之魂。自古以来,科学技术就以一种不可逆转、不可抗拒的力量推动人类社会向前发展。实施创新驱动发展战略,科技创新是核心。全面创新就是要推进科技、经济、社会、法制等各领域的协同创新,不仅包括科学技术领域的创新,而且要扩展到思想理念、管理制度、组织结构、商业模式、社会文化等方面的全面创新,这标志着我国创新驱动发展的内涵不再仅仅是科技追赶,而是集聚各类创新元素、构建各类创新机制,实现集成式、融合式跨越。国际机构对我国创新能力的排名见表16.2。

表16.2 国际机构对中国创新能力排名

类型	2013年	2014年	2015年	2016年	2017年
瑞士洛桑国际管理发展学院《世界竞争力年报》	21	23	22	25	18
彭博社"全球创新指数"	29	25	22	21	21
世界知识产权组织、美国康奈尔大学、英国国际商学院《全球创新指数报告》	35	29	29	25	22
世界经济论坛《全球竞争力报告》	29	28	28	28	27

纵观近现代历史,真正崛起的大国无一不是科技创新大国和制度创新大国,历史上,大国崛起不是顺其自然的过程,也不能简单地依靠科技投入,起决定作用的往往是与技术创新相匹配的制度文化变革。

16.3.3 走中国特色自主创新道路

习近平同志一针见血地指出:"关键核心技术是要不来、买不来、讨不来的。只有把关键核心技术掌握在自己手中,才能从根本上保障国家经济安全、国防安全和其他安全。"[①]自主创新是我们攀登世界科技高峰的必由之路。实施创新驱动发展战略,最重要的是要坚定不移地走中国特色自主创新道路。回顾我国创新发展的历史进程,自主创新在实践中展现出强大的生机和旺盛的活力。走中国特色的自主创新道路,关键是要把自力更生作为自主创新的基点,发挥好市场、企业、人才和政府多种力量、多种作用,构建好自主创新生态体系,同心协力攻坚克难。

市场是创新的根本力量。要让市场成为优化配置创新资源的主要手段,发挥市场在决定研发方向、技术路线和成果转化中的主导作用,建立健全要素价格市场化机制。企业是创新的主体力量。科技与经济的结合,很大程度上是科技与企业的结合。要围绕企业优化创新环境,配置创新资源,构建创新生态体系。企业家是创新的组织者、推动者,要尊重企业家的创新精神,依法保护企业家的财产权和创新收益,使他们心无旁骛地去创新创造。人才是创新的最活跃力量。创新驱动本质上是人才驱动。要构建创新型人才培养模式,促进人才合理流动;给予科技人才更多的利益激励和精神鼓励,以市场价值回报人才价值;实行更具竞争力的人才制度,广泛吸引海内外高层次创新型人才。政府是创新的重要推动力量。政府的首要职责是营造公平竞争的市场环境,最大限度地释放全社会的创新活力;发挥举国体制的优势,集中力量,有为有限,聚焦最核心的领域和问题,强化基础研究,攻克关键技术,破解瓶颈制约。

16.3.4 培育更多先发引领优势

中华人民共和国成立后,特别是改革开放以来,我们向西方发达国家学习取经,科技发展依靠自力更生的同时,主要走的是一条引进消化吸收再创新的路子。虽然我国已经成为科技大国,但还不是科

中兴事件与芯片之痛
中兴通讯是我国最大的通信设备公司、全球领先的综合通信解决方案提供商。2018年4月16日,美国商务部发布公告称,在未来7年内禁止中兴通讯向美国企业购买敏感产品。这对于严重依赖从美国进口芯片等元器件的中兴通讯来说,无疑是一场灾难。7月12日,美国商务部长宣布与中兴通讯达成协议取消制裁。中兴通讯先后支付22.9亿美元罚款。
芯片是内含集成电路的硅片,是信息化、网络化、智能化不可或缺的核心电子元器件。我国芯片需求量占全球市场的50%,国产芯片只能供应8%,基站芯片、服务器芯片国产化率为0,主要从高通、英特尔进口。2015—2017年,我国芯片进口金额分别为14 367亿元、15 072亿元、17 592亿元,超过或接近每年进口石油、铁矿、粮食金额的总和。

---

① 2018年5月28日,习近平在中国科学院第十九次院士大会、中国工程院第十四次院士大会上发表重要讲话。

技强国。总体上看,我国的科技创新能力,与世界先进水平相比,尚有较大差距。多数领域处于"跟跑者"水平,某些领域正在由"跟踪者"向"并行者"转变,少数领域成为或有望成为"领跑者",开始进入一个跟踪、并行与领跑并存的新时期,从点的突破向面的提升、从量的积累向质的飞跃迈进的新时期。我国科技水平的持续提升,也越来越引起美欧等国家的戒心,对高技术出口中国以及中国投资美欧高科技企业的限制变得越来越严格。为此,"十三五"规划提出"塑造更多依靠创新驱动、更多发挥先发优势的引领型发展"。党的十九大报告强调"瞄准世界科技前沿,强化基础研究,实现前瞻性基础研究、引领性原创成果重大突破"。

> **专栏 16.2**
> **从 3G 落后 4G 追赶到 5G 进入第一梯队**
>
> 移动通信自 20 世纪 80 年代诞生以来,大约每十年会进行一代技术革新。从 1G 到 4G,经历了由模拟到数字、语音到数据的演进,网络速率实现万倍的增长。此前中国一直是追赶者,3G 比海外商用晚八年左右,4G 晚三年左右。随着移动通信网络变革的大幕开启,中国开始扮演重要角色。
>
> 2016 年 11 月 17 日,在国际标准化机构 3GPP 的 RAN1 第 87 次会议上,中国华为公司提出的 PolarCode 方案,从与美国主推的 LDPC、法国主推的 Turbo2.0 两大对手的竞争中胜出,成为 5G 控制信道 eMBB 场景编码方案。按照中国 5G 技术的推进步伐,中国的 5G 技术将会与国际 5G 标准的制定同步进行。2019 年完成 5G 技术研发试验阶段,进入产品研发试验阶段,2020 年对于中国厂商来说将是 5G 元年。

内容小结

本章论述了实施创新驱动发展战略。当今创新理论和实践带来科技革命、产业变革,在这样一个大背景下,我国创新发展的历程从向现代科学进军到科学技术是第一生产力,从科教兴国战略和创新型国家建设,到实施创新驱动发展战略,现在已经进入一个以科技创新为核心,思想理念、管理制度、组织结构、商业模式、社会文化等全面创新的阶段。必须理解创新驱动发展战略的深刻内涵,认清创新是引领发展的第一动力,坚持走中国特色的自主创新道路,培育更多先发引领优势,实现前瞻性基础研究、引领性原创成果的重大突破。

关键概念

创新理论　　　　　科技革命和产业变革　　　科学技术是第一生产力
科教兴国　　　　　创新型国家　　　　　　　创新驱动发展战略
中国特色自主创新道路

思考讨论题

1. 谈谈你对科学、技术与创新三者关系的认识。
2. 为什么说创新是引领发展的第一动力?
3. 怎样理解"以科技创新为核心的全面创新"?
4. 如何走好中国特色自主创新道路?

第 17 章
强化科技创新引领作用

在更高层次、更大范围发挥科技创新的引领作用,突出关键共性技术、前沿引领技术、现代工程技术、颠覆性技术创新,增强自主创新能力,加快向科技强国迈进。

17.1 推动战略前沿领域创新突破

科技前沿领域是科学体系的源头,是科技创新的先导。掌握全球科技竞争先机,坚持战略和前沿导向,聚焦目标,突出重点,加快实施已有国家重大科技专项,部署启动一批新的重大科技项目,努力实现优势领域、关键技术的重大突破。

17.1.1 强化基础研究和应用基础研究

> **战略性前瞻性重大科学问题**
> 1. 纳米技术。2. 量子调控与量子信息。3. 蛋白质机器与生命过程调控。4. 干细胞及转化。5. 依托大科学装置的前沿研究。6. 全球变化及应对。7. 发育的遗传与环境调控。8. 合成生物学。9. 基因编辑。10. 深海深地、深空、深蓝科学研究。11. 物质深层次结构和宇宙大尺度物理研究。12. 核心数学及应用数学。13. 磁约束核聚变能发展。

面向国家重大需求和国民经济主战场,针对事关国计民生、产业核心竞争力的重大战略任务,聚焦现代农业、人口健康、资源环境和生态保护、产业转型升级、节能环保和新能源等领域的关键科学问题,为创新驱动发展提供源头供给。面向世界科学前沿和未来科技发展趋势,选择对提升持续创新能力带动作用强、研究基础和人才储备较好的战略性前瞻性重大科学问题,部署基础研究重点专项,实现重大科学突破,抢占世界科学发展制高点。面向未来有望引领人类生活和工业生产实现跨越式发展的前沿方向,加强部署基因编辑、材料素化、神经芯片、超构材料、精准介观测量等方面的基础研究和超前探索,通过科学研究的创新和突破带动变革性技术的出现和发展,为未来我国产业变革和经济社会可持续发展提供科学储备。

> **专栏 17.1**
> **国家重大战略任务部署的基础研究**
>
> 1. 农业生物遗传改良和可持续发展。
> 2. 能源高效洁净利用与转化的物理化学基础。
> 3. 面向未来人机物融合的信息科学。
> 4. 地球系统过程与资源、环境和灾害效应。
> 5. 新材料设计与制备新原理和新方法。
> 6. 极端环境条件下的制造。
> 7. 重大工程复杂系统的灾变形成及预测。
> 8. 航空航天重大力学问题。
> 9. 医学免疫学问题。

17.1.2 集中力量实施国家重大科技项目

发挥集中力量办大事的优势,以国家重大科技项目为牵引,前瞻布局新兴产业前沿技术研发,开发移动互联技术、量子信息技术、空天技术,推动增材制造装备、智能机器人、无人驾驶汽车等发展,重视基因组、干细胞、合成生物、再生医学等技术对生命科学、生物育种、工业生物领域的深刻影响,开发氢能、燃料电池等新一代能源技术,发挥纳米、石墨烯等技术对新材料产业发展的引领作用。构建重大关键项目新型举国体制,自上而下组织实施,统筹协调,集中精兵强将开展"大兵团"联合攻关,实现协同化创新突破。

> **专栏 17.2**
> **科技创新 2030－重大项目**
>
> 重大科技项目：① 航空发动机及燃气轮机；② 深海空间站；③ 量子通信与量子计算机；④ 脑科学与类脑研究；⑤ 国家网络空间安全；⑥ 深空探测及空间飞行器在轨服务与维护系统。
>
> 重大工程：① 种业自主创新；② 煤炭清洁高效利用；③ 智能电网；④ 天地一体化信息网络；⑤ 大数据；⑥ 智能制造和机器人；⑦ 重点新材料研发及应用；⑧ 京津冀环境综合治理；⑨ 健康保障。

17.1.3 突破战略性新兴产业核心技术

人工智能概念
人工智能一词出现在20世纪50年代，最早是指让机器模拟人类的行为。人工智能概念现已扩展到计算机科学、统计学、脑神经学、社会科学等诸多领域，主要指通过研究模拟和扩展人类的某些思维过程，使计算机能辅助并基本代替人们进行识别、认知、分析、决策等行为。

发展新一代信息网络技术，增强经济社会发展的信息化基础。发展智能绿色制造技术，推动制造业向价值链高端攀升。重塑制造业的技术体系、生产模式、产业形态和价值链，推动制造业由大到强转变。发展生态绿色高效安全的现代农业技术，确保粮食安全、食品安全。发展安全清洁高效的现代能源技术，推动能源生产和消费革命。以优化能源结构、提升能源利用效率为重点，推动能源应用向清洁、低碳转型。发展资源高效利用和生态环保技术，建设资源节约型和环境友好型社会。采用系统化的技术方案和产业化路径，发展污染治理和资源循环利用的技术与产业。发展海洋和空间先进适用技术，培育海洋经济和空间经济。大力提升空间进入、利用的技术能力，完善空间基础设施，推进卫星遥感、卫星通信、导航和位置服务等技术开发应用，完善卫星应用创新链和产业链。发展智慧城市和数字社会技术，推动以人为本的新型城镇化。发展先进有效、安全便捷的健康技术，应对重大疾病和人口老龄化挑战。发展支撑商业模式创新的现代服务技术，驱动经济形态高级化。

> **专栏 17.3**
> **新一代人工智能的发展**
>
> **"三步走"战略目标**：**第一步**，到 2020 年，人工智能总体技术和应用与世界先进水平同步，人工智能核心产业规模超过 1 500 亿元，带动相关产业规模超过 1 万亿元。人工智能技术应用成为改善民生的新途径。**第二步**，到 2025 年，人工智能基础理论实现重大突破，部分技术与应用达到世界领先水平。人工智能核心产业规模超过 4 000 亿元，带动相关产业规模超过 5 万亿元。智能社会建设取得积极进展。**第三步**，到 2030 年，人工智能理论、技术与应用总体达到世界领先水平，成为世界主要人工智能创新中心。人工智能核心产业规模超过 1 万亿元，带动相关产业规模超过 10 万亿元。智能经济、智能社会取得明显成效。
>
> **六项重点任务**：一是构建开放协同的人工智能科技创新体系；二是培育高端高效的智能经济；三是建设安全便捷的智能社会；四是形成全要素、多领域、高效益人工智能军民融合格局；五是构建泛在安全高效的智能化基础设施体系；六是前瞻性布局新一代人工智能重大科技项目。
>
> **资料来源**：国务院，《新一代人工智能发展规划》（2017 年 7 月）。

17.2 优化创新组织体系

科技创新是高度组织化的活动，创新组织体系的运行效率直接决定国家的创新发展效能。新一代技术推动新型研发组织和创新模式不断涌现，推动科技创新活动向大众化发展。加强科技创新引领，就要加强国家创新体系建设，强化战略科技力量，深化科技体制改革，建立以企业为主体、市场为导向、产学研深度融合的技术创新体系。

17.2.1 强化企业创新主体地位和主导作用

建立技术创新市场导向机制，促进企业真正成为技术创新决策、研发投入、科研组织和成果转化的主体。扩大企业在国家创新决策中的话语权;建立高层次、常态化的企业技术创新对话、咨询制度,吸收更多企业参与研究制定国家技术创新规划、计划、政策和标准,相关专家咨询组中产业专家和企业家应占较大比例。市场导向明确的科技项目由企业牵头、政府引导,联合高等学校和科研院所实施。鼓励构建以企业为主导、产学研合作的产业技术创新战略联盟。探索政府支持企业技术创新、管理创新、商业模式创新的新机制。加强对中小企业创新的支持,完善中小企业创新服务体系。着力发展壮大一批世界级创新型企业和企业群体。培育一批核心技术能力突出、集成创新能力强、引领全球重要产业发展的创新型龙头企业,扶持一大批创新活力旺盛、成长潜力好的"专精特新"中小企业。

> **专栏 17.4**
> **华为的研发投入**
>
> 　　华为公司 1987 年创立时,只有几万元研发投入,2017 年收入已达到 6 036 亿元,在世界 500 强企业中排在第 83 位。能够取得如此成就,与华为坚持"在核心技术领域保持领先"的理念有关,与华为多年大规模、持续化的研发投入有关。华为公司研发投入始终占到主营业务收入额的 10% 以上,是我国规模以上工业企业研发投入平均占比的约 10 倍。欧盟委员会发布的"2017 全球企业研发投入排行榜",对 2016/2017 财年全球 2 500 家企业的研发投入进行了统计,华为以 104 亿欧元超过苹果(95 亿欧元),排名全球第六、中国第一。

17.2.2　建设国际一流科研机构和研究型大学

　　我国科研院所发展不均衡,部分科研院所局部领域在世界上具有重要影响力,但从更大范围看,综合实力还比较弱。科研院所要根据科技发展态势,优化自身科技布局,厚实学科基础,培育新兴交叉学科生长点,重点加强共性、公益、可持续发展相关研究,增加公共科技供给。与美国等发达国家相比,我国研究型大学还有较大差距,在世界上有重要影响的创新成果还比较少。根据教育组织

Quacquarelli Symonds(QS)2017年所发布的世界大学综合排名,我国仅4所大学排进世界前100名,大学综合实力急待进一步提升。2015年8月,中央全面深化改革领导小组会议审议通过《统筹推进世界一流大学和一流学科建设总体方案》,同年10月,国务院印发实施。总体要求是,推动一批高水平大学和学科进入世界一流行列或前列,使之成为知识发现和科技创新的重要力量、先进思想和优秀文化的重要源泉、培养各类高素质优秀人才的重要基地。

17.2.3　建设国际领先的综合性国家科学中心

综合性国家科学中心是依托空间分布上集聚、研究方向上关联的重大科技基础设施集群,支撑多学科、多领域、多主体开展交叉前沿性研究,致力于重大原创科学发展和颠覆性技术创造的科技创新高地。2016年以来,国家批复了北京怀柔、上海张江、安徽合肥三个综合性国家科学中心:北京怀柔科学中心着力打造世界级的原始创新高地,与中关村、未来科技城和亦庄开发区共同支撑北京建设科技创新中心;张江科学中心着力打造大型开放式研究基地,是上海建设科技创新中心的核心内容;合肥科学中心重点发展量子计算与通信、磁约束核聚变、功能材料、超导、强磁场科学技术等科学前沿,力争取得国际领先的重大科技成果。建成若干体现国家综合科技实力、面向国内外开放、具有国际影响力的创新平台,成为开展高水平国际科技合作和产学研协同创新的重要基地。

三大综合性国家科学中心
北京怀柔综合性科学中心:建设世界级的国家重大科技基础设施集群,打造世界级的原始创新高地。
上海张江综合性科学中心:打造大型开放式研究基地,建立世界一流重大科技基础设施集群。
安徽合肥综合性科学中心:打造世界领先水平的科学技术重要发源地和战略性新兴产业策源地。

17.2.4　建立健全军民融合的创新体系

把国防科技创新体系融入国家科技创新体系之中,形成军民两大创新体系相互兼容同步协调发展的格局。一是建立完善国防科技协同创新机制。建立目标导向、协同高效、军民融合、开放共享的国防科技创新平台运行机制,推动创新链、产业链、资金链、政策链有机协调、互相支撑。二是加强国防科技重大关键技术领域协同攻关。聚焦战略性、带动性、全局性的关键共性基础技术,人工智能、网络信息等前沿、颠覆性技术,以及军用动力、关键材料、核心元器件等瓶颈短板问题,凝聚军民优势力量,建立联合开发、优势互补、成果共享、风险共担的产学研用合作机制,引导优势企业参与军工重要设备和关键材料等技术攻关和国产化研制。三是推动军民科技资源开放共

军民融合创新三重壁垒:
信息壁垒:"军转民"市场需求信息不通畅,大量国防科技成果以国防专利和技术秘密形式存在,一些民用前景广阔、已无保密必要的成果被束之高阁。
准入壁垒:"民参军"面临着各类有形的技术性与制度性壁垒,满足军事需求比较难,军品市场准入难。标准壁垒:在国防科技和武器装备科研生产领域,国军标、航标、国标、企标等标准规范不统一、不协调。军民标准未能有效衔接、合理兼容,也间接导致军工科研生产成本和军品定价过高。

享。完善国防科技成果降密解密制度,鼓励军工企业推进军工高技术向民用领域转移。梳理民口优势领域和能力,跟踪具有潜在军用前景的民用技术发展动态,鼓励军工采用先进适用的民用技术。四是加快推进军品能力结构调整。构建"小核心、大协作、专业化、开放型"的武器装备科研生产体系,形成核心能力国家主导、重点支持,重要能力有限竞争、择优保障,一般能力市场放开、充分竞争的格局。统筹军品科研生产和工业转型升级,鼓励军工与地方加强战略合作,落地一批军民融合重大项目。

17.3 提升创新基础能力

创新基础能力建设主要包括国家重大科技基础设施等各类平台。完善的创新基础能力是支撑和引领一个国家科技和经济社会发展的重要物质技术基础。无论是欧美等传统世界科技强国,还是日韩等新兴科技大国,都高度重视创新基础能力建设。由欧盟主导发起,中国、美国、日本、俄罗斯、韩国、印度等国参与的国际核聚变实验堆(ITER),投入超过130亿美元,是目前全球规模最大、影响最深的项目,将为解决人类能源问题提供最佳方案。美国作为世界头号科技强国,建设和运行着世界上数量最为庞大的重大科技基础设施群。第二次世界大战期间,美国为满足原子弹研制对实验设施极端复杂性、先进性的要求,建造了粒子加速器、实验型原子反应堆等一批重大科技基础设施,攻克了一系列核裂变技术难题,率先成功研制出原子弹。依托这些设施,美国设立了洛斯阿拉莫斯、橡树岭、阿贡等一批国家实验室,使其在宇宙观测、粒子物理、物质微观结构等科技领域傲视群雄,也支撑着其在核电、生物医药、先进材料等产业领域长期保持全球领先优势。美国能源部拥有17个国家实验室,2016财年预算53.5亿美元,被称为美国科技体系中的"皇冠上的钻石"。

17.3.1 战略综合类平台

瞄准国家目标和战略需求,在若干重大领域和有望引领未来发展的战略制高点,统筹部署、布局建设一批突破型、引领型、平台型

"三型"一体的国家实验室。聚焦能源、生命、粒子物理和核物理、空间和天文、海洋、地球系统和环境等领域,以提升原始创新能力和支撑重大科技突破为目标,依托高等学校、科研院所建设一批重大科技基础设施,依托重大科技基础设施开展科学前沿问题研究。

专栏 17.5
500米口径球面射电望远镜(FAST)

500米口径球面射电望远镜工程是"十一五"国家重大科技基础设施建设项目,该项目利用贵州天然喀斯特洼地作为望远镜台址,建造世界第一大单口径射电望远镜——500米口径球冠状主动反射面射电望远镜,以实现大天区面积、高精度的天文观测。FAST拥有30个足球场大的接收面积,与号称"地面最大的机器"的德国波恩100米望远镜相比,灵敏度提高了约10倍;与被评为人类20世纪十大工程之首的美国Arecibo 300米望远镜相比,其综合性能提高了约10倍。未来10—20年,FAST将保持世界一流设备的地位。

17.3.2 科学研究类平台

瞄准科学前沿和重点行业领域发展方向,加强以国家重点实验室为重要载体的科学研究基地建设,在孕育原始创新、推动学科发展和前沿技术研发方面发挥重要作用,在若干学科领域实现并跑和领跑,产出国际一流成果。对现有国家重点实验室进行优化布局,在前沿交叉、优势特色学科择优建设一批国家重点实验室,推进省部共建、军民共建及港澳伙伴实验室建设发展工作。完善运行管理制度和机制,强化定期评估考核和调整,形成具有持续创新活力、能进能

2017年国家各类科技平台布局
国家重点实验室 503个
国家工程实验室 217个
国家工程研究中心 131个
国家企业技术中心 1 276个

出的重要科学研究基地。

> **专栏 17.6**
> **国家重点实验室体系**
>
> 2018年6月,科技部、财政部发布《关于加强国家重点实验室建设发展的若干意见》,提出将打造国家重点实验室"升级版",保持国家重点实验室的创新性、先进性和引领性,为建设世界科技强国提供有力支撑。
>
> 到2020年,基本形成定位准确、目标清晰、布局合理、引领发展的国家重点实验室体系。实验室经优化调整和新建,数量稳中有增,总量保持在700个左右。其中,学科国家重点实验室保持在300个左右,企业国家重点实验室保持在270个左右,省部共建国家重点实验室保持在70个左右。
>
> 到2025年,国家重点实验室体系全面建成,科研水平和国际影响力大幅跃升。若干实验室成为世界最重要的科学中心和高水平创新高地,引领基础科学研究发展,持续产出对世界科技发展有重大影响的原创成果,集聚一批具有国际水平的战略科技人才和团队,在相关领域成为解决世界重大科学技术问题的核心创新力量。

17.3.3 技术创新类平台

技术创新类平台包括国家技术创新中心、国家临床医学研究中心,以及对现有国家工程技术研究中心、国家工程研究中心、国家工程实验室、企业国家重点实验室等优化整合后形成的科研基地。聚焦国家战略产业技术领域,建设综合性、集成性、面向全球竞争、开放协同的国家技术创新中心。面向行业和产业发展需求,整合国家工程技术研究中心和国家工程研究中心,完善布局,实行动态调整和有序退出机制。在先进制造、现代农业、生态环境、社会民生等重要领域建设高水平的技术创新和成果转化基地。建成若干国家临床研究中心和覆盖全国的网络化、集群化协同研究网络,促进医学科技成果转化应用。

17.3.4 基础支撑类平台

基础支撑类平台包括国家野外科学观测研究站、科技资源服务平台等基础性、公益性基地和平台。加强平台建设系统布局,形成涵盖科研仪器、科研设施、科学数据、科技文献、实验材料等的科技资源共享服务平台体系,强化对前沿科学研究、企业技术创新、大众创新创业等的支撑,着力解决科技资源缺乏整体布局、重复建设和闲置浪费等问题。整合和完善科技资源共享服务平台,更好满足科技创新需求。建立健全共享服务平台运行绩效考核、后补助和管理监督机制。深入开展重点科技资源调查,完善国家科技资源数据库建设,强化科技资源挖掘加工、评价鉴定等。面向国家重大需求提供高水平专题服务。建立科技资源信息公开制度,完善科学数据汇交和共享机制,加强科技计划项目成果数据的汇交。

17.4 打造区域创新高地

打造区域创新高地是实施创新驱动发展战略的重要抓手。借鉴发达国家的经验,特别是美国的硅谷、以色列的特拉维夫的做法,引导创新要素聚焦流动,加强区域创新能力建设,充分发挥高校和科研院所密集的中心城市、国家自主创新示范区、国家高新技术产业开发区的引领作用,形成一批带动力强的创新型省份、城市,构建一批各具特色的区域创新高地,带动区域创新水平的整体跃升。

创新高地硅谷
美国的硅谷是全球公认的最具影响力的创新区域。硅谷的崛起是多种因素共同作用的结果。第一,硅谷形成了以人才为核心、中小企业为主体的创新生态,大学、科研机构、创新型企业融合发展。第二,硅谷构建了知识、技术、人才、信息等资源共享的创新网络,实现了生产、流动、传播、应用的良性循环。第三,硅谷营造了风险投资活跃的创新市场,风险投资家们醉心于高风险、高投入、高回报的高技术产业和企业。第四,硅谷孕育了敢于冒险、乐于创业、甘于付出的创新文化。

17.4.1 建设具有全球影响力的科技创新中心

具有全球影响力的科技创新中心,是指对全球创新资源、创新活动具有较强的引导、组织和配置能力。建设全球科技创新中心是走向世界科技强国的必然选择,科技中心的转移是经济中心变迁的前奏。18世纪,英国成为头号科技强国和世界霸主,得益于伦敦、伯明翰、曼彻斯特、利物浦等科技和产业创新中心的兴起。19世纪,柏林、汉堡、慕尼黑、法兰克福等创新中心城市群崛起,支撑德国赶超英国。20世纪,硅谷、纽约、西雅图、波士顿、休斯敦等科技创新中心兴起,让美国长期保持世界科技强国和经济强国地位。

建设一批具有全球影响力的科技创新中心,既需要谋划长远、合理布局,也需要正视现实、有序推进。要优化布局基础科学研究基地,补齐原始创新短板,构筑科技创新重要策源地。实施重大科技项目和工程,夯实创新发展的产业技术基础,塑造具有先发优势的引领型发展。提升各类创新主体能力,推动央地、军民创新资源深度融合,积极培育创新型企业,辐射带动周边区域发展。发挥政策叠加效应,深化科技体制改革,完善激励创新的良好环境。积极融入全球创新网络,加强国际交流合作,努力提升全球影响力。

专栏 17.7
聚力北京、上海两大科技创新中心建设

北京目标:

第一步,到 2017 年,科技创新动力、活力和能力明显增强,科技创新质量实现新跨越,开放创新、创新创业生态引领全国,北京全国科技创新中心建设初具规模。

第二步,到 2020 年,北京全国科技创新中心的核心功能进一步强化,科技创新体系更加完善,科技创新能力引领全国,形成全国高端引领型产业研发集聚区、创新驱动发展示范区和京津冀协同创新共同体的核心支撑区,成为具有全球影响力的科技创新中心,支撑我国进入创新型国家行列。

第三步,到 2030 年,北京全国科技创新中心的核心功能更加优化,成为全球创新网络的重要力量,成为引领世界创新的新引擎,为我国跻身创新型国家前列提供有力支撑。

上海目标:

2020 年前,形成具有全球影响力的科技创新中心的基本框架体系;研发经费支出占全市地区生产总值的比例超过 3.8%;战略性新兴产业增加值占全市地区生产总值的比重提高到 20% 左右;基本形成适应创新驱动发展要求的制度环境,基本形成科技创新支撑体系,基本形成大众创业、万众创新的发展格局,基本形成科技创新中心城市的经济辐射力,带动长三角区域、长江经济带创新发展,为我国进入创新型国家行列提供有力支撑。

到 2030 年,着力形成具有全球影响力的科技创新中心的核心功能,在服务国家参与全球经济科技合作与竞争中发挥枢纽作用,

> 为我国经济提质增效升级作出更大贡献,创新驱动发展走在全国前头、走到世界前列。
>
> 最终全面建成具有全球影响力的科技创新中心,成为与我国经济科技实力和综合国力相匹配的全球创新城市。

17.4.2 推进全面创新改革试验

2015年5月5日,习近平同志主持召开中央全面深化改革领导小组第十二次会议,审议通过了《关于在部分区域系统推进全面创新改革试验的总体方案》。选择1个跨省级行政区域(京津冀)、4个省级行政区域(上海、广东、安徽、四川)和3个省级行政区域的核心区(武汉、西安和沈阳)开展全面创新改革试验。其中,京津冀的改革试验主要着眼于协同发展,上海着眼于长三角核心区域率先创新转型,广东珠三角着眼于深化粤港澳创新合作,安徽合芜蚌和武汉着眼于促进产业承东启西转移和调整,四川成德绵和西安着眼于加速军民深度融合发展,沈阳着眼于推进新型工业化进程。支持改革试验区域统筹产业链、创新链、资金链和政策链,在市场公平竞争、知识产权、科技成果转化、金融创新、人才培养和激励、开放创新、科技管理体制等方面取得一批重大改革突破,在率先实现创新驱动发展方面迈出实质性步伐。同时,总结评估改革经验,形成可复制的重大改革举措,向全国推广示范。

全面创新改革试验区四大任务
——探索发挥市场和政府作用的有效机制
——探索促进科技与经济深度融合的有效途径
——探索激发创新者动力和活力的有效举措
——探索深化开放创新的有效模式

17.4.3 完善国家自主创新示范区布局

1988年5月,国务院开始批准建立国家高新技术产业开发区。通过实施高新技术产业的改革发展政策,实现硬环境、软实力的局部优化,最大限度地把科技成果转化为现实生产力。目前,全国共有国家高新区125家。2009年3月,国务院批准中关村设立国家自主创新示范区,推进自主创新和高技术产业发展先行先试,探索经验,全面深化科技体制改革和政策创新,结合功能提升和改革示范的要求,建设创新特区,推广成功经验。先后设立17个国家自主创新示范区,包括北京中关村、武汉东湖、上海张江、深圳(以城市为基本单元)、苏南(以城市群为基本单元,由9个国家高新区组成,横跨南京、无锡、常州、苏州、镇江5个国家创新型试点城市)、天津滨海(包括华苑、北辰、南开、武清、塘沽海洋5个科技园)、长株潭(包括长沙高新区、株洲高新区、湘潭高新区)、成都高新区、西安高新区、杭州、珠三角国家高新区(含广州、珠海、佛山、惠州仲恺、东莞松山湖、中山火炬、江门、肇庆等8个国家高新区)、河南郑洛新国家高新区、山东半岛国家高新区、辽宁沈大国家高新区、福厦泉国家高新区、合芜蚌国家高新区和重庆国家高新区(见图17.1)。

图 17.1 国家自主创新示范区分布情况

内容小结

本章论述了深化科技创新引领作用。如何在更高层次、更大范围推动战略前沿领域创新突破,强化基础研究和应用基础研究,实施国家重大科技项目,突破战略性新兴产业核心技术。优化创新组织体系,强化企业创新主体地位和主导作用,建设国际一流科研机构和研究型大学,建设国际领先的综合性国家科学中心,建立健全军民融合的创新体系。提升创新基础能力,建设战略综合类、科学研究类、技术创新类、基础支撑类等国家重大科技基础设施平台。打造区域创新高地,建设北京、上海两大具有全球影响力的科技创新中心,推进全面创新改革试验,完善国家自主创新示范区布局。

关键概念

战略前沿领域　　　　基础研究　　　　　　　　应用基础研究
国家重大科技项目　　战略性新兴产业核心技术　新一代人工智能
企业创新主体地位　　军民融合创新　　　　　　创新基础能力
区域创新高地　　　　科技创新中心　　　　　　全面创新改革试验区

思考讨论题

1. 如何理解科技创新的引领作用？
2. 请你谈谈深化基础研究、推动战略前沿领域创新突破的重要意义。
3. 为什么说企业是创新的主体？
4. 怎样发挥我国科技创新的新型举国体制的优势？

第 18 章
形成激励创新的体制机制

2015年3月中共中央、国务院印发《关于深化体制机制改革加快实施创新驱动发展战略的若干意见》,提出到2020年,基本形成适应创新驱动发展要求的制度环境和政策体系。

18.1 营造公平竞争的创新环境

发挥市场竞争激励创新的根本性作用,营造公平、开放、透明的市场环境,强化产业政策对创新的引导,促进优胜劣汰、破旧立新,增强市场主体创新动力。

18.1.1 实行严格的知识产权保护制度

完善知识产权保护相关法律,降低侵权行为追究刑事责任门槛,调整损害赔偿标准,实施惩罚性赔偿制度。完善权利人维权机制,合理划分权利人举证责任。完善商业秘密保护法律制度,明确商业秘密和侵权行为界定,研究制定相应保护措施,探索建立诉前保护制度。研究商业模式等新形态创新成果的知识产权保护办法。完善知识产权审判工作机制,推进知识产权民事、刑事、行政案件的"三审合一",积极发挥知识产权法院的作用,探索跨地区知识产权案件异地审理机制,打破对侵权行为的地方保护。健全知识产权侵权查处机制,强化行政执法与司法衔接,加强知识产权综合行政执法,健全知识产权维权援助体系,将侵权行为信息纳入社会信用记录。

18.1.2 改进新技术新产品新商业模式的准入管理

打破制约创新的行业垄断和市场分割。加快推进垄断性行业改革,放开自然垄断行业竞争性业务,建立鼓励创新的统一透明、有序规范的市场环境。改革产业准入制度,制定和实施产业准入负面清单,对未纳入负面清单管理的行业、领域、业务等,各类市场主体皆可依法平等进入。破除限制新技术新产品新商业模式发展的不合理准入障碍。对药品、医疗器械等创新产品建立便捷高效的监管模式,深化审评审批制度改革,多种渠道增加审评资源,优化流程,缩短周期,支持委托生产等新的组织模式发展。对新能源汽车、风电、光伏等领域实行有针对性的准入政策。改进互联网、环保、医疗卫生、文化、教育等领域的监管,支持和鼓励新业态、新商业模式发展。改革产业监管制度,将以前置审批为主转变为以依法加强事中事后监管为主,形成有利于转型升级、鼓励创新的产业政策导向。

18.1.3 健全产业技术政策和要素价格市场化机制

强化产业技术政策的引导和监督作用,明确并逐步提高生产环节和市场准入的环境、节能、节地、节水、节材、质量和安全指标及相关标准,形成统一权威、公开透明的市场准入标准体系。健全技术标准体系,强化强制性标准的制定和实施。加强产业技术政策、标准执行的过程监管。强化环保、质检、工商、安全监管等部门的行政执法联动机制。形成要素价格倒逼创新机制。运用主要由市场决定要素价格的机制,促使企业从依靠过度消耗资源能源、低性能低成本竞争,向依靠创新、实施差别化竞争转变。加快推进资源税改革,逐步将资源税扩展到占用各种自然生态空间,推进环境保护费改税。完善市场化的工业用地价格形成机制。

18.2 深化科技管理体制改革

实施创新驱动发展战略,迫切需要系统推进科技管理体制改革,构建适应创新驱动发展的新型科技生产关系,最大限度地解放和激发全社会的创新动力与活力。

18.2.1 推动政府职能从研发管理向创新服务转变

转变政府职能是完善创新治理的题中要义。为更好地发挥广大科技工作者和企业家创新才能,对政府在科技与创新管理方面提出新的更高要求。研发管理更多面向的是科研单位,更多运用的是管理手段,更多聚焦的是科研活动;创新服务面向的是产学研用、大中小微等各类创新主体,围绕从研发到产业化应用的创新全链条,采取的主要是服务方式。从研发管理转向创新服务,重点是对接经济社会发展重大需求,健全科技报告、创新调查、资源开放共享机制。完善国家科技决策咨询制度,增强企业家在国家创新决策体系中的话语权。扩大高等院校和科研院所自主权,实行中长期目标导向的考核评价机制,更加注重研究质量、原创价值和实际贡献。赋予创新领军人才更大的人财物支配权、技术路线决策权。

合理定位政府和市场功能,强化政府战略规划、政策制定、公共服务、监督评估和重大任务实施等职能,重点支持市场不能有效配置资源的基础前沿、社会公益、重大共性关键技术研究等公共科技活动,建设创业创新公共服务平台。市场导向的科技项目由企业来牵头,竞争性的新技术、新产品、新业态开发交由市场和企业来决定。合理确定中央各部门功能性分工,发挥行业主管部门在创新需求凝练、任务组织实施、成果推广应用等方面的作用。科学划分中央和地方科技管理事权,中央政府职能侧重全局性、基础性、长远性工作,地方政府职能侧重推动技术开发和转化应用。

18.2.2 建立统一的科技管理平台和新型科技计划体系

科技计划(专项、基金等)是政府支持科技创新活动的重要方式。针对现有各类科技计划(专项、基金等)存在的"重复、分散、封闭、低效"现象,多头申报项目、资源配置"碎片化"等问题,深入推进科研经费管理制度和中央财政科技计划(专项、基金等)改革,按照国家自然科学基金、国家科技重大专项、国家重点研发计划、技术创新引导专项(基金)、基地和人才专项等五类科技计划重构国家科技计划布局,实行分类管理、分类支持。科技计划(专项、基金等)全部纳入统一的国家科技管理平台,完善国家科技计划(专项、基金等)管理部际联席会议运行机制,加强科技计划管理和重大事项统筹协调,充分发挥行业、部门和地方的作用。建立专业机构管理项目机制,加快建设运行公开透明、制度健全规范、管理公平公正的专业机构,提高专业化管理水平和服务效率。建立统一的国家科技计划监督评估机制,制定监督评估通则和标准规范,强化科技计划实施和经费监督检查,开展第三方评估。

18.3 完善科技成果转化和收益分配机制

科技成果转化是指针对科技成果所进行的开发、应用、推广直至形成新技术、新工艺、新材料、新产品和新产业等活动,是科技成果实现商业价值的过程。完善科技成果转化和收益分配制度,是鼓励创新、推动创新的重要保障。

18.3.1 全面下放高校和科研院所成果使用、处置和收益权

我国对科研机构的科研成果按照国有事业单位无形资产进行管理,科研机构没有对成果的处置权、收益权和支配权,因而缺乏将科研成果转化为新技术、新产品的主动性和积极性。同时,科研机构因

不具有完整的市场主体权利,科技成果转化时需要较多较长的审批程序和时间。要逐步推广备案制管理。取消对大学、国有科研机构的知识产权、科技成果等非经营性资产划转为经营性资产的规模限制,建立我国事业单位科技成果"强制"转化制度。事业单位在申请或执行国家级科技计划的同时,应提交对所产生科技成果拥有并承担转化义务的申请;如不提出申请或提出申请两年之内未转化的,财政部门或主管部门可以向全社会公开征集转化方案,以招标形式确定转化主体。提高科研人员转化科技成果收益分配比例,通过出台《职务发明条例》明确职务发明人的权利归属及义务、职务发明人奖励报酬制度及法律责任,加强与《科技成果转化法》《专利法》《合同法》等法律法规的衔接。明确职务发明法定报酬制度,进一步上调高校、科研机构科技成果入股奖励比例下限。完善有关股权奖励个人所得税制度,做到企业给予技术人员的股权奖励,在股权获得现金收益前,暂不征收个人所得税,待取得分红或转让股份时再依法纳税。

> **美国的《拜杜法案》**
> 1980 年由美国国会通过的《拜杜法案》,是美国由"制造经济"时代转向"知识经济"时代的产物。《拜杜法案》出台前,由政府资助的科研项目产生的专利权由政府拥有。美国联邦政府持有的约 2.8 万项专利技术只有不到 5% 被转移到工业界进行商业化。《拜杜法案》使私人部门可以享有政府资助科技成果的专利权。通过合理的制度安排,为政府、科研机构、产业界三方合作,共同致力于政府资助研发成果的商业运用提供了有效的制度激励。

> **专栏 18.1**
> **美国激励创新的法律法规体系**
>
> 美国是第一个将保护知识产权写进宪法的国家。建国之初颁布的《专利法》,充分调动了发明家、企业家的创新热情。林肯称:"专利制度是在天才的创造火焰中添加了利益的燃料。"同时,为防止专利权滥用而扼杀竞争、妨碍后进入者,于 19 世纪后期相继颁布实施了《不公平竞争法》《反托拉斯法》等。到 20 世纪中期,伴随美国国力的增强,基础研究、国防军工技术研究、前沿性技术研究投入大量增加。为加快研究成果向应用转化,先后出台《塞勒-凯氟维尔法》《国防航空和宇宙航行法》《购买美国产品法》《拜杜法案》《小企业创新法》等,逐步形成了推动产学研协作共赢、加快科技成果转化的法律法规体系。

18.3.2 促进科技成果的资本化和产业化

党的十八届三中全会明确提出:促进科技成果资本化、产业化,这是科技成果转化的有效路径。我国科技成果资本化、产业化渠道还不通畅,科技成果转化的利益分享机制,包括知识产权作价、知识产权保护以及转移转化制度等需要完善。一方面,要围绕新一代信息网络、智能绿色制造等重点产业领域,发布转化一批促进产业转型升级、带动高效投资的科技成果包,探索市场化的科技成果产业化路径。支持高校和科研院所建设一批机制灵活、面向市场的国家技术转移机构,加强科技成果与产业、企业需求有效对接。支持企业与高校、科研院所构建产业技术创新联盟,协同开展成果转化。另一方面,要构建线上与线下相结合的国家技术交易网络平台,鼓励区域性、行业性技术市场发展,完善技术转移机构投融资、科技成果评价、知识产权服务等功能。强化金融支持,大力发展风险投资,研究制定天使投资相关法规和税收支持政策。按照市场化原则设立国家新兴产业投资引导基金,带动社会资本支持战略性新兴产业和高技术产业早中期、初创期创新型企业发展。开展知识产权证券化业务、股权众筹融资试点,允许商业银行开展投贷联动试点。

专栏 18.2
国内科技成果转化的先进模式

北京中关村开放式创新模式:① 项目合作模式,即企业、高校和科研院所以具体项目为纽带签订技术合同,开展合作或创新。② 平台合作模式,高校、科研院所和企业作为平台创新主体进行产学研合作,共同投入资源组建平台。③ 产业技术联盟模式,科研机构和企业围绕技术标准创制和共性技术攻关,集中优势力量联合创新,共担风险,共享利益。

上海张江高科技园区孵化器模式:"预孵化器 + 孵化器 + 加速器"三位一体的全程孵化体系,做到综合孵化、专业孵化、多元孵化,形成一个由企业和政府共同搭建,多元化运作、多功能的孵化协作网络增值服务平台。

武汉光谷大学科技园"四级跳"模式:第一级,校园内孕育新技术产业化的种子;第二级,校园周边建立大学科技园孵化器孵化种子;第三级,孵化较为成熟的企业进入大学科技园产业区发展;第四级,企业实现大规模发展。

西安光机所"四位一体"和"四融合"模式:"四位一体"是指"人才+技术+资本+服务"四位一体,即引进科技创业领军人才解决技术支撑问题;开辟多元化资金渠道解决创业初期资本短缺问题;优化孵化器服务功能,提供财务、法务、人力资源、知识产权、行政、物业、workshop 的"6+1"贴身服务。"四融合"是指科技与金融、服务、培训、社会深度融合。

18.3.3 实行以增加知识价值为导向的分配政策

推动科技成果实现商业价值的核心要素是人,让人的智力活动获得合理经济保障,是推动科技成果转化的关键因素。建立公平高效的收益分配制度,确保科技成果产生的经济效益有效回馈发明者、创新者,是对实现各方利益均衡、推动科技成果转化的正向激励。坚持价值导向,明确分配导向,完善分配机制,使科研人员收入与其创造的科学价值、技术价值、经济价值、社会价值、文化价值紧密联系。实行分类施策,根据不同创新主体、不同创新领域和不同创新环节的智力劳动特点,实行有针对性的分配政策。把人作为政策激励的出发点和落脚点,强化产权等长期激励,健全中长期考核评价机制,突出业绩贡献。在加大物质收入激励的同时,注重发挥精神激励的作用,大力表彰创新业绩突出的科研人员,营造鼓励探索、激励创新的社会氛围。围绕知识价值导向体制机制确立过程中的关键难点、痛点,选择一些地方和单位结合实际情况先期开展试点,鼓励大胆探索、率先突破,及时推广成功经验。

18.3.4 构建普惠性创新支持政策体系

与改革开放以来我国创新支持政策的目标和手段相比,今后将由选择性创新支持政策向普惠性创新支持政策转变。过去政府部门在支持前沿技术攻关、科技项目研发、创新平台建设过程中,选择项目的条件往往过多关注前期相关技术经验、企业收入规模、科研人员学历等指标,采用"发牌照"似的准入管理模式,无形中抑制了其他具备条件和潜力的创新主体发展。国家创新投入方式要以全面实施普惠性财税政策为主。增加财政科技投入,重点支持基础前沿、社会公益和共性关键技术研究,落实企业研发费用加计扣除和扩大固定资产加速折旧实施范围政策,强化对创新产品的首购、订购支持。简化研发费用加计扣除流程,按照"先申报,后稽查"的原则,对中小企业探索实行按研发投入直接作相应比例所得税减免。探索实施技术开发准备金等新的创新支持政策,明确准备金的相关管理规范,完善间接研发风险补偿体系。

> **专栏 18.3**
> **美、日、韩、德创新模式和政策**
>
> **美国:** 优先发展与军事有关的尖端技术和前沿领域的基础研究,大力促进军民技术融合发展和科技成果产业化,不断强化科教人才基础,综合运用财税、中小企业扶持、政府采购、风险投资、政府管制等各类政策工具激发企业的创新活力。
>
> **日本:** 技术创新模式经历了从单纯的引进到简单的改进和模仿再到自主创新的动态演进过程。首先,重视引进外国先进技术;其次,重视应用导向的创新;再次,重视引进消化吸收再创新;最后,高度重视储备前沿技术、培育未来新的增长点。
>
> **韩国:** 发展路径基本符合创新后发国家由模仿转向自主创新的一般规律。以三星、LG等为代表的民营财阀在韩国经济发展和创新中扮演重要角色;长期注重对技术引进的消化吸收而非简单模仿;政府将支持重心集中于产业共性技术研发;具有针对消费者偏好的独特创新模式。
>
> **德国:** 基于高度重视教育、科技、文化、哲学和传统敬业精神,建立完整的法律制度和政策体系,形成产学研密切合作的制度网络,以及对创新始终如一的专注和持续巨大的投入,保持政府对产业发展的合理引导和必要干预。

18.4 实施人才优先发展战略

创新驱动的实质是人才驱动。把人才作为支撑发展的第一资源,加快推进人才发展体制和政策创新,构建有国际竞争力的人才制度优势,提高人才质量,优化人才结构,加快建设人才强国。

18.4.1 建设规模宏大的人才队伍

我国人才总量现状
2016年年末,全国人才资源总量达1.75亿人,接近2020年1.8亿人的规划目标;党政人才、企业经营管理人才、专业技术人才、高技能人才、农村实用人才、社会工作专业人才资源总量,较五年前分别增加4%、45.5%、32.0%、57.2%、61.4%、272.1%,其中企业经营管理人才和高技能人才资源总量分别超出2020年规划目标3.2个百分点和15.4个百分点。

人才队伍建设既要看总量,又要看结构。我国人才队伍虽然呈蓬勃发展之势,但结构性矛盾依然突出。我国每万劳动力中研发人员为48.5人,主要劳动年龄人口受过高等教育的比例为16.9%,高技能人才占技能劳动者的比例为27.3%,农村实用人才占农村劳动力的比例仅为3.3%。高层次创新型人才还十分欠缺,与发达国家相比还有较大差距。在科技与创新日益成为经济社会发展重要原动力的今天,高端人才的战略意义和作用比以往任何历史时期都更加突出,高端人才的规模和水平越来越体现着一个国家和地区人才资源的整体水平和综合实力,高端人才越来越成为世界各国竞相争夺的焦点。

突出"高精尖缺"导向,是推动人才结构战略性调整、建设人才队伍的根本方向。这个导向主要体现在四个方面:一是大力集聚从事原创研究、交叉研究且能够引领国际科学发展趋势的战略科学家,依托国家重大科技项目、重大工程、重点学科和重点科研基地等,在创新实践中发现、培育、凝聚人才。二是大力集聚适应我国调整产业结构以及发展新型产业和新兴业态需要、有望推动我国关键核心技术实现重大突破的科技领军人才和核心技术人才。三是大力集聚引领我国文化振兴和理论创新,支撑国家高端智库建设的各类社科人才。四是大力集聚一批适应创新驱动发展和"走出去"战略需要,具有国际化管理创新和跨文化经营能力的企业家人才,以及支撑中国创造、技艺精湛的高技能人才。

18.4.2 实施重大人才工程

国家持续实施重大人才工程,为高端人才队伍建设提供重要支撑。创新人才推进计划、青年英才开发计划、企业经营管理人才素质提升工程、"千人计划""万人计划"提升工程、专业技术人才知识更新工程、国家高技能人才振兴计划、高素质教育人才培养工程、文化名家工程等,已经构建起中国特色的人才制度体系。以国家"千人计划"为例,目前已引进高层次人才7 000多名,并带动形成中华人民共和国成立以来最大规模的海外人才归国潮。

> **专栏 18.4**
> **"十三五"规划确定的重大人才工程**
>
> （一）创新人才推进计划。在优势科研领域设立一批科学家工作室，重点支持和培养一批中青年科技创新领军人才；建设一批重点领域创新团队；重点扶持一批科技创新创业人才，建设一批创新人才培养示范基地。
>
> （二）青年英才开发计划。在重点学科领域培养扶持一批青年拔尖人才；在高水平研究型大学和科研院所优势基础学科建设一批国家青年英才培养基地，选拔一批拔尖大学生进行培养；每年从应届高中、大学毕业生中筛选优秀人才到国外一流大学深造，进行定向跟踪培养。
>
> （三）企业经营管理人才素质提升工程。培养一批具有世界眼光、战略思维、创新精神的企业家；培养1万名精通战略规划、资本运作、质量管理、人力资源管理、财会法律等专业知识的企业经营管理人才。
>
> （四）"千人计划""万人计划"提升工程。引进能够从事原始创新、突破关键技术、发展高新产业、带动新兴学科的战略科学家和科技领军人才。引进1万名左右海外高层次人才回国(来华)创新创业，遴选支持1万名左右急需紧缺的国内高层次人才。
>
> （五）专业技术人才知识更新工程。每年培训百万名高层次、急需紧缺和骨干专业技术人才。依托高等学校、科研院所和大型企业现有施教机构，建设一批国家级继续教育基地。
>
> （六）国家高技能人才振兴计划。在全国建成一批技能大师工作室、1200个高技能人才培训基地，培养1000万名高技能人才。

18.4.3　建立健全人才流动机制

科学配置人才资源是发挥人才效能的最重要保障。要充分发挥市场配置人才资源的决定性作用，推动企业成为选才引才的主体；要完善各方面人才顺畅流动的制度体系，着力解决制约人才顺畅流动的不利因素，引导人才有序自由流动，提高社会横向和纵向流动。

市场配置资源是最有效率的配置形式。人作为生产力中最活跃最能动的要素,只有与资料、技术、资本等市场要素相结合,才能创造出自身的价值。因此,必须充分发挥市场在优化人才配置中的决定性作用,全面推动企业成为选才引才的主体,加大重大人才计划面向产业、服务企业的选才引才力度。真正把人才评价、选用、调配、奖励等方面的权力下放给用人主体。对不利于或者阻碍市场作用发挥的人才体制机制进行全面改革,攻坚克难,尤其要简政放权,消除对用人主体的过度干预。突出市场评价、市场发现、市场流动、市场激励的主导作用,实现哪里有需求、哪里能发挥作用、哪里效益高,人才就往哪里走,更大程度地实现人才资源的有效配置和优化组合。

促进人才自由有序流动,要完善人才顺畅流动的制度体系,着力解决由于区域、行业、所有制差异产生的工资收入、医疗待遇、职称评定、养老保障等制约人才顺畅流动的不利因素,引导人才有序自由流动,提高社会横向和纵向流动性。打破户籍、地域、身份、学历、人事关系等制约,促进人才资源合理流动、有效配置。建立高层次人才、急需紧缺人才优先落户制度。破除人才流动障碍。畅通党政机关、企事业单位、社会各方面人才流动渠道。研究制定吸引非公有制经济组织和社会组织优秀人才进入党政机关、国有企事业单位的政策措施,注重人选思想品德、职业素养、从业经验和专业技能综合考核。

18.4.4 营造良好的人才发展环境

人才发展环境的优劣已经成为当今人才竞争的关键。习近平同志指出:"我们要以识才的慧眼、爱才的诚意、用才的胆识、容才的雅量、聚才的良方,广开进贤之路,把党内和党外、国内和国外等各方面优秀人才吸引过来、凝聚起来。"[1]牢固树立尊重劳动、尊重知识、尊重人才、尊重创造和"人人皆可成才、人人尽展其才"的理念。解放思想,破除狭隘的人才观,聚天下英才而用之。敞开大门,对外开放,积极配置全球人才资源。

完善人才评价激励机制和服务保障体系,营造有利于"人人皆可成才"和青年人才脱颖而出的社会环境。发挥政府投入引导作用,鼓励人才资源开发和人才引进。完善业绩和贡献导向的人才评价标准。保障人才以知识、技能、管理等创新要素参与利益分配,以市场价值回报人才价值,强化对人才的物质和精神激励,鼓励人才弘扬奉

---

[1] 2016 年 7 月 1 日,习近平在庆祝建党 95 周年大会上发表重要讲话。

献精神。营造崇尚专业的社会氛围,大力弘扬新时期工匠精神。实施更积极、更开放、更有效的人才引进政策,完善外国人永久居留制度,放宽技术技能型人才取得永久居留权的条件。加快完善高效便捷的海外人才来华工作、出入境、居留管理服务。扩大来华留学规模,优化留学生结构,完善培养支持机制。培养推荐优秀人才到国际组织任职,完善配套政策,畅通回国任职通道。

18.5 推进大众创业万众创新

把大众创业万众创新融入发展各领域各环节,鼓励各类主体开发新技术、新产品、新业态、新模式,培育经济新动能,打造发展新引擎。

18.5.1 建设创业创新服务平台

创业创新服务平台可为创业者提供导师、创业培训、资本对接等各种服务,在创业者成长过程中不可或缺。随着创新驱动发展战略全面实施、大众创业万众创新深入推进,在各级政府的有力支持和社会各界的积极参与下,创业创新服务平台数量快速增长,服务水平大幅提升,有效地聚集了创业创新资源,呈现出专业化、网络化、国际化的发展趋势。

强化双创示范基地建设。2016年、2017年,国务院办公厅先后部署两批大众创业万众创新示范基地,提出一系列改革举措,鼓励先行先试,形成示范引领。支持区域示范基地搭建一批创业政策服务、项目孵化培育、创业投融资、公共技术服务等支撑平台,推动中央有关部门联合授权,赋予更大的自主权,激发更多的改革主动性和创造性,形成更多好做法、好经验,率先营造良好的创业创新"微生态"。支持高校和科研院所示范基地建立一批双创人才培养、线上线下教育、创业实训、科技成果转化、公共研发服务等支撑平台,面向社会开放科研设施,促进科技成果转化。支持企业示范基地建立一批员工内部创业孵化、数据资源共享、线上创新创业服务等支撑平台,促进大中小企业融通发展,提振实体经济。

推动众创空间和孵化载体升级。科技企业孵化器通过为新创办的科技型中小企业提供物理空间、基础设施支持,开展创业辅导、技

大众创业万众创新示范基地
2016年5月,确定全国首批"双创"示范基地28个;其中,区域示范基地17个,高校和科研院所示范基地4个,企业示范基地7个。2017年6月,在更大范围推进大众创业万众创新,建设第二批"双创"示范基地92个;其中,区域示范基地45个,高校和科研院所示范基地26个,企业示范基地21个。

术转移、人才引进、金融投资、市场开拓、国际合作等一系列服务,降低创业成本,提高创业成功率,已成为促进科技成果产业化、培育科技企业和企业家的重要载体。众创空间为创业者提供低成本的工作空间、网络空间、社交空间和资源共享空间,与科技企业孵化器、加速器、产业园区等共同组成创业孵化链条。截至 2017 年年底,众创空间数量达到 5 500 余家,科技企业孵化器数量超过 4 000 家。构筑众创空间、孵化器、加速器等完整的创业孵化链条,推进孵化载体专业化、市场化发展。依托龙头骨干企业、科研院所和高等学校积极构建专业化众创空间,鼓励国有、民营和产业资本共同参与专业化众创空间建设。

打造大型企业创业创新支撑平台。充分发挥大型企业的领头羊作用,建设具有较强影响力的创业创新支撑平台,激发内部创新活力,开放供应链和产业链资源,吸引上下游企业集聚,实现大中小企业融通发展。推动中央企业建立一批专业化创业创新平台,鼓励央企与民营创新创业服务机构深入合作,推动科技成果转化和生产方式变革,支持大型制造业、信息通信企业构建开放式"双创"平台,促进形成大中小微企业专业化分工协作的产业生态体系,服务于世界级先进制造业集群发展。

18.5.2 拓宽创业创新融资渠道

近年来,我国创业创新融资取得长足进展。截至 2017 年年底,我国创业投资机构超过 3 500 家,管理资金规模接近 2 万亿元,已经成为继美国后世界第二大创业投资市场,但仍然难以满足创业创新和中小企业的发展需求。《国务院关于促进创业投资持续健康发展的若干意见》提出,要多渠道拓宽创业投资资金来源,进一步完善创业投资退出机制,优化创业投资市场环境。

培育壮大创业投资。研究制定天使投资相关法规,按照税制改革的方向与要求,对包括天使投资在内的投向种子期、初创期等创新活动的投资,统筹研究相关税收支持政策。研究扩大促进创业投资企业发展的税收优惠政策,适当放宽创业投资企业投资高新技术企业的条件限制,并在试点基础上将享受投资抵扣政策的创业投资企业范围扩大到有限合伙制创业投资企业法人合伙人。结合国有企业改革设立国有资本创业投资基金,完善国有创业投资机构激励约束机制。发挥政府引导基金"四两拨千斤"的引导带动作用。研究制定政府出资产业投资基金监督管理办法,完善政府出资管理机制,加强政府引导基金的经验推广和操作指引,形成各级政府创业引导基金上下联动、协同发展的局面。用好国家新兴产业创业投资引导基金等政策性基金,扩大创业投资基金规模,扶持更多创业企业。

> **专栏 18.5**
> **国家新兴产业创业投资引导基金**
>
> 2015 年由国务院批准设立,发展改革委和财政部会同有关部门组织实施,用市场化机制运作,由专业化基金公司管理,重点投向战略性新兴产业和高技术产业领域中处于初创期、早中期的创新型企业(见图 18.1)。2017 年年末,引导基金总规模 760 亿元,其中中央政府出资 225 亿元。累计支持设立和决策参股创业投资基金 314 只,覆盖 28 个省、自治区、直辖市及计划单列市,投资创业企业 2 744 家,带动社会投资 1 751 亿元。
>
>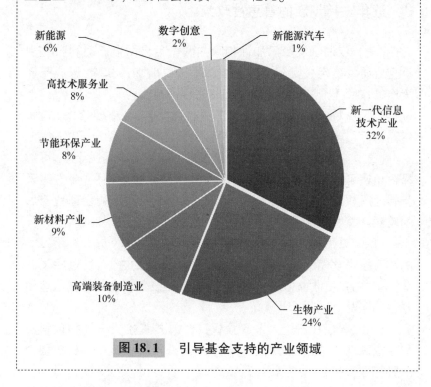
>
> **图 18.1** 引导基金支持的产业领域

促进创业投资行业"引进来""走出去"双向开放。有序扩大创业投资对外开放,通过吸引境外投资,引进国际先进经验、技术和管理模式,提升我国创业投资企业的国际竞争力。按照一视同仁的原则,放宽外商投资准入,简化管理流程,鼓励外资扩大创业投资规模,加大对种子期、初创期创业企业支持力度。鼓励境内有实力的创业投资企业积极稳妥"走出去"。完善境外投资相关管理制度,引导和鼓励创业投资企业加大对境外及港、澳、台地区高端研发项目的投资,积极分享高端技术成果。推动与"一带一路"沿线国家和欧美科技强国合作设立市场化运作的创业投资基金,在全球范围吸引技术、资金和人才等创新要素。

发挥金融对创业创新的助推作用。鼓励和引导银行、基金、保险、证券等各类金融机构支持创新创业,推动政策性银行支持创新创业和新兴产业发展的金融产品和服务创新。提高信贷支持创业创新的灵活性和便利性,形成各类金融工具协同支持创业创新的良好局面。完善资本市场管理制度,畅通创业投资退出渠道,鼓励创业企业充分利用多层次股权交易市场开展直接融资,优化融资结构。

> **专栏 18.6**
> **近年支持创新的普惠性政策**
>
> (一)取消研发费用加计扣除的两个目录限制。对科技型中小企业研发费用按实际发生额的 175% 税前加计扣除;形成无形资产的按照无形资产成本的 175% 在税前摊销。
>
> (二)以技术转让或者许可方式转化职务科技成果的,从技术转让、许可、作价投资股份中提取不低于 50% 的比例用于奖励。
>
> (三)企业或个人以技术成果投资入股到境内居民企业,可选择适用递延纳税优惠政策。投资入股当期可暂不纳税,允许递延至转让股权时,按股权转让收入减去技术成果原值和合理税费后的差额计算缴纳所得税。
>
> (四)试点允许银行业金融机构以"信贷投放"与本集团设立的具有投资功能的子公司"股权投资"相结合的方式,通过相关制度安排,由投资收益抵补信贷风险,实现科技创新企业信贷风险和收益的匹配。
>
> (五)天使投资个人采取股权投资方式直接投资于初创科技型企业满两年的,可按照投资额的 70% 抵扣转让该初创科技型企业股权取得的应纳税所得额。
>
> (六)加大知识产权侵权违法行为惩治力度,对于具有重复侵权、恶意侵权以及其他严重侵权情节的,依法加大赔偿力度,提高赔偿数额,由败诉方承担维权成本。将侵权行为纳入社会信用记录。

（七）探索建立证据披露、证据妨碍排除等规则，合理分配举证责任，适当减轻权利人举证负担。

（八）借鉴国际经验，开展创新企业境内发行股票或存托凭证试点。

（九）开展基础研究差别化评价试点，针对不同高校、科研院所实行分类评价，制定相应标准和程序，完善以创新质量和学术贡献为核心的评价机制。

内容小结

本章论述了形成激励创新的体制机制。营造公平竞争的创新环境，实行严格的知识产权保护制度，打破制约创新的行业垄断和市场分割，健全产业技术政策和要素价格市场化机制。深化科技管理体制改革，推动政府职能从研发管理向创新服务转变，建立统一的科技管理平台和新型科技计划体系。完善科技成果转化和收益分配机制，全面下放高校和科研院所成果使用、处置和收益权，促进科技成果的资本化和产业化，实行以增加知识价值为导向的分配政策，构建普惠性创新支持政策体系。实施人才优先发展战略，建设规模宏大的人才队伍，实施重大人才工程，建立健全人才流动机制，营造良好的人才发展环境。推进大众创业万众创新，建设创业创新服务平台，拓宽创业创新融资渠道。

关键概念

知识产权保护　　　　行业垄断　　　　　　产业技术政策
科技管理体制　　　　科技成果转化　　　　收益分配机制
普惠性创新支持政策　人才优先发展战略　　大众创业万众创新

思考讨论题

1. 谈谈你对营造公平竞争的创新环境的看法和建议。
2. 如何破解科技与经济"两张皮"、科技成果转化难的问题？
3. 实施人才优先发展战略需要解决的突出问题是什么？
4. 为什么要鼓励支持大众创业万众创新？

本篇参考文献

习近平,《习近平谈治国理政》,外文出版社,2014年。

习近平,《习近平谈治国理政》(第二卷),外文出版社,2017年。

《国家创新驱动发展战略纲要》,人民出版社,2016年。

中共中央、国务院,《关于深化体制机制改革加快实施创新驱动发展战略的若干意见》,2015年3月。

〔瑞典〕C.艾德奎斯特·赫曼,《全球化、创新变迁与创新政策:以欧洲和亚洲10个国家(地区)为例》,胡志坚等译,科学出版社,2012年。

〔美〕迈克尔·波特,《国家竞争优势》,李明轩等译,中信出版社,2007年。

〔挪威〕詹·法格博格等,《牛津创新手册》,柳卸林等译,知识产权出版社,2009年。

〔英〕克里斯托夫·弗里曼等,《工业创新经济学》,华宏勋等译,北京大学出版社,2004年。

〔美〕熊彼特,《经济发展理论》,孔伟艳等编译,北京出版社,2008年。

〔美〕罗伯特·M.索洛等,《经济增长因素分析》,史清琪等选译,商务印书馆,2003年。

国家发展和改革委员会,《〈中华人民共和国国民经济和社会发展第十三个五年规划纲要〉辅导读本》,人民出版社,2016年。

徐宪平、杜平、张新红,《驱散增长的迷雾——新常态下的新动能》,中国财富出版社,2017年。

阚珂、王志刚,《中华人民共和国促进科技成果转化法释义》,中国民主法制出版社,2015年。

第6篇

优化现代产业体系

现代产业体系是实体经济的根基。一个国家的经济发展，不仅表现为总量的增长，同时伴随着结构的演进。制造业是一个国家的核心竞争力，当今世界强国都拥有强大的制造业。以创新驱动的美国制造，以精湛著称的德国制造，以高效取胜的日本制造，都是大国崛起的写照。国际金融危机后，主要国家都在聚力发展新兴产业，以抢占未来竞争制高点。现代服务业是现代化经济体系的标配。"互联网+"将重构现代服务业发展的生态体系，提升生产性服务业专业化水平和生活性服务业普惠化品质，促进服务经济转型升级，带动服务消费蓬勃兴起。

改革开放以来，中国的产业体系、产业布局、产业结构发生了质的变化，跃上了新的台阶，成为世界制造业大国、服务业大国。但必须清醒地看到，我国产业结构的现状是，农业基础薄弱，工业大而不强，服务业发展滞后，新兴产业缺乏核心技术支撑。低端产能过剩，高端产能不足，是产业发展的短板。习近平同志强调，把供给侧结构性改革推向深入，推进中国制造向中国创造转变、中国速度向中国质量转变、制造大国向制造强国转变。实现高质量发展，优化现代产业体系，迈向全球价值链中高端，我们正在行动，还在路上，任重道远，必须加倍努力。

第 19 章
产业结构演进规律

产业结构演进有其一般规律。通过对典型国家三次产业比例关系变化以及中华人民共和国成立以来产业结构演进的过程,作一个回顾分析,可以了解其中的共性规律。

19.1 典型国家产业结构变化

判断一国产业结构的状况,应考察其三次产业的状况。产业结构的变化往往与经济发展阶段、工业化和后工业化联系在一起,体现了不同阶段资源配置的特点。

19.1.1 发达国家产业结构变化

发达国家产业结构演进与工业化进程密不可分。在工业化进程中,第一产业比重持续下降,通常低于 10%;第二产业和第三产业比重稳步提高,二、三产业在相当长一段时期内保持相对稳定的比例关系,呈现平行发展的特点。后工业化阶段则呈现出高科技产业处于优势地位、服务业成为经济主体、第二产业的比重相对下降的特征。

英国产业结构变化:英国曾在全盛时期被称为"日不落帝国"。从 18 世纪 60 年代工业革命开始,到 1935 年实现制造业机械化,英国工业化进程基本完成。这一时期,得益于工业化的先发优势,机器大生产代替了手工生产,英国在世界上的地位举足轻重。1870 年是其辉煌的顶峰,第二产业、第三产业在世界上均占有重要地位。当

> **产业结构**
> 是指各产业的构成及各产业之间的联系和比例关系。研究产业结构,主要是研究生产资料和生活资料两大部类之间的关系。从部门看,主要是研究农业、轻工业、重工业、建筑业、服务业等部门之间的关系。
>
> **工业化与后工业化**
> 工业化通常被定义为工业或第二产业产值在国民生产总值中比重不断上升的过程,工业化也是一个农业、工业、服务业互动演进的过程。世界工业化最早阶段始于 18 世纪 60 年代的英国,从瓦特发明蒸汽机开始。第二阶段以美国为代表,包括法国、德国、俄国等。美国在 1884 年完成了由农业国向工业国的过渡(第二产业比重超过第一产业),1890 年工业总产值超过英国,跃居世界第一。第三阶段的主角是拉美各国(巴西、墨西哥、阿根廷等)和亚洲"四小龙"。其工业化大致始于第二次世界大战后,到 20 世纪末成功实现或基本实现工业化。

后工业化

后工业化是美国学者丹尼尔·贝尔在《后工业社会的来临》一书中提出的。他认为,主要表现为四个特点:一是高科技产业在世界处于优势地位;二是工业制造业处在全球价值链高端;三是城镇化成熟,中产阶层成为社会的主导;四是服务业成为经济的主体。发达国家的后工业化时期一般从20世纪40年代开始。

三次产业分类法

根据社会生产活动历史发展的顺序对产业结构进行划分,是世界上较为通用的产业结构分类方法。第一产业是指农、林、牧、渔业(不含农、林、牧、渔服务业)。第二产业是指采矿业(不含开采辅助活动)、制造业(不含金属制品、机械和设备修理业)、电力、热力、燃气及水生产和供应业、建筑业。第三产业即服务业,是指除第一产业、第二产业以外的其他行业。

时,英国工业产值约占世界工业产值的1/3,英国的铁和煤产量约占世界工业产值的1/2,英国的贸易总量约占世界贸易总量的1/4。1950年,英国开始逐渐步入后工业化时代,由于第二次世界大战后经济重建(1950—1955年),第二产业的比重呈现出小幅上升的态势。1955年之后,服务业比重开始稳步上升、第二产业比重持续下降的规律较为明显。背后的原因是,信息技术革命加速服务业发展,国内金融业又是传统优势产业,后工业化时代第二产业面临的主要任务是转型升级,而不是做大总量等(见图19.1、图19.2)。

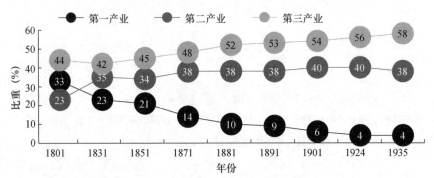

图19.1 英国工业化进程中三次产业比重

资料来源:吴敬琏,《中国经济增长模式的抉择》,上海远东出版社,2005年,第74—76页。

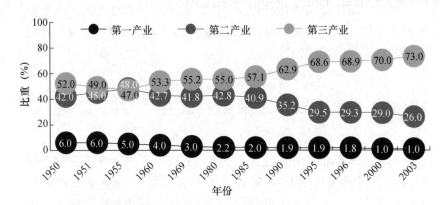

图19.2 后工业化阶段英国三次产业比重

资料来源:(1)汪斌,《国际区域产业结构分析导论》,人民出版社,2001年,第284页;(2)世界银行,《世界发展报告》(1997—2005年)。

美国产业结构变化:美国从工业化初期到中期(自1799年至1940年),第二产业在国民经济中的比重总体保持上升趋势,19世纪末20世纪初,美国第二产业的比重超过农业,之后又经历了40年左右的工业快速发展阶段。美国服务业在经济中的比例变化则体现了一定的波折性,呈现出下降—上升—再下降—再上升—再下降的特征。工业化进程背景下的美国,第二产业的硬实力不断增强。1945年以后,美国开始逐渐步入后工业化时代。1945—1950年,第二产业在国民经济中的比重还保持了上升的态势,随后则持续下降,而服务业比重则持续稳步攀升(见图19.3、图19.4)。但这并不能说明美国工业的地位下降了。实践表明,美国工业特别是制造业内部结构优化的进程始终没有中断,航空航天、通信、电子计算机、军工等附加价值高的技术密集型产业始终是该国保持优势竞争力的关键。2008年金融危机后,"制造业回流"成为美国政府重点关注的议题之一。

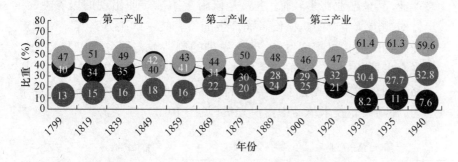

图19.3　美国工业化进程中三次产业比重

资料来源:(1) 吴敬琏,《中国经济增长模式的抉择》,上海远东出版社,2005年,第74—76页;(2) 中国社会科学院世界经济与政治研究所,《主要资本主义国家经济统计集(1848—1960)》,世界知识出版社,1962年,第3页。

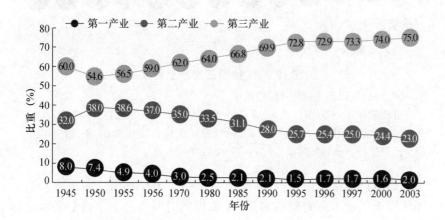

图19.4　后工业化阶段美国三次产业比重

资料来源:(1) 中国社会科学院世界经济与政治研究所,《主要资本主义国家经济统计集(1848—1960)》,世界知识出版社,1962年,第3页;(2) 汪斌,《国际区域产业结构分析导论》,人民出版社,2001年,第279页;(3) 世界银行,《世界发展报告》(1997—2005年)。

德国产业结构变化：德国工业化从 19 世纪 30 年代开始起步，1830—1913 年工业化进程迅速推进，1913 年工业生产能力超过英国，成为仅次于美国的资本主义世界工业强国。第一次世界大战战败后，产业政策偏向加快发展军工产业，甚至提出"要大炮不要黄油"的口号，第二次世界大战开始前，德国工业特别是军事工业在世界上具有举足轻重的地位。第二次世界大战后，在 1950—1985 年这段时间，德国处于战后重建阶段，第二产业在国民经济中总体上占据着最大份额。20 世纪中后期，德国步入后工业化时代，第三产业比重开始超过第二产业且持续攀升。但德国的第三产业不同于美国的第三产业，其金融业比重较低，主要是依附于第二产业出现的服务业，如针对德国所生产的机械设备而产生的整套技术解决方案等。德国产业结构的变化以高度发达、理念先进的制造业与服务业以及两者的融合发展为主线。2013 年 4 月，德国政府正式推出"工业 4.0 战略"，目的是提高德国整体产业特别是工业和生产性服务业的竞争力，在新一轮技术革命中占得先机（见图 19.5）。

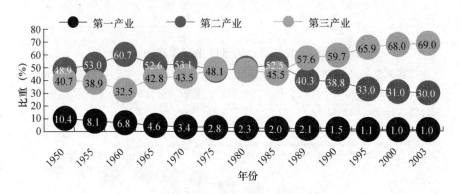

图 19.5 德国三次产业比重

注：1990 年以前为联邦德国数据。

资料来源：(1) 方甲，《产业结构研究》，中国人民大学出版社，1997 年，第 207 页；(2) 汪斌，《国际区域产业结构分析导论》，人民出版社，2001 年，第 284 页；(3) 世界银行，《世界发展报告》(1997—2005 年)。

日本产业结构变化：日本的工业化始于 1868 年的"明治维新"。抓住欧美工业革命的契机，日本在短短的时间里从一个落后的农业国变成了资本主义工业化强国，于 20 世纪前 20 年完成了工业化任务。第二次世界大战失败后，日本开始了战后重建的进程，经历了 20 年左右的快速发展，到 20 世纪 70 年代中期步入后工业化时代。受石油危机、日元升值、能源短缺、环境制约、产业结构调整等一系列综合因素的影响，整个第二产业由持续上升转为平稳发展，并呈现下降趋势（见图 19.6）。

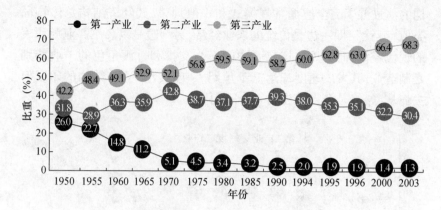

图 19.6 日本三次产业比重

资料来源:(1) 汪斌,《国际区域产业结构分析导论》,人民出版社,2001 年,第 11 页;(2) 世界银行,《世界发展报告》(1997—2005 年)。

19.1.2 新兴经济体国家产业结构变化

相比于发达国家,新兴经济体国家工业化开始的时间较晚,统计数据时间跨度参差不齐。从可获得的数据信息看,巴西、印度、俄罗斯等国家产业结构的变化与发达国家在趋势上存在相似性。在经济全球化背景下,新兴经济体国家在发展过程中借鉴了发达国家的经验,同时,各自产业结构变化客观上也存在一定的差异性。

巴西产业结构变化:巴西的工业化进程开始于第二次世界大战以后。1945—1988 年这段时间,第二产业比重总体呈上升趋势,第二产业和第三产业保持相对稳定的比例关系,"巴西奇迹"也发生在这一时期。1988 年以后,巴西第二产业比重开始明显下降,第三产业比重在 1995 年金融危机后则快速上升,在 2003 年左右时达到 75%的水平。20 世纪末,巴西虽然基本完成工业化,但并没有真正步入后工业化阶段,突出表现为产品结构处于价值链的低端,没有核心竞争力。耐人寻味的是,巴西第一产业比重出现了两次"短暂的回升",一次是 1975—1980 年,另一次是 1990—1995 年(见图 19.7),而这两个时间段恰逢巴西经济不景气之时,关于"农业比重回升是否因经济不景气所导致",学术界观点不一。

印度产业结构变化:与巴西相比,印度工业化进程中产业结构变化没有呈现出一定的规律性。尽管印度 1947 年就开始实施工业化战略,但该国第二产业的发展在国民经济中一直没有占据过主导地位,其比重始终在 20% 至 35% 之间徘徊(见图 19.8)。印度产业结

新兴经济体国家
是指某一国家经济蓬勃发展,成为新兴的经济实体。英国《经济学家》将新兴经济体国家分成两个梯队:第一梯队为中国、巴西、印度、俄罗斯和南非,也称"金砖国家";第二梯队包括墨西哥、菲律宾、土耳其、印度尼西亚、埃及等"新钻"国家。

构的演进并未完全遵循常规模式和一般规律,其经济结构总体特征类似"哑铃",即一边是传统的农业经济,另一边是以第三产业为代表的现代经济,而本该在这二者中间充当支撑和过渡角色的工业特别是制造业,其发展速度却远低于预期。"哑铃型"经济结构的印度何去何从,始终是令人关注的一个问题。

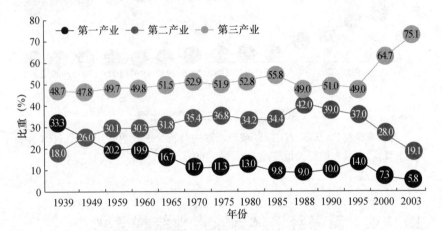

图 19.7 巴西三次产业比重

资料来源:(1) 方甲,《产业结构研究》,中国人民大学出版社,1997 年,第 295 页;(2) 世界银行,《世界发展报告》(1995—2005 年)。

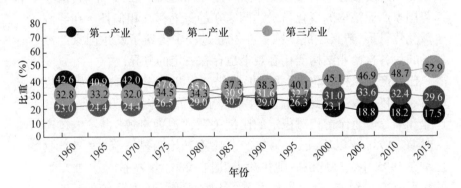

图 19.8 印度三次产业比重

资料来源:世界银行。

俄罗斯产业结构变化:如图 19.9 所示,俄罗斯在 1994 年前后二、三产业的比重发生了趋势性的变化,第三产业的比重超过第二产业,并且一直保持这样的一个趋势,其产业结构关系呈现出与西方发达国家后工业化阶段相似的特征,但从工业整体实力和国际竞争力看,俄罗斯尚未处于后工业化阶段。提到俄罗斯,总是能让人想起轻重工业比例不平衡这样的话题。苏联的军备竞赛,使得国民经济比例不协调的问题加剧,1991年苏联解体后,轻工产品短缺一度制约了俄罗斯民生的改善程度。同时,轻工业产品生产成本高、竞争力差也是影响轻工业发展的重要原因。俄罗斯经济政策采取的"休克疗法",其效果和评价在学界至今仍颇有争议。

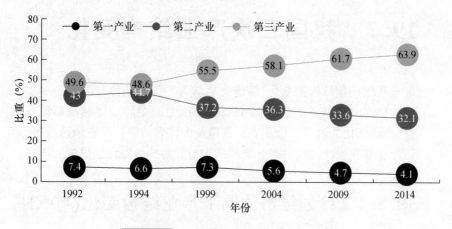

图 19.9　俄罗斯三次产业比重

资料来源:世界银行。

19.1.3　产业结构演进一般规律

产业结构演进过程中一般遵循库兹涅茨法则,有着共性特征。总体上看,在工业化阶段,体现为第二产业比重上升,第二产业、第三产业保持相对稳定的关系。在后工业化阶段,体现为第二产业比重下降,服务业比重保持稳定的上升态势。同时,第二产业、第三产业发展的水平、质量和国际竞争力在国际上处于较为先进的位置。

第一产业反映的特征:比重持续下降。农业的基础地位、战略地位至关重要,但不能仅依靠农业来富民强国。随着人均国内生产总值的上升,以及工业、服务业部门的壮大,农业部门的相对比重,无论在产值结构方面还是在劳动力结构方面,都处于不断的下降之中。

第二产业、第三产业反映的特征:从平行稳定到此消彼长。在工业化进程中,第二产业和第三产业在国民经济中所占的比重稳步提高,并且第二产业、第三产业在相当长一段时期内保持相对稳定的比例关系,即第二产业和第三产业占国内生产总值的份额总体上呈同步上升态势(或称平行发展)。

后工业化阶段,第三产业占国内生产总值的份额快速上升,第二产业比重则呈现下降趋势。由此引发了经济学界关于服务业对经济

库兹涅茨法则
美国著名经济学家、1971年诺贝尔经济学奖获得者西蒙·库兹涅茨研究分析欧美国家的长期统计数据,从产值、国民收入和劳动力在产业间的分布等,对伴随经济增长的产业结构演进规律有三点结论:
1. 农业部门的相对比重,无论在产值结构方面还是在劳动力结构方面,都处于不断的下降之中。
2. 工业部门的产值相对比重和劳动力相对比重是走向于上升的,但其上升的速度不一致。
3. 服务部门的劳动力相对比重呈现上升趋势,但国民收入相对比重与劳动力相对比重的变化趋势略有区别,综合起来看是大体不变或略有上升。

增长作用的广泛争论。第三产业与经济发展关系的讨论从未停止，服务活动是否有助于资本积累等问题极大地提升了关于产业结构的研究潜力和价值。

19.2 我国三次产业结构变化

配第-克拉克定理
17世纪的英国经济学家威廉·配第首先发现了世界各国国民收入水平的差异以及由此形成的经济发展的不同阶段，其关键原因是各国产业结构的不同。英国经济学家科林·克拉克在配第研究成果的基础上，总结得出关于经济发展中就业人口在三次产业中的分布结构如何变化的理论，后称为"配第-克拉克定理"。主要结论是：一个国家的经济发展水平越高，其第一产业劳动力就业比重越小，第二产业和第三产业就业比重则越大。一个国家的经济发展水平越低，其第一产业就业比重越大，第二产业和第三产业就业比重则越小。

我国产业结构的变化、演进背后隐含着深刻的体制因素。中华人民共和国成立以来三次产业结构的变化，是一个随着体制改革动态调整、逐渐优化的过程。近年来以制造业为代表的第二产业增速放缓，第三产业增速加快，二、三产业之间结构与效益的话题讨论也愈加丰富。

19.2.1 计划经济体制下产业结构变化（1952—1977年）

中华人民共和国成立初期到"文化大革命"结束，我国效仿苏联采取了计划经济体制来发展社会主义经济。在这一阶段，我国重工业产值增长了约28倍，重加工业产值增长了近40倍，而轻工业只增长了16倍左右。对比悬殊的数据说明，我国产业结构的变动跨越了以轻工业为重心的发展阶段，优先发展重工业的特点十分明显。从当时的国际国内环境看，外部有美国等西方资本主义国家的重重包围与封锁，甚至是武力恫吓；内部面对中华人民共和国成立前留下的一个千疮百孔的烂摊子，生产萎缩、物价飞涨、民生困苦。在这样的基础上搞建设，在产业选择上优先发展重工业，有其历史必然性与合理性。在这种特定的历史阶段，快速构建起工业体系，保持稳定的种植业基础，对生产、建设发挥了积极的支撑作用，也为日后工业做大做强奠定了基础。这一时期，受各种因素影响，产业结构也随之发生着改变（见表19.1）。

表19.1 计划经济体制下产业结构的变化

时间	主要特点
1952—1957年	中华人民共和国成立初期，经过三年艰苦的努力，国民经济基本恢复到中华人民共和国成立前的最高水平。从1952年开始，以发展重工业为重点加快工业化进程，成为产业政策的目标。中华人民共和国的产业是在人均收入水平低、工业生产能力弱的基础上艰难起步的。

(续表)

时间	主要特点
1958—1965 年	在"大跃进"政策推进下,由于忽视了客观的经济发展规律,产业政策倾向于实现重工业超前发展,三次产业占国内生产总值的比例出现严重失衡,国民经济陷入萧条,工业生产受到影响。后经过三年调整,农轻重比例关系得到改善,积累与消费的比例关系基本恢复正常,工农业生产总值超过历史最高水平。
1966—1976 年	在初步扭转了产业结构的失衡状况后,随之而来的"文化大革命"使得工业与整个国民经济运行秩序受到严重干扰。这一时期产业结构发展的思路还是偏向重工业。
1976—1977 年	对外经济工作有较大进展,通过大规模引进国外成套设备,加快推进工业化进程。

资料来源:根据中共中央党史研究室《中国共产党的九十年》、国务院发展研究中心研究丛书 2016《新时期中国产业政策研究》(赵昌文等著)、《中国经济再平衡》(吴镇宇著)相关内容归纳整理。

19.2.2 体制转轨时期产业结构变化(1978—2000 年)

党的十一届三中全会以后,产业政策指向调整产业结构,推动产业升级,产业发展的政策环境不断优化。1978—2000 年,我国三次产业结构发生了显著变化。第一产业比重从 27.9% 下降到 14.9%;第二产业比重保持相对稳定,对国内生产总值的贡献率基本在 60% 以上,个别年份甚至达到 70%。第三产业对国内生产总值的贡献率在 20% 至 39% 之间波动,但比重呈现上升趋势。三次产业劳动力结构的变动更为显著,变动幅度超过国内生产总值的变动幅度。劳动力要素在产业之间开始自由流动。

表19.2 体制转轨时期产业结构的变化

时间	主要特点
1979—1990 年	随着计划经济体制的改变,工业发展从以重工业为主导向以轻工业为主导转变。第三产业有了较大发展,在国内生产总值中的比重大幅提高,1985 年第三产业所占比重超过第一产业,从而由原来第一、第二产业占主要地位的"二一三"结构改变为第二、第三产业占主要地位的"二三一"结构。

我国首个产业政策文件

1989 年 3 月,国务院发布《关于当前产业政策要点的决定》,提出当前和今后一个时期制定产业政策、调整产业结构的基本方向和任务是:集中力量发展农业、能源、交通和原材料等基础产业,加强能够增加有效供给的产业,增强经济发展的后劲;同时控制一般加工工业的发展,使它们同基础产业的发展相协调。

新型工业化道路

2002 年 11 月,党的十六大从我国实际出发,汲取世界各国工业化的经验和教训,立足当今时代经济科技发展的新水平,首次提出坚持以信息化带动工业化,以工业化促进信息化,走出一条科技含量高、经济效益好、资源消耗低、环境污染少、人力资源优势得到发挥的新型工业化道路。

(续表)

时间	主要特点
1991—2000 年	第二产业比重由 41.5% 上升到 45.5%；第三产业比重由 34.5% 上升到 39.8%。此外,第三产业劳动力就业比重大大提高,1994 年第三产业的劳动力就业人数超过第二产业,并有不断上涨的趋势,而第二产业的劳动力结构所占比重在降低。与 20 世纪 80 年代相比,90 年代产业结构变动速度明显加快,这是产业结构优化的一个重要标志。

资料来源：根据国务院发展研究中心研究丛书 2016《新时期中国产业政策研究》(赵昌文等著)、《中国经济再平衡》(吴镇宇著)相关内容归纳整理。

19.2.3 社会主义市场经济体制下产业结构变化(2001—2012 年)

加快发展第三产业
1992 年 6 月,中共中央、国务院出台《关于加快发展第三产业的决定》,这是首个发展第三产业的重要文件。重点涉及四类产业：
1. 投资少、收效快、效益好、就业容量大、与经济发展和人民生活关系密切的行业,主要是商业、物资业、对外贸易业、金融业、保险业、旅游业、房地产业、仓储业、居民服务业、饮食业和文化卫生事业等。
2. 与科技进步相关的新兴产业,主要是咨询业(包括科技、法律、会计、审计等)、信息业和各类技术服务业等。
3. 农村的第三产业,主要是为农业产前、产中、产后服务的行业,为提高农民素质和生活质量服务的行业。
4. 对国民经济发展具有全局性、先导性影响的基础行业,主要是交通运输业、邮电通信业、科学研究事业、教育事业和公用事业等。

在这一阶段,我国三次产业的演进总体上保持了第二阶段的发展趋势,第一产业比重明显下降,第二产业比重有所提高,第三产业比重达到 40% 以上。进入建立和完善社会主义市场经济体制时期以后,我国产业结构呈现出由低级到高级、由严重失衡到基本合理的发展轨迹。这一时期的产业政策,重点是优化产业结构,在注重产业协调发展的同时,更注重工业内部结构的调整。党的十六大报告提出走新型工业化道路,大力实施科教兴国战略和可持续发展战略,提出了以信息化带动工业化,以工业化促进信息化,产业结构在政策的影响下进一步演变(见表 19.3)。

表 19.3 社会主义市场经济体制下产业结构的变化

时间	主要特点
2001—2012 年	产业结构呈现"二三一"结构。与发达国家"三二一"的结构比较,结构、质量、效益等方面存在较大差距,需要提质增效。 重化工业加速发展。2001 年之后,重化工业比重加速提高,3 年间提高了约 4 个百分点,工业对经济增长的贡献率主要来自重化工业,2003 年达到 73.9%。随着加入世界贸易组织,出口产品快速增长,加之住宅、汽车、城市基础设施建设、通信成为新的高增长产业,由此带动了钢铁、机械、建材、化工等提供中间产品的行业快速发展。

(续表)

时间	主要特点
2001—2012 年	我国成为世界头号制造大国。国际经济咨询机构美国环球通视有限公司的研究报告称,2010 年,中国占世界制造业产出的 19.8%,略高于美国的 19.4%。

资料来源:根据国务院发展研究中心研究丛书 2016《中国经济再平衡》(吴镇宇著)相关内容归纳整理。

19.2.4 十八大以来产业结构变化(2013 年至今)

党的十八大以来,以推进供给侧结构性改革为主线,农业农村经济稳中向好,粮食连年丰收,产能稳定在 1.2 万亿斤以上。制造业向智能化、绿色化、服务化迈进,信息技术突破性变革为制造业转型升级创造了有利条件。服务业发展加快,水平和质量进一步提升。2013 年第三产业增加值占国内生产总值的比重为 46.7%,第一次超过了第二产业,2017 年达到 51.6%,比 2012 年提高了 6.3 个百分点(见图 19.10)。我国经济增长实现了从主要依靠工业带动,转为工业和服务业共同带动。产业之间、产业内部调整优化趋势一直持续,良性互动格局开始形成。通过处置僵尸企业,淘汰落后产能,减少无效和低端供给,扩大有效和高端供给,增强了供给结构对需求结构的适应性和灵活性,提高了企业经济效益。

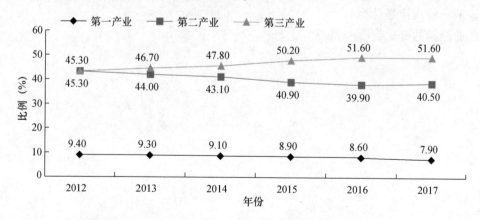

图 19.10 近年我国三次产业结构比例变化情况

资料来源:国家统计局。

内容小结

本章论述了产业结构演进规律。无论是发达国家,还是新兴经济体国家,产业结构的变化都与工业化进程密不可分,产业结构演进遵循共性规律。在工业化进程中,第一产业比重持续下降,第二产业、第三产业比重稳步提高,并且第二、第三产业在相当长一段时期内保持相对稳定的比例关系;在后工业化阶段,第三产业比重持续上升,第二产业则呈现下降趋势。我国产业结构变化,受体制因素影响较多。在计划经济体制下,三次产业比例严重失衡;在社会主义市场经济体制下,呈现出由低级到高级、由失衡到合理的发展轨迹,符合大多数国家的产业结构演进规律。十八大以来,坚持新型工业化、信息化、城镇化、农业现代化同步发展,深入推进供给侧结构性改革,产业提质增效、转型升级步伐明显加快。

关键概念

产业结构工业化　　　　后工业化　　　　　　三次产业
产业结构演进规律　　　库兹涅茨法则　　　　配第-克拉克定理

思考讨论题

1. 发达国家和新兴经济体国家产业结构演进的一般规律是什么?
2. 我国产业结构的变化有哪些特点?
3. 谈谈你对产业结构与经济增长关系的看法。

第 20 章
实施制造强国战略

加快建设制造强国,加快发展先进制造业,促进我国产业迈向全球价值链中高端,培育若干世界级先进制造业集群,是我国提升综合国力、保障国家安全、建设世界强国的必由之路。

20.1 我国制造业发展历程

中华人民共和国成立特别是改革开放以来,我国制造业持续快速发展,逐步建成了门类齐全、独立完整的产业体系,有力地推动了工业化和现代化进程,显著增强了我国的经济实力和国际竞争力。

20.1.1 "一五"时期奠基

1953—1957 年,我国仿照苏联模式实施了第一个国民经济五年发展计划。"一五"期间,我国工业增长明显快于农业,工业增加值年均增长 19.8%,工业在工农业总产值中的比重由 43.1% 提高到 56.7%。大规模建设苏联援助下的 156 项工程,到 1957 年年底,有 135 个施工建设,68 个全部建成或部分建成投入生产。在这些骨干项目带动下,工业基础快速建立起来,在中国大地上史无前例地形成了独立自主的工业体系雏形,奠定了社会主义工业化的初步基础。

专栏 20.1
"一五"时期的 156 项工程

煤炭(26项)：阜新热电站、鹤岗东山一号立井、鹤岗兴安台十号立井、辽源中央立井、阜新平安立井、阜新新邱一号立井、阜新海州露天矿、兴安台洗煤厂、城子河洗煤厂、城子河九号立井、山西潞安洗煤厂、焦作中马村立井、兴安台二号立井、大同鹅毛口立井、淮南谢家集中央洗煤厂、通化湾沟立井、峰峰中央洗煤厂、抚顺西露天矿、抚顺龙凤矿、抚顺老虎台矿、抚顺胜利矿、双鸭山洗煤厂、铜川玉石凹立井、峰峰通顺三号立井、平顶山二号立井、抚顺东露天矿。

石油(2项)：兰州炼油厂、抚顺第二制油厂。

电力(25项)：阜新热电站、抚顺电站、重庆电站、丰满水电站、大连热电站、太原第一热电站、西安热电站、郑州第二热电站、富拉尔基热电站、乌鲁木齐热电站、吉林热电站、太原第二热电站、石家庄热电站、户县热电站、兰州热电站、青山热电站、个旧电站、包头四道沙河热电站、包头宋家壕热电站、佳木斯纸厂热电站、株洲热电站、成都热电站、洛阳热电站、三门峡水利枢纽、北京热电站。

钢铁(7项)：鞍山钢铁公司、本溪钢铁公司、富拉尔基特钢厂、吉林铁合金厂、武汉钢铁公司、包头钢铁公司、热河钒钛矿。

有色金属(13项)：抚顺铝厂、哈尔滨铝加工厂、吉林电缆厂、株洲硬质合金厂、杨家杖子钼矿、云南锡业公司、江西大吉山钨矿、江西西华山钨矿、江西岿美山钨矿、白银有色金属公司、洛阳有色金属加工厂、东川矿务局、会泽铅锌矿。

化工(7项)：吉林染料厂、吉林氮肥厂、吉林电石厂、太原化工厂、兰州合成橡胶厂、太原氮肥厂、兰州氮肥厂。

机械(24项)：哈尔滨锅炉厂、长春第一汽车厂、沈阳第一机床厂、哈尔滨量具刃具厂、沈阳风动工具厂、沈阳电缆厂、哈尔滨仪表厂、哈尔滨汽轮机厂、沈阳第二机床厂、武汉重型机床厂、洛阳拖拉机厂、洛阳滚珠轴承厂、兰州石油机械厂、西安高压电瓷厂、西安开关整流器厂、西安绝缘材料厂、西安电力电容器厂、洛阳矿山机械厂、哈尔滨电机厂汽轮发电机车间、富拉尔基重机厂、哈尔滨炭刷厂、哈尔滨滚珠轴承厂、湘潭船用电机厂、兰州炼油化工厂机械厂。

轻工(1项)：佳木斯造纸厂。

医药(2项)：华北制药厂、太原制药厂。

军工(略)。

20.1.2 "三线"建设布局

20世纪60年代前期,国际形势出现新的动荡,周边局势日趋紧张。鉴于当时我国工业和国防工业主要分布在东北、华北一带,出于加强战备等考虑,高度关注国家安全的毛泽东同志,从经济建设和国防建设的战略布局考量,将全国划分为一、二、三线,生产力布局由东向西调整转移,建设重点向"三线"地区集中。从1964年至1980年,"三线"建设贯穿三个五年计划。国家在西南、西北部署的新建、扩建和续建的大中型项目有300多个,"三线"地区的投资占同期全国基本建设总投资的40%,建起了1100多个大中型工矿企业、科研单位和大专院校,初步改变了我国内地基础工业薄弱的状况,初步建成了以能源交通为基础、国防科技为重点、原材料工业与加工工业相配套、科研与生产相结合的战略后方基地,为改革开放初期加快发展提供了原材料、动力供应保障。

"三线"地区
"一线"指东北及沿海各省市;"三线"指云、贵、川、陕、甘、宁、青、晋、豫、鄂、湘等11个省区,其中西南(云、贵、川)和西北(陕、甘、宁、青)俗称"大三线";"二线"是指一、三线之间的中间地区,一、二线地区各自的腹地又俗称"小三线"。

专栏 20.2
"三线"建设时期的重点工程

交通建设:新建川黔铁路、贵昆铁路、成昆铁路、湘黔铁路、襄渝铁路、阳安铁路、焦枝铁路、枝柳铁路、太焦铁路、青藏铁路(西格段)等铁路。

煤炭工业建设:建成贵州六盘水、陕西渭北和宁夏石炭井大型煤炭基地,在豫西地区建设平顶山、焦作、鹤壁、义马、新密等大中型矿区。

石油工业建设:建设河南油田、长庆油田、江汉油田、川南天然气田和川西北中坝天然气田。形成中原、南阳、江汉、四川、青海、玉门、长庆、延长等8个石油和天然气生产基地。

钢铁工业建设:新建攀枝花钢铁公司、贵州水城钢厂、四川江油长城钢厂、西宁钢厂、西宁特殊钢厂、西安金属制品厂等。续建和改扩建武汉钢铁公司、大冶钢铁公司、太原钢铁公司、湘潭钢铁公司、成都无缝钢管厂、重庆特殊钢厂等。

有色金属工业建设:在铝工业方面,新建了贵州铝厂、郑州铝厂等氧化铝厂,新建了贵州、兰州、青铜峡、连城等电解铝厂,新建了西北、西南(重庆)等铝加工厂;在铜工业方面,新建了白银、大冶、云南等铜大型冶炼厂,以及西北、洛阳两个铜加工厂;在铅锌工业方面,新建了白银和株洲冶炼厂等。

汽车制造行业: 重点建设第二汽车制造厂、陕西汽车制造厂、四川汽车制造厂等三个骨干企业。

机械制造工业: 重型机械制造工业方面重点建设德阳的第二重型机器厂,电机电器制造工业重点建设德阳的东方电站成套设备公司,机床工具制造工业方面重点建设贵阳磨料磨具生产基地。

20.1.3 改革开放加速

改革开放以来,随着社会主义市场经济体制改革深入推进,我国制造业持续快速发展。市场化、国际化成为驱动我国制造业发展的重要动力,国有企业、民营企业、外资企业成为我国制造业发展的多元主体。加入世界贸易组织后,在国际、国内两个市场、两种资源的带动下,我国加速成为世界制造大国,建成了门类齐全、独立完整的产业体系。2012年,水泥产量22.1亿吨,比1978年增长32.9倍;汽车1928万辆,增长128.3倍;家用电冰箱由1978年的2.8万台增加到2012年的8427万台;彩色电视机由0.4万台增加到13000万台。移动通信手持机和微型电子计算机从无到有,2012年产量分别达到11.8亿台和3.5亿台。按照国际标准工业分类,在22个大类中,我国在7个大类中名列第一,钢铁、水泥、汽车等220多种工业品产量居世界第一位。以当年价格计算,2012年我国全部工业增加值由1978年的1600多亿元提高到超过20万亿元(见图20.1),我国制造业增加值占全球的比重达19.8%,工业制成品出口占全球制成品贸易的1/7。

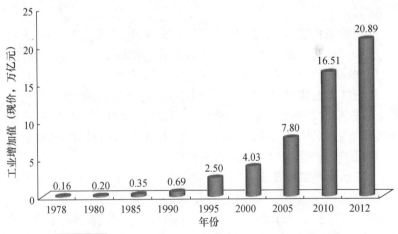

图20.1 1978—2012年我国工业增加值增长变化

资料来源:国家统计局。

20.1.4 十八大以来提质

党的十八大以来,我国经济发展进入新常态,制造业结构性矛盾日益突出。一方面,部分行业尤其是中低端产品产能严重过剩,低水平恶性竞争加剧。另一方面,高品质、高技术含量的产品供给不足,大量消费者到海外采购,大量高端装备和关键核心零部件依赖从国外进口。以习近平同志为核心的党中央提出,以供给侧结构性改革为主线,加大产业结构调整力度,实施建设制造强国战略。

一是以钢铁、煤炭行业为重点,综合运用市场机制、经济手段和法治办法,加大去产能力度,促进行业结构优化、脱困升级、提质增效。二是针对实体企业成本负担过重的问题,国家采取有针对性的、系统性的措施,有效降低实体经济企业成本,优化企业发展环境,助推企业转型升级。三是国务院印发《中国制造2025》,提出以促进制造业创新发展为主题,以加快新一代信息技术与制造业深度融合为主线,以推进智能制造为主攻方向,推动制造业由大变强。五年多来,我国制造业结构趋于优化,多个领域的技术取得重大突破,国际竞争力稳步提升。2016年,装备制造业和高技术制造业增加值占规模以上工业比重比2012年提高4.7个和3个百分点。2013年至2017年,在全球经济不景气的背景下,我国工业增加值实现了年均6.6%的增长速度,在世界主要经济体中名列前茅。根据联合国工业发展组织工业竞争力指数结果,我国与德国、日本、韩国、美国等国一并成为全球五个最具工业竞争力的国家。

20.2 全球制造业变革新趋势

当今世界,新一轮科技和产业变革方兴未艾,全球制造业发展呈现智能化、绿色化和服务化趋势,国际价值链分工体系正在深度调整,为提升我国产业国际竞争力提供了历史机遇。

20.2.1 制造业智能化

在以互联网、大数据、云计算、物联网、人工智能为代表的新一代

全球制造业三个梯队
根据中国工程院的研究,全球制造业发展大体可分为三个梯队:
第一梯队是美国,其制造强国综合指数处于遥遥领先的地位。
第二梯队是日本和德国,其在全球制造业发展格局中具有强有力的竞争优势。
第三梯队是中国、英国、法国、韩国等。

信息技术强力推动下，制造业智能化成为重要发展趋势（见图20.2）。制造业与信息技术、工程技术和人类智慧结合，将从根本上改变产品研发、制造、运输和销售过程，催生新的生产方式、产业形态、商业模式。发达国家实施"再工业化"战略，不断推出发展智能制造的新举措，通过政府、行业组织、企业协同推进，意在培育壮大制造业竞争新优势。我国人口红利正在逐渐消失，部分制造业也逐渐向东南亚等人工成本更低的地区转移。传统制造业低成本优势正在不断弱化，推进制造业智能化成为必然选择。

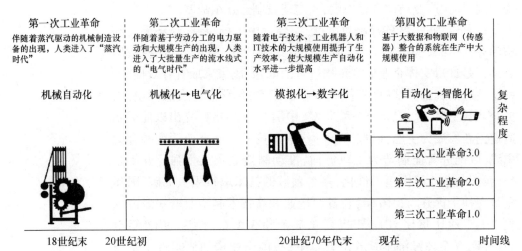

图 20.2　世界工业革命发展历程和趋势

资料来源：根据有关资料整理。

随着新一代信息技术和制造业的深度融合，我国智能制造发展势头强劲。高档数控机床、工业机器人、智能仪器仪表等关键技术装备取得积极进展；智能制造装备和先进工艺在重点行业日益普及，离散型行业制造装备的数字化、网络化、智能化步伐加快，流程型行业过程控制和制造执行系统全面推广，关键工艺流程数控化率大大提高；在典型行业不断探索，逐步形成了一些可复制推广的智能制造新模式。但目前我国制造业尚处于机械化、电气化、自动化、数字化并存，不同地区、不同行业、不同企业发展不平衡的阶段。发展智能制造面临关键共性技术和核心装备受制于人、智能制造标准/软件/网络/信息安全基础薄弱、智能制造新模式成熟度不高、系统整体解决方案供给能力不足、缺乏国际性的行业巨头企业和跨界融合的智能制造人才等突出问题。相对于工业发达国家，推动我国制造业智能转型的任务更加艰巨。

20.2.2 制造业绿色化

进入21世纪,资源环境问题对全球可持续发展的约束日益凸显。国际金融危机之后,以资源消耗和需求拉动为支撑的经济增长模式受到了巨大冲击。世界各国都在寻求资源节约、环境友好地可持续发展,绿色化逐渐成为世界发展的潮流和趋势。长期以来,中国制造业发展呈现"高投入、高消耗、高排放"和"先污染,后治理"的粗放型状态,由此带来的资源环境压力不断增大。特别是20世纪90年代中后期以来的新一轮重化工业热潮,导致资源消耗高、环境损害大的负面影响迅速放大。雾霾天气频发,水体污染严重,土壤污染突出,重大环境事件时有发生,环境承载能力接近上限,难以支撑长期的可持续发展。

传统粗放式发展道路已经越走越窄,迫切需要实现绿色转型,构筑绿色制造体系,提升绿色国际竞争力(见图20.3)。绿色化是我国建设生态文明的必由之路,绿色制造是建设制造强国的内在要求。绿色发展正是对制造模式的一次全面、深刻变革,必将有效提高资源和能源利用效率,减少工业生产对生态环境的影响,改善工业的整体素质和质量,积极应对全球低碳竞争,保障国家能源和资源安全。

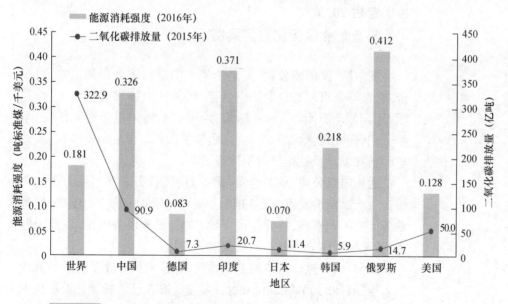

图20.3 主要国家能源消耗强度和二氧化碳排放量比较

资料来源:国际能源署(International Energy Agency, IEA)。

20.2.3　制造业服务化

目前,制造业或制造环节与服务业或服务环节之间呈现融合发展态势。一方面,随着产业价值链重心由生产端向研发设计、营销服务等的转移,产业形态将从生产型制造向服务型制造转变;另一方面,一些服务业企业也逐步向制造环节深入拓展,制造业服务化不断催生产业发展新业态、新模式。

制造业服务化正在成为制造业创新能力提升、效率提高的重要源泉,基于制造业产品的服务活动已经成为越来越多制造企业竞争优势的核心来源。尤其是新一代信息技术发展为服务型制造发展提供了有力支撑。目前,制造业服务化不仅能够帮助制造企业更好地满足用户需求、增加附加价值,还能够助推制造企业摆脱对资源、能源的过度依赖,减轻环境污染,从而提高综合竞争力。制造业是科技创新最为活跃的部门,既是创新的来源方,也是创新的应用方,通过技术密集型服务业与制造业紧密结合,既为制造业转型升级,也为服务业创新发展提供了内在动力。

专栏 20.3
制造企业服务化典型案例

罗尔斯-罗伊斯公司:是全球最大的航空发动机制造商,是波音、空客等飞机制造企业的供货商,但并不直接出售发动机,而是以"租用服务时间"的形式出售,承诺在对方的租用时间段内,承担一切保养、维修和服务工作。后又扩展到提供发动机维护、发动机租赁和发动机数据分析管理等服务。

通用电气公司:从电冰箱、照明灯、飞机引擎等包罗万象的传统电气产品制造起家,逐步推行"技术+管理+服务"模式,服务业务比重不断提高,经营范围不断扩大,涵盖设备出租、信用卡服务、计算机程序设计以及卫星发射等领域。

IBM:曾经是一家单纯的硬件制造商,当所有计算机厂商大造个人电脑(Personal Computer,PC)时,IBM 已悄然转型信息技术(Information Technology,IT)服务。经过十多年的整合,IBM 已经成功转型为"提供硬件、网络和软件服务的整体解决方案供应商"。在其营收体系中,目前服务板块占绝大部分的比重。

> **海尔集团**:作为传统家电制造企业,海尔看到了家电行业制造环节利润率低的风险,开始实施服务化转型战略,优化制造,强化品牌,集中精力进行研发和营销,通过将其生产环节外包给专业代工企业,实现从制造型企业向营销型企业的转型,专注于研发、品牌、渠道和服务。

20.2.4 主要国家加快制造业战略布局

全球产业分工格局正在重塑,对我国形成"高端回流、低端转移"的双向挤压效应。美欧等发达国家推动制造业回归和扩大出口,与我国的产业竞争由互补为主向竞争为主转变;新兴经济体加快推进工业化进程,资源富集国家谋求产业链条延伸。

发达国家纷纷出台再工业化战略(见表20.1),高端制造领域出现向发达国家"逆转移"的态势。美国发布《先进制造业伙伴计划》《制造业创新网络计划》,德国发布《工业4.0》,日本在《2014制造业白皮书》中重点发展机器人产业,英国发布《英国制造2050》,等等。目前,部分制造业呈现向发达国家回流的迹象。比如,苹果电脑已在美国本土设厂生产,日本制造企业松下将把立式洗衣机和微波炉生产从中国转移到日本国内,夏普计划在本土生产更多机型的液晶电视和冰箱,TDK也将把部分电子零部件的生产从中国转移至日本秋田等地。一些后起发展中国家以更低的成本开始在中低端制造业发力,承接劳动密集型制造业的转移。一些跨国资本直接到新兴国家投资设厂,有的则考虑将中国工厂迁至其他新兴国家。比如,微软计划关停诺基亚东莞工厂,部分设备转移到越南河内;耐克、优衣库、三星、船井电机、富士康等知名企业在东南亚和印度开设新厂。同时,我们面临国际贸易环境变化的新挑战。国际贸易保护主义呈现强化趋势,全球贸易规则处于重构过程。发达国家在服务贸易、知识产权、劳工和环境保护等方面的门槛将进一步提高,我国制造产品出口和"走出去"战略将受到更大挑战,竞争日趋激烈。

表 20.1　部分发达国家再工业化战略取向

时间	战略名称	主要内容	战略目标
2011 年	美国先进制造业伙伴关系计划	创造高品质制造业工作机会以及对新兴技术进行投资	提高美国制造业全球竞争力
2012 年	美国先进制造业国家战略计划	围绕中小企业、劳动力、伙伴关系、联邦投资以及研发投资等提出五大目标和具体建议	促进美国先进制造业的发展
2013 年	美国制造业创新网络计划	计划建设由 45 个制造创新中心和一个协调性网络组成的全国性创新网络,专注研究 3D 打印等有潜在革命性影响的关键制造技术	打造成世界先进技术和服务的区域中心,将技术转化为面向市场的生产制造
2013 年	德国工业 4.0 战略实施建议	建设一个网络:信息物理系统网络;研究两大主题:智能工厂和智能生产;实现三项集成:横向集成、纵向集成与端对端的集成;实施八项保障计划	通过信息网络与物理生产系统的融合来改变当前的工业生产与服务模式;使德国成为先进智能制造技术的创造者和供应者
2013 年	"新工业法国"战略	解决能源、数字革命和经济生活三大问题,确定 34 个优先发展的工业项目,如新一代高速列车、电动飞机、节能建筑、智能纺织等	通过创新重塑工业实力,使法国处于全球工业竞争力第一梯队
2014 年	日本制造业白皮书	重点发展机器人、下一代清洁能源汽车、再生医疗以及 3D 打印技术	重振国内制造业,复苏日本经济
2015 年	英国制造业 2050	推进服务+再制造(以生产为中心的价值链);致力于更快速、更敏锐地响应消费者需求,把握新的市场机遇,可持续发展,加大力度培养高素质劳动力	重振英国制造业,提升国际竞争力

20.3　制造强国战略重点

与世界先进水平相比,我国制造业仍然大而不强,在自主创新能力、资源利用效率、产业结构水平、信息化程度、质量效益等方面差距明显,实现高质量发展,任务紧迫而艰巨。2015 年 9 月,国务院印发

《中国制造2025》,力争通过三个十年的努力,到中华人民共和国成立一百年时,把我国建设成为引领世界制造业发展的制造强国。

20.3.1 全面提升工业基础能力

工业基础能力决定了一个国家和地区制造业的整体素质、综合实力和核心竞争力。长期以来,我国工业关键基础材料、核心基础零部件(元器件)、先进基础工艺和产业技术基础发展滞后,依赖进口,研制和生产的薄弱环节多,使我国制造业长期处于全球制造业产业链的中低端,也影响到我国经济和产业的安全。实施工业强基工程,全面提升工业基础能力,是补齐制造业供给短板的重要举措,是制造业打造竞争新优势的必然选择,对于推进我国制造业转型升级、推动制造强国建设具有十分重要的意义。

要着力实施工业强基工程,重点突破工业关键基础材料、核心基础零部件(元器件)、先进基础工艺、产业技术基础等"四基"瓶颈。引导整机企业与"四基"企业、高校、科研院所产需对接。支持全产业链协同创新和联合攻关,系统解决"四基"工程化和产业化关键问题。强化基础领域标准、计量、认证认可、检验检测体系建设。实施制造业创新中心建设工程,支持工业设计中心建设。设立国家工业设计研究院。以提高核心竞争力为主线,围绕10个重点领域高端发展和传统产业转型升级,组织开展工程化、产业化突破。以应用为牵引,选择若干零部件产品,集中开展与该产品相关的专用材料开发、先进工艺开发、试验检测平台建设、应用规范和推广,形成链式解决方案。建设一批产业技术基础公共服务平台,开展质量可靠性试验验证、标准检测、计量检测、认证认可、综合分析等基础关键技术研究。培育一批专精特新"四基"小巨人企业和优势产业集聚区。

我国工业"四基"的主要薄弱环节
1. 关键基础材料:新一代信息技术和产品用高端材料、特种陶瓷等材料;
2. 核心基础零部件(元器件):机器人"三大件"、高端传感器、高端医疗设备部件、高速光通信器件等方面;
3. 先进基础工艺:集成电路制造、精密及超精密加工、轻量化材料精密成形、增材制造等工艺;
4. 产业技术基础:围绕新型材料、大数据、航空轴承、制笔等方面的公共服务能力。

20.3.2 实施高端装备制造工程

高端装备一直是国际制造业竞争的焦点。美欧等发达经济体和一些大型跨国企业长期占据民用干线大飞机、卫星定位系统、大型医疗设备等高端装备的优势地位,高端装备已成为发达国家与新兴经济体国家共同发力角逐的主战场。近年来,我国高端装备制造有一些重大突破,大型客机(C919)成功下线,北斗导航系统突破千万级用户,海洋石油981深水半潜式钻井平台达到世界先进水平,高铁、电力设备已经走出国门,等等。但与世界先进水平相比,差距仍然较大,主要表现在,部分领域核心技术和核心关键部件受制于人、产品可靠性低;基础配套能力发展滞后,装备主机面临"空壳化";服务体系建设明显滞后,应用推广难等。

要通过实施高端装备创新发展工程,提升自主设计水平和系统集成能力。加快发展智能制造关键技术装备,强化智能制造标准、工业电子设备、核心支撑软件等基础。加强工业互联网设施建设、技术验证和示范推广,推动"中国制造+互联网"取得实质性突破。培育推广新型智能制造模式,推动生产方式向柔性、智能、精细化转变。鼓励建立智能制造产业联盟。实施绿色制造工程,推进产品全生命周期绿色管理,构建绿色制造体系。推动制造业由生产型向生产服务型转变,引导制造企业延伸服务链条、促进服务增值。推进制造业集聚区改造提升,建设一批新型工业化产业示范基地,培育若干先进制造业中心。

专栏 20.4
高端装备创新发展工程

(一) **航空航天装备**。突破航空发动机和燃气轮机核心技术,加快大型飞机研制,推进干支线飞机、直升机、通用飞机和无人机产业化。开发先进机载设备及系统,提高民用飞机配套能力。发展新一代和重型运载火箭、新型卫星等空间平台与有效载荷,实现宇航关键元器件核心技术突破应用。

(二) **海洋工程装备及高技术船舶**。发展深海探测、大洋钻探、海底资源开发利用、海上作业保障等装备和系统。推动深海空间站、大型浮式结构物开发和工程化。重点突破邮轮等高技术船舶及重点配套设备集成化、智能化、模块化设计制造核心技术。

(三) **先进轨道交通装备**。研制先进可靠的轨道交通产品和轻量化、模块化、谱系化产品。研发新代高速、重载轨道交通装备系统,增强向用户提供系统全寿命周期整体解决方案的能力。建设高速列车国家技术创新中心。

(四) **高档数控机床**。研制精密、高速、柔性数控机床与基础制造装备及集成制造系统。以提升可靠性、精度保持性为重点,开发高档数控系统、轴承、光栅、传感器等主要功能部件及关键应用软件。

（五）**机器人装备**。大力发展工业机器人、服务机器人、手术机器人和军用机器人，推动高精密减速器、高速高性能控制器、高性能伺服电机及驱动器等关键零部件自主化，推动人工智能技术在各领域商用。

（六）**现代农机装备**。开发适应各种耕作条件的先进农机产品，重点发展大马力拖拉机及复式作业机具、大型高效谷物联合收获机、精密播种机等粮食作物装备，棉花、甘蔗等经济作物播种、田间管理和收获机械。

（七）**高性能医疗器械**。重点研制核医学影像设备、超导磁共振成像系统、无创呼吸机等诊疗设备及全自动生化分析仪、高通量基因测序仪等体外诊断设备。开发应用医用加速器等治疗设备及心脏瓣膜和起搏器、介入支架、人工关节等植介入产品。开发应用具有中医药特色优势的医疗器械。

（八）**先进化工成套装备**。依托现代煤化工升级示范工程，聚焦煤炭分级、煤炭气化、净化合成、能量利用和废水处理等关键领域，推动成套技术装备自主化。加快研制炼油化工一体化及下游石化产品深加工关键设备，提高装置配套能力。

资料来源：《中华人民共和国国民经济和社会发展第十三个五年规划纲要》。

20.3.3 改造升级传统产业

总体而言，我国传统产业结构性矛盾突出。一般加工工业和资源密集型产业比重过大，高新技术产业发展不足，生产性服务业发展滞后，产业集中度相对偏低，集群发展水平不高，空间布局与资源分布不协调。随着劳动力、原材料、土地等要素成本持续上升，资源环境约束日益增强，长期以来支撑我国工业发展的传统比较优势逐步消减，加快低成本比较优势向产业创新竞争优势转化势在必行。与此同时，城镇化进程深入发展、扩大内需潜力巨大；居民消费意愿改善，推动消费结构持续升级；市场配置资源的广度和深度的拓展，国际国内两个市场的融合，为传统产业转型升级提供了强大动力和广阔空间。通过实施制造业重大技术改造升级工程，完善政策体系，支持企业瞄准国际同行业标杆全面提高产品技术、工艺装备、能效环保等水平，实现重点领域向中高端的群体性突破。开展改善消费品供给专项行动。鼓励企业并购,形成以大企业集团为核心,集中度高、分工细化、协作高效的产业组织形态。支持专业化中小企业发展。

20.3.4 加强质量品牌建设

> **中国品牌日**
> 2017年5月10日是国务院批准设立的首个"中国品牌日"。以后每年的5月10日,电视、广播以及平面、网络等媒体,在重要时段、重要版面宣传中国自主品牌,讲好中国品牌故事。

拥有差异化和高品质的品牌优势,日益成为企业赢得市场竞争的关键。必须通过打造一批具有核心知识产权的自主品牌,实现由规模扩张向质量效益转变,由价值链低端向价值链高端转变。一流企业不仅要有一流的产品和一流的服务,更要有一流的品牌。一流品牌是企业竞争力和自主创新能力的标志,是高品质的象征,是企业知名度、美誉度的集中体现,更是高附加值的重要载体。拥有国际知名品牌已经成为引领全球资源配置和开拓市场的重要手段。

我国制造业产品质量有待提升。首先,产品质量不合格率较高。出口商品长期处于国外通报召回问题产品数量首位,制造业每年因质量问题需要承受大量的直接和间接经济损失。其次,我国企业在品牌设计、品牌建设和品牌维护等方面的投入严重不足,品牌化发展滞后。如图20.4所示,2017年,在全球最佳品牌100强排行榜中,中国只有华为(70名)、联想(100名)两个品牌上榜,远低于排名第一的美国(有51个品牌上榜);我国经济总量(12.92万亿美元)超过德国、法国、日本的总和,但这三国上榜的品牌有23个,是我国的11.5倍。再次,技术标准体系水平不高。据统计,我国主导制定的国际标准占比不到0.5%,标准更新速度缓慢,标准的有效期(又称标龄)高出德、美、英、日等发达国家1倍以上。最后,我国行业领军企业发展水平与我国制造业大国地位很不相称。2017年,我国进入世界500强的工业企业只有20多家,领军企业对工业增长的贡献远低于工业发达国家的平均水平。

党的十九大提出,实现高质量发展,建设质量强国。提升企业品牌价值和"中国制造"的整体形象,全面强化企业质量管理,开展质量品牌提升行动,解决一批影响产品质量提升的关键共性技术问题,加强商标品牌法律保护,形成一批有竞争力的知名品牌。建立企业产品和服务标准自我声明公开及监督制度,支持企业提高质量在线检测控制和产品全生命周期质量追溯能力。完善质量监管体系,加强国家级检测与评定中心、检验检测认证公共服务平台建设。建立商品质量惩罚性赔偿制度。

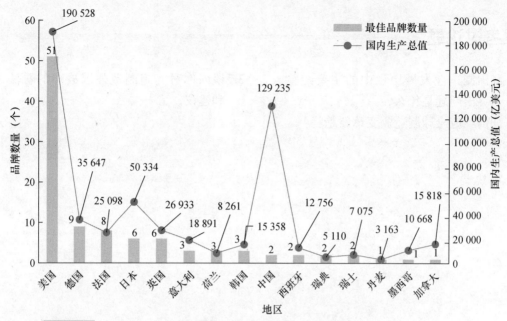

图 20.4 2017 年主要国家拥有的全球最佳品牌数量比较

资料来源：Interbrand 品牌咨询公司、世界银行。

内容小结

本章论述了实施制造强国战略。从我国制造业发展历程看，经过"一五"时期奠基、"三线"建设布局、改革开放加速等阶段，逐步建成了门类齐全、独立完整的产业体系。十八大以来，强调深入推进供给侧结构性改革，加快建设制造强国。从全球制造业变革新趋势看，呈现智能化、绿色化、服务化变革新趋势，主要国家都在加快制造业战略布局。实施制造强国战略，要立足全面提升工业基础能力，实施高端装备制造工程，改造升级传统产业，加强质量品牌建设，努力实现由制造业大国向制造业强国的转变。

关键概念

156 项工程　　　　　　　"三线"建设　　　　　　　制造业智能化
制造业绿色化　　　　　　制造业服务化　　　　　　制造业战略布局
制造强国战略　　　　　　工业基础能力　　　　　　高端装备制造
质量品牌建设

思考讨论题

1. 我国制造业发展历程中的主要经验和突出问题是什么?
2. 如何顺应全球制造业变革新趋势?
3. 谈谈你对实施制造强国战略的看法和建议。

第 21 章
壮大战略性新兴产业

战略性新兴产业是新兴科技与新兴产业的深度融合,代表了新一轮科技革命和产业变革的方向。要把壮大战略性新兴产业作为主攻方向,培育经济发展新动能,构建现代产业新体系,获取未来竞争新优势。

21.1 世界主要国家新兴产业布局

当今世界,科技竞争和产业竞争日趋激烈。世界主要国家都把发展新兴产业作为国际金融危机后走向复苏、促进增长的有效途径,作为抢占未来发展制高点的战略选择,都在纷纷采取各种政策举措和措施,强化新兴产业布局。

21.1.1 美国创新战略

2008 年国际金融危机后,美国对以金融和房地产驱动为主的经济增长进行了反思。2009 年 9 月,美国总统行政办公室、国家经济委员会和科技政策办公室共同发布《美国创新战略》,旨在提高科技创新对经济增长的作用,以应对危机后美国经济的衰退,降低失业率。在《美国复苏与再投资法》支持创新、教育和基础设施投入的基础上,聚焦"对美国创新要素的基本投资""推动竞争市场、激励有效创业"和"促进国家在优先领域取得突破"三大重点。《美国创新战略》于 2011 年进行了更新,在原有的基础上增加了维持创新生态系统的新政策,内容也更加具体和充实。2014 年 7 月,美国白宫科技政策办公室和国家经济委员会联合开展针对创新战略的全民创意征集活动。2015 年 10 月,美国再次发布新版《美国创新战略》,内容包括三个创新基础工程和三个战略计划以及利用精密医学解决重大疾病难题、建设智慧城市等十个方面。美国重大科技项目见表 21.1。

表 21.1　美国重大科技项目

重大项目名称	时间	研发投入/预算
Sunshot 太阳能计划	2011—2030 年	2011 年预算为 4.25 亿美元
电动汽车普及计划	2012—2022 年	45 亿美元*
先进制造业伙伴关系计划	2017 年	4.46 亿美元
"脑计划"	2016/2017 年	3 亿美元/4.39 亿美元
无线网络计划	2011 年至今	设立 30 亿美元的无线创新基金
网络与信息技术研发计划	2016/2017 年	44.94 亿美元/45.4 亿美元
大数据研发计划	2012 年	2012 年首批投资 2 亿美元
国家纳米技术计划	2016/2017 年	14.35 亿美元/14.4 亿美元

注:*能源部为签署合约的 46 家单位提供 45 亿美元的贷款担保,支持推动电动汽车充电基础设施革新。
资料来源:美国《创新战略》《国家先进制造业战略计划》等。

21.1.2　欧盟"地平线 2020 计划"

欧盟研发框架计划 FP(Framework Programme),是当今世界上最大的官方科技计划。从 FP1(1984—1987 年)到 FP7(2007—2013 年),研发投入高达 1 182.34 亿欧元,有力地促进了欧盟科研、工业、商业、社会等各领域的发展。FP8 即"地平线 2020 计划"2014 年正式启动实施,是欧盟制定的"欧洲 2020 年战略"的重要组成部分。该计划被视为推动经济增长和创造就业机会的创新政策工具,其目标是确保欧洲产生世界顶级的科学,消除科学创新的障碍,推动创新技术转化为生产力,融合公众平台和私营企业协同工作。7 年间投资 770.28 亿欧元用于发展新兴产业和科学研究。欧洲重大科技项目见表 21.2。

表 21.2　欧盟重大科技项目

重大项目名称	执行时间	研发投入/预算
石墨烯旗舰项目	2014—2023 年	总预算 10 亿欧元
人脑旗舰项目	2014—2023 年	总预算 10 亿欧元
创新药物（二期）	2014—2020 年	欧盟 17.25 亿欧元，产业界 17.25 亿欧元
燃料电池与氢（二期）	2014—2020 年	欧盟 7 亿欧元，产业界 7 亿欧元
清洁天空（二期）	2014—2020 年	欧盟 18 亿欧元，产业界 22.5 亿欧元
生物基产业	2014—2020 年	欧盟 10 亿欧元，产业界 28.5 亿欧元
电子元器件及系统	2014—2020 年	欧盟 10 亿欧元，产业界 36 亿欧元
未来工厂	2014—2020 年	指示性总预算 11.5 亿欧元
伽利略卫星导航系统	2014—2020 年	70 亿欧元

资料来源：欧盟"地平线 2020 计划"。

21.1.3　德国新一轮高技术战略

2006 年，德国政府首次出台联邦层面的跨部门"高技术战略"。2010 年，德国再次推出升级版"高技术战略 2020"，聚焦气候与能源、健康与营养、物流、安全性和通信五大领域，推出 11 项未来行动计划。2014 年又提出"高技术战略 3.0"，旨在将创意迅速转化为创新产品和服务，重点分布在数字经济和社会、可持续经济与能源、创新工作环境、健康生活、智能交通以及公共安全等六大领域。其中，数字经济和社会包括当今备受关注的"工业 4.0"、大数据、云计算等；可持续经济与能源致力于让生产与消费更加有效和环保，更能与社会兼容；创新工作环境让新的工作组织形式、更强大的定向服务、价值创造过程中的更多互动变得可行；健康生活有望在提升健康和幸福的同时，开拓世界级市场；智能交通除了能提升交通效率和运力，还为新的商业模式带来了机会；公共安全则避免让小故障酿成大损失，关注网络安全问题。德国重大科技项目见表 21.3。

表 21.3　德国重大科技项目

重大项目名称	执行时间	研发投入/预算
碳中和、高效能和适应气候变化的城市	2010—2020 年	联邦政府 5.6 亿欧元
能源供应的智能化改造	2010—2020 年	37 亿欧元
作为石油替代品的可再生能源	2010—2020 年	5.7 亿欧元

(续表)

重大项目名称	执行时间	研发投入/预算
个性化医疗治愈疾病	2010—2020 年	3.7 亿欧元
有针对性的饮食改善健康	2010—2020 年	0.9 亿欧元
老年人自主生活	2010—2020 年	3.05 亿欧元
可持续交通	2010—2020 年	21.9 亿欧元
以互联网为基础的经济	2010—2020 年	3 亿欧元
工业 4.0	2010—2020 年	2 亿欧元
安全身份(网络安全)	2010—2020 年	0.6 亿欧元

资料来源：德国"高技术战略 2020""高技术战略 3.0"。

21.1.4 日本"超智能社会计划"

2016 年 1 月，日本内阁会议审议通过了《第五期科学技术基本计划(2016—2020)》。该计划是日本政府自 1996 年发布《第一期科学技术基本计划》以来启动实施的第五个国家科技振兴综合计划。该计划提出，通过政府、学术界、产业界和国民等相关各方的共同努力，把日本建成"世界上最适宜创新的国家"，以制造业为核心，灵活利用信息通信技术，基于互联网或物联网，将日本打造为世界领先的"超智能社会"(5.0 社会)，不断创造新价值和新服务。所谓"超智能社会"是指能够极其细致地满足各种社会需求，所有人超越年龄、性别、地域或语言等差异都能获得高质量的服务，可以快乐舒适地生活的社会。"超智能社会"是继狩猎社会、农耕社会、工业社会、信息社会之后的新型社会，是网络空间和物理世界高度融合的社会。日本重大科技计划见表 21.4。

表 21.4　日本重大科技计划

重大计划	主要目标
建成"世界上最适宜创新的国家"	力求 2020 年前，官民研发支出总额占国内生产总值的比重达到 4% 以上，其中政府研发投资占国内生产总值的比重达到 1%
打造"超智能社会"(5.0 社会)	继狩猎社会、农耕社会、工业社会、信息社会之后的新型社会，是网络空间和物理世界高度融合的社会，以制造业为中心创造新价值和新服务

（续表）

重大计划	主要目标
科技创新人力资源建设	2020年前,增加10%(约4.4万人)的大学青年教员(40岁以下),使得青年教员比例达30%以上
夯实知识基础	2020年前,在世界被引频次排名前10%的论文中,日本论文数量占比达到10%
构建人才、知识和资金的良性循环平台	2020年前,实现企业、大学和公共研究机构研究人员流动数量增加20%,研究人员由大学向企业流动数量增加一倍;大学和国立研发机构从企业获得的研究资金数量增加50%;大力发展中小企业和风险投资,增加发行新股,鼓励企业并购

资料来源:日本《第五期科学技术基本计划(2016—2020)》。

21.2 我国战略性新兴产业发展现状

为应对国际金融危机冲击,2011年3月出台的"十二五"规划首次提出培育发展战略性新兴产业,编制首个战略性新兴产业专项规划。明确以重大技术突破和重大发展需求为基础,把战略性新兴产业发展成为先导性、支柱性产业。

21.2.1 战略性新兴产业提出

2010年10月,国务院发布《关于加快培育和发展战略性新兴产业的决定》,提出加快培育发展战略性新兴产业。根据我国国情和科技、产业基础,以及战略性新兴产业的发展阶段与特点,明确要紧紧围绕经济社会发展的重大需求:一是以有效缓解经济社会发展的资源、环境瓶颈制约为目标,着力发展节能环保和新能源产业;二是以加快推进经济社会信息化、促进信息化与工业化深度融合为目标,着力发展新一代信息技术产业;三是以提高人民健康水平、促进现代农业发展为目标,着力发展生物产业;四是以提升制造业核心竞争力、促进产业结构优化升级为目标,着力发展高端装备制造、新材料和新能源汽车产业。

2012年7月,国务院印发《"十二五"国家战略性新兴产业发展规划》,首次明确节能环保、新一代信息技术、生物、高端装备制造、新能源、新材料、新能源汽车等七个领域战略性新兴产业的发展目标、重点方向和主要任务(见表21.5),强调要以改革创新为动力,破除体制机制障碍,促进战略性新兴产业快速健康发展。随后陆续编制实施七个领域的发展规划,一些行业部门和地方政府按照国家导向,结合行业和地区实际情况,出台相关实施方案和指导意见。

表21.5 "十二五"战略性新兴产业发展的重点领域和方向

重点领域	重点方向
节能环保	高效节能、先进环保、资源循环利用
新一代信息技术	下一代信息网络、电子核心基础产业、高端软件和新兴信息服务
生物	生物医药、生物医学工程、生物农业、生物制造
高端装备制造	航空装备、轨道交通装备、卫星及应用、海洋工程装备、智能制造装备
新能源	新一代核能、风能、太阳能、生物质能
新材料	新型功能材料、先进结构材料、高性能复合材料
新能源汽车	插电式混合动力汽车、纯电动汽车

21.2.2 战略性新兴产业发展特征

"十二五"以来,我国战略性新兴产业发展呈现三大特点:**一是产业规模快速扩大**。战略性新兴产业增加值占国内生产总值的比重从2010年的约4%提高到2017年的10%,超过8万亿元;战略性新兴产业涉及的27个重点行业规模以上企业收入从2010年的7.4万亿元增加到2016年的19.1万亿元(见图21.1)。一批产值规模千亿元以上的新兴产业集群开始形成。**二是产业水平迈向高端**。我国新一代信息技术、生物新能源等领域的一批企业进入国际竞争第一方阵,高铁、通信、航天装备等领域国际化发展水平迈上一个新的台阶。2016年我国新能源汽车销售量达到50.7万辆,占全球的比重超过40%,连续两年保持全球第一;2017年我国风电、太阳能发电装机容量分别为1.6亿千瓦、1.3万亿千瓦,均名列世界第一。**三是产业效益大幅提升**。战略性新兴产业上市公司利润率由2012年的8.3%提高到2016年的9.9%,比上市公司总体水平高3.1个百分点,近三年利润增速分别为41.9%、22.4%和22.3%,分别高于上市公司总体水平34.2、6.3和16.2个百分点。

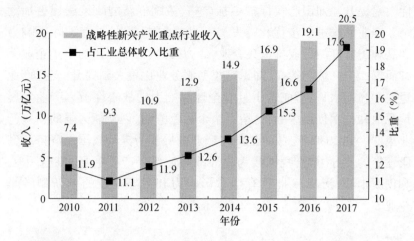

图 21.1　战略性新兴产业重点行业收入及占工业总体收入比重

21.3　我国战略性新兴产业发展重点

2016年11月,国务院印发《"十三五"国家战略性新兴产业发展规划》,提出以创新、壮大、引领为核心,进一步发展壮大新一代信息技术、高端装备、新材料、生物、新能源汽车、新能源、节能环保、数字创意等战略性新兴产业,促进更广领域新技术、新产品、新业态、新模式蓬勃发展。

21.3.1　明确新兴产业发展目标

到2020年,战略性新兴产业成为经济社会发展新动能、现代产业新体系,产业规模持续壮大。战略性新兴产业增加值占国内生产总值比重达到15%,形成新一代信息技术、高端制造、生物、绿色低碳、数字创意等5个产值规模10万亿元级的新支柱,并在更广领域形成大批跨界融合的新增长点,平均每年带动新增就业100万人以上。创新能力和竞争力明显提高。攻克一批关键核心技术,发明专利拥有量年均增速达到15%以上,建成一批重大产业技术创新平台,产业创新能力跻身世界前列,在若干重要领域形成先发优势,产品质

战略性新兴产业21项工程
宽带乡村示范工程、"互联网+"工程、大数据发展工程、集成电路发展工程、人工智能创新工程、重点领域智能工厂应用示范工程、新一代民用飞机创新工程、空间信息智能感知工程、海洋工程装备创新发展工程、新材料提质和协同应用工程、新药创制与产业化工程、生物产业创新发展平台建设工程、新能源汽车动力电池提升工程、新能源高比例发展工程、节能技术装备发展工程、绿色低碳技术综合创新示范工程、资源循环替代体系示范工程、数字文化创意技术装备创新提升工程、数字内容创新发展工程、创新设计发展工程。

创新集群城市
世界知识产权组织研究认为,2016年全世界100个创新集群中,中国有七个城市榜上有名,分别是:深圳、香港、北京、上海、苏州、南京、杭州、广州。

量明显提升。节能环保、新能源、生物等领域新产品和新服务的可及性大幅提升。知识产权保护更加严格,激励创新的政策法规更加健全。产业结构进一步优化。发展一批原创能力强、具有国际影响力和品牌美誉度的行业排头兵企业,活力强劲、勇于开拓的中小企业持续涌现。中高端制造业、知识密集型服务业比重大幅提升,支撑产业迈向中高端水平,形成若干具有全球影响力的战略性新兴产业发展策源地和技术创新中心,打造百余个特色鲜明、创新能力强的新兴产业集群。到2030年,战略性新兴产业发展成为推动我国经济持续健康发展的主导力量,我国成为世界战略性新兴产业重要的制造中心和创新中心,形成一批具有全球影响力和主导地位的创新型领军企业。

深圳新兴产业体系

深圳市已经形成了以生物、互联网、新能源、新材料、文化创意、新一代信息技术、节能环保等七大战略性新兴产业和海洋、航空航天、生命健康、军工及机器人、可穿戴设备和智能装备等五大未来产业构成的新兴产业体系。2017年,全市新兴产业增加值占国内生产总值的比重达40.9%,比全国平均水平高出30多个百分点;全社会研发投入占国内生产总值的比重为4.13%,是全国平均水平的约2倍,达到发达国家水平;PCT(专利合作协定)国际专利申请达1.96万件,占全国申请总量的46.6%,连续14年居全国各大城市之首。

阿里巴巴达摩院

2017年10月,阿里巴巴宣布成立全球研究院——"阿里巴巴达摩院"(DAMO),重点进行基础科学和颠覆式技术创新研究,预计三年投资1000亿元人民币,面向全球吸引人才。达摩院由全球实验室、高校联合研究所及全球前沿创新研究计划三大部分组成,研究包括量子计算、机器学习、基础算法、网络安全、视觉计算、自然语言处理、下一代人机交互、芯片技术、传感器技术、嵌入式系统等,涵盖机器智能、智联网、金融科技等多个产业领域。首批"达摩院学术委员会"组成,包括三位中国"两院"院士、五位美国科学院院士,作为实验室最高学术咨询机构,初期计划引入100名顶尖科学家和研究人员。

21.3.2 促进新兴产业集聚发展

"十三五"时期,我国战略性新兴产业将实现从部分地区集中发展向全面铺开协调发展的转变。打造战略性新兴产业策源地。发挥创新资源富集的中心城市科研人才密集、学科齐全、国际交流频繁等优势,使之成为新兴交叉技术的研发地、产学研用融合联动的转化地、具有强大带动力和辐射力的新兴产业策源地。壮大一批世界级战略性新兴产业发展集聚区。在东部地区,打造国际一流的战略性新兴产业城市群;在东北地区,打造国内领先的战略性新兴产业集聚区;在中西部地区,依托产业基础发展具有比较优势的特色战略性新兴产业。加强京津冀经济与科技人才联动,推进新兴产业对接合作,形成辐射带动环渤海地区和北方腹地发展的战略性新兴产业发展共同体。依托黄金水道长江经济带建设,发挥长三角城市群的引领作用,加快促进战略性新兴产业发展空间从沿海向沿江内陆拓展。培育战略性新兴产业特色产业集群,依托现有产业集聚区,创新区域发展政策,培育百余条特色鲜明的优势产业集群和特色产业链。

21.3.3 优化新兴产业发展环境

发挥产业政策导向和促进竞争功能,构建有利于新技术、新产品、新业态、新模式发展的准入条件、监管规则和标准体系。推进管理方式创新,进一步明确政府和市场分工,完善激励创新的政策体系、保护创新的法律制度,推动产业规制改革,强化市场监管,加强政策协调。构建产业创新体系,加强公共创新体系的建设,以重大项目和工程、技术创新联盟、共性技术平台、公共研发服务平台等方式推动战略性新兴产业的公共创新供给,完善产业创新体系建设,用更优化的制度鼓励科技成果服务于战略性新兴产业的发展,实现各类创新主体协同互动和创新要素顺畅流动、高效配置的生态系统。严格知识产权保护,国务院颁布的《关于新形势下加快知识产权强国建设的若干意见》针对战略性新兴产业的知识产权政策,强调重点抓好推进知识产权保护与维权、知识产权布局和运用、知识产权制度和机制等三项工作。加强军民融合发展,构建军民融合的战略性新兴产业体系,加强产业领域统筹、深化国防科技工业体制改革、推进社会化大协作,推动军工技术向国民经济领域的转移转化,实现军民两用技术的产业化发展。统筹航天、航空、网络、海洋等战略性重大项目的布局与发展,从共性技术、示范应用、标准建设、设施共享等方面推进军民创新的深度融合。

21.4 加快数字经济发展

数字经济是以数据资源为重要生产要素,以现代信息网络为主要载体,以信息通信技术融合应用、全要素数字化转型为主要推动力的新经济形态。要发挥数据的基础资源作用和创新引擎作用,加快数字经济发展,推动新兴产业发展。

21.4.1 发达国家数字经济发展战略

始于20世纪70年代的信息技术革命仍在持续发展,大数据、云计算、移动互联网、物联网、人工智能等新一代信息技术对经济社会领域广泛深入的渗透,深刻地影响到生产力和生产关系的变革。数据驱动成为创新驱动的一个新特征,即依靠数据分析、数据决策和数字行动。发达国家把推进经济数字化作为实现创新发展的重要动能,在前沿技术研发、数据开放共享、隐私安全保护、人才培养等方面进行前瞻性布局(见表21.6)。以欧盟为例,2010年5月,发布《欧洲数字计划》,提出建立信息社会、发展数字经济的目标,旨在助推经济增长。2015年5月,欧盟发布《数字化单一市场战略》,提出三大支柱及相关措施:第一大支柱,为个人和企业提供更好的数字产品和

合肥平板显示产业基地

合肥市是我国重要的家电产业基地。以此为基础,积极发展TFT-LCD、PDP等先进显示技术,率先打造具有国际竞争力的平板显示产业基地。2009年4月,中国首条六代TFT-LCD 生产线——京东方六代线开工建设,投资175亿元。后又引进鑫昊 PDP 项目,积极推进 TFT-LCD 八代线项目。目前中国(合肥)平板显示产业基地内拥有 TFT-LCD 六代线、TFT-LCD 六代线全工序玻璃基板基地、光学薄膜生产基地、鑫昊 PDP(等离子)项目等。在上述项目带动下,包括世界500强住友化学、法国液空等在内的30多家上下游配套企业纷纷落户,提供背光源、导光板、化学品、大宗气体、工业纯水、表面贴装、自动化成套设备等。基地已累计完成投资378亿元人民币

服务;第二大支柱,创造有利于数字网络和服务繁荣发展的环境;第三大支柱,最大化实现数字经济的增长潜力。并且每年对实施情况进行评估,发布评估报告,公开进展情况、存在的问题及原因。

表 21.6 美、欧、英、德的数字经济战略

国家/地区	时间	内容
美国	2015 年 11 月	数字经济议程
	2016 年 12 月	加强国家网络安全 促进数字经济的安全与发展
欧盟	2010 年 5 月	欧洲数字计划
	2015 年 5 月	数字单一市场战略
英国	2009 年 6 月	数字英国
	2013 年 6 月	信息经济战略
	2015 年 2 月	英国 2015—2018 年数字经济战略
	2017 年 3 月	数字化战略
	2017 年 5 月	《数字经济法案》正式生效
德国	2010 年 11 月	数字德国 2015
	2014 年 8 月	数字议程(2014—2017)
	2016 年 3 月	数字战略 2025

21.4.2 我国大数据战略与数字经济发展

大数据时代
IBM 的研究称,整个人类文明获得的全部数据中,有 90% 是过去两年内产生的。而到了 2020 年,全世界所产生的数据规模将达到今天的 44 倍。

2015 年 8 月,国务院印发《关于促进大数据发展行动纲要》。2016 年 3 月出台的"十三五"规划提出"把大数据作为基础性战略资源,全面实施促进大数据发展行动,加快推动数据资源共享开放和开发应用,助力产业转型升级和社会治理创新"。2017 年 12 月,习近平同志主持十九届中央政治局第二次集体学习,聚焦大数据,强调建设现代化经济体系离不开大数据发展和应用,要构建以数据为关键要素的数字经济。

实施大数据战略的五个重点:一是推动大数据技术产业创新发展,加快构建自主可控的大数据产业链、价值链和生态系统,形成数据驱动型创新体系和发展模式,大力培育数据服务、数据探矿、数据化学、数据材料、数据制药等新兴产业。二是统筹数据资源建设,整

合政务数据资源和社会数据资源,完善基础信息资源和重要领域信息资源建设。加快国家人口库、法人库、空间地理库等基础信息资源建设,完善健康、社保、就业、能源、信用等重要领域信息资源。三是运用大数据提升国家治理现代化水平,建立健全大数据辅助科学决策和社会治理的机制,实现政府决策科学化、社会治理精准化、公共服务高效化。以推动电子政务、建设智慧城市等为抓手,以数据集中和共享为途径,推动技术融合、业务融合、数据融合,打通信息壁垒,形成覆盖全国、统筹利用、统一接入的数据共享大平台,实现跨层级、跨地域、跨系统、跨部门、跨业务的协同管理和服务。四是运用大数据促进保障和改善民生,让百姓少跑腿、数据多跑路。推进教育、就业、社保、医药卫生、住房、交通等领域大数据普及应用,加强精准扶贫、生态环境领域的大数据运用。五是切实保障国家数据安全。加强关键信息基础设施安全保护,强化国家关键数据资源保护能力,完善数据产权保护制度。加大对技术专利、数字版权、数字内容产品及个人隐私等的保护力度。国务院明确要求,2018年年底前建成国家政府数据统一开放平台。

2018年8月,中共中央办公厅、国务院办公厅印发《数字经济发展战略纲要》,提出着力提升数字生产力,加快我国经济社会各领域数字化转型步伐,推进国家治理体系和治理能力现代化,形成与数字经济发展相适应的政策体系和制度环境。明确六项重点任务:完善数字基础设施,加快建设网络强国;加强数字化治理,完善数字经济市场监管体系;拓展数字化公共服务,加快建设智慧社会;推动数字化转型,加快供给侧结构性改革;提升数字化发展引领能力,加快培育重大原创成果;推动全球数字经济交流合作,共建网络空间命运共同体;加强数字经济统计体系和评估监测研究,建立健全数字经济法规标准体系、重大风险防范机制等保障措施。

> **国家政务信息系统整合**
> 2017年5月,国务院办公厅印发了《政务信息系统整合共享实施方案》。
> 五个统一:统一工程规划、统一标准规范、统一备案管理、统一审计监督、统一评价体系。
> 十件事情:加快推动消除"僵尸"信息系统、促进国务院部门内部信息系统整合共享、提升国家统一电子政务网络支撑能力、推进接入统一数据共享交换平台、加快公共数据开放网站建设、推进政务信息共享网站建设、开展政务信息资源普查和目录编制、构建标准体系、规范政务服务平台建设、开展"互联网+政务服务"试点。

内容小结

本章论述了壮大战略性新兴产业。新一轮科技革命和产业变革的蓬勃兴起,使新兴产业成为推动全球经济增长的主要动力。世界主要国家都把培育发展新兴产业作为国际金融危机后走向复苏、促进增长、抢占未来竞争制高点的关键举措,纷纷出台一系列战略规划和实施方案。我国"十二五"规划首次提出发展战略性新兴产业,确定了七大领域为发展重点,取得了较大的成就和一些突破。"十三五"规划进一步强调壮大战略性新兴产业,明确了新兴产业发展目标,强调要促进新兴产业集聚发展、优化新兴产业发展环境,提出要加快数字经济等新兴产业发展。

关键概念

战略性新兴产业　　　　　主要国家新型产业布局　　　21 项重大工程
大数据战略　　　　　　　数字经济　　　　　　　　　发达国家数字经济战略

思考讨论题

1. 为什么要壮大战略性新兴产业？
2. 发达国家新兴产业布局有何特点？
3. 你对发展战略性新兴产业有何建议？
4. 请你谈谈对发展数字经济的看法和建议。

第 22 章
加快现代服务业发展

服务业是巨大的就业容纳器、强劲的经济增长点。加快现代服务业发展是促进产业转型升级、提升产业质量和效益的重要路径,对满足人民群众日益增长的美好生活需求具有重要作用。

22.1 我国服务业发展现状

近年来,我国服务业一直保持着稳中有进的发展态势,增加值占经济总量比重、就业占就业总量比重持续提高。但客观地讲,无论是在发展规模还是在发展质量上,与发达国家相比,仍然有较大的提升空间,一些结构性的问题亟待解决。

22.1.1 服务业增加值和就业占比国际比较

如表 22.1 所示,从服务业增加值占比看,我国与发达国家相比,还有不小的差距。我国服务业增加值占比从 2003 年的 42.0% 上升到 2016 年的 51.6%,但美国的这一数值,2003 年为 77.5%,2015 年为 78.9%;英国、德国、日本服务业增加值占比,2015 年均超过或接近 70%。即便是与一些发展中国家相比,我国服务业占比仍然较低。

表 22.1　服务业增加值占比国际比较　　　　　　　　　　单位:%

	中国	美国	日本	英国	德国	巴西	南非	印度	俄罗斯
2003	42.0	77.4	68.3	76.5	69.9	65.8	65.9	47.4	61.2
2004	41.2	77.0	68.5	77.4	69.6	64.7	66.7	46.9	58.1
2005	41.3	76.9	68.8	77.3	69.8	66.0	67.1	46.9	57.0
2006	41.8	76.6	68.9	77.3	69.1	67.2	68.0	46.6	58.2
2007	42.9	76.8	69.1	77.8	68.6	67.7	67.4	46.4	59.1
2008	42.8	77.2	69.9	78.2	69.0	67.3	65.5	47.8	59.5
2009	44.3	78.7	71.6	79.5	71.5	69.2	66.6	48.5	61.7
2010	44.1	78.4	70.4	79.2	69.1	67.8	67.2	48.7	61.4
2011	44.2	78.0	71.9	79.0	68.6	67.7	67.6	49.0	62.2
2012	45.3	78.2	72.0	79.2	68.5	69.1	68.0	50.0	62.9
2013	46.7	77.9	71.8	78.8	68.9	69.9	68.0	50.6	63.3
2014	47.8	77.9	71.0	79.2	68.7	71.2	68.0	51.8	63.9
2015	50.2	78.9	70.0	79.9	68.9	72.7	68.5	52.9	62.7
2016	51.6	—	—	80.2	68.9	73.3	68.6	53.8	62.8

资料来源:我国数据来源于国家统计局,其他国家数据来源于世界银行数据库。

从就业占比看,2003—2016 年,我国服务业就业人口从 21 605 万人增加到 33 757 万人,占总就业人口比重由 29.3% 上升到 43.5%(见表 22.2),保持较快增长。但美国、英国、日本、德国等发达国家服务业就业人口占比超过或接近 70%,南非、巴西、俄罗斯等新兴经济体服务业就业人口占比都比我们高出 20—40 个百分点。

表 22.2　服务业就业人口占比国际比较　　　　　　　　单位:%

	中国	美国	英国	南非	德国	日本	巴西	俄罗斯
2003	29.3	77.5	75.3	64.1	66.2	65.1	58.2	58.7
2004	30.6	77.6	76.2	64.5	66.4	66.0	57.8	60.1
2005	31.4	77.8	76.2	66.6	67.8	66.8	57.9	60.0
2006	32.2	77.7	76.4	65.6	68.1	67.1	59.1	60.7
2007	32.4	78.0	76.2	64.9	67.8	67.2	59.5	61.8
2008	33.2	78.6	76.7	68.6	68.9	67.7	—	62.4
2009	34.1	80.0	78.8	69.7	69.5	68.8	60.7	64.1
2010	34.6	80.3	79.0	70.7	70.0	69.5	75.3	64.4
2011	35.7	80.2	79.1	70.1	70.1	27.9	75.4	64.9
2012	36.1	80.4	79.0	70.6	70.3	69.2	75.6	64.9

(续表)

	中国	美国	英国	南非	德国	日本	巴西	俄罗斯
2013	38.5	80.2	79.3	71.5	70.8	69.1	76.0	65.3
2014	40.6	79.9	79.1	56.1	70.5	70.0	76.6	65.8
2015	42.4	79.9	79.7	70.5	70.9	69.3	77.3	66.1
2016	43.5	80.0	—	—	—	70.7	—	—

资料来源：我国数据来源于国家统计局，其他国家数据来源于世界银行数据库。

22.1.2　服务业内部结构变化特征

从服务业内部结构看，各个行业增加值占比的情况：2016年，批发和零售业为18.5%，交通运输、仓储及邮政为8.7%，住宿和餐饮业约为3.5%，金融业为16.2%，房地产业为12.5%，其他行业占比为39.8%（见表22.3）。从2003—2016年数据可以看出，我国服务业内部结构也在发生着一些变化。其中，交通运输、仓储及邮政占比由2003年的13.7%下降到2016年的8.7%，下降5个百分点；金融业占比由2003年的10.4%上升为2016年的16.2%，提高5.8个百分点，表明主要是这两个行业此消彼长。

表22.3　我国服务业内部各行业增加值占比变化　　　　　　　　单位：%

	批发和零售业	交通运输、仓储及邮政	住宿和餐饮业	金融业	房地产业	其他
2003	19.3	13.7	5.4	10.4	10.7	39.4
2004	18.7	14.0	5.5	9.9	10.8	40.1
2005	18.0	13.8	5.4	9.6	11.0	41.0
2006	18.0	13.3	5.2	10.8	11.3	40.2
2007	18.1	12.6	4.8	13.1	11.9	38.4
2008	19.1	12.0	4.8	13.4	10.8	38.8
2009	18.7	10.7	4.5	14.1	12.3	38.7
2010	19.7	10.3	4.2	14.1	12.9	37.6
2011	20.2	10.1	4.0	14.2	13.0	37.4
2012	20.4	9.7	3.9	14.4	12.8	37.8
2013	20.2	9.4	3.7	14.8	12.9	37.9
2014	20.3	9.3	3.6	15.1	12.3	38.4
2015	19.1	8.8	3.5	16.7	12.0	38.9
2016	18.5	8.7	3.5	16.2	12.5	39.8

资料来源：根据国家统计局数据计算整理。

22.2 服务业发展新趋势

在新一轮科技革命、产业变革和经济全球化驱动下,现代服务业发展业态、商业模式日新月异,知识密集型服务业比重快速提升,服务全球化成为经济全球化的一个鲜明特征。

22.2.1 现代服务业成为国际产业转移新热点

国际产业转移大概经历了三个阶段(见图22.1):第一个阶段,是制造业向劳动力成本低、市场规模大的发展中国家转移,制造业外包兴起;第二个阶段,是服务业专业化程度提高,服务业转移和外包同时发生,企业将非核心业务剥离出去,发挥外部专业化团队作用,跨国投资成为服务型企业国际竞争的一种主要形式;第三个阶段,是研发中心转移,新兴经济体成为跨国公司海外研发转移的承载地。

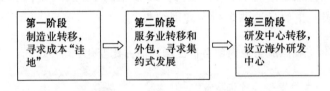

图22.1　产业转移阶段演变示意

国际服务业产业转移呈现新特点,不仅仅是转移传统服务业,金融、软件、电信、电子芯片设计、生物信息和法律服务等代表新知识、新技术的行业,成为服务业跨国转移的热点领域。国际服务业转移日益深入到企业内部核心环节,跨国公司向海外转移的业务已经拓展到财务分析、会计和图形设计等技术含量较高的行业,正从劳动、资本密集型服务业向知识密集型服务业转移,高端服务业将会是未来产业转移的一个重点。

> **专栏 22.1**
> **服务业跨国转移趋势变化**
>
> **趋势**：长期以来，服务业跨国转移主要集中在发达国家之间，跨国公司是服务业跨国转移的主导力量。进入 21 世纪以后，出于成本上升和风险分散的考虑，欧美和日本持续进行软件和信息服务的地区转移，将大量编程和售后服务外包给其他生产成本较低的国家。发展中国家借此机会加强人才培养和基础设施的建设，投资环境不断改善。
>
> **特点**：最近几年，发达国家服务业开始呈现向中国、印度、爱尔兰、巴西等新兴经济体加快转移的趋势，发展中国家在吸收和输出服务业外商直接投资中所占比重上升，特别是在承接服务业离岸外包方面已占据主导地位。印度、摩洛哥、菲律宾和南非等，通过服务外包承接提供客户呼叫中心和技术援助给全球客户。
>
> **预测**：据麦肯锡公司预测，到 2025 年，预计会新增 7 000 个大型跨国服务业公司，其中超过 60% 将出现在新的国家或地区。这是一项重大转变。新兴市场中诞生的企业可能带动低成本革新，颠覆整个行业，并向全球市场扩张。这些企业的成长将给现代服务业及其供应商带来众多商机。

22.2.2 "互联网 +"构建现代服务业发展新生态

信息化、网络化、智能化使服务业的劳动分工得以深化，时空障碍正在消除，资源共享成为可能，边际成本不断降低，将重构服务业发展生态体系。推动互联网与服务业融合创新发展，大幅提升生产性服务业专业化水平和生活性服务业普惠化品质，促进服务经济转型升级，带动服务消费蓬勃兴起（见图 22.2、图 22.3）。

"互联网 +"行动计划

2015 年 7 月，国务院印发《关于积极推进"互联网 +"行动的指导意见》，深入实施 11 项重点行动。

1. 互联网 + 创业创新
2. 互联网 + 协同制造
3. 互联网 + 现代农业
4. 互联网 + 智慧能源
5. 互联网 + 普惠金融
6. 互联网 + 益民服务
7. 互联网 + 高效物流
8. 互联网 + 电子商务
9. 互联网 + 便捷交通
10. 互联网 + 绿色生态
11. 互联网 + 人工智能

典型的互联网产业、典型的新兴服务业

我国已经成为全球最大的网络零售市场,2017年网上零售额7.18万亿元,同比增速达32.5%,比社会消费品零售总额10.2%的增速高出22.3个百分点。电子商务带动的个人网店数量超过985万个、就业人数超过2 800万人。

图 22.2 "互联网+"电子商务

上海"微医"模式

2017年年底,"微医"已连接2 700多家医院,覆盖30个省,约22万名专家在线提供预约挂号、远程医疗服务,服务人次7.9亿。

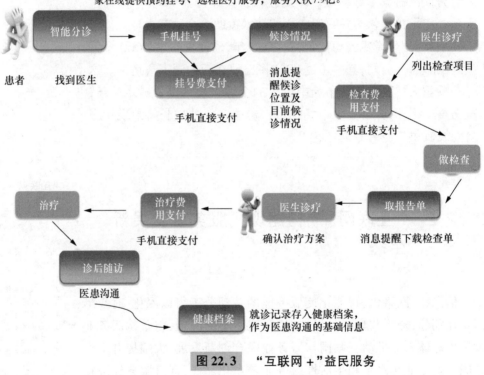

图 22.3 "互联网+"益民服务

22.2.3 中高端消费拓展服务市场新空间

目前居民吃穿用等基本消费渐趋饱和,而对旅游、文化、体育、健康、养老、教育培训等服务消费需求迅速增长。以旅游体育市场为例，据有关测算，到2020年，水上运动、山地户外、航空运动等消费市场规模将达到9 000亿元，到2025年冰雪运动市场规模将达到1万亿元。以在华留学生为例，目前我国已成为世界第三大留学生目的国，在华留学生人数从2000年的5.2万人增加到2017年的48.9万人，年增长14.1%，人均年消费7万元，是一个快速发展的消费市场。个性化、多元化消费潜力巨大。随着信息技术与制造技术的高度融合，虚拟现实、可穿戴设备、智能家居等创意产品将呈爆发式增长，高端消费需求将日益增多，消费潜力将加速释放，提供有关服务的产业面临着广阔的市场空间。

幸福产业
是指旅游、文化、体育、健康、养老等行业，与人民群众生活质量、美好需求的获得感、幸福感密切相关，被称为"幸福产业"，既可以拉动消费增长，也能够促进消费升级。

22.3 现代服务业发展重点

虽然我国服务业已成为国民经济第一大产业，但生产性服务业发展滞后，生活性服务业供给不足，服务业国际竞争力较弱。必须加快服务业优质高效发展，扩大服务业对外开放，优化服务业发展环境，推动生产性服务业向专业化和价值链高端延伸、生活性服务业向精细和高品质转变。

22.3.1 促进生产性服务业专业化

生产性服务业涉及农业、工业等多个环节，专业性强，产业融合度高。要围绕影响力大、带动力强的研发设计、电子商务、综合服务、品牌建设等12个重点领域，提升生产性服务业专业化水平。以产业升级和提高效率为导向，通过深化流通体制改革，促进流通信息化、标准化、集约化，实施高技术服务业创新工程；引导生产企业加快服务环节专业化分离和外包；建立与国际接轨的生产性服务业标准体系，提高国际化水平。注意抓好五个重要环节：第一，着力提升创新能力，加强生产制造前端的研发设计，重视市场创新和经营模式创新；第二，着眼于促进生产与服务融合，提高劳动生产率、资源配置效率和产业融合度；第三，改善售后服务，提高客户的满意度；第四，提升人力资源服务、信息服务水平和产业技术知识含量，增强产业发展的核心竞争力；第五，从深化改革开放、完善财税政策、强化金融创新、有效供给土地、健全价格机制等方面，创造良好环境，最大限度地

生产性服务业发展导向和重点任务
2014年7月，国务院印发《关于加快发展生产性服务业促进产业结构调整升级的指导意见》。
发展导向：鼓励企业向价值链高端发展；推进农业生产和工业制造现代化；加快生产制造与信息技术服务融合。
重点任务：重点发展研发设计、第三方物流、融资租赁、信息技术服务、节能环保服务、检验检测认证、电子商务、商务咨询、服务外包、售后服务、人力资源服务和品牌建设。

激发企业和市场活力。

> **专栏 22.2**
> **找钢网案例**
>
> 找钢网成立于 2012 年,是全国最大的钢铁全产业链电商平台(见图 22.4),2017 年跻身"中国企业 500 强"。找钢网服务上游钢铁生产企业超过 100 家、下游钢铁需求企业超过 6 万家,2017 年找钢网钢铁销量 1627 万吨,营业收入 549 亿元。四大特点:以销定产,减少过剩产能;去中介化,减少交易环节;数据驱动,打通全产业链;布局丝路,打通出海通道。
>
>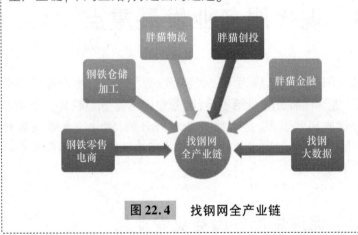
>
> **图 22.4** 找钢网全产业链

生活性服务业
按照国家统计局分类,包括:居民和家庭服务,健康服务,养老服务,旅游游览和娱乐服务,体育服务,文化服务,居民零售和互联网销售服务,居民出行服务,住宿餐饮服务,教育培训服务,居民住房服务,其他生活性服务,等等。

生活性服务业发展导向和重点任务
2015 年 1 月,国务院办公厅印发《关于加快发展生活性服务业促进消费结构调整升级的指导意见》。
发展导向:围绕人民群众对生活性服务的普遍关注和迫切期待,着力解决供给、需求、质量方面存在的突出矛盾和问题,推动生活性服务业便利化、精细化、品质化发展。增加服务有效供给;扩大服务消费需求;提升服务质量水平;服务质量和服务品牌双提升,国内顾客和国外顾客双满意。
重点任务:重点发展贴近服务人民群众生活、需求潜力大、带动作用强的生活性服务领域,推动生活消费方式由生存型、传统型、物质型向发展型、现代型、服务型转变,增加服务供给,丰富服务种类,促进和带动其他生活性服务业领域发展。

22.3.2 提高生活性服务业品质

生活性服务业涉及老百姓衣食住行、健康养老、文化教育等方方面面,劳动密集型产业多、就业容量大。推动生活性服务业向精细化和高品质发展,是满足人民群众日益增长的美好生活需要的必由之路。以开发新型服务、完善服务质量治理体系、培育知名服务品牌为导向,发展形式多样的教育培训服务,推进从业者职业化、专业化。提升医疗服务品质,推动发展专业规范的护理服务。加强服务规范,发展适合老年人的服务项目。提升文化服务的内涵和品质,推进文化创新和设计服务等新型服务业发展。推动群众体育和竞技体育协调发展,促进康体结合。丰富旅游产品、提升旅游文化的内涵和附加值,支持发展生态旅游、文化旅游、休闲旅游、山地旅游。多渠道多业态提供专业化的生活服务,促进居民和家庭服务规模化、网络化发展。优化城市流通网络,畅通农村商贸渠道,加强现代批发零售服务体系建设。

22.3.3 推动服务业标准化规范化

标准化是提高行业效率的重要动力。在经济活动中,标准化在提升行业发展质量和影响力的过程中发挥着重要作用,谁掌握了标准的话语权,谁就掌握了竞争的主动权。推动服务业标准化、规范化发展的核心是实施好国家服务业标准规划和年度计划。实施服务标准体系建设工程,加快家政、养老、健康、体育、文化、旅游等领域的关键标准研制。完善质量标准体系,健全以质量管理制度、诚信制度、监管制度和检测制度为核心的服务质量治理体系以及有关认证认可制度。完善居住(小)区配套公共设施规划标准,为生活性服务业相关设施建设、管理和服务提供依据。积极培育生活性服务业标准化工作技术队伍。开展国家级服务业标准化试点,总结推广成功经验。

消费升级重点工程
居民生活服务业转型发展。打造"15分钟便民生活服务圈"。加强家政服务信息互联互通,探索养老服务产业化发展有效模式。创新居民生活服务业线上线下融合的商业模式,促进共享经济发展,提升服务供给能力。
国际消费中心城市建设。建设一批集国际知名品牌体验、跨境电商等于一体的消费设施,打造世界级商圈。
再生资源回收模式创新。鼓励企业利用移动终端和网站提供再生资源回收服务。构建以再生资源信息服务平台为核心的新型再生资源回收体系。
重要产品追溯体系建设。加强重点产品追溯信息服务体系建设,建立来源可追、去向可查、责任可究的全程可追溯体系。
——摘自《国内贸易流通"十三五"发展规划》

22.3.4 完善服务业发展体制和政策

加快服务业优质高效发展,需要优化发展环境,完善服务业发展体制和政策。第一,建立全国统一、开放、竞争、有序的服务业市场,采取有效措施,破除行业垄断、行政垄断和地方保护。清理各类歧视性规定,完善各类社会资本公平参与医疗、教育、托幼、养老、体育等领域发展的政策。第二,进一步放宽服务业领域市场准入,营造公平竞争环境。加快开放电力、民航、铁路、石油、天然气、邮政、市政公用等行业的竞争性业务,扩大金融、教育、医疗、文化、互联网、商贸物流等领域开放,开展服务业扩大开放综合试点。第三,建立健全统计制度,以国民经济行业分类为基础,抓紧研究制定服务业及其重点领域统计分类,完善相关统计制度和指标体系。建立健全部门间信息共享机制,逐步建立服务业信息定期发布制度。第四,大力推广政府和社会资本合作模式。完善政府采购办法,扩大政府购买服务范围,推动竞争性购买第三方服务。创新金融服务,鼓励商业银行按照风险可控、商业可持续原则,开发适合服务业特点的各类金融产品和服务。

内容小结

本章论述了加快现代服务业发展。从我国服务业发展现状看,服务业增加值占经济总量比重、就业人口占总就业人口比重持续提高,但在发展规模、结构和质量上,还有较大提升空间。从服务发展趋势看,现代服务业成为国际产业转移新热点,"互联网+"构建现代服务业发展新生态,中高端消费拓宽服务市场新空间。加快现代服务业发展,重点是推动生产性服务业向专业化和价值链高端延伸、生活性服务业向精细化和高品质转变,推动服务业标准化规范化,完善服务业发展体制和政策。

关键概念

服务业	现代服务业	服务业增加值
服务业内部结构	"互联网+"	生产性服务业
服务业标准	生活性服务业	共享经济

思考讨论题

1. 举例说明我国服务业发展面临的突出问题。
2. 谈谈你对加快现代服务业重要意义的认识。
3. 为什么说"互联网+"构建服务业发展新生态?
4. 你对促进生产性服务业专业化有何建议?

本篇参考文献

中国社会科学院世界经济与政治研究所,《主要资本主义国家经济统计集(1848—1960)》,世界知识出版社,1962年。

中国社会科学院世界经济与政治研究所,《世界经济统计手册》,中国社会科学出版社,1981年。

汪斌,《国际区域产业结构分析导论》,人民出版社,2001年。

世界银行,《世界发展报告》(各年版),中国财政经济出版社。

方甲,《产业结构研究》,中国人民大学出版社,1997年。

赵昌文等,《新时期中国产业政策研究》,中国发展出版社,2016年。

吴振宇,《中国经济再平衡——迈向成

熟的结构转型》,中国发展出版社,2016年。

中共中央党史研究室,《中国共产党的九十年》,中共党史出版社、党建读物出版社,2016年。

《中华人民共和国国民经济和社会发展第十三个五年规划纲要》,人民出版社,2016年。

国务院,《中国制造2025》,2015年5月。

徐宪平,《中国经济的转型升级——从"十二五"看"十三五"》,北京大学出版社,2015年。

苗圩,《国务院关于推进供给侧结构性改革加快制造业转型升级工作情况的报告》,2017年4月(在第十二届全国人民代表大会常务委员会第二十七次会议上)。

付保宗,《中国工业发展的阶段性变化》,经济科学出版社,2017年。

国务院,《关于积极推进"互联网+"行动的指导意见》,2015年7月。

国务院,《"十三五"国家战略性新兴产业发展规划》,2016年11月。

国务院,《促进大数据发展行动纲要》,2015年9月。

林念修,《新引擎启动:"十二五"战略性新兴产业发展回顾》,中国计划出版社,2017年。

麦肯锡全球研究院,《中国数字经济:全球领先力量》,2017年8月。

张新红,《数字经济:中国转型增长新变量——发展数字经济具有重要意义》,《经济日报》,2016年11月24日。

国务院,《关于加快发展生产性服务业促进产业结构调整升级的指导意见》,2014年8月。

国务院办公厅,《关于加快发展生活性服务业促进消费结构升级的指导意见》,2015年11月。

刘世锦,《中国经济增长十年展望(2014—2023)》,中信出版社,2014年。

厉以宁,《中国经济双重转型之路》,中国人民大学出版社,2013年。

厉以宁,《工业化和制度调整》,商务印书馆,2015年。

〔日〕大野健一,《学会工业化——从给予式增长到价值创造》,陈经伟译,中信出版社,2015年。

夏杰长,《中国服务业发展报告(2016—2017)》,经济管理出版社,2017年。

第7篇 实施乡村振兴战略

中国自古以农立国，农业文明在中华文明体系中占据重要地位。农业丰歉和社会兴衰紧密相连，历史上盛世多源于农丰，败亡必因于农衰。中华人民共和国成立以来的实践反复证明，农业农村农民问题是关系国计民生的根本性问题，解决好"三农"问题是中国共产党重中之重的历史责任。习近平同志指出，中国要强，农业必须强；中国要美，农村必须美；中国要富，农民必须富。农业基础稳固，农村和谐稳定，农民安居乐业，整个大局就有保障。全面建成小康社会、建成社会主义现代化强国，最艰巨、最繁重的任务在农村，最广泛、最深厚的基础在农村，最大的潜力和后劲也在农村。实施乡村振兴战略，就是要走产业兴旺、生态宜居、乡风文明、治理有效、生活富裕的中国特色社会主义乡村振兴道路，让农业成为有奔头的产业，让农民成为有吸引力的职业，让农村成为安居乐业的美丽家园。

第 23 章
走中国特色社会主义乡村振兴道路

农,天下之大业也。从全球范围看,乡村在现代化过程中的蜕变和重生是历史的必然。我国是人口大国,不仅现在而且未来很长一段时期内,农民在全国人口总数中都会占有很大比例,大国小农的基本国情和农情不会改变,这需要我们走出一条中国特色社会主义乡村振兴道路,全面推进农业农村现代化。

23.1 乡村振兴战略的重大意义

全面建成小康社会和如期实现"两个一百年"的奋斗目标,最艰巨、最繁重的任务在农村,最广泛、最深厚的基础在农村,最大的潜力和后劲也在农村。实施乡村振兴战略,是解决新时代我国社会主要矛盾的必然要求,是实现"两个一百年"奋斗目标的必然要求,是实现中华民族伟大复兴中国梦的必然要求,具有重大的现实意义和深远的历史意义。

23.1.1 实施乡村振兴战略是建设社会主义现代化强国的历史任务

农业农村农民问题是关系国计民生的根本性问题,也是关系现代化全局的重大问题。习近平同志强调,没有农业现代化,没有农村繁荣富强,没有农民安居乐业,国家现代化是不完整、不全面、不牢固的。党的十九大对新时代中国特色社会主义现代化建设作出战略安

乡村的概念
乡村是具有自然、社会、经济特征的地域综合体,兼具生产、生活、生态、文化等多重功能,与城市互促互进、共生共存,共同构成人类活动的主要空间。

排,明确了实现"两个一百年"奋斗目标的时间表和路线图。在全面建设社会主义现代化国家的新征程中,农业现代化不能缺位,农村绝不能成为荒芜的农村、留守的农村,农民决不能成为现代化的旁观者。随着工业化、城镇化的深入推进,我国人均国内生产总值将很快超过1万美元,城市人口比重将很快超过60%,农业占国内生产总值的份额将进一步下降,农村人口不断减少(见图23.1),但农业在国民经济中的基础地位依然不可替代,大量人口生活在农村的基本国情没有改变。实施乡村振兴战略,推动农业全面升级、农村全面进步、农民全面发展,是中国特色社会主义现代化的必然要求。

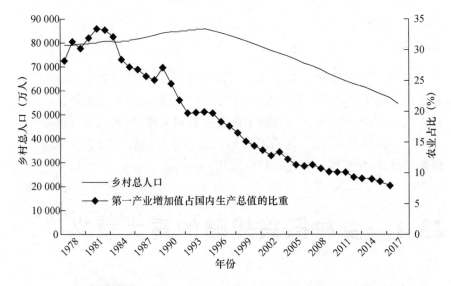

图 23.1 改革开放以来我国农村人口和农业占比变化

23.1.2 实施乡村振兴战略是解决我国社会主要矛盾的必然要求

我国社会主要矛盾已经转化为人民日益增长的美好生活需要和不平衡不充分的发展之间的矛盾。当前我国发展不平衡不充分问题在乡村最为突出,主要表现在:农产品阶段性供过于求和供给不足并存,农业供给质量亟待提高;农民适应生产力发展和市场竞争的能力不足,新型职业农民队伍建设亟须加强;农村基础设施和民生领域欠账较多,农村环境和生态问题比较突出,乡村发展整体水平亟待提升;国家支农体系相对薄弱,农村金融改革任务繁重,城乡之间要素合理流动机制亟待健全;生产分散化、村庄空心化、农民老龄化、乡村文化和秩序受到冲击,农村基层基础工作存在不少薄弱环节,乡村治理体系和治理能力亟待强化。实施乡村振兴战略,统筹推进农村经济建设、政治建设、文化建设、社会建设、生态文明建设,加快补齐农业农村短板,提高乡村治理水平,促进乡村全面发展,反映了时代的呼唤、发展的必然和人民的期盼。

23.1.3 实施乡村振兴战略是实现全体人民共同富裕的关键举措

农业强不强,农村美不美,农民富不富,关乎亿万农民的获得感和幸福感,关乎全面建成小康社会全局,决定着全面小康社会的成色和社会主义现代化的质量。党的十九大提出,让改革发展成果更多更公平惠及全体人民,朝着实现全体人民共同富裕不断迈进。党的使命决定了必须为亿万农民谋幸福,让亿万农民有更多获得感,才能充分调动亿万农民的积极性、主动性、创造性。以更大的决心、更明确的目标、更有力的举措实施乡村振兴战略,不断拓宽农民增收渠道,全面改善农村生产生活条件,促进社会公平正义,增进农民福祉,让亿万农民与全国人民走上共同富裕的康庄大道,汇聚起建设社会主义现代化强国的磅礴力量。

中国特色社会主义乡村振兴道路
- 重塑城乡关系,走城乡融合发展之路
- 巩固和完善基本经营制度,走共同富裕之路
- 深化农村供给侧结构性改革,走质量兴农之路
- 坚持人与自然和谐共生,走乡村绿色发展之路
- 传承发展提升农耕文明,走乡村文化兴盛之路
- 创新乡村治理体系,走乡村善治之路
- 打好精准脱贫攻坚战,走中国特色减贫之路

23.2 乡村振兴战略的总体要求

按照"产业兴旺、生态宜居、乡风文明、治理有效、生活富裕"的总要求,建立健全城乡融合发展体制机制和政策体系,加快推进农业农村现代化。

23.2.1 产业兴旺是乡村振兴的重点

产业兴旺就是要紧紧围绕促进产业发展,引导和推动更多的资本、技术、人才等要素向农业农村流动,调动广大农民的积极性、创造性,形成现代农业产业体系,实现一二三产业融合发展,保持农业农村经济发展旺盛活力。必须坚持质量兴农、绿色兴农,以农业供给侧结构性改革为主线,加快构建现代农业产业体系、生产体系、经营体

工商资本下乡

工商资本是推动乡村振兴的重要力量。工商资本下乡,乡村有需求,资本有动力,发挥作用有空间,方向是对的。一方面,要优化环境,稳定政策预期,引导好、服务好、保护好工商资本下乡的积极性。另一方面,要设立必要的"防火墙",防止跑马圈地、把农民挤出去,防止打擦边球、玩障眼法、钻政策和管理的空子,防止侵害农村集体产权、侵犯农民利益。

系,提高农业创新力、竞争力和全要素生产率,保障好国家粮食安全,提高供给体系质量和效益,推动供求平衡由低水平向高水平跃升,加快实现由农业大国向农业强国转变;同时,要着力城乡融合体制机制和政策创新,在要素自由流动和高效配置上求突破,加快推进农村一二三产业融合,加快新技术、新业态、新模式发展,培育农村产业发展新动能。

专栏 23.1
农村新产业新业态培育行动

推进一二三产业融合发展,到 2020 年建成一批农村产业融合发展示范园,培育农村新产业新业态。推进农业循环经济试点示范,建设一批生态循环的种养业示范基地,推进农业废弃物综合利用,建立农业循环经济评价指标体系和评价考核制度。建设农村电子商务发展的基础设施,建立健全适应农产品发展的标准体系,推动电子商务进村。实施休闲农业和乡村旅游精品工程,发展体验农业、创意农业,支持休闲农业和乡村旅游精品商业模式创新和公共服务平台建设。

23.2.2 生态宜居是乡村振兴的关键

农业绿色发展行动
(一)国家农业节水行动
(二)水生物保护行动
(三)农业环境突出问题治理
(四)农业废弃物资源化利用
(五)农业绿色生产行动

生态宜居就是要加强农村资源环境保护,大力改善水电路气房讯等基础设施,统筹山水林田湖草保护建设,保护好绿水青山和清新清净的田园风光。良好生态环境是农村最大优势和宝贵财富。乡村是生态涵养的主体功能区。乡村不再是单一从事农业的地方,乡村的优美环境、绿水青山、良好生态成为稀缺资源。乡村的经济价值、生态价值、社会价值、文化价值日益凸显。加快推进乡村绿色发展,统筹山水林田湖草系统治理,强化农村突出环境问题综合治理,建设人与自然和谐共生的农业农村现代化,推动乡村自然资本加快增值,让广大农民群众在良好生态环境中生产生活;同时,要转变农业生产方式,推进农村传统生活方式与现代文明生活方式的融合,构建节约资源和保护环境的空间格局、产业结构、生产方式和生活方式,增加农业生态产品和服务供给,让绿色消费、绿色生活成为农民新时尚,实现百姓富、生态美的统一。

> **专栏 23.2**
> **农村人居环境整治行动**
>
> 针对农村地区垃圾污水带来的环境污染和"脏乱差"问题，2018年2月，中共中央办公厅、国务院办公厅印发《农村人居环境整治三年行动方案》，以建设美丽宜居村庄为导向，以农村垃圾、污水治理和村容村貌提升为主攻方向，集中实施整治行动。到2020年，实现农村人居环境明显改善，村庄环境基本干净整洁有序，村民环境与健康意识普遍增强。重点任务是：（一）推进农村生活垃圾治理；（二）开展厕所粪污治理；（三）梯次推进农村生活污水治理；（四）提升村容村貌；（五）加强村庄规划管理；（六）完善建设和管护机制。

23.2.3 乡风文明是乡村振兴的保障

乡风文明就是要促进农村文化教育、医疗卫生等事业发展，推进移风易俗、文明进步，弘扬农耕文明和优良传统，使农民综合素质进一步提升、农村文明程度进一步提高。求治之道，莫先于正风俗。良好的乡风关乎民生福祉、发展大局，乡村振兴离不开文明乡风的涵育。必须坚持物质文明和精神文明一起抓，以社会主义核心价值观为引领，加强农村思想道德建设，开展移风易俗行动，提升农民精神风貌，让孝敬、节俭成为农民自觉追求。立足乡村文明，加强农村公共文化建设，充分吸取城市文明及外来文化优秀成果，传承发展提升农村优秀传统文化，推动农村传统文化创新性发展，让乡风文明更具时代性、更富生命力，让文明乡风吹遍乡村的每一个角落。

乡村文化繁荣兴盛重大工程
（一）农耕文化保护传承
（二）戏曲进乡村
（三）贫困地区村综合文化服务中心建设
（四）"中国民间文化服务中心"建设
（五）古村落、古民居保护利用
（六）少数民族特色村寨保护与发展
（七）乡村传统工艺振兴
（八）农村特色文化产业发展
（九）乡村经济社会发展变迁实物证征藏

乡村治理体系构建计划
（一）乡村便民服务体系建设
（二）"法律进乡村"宣传教育
（三）"民主法治示范村"创建
（四）农村社会治安防控体系建设
（五）乡村基层组织运转经费保障
（六）农村"雪亮工程"

> **专栏 23.3**
> **乡村文化繁荣兴盛行动**
>
> 加大实施农耕文化保护传承，对408项重要遗产采取全面保护措施。组织各级各类戏曲演出团体送戏下乡，促进戏曲艺术在农村的传播普及和继承发展。支持贫困地区村级文化设施建设。

> 深入发掘农村各类优秀民间文化资源,推动乡村传统工艺传承振兴,培育乡土文化人才和非遗传统工艺传承人。推进传统村落整体保护利用项目。

23.2.4 治理有效是乡村振兴的基础

治理有效就是要加强和创新农村社会治理,加强基层民主和法治建设,让社会正气得到弘扬、违法行为得到惩治,使农村更加和谐、安定有序。乡村治理是国家治理的重要基础,事关国家治理体系和治理能力现代化。党和国家的政策能否得到有效落实,农村社会能否充满活力又和谐有序,乡村治理极为关键。必须把夯实基层基础作为固本之策,建立健全党委领导、政府负责、社会协同、公众参与、法治保障的现代乡村社会治理体制,坚持自治、法治、德治相结合,让自治运行更加高效,法治在村庄落地生根,道德建设真正融入村民日常生活,确保乡村社会充满活力、和谐有序,让人民的获得感、幸福感、安全感更加充实、更有保障、更可持续。

23.2.5 生活富裕是乡村振兴的根本

农村公共服务提升计划
(一)乡村教育质量提升
(二)健康乡村计划
(三)全民参保计划
(四)农村养老计划
(五)乡村消防安全

生活富裕就是要让农民有持续稳定的收入来源,经济宽裕,衣食无忧,生活便利,共同富裕。农民生活是否富裕,事关全面小康目标达成,事关共同富裕承诺兑现。必须顺应广大农民群众对美好生活的新期待,坚持人人尽责、人人享有,按照抓重点、补短板、强弱项的要求,围绕农民群众最关心最直接最现实的利益问题,一件事情接着一件事情办,一年接着一年干,加快补齐农村基础设施短板,提高农村公共服务水平,全面提升农民生活质量,全方位缩小城乡差距。同时,坚持实施乡村振兴战略和推进新型城镇化两手抓,通过减少农民实现富裕农民。改革开放40年我国城镇化率与农村居民人均收入变化如图23.2所示。

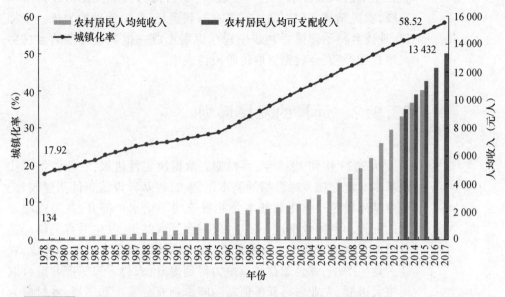

图 23.2 改革开放 40 年我国城镇化率与农村居民人均收入变化

23.3 乡村振兴战略的目标任务

实施乡村振兴战略,是一项长期的历史性任务。按照党的十九大提出的决胜全面建成小康社会和分两个阶段实现第二个百年奋斗目标的战略部署,实施乡村振兴战略大致分两个阶段。

23.3.1 近期的目标任务

到 2020 年乡村振兴取得重要进展,制度框架和政策体系基本形成,各地区各部门推进乡村振兴的思路举措得以确立,打赢脱贫攻坚战、加快农业农村发展,让广大农民同全国人民一道迈入全面小康社会。到 2022 年乡村振兴的制度框架和政策体系初步健全。国家粮食安全保障水平进一步提高,现代农业体系初步构建,农业绿色发展全面推进;农村一二三产业融合发展格局全面形成,农民收入水平进一步提高,脱贫攻坚成果得到进一步巩固;农村基础设施条件持续改善,城乡统一的社会保障制度体系基本建立;农村人居环境显著改善,美丽宜居乡村建设扎实推进;城乡融合发展体制机制初步建立,农村基本公共服务水平进一步提升;乡村优秀传统文化得以传承和发展,农民精神文化生活需求基本得到满足;乡村治理能力进一步加强,现代乡村治理体系初步搭建。探索形成一批各具特色的乡村振兴模式和经验,乡村振兴取得阶段性成果。

23.3.2 远景的发展谋划

从2023年到2035年,乡村振兴取得决定性进展,农业农村现代化基本实现。城乡融合格局基本定型,农村基础设施条件明显改善,城乡基础设施一体化和基本公共服务均等化水平提升,各类资源要素的配置和利用效率进一步提高,城乡互促共进、共生共存的格局基本形成。乡村现代产业体系形成,农业结构得到根本改善和优化,农业劳动生产率、综合效益和竞争力得到提升;农村一二三产业融合取得更大进展,农业农村新价值新功能得到充分发掘和拓展,乡村成为创业兴业的沃土。美丽宜居乡村基本实现,各具特色的田园风光在全国各地竞相呈现,生产生活生态和谐统一的乡村发展格局基本形成。乡风文明达到新高度,农村优秀传统文化在传承与保护中得到创新与发展,农民综合素质进一步提升,社会风气积极向上,乡村精神风貌焕然一新。乡村治理体系更加完善,乡村自治、法治、德治结合更加充分有效,农村生活和谐安定的局面基本形成。共同富裕迈出坚实步伐,农民增收渠道有效拓宽,农民就业质量显著提高,乡村相对贫困进一步缓解,城乡居民生活水平差距进一步缩小,农民生活更加宽裕、更加便利。乡村振兴战略规划主要指标见表23.1。

表23.1　乡村振兴战略规划主要指标

分类	序号	主要指标	单位	2016年基期	2020年目标值	2022年目标值	属性
产业兴旺	1	粮食综合生产能力	亿吨	>6	>6	>6	约束性
	2	农业科技进步贡献率	%	56.7	60	61.5	预期性
	3	农作物耕种收综合机械化率	%	65.2	70	>70	预期性
	4	多种形式土地适度规模经营占比	%	40	43	45	预期性
	5	农业劳动生产率	万元/人	3.1	>4.7	>5.5	预期性
	6	农产品加工产值与农业总产值比	—	2.2	2.4	2.5	预期性

(续表)

分类	序号	主要指标	单位	2016年基期	2020年目标值	2022年目标值	属性
产业兴旺	7	农村网络零售额	万亿元	0.9	1.4	2.2	预期性
	8	休闲农业和乡村旅游接待人数	亿人次	21	28	32	预期性
生态宜居	9	森林覆盖率	%	21.66	23.04	23.6	预期性
	10	草原植被综合覆盖度	%	54.6	56	56.5	预期性
	11	畜禽粪污综合利用率	%	60	75	>75	预期性
	12	农田灌溉水有效利用系数	—	0.54	0.55	0.56	预期性
	13	村庄绿化覆盖率	%	20	30	32	预期性
	14	对生活垃圾进行处理的村占比	%	65	90	>90	预期性
	15	对生活污水进行处理的村占比	%	20	30	36	预期性
	16	农村卫生厕所普及率	%	80.3	85	>85	预期性
乡风文明	17	村综合性文化服务中心覆盖率	%	70	95	98	预期性
	18	县级及以上文明村和乡镇占比	%	21.2	>50	>50	约束性
	19	有体育健身场所的村占比	%	80	100	100	预期性
	20	农村义务教育学校专任教师本科以上学历占比	%	55.9	65	68	预期性
	21	农村居民教育文化娱乐支出占比	%	10.6	12.6	13.6	预期性
治理有效	22	村庄规划管理覆盖率	%	—	80	90	预期性
	23	有综合服务站点的村占比	%	14.3	50	>50	预期性
	24	村党组织书记兼任村委会主任的比例	%	30	>35	>50	预期性
	25	有村规民约的村占比	%	98	100	100	约束性
	26	集体经济强村占比	%	5.3	8	9	预期性

(续表)

分类	序号	主要指标	单位	2016年基期	2020年目标值	2022年目标值	属性
生活富裕	27	农村居民恩格尔系数	%	32.2	30.2	29.2	预期性
	28	城乡居民收入比	—	2.72	2.69	2.67	预期性
	29	农村自来水普及率	%	79	>83	>85	预期性
	30	建制村通硬化路比例	%	96.7	99	>99	约束性
	31	建制村通客车比例	%	95.4	—	—	约束性
	32	农村信息基础设施覆盖率	%	90	99	>99	预期性
	33	基本养老保险参保率	%	—	90	>90	预期性

从2036年到2050年，在基本实现农业农村现代化的基础上，乡村全面振兴，农业强、农村美、农民富全面实现，亿万农民享有更加幸福安康的生活，美丽乡村成为现代化强国的标志、美丽中国的底色。

内容小结

本章论述了走中国特色社会主义乡村振兴道路。实施乡村振兴战略是建设社会主义现代化强国的历史任务，是解决我国社会主要矛盾的必然要求，是实现全体人民共同富裕的关键举措。实施乡村振兴战略，要按照"产业兴旺、生态宜居、乡风文明、治理有效、生活富裕"总要求，重塑城乡关系，走城乡融合发展之路，巩固和完善基本经营制度，走共同富裕之路，深化农村供给侧结构性改革，走质量兴农之路，坚持人与自然和谐共生，走乡村绿色发展之路，传承发展提升农耕文明，走乡村文化兴盛之路，创新乡村治理体系，走乡村善治之路，打好精准脱贫攻坚战，走中国特色减贫之路。到2020年，打赢脱贫攻坚战、加快农业农村发展，让广大农民同全国人民一道迈入全面小康社会。到2022年，乡村振兴的制度框架和政策体系初步健全，乡村振兴取得阶段性成果。到2035年，乡村振兴取得决定性进展，农业农村现代化基本实现。到2050年，乡村全面振兴，农业强、农村美、农民富全面实现。

关键概念

乡村振兴　　　　产业兴旺　　　　生态宜居
乡风文明　　　　治理有效　　　　生活富裕
近期目标　　　　发展远景

思考讨论题

1. 为什么要走中国特色社会主义乡村振兴道路？
2. 实施乡村振兴战略需要把握哪些重点？
3. 谈谈你对实施乡村振兴战略的看法和建议。

第 24 章
加快农业现代化

农业现代化是指传统农业向现代农业转型的过程。作为一个农业大国和人口大国,农业现代化是国家现代化的重要组成部分。我国农业发展水平与快速的工业化、城镇化进程相比明显滞后,与国际先进水平相比还有很大差距,要以农业供给侧结构性改革为主线,加快构建现代农业产业体系、生产体系、经营体系,不断提高农业创新力、竞争力和全要素生产率,加快实现由农业大国向农业强国转变。

24.1 主要国家农业现代化模式

农业的根本出路在于现代化。从世界范围看,主要有四种模式:以美国为代表的劳动节约型农业现代化模式,以日本为代表的土地节约型农业现代化模式,以韩国为代表的土地节约为主、劳动节约为辅的农业现代化模式,以英国为代表的劳动节约为主、土地节约为辅的农业现代化模式。

24.1.1 美国农业现代化模式

美国耕地面积较大,劳动力相对短缺,农业现代化以提升劳动生产率为主、提升土地生产率为辅,走的是劳动节约型为主的农业现代化道路。19 世纪 60 年代前,美国农业经营规模小、生产率水平低,为改变这种局面,1862 年美国颁布《宅地法案》(The Homestead Act),许多小农获得土地,农场数量和规模不断扩大,但该法案明确指出土

> **美国《宅地法案》**
> 美国《宅地法案》是指 1862 年美国总统亚伯拉罕·林肯颁布的旨在无偿分配美国西部国有土地给广大移民的法令。该法案规定:从 1863 年 1 月 1 日起,凡是忠于政府的年满 21 周岁的美国公民或正在申请加入国籍的外国移民,只要交纳 10 美元登记费,就能在美国西部国有的自由土地上获得 160 英亩的土地,连续耕种五年便可以获得土地的所有权。也可以在六个月内提出购买申请,以每英亩 1.25 美元的价格直接购买。占有土地不满 5 年或放弃土地达 6 个月以上,该土地将被退还给政府。任何人不得获得超过 160 英亩土地的所有权。

地面积不得超过160英亩,限制了农场经营规模的扩大。之后美国出台了一系列法令,针对不同主体需求扶持其扩大经营规模。如1877年《沙漠土地法令》允许在3年内灌溉土地的美国公民以每英亩1.25美元购买640英亩土地;1916年颁布的《畜牧业宅地法令》也指出,允许美国公民在适宜放牧的地区购买640英亩土地。在推进农业规模经营的基础上,1862年颁布的《莫里尔法案》(又称《赠地学院法案》)拉开了美国农业教育发展序幕,通过建立农工学院,开设农业和机械技艺方面的课程,培养了一大批工农业人才,促进了农业科技的发展和利用。同时,美国积极推进农业机械在农业生产中的应用,如播种机、割草机、收割机等,促进了农业生产的发展。吉尔伯特·C.菲特在《美国经济史》一书中指出:"1896年使用农业机械生产小麦的农户,劳动生产率比1830年提高了17倍,生产40蒲式耳的玉米需要37个工时,使用机械后只需要15个工时。"

> **专栏24.1**
> **1862年美国《莫里尔法案》**
>
> 1862年美国《莫里尔法案》(Morrill Act)是指1862年美国总统亚伯拉罕·林肯签署颁布的法案,旨在通过赠予土地的形式发展农工高等教育。《莫里尔法案》的主要内容为:按照各州国会议员数赠予各州每位议员30 000英亩的土地,各州出售土地获得的收入用于支持至少一所农工学院的创办。联邦赠地以每块160英亩的方式出售,最初的价格为每英亩1.25美元;对于没有土地的州,以联邦赠予的土地收据在市场上进行交换。所有收入的10%用于购买学校校址和实验农场,不得用于购买其他建筑物。如果5年内没有兴办农业和机械学院,联邦政府将收回捐赠。各州每年要提交关于学院情况的报告,内容包括学院的改良、经费支出和实验的成果。
>
> **资料来源**:Hibbard, B. H., Gates, P. W., *A History of the Public Land Policies*, New York: Macmillan, 1924, pp.331—332。

20世纪20年代至30年代,美国农业发展陷入低谷期,其间,美国及时采取了一系列措施,如实施价格补贴、稳定产品价格、扩大农业信贷等,农业逐步走出危机。进入20世纪60年代后,伴随科技在农业领域的深度应用,农场式经营管理模式成为主流,现代农业技术得到广泛应用,机械化、水利化、良种化、化学化等达到很高水平,全美形成了多条特色鲜明的农业产业带，不同产业带与当地气候、地理等条件相适应，呈现专业化、区域化布局，美国农业进入世界最发达农业之列。

24.1.2　英国农业现代化模式

圈地运动
是指 14、15 世纪，在农奴制解体的过程中，英国新兴的资产阶级和新贵族通过暴力把农民从土地上赶走，强占农民份地及公有地，剥夺农民土地使用权和所有权，限制或取消原有的共同耕地权和畜牧权，把强占的土地圈占起来变成私有大牧场、大农场。

英国《农业法案》
1947 年英国颁布《农业法案》，旨在通过保证价格和保证市场来促进农业稳定高效，实现根据国家利益以最低价格生产国内所需的农产品，同时保障农场主、农场工人和地主的适当收入和生活水准；法案第二、三、四、五部分分别是对农场主和地主的要求和惩罚措施、对地主与租赁农场主关系的规定、对小农场的规定以及建立农业土地委员会。

　　英国人均耕地适中，劳动力相对匮乏，农户经营规模处于中等水平，走的是节约劳动和节约土地的"中间"型农业现代化道路，生物化学技术和机械技术在发展过程中几乎具有同等地位。14、15 世纪之前，英国农业实施敞田制，著名的圈地运动改变了土地所有制，摧毁了小农经济，建立起资本主义大农业。进入 19 世纪 70 年代，受自然灾害、外国廉价农产品冲击以及国内税收增加影响，英国出现农业危机，政府采取了干预农产品价格、扩大农业信贷、推广新产品新技术等措施，化肥施用量大幅上升，农机工业和农业机械化得到较快发展，农业机械逐步替代畜力。第二次世界大战后，英国出台《农业法案》，通过保证价格和保证市场来促进农业发展，之后农业迎来腾飞期，发展成为集区域专业化、规模集约化、绿色生态化、智能信息化农业于一体的现代农业综合体系，逐步实现了农业现代化。

> **专栏 24.2**
> **英国农业机械化发展**
>
> 　　第二次世界大战后，一部分英国军工企业转而生产拖拉机和农机具，大大提高了农机工业生产水平，英国拖拉机保有量以较快的速度增长，到 1964 年达到最高水平。英国政府多次颁布农业法令，采取一系列政策和措施鼓励发展农业机械化。一是对农场主购置农机进行补贴。英国在 1960 年《园艺法》和 1964 年《农场和园艺发展法》中规定，对园艺农场进行的土地改良、建筑和购置机器设备，给予 15%—25% 的补助。二是对农机化基础设施建设进行补贴。英国政府在 1973 年颁布的《农场资本补贴计划》规定，建造基础设施能够获得 20%—25% 的补贴。三是对农机作业用燃油采取优惠措施。英国农用柴油均为加入红色颜料的"红油"，由政府对"红油"进行补贴，降低了农机作业成本。20 世纪 60 年代末 70 年代初英国基本实现了农业机械化全面发展。播种机、中耕机、收割机、割草机、捆草机等农业机械得到广泛应用，大多数英国农场从耕作到收获的全部环节均实现了农业机械化。

24.1.3　日本农业现代化模式

日本人多地少,农户经营规模较小,走的是以提升土地生产率为主、以提升劳动生产率为辅的土地节约型农业现代化道路,其农业现代化起始于"明治维新"时期。19世纪70年代,日本从欧美国家输入了农机具、肥料和农作物品种与种养方法,建立起自己的农具制造厂和农业试验场等,但均因不合国情而放弃。随后,日本从本国国情出发,选择了多投入劳动和肥料的节约土地型经营方式,持续改善农田水利设施,推广优良品种,广泛使用化肥,农业生产力得到快速发展。1946年,日本进行土地改革,颁布《农地改革法》,逐步废除了地主阶级土地所有制,随后出现了大量自耕农和自耕地。第二次世界大战后,日本劳动力匮乏,农业劳动力大量外流,迫使日本大规模推进农业机械化,加上政府财政扶持,大量投资涌入农业,农业机械增长迅速,动力耕耘机和农用拖拉机从1955年的9万台发展到20世纪70年代初的近40万台。为巩固土地改革成果,提高农民组织化程度,1947年出台《农业协同组合法》,日本农协正式建立,此后在政府政策支持下,农协组建起了覆盖全国农村、吸纳超过全国99%的农户的三级农协组织机构,成为日本农业现代化的重要推动力量。

> **日本《农地改革法》**
> 1946年日本颁布《农地改革法》,主要由《建立自耕农特别措施法》和《农地调整法》两部分组成,包括四个方面的内容:一是由国家征购下列土地:不在村地主的全部土地;在村地主1町步(北海道4町步)以上的出租地;虽是自耕农但农地委员会认为不宜经营的3町步(北海道12町步)以上市町村居住者的土地;虽不是耕地但经营上所需的草地、未开垦地。二是征购的土地将由国家卖给佃农。三是成立由地主3人、自耕农2人、佃农5人组成的市町村农地委员会。四是残存出租地的地租改为货币地租,地租率水田在25%以下,旱地在15%以下。

专栏 24.3

日本农协

日本农协全称为农业协同组合,通称为 JA(Japan Agricultural Co-operatives),是根据1947年日本国会通过的《农业协同组合法》,由单独的农户以自愿联合、自主经营、民主管理为原则而组建起来的群众性互助经济组织。日本农协具有经济、社会和政治三方面的职能,集合作经济组织、行政辅助机构和政治压力团体三位于一体。日本农协拥有法律上的合作经济组织性质,不仅从事组织农民生产、购买生产资料、销售农产品、提供金融服务等活动,而且参与制定并贯彻执行政府的农业政策,并代表农民向政府反映需求。其中,提供农业机械和农业设施设备是农协最重要的服务功能之一,即加入农协的会员无法单独获得急需的设施,由农协建好或购买后由社员或联户有偿使用。农协在日本农业与农村中始终处于举足轻重的地位。日本农协经过半个多世纪的发展,建立健全了从农户→基层农协→县农协中央会→全国农协中央会的组织机构,为日本农村经济的发展作出了突出贡献。

24.1.4 韩国农业现代化模式

韩国人多地少,人均耕地面积较小,走的也是以提升土地生产率为主、以提升劳动生产率为辅的农业现代化道路,其农业现代化发端于土地制度改革。第二次世界大战后,韩国政府实行了两轮土地制度改革,最终基本实现了均田制,解放了农业生产力。20 世纪 70 年代,为解决工农业发展严重失调问题,韩国发起了新村运动,政府投入大量人力、物力和财力,大规模修整农村道路和农业基础设施,促进了农村地区的发展,也为农业现代化创造了良好条件。为促进农业机械化,1962 年韩国第一次制定《农业机械化五年计划》,1977 年至 1986 年制定实施了第二、第三个《农业机械化五年计划》,农业机械化水平不断提高。同时,韩国十分重视农业科学技术,成功推进了绿色革命,生物化学技术突飞猛进,为农业现代化作出了重要贡献。

> **专栏 24.4**
> **韩国"新村运动"**
>
> 自 20 世纪 60 年代以来,韩国工农业发展、城乡之间和区域之间发展严重失衡,农业农村问题十分突出,农村劳动力老龄化、弱质化,农业后继无人,加上农业机械化发展滞后,部分农村地区农业达到濒临崩溃的边缘。为此,韩国政府自 1970 年开始发起"新村运动",并设计实施了一系列的开发项目,以政府支援、农民自主和项目开发为基本动力和纽带,带动农民自发开展家乡建设活动。政府不仅是强有力的组织者,而且是积极的直接参与者,投入了大量人力、物力和财力。从"新村运动"开始到 1980 年的 10 年间,政府投资额达到 27 571 亿韩元。在韩国"新村运动"中,政府先确定若干项目,包括屋顶改造、道路硬化、建自来水管道等,由村民讨论选择最急需的项目,并选举一个新村建设指导者。项目获

> 得县级政府的批准后,政府再发水泥、钢筋予以支持,直接给农民配套。后来,韩国"新村运动"的内容进一步拓展,成为改善居住环境、提升农业产业化水平、激发地区社会组织活力、转换居民意识的社会开发运动。

24.2 我国农业现代化发展历程

中华人民共和国成立以来,回顾近 70 年的发展历程,围绕走出一条符合本国实际、具有中国特色的农业现代化道路,我们一直在探索中前进。

24.2.1 我国农业现代化的起步

我国农业现代化的提出是建立在土地制度改革基础之上的。1950 年 6 月,为了解放农村生产力、改善农民生产生活,中央人民政府颁布《中华人民共和国土地改革法》,提出废除封建剥削的土地所有制,实行农民的土地所有制。1952 年年底,全国已基本完成土地改革,存在两千多年的封建土地所有制被彻底摧毁,农村生产迅速恢复,为国家工业化开辟了道路,为农业现代化创造了条件。1954 年 9 月,在第一届全国人民代表大会上,周恩来总理在政府工作报告中首次提出建设现代化农业。同年,中央批准了全国互助会议提出的在第三个、第四个五年计划期间实现大规模农业机械化的报告。

为解决分散、脆弱的农业个体经济适应工业化对粮食和工业原料作物的需求,国家开始有计划地引导农业个体经济逐步向集体经济过渡。1951 年 12 月中共中央印发《关于农业生产互助合作的决议(草案)》的通知,规定了农业社会主义改造的路线、方针和政策。至 1956 年年底,在经历互助组、初级社、高级社三个阶段后,基本实现了农业合作化,完成农业社会主义改造。1958 年,毛泽东同志根据农民群众的实践经验和科学技术成果提出农业八项增产技术措施,即农业"八字宪法"。周恩来同志根据毛泽东同志的建议,在 1964 年政府工作报告中首次提出在 20 世纪内,把中国建设成为一个具有现代农业、现代工业、现代国防和现代科学技术的社会主义强

《土地改革法》
1950 年 6 月,中央人民政府颁布《土地改革法》,分为 6 章 40 条。第一章是总则,阐述了土地改革的意义。第二章是土地的没收和征收,对土地的没收和征收进行了说明。第三章是土地的分配,对没收和征收的土地再分配进行了说明。第四章是特殊土地问题的处理。第五章是土地改革的执行机关和执行方法。第六章是附则。

农业"八字宪法"
具体包括"土、肥、水、种、密、保、管、工",分别指的是:土,深耕改良土壤、土壤普查和土地规划;肥,合理施肥;水,兴修水利和合理用水;种,培育和推广良种;密,合理密植;保,植物保护、防治病虫害;管,田间管理;工,工具改革。

国。后又提出用25年时间基本实现农业机械化。这一时期,主要成就是大规模开展农田水利建设,改善了农业生产条件,减少了各种水旱灾害,为农业的恢复和发展作出了重要贡献。

24.2.2 家庭联产承包责任制与农村生产力解放

1978年12月召开的党的十一届三中全会,深刻指出:"总的看来,我国农业近二十年来的发展速度不快,它同人民的需要和四个现代化的需要之间存在着极其尖锐的矛盾。"1978年冬,安徽省凤阳县小岗村18位农民创造出包产到户的做法,拉开了我国农村改革的序幕,紧接着四川省广汉县、贵州省开阳县、云南省元谋县、安徽省和广东省相继普遍实行农业生产责任制。家庭联产承包责任制的推进,打破了人民公社时期土地集体所有、集体经营模式,实行土地集体所有制基础上以户为单位的家庭承包经营模式,有效调动了广大农民的生产积极性,被誉为我国农村改革发展的"第一次飞跃"。1980年9月,中央印发《关于进一步加强和完善农业生产责任制的几个问题》的会议纪要,肯定了各地建立的各种形式的农业生产责任制,同时指出:加强和完善农业生产责任制,在不同的地方、不同的社队,要根据实际情况,采取各种不同形式,不可拘泥于一种模式,搞一刀切。1982年1月,中共中央颁布《全国农村工作会议纪要》,第一个关于农村工作的一号文件正式出台。文件肯定了"包产到户"和"包干到户"是"社会主义集体经济的生产责任制"。随着以家庭承包经营为基础、统分结合的双层经营体系的确立,人民公社退出历史舞台,农民获得生产经营自主权,极大地解放了农村生产力。

24.2.3 农村市场化改革与农业结构调整

随着农业生产效率的提高,改革农产品流通体制日益迫切。1985年起,我国取消了粮食、棉花统购,改为合同定购,实行价格"双轨制";同时,规定定购以外的粮食可以自由上市,放开农产品价格,允许其他农产品价格由市场决定。党的十四大确定建立社会主义市场经济体制后,为深化粮食等主要农产品流通体制改革,1994年国务院发布《关于深化粮食购销体制改革的通知》,提出粮食经营实行政策性业务和商业性经营两条线运行机制。粮食流通体制改革不断深化,其他各类农产品供给也基本实现由市场调节的目标。农产品流通体制改革,带动了农业结构调整。1985年的中央一号文件强调要调整农村产业结构,1988年召开的全国农村工作会议进一步明确农村产业结构调整的基调,要正确处理好发展农业与发展第二、第三产业的关系,必须把农业即第一产业作为基础产业。1992年国务院颁布《关于发展高产优质高效农业的决定》,提出以市场为导向调整和优化农业生产结构。

24.2.4 以工促农、以城带乡与乡村振兴

进入21世纪以来,党中央高度重视农业、农村、农民问题。2004年12月召开的中央经济工作会议提出,"我国现在总体上已到了以工促农、以城带乡的发展阶段"。我国农业农村制度安排逐步从被动调整转为主动设计,城乡关系发生历史性变化。此后连续发布15个指导"三农"工作的中央一号文件,为农业农村现代化营造了良好的发展环境。党的十八大首次提出促进工业化、信息化、城镇化、农业现代化同步发展。习近平同志指出,当前,农业还是现代化建设的短腿,农村还是全面建成小康社会的短板。在深刻把握我国国情农情、城乡关系变化特征以及现代化建设规律的基础上,党的十九大提出实施乡村振兴战略,强调农业农村农民问题是关系国计民生的根本性问题,必须始终把解决好"三农"问题作为全党工作的重中之重。要坚持农业农村优先发展,加快推进农业农村现代化,同时把实施乡村振兴战略作为建设现代化经济体系的一项重要任务。

中华人民共和国成立以来,农业农村发展取得了历史性成就、发生了历史性变革(见图24.1)。农业综合生产能力稳步提高,供求关系实现由长期短缺向总量平衡、丰年有余的转变。其中,粮食产量站上站稳12 000亿斤新台阶,主要经济作物、畜产品、水产品产量达到较高水平。农业科技水平大幅提高,农业科技自主创新能力显著增强,科技成为农业农村经济稳定发展的决定性力量。物质装备水平明显提高,农业生产实现了由以人畜力为主向以机械作业为主的重大转变。生产经营水平稳步提高,新型农业经营主体发展壮大,农村新产业新业态蓬勃发展,为我国经济社会持续健康发展作出了巨大贡献,为实现我国农业现代化和国家现代化奠定了坚实基础。

但应该看到,我国农业发展基础还不稳固,稳定性、可控性还不高,发展面临诸多挑战:一是资源环境硬约束,支撑农业生产的要素和环境已绷得很紧,农业资源利用强度高、转化效率低的矛盾日益加

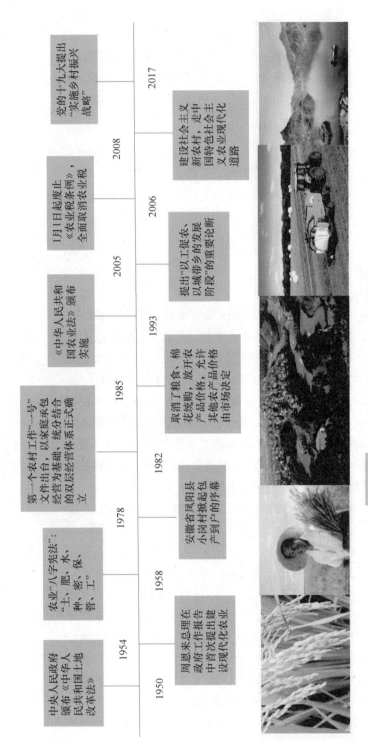

图 24.1 我国农业现代化发展历程示意图

剧。二是农业生产高成本,农村劳动力价格、土地流转租金等持续上涨,推动我国农业进入"高成本农业"阶段,农业比较效益趋于下降。三是科技创新滞后性,农业科技进步贡献率仍远低于西方发达国家70%的平均水平。四是经营规模细碎化,不利于大型农业机械作业服务,也不利于农户以及新型农业经营主体流转土地。五是市场竞争国际化,农产品国际、国内价差扩大,国外低价农产品涌入对国内农产品产生较大冲击,加大了国内农业宏观调控压力。

24.3 我国农业现代化发展重点

加快转变农业发展方式,着力构建现代农业产业体系、生产体系、经营体系,提高农业质量效益和竞争力,走产出高效、产品安全、资源节约、环境友好的农业现代化道路。

24.3.1 增强农产品安全保障能力

提高粮食生产保障能力。粮安天下、粮稳中国。粮食安全事关国运民生,是国家安全的重要基础。我国是一个人口大国,饭碗不能端在别人手里,确保谷物基本自给、口粮绝对安全,立足国内解决粮食和重要农产品供给问题,是推进农业现代化的首要任务。**一是坚守耕地红线**。耕地是农业发展之基、农民安身之本。保障粮食安全,关键是要保粮食生产能力,确保需要时能产得出、供得上,根本在耕地。坚持最严格的耕地保护制度,全面划定永久基本农田,完善耕地占补平衡制度,做到数量和质量"双平衡",实现"藏粮于地"。**二是加强基础设施**。农田水利等基础设施是农业发展的命脉。以保口粮、保主产区、保耕地、保产能、保大户为重点,推进高标准农田建设。同时,进一步提升农田水利建设水平,既搞好大型水利工程"大动脉",也疏通田间地头"毛细血管",解决农田灌溉"最后一公里"问题。**三是加快"两区"建设**。以主体功能区规划和优势农产品布局规划为依托,科学划定粮食生产功能区,突出主产区产能优势,引导非主产区粮食生产。同时,科学划定大豆、棉花、糖料蔗、天然橡胶等重要农产品生产保护区,制定好特色农产品优势区建设规划,鼓励园艺产品、畜产品、水产品、林特产品等特色农产品优势区建设。**四是合理调控进出口**。适度增加国内紧缺农产品进口,扩大优势农产品

耕地红线

耕地红线是指经常进行耕种的土地面积的最低值,是一个具有法律效力的约束性指标,是不可逾越的一道红线。按照2017年中共中央、国务院出台的《关于加强耕地保护和改进占补平衡的意见》,到2020年全国耕地保有量不少于18.65亿亩,永久基本农田保护面积不少于15.46亿亩。

出口。

推进农业结构调整。我国农产品供求主要矛盾已经从供给总量不足向供给品种、品质不适应需求方面转化,推进农产品高效供给,需要在优化农业产业结构上下更大功夫。**一是统筹粮经饲种植。**种植业是农业的基础,也是调结构的"重头戏"。粮食作物要守住"谷物基本自给、口粮绝对安全"的战略底线,重点发展优质稻米和强筋弱筋小麦,继续调减非优势区籽粒玉米,增加优质食用大豆、薯类、杂粮杂豆等。巩固主产区棉花、油料、糖料生产,促进园艺作物增值增效。饲料作物要重点发展青贮玉米、苜蓿等优质牧草,培育现代饲草料产业体系。**二是发展生态高效养殖。**生猪养殖要突出现代种业、标准化养殖、质量安全和疫病防控,引导产能向环境容量大的地区和玉米主产区转移。牛羊等草食畜牧业养殖要结合农区、牧区、半农半牧区和垦区的特点,加快品种改良,探索多种农牧结合的养殖模式。奶业要把乳品质量安全放在优先地位,支持适度规模的家庭牧场,培育国产优质品牌。水产养殖要减量增效,合理控制近海捕捞,积极发展集约化海水健康养殖,大力发展远洋渔业。**三是做大优势特色农业。**特色农业是现代农业不可或缺的重要组成部分。一方面要"提质",加快推进杂粮杂豆、蔬菜瓜果、茶叶蚕桑、花卉苗木、食用菌、中药材和特色养殖等产业提档升级;另一方面要"增效",重点在于加强优势特色农产品品牌建设,积极建设一批地理标志农产品和原产地保护基地。

质量兴农重大工程
(一)特色农产品优势区创建
(二)动植物保护能力提升
(三)农业品牌提升
(四)特色优势农产品出口提升
(五)产业兴村强县行动
(六)农业对外合作
(七)优质粮食工程

化肥农药零增长行动
农业部制定的《到2020年化肥使用量零增长行动方案》和《到2020年农药使用量零增长行动方案》,提出力争到2020年,化肥利用率和主要农作物农药利用率均达到40%以上,分别比2013年提高7个百分点和5个百分点,实现农作物化肥、农药使用量零增长。

确保农产品质量安全。民以食为天,食以安为先。农产品质量安全是事关广大老百姓吃得安全、吃得放心、吃得健康的重大民生工程。农产品质量安全既是产出来的,也是管出来的,要"产出来"和"管出来"并举,切实提升农产品质量。一是强化生产管控。首先把住生产环境安全关,治地治水,净化农产品产地环境,同时严格投入品监管,控肥、控药、控添加剂,切断污染物进入生产链条。积极落实生产者责任,通过发展"公司+农户""合作社+农户"等多种形式的规模经营,将千家万户纳入安全生产轨道。二是提升监管能力。确保舌尖上的安全,需要有最严谨的标准、最严格的监管、最严厉的处罚以及最严肃的问责。构建生产、流通、加工、消费全程监管链条,实现农产品质量安全执法监管体系"机构专业化、人员稳定化、经费预算化、手段现代化"。三是完善追溯体系。明确农产品质量安全追溯管理办法,完善管理规范和技术标准,实现食用农产品"从田头到餐桌"全过程追溯管理。

发展生态友好型农业。要避免"吃祖宗饭断子孙粮",必须转变粗放式的农业发展方式,建立绿色低碳循环的农业产业体系,增加农业生态产品和服务供给,走可持续的农业发展之路。一是发展循环农业。推进清洁生产,关键在护地、节肥、节药、节水。同时,通过种养循环、农牧结合、农林结合,因地制宜推广"稻鱼共生""猪沼果"、林下经济等生态循环农业模式。二是治理环境污染。在农田污染治理方面,要完善农田生态沟渠、污水净化塘等设施,净化农田排水及地表径流,开展废旧地膜机械化捡拾示范推广和回收利用,综合治理地膜污染,推进投入品减量化、生产清洁化、废弃物资源化和产业模式生态化;强化土壤污染管控和修复。在养殖业污染治理方面,要加快畜禽养殖场(小区)、水产养殖池塘的标准化改造,控制养殖污染排放。三是修复农业生态。没有良好的生态环境,就不可能有真正的生态农业。要实施重要生态系统保护和修复工程,完善天然林保护制度,推进山水林田湖整体保护、系统修复、综合治理,健全耕地草原森林湖泊休养生息制度。扩大轮作休耕试点,对东北黑土地实行战略性保护,扩大华北地区地下水超采范围治理,在长江流域水生生物保护区实施全面禁捕,加大近海滩涂养殖污染治理力度,分类有序退出超垦超载的边际产能。

24.3.2 构建现代农业经营体系

发展适度规模经营。 小规模分散经营不利于资源要素的优化配置和劳动生产率的提高,发展现代农业要有适度规模,没有规模就很难有效率。但我国人多地少的国情,决定了我们不可能像发达国家那样单一地搞大农场、大公司经营,经营规模并不是越大越好,以户为基本单位的家庭经营在相当长的时期仍是农业经营的主体。通过创新农业经营体制,发展适度规模经营,实现小农户和现代农业发展有机衔接,提高农业规模化、集约化、专业化、组织化、社会化水平。推进农业适度规模经营,应鼓励通过经营权流转、代耕代种、联耕联种、土地托管、股份合作等方式,积极发展土地流转型、服务带动型等多种形式的规模经营。

培育新型农业经营主体。 随着农村劳动力的外流,只有加快培育新型农业经营主体,才能有效解决谁来种地、怎样种好地的问题。一是扶持发展种养大户和家庭农场。要鼓励有文化、懂技术、会经营的农村实用人才、技术能手、农村致富带头人和返乡大学生发展适度规模生产经营,逐步将其培养为专业种养大户,鼓励基础较好的种养大户积极向家庭农场经营模式转变。引导土地、技术、资本等生产要素向家庭农场集中,鼓励家庭农场加强联合与合作,促进家庭农场加

现代农业经营体系培育工程
(一)新型经营主体培育
(二)农垦国有经济培育壮大
(三)供销合作社培育壮大
(四)新型农村集体经济振兴计划
(五)区域性农业社会化服务综合平台
(六)扶持小农户行动

乡村振兴人才支撑计划
(一)新型职业农民培育计划
(二)农业科研杰出人才计划和杰出青年农业科学家项目
(三)乡土人才培育计划
(四)乡村财会管理"双基"提升计划
(五)"三区"人才支持计划
(六)高校毕业生"三支一扶"计划
(七)高校毕业生基层成长计划

快发展。二是引导和促进农民合作社规范发展。截至2016年年底，全国依法登记的农民合作社达179.4万家，入社农户占全国农户总数的44.4%。但其中有不少合作社是"空壳社""休眠社""套牌社"。促进农民合作社从数量型增长向质量型提升转型。引导和促进农民合作社完善运行机制，加强民主管理。三是培育壮大农业产业化龙头企业。农业产业化龙头企业是现代农业经营体系中最有活力、最具创新能力的经营主体。壮大农业产业化龙头企业，鼓励和支持工商资本投资现代农业，促进农商联盟等新型经营模式发展，引导和支持企业加强技术创新，不断拓展产业链条，建立与农民更加紧密的利益联结关系。四是加强农村专业人才队伍建设。围绕农业生产服务、农技推广应用、乡村手工业等方面，培养实用专业人才。允许农技人员通过增值服务合理取酬，深入实施农业科研杰出人才计划和杰出青年农业科学家项目，培育新型职业农民，认定一批带动能力强、有一技之长的"土专家""田秀才"，扶持一批农业职业经理人、经纪人。培养一批技艺精湛、扎根农村、热爱乡土的乡村工匠、文化能人和非遗传承人。畅通智力、技术、管理下乡通道，鼓励社会人才投身乡村建设。

健全农业社会化服务体系。农业社会化服务是现代农业的重要支撑，是提高农业组织化程度、解决农业小生产与大市场矛盾的重要手段。一方面，培育壮大农业经营性服务组织。要鼓励和引导社会力量参与公益性服务，积极培育一批服务水平高、覆盖范围广、示范作用大的农业经营性服务组织。采取政府订购、定向委托、奖励补助、招投标等方式，支持具有一定资质的农业服务主体开展专业化、规模化服务，提供土地托管、农技推广、农机作业、统防统治、产品营销、农资配送、信息提供等各项生产性服务。另一方面，创新农业社会化服务机制。积极搭建区域性农业社会化服务综合平台，整合资源建设乡村综合服务社和服务中心，构建多层级多形式服务平台体系，加强产前、产中、产后服务，打造服务领域宽广、规模化效益明显、抗风险能力强、产业附加值高的农业全产业链社会化服务体系。推进农业生产全程社会化服务创新试点，积极推广合作式、托管式、订单式等服务形式，按照"风险共担、利益共享"的原则，鼓励服务对象与服务主体之间的紧密合作关系和利益联结机制。

24.3.3 提高农业技术装备和信息化水平

增强农业科技创新推广能力。农业出路在现代化，农业现代化关键在科技进步。一是加强农业科技自主创新。农业科研既要仰望星空，也要脚踏实地，做到"顶天立地"。顶天，就是要面向农业科技创新的制高点，整合科技创新资源，完善国家农业科技创新体系和现代农业产业技术体系，加强农业科技基础前沿研究，提升原始创新能力，力争在合成生物技术、动植物天然免疫技术、农业生物固氮技术等前沿和颠覆性技术方面取得重大突破，牢牢把发展主动权掌握在自己手里。立地，就是要围绕解决农产品生产效率、质量安全以及环境可持续发展等问题，调整农业科技创新方向和重点，加强关键技术科研攻关，服务区域农业综合解决方案、化肥农药减施、耕地保育与质量提升、农业面源污染综合治理等重大需求。二是提高农业科技转化应用水平。适应农业市场化、信息化、规模化、标准化发展需要，健全完善农业技术推广体系，创新公益性农技推广服务方式，引入项目管理机制，推行政府购买服务，支持各类社会力量广泛参与农业科技推广。完善农业科技创新激励机制，探索建立政府推动、市场引导、企业化运作的农业科技成果转移服务新模式新机制，加快农业科技成果转化应用。加快农业防灾减灾稳产增产关键技术、主要农作物关键环节机械化技术、同步营养化技术、农业物联网、农产品加工关键技术等技术的示范和推广。

加快农业机械化。没有农业机械化就没有农业现代化。一是推进主要农作物生产全程机械化。要更加注重农机农艺融合，更加注重农业机械化与适度规模经营融合，更加注重农业机械化与信息化融合。加快构建标准化、区域化、规模化的全程机械化生产模式，重点对象是粮棉油糖等主要农作物及饲草料，努力实现作物品种、栽培技术和机械装备集成配套和生产全过程各环节机械化技术配套。二是推广应用绿色环保机械化技术。坚持"一控两减三基本"，即严格控制农业用水总量，大力发展节水农业；减少化肥和农药使用量，实施化肥、农药零增长行动；实现畜禽粪便、农作物秸秆、农膜基本资源化利用。发挥绿色环保农机在农业投入品减量化、农业废弃物资源化利用方面的作用，淘汰能耗高、污染重、性能低的老旧机械。三是提高农机社会化服务质量效益。要促进农机作业市场、维修市场、流通市场加快发展，培育壮大农机合作社、农机作业公司等农机经营服务主体，鼓励引导农机合作社综合化、规范化、品牌化发展，积极培养农机作业能手、维修能手、经营能手，提升农业机械化公共服务能力。

推进农业信息化。信息化水平已经成为衡量一个国家农业现代化水平的重要标志。要用现代信息技术来全面改造农业，对农业生产的各种要素进行数字化设计、智能化控制、精准化运行、科学化管理。一是推进生产信息化。推进物联网、大数据、空间信息、智能装备等现代信息技术与种植业(种业)、畜牧业、渔业、农产品加工业生产过程的全面深度融合,集成应用大田种植业信息技术、设施农业信息技术、畜禽养殖业信息技术、渔业信息技术、农产品加工业信息技术。二是推进信息技术应用。大数据已成为现代农业新型资源要素。完善农业信息资源共享机制,加快涉农数据整合共享和有序开放,推进大数据在农业生产、经营、管理、服务等各环节、各领域的应用。积极实施农业物联网区域试验工程,推进农业物联网应用。三是健全信息社会化服务体系。增加农业信息社会化服务供给,支持科研机构、行业协会、信息技术企业、农业产业化龙头企业、农民合作社等市场主体发展生产性服务,利用现代信息技术开展农业生产经营全程托管、农业植保、病虫害统防统治、农机作业、农业农村综合服务、农业气象"私人定制"等服务。

24.3.4　促进农村一二三产业融合发展

农村一二三产业融合发展重大工程
(一)农业全产业链开发创新示范
(二)农产品加工业提升行动
(三)农产品精深加工示范基地建设
(四)农商联动
(五)邮政惠农
(六)供销惠农
(七)农产品绿色智能供应链

我国农业产业链条较短,供需难以有效匹配。要开发农业多种功能,促进"接二连三",延长产业链、提升价值链、完善利益链,让农民合理分享全产业链增值收益。

拓展延伸农业产业链条。发挥好加工业联结农业生产和居民消费的纽带作用,实施农产品加工业提升行动,鼓励企业兼并重组,淘汰落后产能,支持主产区农产品就地加工转化增值,积极开发市场适销对路的新产品,推动农产品加工业优化升级。发挥好农业生产性服务业的支撑和保障作用,强化政策法律咨询、市场信息、病虫害防治、测土配方施肥、种养过程监控等服务,提高农业生产效益。针对解决农产品销售中的突出问题,加强农产品产后分级、包装、营销,建设现代化农产品冷链仓储物流体系,打造农产品销售公共服务平台,支持供销、邮政及各类企业把服务网点延伸到乡村,健全农产品产销稳定衔接机制。

发展农业新产业新业态。随着技术的进步和收入水平的提高,居民不仅要吃得饱、吃得好,对"看得见山、望得见水、记得住乡愁"的新型消费需求也日益增长,要顺应新型消费需求,大力开发农业的多种功能。鼓励支持各类市场主体创新发展基于互联网的新型农业产业模式,深入实施电子商务进农村综合示范,大力建设具有广泛性的促进农村电子商务发展的基础设施,促进农村电子商务健康有序发展。实施休闲农业和乡村旅游精品工程,建设一批设施完备、功能多样的休闲观光园区、森林人家、康养基地、乡村民宿、特色小镇,大力发展休闲农业、乡村旅游。发展乡村共享经济、创意农业、特色文化产业,鼓励在乡村地区兴办环境友好型企业,实现乡村经济多元化。

专栏 24.5
农业现代化重大工程

1. 高标准农田建设。以粮食主产区为重点,优先建设确保口粮安全的高标准农田,开展农田灌排设施、机耕道路、农田林网等田间工程建设,确保建成高标准农田 8 亿亩,力争 10 亿亩。

2. 现代种业。建设国家种质资源收集保存和研究体系。重点加强杂种优势利用、分子设计育种、细胞工程与染色体工程等关键技术开发。建设海南、甘肃、四川等国家级育制种基地和 100 个区域性良种繁育基地。

3. 节水农业。推广节水灌溉技术,推动工程节水、品种节水、农艺节水、治污节水、管理节水。加快实施区域规模化高效节水灌溉工程。新增高效节水灌溉面积 1 1 亿亩,农田灌溉水有效利用系数提高到 0.55 以上。

4. 农业机械化。推广大马力、高性能农机和轻便耐用低耗中小型耕种收及植保机械,建设 500 个全程机械化示范县,主要农作物耕种收综合机械化率达到 70%。

5. 智慧农业。实施"互联网 +"现代农业,对大田种植、畜禽养殖、渔业生产等进行物联网改造,支持电商、物流、商贸、金融等企业参与涉农电子商务平台建设。

6. 农产品质量安全。大力推进农产品生产农药化肥使用减量化。发展无公害农产品、绿色食品、有机农产品和地理标志农产品。建立农产品质量安全监管追溯信息系统。

7. 新型农业经营主体。创建示范家庭农场、农业合作社示范社、产业化示范基地、示范服务组织。实施现代农业人才支撑计划。开展新型农业经营主体带头人培育行动。

8. 农村一二三产业融合发展。实施"百县千乡万村"农村一二三产业融合发展试点示范工程,形成一批可复制推广的融合发展模式和业态,打造一批农村产业融合领先企业,培育一批产业融合先导区。

内容小结

本章论述了加快农业现代化。从世界主要国家农业现代化模式看,主要是以美国为代表的劳动节约型农业现代化模式,以日本为代表的土地节约型农业现代化模式,以韩国为代表的土地节约为主、劳动节约为辅的农业现代化模式,以英国为代表的劳动节约为主、土地节约为辅的农业现代化模式。从我国农业现代化发展进程来看,1954年首次提出建设现代化农业,但随着家庭联产承包责任制的实行、农村市场化改革的推进、城乡关系的变革、"四化同步"的发展,特别是十九大乡村振兴战略的实施,农业现代化建设取得突出成就。从我国农业现代化发展重点看,关键是要增强农产品安全保障能力,构建现代农业经营体系,提高农业技术装备和信息化水平,促进农村一二三产业融合发展。

关键概念

农业现代化　　　　家庭联产承包责任制　　以工促农
以城带乡　　　　　耕地红线　　　　　　　"两区"建设
特色农业　　　　　循环农业　　　　　　　现代农业经营体系
适度规模经营　　　新型农业经营主体　　　农业社会化服务体系
农业机械化　　　　农业信息化

思考讨论题

1. 世界主要国家农业现代化模式有哪些异同?
2. 我国农业现代化发展历程中有哪些经验教训?
3. 为什么必须坚持家庭经营在农业中的基础性地位?
4. 如何有效确保国家粮食安全?

第 25 章
深化农村重点改革

中国的改革发端于农村。农村改革是全面深化改革的重要内容。实施好乡村振兴战略,加快推进农业现代化,根本靠深化农村改革。要以完善产权制度和要素市场化配置为重点,建立健全城乡融合发展体制机制和政策体系,为乡村振兴注入新动能。

25.1 农村土地制度改革

处理好农民和土地的关系,是深化农村改革的主线,是乡村振兴的基础。实施乡村振兴,关键是深化农村土地制度改革,完善农村承包的"三权分置"制度,探索盘活用好闲置农房和宅基地的办法,激活乡村沉睡资源。

25.1.1 稳定土地承包关系

保持土地承包关系稳定。 巩固和完善农村基本经营制度,首先要落实好农村土地承包关系稳定并长久不变政策,稳定和完善农村土地承包关系。改革开放以来,我国农村已开展了两轮土地承包。党的十九大再次明确,第二轮土地承包到期后再延长三十年。这一重大决策,使农村土地承包关系从第一轮承包开始将长达七十五年,这充分体现了政策的稳定性和连续性,彰显了中央坚定保护农民土地权益的决心。

推进确权登记颁证。 开展农村土地承包经营权确权登记颁

> **土地确权颁证**
> 农村土地确权登记颁证,是国家明确土地承包经营权归属、保持现有土地承包关系稳定并长久不变的基本手段。主要做法:清理土地承包管理档案,对农户承包地的面积、地块、空间位置、地类、权属进行全面核查,逐户确权,建立登记簿,颁发经营权证书。

证,是稳定和完善农村土地承包关系、促进土地经营权流转的重要基础。为解决承包地块面积不准、四至不清等历史遗留问题,化解土地承包纠纷,从2009年开始,我国开始农村土地承包经营权确权登记颁证试点,从村组、乡镇试点逐步扩展到整县、整省试点,已覆盖全国二轮承包合同面积的七成。要坚持和完善土地用途管制制度,健全承包合同取得权利、登记记载权利、证书证明权利的确权登记制度,创新确认方式,通过流转合同鉴证、交易鉴证等多种方式对土地经营权予以确认,给农民"确实权、颁铁证"。

> **专栏 25.1**
> **农村土地第一轮、第二轮承包**
>
> 农村土地第一轮承包从1978年开始,承包期十五年,最早的1993年到期。1984年1月,中共中央一号文件提出,土地承包期一般应在十五年以上。临近第一轮土地承包期末,1993年11月中共中央、国务院《关于当前农业和农村经济发展的若干政策措施》明确,为稳定土地承包关系,鼓励农民增加投入,提高土地的生产率,在原定的耕地承包期到期之后,再延长三十年不变。2002年《农村土地承包经营法》规定,"国家依法保护农村土地承包关系的长期稳定",同年修订的《农业法》再次重申"依法保障农村土地承包关系的长期稳定"。2008年10月党的十七届三中全会提出,"赋予农民更加充分而有保障的土地承包经营权,现有土地承包关系要保持稳定并长久不变"。2013年11月党的十八届三中全会决定再次重申"稳定农村土地承包关系并保持长久不变"。

推进土地经营权流转。土地流转和适度规模经营是发展现代农业的必由之路,有利于优化土地资源配置、提高粮食等重要农产品供给能力。截至2017年年底,我国土地经营权流转面积达到5.12亿亩,占整个二轮承包面积的37%(见图25.1)。推进农业现代化,发展适度规模经营,需要进一步引导土地经营权有序流转,但不能搞大跃进,不能搞强迫命令,不能搞行政瞎指挥。要因地制宜加强农村产权交易市场建设,逐步实现涉农县(市、区、旗)全覆盖,强化土地流转管理和服务。积极创新土地流转形式,鼓励承包农户依法采取转包、出租、互换、转让及入股等方式流转承包地。严格规范土地流转行为,不得违背承包农户意愿,不得损害农民权益,不得改变土地用途,不得破坏农业综合生产能力和农业生态环境。要加强农村土地承包经营纠纷调解仲裁体系建设,完善基层农村土地承包调解机制,妥善化解土地承包经营纠纷,有效维护各权利主体的合法权益。

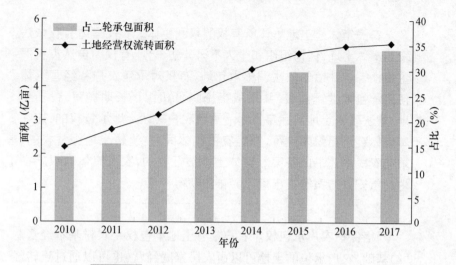

图 25.1 2010—2016 年农村土地流转情况

资料来源:根据相关数据整理。

25.1.2 完善承包地"三权"分置制度

随着工业化、城镇化的深入推进,农村大量土地承包主体和经营主体分离,将土地承包经营权分为承包权和经营权,实行所有权、承包权、经营权(以下简称"三权")分置并行,是家庭承包经营制度适应经济社会发展要求而不断变革创新的结果,实现了土地承包"变"与"不变"的辩证统一。完善"三权分置"办法,关键是落实集体所有权,稳定农户承包权,放活土地经营权。

巩固农村土地集体所有权。 以土地集体所有为基础的农村集体所有制,是社会主义公有制的重要形式,是实现农民共同富裕的制度保障。农村土地农民集体所有,是农村基本经营制度的根本,农村土地制度不论如何改,农村土地归农民集体所有的底线不能破,土地集体所有不能虚置。要充分保障土地集体所有权人对集体土地依法享有占有、使用、收益和处分的权利,维护农民集体对承包地发包、调整、监督、收回等各项权能,发挥土地集体所有的优势和作用。建立健全集体经济组织民主议事机制,确保农民集体有效行使集体土地所有权,避免集体利益受损。

> **专栏 25.2**
> **农民集体权能**
>
> 农民集体是土地集体所有权的权利主体。农民集体有权依法发包集体土地,任何组织和个人不得非法干预;有权因自然灾害严重毁损等特殊情形依法调整承包地;有权对承包农户和经营主体使用承包地进行监督,并采取措施防止和纠正长期抛荒、毁损土地、非法改变土地用途等行为。承包农户转让土地承包权的,应在本集体经济组织内进行,并经农民集体同意;流转土地经营权的,须向农民集体书面备案。集体土地被征收的,农民集体有权就征地补偿安置方案等提出意见并依法获得补偿。

严格保护农户承包权。农户享有土地承包权是农村基本经营制度的基础,农户承包的土地可以由农民家庭经营,也可以通过流转经营权由其他主体经营,但是无论土地承包经营权如何流转,土地承包权都应属于农户家庭,任何组织和个人都不能取代农民家庭的土地承包地位,都不能非法剥夺和限制农户的土地承包权。要充分维护承包农户使用、流转、抵押、退出承包地等各项权能。特别是在当前城乡人口流动的格局下,大量农村劳动力进城就业和落户,不得以退出土地承包权作为农民进城落户的条件,应积极探索土地承包经营权自愿有偿退出机制,合理保护农民土地权益。

> **专栏 25.3**
> **承包农户权能**
>
> 承包农户有权占有、使用承包地,依法依规建设必要的农业生产、附属、配套设施,自主组织生产经营和处置产品并获得收益;有权通过转让、互换、出租(转包)、入股或其他方式流转承包地并获得收益,任何组织和个人不得强迫或限制其流转土地;有权依法依规就承包土地经营权设定抵押、自愿有偿退出承包地,具备条件的可以因保护承包地获得相关补贴。承包土地被征收的,承包农户有权依法获得相应补偿,符合条件的有权获得社会保障费用等。

加快放活土地经营权。赋予农业经营主体更有保障的土地经营权,是完善农村基本经营制度的关键。稳定农业经营者预期,必须在依法保护集体所有权和农户承包权的前提下,平等保护经营主体依流转合同取得的土地经营权。要允许承包农户将土地经营权依法自愿配置给有经营意愿和经营能力的主体,鼓励采用土地股份合作、土地托管、代耕代种等多种经营方式,探索更多放活土地经营权的有效途径。加强对土地经营权的保护,重点要支持新型经营主体提升地力、改善农业生产条件、依法依规开展土地经营权抵押融资,发展多种形式的适度规模经营。

专栏 25.4
经营主体权能

经营主体有权使用流转土地自主从事农业生产经营并获得相应收益,经承包农户同意,可依法依规改良土壤、提升地力,建设农业生产、附属、配套设施,并依照流转合同约定获得合理补偿;有权在流转合同到期后按照同等条件优先续租承包土地。经营主体再流转土地经营权或依法依规设定抵押,须经承包农户或其委托代理人书面同意,并向农民集体书面备案。流转土地被征收的,地上附着物及青苗补偿费应按照流转合同约定确定其归属。承包农户流转出土地经营权的,不应妨碍经营主体行使合法权利。

25.2 农村集体产权制度改革

我国农村集体经济组织积累了大量资产,但集体资产管理不仅难以适应社会主义市场经济体制和城乡一体化发展的要求,大量集体资产也没有充分盘活,农民财产权益得不到有效维护。深化农村集体产权制度改革,探索农村集体所有制有效实现形式,盘活农村集体资产,是完善农村基本经营制度的必然要求。

25.2.1 推进农村集体资产股份权能改革

为了赋予农民更多财产权利,2015 年 5 月,经国务院同意,全国

29个县(市、区)开展了集体资产股份权能改革试点。试点目的是明晰产权归属,完善各项权能,激活农村各类生产要素潜能,建立符合市场经济要求的农村集体经济运营新机制。

加强农村集体资产管理。这是基础和前提。目前全国农村集体经济组织拥有土地等资源性资产66.9亿亩,各类账面资产2.86万亿元,全国平均每个村资产为500万元,但缺乏制度化、规范化和信息化管理。要摸清家底,防止资产流失,对集体所有的各类资产进行全面清产核资,查实存量、价值和使用情况,结果向全体农村集体经济组织成员公示,并经成员大会或者代表大会确认。经过确认后,建立集体资产登记、保管、使用、处置等制度,强化农村集体资金资产资源监督管理,促进集体资产保值增值。在清产核资后,还需要明确集体资产所有权,把农村集体资产的所有权确权到不同层级的农村集体经济组织成员集体,并依法由农村集体经济组织代表集体行使所有权。

确认农村集体经济组织成员身份。农村集体经济组织成员身份认定,是农村产权制度改革中的基础性问题,也是确权登记工作中普遍遇到的难题。集体经济组织成员身份得不到明确确认,成员边界不清晰,集体产权制度改革就无法顺利推进。确认集体经济组织成员身份,要统筹考虑户籍关系、农村土地承包关系、对集体积累的贡献等因素,做到既尊重历史,又兼顾现实,协调平衡好各方利益。同时,要探索在群众民主协商基础上确认农村集体经济组织成员的具体程序、标准和管理办法,做到程序规范、群众认可,防止多数人侵犯少数人权益,切实保护妇女合法权益。

推进经营性资产股份合作制改革。在清产核资的基础上,将集体经营性资产确权到户,发展多种形式的股份合作制,是集体产权制度改革的重点内容。集体经济组织成员参与集体收益分配的基本依据,是其拥有的集体经营性资产股份或者份额。为了充分维护农村集体经济组织成员权利,真正让农民成为改革的参与者和受益者,股权设置应以成员股为主,是否设置集体股由本集体经济组织成员民主讨论决定,同时股权管理提倡实行不随人口增减变动而调整的方式。不同于工商企业股份制改造的是,农村集体经营性资产的股份合作制改革,只能在农村集体经济组织内部进行,这是由成员集体所有和特有的社区性所决定的。改革后,要健全农村集体经济组织治理机制,不能把集体经济改弱了、改小了、改垮了,不能把农民的财产权利改虚了、改少了、改没了,确保集体和农民利益不受损。

保障农民集体资产股份权利。增加农民财产性收入,让农民群众有更多的获得感,需要赋予农民对集体资产股份占有、收益、有偿退出及抵押、担保、继承权。首先,要建立集体资产股权登记制度,出具股权证书,记载农村集体经济组织成员持有的集体资产股份信息,做到有据可查、规范有序。其次,要健全集体收益分配制度,明确公积金、公益金提取比例,把农民集体资产股份收益分配权落到实处。再次,要探索农民对集体资产股份有偿退出的条件和程序,在人口流动条件下,部分集体经济组织成员退出组织或持有的集体资产股份不可避免,要赋予其退出渠道。为了维护其他组织成员的权益,现阶段农民持有的集体资产股份有偿退出不应突破本集体经济组织的范围。最后,要研究制定集体资产股份抵押、担保贷款办法,使之变成"活资本"。

25.2.2 壮大农村集体经济

农村集体经济是社会主义公有制经济在农村的重要体现。发展农村集体经济是实现共同富裕的重要保证。党的十五大、十六大、十七大、十八大多次明确提出鼓励发展多种形式的集体经济。党的十九大提出,"深化农村产权制度改革,保障农民财产权益,壮大集体经济"。要因地制宜探索建立符合市场经济要求的集体经济运行机制,确保集体资产保值增值,确保农民受益。

维护农村集体经济组织合法权利。我国现有的农村集体经济组织是从人民公社时期的"三级所有,队为基础"演变而来的。按照现行法律规定,农村集体经济组织是农村集体资产管理的主体,依法代表全体成员行使农村土地等集体资产的所有权。推进农村集体产权制度改革,要严格保护集体资产所有权,维护好农村集体经济组织的合法权利。对于经营性资产,集体有维护、管理、运营的权利。农村土地征收、集体经营性建设用地入市等形成的土地增值收益,要探索正确处理国家、集体、农民三者利益分配关系的有效办法,合理保障集体经济组织分享土地增值收益。

多种形式发展集体经济。探索农村集体所有制有效实现形式,创新农村集体经济运行机制。支持农村集体经济组织利用未承包到户的集体"四荒"地等资源,集中开发或者通过公开招投标等方式发展现代农业项目;利用生态环境和人文历史等资源发展休闲农业和乡村旅游;在符合规划前提下,探索利用闲置的各类房产设施、集体建设用地等,以自主开发、合资合作等方式发展相应产业。鼓励整合利用集体积累资金、政府帮扶资金等,通过入股或者参股农业产业化龙头企业、村与村合作、村企联手共建、扶贫开发等多种形式发展集体经济。支持农村集体经济组织为农户和各类农业经营主体提供产

关于集体经济的重要论述

党的十五大提出,"要支持鼓励和帮助城乡多种形式集体经济发展,这对发挥公有制经济的作用意义重大""劳动者的劳动联合和劳动者的资本联合为主的集体经济,尤其要提倡和鼓励"。党的十六大提出,"深化集体企业改革,继续支持和帮助多种形式的集体经济的发展"。党的十七大提出,"推进集体企业改革,发展多种形式的集体经济、合作经济"。党的十八大指出,"壮大集体经济实力,发展农民专业合作和股份合作"。

前产中产后农业生产性服务,实现农产品价值链的延长和增值。

赋予农村集体经济组织法人资格。长期以来,我国农村集体经济组织有法律地位却并无法人地位,发展缺乏有效的法律支撑和保障,限制了其参与市场竞争的能力;农村集体产权改革后形成的新型集体经济组织,也面临登记身份困惑和身份认同的问题。作为农村集体资产经营管理的主体,必须赋予农村集体经济组织民事主体地位。全国人大常委会二审民法总则草案,明确了农村集体经济组织的法人资格,规定"农村集体经济组织具备法人条件的,依法取得法人资格"。赋予农村集体组织特别法人资格,为农村新型集体经济成为真正的市场主体奠定了法律基础。

25.3 农业支持保护制度

总的方向是适应市场化、国际化形势,以保护和调动农民积极性为核心。重点是从增产导向转向以提升农业质量效益和竞争力为目标,强化绿色生态导向,扩大支持结构调整、资源环境保护和科技研发等"绿箱"政策的实施范围和规模,改革完善财政补贴政策,探索建立粮食生产功能区、重要农产品生产保护区的利益补偿机制。

25.3.1 完善农产品价格和收储制度

完善重要农产品价格形成机制。我国农业受国际农产品市场影响不断加深,粮棉油糖肉等重要农产品价格倒挂并成为常态,国内市场不断被挤占,粮食等部分产品"三量齐增",价格调节农产品供求的作用弱化,需要进一步理顺粮食等重要农产品价格形成机制。要守住谷物基本自给、口粮绝对安全的底线,需要坚持并完善稻谷、小麦最低收购价政策,合理调整最低收购价水平,增强稻谷、小麦最低收购价政策弹性和灵活性,让价格更好反映市场供求。坚定推进玉米市场定价、价补分离改革,健全生产者补贴制度,调整完善棉花和大豆目标价格政策。探索开展稻谷、小麦、玉米三大粮食作物完全成本保险和收入保险试点,加快建立多层次农业保险体系。

健全重要农产品收储制度。近几年我国粮食库存屡创新高,远远超过世界粮农组织规定的粮食储备安全线。库存高企不仅造成财政负担重,还使得资源浪费大。要加快推进粮食"去库存",灵活运用竞价销售、定向销售、邀标销售、轮换销售等多种方式,合理确定销售价格,科学安排库存粮食销售进度和次序,加快政策性粮食竞价交易,推进粮食加工转化,加快消化积压库存,努力减少政策性库存增量。同时,要完善收储体制机制,科学确定粮食等重要农产品储备规模,改革完善粮食储备管理体制和吞吐调节机制,引导流通、加工企业等多元化市场主体参与农产品收储。

完善农产品市场调控制度。我国部分农产品价格周期性宽幅波动,造成农业生产者和消费者利益双重受损,现行的农产品市场调控机制亟待完善。要充分发挥市场机制的作用,建立以生产支持、储备吞吐、进出口调节和需求调控为主的调控手段体系,确保重要农产品有效供给和市场稳定。健全重要农产品价格信息收集和发布制度,加快建立一个集中、权威、统一的农产品价格信息平台体系。加强重要农产品虚拟需求调控,加强期货和电子交易市场监管,加大对违法行为的处罚力度。

25.3.2 强化财政投入保障制度

财政支农是发展现代农业的必要手段。从改革开放以来的实践看,我国农业发展经受住了多次重大自然灾害和各类风险的严峻考验,农村生产生活条件不断改善,财政支农政策发挥了重要作用(见图25.2)。新阶段下,深化农业供给侧结构性改革,培育农业农村发展新动能,需要加大公共财政支持"三农"力度,建立农业农村稳定投入增长机制。

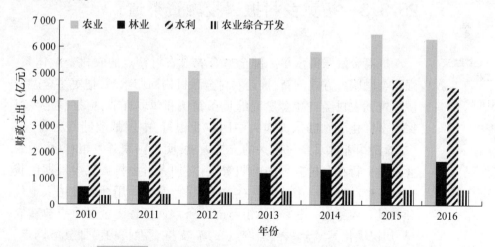

图25.2 国家财政用于农林水各项支出

资料来源:《中国农村统计年鉴2017》。

改革财政支农投入机制。我国农业发展的基础依然薄弱,"短板"还很多。要坚持把农业农村作为财政支出的优先保障领域,建立农业农村投入稳定增长机制,财政支农在总量上做到只增不减。同时更为重要的是,要创新涉农资金投入方式和运行机制,提升支农效能。近年来我国财政支农资金使用效率有所提高,但涉农资金仍由政府部门多头管理、多头下达等问题依然突出。要加快推进涉农资金整合,积极实行"大专项+任务清单"管理方式,统筹整合各类建设性质相同、内容相近、投向相似的固定资产投资资金。要创新财政资金使用方式,以奖代补和贴息,积极引导金融和社会资本更多投向农业农村。

完善农业补贴政策。2004年以来,我国持续加大农业投入,构建起了一套针对性强、含金量高、惠及面广的农业补贴政策体系,但随着农业内在条件和外部环境的深刻变化,农业补贴政策效应持续递减,政策效能逐步降低,需要进一步调整完善。我国尚不具备全面、大规模补贴支持农业的能力,不能与发达国家搞补贴竞争。单纯依靠扩大补贴规模来保障粮食安全和提高农业供给质量,既不现实,也不符合世界贸易组织规则。要优化存量、扩大增量,进一步提高农业补贴政策的指向性和精准性,逐步扩大"绿箱"补贴规模和范围,调整改进"黄箱"政策,更加注重支持结构调整、资源环境保护和科技研发等。深入推进农业"三项补贴"制度改革,但要进一步平衡好耕地承包主体和经营主体补贴、生产环节和产前产后环节补贴,让实际种粮主体成为真正的耕地保护主体。

25.3.3 拓宽乡村振兴投融资渠道

乡村振兴金融支撑重大工程
(一) 金融服务机构覆盖面提升
(二) 农村金融服务"村村通"
(三) 金融支农服务技术提升计划
(四) 农村金融产品创新
(五) 农村信用体系建设

提高金融服务水平。健全适合农业农村特点的农村金融体系,强化金融服务方式创新,推动农村金融机构回归本源,把更多金融资源配置到农村经济社会发展的重点领域和薄弱环节,更好满足乡村振兴多样化金融需求。加大中国农业银行、中国邮政储蓄银行"三农"金融事业部对乡村振兴的支持力度,明确国家开发银行、中国农业发展银行在乡村振兴中的职责定位,加大对乡村振兴中长期信贷支持。推动农村信用社省联社改革,保持农村信用社县域法人地位和数量总体稳定,完善村镇银行准入条件。把普惠金融重点放在农村,加快优化县域金融机构网点布局,支持金融机构增加县域网点,重点向中西部及经济落后地区倾斜,适当下放县域分支机构业务审批权限。积极发展村镇银行等多形式农村金融机构。积极探索新型农村合作金融发展的有效途径,稳妥开展农民合作社内部资金互助试点。推动农村基础金融服务全覆盖,创新金融产品和服务方式,支持符合条件的涉农企业发行上市、新三板挂牌和融资、并购重组,深入推进农产品期货期权市场建设。

拓宽资金筹集渠道。建立健全有利于各类资金向农业农村流动的体制机制。调整完善土地出让收入使用范围,进一步提高农业农村投入比例。改进耕地占补平衡管理办法,建立高标准农田建设等新增耕地指标和城乡建设用地增减挂钩节余指标跨省域调剂机制,将所得收益通过支出预算全部用于巩固脱贫攻坚成果和支持实施乡村振兴战略。推广一事一议、以奖代补等方式,鼓励农民对直接受益的乡村基础设施建设投工投劳,让农民更多参与建设管护。

鼓励引导社会资本参与乡村振兴。工商资本是推动乡村振兴的重要力量,是解决乡村振兴"钱"从哪里来的重要渠道。落实和完善融资贷款、配套设施建设补助、税费减免、用地等扶持政策,加大政策支持力度,引导好工商资本下乡的积极性,鼓励社会资本到农村发展适合企业化经营的现代种养业、农业服务业、农产品加工业,以及休闲旅游养老等产业。加大农村基础设施和公用事业领域开发力度,建立项目合理回报机制,吸引社会资本参与乡村振兴。

专栏 25.5
农业现代化推进政策

1. 完善农业补贴政策

推动各类新增补贴向新型经营主体、主产区和生态保护倾斜,完善农民收入增长支持政策体系。完善生产补贴政策,建立绿色生态补贴体系,完善利益补偿机制。

2. 创新金融支持政策

强化金融支持,探索组建全国农业信贷联盟,对农业信贷的担保费、风险补偿给予适当补助。加大保险力度,推动农业保险"提标扩面",鼓励开发多层次高保障的保险产品。

3. 构建农产品市场调控机制

继续执行并完善水稻、小麦最低收购价政策,推进玉米收储制度改革,深入推进棉花、大豆目标价格补贴政策。探索利用期货工具分散农产品价格风险试点。

> **4. 完善设施用地等配套政策**
>
> 将休闲农业项目建设用地纳入土地利用总体规划和年度计划合理安排。合理规划永久基本农田覆盖区域设施农业用地。允许将集中连片整理后新增加的部分耕地，按规定用于完善农田配套设施。

内容小结

本章论述了深化农村重点改革。实施乡村振兴战略，根本要靠深化农村改革。重点是深化农村土地制度改革，推进确权登记颁证和土地经营权流转，保持土地承包关系稳定并长久不变。完善承包地"三权分置"制度，落实集体所有权，稳定农户承包权，放活土地经营权。深化农村集体产权制度改革，推进农村集体资产股份权能改革，壮大农村集体经济，加快盘活农村集体资产，保障农民财产权益。完善农业支持保护制度，完善农产品价格和收储制度，强化财政投入保障制度，拓宽乡村振兴投融资渠道，总的方向是适应市场化、国际化形势，以保护和调动农民积极性为核心，加大对农业农村发展的支持力度。

关键概念

农村土地制度　　　　土地承包关系　　　　　　　　土地确权颁证
土地流转　　　　　　"三权分置"农村集体产权制度　集体经济
农业支持保护制度　　农业补贴政策　　　　　　　　农产品价格形成机制
农产品收储制度

思考讨论题

1. 为什么说农村土地制度改革是深化农村改革的主线？
2. "三权分置"的内涵、权利边界及相互关系？
3. 壮大农村集体经济有何重要意义？
4. 农村集体产权制度改革如何实现公平和效率的平衡？

第 26 章
打赢精准脱贫攻坚战

党的十八大以来,以习近平同志为核心的党中央把扶贫开发提升到全面建成小康社会、全面建设社会主义现代化国家的新高度。党的十九大强调,让贫困人口和贫困地区同全国一道进入全面小康社会是我们党的庄严承诺。

26.1 脱贫攻坚的总体要求

动员全党全国全社会力量,坚持精准扶贫、精准脱贫基本方略,坚持精准帮扶与区域整体开发有机结合,聚焦深度贫困地区和特殊贫困群众,充分发挥政府、市场和社会协同作用,充分调动贫困地区干部群众的内生动力,加快破解贫困地区区域发展瓶颈制约,不断增强贫困地区和贫困人口自我发展能力,确保与全国同步进入全面小康社会。

26.1.1 脱贫攻坚的基本方略

实施中央统筹、省负总责、市县抓落实的工作机制,发挥各级党委总揽全局、协调各方的作用,落实脱贫攻坚一把手负责制。坚持精准扶贫、精准脱贫,扶贫对象精准、项目安排精准、资金使用精准、措施到户精准、因村派人(第一书记)精准、脱贫成效精准,因村因户因人施策,对症下药。坚持社会动员,凝聚各方力量,充分发挥政府和社会两方面力量作用,构建专项扶贫、行业扶贫、社会扶贫互为补充的大扶贫格局,调动各方面积极性,引领市场、社会协同发力、广泛参与。坚持从严要求,促进真抓实干,实施经常性的督查巡查和最严格的考核评估,确保脱贫过程扎实、脱贫结果真实,使脱贫攻坚成效经得起实践和历史检验。坚持群众主体,激发内生动力,充分调动贫困群众积极性、主动性、创造性,扶贫和扶志、扶智相结合,培育贫困群众依靠自力更生实现脱贫致富意识,发展生产和务工经商技能,用自己的辛勤劳动实现脱贫致富。

26.1.2 脱贫攻坚的目标任务

到2020年,稳定实现现行标准下农村贫困人口不愁吃、不愁穿,义务教育、基本医疗和住房安全有保障(以下简称"两不愁、三保障")。贫困地区农民人均可支配收入比2010年翻一番以上,增长幅度高于全国平均水平,基本公共服务主要领域指标接近全国平均水平,确保我国现行标准下农村贫困人口实现脱贫,贫困县全部摘帽,解决区域性整体贫困问题。脱贫攻坚主要指标见表26.1。

表26.1 脱贫攻坚主要指标

指标	2015年	2020年	属性
建档立卡贫困人口(万人)	5630	实现脱贫	约束性
建档立卡贫困村(万个)	12.8	0	约束性
贫困县(个)	832	0	约束性
实施异地扶贫搬迁贫困人口(万人)	—	981	约束性
贫困地区农民人均可支配收入增速(%)	11.7	年均增速高于全国平均水平	预期性
贫困地区农村集中供水率(%)	75	≥83	预期性
建档立卡贫困户存量危房改造率(%)	—	近100	约束性
贫困县义务教育巩固率(%)	90	93	预期性
建档立卡贫困户因病致(返)贫户数(万户)	838.5	基本解决	预期性
建档立卡贫困村村集体经济年收入(万元)	2	≥5	预期性

26.2 脱贫攻坚的帮扶措施

采取产业发展脱贫、转移就业脱贫、易地搬迁脱贫、教育扶贫、健康扶贫、生态保护扶贫、社保兜底扶贫、社会力量扶贫等多种措施,强化到村到户到人精准帮扶。

26.2.1 产业发展脱贫

产业发展扶贫是立足贫困地区资源禀赋,以市场为导向,以经济效益为中心,以产业发展为杠杆的扶贫开发过程,是提高贫困地区和贫困人口自我发展能力的根本举措,是新时代扶贫开发的战略重点和主要任务。充分发挥农民合作组织、龙头企业等市场主体作用,建立健全产业到户到人的精准扶持机制,每个贫困县建成一批脱贫带动能力强的特色产业,每个贫困乡、村形成特色拳头产品,贫困人口劳动技能得到提升,贫困户经营性、财产性收入稳定增加。

专栏 26.1
产业扶贫工程

(一) **农林产业扶贫**:包括农林种养产业扶贫工程、农村一二三产业融合发展试点示范工程、贫困地区培训工程等。

(二) **旅游扶贫**:包括旅游基础设施提升工程、乡村旅游产品建设工程、休闲农业和乡村旅游提升工程、森林旅游扶贫工程、乡村旅游后备箱工程、乡村旅游扶贫培训宣传工程。

(三) **电商扶贫**:把互联网纳入扶贫开发工作体系中,加大贫困村基层网店建设,通过一店带多户、一店带一村,优先销售贫困户的农产品,促进就业增收脱贫,进而促进当地农业产业化及各项事业全面发展。

(四) **资产收益扶贫**:包括光伏扶贫工程、水库移民脱贫工程、农村小水电扶贫工程等。

(五) **科技扶贫**:促进科技成果转移转化,提高农民创新创业能力,加强创新平台载体建设。

> **专栏 26.2**
> **陇南市电商扶贫案例**
>
> 2013年甘肃省陇南市推动农村电子商务,2015年被国务院扶贫办列为全国首个电商扶贫试点市。陇南市针对当地农产品丰富但交通不便的状况,把发展电子商务作为助农增收的主要渠道和突破口,通过引入阿里巴巴等外部战略合作伙伴,初步形成了西部贫困地区"互联网+精准扶贫"的"陇南模式",农村电商和电商扶贫取得了突破性进展。主要经验和做法:一是政府牵头制定发展规划,推进设施建设,搭建电商服务平台,助推电商扶贫。二是针对下辖各区县的不同产品优势,培育特色网货,打造特色品牌,探索形成了"一店带多户""一店带一村"和"一店带多村"的电商精准扶贫模式。三是建立较为完备的电商培训机制,设立了全省首家电商职业学院,建立了专业的人才培养基地。四是发挥大学生村官在电商扶贫中的作用,将电商扶贫绩效作为大学生村官任期考核的指标之一,要求大学生村官上任前必须通过电商职业学院的电商培训。

26.2.2　转移就业脱贫

就业是民生之本,也是脱贫之要,促进农村贫困劳动力转移就业是增加贫困人口收入、提高贫困人口能力的关键举措。通过加强贫困人口职业技能培训和就业服务,保障转移就业贫困人口合法权益,开展劳务合作,推进就地就近转移就业,促进已就业贫困人口稳定就业和有序实现市民化、有劳动能力和就业意愿未就业贫困人口实现转移就业。

> **专栏 26.3**
> **培训就业行动计划**
>
> (一) **职业培训**:以就业为导向,围绕当地产业发展和企业用工需求,统筹培育资源,创新培训方式,积极组织贫困劳动力参加各种职业培训,提高培训的针对性和有效性。

（二）劳务协作对接行动：依托东西部扶贫协作机制和对口支援工作机制，开展省际劳务协作，同时积极推动省内经济发达地区和贫困县开展劳务协作。

（三）重点群体免费职业培训行动：组织开展贫困家庭子女、未升学初高中毕业生等免费职业培训。到2020年，力争使新进入人力资源市场的贫困家庭劳动力都有机会接受1次就业技能培训；使具备一定创业条件或已创业的贫困家庭劳动力都有机会接受1次创业培训。

（四）春潮行动：到2020年，力争使各类农村转移就业劳动者都有机会接受1次相应的职业培训，平均每年培训800万人左右，优先保障有劳动能力的建档立卡贫困人口培训。

（五）促进建档立卡贫困劳动者就业：对已就业的，通过跟踪服务、落实扶持政策，促进其稳定就业。对未就业的，通过健全劳务协作机制、开发就业岗位、强化就业服务和技能培训，促进劳务输出和就地就近就业。

（六）返乡农民工创业培训行动：推进建档立卡贫困人口等人员返乡创业培训工作。到2020年，力争使有创业要求和培训愿望、具备一定创业条件或已创业的贫困家庭农民工等人员，都能得到1次创业培训。

（七）技能脱贫千校行动：在全国组织千所省级重点以上的技工院校开展技能脱贫千校行动，使每个有就读技工院校意愿的贫困家庭应、往届"两后生"(初、高中毕业后未能继续升学的贫困家庭中的富余劳动力)都能免费接受技工教育，使每个有劳动能力且有参加职业培训意愿的贫困家庭劳动力每年都能到技工院校接受至少1次免费职业培训，对接受技工教育和职业培训的贫困家庭学生(学员)推荐就业。

专栏26.4
广西推进贫困地区劳动力职业培训案例

广西壮族自治区以全区538万农村贫困人口、54个贫困县、5 000个建档立卡贫困村为重点，依托各类职业院校和职业培训机构，对法定劳动年龄内、有劳动能力、有培训就业创业愿望的贫困劳动力，按照市场需求，实施职业培训、政策帮扶，促进贫困劳动力从体力型就业向技能型就业转变。主要做法：

一是加强职业培训支持力度。将贫困人口纳入职业培训补贴对象范围并按规定申领职业培训补贴，培训合格学员经培训机构介绍实现就业，签订就业合同一年以上的，可按规定给予职业介绍补贴。对培训后获得《国家职业资格证书》的全区农村建档立卡扶贫对象实行以奖代补，给予一次性补助（每人只享受一次）。

二是注重职业技能学历教育。以贫困户"两后生"为主要对象，通过中等职业学校和技工学校学历教育，培养持有中等职业教育学历证书和国家职业资格证书的"双证"型技术技能人才，其中接受全日制学历教育的学生按规定享受国家、自治区中等职业教育免学费和助学金政策。

三是扶持就业创业。鼓励开发贫困地区乡村公益性岗位，优先吸纳符合条件的贫困劳动力就业，给予岗位补贴和社会保险补贴，补贴标准不低于当地最低工资标准；建立14个示范性贫困县农民工创业园，自治区给予每个创业园财政补助500万元及15公顷用地指标，入园创业的贫困劳动力申请农民工创业担保贷款的，同等条件下优先考虑。对贫困劳动力参加职业技能鉴定合格的，及时发放职业资格证书，符合条件的按规定享受职业技能鉴定补贴。

四是开展结对帮扶。组织48所技工院校与54个贫困县开展结对帮扶贫困家庭"两后生"职业培训，通过开展结对帮扶的方式，动员组织贫困村建档立卡贫困家庭中的"两后生"参加以劳动预备制培训为重点的职业技能培训。

26.2.3 易地搬迁脱贫

对"一方水土养不起一方人"的地区约1000万建档立卡贫困人口，实施易地搬迁脱贫意义重大，是打赢脱贫攻坚战的标志性工程。通过组织实施好易地扶贫搬迁工程，确保搬迁群众住房安全得到保障，饮水安全、出行、用电等基本生活条件得到明显改善，享有便利可及的教育、医疗等基本公共服务，迁出区生态环境得到有效治理，确保有劳动能力的贫困家庭后续发展有门路、转移就业有渠道、收入水平不断提高，实现建档立卡搬迁人口搬得出、稳得住、能脱贫。

专栏 26.5
易地扶贫搬迁工程

（一）目标任务："十三五"期间,对全国22个省(区、市)约1 400个县(市、区)981万建档立卡贫困人口实施易地扶贫搬迁,按人均不超过25平方米的标准建设住房。

（二）安置方式：采取差异化安置方式。集中安置的,可依托移民新村、小城镇、产业园区、旅游景区、乡村旅游区等适宜区域进行安置,并做好配套建设。分散安置的,可选择"插花"、进城务工、投亲靠友等方式进行安置,也可在确保有房可住、有业可就的前提下,采取货币化方式进行安置。

（三）补助政策：国家易地扶贫搬迁政策范围内的建房补助资金,以建档立卡搬迁户人口数量为依据进行核算和补助,不得变相扩大或缩小补助范围。

（四）资金来源：安排中央预算内投资、地方政府债券、专项建设基金、长期贴息贷款和农户自筹等易地扶贫搬迁资金约6 000亿元。允许贫困县将城乡建设用地增减挂钩节余指标在省域范围内流转使用,前期使用贷款进行拆迁安置、基础设施建设和土地复垦。

（五）脱贫发展：采取发展特色农林产业脱贫一批、发展劳务经济脱贫一批、发展现代服务业脱贫一批、资产收益扶贫脱贫一批、社会保障兜底脱贫一批等措施,确保建档立卡搬迁人口稳步脱贫。

（六）就业增收：引导搬迁群众从事种养加工、商贸物流、家政服务、物业管理、旅游服务等工作,为建档立卡贫困人口提供就地就近就业机会;鼓励工矿企业、农业龙头企业优先聘用建档立卡搬迁人口。支持安置区(点)发展物业经济。

专栏 26.6
宁夏贫困人口易地搬迁脱贫案例

宁夏全省常住人口647万,其中有约100万的农村贫困人口居住在宁夏中南部干旱少雨、交通不便、信息闭塞、土地贫瘠的困难地区,多年就地"输血式"扶贫未能改变贫困状况。宁夏实行扶贫移民与城镇化建设相结合,进行了卓有成效的探索。**一是生态移民**。由政府统一出钱征用近水、沿路、靠城区域农村的集体土地,集中修建户均 54 平方米安置房,并按人均 1 亩的标准安排水浇地,支持发展收益更高的现代设施农业,农户从山区迁出后需将复垦的宅基地和承包地统一交由政府转收为国有,并退耕还林还草。**二是劳务移民**。集中安置点多选择在有大量务工就业机会的产业园区附近,迁出后不予分配农地,户均缴纳数万元后即可在位置较好的地方获得 54 平方米的周转用房,有的还可根据自己的经济实力加盖两层楼房,利用一楼铺面搞商业经营或出租。**三是教育移民**。主要针对从贫困地区迁出移民的"两后"生,由政府按初中毕业生每人每年 3 500 元、高中毕业生每人每年 3 000 元的标准分别提供补贴,让其进入中高等职业学校学习。**四是自主移民**。能力比较强的农户依靠自己的力量举家搬迁到发展条件较好的地区生活、就业,逐步拥有相对固定的居所和较为稳定的收入。

26.2.4　教育扶贫

治贫先治愚,扶贫先扶智。教育扶贫是"斩断穷根"的利器,是稳定扶贫成果的基础,是增强贫困人口自身发展能力的长效机制。要以提高贫困人口基本文化素质和贫困家庭劳动力技能为抓手,瞄准教育最薄弱领域,阻断贫困的代际传递,确保到 2020 年,贫困地区基础教育能力明显增强,职业教育体系更加完善,高等教育服务能力明显提升,教育总体质量显著提高,基本公共教育服务水平接近全国平均水平,力争实现贫困地区"人人有学上、个个有技能、家家有希望"。

> **专栏 26.7**
> **教育扶贫工程**
>
> (一)**普惠性幼儿园建设**:重点支持中西部 1 472 个区(县)农村适龄儿童入园,鼓励普惠性幼儿园发展。
> (二)**义务教育办学条件改善**:按照"缺什么、补什么"的原则,使贫困地区所有义务教育学校均达到"20 条底线要求"。以集

中连片特困地区县、国家扶贫开发工作重点县等为重点,逐步实现未达标城乡义务教育学校校舍、场所标准化。

（三）**高中阶段教育普及攻坚计划**：增加中西部贫困地区尤其是集中连片特困地区高中阶段教育资源,使中西部贫困地区未升入普通高中的初中毕业生基本进入中等职业学校就读。

（四）**乡村教师支持计划**：拓展乡村教师补充渠道,扩大特岗计划实施规模,鼓励省级政府建立乡村教师补充机制,鼓励地方根据需求本土化培养"一专多能"乡村教师。到2020年,对全体乡村教师校长进行360学时的培训。

（五）**特殊教育发展**：鼓励有条件的特殊教育学校、取得办园许可的残疾儿童康复机构开展学前教育,支持特殊教育学校改善办学条件和建设特教资源中心(教室),为特殊教育学校配备特殊教育教学专用设备设施和仪器等。

（六）**农村义务教育学生营养改善计划**：通过国家试点、地方试点、社会参与等方式,逐步改善贫困地区农村义务教育学生营养状况。中央财政为纳入试点的按每生每天4元(800元/年)的标准提供营养膳食补助。鼓励地方开展营养改善计划试点,中央财政给予适当奖补。

（七）**提高贫困地区高等教育质量**：支持贫困地区优化高等学校布局和学科专业结构。加快推进高等职业院校分类考试招生,同等条件下优先录取建档立卡贫困家庭学生。继续实施重点高校面向贫困地区定向招生专项计划。

专栏 26.8
上海"组团式"教育援藏案例

2016年,上海市教委等部门探索"组团式"教育人才援藏新模式,派出40名老师赴日喀则市上海实验学校,担任校长、副校长、管理干部及一线学科教师,开展"规范化教科研体系建设",引进上海市的"校本培训课程模式"等师训经验,构建"新任教师—成熟教师—骨干教师—学科带头人—名师"梯队校本培养体系。开展教师与当地教师结对工作,并在上海对口支援五县(江孜、拉孜、萨迦、定日、亚东)开展送教下乡。推进智慧校园建设,建立了实现沪、藏实时互联互通的远程教学平台,实现上海名师名课资源共享。他们还结合当地民族文化特点,开展音乐、读书等兴趣班,拓展素质教育。组团式帮扶取得较好成效,2017年,日喀则上海实验学校高考文理科上线率均达100%,重点本科率和普通本科率在西藏自治区名列第一;中考部分学科平均分逼近90分,市前三名全在该校,中考成绩在西藏自治区继续位列前茅;小学学业水平名次从原先全市的第35名跨越式提升到第5名。

26.2.5 健康扶贫

健康扶贫是通过提升医疗保障水平、实施疾病分类救治、提高医疗服务能力、加强公共卫生服务等手段,让贫困人口能够看得上病、看得起病、看得好病、防得住病,确保贫困群众健康有人管、患病有人治、治病有报销、大病有救助。实施健康扶贫工程,要着力改善贫困地区医疗卫生机构条件,提升服务能力,缩小区域间卫生资源配置差距,基本医疗保障制度进一步完善,建档立卡贫困人口大病和慢性病得到及时有效救治,就医费用个人负担大幅减轻,重大传染病和地方病得到有效控制,基本公共卫生服务实现均等化,因病致贫返贫问题得到有效解决。

专栏 26.9
健康扶贫工程

(一)**城乡居民基本医疗保险和大病保险**:对建档立卡贫困人口、农村低保对象和特困人员实行倾斜性支持政策,降低特殊困难人群大病保险报销起付线,提高大病保险报销比例,减少贫困人口大病费用个人实际支出。选择部分大病实行单病种付费,医疗费用主要由医疗保险、大病保险、医疗救助按规定比例报销。

(二)**农村贫困人口大病慢性病救治**:继续实施"光明工程",为贫困家庭白内障患者提供救治,费用通过医保等渠道解决,鼓励慈善组织参与。对贫困家庭患有儿童急性淋巴细胞白血病、儿童先天性心脏房间隔缺损、食管癌等疾病的患者进行集中救治。

（三）全国三级医院与贫困县县级医院"一对一"帮扶行动：组织全国963家三级医院，对口帮扶832个贫困县的1 180家县级医院，派驻由1名院长或者副院长及医务人员组成的团队驻点帮扶，重点加强近3年外转率前5—10位病种的临床专科能力建设，推广适宜县级医院开展的医疗技术。定期派出医疗队，为贫困人口提供集中诊疗服务。建立帮扶双方远程医疗平台，开展远程诊疗服务。

（四）贫困地区县乡村三级医疗卫生服务网络标准化建设工程：到2020年，每个贫困县至少有1所县级公立医院，每个乡镇有1所标准化乡镇卫生院，每个行政村有1个卫生室。在乡镇卫生院和社区卫生服务中心建立中医综合服务区。贫困地区每个乡镇卫生院至少设立1个全科医生特岗。

（五）重特大疾病医疗救助行动：将重特大疾病医疗救助对象范围从农村低保对象、特困人员拓展到低收入家庭的老年人、未成年人、重度残疾人和重病患者，积极探索对因病致贫返贫家庭重病患者实施救助，重点加大对符合条件的重病、重残儿童的救助力度。分类分段设置救助比例和最高救助限额。

（六）医疗救助与基本医疗保险、大病保险等"一站式"结算平台建设：贫困地区逐步实现医疗救助与基本医疗保险、大病保险、疾病应急救助、商业保险等信息管理平台互联互通，广泛开展"一站式"即时结算。

专栏 26.10
襄阳市力阻"病根"变"穷根"案例

襄阳市建档立卡的15.44万贫困人口中，因病致贫返贫的比例一度高达55.5%。襄阳市把健康扶贫同脱贫攻坚结合起来，着力提高农村贫困人口的健康水平，通过"大病集中救治一批、慢病签约服务管理一批、重病兜底保障一批"，不让一人因健康在全面建成小康路上掉队，力阻"病根"变"穷根"。2017年9月1日起，襄阳市、县两级财政每年将为未脱贫的建档立卡贫困人口购买补充商业医疗保险。按照"不让一个贫困对象因病致贫，不让一个贫困对象因病返贫"的工作目标，全市整合财政资金，探索符合自身实际的健康扶贫办法。市级财政按照人均400元标准测算给予补贴,由县级政府负责为贫困人口购买补充商业医疗保险,不足部分由县级财政兜底。全市还对高血压、糖尿病、结核病3种慢性病实行门诊免费治疗。在定点医院住院,免除城乡居民医保起付线个人应缴费用。

26.2.6 生态保护扶贫

生态扶贫是扶贫开发的新理念,是把生态保护与扶贫脱贫相结合的新模式,让有劳动能力的贫困人口实现生态就业,既有利于加强生态环境保护,又有助于增加贫困人口就业收入。扶贫开发不能以牺牲生态为代价,要让贫困人口从生态建设与修复中得到更多实惠。要处理好生态保护与扶贫开发的关系,加强贫困地区生态环境保护与治理修复,提升贫困地区可持续发展能力。逐步扩大对贫困地区和贫困人口的生态保护补偿,提高补偿标准,增设生态公益岗位,使贫困人口通过参与生态保护实现就业脱贫。

专栏 26.11
生态保护扶贫工程

(一)**退耕还林还草工程**:在安排新一轮退耕还林还草任务时,向扶贫开发任务重、贫困人口较多的省份倾斜。各有关省份要进一步向贫困地区集中,向建档立卡贫困村、贫困人口倾斜。

(二)**退牧还草工程**:继续在内蒙古、辽宁、吉林、黑龙江、四川、贵州、云南、西藏、陕西、甘肃、青海、宁夏、新疆和新疆生产建设兵团实施退牧还草工程,并向贫困地区、贫困人口倾斜,合理调整任务实施范围,促进贫困县脱贫攻坚。

(三)**岩溶地区石漠化综合治理工程**:继续加大滇桂黔石漠化区、滇西边境山区、乌蒙山区和武陵山区等贫困地区石漠化治理力度,恢复林草植被,提高森林质量,统筹利用水土资源,改善农业生产条件,适度发展草食畜牧业。

（四）沙化土地封禁保护区建设工程：继续在内蒙古、西藏、陕西、甘肃、青海、宁夏、新疆等省（区）推进沙化土地封禁保护区建设，优先将832个贫困县中适合开展沙化土地封禁保护区建设的县纳入建设范围，实行严格的封禁保护。

（五）生态公益岗位脱贫行动：通过购买服务、专项补助等方式，在贫困县中选择一批能胜任岗位要求的建档立卡贫困人口，为其提供生态护林员、草管员、护渔员、护堤员等岗位。在贫困县域内的553处国家森林公园、湿地公园和国家级自然保护区，优先安排有劳动能力的建档立卡贫困人口从事森林管护、防火和服务。

专栏 26.12
吕梁市生态扶贫案例

吕梁市有宜林荒山荒坡330万亩。通过创新合作社造林机制，推进五大工程，使植树造林成为贫困群众脱贫致富的重要产业，探索出了一条生态和生计有机统一、增绿和增收互促双赢的生态脱贫路子。近三年森林覆盖率每年提高1个百分点，全市已有3万贫困人口实现生态脱贫。

一是经济林提质增效增收工程，全市现有红枣158万亩、核桃300万亩，覆盖全市9.7万户贫困户、27万贫困人口。吕梁市政府大力推进60万亩红枣、140万亩核桃林提质增效，连续三年每年每亩补助200元，实施标准化管理95.7万亩，高接换优5.2万亩，亩均增产20%以上，增收效果明显。

二是特色林产品增收工程，全市发展以油用牡丹、连翘、沙棘等为主的特色经济林20万亩，一批林菌、林药、林禽、林蜂产业迅速兴起，交口县食用菌、石楼县养蜂业、方山县中药材等初具规模。

三是生态旅游增收工程，打造出一批各具特色的生态旅游项目，6 400多名贫困人口直接受益。如离石区信义镇归化村，群众自演《沟梁上的土疙瘩》实景剧，让游客体会农耕民俗文化，2017年国庆期间吸引游客15万人，实现旅游收入900多万元。

四是光伏生态产业增收工程，利用光照较为充足的自然优势，采用牧光互补、农光互补等形式，对废弃矿山、采煤沉陷区进行生态修复治理,发展光伏生态产业。第一批 89 个 68.95 兆瓦的光伏电站并网发电,13 790 户可通过公益性岗位、奖励补助、困难资助等方式受益。

五是森林管护就业增收工程,让合作社造林后继续承揽森林管护项目,新增林地全部聘用贫困劳力管护。全市森林管护员已调整到 6 348 人,其中建档立卡的贫困管护员 4 896 人,占管护员总数的 77%,人均年工资 7 000 多元。

26.2.7 社保兜底扶贫

全国扶贫日
2014 年 8 月经国务院批准,每年 10 月 17 日为全国扶贫日,举办减贫与发展高层论坛,发布《中国的减贫行动与人权进步》白皮书。

多种形式社会扶贫
东西部扶贫协作
中央单位定点帮扶
企业帮扶
军队帮扶
社会组织和志愿者帮扶
国际交流合作服务扶贫

社保兜底是打赢脱贫攻坚战的基本防线。要统筹社会救助体系,促进扶贫开发与社保有效衔接,完善农村低保、特困人员救助供养等社会救助制度,健全农村"三留守"人员和残疾人关爱服务体系,实现社保兜底。要发挥东西部扶贫协作和中央单位定点帮扶的引领示范作用,凝聚国际国内社会各方面力量,进一步提升贫困人口帮扶精准度和帮扶效果,形成脱贫攻坚强大合力。

> **专栏 26.13**
> **兜底保障主要举措**
>
> (一)**农村低保标准动态调整**:省级人民政府统筹制定农村低保标准动态调整方案,确保所有地区农村低保标准逐步达到国家扶贫标准。进一步完善农村低保标准与物价上涨挂钩联动机制。
>
> (二)**农村低保与扶贫开发衔接**:将符合农村低保条件的建档立卡贫困户纳入低保范围,将符合扶贫条件的农村低保家庭纳入建档立卡范围。对不在建档立卡范围内的农村低保家庭、特困人员,各地统筹使用相关扶贫开发政策。对返贫家庭按规定程序审核后,分别纳入临时救助、医疗救助、农村低保等社会救助制度和建档立卡贫困户扶贫开发政策覆盖范围。
>
> (三)**全面实施临时救助制度**:积极推进最低生活保障制度与医疗救助、教育救助、住房救助、就业救助等专项救助制度衔接配套,推动专项救助在保障低保对象的基础上向低收入群众适当延

伸,逐步形成梯度救助格局,为救助对象提供差别化的救助。

(四) 完善"三留守"人员服务体系:建立留守儿童救助保护机制和关爱服务网络,加强未成年人社会保护和权益保护工作。研究制定留守老年人关爱服务政策措施,推进农村社区日间照料中心建设,提升农村特困人员供养服务机构托底保障能力和服务水平,支持各地农村幸福院等社区养老服务设施建设和运营。加强对贫困地区留守妇女技能培训和居家灵活就业创业的扶持,维护留守妇女权益。加强对"三留守"人员的生产扶持、生活救助和心理疏导。

(五) 完善贫困残疾人关爱服务体系:支持发展残疾人康复、托养、特殊教育,实施残疾人重点康复项目,落实困难残疾人生活补贴和重度残疾人护理补贴制度。加强贫困残疾人实用技术培训,优先扶持贫困残疾人家庭发展生产,支持引导残疾人就业创业。

专栏 26.14
山东省沂源县社保兜底扶贫案例

山东省沂源县通过整合政策、统筹资金完善社保兜底扶贫体系。一是实现农村最低生活保障制度与扶贫开发政策衔接。将农村低保人均标准由每年3 560元提高到4 200元,对符合新标准的农村贫困人口按规定程序纳入低保范围。二是完善特困人员供养政策。抓好城乡特困人员的基本生活兜底保障,将城市"三无"人员集中供养和分散供养人均标准分别提高到每月1 525元和750元;五保户集中供养和分散供养人均标准分别提高到每年6 400元和4 600元;孤儿集中供养和散居标准分别提高到每月1 200元和720元。三是加强贫困人员医疗保障。落实特困人群参加居民基本医疗保险财政补贴政策,实现贫困人口参加医保全覆盖。加大医疗救助力度,进一步降低起付线、提高医疗救助比例。四是加大困难人员临时救助力度。将遭遇突发性、临时性生活困难的群众纳入救助范围,加大对突发重特大疾病导致基本生活困难的家庭、各类困境儿童、重度残疾人等困难群众的临时救助力度。五是保障残疾人基本生活权益。将困难残疾人生活补贴、重度残疾人护理补贴分别提高到每月90元和80元。

内容小结

本章主要论述了打赢脱贫攻坚的总体要求、基本方略和目标任务。强调坚持精准扶贫、精准脱贫基本方略,坚持精准帮扶与区域整体开发有机结合,聚焦深度贫困地区和特殊贫困群众,充分发挥政府、市场和社会协同作用,充分调动贫困地区干部群众的内生动力,确保与全国同步进入全面小康社会。采取产业发展脱贫、转移就业脱贫、易地搬迁脱贫、教育扶贫、健康扶贫、生态保护扶贫、社保兜底扶贫、社会力量扶贫等多种措施,强化到村到户到人精准帮扶。

关键概念

脱贫攻坚　　　　"两不愁、三保障"　　　产业发展脱贫　　　转移就业脱贫
易地搬迁脱贫　　教育扶贫　　　　　　　健康扶贫　　　　　生态保护扶贫
社保兜底扶贫　　社会力量扶贫、全国扶贫日

思考讨论题

1. 为什么要把打赢精准脱贫攻坚战作为全面建成小康社会三大攻坚战之一?
2. 脱贫攻坚的总体要求、基本方略和主要目标是什么?
3. 请结合脱贫攻坚的主要帮扶措施谈谈你的看法和建议。

本篇参考文献

中共中央、国务院,《关于实施乡村振兴战略的意见》,2018 年 1 月。

国家发展和改革委员会,《全国农村经济发展"十三五"规划》,2016 年 10 月。

中共中央办公厅、国务院办公厅,《农村人居环境整治三年行动方案》,2018 年 2 月。

《乡村振兴战略规划(2018—2022 年)》,2018 年 5 月。

韩俊,《新时代乡村振兴的政策蓝图》,《人民日报》,2018 年 2 月 5 日。

陈锡文,《坚持走中国特色农业现代化道路——学习习近平总书记相关论述的几点认识》,《中国农村经济》,2016年第10期。

胡绳,《中国共产党的七十年》,中共党史出版社,1991年。

许世卫等,《当代世界农业》,中国农业出版社,2010年。

国家社会科学基金重点项目（项目号：8201000707）

国家发展战略与宏观政策（下）

徐宪平 等 ◎ 编著

北京大学出版社
PEKING UNIVERSITY PRESS

目 录

第 8 篇 推进新型城镇化

第 27 章 我国城镇化进入转型发展新阶段

27.1 世界城市化发展态势　399
　27.1.1　世界城市化三次浪潮　399
　27.1.2　世界城市化五大态势　400
27.2 我国城镇化发展历程　403
　27.2.1　改革开放前的波动发展阶段(1949—1977 年)　403
　27.2.2　改革开放后的快速发展阶段(1978—2012 年)　403
　27.2.3　十八大以来的转型发展阶段(2013 年至今)　404
27.3 新型城镇化的基本内涵　406
　27.3.1　以人为本、公平共享　407
　27.3.2　四化同步、统筹城乡　407
　27.3.3　优化布局、集约高效　408
　27.3.4　生态文明、绿色低碳　409
　27.3.5　文化传承、彰显特色　409

第 28 章 新型城镇化的目标任务

28.1 主要目标:提升城镇化水平和质量　411
　28.1.1　新型城镇化的五大目标　411
　28.1.2　新型城镇化的主要指标　412
28.2 首要任务:加快农业转移人口市民化　413
　28.2.1　推进符合条件农业转移人口落户城镇　413
　28.2.2　推进基本公共服务覆盖常住人口　415
　28.2.3　建立健全农业转移人口市民化推进机制　417
28.3 主体形态:城市群带动各类城镇协调发展　418
　28.3.1　构建"两横三纵"城镇化战略格局　418
　28.3.2　优化提升东部地区城市群　419
　28.3.3　培育发展中西部地区城市群　420
　28.3.4　增强中心城市辐射带动功能　420
　28.3.5　加快发展中小城市　421
28.4 城市模式:建设可持续发展的新型城市　423
　28.4.1　建设创新城市　423
　28.4.2　建设绿色城市　424
　28.4.3　建设智慧城市　425
　28.4.4　建设人文城市　426

第29章
新型城镇化的制度安排

29.1 人口管理制度 429
29.1.1 依靠全国统一的社会保障号强化人口管理服务 430
29.1.2 建设覆盖全国、安全可靠的国家人口综合信息库 430

29.2 土地管理制度 431
29.2.1 建立城镇用地规模结构调控机制 432
29.2.2 健全节约集约用地制度 432

29.3 资金保障机制 433
29.3.1 拓宽城市建设融资渠道 433
29.3.2 发挥政策性金融作用 433

29.4 城镇住房制度 434
29.4.1 建立多主体供给、多渠道保障、租购并举的住房制度 434
29.4.2 完善促进房地产市场健康发展长效机制 436

29.5 行政管理体制 437
29.5.1 修订设市标准 437
29.5.2 探索新型设市模式 438
29.5.3 推动经济发达镇扩权 440

第9篇
推动区域协调互动发展

第30章
我国区域发展的历程

30.1 我国自然地理条件及其影响 445
30.1.1 我国自然地理的基本特征 445
30.1.2 我国自然地理的综合评价 446

30.2 区域发展理论和实践 447
30.2.1 国外区域发展理论和实践 447
30.2.2 我国区域发展理论和实践 450

30.3 我国区域发展战略演进 451
30.3.1 沿海和内地工业平衡发展阶段（1949—1978年） 451
30.3.2 "先富带后富"非均衡发展阶段（1979—1995年） 453
30.3.3 东中西东北地区协调发展阶段（1996—2012年） 454
30.3.4 板块轴带功能类型协同互动发展阶段（2013年至今） 456

第31章
区域发展总体战略

31.1 推进西部大开发形成新格局 459
31.1.1 优化空间开发新布局 460
31.1.2 构建基础设施新网络 461
31.1.3 筑牢生态安全新屏障 463
31.1.4 发展特色优势产业新体系 464
31.1.5 培育开放开发新优势 465
31.1.6 推动基本公共服务迈上新台阶 466

31.2 加快东北老工业基地振兴 467
31.2.1 完善体制机制：治本之策 469
31.2.2 推进结构调整：主攻方向 470
31.2.3 鼓励创业创新：内生动力 471
31.2.4 保障改善民生：衡量标准 473

31.3 促进中部地区崛起 473
31.3.1 打造全国重要先进制造业中心 474
31.3.2 建设新型城镇化重点区 475
31.3.3 构建现代农业发展核心区 476
31.3.4 创建全国生态文明建设示范区 477
31.3.5 形成全方位开放重要支撑区 477

31.4 实现东部地区率先优化发展 478
31.4.1 更好发挥对全国改革发展的引领支

撑作用 *479*
  - 31.4.2 更大力度打造具有国际影响力的创新高地 *479*
  - 31.4.3 更高层次参与国际经济合作和竞争 *481*
  - 31.4.4 更快步伐推进陆海统筹 *482*

第32章
推动京津冀协同发展

32.1 优化空间布局和功能定位 *485*
  - 32.1.1 空间布局 *485*
  - 32.1.2 功能定位 *485*
32.2 有序疏解北京非首都功能 *486*
  - 32.2.1 建设雄安新区:非首都功能疏解集中承载地 *486*
  - 32.2.2 建设通州新城:北京城市副中心 *487*
32.3 推进重点领域率先突破 *487*
  - 32.3.1 构建一体化现代交通网络 *488*
  - 32.3.2 实行生态环境联防联治 *488*
  - 32.3.3 推动产业升级转移 *488*
  - 32.3.4 推动公共服务共建共享 *489*

第33章
推进长江经济带发展

33.1 生态优先、绿色发展的战略定位和空间布局 *492*
  - 33.1.1 战略定位 *492*
  - 33.1.2 空间布局 *494*
33.2 保护和修复长江生态环境 *495*
  - 33.2.1 保护和改善水环境 *495*
  - 33.2.2 保护和修复水生态 *496*
  - 33.2.3 保护和利用水资源 *497*
  - 33.2.4 有序利用长江岸线资源 *498*
33.3 构建综合立体交通走廊 *498*
  - 33.3.1 提升黄金水道功能 *498*
  - 33.3.2 促进港口合理布局 *499*
  - 33.3.3 完善综合交通网络 *500*
  - 33.3.4 发展联程联运 *501*
33.4 优化沿江产业布局和城镇化格局 *501*
  - 33.4.1 引导产业合理布局和有序转移 *502*
  - 33.4.2 形成大中小结合、东中西联动的新型城镇化格局 *505*

第10篇
构筑现代基础设施网络

第34章
基础设施支撑引领作用

34.1 世界基础设施发展演进 *511*
  - 34.1.1 农耕社会的基础设施 *511*
  - 34.1.2 工业社会的基础设施 *513*
  - 34.1.3 信息社会的基础设施 *514*
34.2 现代基础设施发展方向 *514*
  - 34.2.1 布局网络化 *515*
  - 34.2.2 装备自主化 *516*
  - 34.2.3 技术标准化 *517*
  - 34.2.4 服务一体化 *517*
  - 34.2.5 管理智能化 *518*
  - 34.2.6 投资多元化 *519*

第35章
现代综合交通运输体系

35.1 我国交通运输发展历程 *522*
  - 35.1.1 中华人民共和国成立初期至改革开放前(1949—1978年):恢复发展 *522*

35.1.2 改革开放至21世纪初(1979—2000年):改革发展 523
35.1.3 21世纪初至十八大(2001—2012年):跨越发展 524
35.1.4 十八大以来(2013年至今):融合发展 525

35.2 现代综合交通运输体系发展重点 526
35.2.1 构建内通外联的综合运输通道网络 527
35.2.2 建设现代高效的城际城市交通 530
35.2.3 打造一体衔接的综合交通枢纽 532
35.2.4 推动运输服务绿色智能安全发展 533

第36章
现代能源体系

36.1 我国能源发展历程 537
36.1.1 能源发展恢复奠基阶段(1949—1978年) 538
36.1.2 能源发展产业形成阶段(1979—1999年) 539
36.1.3 能源发展跨越扩张阶段(2000—2012年) 539
36.1.4 能源发展优化升级阶段(2013年至今) 540

36.2 现代能源体系发展重点 542
36.2.1 推动能源结构优化升级 542
36.2.2 构建现代能源储运网络 544
36.2.3 加强智慧能源系统建设 546

第37章
水利基础设施网络

37.1 我国水利基础设施发展历程 548
37.1.1 大规模建设期(1949—1978年) 548
37.1.2 缓慢发展期(1979—1998年) 549

37.1.3 加快发展期(1999—2011年) 549
37.1.4 加速提质期(2012年至今) 550

37.2 水利基础设施网络发展重点 551
37.2.1 优化水资源配置格局 551
37.2.2 完善综合防洪减灾体系 552
37.2.3 夯实农村水利基础设施 553
37.2.4 实施流域水生态综合治理 554

第38章
信息基础设施网络

38.1 我国信息网络发展历程 556
38.1.1 探索发展期(1949—1978年) 557
38.1.2 快速成长期(1979—1985年) 557
38.1.3 发展壮大期(1986—2008年) 558
38.1.4 跨越提升期(2009年至今) 559

38.2 我国信息网络发展重点 560
38.2.1 加速完善新一代高速光纤网络 561
38.2.2 加快建设先进移动宽带网 561
38.2.3 加强信息应用基础设施部署 561
38.2.4 推动全球网络设施建设 562
38.2.5 加快民用空间基础设施建设 562

第11篇
共建共治共享促进社会发展

第39章
推进基本公共服务均等化

39.1 公共服务制度概述 567
39.1.1 主要国家公共服务供给模式 567
39.1.2 我国基本公共服务发展实践 569

39.2 完善基本公共服务体系 571
39.2.1 主要目标:提升公众获得感、幸福感、

安全感 *571*

39.2.2 发展方向:坚持普惠性、保基本、均等化、可持续 *572*

39.2.3 核心任务:健全国家基本公共服务制度 *573*

第 40 章
优先发展教育事业

40.1 教育改革发展概述 *577*
 40.1.1 国际教育改革发展态势 *577*
 40.1.2 我国教育改革发展实践 *579*

40.2 教育现代化发展重点 *583*
 40.2.1 加快基本公共教育均衡发展 *583*
 40.2.2 推进职业教育产教融合 *585*
 40.2.3 提升大学创新人才培养能力 *586*
 40.2.4 建设学习型社会 *587*
 40.2.5 增强教育改革发展活力 *588*

第 41 章
实现更高质量和充分就业

41.1 就业政策概述 *591*
 41.1.1 主要国家的就业政策 *591*
 41.1.2 我国就业政策的演进 *593*

41.2 实施就业优先战略的重点 *595*
 41.2.1 以促进充分就业为优先目标 *596*
 41.2.2 提高公共就业创业服务能力 *597*
 41.2.3 构建和谐劳动关系 *598*

第 42 章
缩小收入分配差距

42.1 我国收入分配制度演进 *601*
 42.1.1 计划经济时期的"平均主义"分配方式 *601*
 42.1.2 社会主义市场经济条件下的收入分配制度改革 *602*

42.2 促进收入分配更合理更有序 *603*
 42.2.1 完善初次分配制度 *603*
 42.2.2 健全再分配调节制度 *606*
 42.2.3 规范收入分配秩序 *606*

第 43 章
完善社会保障体系

43.1 我国社会保障制度发展实践 *609*
 43.1.1 社会保障制度的改革探索(1991—2000 年) *609*
 43.1.2 社会保障制度的框架形成(2001—2007 年) *610*
 43.1.3 城乡社会保障体系的统筹推进(2008—2012 年) *611*
 43.1.4 覆盖城乡居民的社会保障体系基本建立(2013 年至今) *611*

43.2 建设更加公平、更可持续的社会保障制度 *613*
 43.2.1 实施全民参保计划 *613*
 43.2.2 完善社会保险体系 *614*
 43.2.3 健全社会救助体系 *614*
 43.2.4 发展社会福利和慈善事业 *615*

第 44 章
实施健康中国战略

44.1 医疗卫生制度概述 *617*
 44.1.1 典型国家医疗制度 *617*
 44.1.2 我国医药卫生体制改革实践 *618*

44.2 推进健康中国建设重点 *620*
 44.2.1 深化医药卫生体制改革 *621*
 44.2.2 强化基层医疗卫生体系建设 *621*
 44.2.3 全面提升公共卫生服务水平 *622*
 44.2.4 传承发展中医药事业 *622*

44.2.5 大力发展健康产业 *623*
44.2.6 完善人口政策体系 *623*

第 45 章
推动文化事业和文化产业发展

45.1 我国文化体制改革实践 *626*
  45.1.1 文化市场地位得到承认(1978—1991年) *626*
  45.1.2 市场机制作用加大(1992—2001年) *627*
  45.1.3 文化事业和文化产业并举(2002年至今) *628*
45.2 文化事业和文化产业发展重点 *629*
  45.2.1 实施文化精品创作工程 *629*
  45.2.2 完善现代公共文化服务体系 *631*
  45.2.3 构建中华优秀传统文化传承体系 *632*
  45.2.4 培育现代文化产业体系 *634*
  45.2.5 发展对外文化交流体系 *635*

第 46 章
加强和创新社会治理

46.1 我国社会治理发展实践 *638*
  46.1.1 计划经济体制下的社会管理 *638*
  46.1.2 社会主义市场经济条件下的社会治理 *639*
46.2 加强和创新社会治理重点 *641*
  46.2.1 完善社会治理体制 *642*
  46.2.2 完善社会信用体系 *644*
  46.2.3 健全公共安全体系 *645*
  46.2.4 建立国家安全体系 *646*
  46.2.5 强化网络安全保障体系 *647*

第 12 篇
建设生态文明美丽中国

第 47 章
生态文明建设的战略地位

47.1 全球可持续发展大趋势 *653*
  47.1.1 生态环境危机的警示 *653*
  47.1.2 全球环保意识的觉醒 *656*
  47.1.3 绿色发展浪潮的兴起 *657*
47.2 我国生态文明建设演进 *659*
  47.2.1 环境保护基本国策的确立 *659*
  47.2.2 可持续发展战略的出台 *660*
  47.2.3 资源节约型和环境友好型社会的提出 *661*
  47.2.4 社会主义生态文明新阶段的开启 *661*
47.3 我国生态文明建设总体要求 *662*
  47.3.1 生态文明建设的基本方针 *662*
  47.3.2 生态文明建设的基本途径 *662*
  47.3.3 生态文明建设的主要目标 *663*

第 48 章
主体功能区布局

48.1 主体功能区的内涵 *667*
  48.1.1 主体功能区的基本理念 *669*
  48.1.2 主体功能区的开发原则 *670*
48.2 主体功能区的四大空间布局 *671*
  48.2.1 优化开发区 *671*
  48.2.2 重点开发区 *672*
  48.2.3 农产品主产区 *672*
  48.2.4 重点生态功能区 *673*

48.3 主体功能区的三大战略格局 *674*
  48.3.1 "两横三纵"为主体的城市化战略格局 *674*
  48.3.2 "七区二十三带"为主体的农业战略格局 *675*
  48.3.3 "两屏三带"为主体的生态安全战略格局 *676*

48.4 主体功能区的政策保障体系 *677*
  48.4.1 差别化的政策措施 *678*
  48.4.2 分类考核的绩效评价机制 *679*

第49章
资源节约集约利用

49.1 推进能源消费革命 *681*
  49.1.1 深化重点领域节能 *681*
  49.1.2 实行能耗总量和强度"双控" *684*

49.2 建设节水型社会 *685*
  49.2.1 守住水资源管理三条红线 *685*
  49.2.2 实施全民节水行动计划 *686*

49.3 强化土地节约集约利用 *688*
  49.3.1 控制建设用地总量 *688*
  49.3.2 提升节约集约用地水平 *689*

49.4 加强矿产资源节约管理 *690*
  49.4.1 坚持合理开发 *691*
  49.4.2 强化综合利用 *691*

49.5 发展循环经济 *692*
  49.5.1 工业园区的循环经济 *692*
  49.5.2 农业领域的循环经济 *693*
  49.5.3 生活领域的循环经济 *694*

第50章
生态环境保护

50.1 环境污染防治 *696*
  50.1.1 大气污染防治 *696*
  50.1.2 水污染防治 *698*
  50.1.3 土壤污染防治 *699*
  50.1.4 环境风险防控 *700*

50.2 生态保护修复 *702*
  50.2.1 提升生态系统功能 *702*
  50.2.2 推进重点区域生态修复 *707*
  50.2.3 扩大生态产品供给 *708*
  50.2.4 维护生物多样性 *709*

50.3 应对气候变化 *710*
  50.3.1 有效控制温室气体排放 *710*
  50.3.2 实施适应气候变化行动 *712*
  50.3.3 广泛开展国际合作 *712*

第51章
健全生态文明制度体系

51.1 自然资源资产产权制度 *716*
  51.1.1 统一确权登记 *716*
  51.1.2 建立产权体系 *716*
  51.1.3 健全国家自然资源资产管理体制 *717*

51.2 国土空间开发保护制度 *717*
  51.2.1 划定并严守生态保护红线 *717*
  51.2.2 建立国家公园体制 *718*
  51.2.3 建立自然资源监管体制 *719*
  51.2.4 建立空间规划体系 *720*

51.3 资源有偿使用和生态补偿制度 *721*
  51.3.1 资源有偿使用 *722*
  51.3.2 生态补偿机制 *722*

51.4 环境治理体系 *723*
  51.4.1 完善排污许可制度 *723*
  51.4.2 建立污染防治区域联动机制 *724*
  51.4.3 改革环境保护执法体制 *724*

51.5 环境治理和生态保护市场体系 *725*
  51.5.1 发挥市场主体活力 *725*
  51.5.2 推行市场化机制 *726*
  51.5.3 建立绿色金融体系 *726*

51.6 绩效评价考核和责任追究制度 *727*
  51.6.1 生态文明建设目标评价考核 *727*

51.6.2 环境保护督察 *728*
51.6.3 生态环境损害责任追究 *729*

第13篇
形成全面开放新格局

第52章
对外开放的历史地位

52.1 世界文明史是一部开放史 *735*
　52.1.1 大河流域文明的开放特征 *735*
　52.1.2 古典文明的开放特征 *736*
　52.1.3 中世纪文明的开放特征 *737*
　52.1.4 中华文明的开放特征 *737*
52.2 开放是近代大国崛起的必由之路 *739*
　52.2.1 英国的崛起与工业革命 *739*
　52.2.2 美国的崛起与全球秩序 *740*
　52.2.3 日本的崛起与明治维新 *741*
52.3 我国四十年开放的伟大进程 *741*
　52.3.1 沿海率先开放带动沿江沿边内陆开放(1978—2000年) *742*
　52.3.2 加入世界贸易组织后构建全方位开放格局(2001—2012年) *743*
　52.3.3 "一带一路"建设推动形成全面开放新格局(2013年至今) *744*

第53章
完善对外开放战略布局

53.1 优化对外开放区域布局 *748*
　53.1.1 构建内陆开放新机制 *748*
　53.1.2 培育沿边开放新支点 *749*
　53.1.3 建设沿海开放新高地 *750*
　53.1.4 深化内地和港澳、大陆和台湾地区合作 *751*
53.2 推进贸易强国建设 *752*
　53.2.1 加快对外贸易优化升级 *753*
　53.2.2 促进出口市场和结构多元化 *753*
　53.2.3 培育对外贸易新业态新模式 *755*
　53.2.4 深化国内自由贸易试验区改革 *756*
53.3 提升利用外资和对外投资水平 *757*
　53.3.1 积极有效利用外资 *757*
　53.3.2 完善境外投资管理体制 *760*
53.4 推进国际产能和装备制造合作 *761*
　53.4.1 重点领域和合作方向 *761*
　53.4.2 重点国别和重大项目 *763*

第54章
推进"一带一路"建设

54.1 "一带一路"建设的基本理念 *765*
　54.1.1 丝路精神 *765*
　54.1.2 三大原则 *766*
　54.1.3 "五路"愿景 *766*
54.2 "一带一路"建设的主要内容 *767*
　54.2.1 五大走向 *767*
　54.2.2 六大走廊 *768*
　54.2.3 "五通"合作 *770*
54.3 "一带一路"建设的合作机制 *772*
　54.3.1 多双边合作机制 *772*
　54.3.2 "1+4"合作模式 *773*
　54.3.3 金融合作平台 *774*

第55章
推动构建人类命运共同体

55.1 推动建设新型国际关系 *776*
　55.1.1 以相互尊重为基础 *776*

55.1.2　以公平正义为准则　*777*
　　55.1.3　以合作共赢为目标　*777*
55.2　维护发展开放型世界经济　*778*
　　55.2.1　支持多边贸易体制　*778*
　　55.2.2　促进自由贸易区建设　*778*
　　55.2.3　推动完善国际经济治理体系　*780*

55.3　积极承担国际责任和义务　*781*
　　55.3.1　扩大对外援助力度　*781*
　　55.3.2　维护国际公共安全　*781*

后记　*785*

第 8 篇

推进新型城镇化

马克思曾经指出，对传统社会来说，社会整体变迁意义的进步，莫过于城市社会取代农业社会。城镇化是伴随工业化发展，第二、第三产业向城镇集聚，乡村人口向城镇转移，城镇规模不断扩大，城镇数量不断增加的自然历史过程。从工业革命以来的人类发展史看，城镇化是工业化、现代化进程中社会变迁的一种反映，是人类社会发展的客观趋势，是国家现代化的重要标志。城镇化作为一种社会历史现象，既是物质文明的果实，也是精神文明的家园。

世界银行《2009年世界发展报告：重塑世界经济地理》开篇写道：过去的两个世纪，城市的增长、人口的迁移和活跃的贸易，是发达世界进步的主要催化剂；今天，在发展中世界最具活力的经济体，如中国、印度，这一传奇正在重演。新世纪之初，美国经济学家、诺贝尔经济学奖获得者约瑟夫·斯蒂格利茨预言：美国的高科技和中国的城镇化是21世纪对人类影响最大的两件事。

习近平同志指出：在我们这样一个13亿人口的发展中大国实现城镇化，在人类发展史上尚无先例。我国至今仍然实行城乡分割的户籍制度，这是城乡二元体制的症结，也是城市内部二元矛盾的根源。新型城镇化的核心是以人为本，逐步破除城乡二元体制与矛盾，有序推进农民转移人口市民化，稳步推进城镇基本公共服务常住人口全覆盖，促进人的全面发展和社会公平正义，使全体居民共享改革发展成果。当今中国，新型城镇化与新型工业化、信息化、农业现代化同步发展，是现代化建设的核心任务和内在动力。

第 27 章
我国城镇化进入转型发展新阶段

我国城镇化是在人口多、资源相对短缺、生态环境比较脆弱、城乡区域发展不平衡的背景下推进的,这决定了我们既要从国际视野出发,遵循一般规律,汲取世界城镇化发展的经验教训,更要从基本国情出发,把握特殊规律,走出一条中国特色新型城镇化道路。

27.1 世界城市化发展态势

城市作为一种聚落形态,已有数千年的历史,但城市化却只有工业革命以来的几百年历史。1800 年世界城市化率只有 3%,经过三次城市化浪潮,世界城市化率已提高到 2017 年的 54.7%,而且仍在持续较快提高。

27.1.1 世界城市化三次浪潮

第一次城市化浪潮,从 18 世纪 50 年代开始持续到 19 世纪末期,主要发生在以英国为代表的欧洲地区,是城市化刚刚兴起的阶段。英国城市化起步于 18 世纪 50 年代,1750 年英国的城市化率只有 17%,19 世纪中叶成为世界上第一个城市化率超过 50% 的国家。法国城市化起步于 19 世纪初,直到 20 世纪 30 年代城市化率才达到 50%。德国城市化起步比英、法等国晚,但速度较快,到 19 世纪末城市化率已超过 50%。1900 年世界城市化率达到 14% 左右。

第二次城市化浪潮,从 19 世纪 60 年代持续到 20 世纪 60 年代,

城市的起源
美国社会哲学家刘易斯·芒福德的著作《城市发展史:起源、演变和前景》提到,城市的起源至今还不甚了然,它的发展史,相当大一部分还埋在地下,或已被消磨得难以考证了,而它的发展前景又是那样难以估量。一般认为,最早的城市出现在公元前 3000 年左右的尼罗河流域、两河流域、黄河流域或美洲地区。

主要发生在以美国为代表的北美洲地区,是城镇化局部发展阶段。受工业革命影响,数以亿计的人从农村迁移到城市。1860年美国城镇化率约为20%,1960年达到70%。经过此次城市化浪潮,1960年世界城市化率达到33.6%,进入较快发展阶段。

第三次城市化浪潮,从20世纪中叶至今,主要发生在亚洲和拉美等国家,是城镇化快速发展阶段。日本城市化从1920年开始快速推进,1975年达到75.7%,基本完成城市化历程,2016年达到93.9%。巴西等国城市化迅速推进,甚至出现了"过度城市化"问题。2010年前后世界城市化率跨过50%的分界线,向"城市世界"迈进。

27.1.2 世界城市化五大态势

虽然各国城市化人口、技术和制度条件差异很大,但都遵循一般规律,许多国家也采取了相似的政策选择,城市化发展态势中呈现出一些共性特征。[①]

城市人口持续增长。2015年世界约有39.6亿人生活在城市地区,占世界人口的53.8%,预计到2025年将有58.2%约47.1亿人生活在城市,增加了7.5亿人。未来,城镇人口的增长主要集中在亚洲和非洲,从1995年到2015年的20年间,亚洲城镇人口增长超过9亿人,占全球新增城镇人口的65%,预计未来10年仍将增长4.5亿人以上。

城市人口向大城市集聚。1990年全球有21个特大城市(人口500万—1 000万的城市)和10个超大城市(人口1 000万以上的城市),到2015年,全球有44个特大城市和29个超大城市,总量均翻了一番以上。据联合国有关预测,2011—2025年间,人口继续向大城市集中,100万以上城市人口比重将提高7.6个百分点,1 000万以上城市人口比重将提高3.7个百分点,而50万以下城市人口比重将下降8.5个百分点。预计到2025年,全球超大城市数量将有37个,其中亚洲将达到22个。世界城镇人口增长情况、城镇人口在不同规模城市间的分布见图27.1、图27.2。

---

① 根据联合国经济和社会事务部《世界城镇化展望2014》、人居环境署《城市报告2016》总结整理。

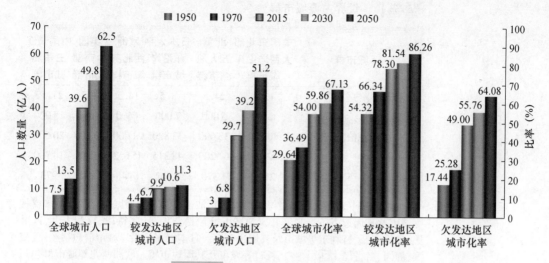

图 27.1 世界城镇人口的增长情况

资料来源:《2016 年联合国城市报告》。

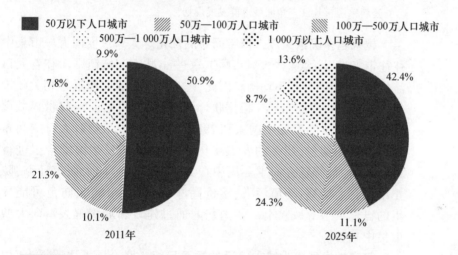

图 27.2 城镇人口在不同规模城市间的分布(2011 年、2025 年)

资料来源:联合国经济和社会事务部人口司。

城市群主导的城市化浪潮方兴未艾。 城市群已成为发达国家城市化发展的主体形态,以及各国人口居住和就业创业的密集区及支撑经济发展、参与国际竞争的大平台。美国东北部大西洋沿岸城市群、北美五大湖城市群、日本太平洋沿岸城市群、欧洲西北部城市群、英国中南部城市群、中国长江三角洲城市群等世界主要城市群已经成为全球经济发展、技术创新和国际贸易的主导区域(见表 27.1)。

城市群

1957 年,法国地理学家戈特曼提出了城市群的概念。戈特曼在研究美国东北部沿海城市时发现,这些城市沿主要交通干线连绵分布,产业高度集聚,城市之间联系密切。世界其他城镇化地区也存在类似现象,这是城镇化的一种空间形态。

表 27.1　世界主要城市群

城市群	美国东北部大西洋沿岸城市群	北美五大湖城市群	日本太平洋沿岸城市群	欧洲西北部城市群	英国中南部城市群	中国长江三角洲城市群
面积（万平方公里）	13.8	24.5	3.5	14.5	4.5	21.17
人口（万人）	6 500	5 000	7 000	4 600	3 650	15 000
国内生产总值（亿美元）	40 320	33 600	33 820	21 000	20 186	20 600
人均国内生产总值（美元）	62 030	67 200	48 315	45 652	55 305	13 700
地均国内生产总值（美元）	2 920	1 370	9 662	1 448	4 485	973

注：美国东北部大西洋沿岸城市群包括波士顿、纽约、费城、巴尔的摩、华盛顿等城市及其周边市镇。北美五大湖城市群包括芝加哥、底特律、克利夫兰、匹兹堡、多伦多、蒙特利尔等城市及其周边市镇。日本太平洋沿岸城市群包括东京、横滨、静冈、名古屋、大阪、神户、长崎等城市及其周边市镇。欧洲西北部城市群包括巴黎、阿姆斯特丹、鹿特丹、海牙、安特卫普、布鲁塞尔、科隆等城市及其周边市镇。英国中南部城市群包括伦敦、伯明翰、利物浦、曼彻斯特、利兹等城市及其周边市镇。中国长江三角洲城市群包括上海、南京、苏州、浙江、宁波等 26 个城市。

资料来源：《长江三角洲城市群发展规划》。

越来越多国家关注人口空间布局优化。人口过度向大城市集中往往带来难以治愈的"大城市病"，一些小城市和城镇则面临着人口流失，人口空间分布不均衡。因此，越来越多国家希望通过相关政策优化调整人口空间布局。根据联合国《世界人口政策》和《世界城镇化展望》，58%的发展中国家和29%的发达国家希望对人口空间布局进行大幅调整，28%的发展中国家和43%的发达国家希望进行小幅改动，且调整方向主要集中在如何减少人口向大城市迁移，防止出现交通堵塞、环境污染、房价高涨等"大城市病"，防范可能发生的自然灾害等风险上。各国普遍通过建设新城缓解人口向大城市集中趋势。

包容性发展成为城市建设的重要目标。联合国人居署提出"包容城市"的主题。包容性城市强调城市发展在经济、社会、治理、文化等领域的均衡和统一，强调城市发展过程中公平和效率的内在一致。包容性城市建设的关键，在于构建高水平的社会服务体系，而社会服务均等化又是完善社会服务体系的核心。这有助于解决城市社会"碎片化"问题，弥合"城市鸿沟"。2010年上海世博会提出"城市让生活更美好"，"美好"不应是一部分人的，而应惠及全体居民，"美好"也不应只是经济上的，更应实现经济、社会、环境的全面发展，这是包容性城市建设的形象表述。

27.2 我国城镇化发展历程

城镇化是现代化的必由之路,健康有序的城镇化,将有利于释放内需的巨大潜力,有利于提高劳动生产率,有利于破解城乡二元结构,有利于促进社会公平和共同富裕。我国城镇化经历了一个起点低、速度快的发展过程,大致分为三个阶段。

27.2.1 改革开放前的波动发展阶段(1949—1977年)

中华人民共和国成立初期国民经济快速恢复,吸引农村人口转移到城镇,但随后出现了"大跃进"和"文化大革命",国民经济逐步走向崩溃边缘,支撑城镇化的经济主动力变弱。从制度环境和政策条件看,1951年《城市户口管理暂行条例》规定,公民户口可以在城乡间自由迁移;1954年《中华人民共和国宪法》第90条规定:"中华人民共和国公民有居住和迁徙的自由",支持农村人口进城务工和居住。但1958年出台的《户口登记条例》开始对人口迁移进行限制,后又通过粮票等各种票证控制人口进城,土地管理、基本公共服务供给等也逐渐与户籍挂钩,进一步加大限制人口进城的力度,1975年修改《中华人民共和国宪法》时取消了迁徙自由,1978年、1982年修改的《中华人民共和国宪法》也没有恢复这一条款。再加上"文化大革命"期间采取的知识青年"上山下乡"的做法,使得数千万城市知识青年来到农村,出现了不该在城镇化初期发生的"逆城镇化"。这一阶段的城镇化出现了较为明显的波动。1949年,我国城镇化率为10.6%,1960年达到19.8%,其后又出现了下跌和缓慢恢复,1978年城镇化率为17.9%,30年间仅提高了7.3个百分点。

城镇化率

城镇化率=城镇人口/总人口。城镇人口与城镇界定密切相关。世界各国关于城镇(市)的界定并没有统一标准,大体上可以分为根据人口规模定义、根据功能定义以及根据地域特征定义。直到2000年开展第五次全国人口普查前,我国城镇人口一般是指非农人口,城镇化率相应是非农人口与总人口的比值。2000年我国将城镇化率调整为城镇常住人口与总人口的比值,相比以前的非农口径,增加了在城镇常住六个月以上的人口。

27.2.2 改革开放后的快速发展阶段(1978—2012年)

随着经济的快速增长和工业化的推进,城乡间人口流动限制不断放松,城镇化快速发展。从经济发展看,1978—2012年,我国国内生产总值从0.36万亿元增长到54.03万亿元,非农就业人数从1.18亿人增加至5.09亿人,吸纳数亿农村人口进城务工生活。从制度和政策条件看,农村改革改善农民生计,乡镇企业兴起带动小城镇发展,1980年后"小城镇,大战略"成为政策方向。1984年国务院印发《关于农民进入集镇落户问题的通知》,允许务工、经商、办服务业的农民自理口粮到集镇落户。1990年出台的《城市规划法》规定,严格控制大城市(指城区人口在50万人以上的城市)规模,合理发展中等城市和小城市。"十五"计划提出"走符合我国国情、大中小城市和小城镇协调发展的道路"。2011年,国务院办公厅印发《关于积极稳妥推进户籍管理制度改革的通知》,主要放开了县级市及以下城镇的落户限制。这一阶段,城镇人口迅速增加。1978—2012年,城镇人口从1.72亿人增加到7.12亿人,城镇化率从17.9%提升到52.6%。城市数量从1978年的193个增加到2010年的658个,建制镇数量从2 173个增加到19 410个(见表27.2)。城市基础设施和公共服务水平明显提高。

表27.2 我国城市规模分布情况变化   单位:个

城镇类型	1978年	2010年
城市	193	658
1 000万以上人口城市	0	6
500万—1 000万人口城市	2	10
300万—500万人口城市	2	21
100万—300万人口城市	25	103
50万—100万人口城市	35	138
50万人口以下城市	129	380
建制镇	2 173	19 410

资料来源:《国家新型城镇化规划(2014—2020年)》。

27.2.3 十八大以来的转型发展阶段(2013年至今)

党的十八大提出要坚持走中国特色新型工业化、信息化、城镇化、农业现代化道路。中国特色新型城镇化道路的核心是以人为本,关键是提升质量。这是基于国内外客观条件的变化作出的重大选择。从国际环境看,2008年爆发的全球金融危机打破了原有的分工格局,发达国家提供市场和技术、新兴经济体提供制成品、能源输出国提供资源的分工链条被斩断,发达国家开始谋求再工业化,经济进入再平衡阶段,产业格局面临再调整,国际市场争夺、资源供求矛盾和减少污染物排放压力加大,传统高投入、高消耗、高排放的工业化、城镇化发展模式难以为继。从国内条件看,我国农业剩余劳动力逐步减少,这一群体是前一阶段城镇人口增长的主体,随着我国进入"刘易斯区间",劳动力供给成本上升、速度趋缓,再加上资源环境瓶颈制约日益加剧、城市内部二元结构矛盾日益凸显,主要依靠劳动力廉价供给、土地等资源粗放消耗、压低公共服务成本推动城镇化发展模式已不可持续,城镇化进入了质量与速度并重,以提升质量为主的转型发展阶段。2013年11月,十八届三中全会明确提出,完善城镇化健康发展体制机制,坚持走中国特色新型城镇化道路,推进以人为核心的城镇化。

专栏27.1
刘易斯区间

诺贝尔经济学奖获得者阿瑟·刘易斯分析了农业劳动力向非农部门转移的规律,提出"刘易斯区间"的概念。二元经济国家的发展过程,是现代工业部门相对传统农业部门的扩张过程,在这个过程中有两个拐点(见图27.3):第一个拐点(图中L_1)之前,农业劳动力存在无限供给,工业部门可以用极低的工资水平吸引农业劳动力转移;第二个拐点(图中L_3)之后,随着农业劳动生产率的上升,城乡劳动力市场实现一体化,二元经济结构消失。在两个拐点之间的发展阶段,随着农业剩余劳动力的减少,工资水平开始上升,称作"刘易斯区间"(图中阴影区域)。我国第一个拐点出现在2010年前后,以劳动力结构性短缺和农民工工资进入上升通道为标志。但到2017年第一产业就业人员仍有2.09亿人,城乡劳动生产率仍然存在较大差异,农村仍然存在大量剩余劳动力,距离第二个拐点的到来还有相当长一段时间,正处于"刘易斯区间"。

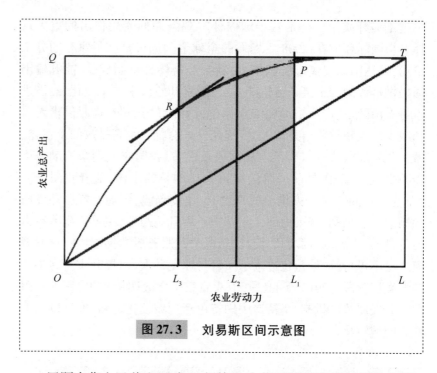

图 27.3 刘易斯区间示意图

回顾中华人民共和国成立尤其是改革开放以来的城镇化历程，在取得巨大成就的同时，也存在一些突出矛盾和问题，主要表现在：大量农业转移人口[①]难以融入城市社会，市民化进程滞后；土地城镇化快于人口城镇化，建设用地粗放低效；城镇空间分布和规模结构不合理，与资源环境承载能力不匹配；规划建设管理水平不高，"大城市病"问题日益突出；自然历史文化遗产保护不力，城乡建设缺乏特色。特别是，我国长期实行城乡分割的户籍、土地以及与之配套的社会保障制度，固化了城乡二元结构和城乡利益失衡格局。财税、金融、行政管理体制不健全，也影响了城镇化健康发展。这是推进新型城镇化必须面对和解决的突出问题。

27.3 新型城镇化的基本内涵

2010 年后，我国城镇化率跨越 50% 的历史性节点，由几千年的农业社会迈向城市社会。为推动城镇化健康发展，2013 年 12 月，中央召开改革开放以来的首次城镇化工作会议；2014 年 3 月，党中央、国务院印发《国家新型城镇化规划（2014—2020 年）》；2015 年 12 月，

---

① 农业转移人口是农民工及其随迁家属的统称。

召开中央城市工作会议;2016年2月,国务院印发《关于深入推进新型城镇化建设的若干意见》,明确必须走"以人为本、四化同步、优化布局、生态文明、文化传承"的中国特色新型城镇化道路。

27.3.1 以人为本、公平共享

我国城镇化中的最大问题是城镇人口中包含了大量农业转移人口,2017年,全国农民工总量2.87亿人,其中外出农民工1.72亿人,这个群体已经成为我国产业工人的主体,超过2.3亿农民工及其随迁家属已被统计为城镇人口,但这些人未能在其工作、生活的城镇落户,也未能在教育、就业、医疗、养老、保障性住房等方面享有与城镇居民同等的基本公共服务。截至2017年年末,外出农民工参加城镇职工基本养老保险、基本医疗保险、失业保险和工伤保险的比例分别为36.1%、36.2%、28.5%、45.4%。[①] 农民工工作、生活在城市,身份依然是农民,处于一种"城市待不下,农村回不去"的迷失状态[②],城镇内部出现新的二元矛盾。推动农业转移人口融入城镇,着力解决"半市民化"问题,成为新型城镇化的首要任务。新型城镇化的核心是以人为本,着力实现公平共享,这需要合理引导人口流动,有序推进农业转移人口市民化,稳步推进城镇基本公共服务常住人口全覆盖,不断提高人口素质,促进人的全面发展和社会公平正义,使全体居民共享现代化建设成果。

27.3.2 四化同步、统筹城乡

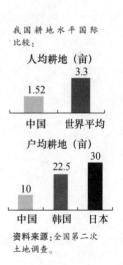

我国耕地水平国际比较:

资料来源:全国第二次土地调查。

从国际经验看,工业化是城镇化的主要推动力。在我国经济社会发展过程中,工业化一直在领跑,城镇化、农业现代化滞后于工业化发展,信息化正在迎头赶上。城镇化滞后于工业化发展,主要表现为经济集聚水平与人口集聚水平不相适应。农业现代化滞后于工业化发展,主要表现为农业生产经营规模化、集约化、专业化和社会化服务程度不高,农业科技水平不高,加之人多地少导致的农业比较效益低下。要根本解决"两个滞后"的问题,就要逐步破除城乡分割的二元体制,建立健全"四化同步"发展的新体制新机制。我国的工业

---

① 农民工参保人数数据来自人社部《2017年社保事业发展公报》,外出农民工人数数据来自国家统计局《2107年农民工监测报告》,生育保险农民工参保数据人社部无统计。
② 引自吕途,《中国新工人迷失与崛起》,法律出版社,2013年。

化、城镇化还在深入推进之中,信息化时代的来临为我们推动"四化同步"带来巨大的后发优势。大数据、云计算、物联网、移动互联网等新一代信息技术的广泛应用,为工业化、城镇化、农业现代化发展注入新的元素。以数字化、智能化、网络化为特征的信息化,将重构工业体系和产业组织形态,实行智慧城市管理运行模式,形成集约化、精细化的农业生产经营方式,从而大幅度地节约资源、降低成本、提高效率,为经济转型升级开辟新的广阔空间。这是我们面临的历史性机遇,必须牢牢抓住。推进四化同步、统筹城乡,就是要推动信息化和工业化深度融合、工业化和城镇化良性互动、城镇化和农业现代化相互协调,促进城镇发展与产业支撑、就业转移和人口集聚相统一。

27.3.3 优化布局、集约高效

我国城镇化布局与资源环境承载能力之间的矛盾日渐突出,东部一些城镇密集地区资源环境约束趋紧,中西部一些资源环境承载能力较强地区的城镇化潜力尚有待挖掘。更为突出的是,土地城镇化快于人口城镇化,建设用地粗放低效。一些城市"摊大饼"式扩张,过分追求宽马路、大广场,新城新区、开发区和工业园区占地过大,造成建成区人口密度偏低。2000—2015年,城镇建成区面积增长了约113%,远高于城镇人口59%的增长幅度①,城镇人口密度不断下降,每平方公里承载的人口约8 000人,与国家规定的标准相差2 000人。而且,还出现了城乡建设用地"双增长"格局,2000—2015年,农村人口减少了2.05亿人,农村居民点用地却增加了0.39亿亩。一些地方过度依赖土地出让收入和土地抵押融资推进城镇建设,加剧了土地粗放利用,浪费了大量耕地资源,威胁到国家粮食安全和生态安全,也加大了地方政府性债务等财政金融风险。优化布局是新型城镇化的应有之义。优化布局、集约高效,从宏观上看,就是要根据资源环境承载能力构建科学合理的城镇化宏观布局,以综合交通网络和信息网络为依托,科学规划建设城市群,提高国土空间利用效率。从微观上看,就是要严守耕地红线,合理控制城市开发边界,优化城市内部空间结构,促进城市紧凑发展。

---

① 引自《全国国土规划纲要(2016—2030年)》。

27.3.4 生态文明、绿色低碳

走向可持续发展是世界各国的共同追求,更是建设美丽中国的内在要求,成功的城镇化必须是人与自然和谐相处的城镇化。但我国一些城市重经济发展、轻环境保护,各类环境灾害和公共安全事件频发,基本公共服务供给能力较低,城市污水和垃圾处理能力不足,城中村和城乡接合部等外来人口集聚区人居环境较差。据《2017年中国环境状况公报》,全国338个地级及以上城市中,有99个城市环境空气质量达标,占全部城市数的29.3%;239个城市环境空气质量超标,占70.7%。1940个水质断面(点位)中,优良(Ⅰ—Ⅲ类)水质比例为67.9%,劣Ⅴ类水质比例为8.3%。而且,"大城市病"不断蔓延,高德地图通过大数据分析显示,2016年全国1/3以上城市高峰通勤受到拥堵威胁,其中32个城市高峰交通拥堵延时指数(出行旅行时间/畅通旅行时间)超过1.8;45个主要城市中,82%的城市同比2015年拥堵加重。生态文明是新型城镇化的内在要求,坚持生态文明、绿色低碳,就是要树立和践行绿水青山就是金山银山的理念,把生态文明理念全面融入城镇化进程,着力推进绿色发展、循环发展、低碳发展,节约集约利用土地、水、能源等资源,强化环境保护和生态修复,减少对自然的干扰和损害,推动形成绿色低碳的生产生活方式和城市建设运营模式。

27.3.5 文化传承、彰显特色

当今世界正处于大发展大变革大调整时期,文化在综合国力竞争中的地位和作用更加凸显。中华文化源远流长,是无比珍贵的财富,也是我们屹立世界民族之林的重要支撑。城市是文化融合的平台,是人们的精神家园。但城镇建设中出现了不少问题,城市建设缺乏特色、风格单调,"千城一面"现象较为突出;一些城市建设贪大求洋、追求视觉效果;一些城市景观与所处区域的自然地理特征和历史文化特征不协调,传统建筑、历史文化街区在迅速消失。有的地方在新农村建设中,简单用城市元素与风格取代传统民居和田园风光,导致乡土特色和民俗文化流失。文化是城市的灵魂,城市的形成是历史的积累和沉淀。文化传承是新型城镇化应有的品质风貌,坚持文化传承、彰显特色,就是要根据不同地区的自然历史文化禀赋,体现区域差异性，提倡形态多样性，防止千城一面，发展有历史记忆、文化脉络、地域风貌、民族特点的美丽城镇，形成符合实际、各具特色的城镇化发展模式。

内容小结

本章论述了我国城镇化进入转型发展新阶段。从世界城市化态势看，主要经历了三次浪潮，而今呈现五大趋势：城市人口持续增长、城市人口向大城市集聚、城市群主导的城市化浪潮方兴未艾、越来越多国家关注人口空间布局优化、包容性发展成为城市建设的重要目标。

从我国城镇化历程看，大致分为改革开放前波动发展、改革开放后快速发展、十八大以来转型发展三个阶段。坚持走中国特色新型城镇化道路，基本内涵是以人为本、公平共享、四化同步、统筹成乡、优化布局、集约高效、生态文明、绿色低碳，文化传承、彰显特色。

关键概念

城市化　　　　　　城镇化　　　　　　　　世界城市化态势
我国城镇化历程　　中国特色新型城镇化道路

思考讨论题

1. 世界城市化发展的主要阶段和特点是什么？
2. 我国城镇化发展面临哪些突出问题？
3. 谈谈你对中国特色新型城镇化道路的认识。

第 28 章
新型城镇化的目标任务

按照国家新型城镇化规划和"十三五"规划的部署要求,以提高城镇化水平和质量为目标导向,以加快农民工市民化为首要任务,以城市群为主体形态,建设可持续发展的新型城市。

28.1 主要目标:提升城镇化水平和质量

坚持以人的城镇化为核心、以城市群为主体形态、以城市综合承载能力为支撑、以体制机制创新为保障。到 2020 年全面建成小康社会时,城镇化水平和质量明显提高,城镇化健康有序发展,发展方式进一步转变,体制机制进一步健全,新型城镇化顺利推进。

28.1.1 新型城镇化的五大目标

城镇化水平和质量稳步提升。城镇化健康有序发展,常住人口城镇化率达到 60% 左右,户籍人口城镇化率达到 45% 左右,户籍人口城镇化率与常住人口城镇化率差距缩小 2 个百分点左右,努力实现 1 亿左右农业转移人口和其他常住人口在城镇落户。

城镇化格局更加优化。"两横三纵"为主体的城镇化战略格局基本形成,城市群集聚经济、人口能力明显增强,东部地区城市群一体化水平和国际竞争力明显提高,中西部地区城市群成为推动区域协调发展的新的重要增长极。城市规模结构更加完善,中心城市辐射

> **两个城镇化率**
> 常住人口城镇化率是指城镇常住人口(在城镇居住六个月以上的人口)占总人口的比重。户籍人口城镇化率是指城镇户籍人口占总人口的比重。两者的差别是常住人口不能与户籍人口平等享有城镇基本公共服务。

带动作用更加突出,中小城市数量增加,小城镇服务功能增强。

城市发展模式科学合理。密度较高、功能混用和公交导向的集约紧凑型开发模式成为主导,人均城市建设用地严格控制在100平方米以内,建成区人口密度逐步提高。绿色生产、绿色消费成为城市经济生活的主流,节能节水产品、再生利用产品和绿色建筑比例大幅提高。城市地下管网覆盖率明显提高。

城市生活和谐宜人。稳步推进义务教育、就业服务、基本养老、基本医疗卫生、保障性住房等城镇基本公共服务覆盖全部常住人口,基础设施和公共服务设施更加完善,消费环境更加便利,生态环境明显改善,空气质量逐步好转,饮用水安全得到保障。自然景观和文化特色得到有效保护,城市发展个性化、城市管理人性化、智能化。

城镇化体制机制不断完善。户籍管理、土地管理、社会保障、财税金融、行政管理、生态环境等制度改革取得重大进展,阻碍城镇化健康发展的体制障碍基本消除。

28.1.2 新型城镇化的主要指标

2014年3月印发的《国家新型城镇化规划(2014—2020年)》明确提出了18个新型城镇化主要指标,涉及城镇化水平、基本公共服务、基础设施、资源环境四个方向(见表28.1)。

表28.1 新型城镇化的主要指标

指标	2012年	2020年
城镇化水平		
常住人口城镇化率(%)	52.57	60左右
户籍人口城镇化率(%)	35.29	45左右
基本公共服务		
农民工随迁子女接受义务教育比例(%)	80.2	≥98
城镇失业人员、农民工、新成长劳动力免费接受基本职业技能培训覆盖率(%)		≥95
城镇常住人口基本养老保险覆盖率(%)	66.9	≥90
城镇常住人口基本医疗保险覆盖率(%)	95	98
城镇常住人口保障性住房覆盖率(%)	12.5	≥23
基础设施		
百万以上人口城市公共交通占机动化出行比例(%)	45*	60

(续表)

指标	2012年	2020年
城镇公共供水普及率(%)	81.7	90
城市污水处理率(%)	87.3	95
城市生活垃圾无害化处理率(%)	84.8	95
城市家庭宽带接入能力(Mbps)	4	≥50
城市社区综合服务设施覆盖率(%)	73	100
资源环境		
人均城市建设用地(平方米)		≤100
城镇可再生能源消费比重(%)	8.7	13
城镇绿色建筑占新建建筑比重(%)	2	50
城市建成区绿地率(%)	37.2	38.9
地级以上城市空气质量达到国家标准的比例(%)	40.9	60

注：① *为2011年数据。② 城镇常住人口基本养老保险覆盖率指标中，常住人口不含16周岁以下人员和在校学生。③ 城镇保障性住房：包括廉租住房、公共租赁住房、经济适用住房和棚户区改造等。④ 人均城市建设用地：国家《城市用地分类与规划建设用地标准》规定，人均城市建设用地标准为65.0—115.0平方米，新建城市为85.1—105.0平方米。⑤ 城市空气质量国家标准：在2000年标准基础上，增设了PM2.5浓度限值和臭氧8小时平均浓度限值，调整了PM10、二氧化氮、铅等浓度限值。

28.2 首要任务：加快农业转移人口市民化

推进农业转移人口市民化是新型城镇化的首要任务，要统筹推进户籍制度改革和基本公共服务均等化，推动更多人口融入城镇。

28.2.1 推进符合条件农业转移人口落户城镇

长期以来，我国农业人口只有通过升学、参军或婚姻等方式转为非农业户口。2014年取消城乡二元户籍制度、实行统一的户籍登记制度，却没有改变户籍背后附着的基本公共服务差异，也没有解决户籍在城乡区域间方便迁移问题。放宽落户限制,降低落户门槛,采取差别化落户政策,主要体现在不同规模城市落户条件有差异。以合法稳定就业和合法稳定住所(含租赁)等为前置条件,全面放开建制镇和小城市落户限制,有序放开50万—100万人口中等城市落户限制,合理放开100万—300万人口大城市落户限制,合理确定300万—500万人口大城市落户条件,严格控制500万人口以上的特大城市人口规模。大中城市可设置参与城镇社会保险年限的要求,但最高年限不得超过5年。特大城市可采取积分制等方式设置阶梯式落户通道调控落户规模和节奏。随着落户进程的推进和各种新情况的出现,各类城市落户门槛不断降低,这通过2014年、2016年落户政策比较可以清楚地体现出来(见表28.2)。

城市规模划分标准

为准确反映城市发展实际,2014年11月,国务院印发《关于调整城市规模划分标准的通知》,对1980年制定的标准进行了调整,具体是:

城市分类		1980年标准(城区人口)	新标准(城区人口)
超大城市			1000万以上
特大城市		100万以上	500万—1000万
大城市	Ⅰ型	50万—100万	300万—500万
	Ⅱ型		100万—300万
中等城市		20万—50万	50—100万
小城市	Ⅰ型	20万以下	20万—50万
	Ⅱ型		20万以下

表28.2 不同规模城市落户条件设置

类型	2014年规定	2016年规定
超大城市和特大城市	严格控制特大城市人口规模,改进城区人口500万以上的城市现行落户政策,建立完善积分落户制度。	区分城市的主城区、郊区、新区等区域,分类制定落户政策,重点解决符合条件的普通劳动者落户问题。
大城市和中等城市	在Ⅱ类大城市合法稳定就业达到一定年限并有合法稳定住所(含租赁),同时参加城镇社会保险达到一定年限的人员,可以在当地申请登记常住户口。Ⅰ类大城市,要适度控制落户规模和节奏。城市综合承载能力压力大的地方,可对合法稳定就业的范围、年限和合法稳定住所(含租赁)的范围、条件等作出具体规定;其他城市可全面放开落户限制。	大中城市均不得采取购买房屋、投资纳税等方式设置落户限制,城区常住人口300万以下的城市不得采取积分落户方式。
小城市和镇	全面放开建制镇和小城市落户限制,有合法稳定住所(含租赁)的人员,本人及其共同居住生活的配偶、未成年子女、父母等,可以申请登记常住户口。	

资料来源:根据国务院《关于进一步促进户籍制度改革的意见》和《关于深入推进新型城镇化建设的若干意见》整理。

> **专栏 28.1**
> **外出农民工去向分布**
>
> 根据《2015年全国农民工监测调查报告》,外出农民工有8.6%分布在直辖市,22.6%分布在省会城市,35.1%分布在地级市,33.3%分布在县级市和小城镇(见表28.3)。与2009年相比,地级及以上城市农民工比例有所上升,提高了3个百分点。
>
> **表28.3　外出农民工分布**　　　　　　　　　　单位:%
>
> | | 2009年 | 2012年 | 2015年 |
> | --- | --- | --- | --- |
> | 直辖市 | 9.1 | 10 | 8.6 |
> | 省会城市 | 19.8 | 20.1 | 22.6 |
> | 地级市 | 34.4 | 34.9 | 35.1 |
> | 县级市 | 18.5 | 23.6 | 33.3 |
> | 建制镇 | 13.8 | 9.0 | — |
> | 其他 | 4.4 | 2.4 | 0.4 |

28.2.2　推进基本公共服务覆盖常住人口

2015年12月,国务院发布《居住证暂行条例》,作为与户籍制度改革相互配套、相向而行的重大制度设计。《居住证暂行条例》规定,异地居住生活六个月以上的公民可以领取居住证,享有相应的基本公共服务和办事便利。

保障随迁子女平等享有受教育权。目前农民工随迁子女在公办学校就读比例约为80%,有些仅为40%左右,入读民办学校每学期收费达数千元,给农民工带来较大负担;随迁子女在当地参加高考的比例较低。将农民工随迁子女义务教育纳入各级政府教育发展规划和财政保障范畴,以公办学校为主接受义务教育,对未能在公办学校就学的,采取政府购买服务等方式,保障在普惠性民办学校接受义务教育。随迁子女接受义务教育后在流入地参加升学考试,这是农民工最大的心愿。2016年年底,城乡义务教育学校生均公用经费基准定额已实现全国统一,初步实现"钱随人走"。

完善公共就业创业服务体系。这是促进农民工融入城市的重要前提。核心是加强农民工职业技能培训,提高就业创业能力和职业

居住证提供的基本公共服务和办事便利

6项公共服务:义务教育、基本公共就业服务、基本公共卫生服务和计划生育服务、公共文化体育服务、法律援助和其他法律服务、国家规定的其他基本公共服务

7项办事便利:办理出入境证件、换领补领居民身份证、机动车登记、申领机动车驾驶证、报名参加职业资格考试、申请授予职业资格、办理生育服务登记和其他计划生育证明材料、国家规定的其他便利

素质。通过整合职业教育和培训资源,全面提供政府补贴职业技能培训服务;强化企业开展农民工岗位技能培训责任,足额提取并合理使用职工教育培训经费;鼓励高等学校、各类职业院校和培训机构积极开展职业教育和技能培训,推进职业技能实训基地建设。鼓励农民工取得职业资格证书和专项职业能力证书,并按规定给予职业技能鉴定补贴。

专栏 28.2
农民工职业技能提升计划

就业技能培训。全面提供政府补贴职业技能培训,基本消除新成长劳动力无技能从业现象,每年培训 1 000 万人次。

岗位技能提升培训。鼓励企业对与企业签订劳动合同的农民工开展在岗技能提升培训,每年培训 1 000 万人次。

高技能人才和创业培训。对具备中高级技能的农民工实施"高技能人才"培训计划,完善补贴政策,每年培养 100 万高技能人才。

劳动预备制培训。对农村未能继续升学的应届初高中毕业生、农村籍退役士兵进行储备性专业技能培训。

社区公益性培训。组织中高等职业院校、普通高校、技工院校开展面向农民工的公益性教育培训,举办灵活多样的社区培训。

职业技能培训能力建设。依托职业教育和培训机构改造提升一批职业技能实训基地,鼓励校企联合建设一批农民工实训基地。

资料来源:《国家新型城镇化规划(2014—2020 年)》。

扩大社会保障覆盖面。农民工可以参与城镇社会保障,重点是基本养老、医疗保险。依法将农民工纳入城镇职工基本医疗保险,允许灵活就业农民工参加当地城镇居民基本医疗保险。完善社会保险转移接续政策,在农村参加的养老保险和医疗保险规范接入城镇社保体系,建立全国统一的城乡居民基本养老保险制度,整合城乡居民基本医疗保险制度。截至 2016 年年底,职工基本养老保险基础养老金已在全部 31 个省(区、市)实现省级统筹,23 个省(区、市)出台城乡医保整合方案,除黑龙江、甘肃外基本实现省(区、市)内异地就医联网和住院医疗费用直接结算。

改善基本医疗卫生条件。根据常住人口配置城镇基本医疗卫生服务资源,将农业转移人口纳入社区卫生服务体系,免费提供健康教育、妇幼保健、预防接种、传染病防控、计划生育等公共卫生服务。加强对农民工聚居地疾病监测、疫情处理和公共卫生事件应对。鼓励有条件地区将符合条件的农业转移人口纳入当地医疗救助范围。

拓宽住房保障渠道。采取廉租住房、公共租赁住房、租赁补贴等多种方式改善农民工居住条件。完善商品房配建保障性住房政策,鼓励社会资本参与建设。农民工集中的开发区和产业园区可以建设单元型或宿舍型公共租赁住房,农民工数量较多的企业可以在符合规定标准的用地范围内建设农民工集体宿舍。审慎探索由集体经济组织利用农村集体建设用地建设公共租赁住房。把进城落户农民完全纳入城镇住房保障体系。

28.2.3 建立健全农业转移人口市民化推进机制

据测算,每个农民工市民化成本约为8万—12万元,要建立合理的成本分担机制,在政府、企业、个人之间分担,其中政府承担的公共成本(约占全部成本的1/3)又可以在中央、省级、城市政府之间分担(见表28.4)。遵循政府主导、多方参与、成本共担、协同推进的基本原则。2016年,国务院《关于实施支持农业转移人口市民化若干财政政策》,从财政支持农业转移人口的义务教育、医疗保险、社会保障和建立市民化奖励机制等10个方面"人钱挂钩"作出了制度性安排,并要求各省(区、市)相应出台实施方案。2016年,国土资源部等五部委印发《关于建立城镇建设用地增加规模同吸纳农业转移人口落户数量挂钩机制的实施意见》,通过落户数量、现有用地指标与新增指标的挂钩,增强地方吸纳农业转移人口的意愿和能力,并通过差别化用地标准实现集约用地(见图28.1)。

表28.4 农业转移人口市民化成本分担机制

政府	承担农民工市民化在义务教育、劳动就业、基本养老、基本医疗、住房保障以及市政设施等方面的公共成本	
	中央政府	统筹推进农民工市民化制度安排和政策制定,增加对吸纳省级行政区外农民工较多地区的财政转移支付,逐步提高城镇基本公共服务支出中的中央分担比例。
	省级政府	制定本行政区农民工市民化总体安排和配套政策,增加对吸纳外来农民工较多市县的财政转移支付,增强市县提供基本公共服务的财务保障。
	市县政府	制定本行政区城市和小城镇农民工市民化具体方案和实施细则,出台落户标准,提供基本公共服务,承担相应财政支出。

(续表)

企业	落实农民工与城镇职工同工同酬制度,加大职工技能培训投入,依法为农民工缴纳职工养老、医疗、工伤、失业、教育等社会保险费用。
个人	积极参加城镇社会保险、职业教育和技能培训等,按规定承担相关费用,提升融入城市社会的能力。

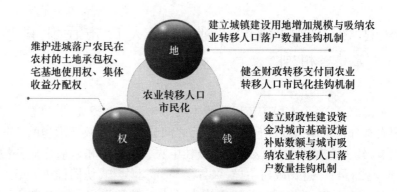

图 28.1 市民化推进机制的"政策保障"——"三维权""三挂钩"

> **资源环境承载能力**
> 资源环境承载能力评价是对地区人均可利用土地资源、人均可利用水资源、生态脆弱性、生态重要性、人口集聚度、地均地区生产总值、交通优势度等指标的综合评价,也是对资源环境中的短板进行识别。

28.3 主体形态:城市群带动各类城镇协调发展

未来,我国城镇常住人口将超过10亿,如何优化城镇化布局和形态,合理引导人口空间分布?根据发展现状和资源环境承载能力,要以城市群为主体构建大中小城市和小城镇协调发展的城镇格局。我国城市群空间分布如图28.2所示。

28.3.1 构建"两横三纵"城镇化战略格局

我国10亿城镇人口的分布首先要与资源环境承载能力相适应。按照《国家主体功能区规划》,未来将构建以陆桥通道、沿长江通道为两条横轴,以沿海、京哈京广、包昆通道为三条纵轴,以轴线上城市群和节点城市为依托、其他城镇化地区为重要组成部分,大中

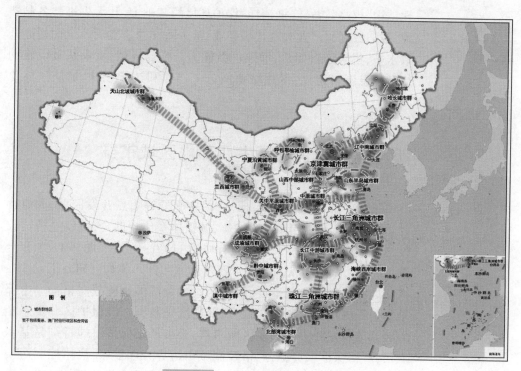

图 28.2 城市群空间分布示意图

小城市和小城镇协调发展的"两横三纵"城镇化战略格局。"十三五"规划纲要明确"19+2"的城市群格局,即建设京津冀、长三角、珠三角、山东半岛、海峡西岸、哈长、辽中南、中原、长江中游、成渝、关中平原、北部湾、山西中部、呼包鄂榆、黔中、滇中、兰西、宁夏沿黄、天山北坡 19 个城市群,促进以拉萨为中心、以喀什为中心的两个城市圈发展。

28.3.2 优化提升东部地区城市群

京津冀、长三角和珠三角城市群,是我国经济最具活力、开放程度最高、创新能力最强、吸纳外来人口最多的地区,同时面临资源环境约束趋紧、要素成本快速上升、国际竞争压力加剧等挑战。要以建设世界级城市群为目标,继续在制度创新、科技进步、产业升级、绿色发展等方面走在全国前列,加快形成国际竞争新优势,在更高层次参与国际合作和竞争,发挥其对全国经济社会发展的重要支撑和引领作用。依托河流、湖泊、山峦等自然地理格局建设区域生态网络。山东半岛、海峡西岸、辽中南等城市群,应根据区域主体功能定位,在优化结构、提高效益、降低消耗、保护环境的基础上,壮大先进装备制造业、战略性新兴产业和现代服务业,推进海洋经济发展。全面提高开放水平,集聚创新要素,增强创新能力。统筹区域、城乡基础设施网络和信息网络建设,深化城市间分工协作和功能互补,加快一体化发展。

28.3.3　培育发展中西部地区城市群

长江中游、中原、哈长、成渝、关中平原等重点开发区域,人口合计达3.3亿人,占全国的23.9%,城镇体系比较健全,城镇经济比较发达。成渝地区每万平方公里有城镇113个,远高于西部12个和全国23个的水平,重庆、成都、武汉等地区生产总值均已超万亿元。在这些地区培育新的城市群,有助于优化全国城镇化战略格局。中部地区是我国重要粮食主产区,西部地区是我国水源保护区和生态涵养区。培育发展中西部地区城市群,必须严格保护耕地特别是基本农田,严格保护水资源,严格控制城市边界无序扩张,严格控制污染物排放,切实加强生态保护和环境治理,彻底改变粗放低效的发展模式,确保流域生态安全和粮食生产安全。

28.3.4　增强中心城市辐射带动功能

中心地理论
中心地是指具有向周围地域居民提供商品和服务能力的地方。城市是最为典型的中心地。中心地等级性与中心地的数量与分布负相关,与市场腹地正相关;一定等级的中心地不仅为周围地域提供相应级别的商品和服务,还向低于这一等级的区域提供商品和服务。根据市场、交通、行政等原则,不同等级的中心地数量也会有新的变化。这一理论被广泛作为城镇体系规划中确定城市等级和功能的依据。

德国著名地理学家克里斯泰勒提出的"中心地理论",认为城市是服务不同地域的"中心地",其服务范围和功能的差别决定了城市的等级。根据这一理论,城市功能具有层级性,服务全国或者大区的城市,在城镇体系结构中占有更高位置。国家中心城市是居于国家战略要津、肩负国家使命、引领区域发展、参与国际竞争、代表国家形象的现代化大都市,在经济、政治、社会、文化、国际交往、区域辐射等领域承担国家战略职能,是主要经济区域和城市群的核心。截至2017年年底,国务院有关文件正式明确的国家中心城市共有5个,分别是广州、重庆、成都、武汉和郑州。这类城市要重点突出国际交往、政治、创新、金融等国家功能担当,在较大区域发挥引领辐射作用,且能代表国家参与国际竞争合作。

28.3.5 加快发展中小城市

中小城市是我国城镇体系的短板。2016 年,我国城镇人口 7.93 亿,但城市数量只有 657 个,远低于美国、日本、德国等(见图 28.3), 20 万人以下的小城市数量占比已不足城市总数的 20%,而且多数中小城市产业发展薄弱、集聚人口能力不强。同时,我国镇区人口超过 10 万的镇有 322 个、镇区人口超过 5 万的镇有 1 125 个,很多特大镇已具备城市的人口规模、经济规模和基本形态,但囿于现有行政体制束缚不能撤镇设市,形成了"小马拉大车"的管理困局。中小城市发展不充分,也给超大城市和特大城市带来压力,人口持续流入超特大城市中心城区,超出资源环境承载能力。

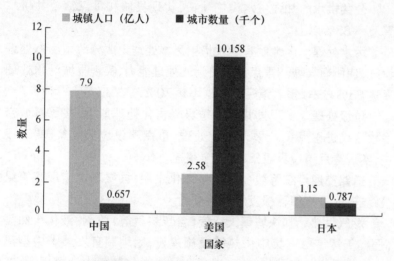

图 28.3 中美日城市数量和人口比较

城市功能既包括以产业为主体的经济功能,也包括以社会事业为主体的服务功能。鼓励引导产业项目在资源环境承载能力强、发展潜力大的中小城市和县城布局,依托优势资源发展特色产业,夯实产业基础。加强市政基础设施和公共服务设施建设,教育医疗等公共资源配置要向中小城市和县城倾斜,引导高等学校和职业院校在中小城市布局,优质教育和医疗机构在中小城市设立分支机构,增强集聚要素的吸引力。对内对外交通是中小城市发展的基础和前提。到 2020 年,努力实现普通铁路网覆盖 20 万以上人口城市,快速铁路网基本覆盖 50 万以上人口城市;普通国道基本覆盖县城,国家高速公路基本覆盖 20 万以上人口城市。对具备行政区划调整条件的县

重点建设的陆路边境口岸城镇名录
面向东北亚:丹东、集安、临江、长白、和龙、图们、珲春、黑河、绥芬河、抚远、同江、东宁、满洲里、二连浩特、甘其毛都、策克
面向中亚西亚:喀什、霍尔果斯、伊宁、博乐、阿拉山口、塔城
面向东南亚:东兴、凭祥、宁明、龙州、大新、靖西、那坡、瑞丽、磨憨、畹町、河口
面向南亚:樟木、吉隆、亚东、普兰、日屋

可有序改市,把有条件的县城和重点镇发展成为中小城市。对于具有特殊区位优势的城镇,包括陆路边境口岸城镇,完善边境贸易、金融服务、交通枢纽等功能,建设国际贸易物流节点和加工基地。有序发展小城镇和特色小镇。按照控制数量、提高质量的原则,节约用地、体现特色,推动小城镇发展与疏解大城市中心城区功能相结合、与特色产业发展相结合、与服务"三农"相结合。对吸纳人口多、经济实力强的镇,可赋予其同人口和经济规模相适应的管理权。

专栏 28.3
县城和重点镇基础设施提升工程

公共供水。加强供水设施建设,实现县城和重点镇公共供水普及率85%以上。

污水处理。因地制宜建设集中污水处理厂或分散型生态处理设施,使所有县城和重点镇具备污水处理能力,实现县城污水处理率达85%左右,重点镇污水处理率达70%左右。

垃圾处理。实现县城具备垃圾无害化处理能力,按照以城带乡模式推进重点镇垃圾无害化处理,重点建设垃圾收集、转运设施,实现重点镇垃圾收集、转运全覆盖。

道路交通。统筹城乡交通一体化发展,县城基本实现高等级公路连通,重点镇积极发展公共交通。

燃气供热。加快城镇天然气(含煤层气等)管网、液化天然气(压缩天然气)站、集中供热等设施建设,因地制宜发展大中型沼气、生物质燃气和地热能,县城逐步推进燃气替代生活燃煤,北方地区县城和重点镇集中供热水平明显提高。

分布式能源。城镇建设和改造要优先采用分布式能源,资源丰富地区的城镇新能源和可再生能源消费比重显著提高。

信息基础设施。大力推进县城和重点镇信息基础设施建设,到2020年宽带网络全面覆盖城乡,固定宽带家庭普及率达到70%,行政村通宽带比例超过98%。

28.4 城市模式：建设可持续发展的新型城市

转变城市发展方式，完善城市治理体系，提高城市治理能力，要加大城市病防治力度，不断提升城市环境质量、人民生活质量和城市竞争力，努力打造和谐宜居、富有特色、充满活力的现代城市。

28.4.1 建设创新城市

创新是城市可持续发展的最大保障，是城市竞争力的重要来源。城市内各种要素聚集，创新网络完善，创新能力较强。把创新作为城市经济发展的主要驱动力。创新城市主要包括文化创新城市、工业创新城市、服务创新城市和科技创新城市等四种类型，如法国巴黎是文化创新城市的典范，美国硅谷是科技创新城市的样板。伦敦大学规划学教授霍尔认为，创新源自不同文化的融合、不同思想的碰撞和不同人的交流，强调时间和机遇对创新城市构建的重要性。顺应科技进步和产业变革新趋势，采取凝聚创新资源和营造创新环境为导向的城市政策。重构以企业、大学、科研和金融机构共同组成的创新生态系统，集聚创新人才，建设创新基地，培育创新集群；发展创新公共平台，完善创新服务体系，推动从技术、制度到模式的全面创新；倡导鼓励冒险、宽容失败、在开放中竞争、在竞争中合作的城市文化。

> **城市工作"五统筹"**
> 统筹空间、规模、产业三大结构，统筹规划、建设、管理三大环节，统筹改革、科技、文化三大动力，统筹生产、生活、生态三大布局，统筹政府、社会、市民三大主体

专栏 28.4
深圳市创新城市建设

激发各类主体创新创造活力。注重以法治保障创新，强调创新与立法"同频共振"。超前制定全国首部创新型城市规划、"自主创新33条""促进科技创新62条"等"科技新政"。下大力气抓"简政放权、放管结合、优化服务"，强调放要放到位、管要管得合理、服务要高效，着力建立市场化、法治化、国际化的营商环境。

> **营造聚才、爱才、用才环境**。放宽户口准入,近五年来年轻人数量年均增长率高达22.5%。每年投入10亿—20亿元实施海外高层次人才"孔雀计划"。截至2015年年底,累计引进"孔雀计划"创新团队116个,"海归"人才超过6万人。着力引入优质教育资源,目前深圳全市共有高校11所,其中全日制高校10所,全日制在校生9.05万人。建立以知识价值为导向的分配激励机制,大力发展科教、产教融合,拓展人才培养渠道。
>
> **推进供给侧结构性改革**。通过信息化、智能化、服务化、标准化、时尚化,对传统工业进行系统设计、整体改造。着力培育新型研发机构、研发型企业、众创空间等创新载体,健全市场化、全链条投融资体系,促进创新力量转化为现实生产力。针对产品供给侧的"痛点",将企业家精神和工匠精神融入产品创意设计和生产制造,全面推进标准、质量、品牌、信誉建设。

28.4.2 建设绿色城市

绿色城市五大特征

一是紧凑发展,通过运用城市增长边界、城市绿化带等多样化方法,推进土地利用集约化和土地功能混合利用,改变"摊大饼"式城市扩张模式。巴西库里蒂巴确立了交通导向和土地功能混合的紧凑城市模式,相比同等规模城市减少了25%的能源消耗。二是公交优先城市,建设以公共交通为主体的城市机动化出行系统,降低私家车的使用率,鼓励骑自行车和步行。三是生态城市,倡导可再生的绿色能源、生态化的建造技术。四是发展可持续经济,推广生态友好型技术,推动绿色增长和绿色就业。

将生态文明理念全面融入城市发展,构建绿色生产方式、生活方式和消费模式。节约集约利用土地、水和能源等资源,完善废旧商品回收体系和垃圾分类处理系统,促进资源循环利用。实施大气污染防治行动计划,开展区域联防联控联治,改善城市空气质量。合理划定生态保护红线,扩大城市生态空间,将农村废弃地、其他污染土地、工矿用地转化为生态用地,在城镇化地区合理建设绿色生态廊道。绿色城市建设若干重点领域:绿色能源,加快建设可再生能源体系,提高新能源和可再生能源利用比例。绿色建筑,实施绿色建筑行动计划,完善绿色建筑标准及认证体系。绿色交通,合理控制机动车保有量,加快新能源汽车推广应用,改善步行、自行车出行条件,倡导绿色出行。产业园区循环化改造,推进循环化改造,实现土地集约利用、废物交换利用、能量梯级利用、废水循环利用和污染物集中处理。城市环境综合整治,重点实施清洁空气工程、安全饮用水工程、重金属污染防治工程。绿色新生活行动,倡导简约适度、绿色低碳、文明节约的生活方式等。

> **专栏 28.5**
> **城市"精明增长"理念**
>
> 2000年,美国城市规划协会联合60家公共团体组成"美国精明增长联盟",确定城市精明增长的核心内容是:用足城市存量空间,减少盲目扩张;加强对现有社区的重建,重新开发废弃、污染工业用地,以节约基础设施和公共服务成本;城市建设相对集中,密集组团,生活和就业单元尽量拉近距离,减少基础设施、房屋建设和使用成本。其目标就是控制城市蔓延,在满足经济社会发展需求的基础上控制土地粗放利用,实现城市有边界地增长。
>
> 精明增长理念包含10项规划原则:混合式多功能的土地利用;垂直的紧凑式建筑设计;能在尺寸样式上满足不同阶层的住房要求;步行式社区;创造富有个性和吸引力的居住场所感觉;增加交通工具种类选择;保护空地、农田、风景区和生态敏感区;加强利用和发展现有社区;作出可预测、公平和产生效益的发展决定;鼓励公众参与。

28.4.3 建设智慧城市

智慧城市缘起于发达国家,最初是为降低能源消耗、减少碳排放而采取的设施建设举措。我国智慧城市的内涵更为丰富,从设施建设拓展到产业发展、城市形态乃至管理运行,物联网、大数据、云计算、地理信息集成等新一代信息技术催生了新的城市业态、运行体系和城市形态。要用互联网思维,使新一代信息技术成为最具活力的元素,与城市发展同频共振。统筹城市发展的物质资源、信息资源和智力资源利用,推动物联网、云计算、大数据、人工智能等新一代信息技术创新应用,实现与城市经济社会发展深度融合。智慧城市是城市运行的新模式,借助互联网、依托物联网,通过打造一体化的时空信息平台、基础设施网络和信息处理中心,促进各类数据信息集聚、分析和应用,实现对城市运行全方位、全过程的指挥调度。深圳市启动全国首个新型智慧城市运营管理中心,汇聚政府、运营商、企业等各类数据资源,实现对城市运行状态的全面感知、态势预测、事件预警,提高协同指挥与智能决策能力。智慧城市是城市管理的新方式。促进治理体系和治理能力现代化,实现数据综合共享,运用大数据技术,强化精细化、精准化管理,形成"用数据说话、用数据分析、用数据决策、用数据创新"的城市管理新方式。杭州市依托阿里巴巴等企业开发"城市数据大脑",利用政府开放的交通数据调节交通流量,实现车辆通行平均提速3%—5%,部分路段提升11%的良好效果。智慧城市是城市建设的新机制。智慧城市需要政府、企业和社会各界达成共识、形成合力,不仅是技术方案、项目建设,还涉及城市规划、建设、管理和服务体制改革,涉及如何正确处理政府与市场的关系等重大问题。

> **专栏 28.6**
> **国际智慧城市案例**
>
> **美国迪比克市**。美国第一个智慧城市,也是世界第一个智慧城市。市政府与 IBM 合作,计划利用物联网技术将城市的所有资源数字化并连接起来,包括水、电、油、气、交通、公共服务等,通过监测、分析和整合各种数据智能化地响应市民的需求,降低城市的能耗和成本。如水电资源的数据建设,给全市住户和商铺安装数控水电计量器,不仅记录资源的使用量,还利用低流量传感器技术预防资源泄漏。
>
> **日本柏之叶市**。东京的卫星城之一,柏之叶智慧城市项目为柏之叶校园站周边的四条街区,占地12.7万平方米,由三井不动产公司开发运营。该项目在2008年提出构想,2009年正式启动,由公、民、学三方协作,整合了金融、电力、网络技术等领域25家大型企业的技术支持,从环境共生、健康长寿、新产业创建三方面着手,以建设安心、安全、可持续发展的智慧城市为目标。区域可以实现能源管理一元化,智能交通管理、健康管理信息化,带动了很多新兴产业的发展。

28.4.4　建设人文城市

人文城市就是要从历史和文化角度建设城市,促进人与人之间的友好交流,让居民和游客体味城市独特的风貌和魅力。一些欧洲城市注重整体风貌保护、历史文脉延续和文化精神传承,成为人文城市建设的典范,如意大利首都罗马至今仍保存着文艺复兴和巴洛克艺术风貌,成为享誉世界的建筑、宗教和雕塑、绘画艺术的荟萃之所。发掘城市文化资源,强化文化传承创新,把城市建设成为历史底蕴厚重、时代特色鲜明的人文魅力空间。加强历史文化名城名镇、历史文化街区、民族风情小镇文化资源挖掘和文化生态的整体保护,传承和弘扬优秀传统文化,推动地方特色文化发展,保存城市文化记忆。鼓励城市文化多样化发展,促进传统文化与现代文化、本土文化与外来文化交融,形成多元开放的现代城市文化。

专栏28.7
人文城市建设重点

文化和自然遗产保护, 加强国家重大文化和自然遗产地、国家考古遗址公园、全国重点文物保护单位、历史文化名城名镇名村保护设施建设,加强城市重要历史建筑和历史文化街区保护,推进非物质文化遗产保护利用设施建设。

文化设施, 建设城市公共图书馆、文化馆、博物馆、美术馆等文化设施,每个社区配套建设文化活动设施,发展中小城市影剧院。

体育设施, 建设城市体育场(馆)和群众性户外体育健身场地,每个社区有便捷实用的体育健身设施。

休闲设施, 建设城市生态休闲公园、文化休闲街区、休闲步道、城郊休憩带。

公共设施免费开放, 逐步免费开放公共图书馆、文化馆(站)、博物馆、美术馆、纪念馆、科技馆、青少年宫和公益性城市公园。

资料来源:《国家新型城镇化规划(2014—2020年)》。

内容小结

本章论述了新型城镇化的主要目标和重点任务。围绕提升城镇化水平和质量,提出首要任务是加快农业转移人口市民化,推进符合条件的农业转移人口落户城镇,推进基本公共服务城镇常住人口全覆盖,建立健全市民化推进机制;强调城市群是我国城镇化发展的主体形态,加快构建"两纵三横"城镇化战略格局,推动大中小城市和小城镇协调发展,增强中心城市辐射功能。构建新型城市,加快创新城市、绿色城市、智慧城市、人文城市建设,提升城市可持续发展水平。

关键概念

常住人口城镇化率　　　户籍人口城镇化率　　　农业转移人口市民化
城镇化格局　　　　　　城市群　　　　　　　　新型城市

思考讨论题

1. 为什么要把加快农业转移人口市民化作为新型城镇化的首要任务？
2. 谈谈你对我国城镇化主体形态和发展格局的认识。
3. 如何建设可持续发展的新型城市？

第 29 章
新型城镇化的制度安排

推进新型城镇化,最重要的是破除体制机制障碍。要加强制度顶层设计,统筹推进人口管理、土地管理、财税金融、城镇住房、行政管理、生态环境等重点领域和关键环节体制机制改革,形成有利于城镇化健康发展的制度环境。

29.1 人口管理制度

人口管理是一国政府实施社会治理的基础环节。我国是世界上少数几个以二元户籍制度为基础进行人口管理的国家,这种管理模式除限制人口流动外,也难以适应人口流动管理的需要。在加快改革户籍制度的同时,要创新和完善人口服务和管理制度,逐步消除城乡区域间户籍壁垒,还原户籍的人口登记管理功能,促进人口有序流动、合理分布和社会融合。

> **专栏 29.1**
> **世界上主要的人口管理制度**
>
> 各国的民事登记制度,主要分为家庭登记制度和居住地登记制度两种。
> 家庭登记制度,主要记录公民出生、死亡、婚姻及遗产继承等信息,起到登记身份和公证的作用,一般与获得社会服务无关。绝大部分国家都有某种形式的家庭登记制度,主要有以家庭为单位和以个人为单位两种登记形式。大部分欧洲国家均采用以家庭为

> 单位的家庭登记制度。美国则采用以个人为单位的家庭登记制度,实行社会安全号码(SSN)制度,每人终身只有一个社会安全号码,它是护照、驾照、信用卡等证件的共同前提,也是公民享受医疗保险、失业救助、住房补贴、看病就医的凭证。
>
> 居住地登记制度,记录公民个人信息及准确的居住地信息,用以保证政府对人口迁移和流动信息有准确的掌握。与家庭登记制度不同,居住地登记会随人口的迁移而改变。绝大部分国家公民的居住地登记随人口迁移而自由改变,采用事后申报方式。日本与户籍簿制度并行实施住民票制度,用以登记公民实际居住地。住民票制度以个人为单位,依据公民的居住地发行,是公民确认日常住址、迁移、纳税、选举、接受义务教育乃至领取健康和年金保险等的基本依据。

29.1.1 依靠全国统一的社会保障号强化人口管理服务

《社会保险法》规定
国家建立全国统一的个人社会保障号码,社会保障号码为公民身份证号码。

"十二五"规划首次提出,推行全国统一的社会保障卡,实现社会保障一卡通。截至2017年,我国社会保障卡数量已达10.88亿张,覆盖了78.7%的人口。"十三五"规划提出社会保障卡持卡人数达到12亿人以上,覆盖率达到90%,建设全国社会保障卡持卡人员基础信息库。社会保障卡主要用于提供公共服务,与人口流动情况密切相关。因为社会保障卡号具有全国范围的唯一性,所以与居住证以单个城市为单元不同,通过推动社会保障关系全国范围内的转移接续,公民可以异地享受社会保障,政府可以便捷地了解、掌握人口分布和流动。美国每年约有17%的人口流动迁徙,只要出行或消费,无论在哪里,个人信息都会被记录下来,政府也能够提供相应服务。全面推进公民身份证号码与社会保障号码的统一,依靠全国统一的社会保障号码强化人口管理服务是一条有效途径。

29.1.2 建设覆盖全国、安全可靠的国家人口综合信息库

目前我国人口信息多头管理、连通不畅。要加快推进人口基础

信息库建设，分类完善劳动就业、教育、收入、社保、房产、信用、计生、税务等信息系统，逐步实现跨部门、跨地区信息整合和共享，在此基础上建设覆盖全国、安全可靠的国家人口综合信息库和信息交换平台，到2020年在全国实行以公民身份证号码为唯一标识，依法记录、查询和评估人口相关信息制度，为人口服务和管理提供支撑。到2020年，基本建立与全面建成小康社会相适应、有效支撑社会管理和公共服务、依法保障公民权利、科学高效、规范有序的新型人口管理制度(见图29.1)，为更长一个时期推动基于出生地、限制流动的户籍制度转变为基于居住地、自由迁徙的居住证制度打好基础。

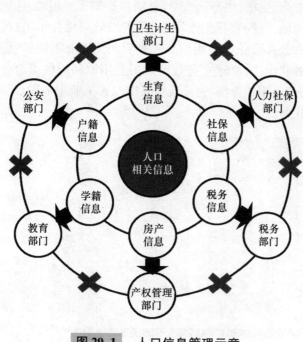

图29.1 人口信息管理示意

29.2 土地管理制度

土地管理制度是城镇化的基本制度安排，涉及房地产市场和产业发展，涉及城乡发展模式，进而影响到农村人口进城的门槛和速度。土地管理的首要任务是处理好保障粮食安全与保障城镇化用地之间的矛盾，必须实行最严格的耕地保护制度和集约节约用地制度，以管住总量、严控增量、盘活存量为总原则，创新土地管理制度，优化土地利用结构，提高土地利用效率，合理满足城镇化用地需求。

29.2.1 建立城镇用地规模结构调控机制

城镇用地结构的突出问题表现为工业、居住、基础设施、生态等用地占比(见图29.2),工业用地占比大、价格偏低,有的地方甚至变相实行"零地价"制度;居住用地占比小、价格高,生态用地总体偏少,近年来情况虽有所好转,但工业用地仍占国有建设用地供地计划的1/4,有的城市工业用地占40%左右。要调整优化城镇用地结构。一是要统筹生产、生活、生态三大空间,适当控制工业用地,优先安排和增加住宅用地,合理安排生态用地,保护城郊菜地和水田,统筹安排基础设施和公共服务设施用地。二是要改变工业用地、居住用地比重不协调的状况,需要建立有效调节工业用地和居住用地合理比价机制,提高工业用地价格,逐步改变长期以来工业用地和居住用地之间的价格扭曲。

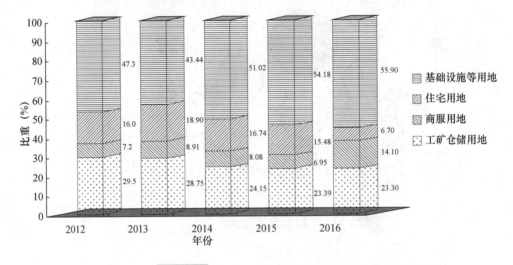

图 29.2 全国国有建设用地供应分类型用地比重

29.2.2 健全节约集约用地制度

> **人均城市建设用地面积目标**
> 《国家新型城镇化规划(2014—2020年)》提出,人均城市建设用地严格控制在100平方米以内,建成区人口密度逐步提高。

近年来人均城镇建设用地不断增加,从21世纪初的120平方米增加到140平方米左右,与节约集约用地基本要求相悖。最为突出的是工业用地强度偏低,容积率仅有0.3—0.6。要从增量和存量两方面同时发力,节约集约用地。**对增量用地,**严格按照土地使用标准,完善各类建设用地标准体系,尤其是针对工业用地浪费较为普遍的现象,适当提高工业项目容积率、土地产出率门槛,探索实行长期租赁、先租后让、租让结合的工业用地供应制度。**对存量用地**,要着重推进城镇低效土地再开发。按人均建设用地标准,现有城镇建设用地规模可以满足9亿多城镇人口的需求。关键是综合运用市场、经济、法律手段,建立健全规划统筹、政府引导、市场运作、公众参与、利益共享的城镇低效用地再开发激励约束机制,鼓励引导土地权利人和社会资本参与开发,盘活利用现有城镇存量建设用地,建立存量建设用地退出激励机制,促进城镇更新和产业转型升级,提升城镇建设用地人口、产业承载能力,建设和谐宜居城镇。

29.3 资金保障机制

城市基础设施建设、公共服务供给、城际互联互通需要大量资金投入。要加快财税体制和投融资机制改革,创新金融服务,放开市场准入,逐步建立多元化、可持续的城镇化资金保障机制。

29.3.1 拓宽城市建设融资渠道

在完善法律法规和健全地方政府债务管理制度基础上,建立健全地方债券发行管理制度和评级制度,允许地方政府发行市政债券,拓宽城市建设融资渠道。创新金融服务和产品,多渠道推动股权融资,提高直接融资比重。发挥现有政策性金融机构的重要作用,研究制定政策性金融专项支持政策,研究建立城市基础设施、住宅政策性金融机构,为城市基础设施和保障性安居工程建设提供规范透明、成本合理、期限匹配的融资服务。理顺市政公用产品和服务价格形成机制,放宽准入,完善监管,制定非公有制企业进入特许经营领域的办法,鼓励社会资本参与城市公用设施投资运营。鼓励公共基金、保险资金等参与自身具有稳定收益的城市基础设施项目的建设和运营。

29.3.2 发挥政策性金融作用

我国政策性银行主要是中国农业发展银行和中国进出口银

行,国家开发银行作为开发性金融机构,也具备政策性金融的功能。与商业性金融不同,政策性金融机构可有效满足成本合理、期限匹配的城镇化融资需求。国家发展改革委等 11 个部门组织实施了三批国家新型城镇化综合试点,涉及 2 省 246 个城市(镇),资金需求量较大,国家开发银行、农业发展银行配合制定了相关支持政策。

中国农业发展银行将地区整体城镇化建设贷款产品作为支持试点的重要产品,实施差别化信贷政策,大力支持综合试点地区开展区域性基础设施联片开发和城镇化提质增效。开发银行为试点地区编制融资规划,针对不同性质项目设计差别化融资模式与偿债机制,继续深化债贷组合、投贷结合,发挥软贷款的撬动作用,引导社会资本金广泛参与,支持试点建设。

29.4 城镇住房制度

改革城镇住房制度,要坚持"房子是用来住的,不是用来炒的"定位,以满足新市民的居住需求为出发点,以建立租购并举、租购同权的住房政策为主要方向,以健全住房供应体系为重点,建立市场配置和政府保障相结合的住房制度,有效保障城镇常住人口的合理住房需求。

29.4.1 建立多主体供给、多渠道保障、租购并举的住房制度

多主体供给。我国城镇住房市场化并不完全,主要体现在两个方面:一是居住用地的供应者只有政府部门,农用地只有通过政府征地、城镇用地只有通过规划确定或改变用途,才能作为居住用地,一些村集体建设用地转为居住用地建造的房屋是"小产权房"。二是开发商制度,城镇住房建造只能通过开发商完成,个人或其他主体不能建造城镇住房。这出现了两个垄断:土地供应完全垄断、房屋供应具有垄断性质,也即供给端是垄断的,这是造成房地产价格持续升高的基础因素。改变政府作为居住用地唯一供应者的情况,非房地产企业取得使用权的土地和农村集体经营性建设用地等,在权属不变情况下,符合土地、城市规划的,可以用作居住用地。改变房地产开发

商作为住房唯一供应者的情况,探索形成以开发商为主,农村集体、住房合作社等多主体提供住房的格局。

多渠道保障。在坚持市场化方向的同时,总有一部分群众由于各种原因面临住房困难,需要政府做好保障工作。我国住房保障制度起步晚、进展快,2012—2016年累计建成保障性安居工程3 000余套,全国80%的市县将进城落户居民和稳定就业农民工纳入了公租房保障,但保障性住房覆盖面较窄,目前我国保障性住房覆盖城镇常住人口的比例仅为20%左右,而且大量符合条件的人口并没有享有保障性住房,保障性住房法制化建设滞后、监督管理不完善等问题仍然存在。健全保障性住房制度,一要尽快出台《城镇住房保障条例》,对用地供给、财政投入、项目审批、建筑质量等设立刚性约束,持续扩大有效供给。二要完善租赁补贴制度,推进廉租住房、公共租赁住房并轨运行,提高对进城务工人员等低收入群体的覆盖保障比例。三要由集体经济组织利用农村集体建设用地建设公共租赁住房,农民工集中的开发区和产业园区可以建设单元型或宿舍型公共租赁住房,农民工数量较多的企业可以在符合规定标准的用地范围内建设农民工集体宿舍。四要制定公平合理、公开透明的保障性住房配租政策和监管程序,严格准入和退出制度,提高保障性住房物业管理、服务水平和运营效率。

租购并举。住房市场化改革以来,受住房销售价格与租金比例过高、居民住房消费重买轻租、住房租赁政策体系不完善等影响,我国住房租售结构失衡严重,租赁市场整体发展迟缓。发达国家城市租房比例一般在30%以上,而我国城镇家庭户租房比例仅为18.6%。特别是人口净流入多的大中城市,租赁市场需求潜力很大,供给严重短缺,秩序不规范,政策支持体系不完善,制约了其对住房供应市场积极作用的有效发挥。坚持租购并举、租购同权,重点是要补齐"租"的短板,培育和规范发展住房租赁市场。要坚持政府引导,发挥市场作用。一是培育市场供应主体,发展专业化的住房租赁企业,鼓励房地产开发企业开展住房租赁业务,规范住房租赁中介机构,支持和规范个人出租住房;二是鼓励住房租赁消费,完善住房租赁支持政策,明确各方权利义务;三是完善公共租赁住房,推进公租房货币化,探索公建民营等模式,提高公租房运营保障能力;四是支持租赁住房建设,鼓励新建租赁住房,允许将商办用房、国有厂房改建用于租赁。

棚户区改造工程

棚户区改造工程是为改造城镇危旧住房、改善困难家庭住房条件而推出的一项民心工程,是保障性安居工程的重要组成部分。2009年起,开始在全国范围内实施棚户区改造,到2012年,全国改造各类棚户区1 260万户。2013年,国务院下发《关于加快棚户区改造工作的意见》,2013—2016年共下达城镇保障性安居工程中央补助资金约8 000亿元,棚户区(含城市危房)改造实际开工超过2 000万套。"十三五"期间,将继续大力推进棚户区改造,到2020年,基本完成约4 000余万户涉及1亿人居住的各类棚户区和城中村改造任务,明显改善居民住房条件。

> **专栏 29.2**
> **日本八个五年计划期间保障房建设情况**
>
> 日本为解决外来人口融入城市问题,持续为中低收入家庭提供保障性住房,具体情况见表 29.1。
>
> **表 29.1　日本中低收入家庭保障性住房**
>
> | 计划期 | 计划建设量(千套) | | 实际完成量(千套) | | 保障房占比(%) |
> |---|---|---|---|---|---|
> | | 总套数 | 保障房 | 总套数 | 保障房 | |
> | 1966—1970 年 | 6 700 | 2 700 | 6 739 | 2 565 | 38.1 |
> | 1971—1975 年 | 9 576 | 3 838 | 8 280 | 3 108 | 37.5 |
> | 1976—1980 年 | 8 600 | 3 500 | 7 968 | 3 649 | 45.8 |
> | 1981—1985 年 | 7 700 | 3 500 | 6 104 | 3 231 | 52.9 |
> | 1986—1990 年 | 6 700 | 3 300 | 8 356 | 3 138 | 37.6 |
> | 1991—1995 年 | 7 300 | 3 700 | 7 632 | 4 017 | 52.6 |
> | 1996—2000 年 | 7 300 | 3 525 | 6 812 | 3 487 | 51.2 |
> | 2001—2005 年 | 6 400 | 3 250 | 3 493 | 996 | 28.5 |
>
> 注:国家发展改革委根据相关资料整理。

29.4.2　完善促进房地产市场健康发展长效机制

以住房、土地、财税、金融等方面的政策为重点,加快完善促进房地产市场健康发展的长效机制。一是确保住房用地稳定供应,完善住房用地供应机制,加大住房供给不能满足市场需要、房价过高城市的土地供应量,保障性住房用地应保尽保,优先安排政策性商品住房用地,合理增加普通商品住房用地,严格控制大户型高档商品住房用地。二是实行差别化的住房税收、信贷政策,支持合理自住需求,抑制投机投资需求。依法规范市场秩序,健全法律法规体系,加大市场监管力度。三是建立以土地为基础的不动产统一登记制度,实现全国住房信息联网,推进部门信息共享。四是分清中央和地方事权,中央主要是做好顶层设计,统筹制定金融、土地、财税等相关政策;地方要承担主体责任,实行差别化调控。各城市要编制城市住房发展规划,确定住房建设总量、结构和布局。

29.5 行政管理体制

　　加快发展中小城市,对补齐城镇体系短板,推动大中小城市和小城镇合理分布、协调发展十分重要。增加中小城市数量,需要从行政管理体制改革入手,规范推进具备条件的县和重点镇有序设市。

29.5.1 修订设市标准

　　自1997年撤县设市收紧以来,设市标准一直没有修订,沿用1986年的标准(见表29.2),已远远不符合实际需要。随着设市工作的启动,2016年,国务院批准实施了《设立县级市标准》和《设立县级市申报审核程序》,修订了设市标准(见表29.3),从制度上对县改市进行了规范,为重新启动设市工作提供了基本遵循。为防止一哄而上,新标准更加注重相对指标和比重指标,将常住人口城镇化率位居本省、自治区所辖县前30%以内或不低于全国平均水平作为人口指标前提,将人均地区生产总值或人均地方本级一般公共财政预算收入连续2年位居本省、自治区所辖县前40%以内作为经济指标前提,再根据不同区域确定相关指标。

表29.2　我国1986年设市标准

		非农人口	地区生产总值
镇		6万人以上	2亿元以上
县	<50万人	县政府驻地所在镇的非农人口10万人以上,且常住人口中农业人口不超过40%	3亿元以上
	>50万人	县政府驻地所在镇的非农人口12万人以上	4亿元以上

注:(1)少数民族地区和边远地区的重要城镇、重要工矿科研基地、著名风景名胜区、交通枢纽、边境口岸,虽然非农业人口不足6万、年地区生产总值不足2亿元,但若确有必要,也可设市。(2)自治州人民政府或地区(盟)行政公署驻地所在镇,非农业人口虽然不足10万、年地区生产总值不足3亿元,但若有必要,也可设市撤县。

表 29.3　我国 2016 年设市标准

	东部地区	中部和东北地区	西部地区
人口指标	常住人口城镇化率位居本省、自治区所辖县前 30% 以内或不低于全国平均水平		
	按照常住人口密度在每平方公里 100 人以下、100 人到 400 人、400 人以上的，确定人口指标	按照常住人口密度在每平方公里 100 人以上和以下分别确定人口指标	不低于 8 万人
经济指标	人均地区生产总值或人均地方本级一般公共财政预算收入连续 2 年位居本省、自治区所辖县前 40% 以内		
	按常住人口密度在每平方公里 100 人以下、100 人到 400 人、400 人以上，设定二三产业增加值比重指标	按照常住人口密度在每平方公里 100 人以上和以下，设定二三产业增加值比重指标	二三产业增加值比重不低于 75%

29.5.2　探索新型设市模式

我国特大镇主要集中在广东、江苏、浙江等地区（见图 29.3）。这些特大镇已经具备了城市的人口规模、经济规模和基本形态，但囿于行政体制束缚，仍用乡村模式来建设管理，发展活力和增长潜力得不到充分释放。但如果直接改为县级市，按照现有模式运行，行政编制和行政成本将会增长 15—30 倍，这与降低行政成本总方向不一致。需要探索一种新型设市模式，控制行政管理成本增长幅度。2014 年以来，浙江省龙港镇、吉林省二道白河镇作为国家新型城镇化综合试点，承担了特大镇新型设市模式试点任务。探索特大镇设市，在制度层面需要制定出台特大镇设市标准、审核报批程序以及配套实施办法，在具体路径上要通过推行大部门制、政府购买服务等方式，优化行政层级、精简管理机构、降低行政成本，因设市确需增加的人员编制，在保持原有上级行政区域编制总量不变的前提下调剂解决。

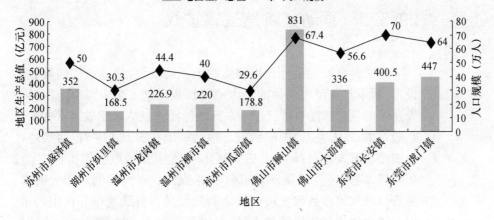

图 29.3　2015 年部分特大镇经济和人口规模

> **专栏 29.3**
> **温州市龙港镇探索推进行政管理体制改革**
>
> 2014 年 12 月以来,温州市苍南县龙港镇作为首批国家新型城镇化综合试点地区,积极探索创新行政管理,降低行政成本。
>
> 1. 推行"大部门"制。将县派驻部门中的住建分局、国土分局等 18 个单位下放到龙港镇管理,并按照"党政机构合一"、职能相近部门合并原则,与龙港镇内设机构及事业单位合并,组建 1 办 14 局共 15 个"大部门"机构。
>
> 2. 下放县级管理权限。以应放尽放、可承接为前提,除城市总体规划、土地规划及乡镇一时难以承接的职能、非日常性职能外,其他职能拟分批下放,第一批下放县级权限事项 371 项,正在对接下放的约 700 项。
>
> 3. 建立扁平化管理体制。整合建立 14 个新型社区,将政府行政审批和公共服务通过电子网络平台延伸至社区,赋予社区社会管理和公共服务职能。构建"一张网"基层治理网络,全镇共划分 552 格,将 21 个大类的工作事项纳入网格管理。
>
> 4. 建立行政审批服务和综合行政执法平台。拟将 200 多项行政审批职能统一纳入行政审批服务中心,实行"一个门、一个窗、一个章"的"一站式"服务。拟将 300 多项行政执法职能统一纳入城市管理与综合行政执法局。

29.5.3 推动经济发达镇扩权

解决经济发达镇行政管理体制不顺的问题,具备条件的可直接设市,暂不具备设市条件的特大镇可扩权赋能。东中西部地区经济发达镇的认定标准有所区别。东部地区经济发达镇建成区常住人口一般在 10 万人左右,中部和东北地区一般在 5 万人左右,西部地区一般在 3 万人左右;常住人口城镇化率、公共财政收入等指标连续 2 年位居本省(区、市)所辖乡镇前 10% 以内。对落实国家重大战略、完善区域城镇体系和促进区域协调发展具有特殊地位和作用的镇,以及历史文化名镇等特色小镇,可以重点考虑。推进经济发达镇扩权,重点是扩大经济社会管理权限、完善基层政府功能,主要任务是探索建立简约精干的组织架构、务实高效的用编用人制度和适应经济发达镇实际的财政管理模式,构建符合基层政权定位、适应城镇化发展需求的新型行政管理体制,进一步激发经济发达镇发展内生动力,充分发挥其对周边的辐射带动作用(见图 29.4)。

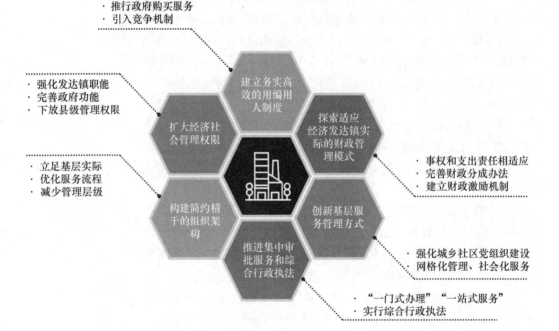

图 29.4 经济发达镇行政管理体制改革路线图

内容小结

本章论述了新型城镇化的制度安排。推进新型城镇化最重要的是破除体制机制障碍。从强化人口管理服务出发,全面推进公民身份证号码与社会保障号码的统一。建设覆盖全国、安全可靠的国家人口综合信息库。从高效利用土地资源出发,建立城镇用地规模结构调控机制,健全节约集约用地制度。从创新城镇化资金保障机制出发,拓宽城市建设融资渠道,发挥政策性金融作用。从满足市民居住需求出发,健全多主体供给、多渠道保障、租购并举的住房制度,完善促进房地产市场健康发展长效机制。从挖掘城镇发展潜力出发,修订设市标准,探索新型设市模式,加快发展中小城市,推动经济发达镇扩权,探索构建适应城镇化发展需求的新型行政管理体制。

关键概念

人口管理制度 土地管理制度 资金保障机制
城镇住房制度 行政管理体制

思考讨论题

1. 为什么推进新型城镇化最重要的是破除体制机制障碍?
2. 如何发挥社会保障对人口管理服务的重要作用?
3. 怎样理解土地管理要坚持管住增量、严控增量、盘活存量?
4. 谈谈你对我国城镇住房制度改革的看法和建议。

本篇参考文献

习近平,《习近平谈治国理政》,外文出版社,2014年。

《国家新型城镇化规划(2014—2020年)》,人民出版社,2014年。

国家发展和改革委员会,《国家新型城镇化报告2016》,中国计划出版社,2017年。

周其仁,《城乡中国》,中信出版社,2013年。

徐宪平,《中国经济的转型升级——从"十二五"看"十三五"》,北京大学出版社,2015年。

〔美〕布莱恩·贝利,《比较城市化》,顾朝林等译,商务印书馆,2010年。

〔美〕刘易斯·芒福德,《城市发展史》,宋峻岭等译,中国建筑工业出版社,2005年。

〔美〕爱德华·格莱泽,《城市的胜利》,刘润泉译,上海社会科学院出版社,2012年。

〔英〕彼得·霍尔,《文明中的城市》,王志章等译,商务印书馆,2016年。

〔丹〕扬·盖尔,《人性化的城市》,欧阳文等译,中国建筑工业出版社,2010年。

〔加〕道格·桑德斯,《落脚城市:最后的人类大迁移与我们的未来》,陈信宏译,上海译文出版社,2012年。

第 9 篇

推动区域协调互动发展

区域发展不平衡是一个全球性问题。因为资源禀赋、地理环境、人文条件、经济发展、治理体制等各种差异，不少国家区域内部面临贫富差距扩大、公共服务短缺、自然生态恶化、民粹主义抬头等严峻挑战。如何增强国家的调控力、凝聚力，促进不同区域协调、均衡发展，这是大国治理中一项不可或缺的重大战略，也是实现全球再平衡的一道难题。

我国幅员辽阔、市场广袤，区域禀赋结构各异，区域发展既有明显的差距，又有巨大的潜力，还有一定的回旋空间。四大板块的布局、三大战略的实施，使区域发展呈现融合互动的新格局，但不平衡、不充分的矛盾依然存在。区域发展有其内在的时空演进规律。从沿海起步先行，后溯内河沿交通干线向纵深腹地梯度延伸，不断突破区域性壁垒，推动生产要素的自由流动、统一大市场的形成和基本公共服务均等化的普惠，这是包括我国在内的许多国家现代化进程的共同经历和内生动力。

第 30 章
我国区域发展的历程

我国是一个拥有 56 个民族、超过 13 亿人口、辽阔广袤的国土海洋空间的大国,也是一个区域间自然条件和社会经济发展差异十分明显的国家,这种差异性同时蕴含着巨大的潜力和韧性。中华人民共和国成立后,大规模国土空间开发和区域经济发展积累了较为丰富的实践经验,形成了中国特色的区域发展理论、区域发展规划、区域发展格局。

30.1 我国自然地理条件及其影响

自然地理条件是区域经济发展的基础。我国自然环境存在着巨大的区域差异,由此导致的人口和经济活动分布疏密不均,决定了我国区域发展不平衡不协调的基本格局。

30.1.1 我国自然地理的基本特征

我国是自然地理环境最为丰富多彩的国家之一,拥有 960 多万平方公里的陆地疆域,约占地球陆地总面积的 6.5%,居世界第三位。地处中纬度和大陆东岸,地形多样、起伏变化,自北而南跨越寒温带、中温带、暖温带、亚热带、热带等不同气候环境,从东至西又有湿润、半湿润、半干旱、干旱等不同地区,形成了世界独特的生态地域系统。我国西部深入亚欧大陆腹地,东南面向太平洋,整个地势西高东低、逐级下降,形成了三级阶梯。

第一阶梯是以昆仑山—祁连山—岷山—邛崃山—横断山一线为界的青藏高原,包括西藏自治区和青海省的全部,甘肃、四川和新疆三省、区的一部分,面积达 250 万平方公里,平均海拔 4 500 米,是世界上最高的高原。

第二阶梯是从第一阶梯边缘线至大兴安岭—太行山—巫山—雪峰山一线的广大地区,面积达 450 万平方公里,平均海拔 1 000—2 000 米,地表形态主要是一系列高山、巨型盆地、广阔的高原和沙漠。

第三阶梯是大兴安岭—太行山—巫山—雪峰山一线以东至海岸线的广大地区。这一地带面积为 260 万平方公里,平均海拔 500 米以下,除少数山地外,大部分为平原和丘陵,地势比较平坦。

30.1.2 我国自然地理的综合评价

我国国土空间辽阔,但适宜开发的面积较少,山地、高原和丘陵面积总和约占全国土地总面积的 69%(见图 30.1),扣除必须保护的耕地和已有建设用地,可用于工业化城镇化开发及其他方面建设的面积只有 28 万平方公里左右,仅占全国陆地国土总面积的 3%。我国水资源总量居世界第六位,但人均水资源量仅为世界人均占有量的 28%,且水资源空间分布不均,南方地区水资源量占全国的 81%,北方地区仅占 19%。我国能源和矿产资源比较丰富,但主要化石能源和重要矿产资源的人均占有量大大低于世界平均水平,能源结构

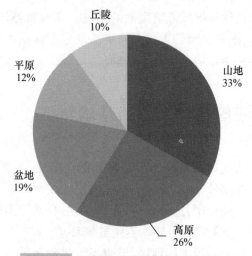

图 30.1 我国各类型国土面积比例

以煤为主,优质化石能源资源严重不足。我国生态类型众多,森林、湿地、草原、荒漠、海洋等生态系统均有分布,但生态脆弱区域面积广大,中度以上生态脆弱区域占全国陆地国土空间的55%,其中极度脆弱区域占9.7%,重度脆弱区域占19.8%。

30.2 区域发展理论和实践

区域发展理论学科体系,是20世纪50年代在西方国家形成的。此后,在世界科技进步、新兴学科发展和经济格局变化的历史进程中得以逐步发展完善。

30.2.1 国外区域发展理论和实践

区域经济理论的形成可以追溯到经济学发展早期的区位论。德国经济学家杜能于1826年在其所著的《孤立国》一书中提出了"杜能环"概念,开创了经济空间布局这一学科研究。之后,区域经济理论作为经济学的重要分支不断发展。20世纪50年代,美国学者艾萨德继承和发展了区位理论,结合经济学原理创立了现代区域经济学。现代区域经济理论主要包括均衡与非均衡、区域分工与协作、区域空间结构等分支。

区域均衡与非均衡理论。区域发展的均衡与非均衡,一直是区域发展理论争论的焦点,它们贯穿在区域经济发展的过程中。**一是区域均衡理论**:包括美国发展经济学家纳尔逊提出的"低水平均衡陷阱"理论,罗森斯坦-罗丹提出的"大推进"理论,纳克斯提出的"贫困恶性循环"理论等。这些理论主张发展中国家为了冲破发展瓶颈,要在投资上以一定的速度和规模持续作用于众多产业,特别是对基础设施的大幅度投入,并合理满足和增加各方面的需求,使市场不断扩大,以克服低水平陷阱。**二是区域非均衡理论**:包括瑞典经济学家缪尔达尔提出的循环累积因果论、美国经济学家威廉姆森提出的倒"U"形理论、弗农提出的区域经济梯度推移理论等。这些理论主张,发展中国家不具备全面增长的资本和其他资源,均衡增长是不可能的,投资只能有选择地在若干部门和区域进行,其他部门或区域通过利用这些部门或区域经济发展带来的外部效应而逐步发展起来。在经济发展的早期阶段,区域差异逐渐扩大;但在经济发展的成熟阶

古典区位论与"杜能环"
古典区位论主要以城市周围农业土地的类型和集约化程度为研究对象,以地租和运输成本为变量,分析农业生产的合理布局。杜能所处的时代是以农业耕作为主的时代,根据地租理论,杜能探讨了因地价不同引起的农业分带现象,形成农作区围绕中心城市呈向心环带状分布的圈层结构,这就是区位论中著名的"杜能环"。

马克思关于生产力布局理论
马克思和恩格斯对区域经济做了深刻的探索,研究主要集中在"生产力布局(生产地域分工)"和"城乡关系"方面。马克思认为,社会生产力发展是城市经济集中的客观必然结果。这种集中可以产生规模效应,降低生产成本,提高社会生产率;城市规模越大,交易越广泛,市场容量越大。这一理论强调协调与统筹,为合理解决区域发展、城乡发展问题提供了钥匙。

段,这一差异趋于收敛。

> **专栏 30.1**
> **欧盟利用基金投资促进区域均衡发展**
>
> 欧盟包括 28 个成员,成员之间的经济社会差距比较明显,其中有 1/4 的区域人均国内生产总值不到欧盟平均水平的 75%。欧盟为解决区域发展不平衡问题,在欧盟委员会下设地区政策总司,专门负责制定和执行区域经济政策,通过设立结构基金和凝聚基金增加投资,帮助落后地区开发。结构基金规模较大,根据相关规划,2007—2013 年结构基金规模占欧盟总预算的 36%,总额达到 3 076 亿欧元,援助对象是欧盟 254 个标准统计地区中符合条件的地区。凝聚基金规模较小,约 200 亿欧元。援助对象主要是人均国内生产总值低于欧盟平均水平 90% 的国家。这两种基金都不是长期援助,而是针对结构性问题和薄弱环节,重点对基础设施建设、生态环境保护、教育培训发展等提供资金援助,创造自主的可持续的发展条件,增强受援地区的自我发展能力。

区域分工与协作理论。区域分工理论大体经历了绝对优势→比较优势→要素禀赋→区域分工路径依赖演进。1776 年,亚当·斯密在《国富论》一书中提出了绝对优势的概念,认为区域分工是建立在生产商品的成本差异基础上的,而这种成本差异是绝对的。1817 年,大卫·李嘉图在《政治经济学及赋税原理》一书中,以劳动价值论为基础,利用两个国家、两种产品模型,论证了比较优势的存在以及在区域分工中的应用。按照比较成本优势学说,即使是不具有任何绝对成本优势的区域,也能参与区域分工并且从中获利。1919 年,赫克歇尔用生产要素禀赋差异导致的价格差异代替生产成本差异,认为区域分工和贸易产生的主要原因是各地区生产要素的丰裕程度,并由此决定了生产要素相对价格和劳动生产率的差异。20 世纪 90 年代,克鲁格曼创立了区域分工路径依赖理论,提出区域分工与贸易的形成特别是要素供给结构相似国家之间形成的同类产品的贸易,是这些国家按照规模收益递增原理发展专业化的结果,而规模经济的产生不断强化了这种既定的区域分工格局,最终形成路径依赖。

区域空间结构理论。区域空间结构理论目前仍在发展之中。该理论内容比较新颖,研究的范围比较广泛,侧重于区域协调发展的研究。法国经济学家佩鲁、美国经济学家弗里德曼是这一领域的代表。区域空间结构的理论基础是增长极理论，其基本思想是：经济增长并非同时出现在所有地方和部门，而是首先集中在某些具有创新能力的行业和主导产业部门，这些主导部门通常集聚在大城市中心。弗里德曼将产业发展和空间演变相结合，建立起区域空间结构和发展阶段理论。区域发展过程分为四个阶段：第一阶段，独立的地方中心；第二阶段，单一强中心；第三阶段，唯一强中心和边缘次级中心；第四阶段，区域空间一体化（见图 30.2）。区域经济空间一体化是一个系统演化过程，主要表现为空间形态一体化、市场一体化、产业一体化、信息一体化和制度一体化。

增长极理论的拓展

增长极理论进一步发展为中心－外围（Core-Peripheral）理论，提出发展起源于区域的核心区，核心区以外的地区成为外围区，核心区域、外围区相互依存，构成一个完整的空间系统，区域发展的主要形式是通过中心的创新聚集，引导和支配外围区，扩散资源要素，最终走向区域经济一体化。

第一阶段：独立的地方中心

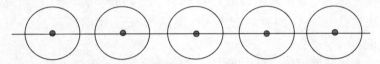

第二阶段：单一强中心

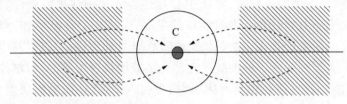

第三阶段：唯一强中心和边缘次级中心

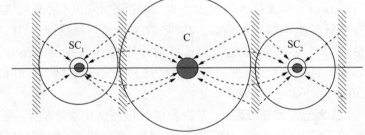

第四阶段：区域空间一体化

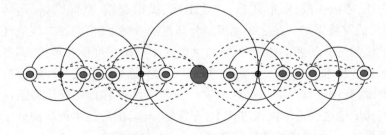

图 30.2　区域一体化四阶段

30.2.2 我国区域发展理论和实践

西方区域经济发展理论在某种程度上具有一定的普适性,但应该注意到这些理论产生的特定环境条件。比如,增长极理论对加速区域工业化、城市化与现代化提供了比较好的思路,但该理论实施的结果也有可能造成二元空间结构加剧的后果;"大推进"理论能够对区域的均衡发展起到推动作用,却有可能以牺牲发展效率为代价。我国区域经济发展理论是在区域经济发展实践中产生和发展起来的。随着我国改革开放的不断深入,区域发展出现了一些问题,例如区域差距、城乡差距以及产业转移、城乡统筹等矛盾,在研究和解决这些区域性问题的过程中,逐渐形成了我国区域经济发展理论。

点轴开发理论。是由我国经济地理学家陆大道院士提出的。从区域经济发展的过程看,经济中心总是首先集中在少数条件较好的区位,成斑点状分布。随着经济的发展,经济中心逐渐增加,点与点之间,由于生产要素交换需要交通线路以及动力供应线、水源供应线等,形成了轴线。这种轴线首先是为区域增长极服务的,但轴线一旦形成,对人口、产业也具有吸引力,吸引人口、产业向轴线两侧集聚,并产生新的增长点。点轴贯通,就形成了点轴系统。因此,点轴开发可以理解为从发达区域大大小小的经济中心(点)沿交通线路向不发达区域纵深地发展推移。后来,根据点轴理论延伸出"T"字发展战略,即将东部沿海地带和长江沿岸地带作为我国国土开发和经济布局的战略重点,这两个一级轴线构成了一个"T"字形状(见图 30.3)。

"三大地带划分"理论。是由我国区域经济学家陈栋生提出的,并形成了"三级梯度、三大地带、东靠西移、横向联合、中心开花、极核先抓、墨渍扩散、辐射联系、产业走廊、纵横交错、空间网络、运转灵活"的发展思路。在三大地带划分理论的基础上,借鉴西方区域经济学说的一些观点,一些专家学者又形成了我国梯度推移理论,即各地区经济技术的发展是不平衡的,地区间客观上已形成一种经济技术梯度,有梯度就有空间推移。生产力的空间推移首先要让有条件的高梯度地区引进掌握先进技术,先发展一步,随后逐步依次向处于二级梯度、三级梯度的地区转移。

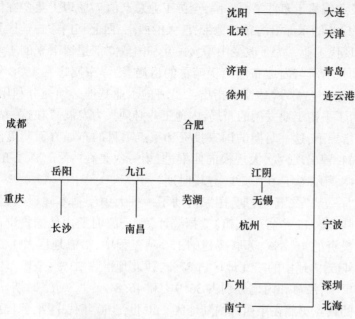

图30.3 沿海沿江"T"字开发模式

30.3 我国区域发展战略演进

区域发展有其内在的时空演进规律。从沿海起步先行,溯内河,沿交通干线向纵深腹地梯度发展,不断突破区域性壁垒和分割,推动生产要素跨区域流动,促进统一大市场的形成,这是全球区域发展的普遍规律。总结概括,我国区域发展大致经历了沿海与内地工业平衡发展、"先富带后富"非均衡发展、东中西东北地区协调发展、板块轴带功能类型协同联动发展四个阶段。

30.3.1 沿海和内地工业平衡发展阶段(1949—1978年)

"一五"时期(1953—1957年)到改革开放前,一般称这一阶段为生产力均衡布局或区域均衡发展阶段,平衡发展、平衡布局、缩小差距是其基本特征。

中华人民共和国成立初期,经济基础十分薄弱,生产力分布畸形,工业偏集于东部沿海一隅,全国工业总产值77%以上集中在国土不到12%的东部沿海狭长地带,广大的西南、西北和内蒙古地区几乎没有现代工业。为了改变中华人民共和国成立前遗留下来的工业基础薄弱、沿海与内地布局畸轻畸重的格局,毛泽东同志在1956年发表的《论十大关系》中明确指出:"沿海的工业基地必须充分利用,但是,为了平衡工业发展的布局,内地工业必须大力发展。"在这一战略思想指导下,这一时期的国家投资和重点项目的布局方面明显向内地倾斜,曾出现两次大规模向西推进,第一次是在"一五""二五"计划时期,第二次是在"三线"建设时期。

"一五""二五"时期,国家启动了一批大中型基本建设项目,涉及内陆地区17个省(区、市)。据统计,"一五"时期内地的投资占全国总投资的46.8%,苏联援建的156项工程中,沿海地区占1/5,内地占4/5,内地中的东北地区占37%,西北地区占22%;全国基本建设投资中,沿海和内地分别占36.9%和46.8%。"二五"时期,国家投资的重点仍然在中西部内陆地区。20世纪60年代中期,我国面临着来自北方和南方侵略战争的威胁,为此,中央提出了加快"三线"战略后方建设、积极备战、准备打仗的思想。我国第三个和第四个五年计划的制订以及生产建设,相应地转向了以备战为中心、以"三线"建设为重点的轨道,重点集中在西南的云贵川和西北的陕甘宁青等省、自治区以及"四西"(桂西北、湘西、鄂西、豫西)地区,历经三个五年计划,累计投资2 052亿元,占同期全国基本建设总投资的39%,投入人力高峰时达400多万人,建成了总长8 046公里的铁路干线,建设了1 100多个大中型工矿企业、科研单位和大专院校,一批新的工业基地和工业城市在中西部崇山峻岭中拔地而起,基本建成了以国防工业为重点,交通、电子、化工、钢铁等产业为基础的工业体系。

均衡发展战略的实施,使我国在生产力合理布局方面取得了突出成就。经过几十年的建设,内地工业产值占全国的比重由1952年的31.9%,提高到1978年的40.1%。这一阶段由于国家投资的地区布局由沿海转向内地,有力地推进了内地的工业化进程,使中华人民共和国成立前遗留下来的工业布局极不平衡的格局得到初步改观,直到现在,内地的发展都有赖于这个基础。但是,由于偏重行政力量主导,未能充分发挥沿海工业基地的作用,国家投资的效益没有得到充分发挥。"三线"建设时期片面强调"三线"工厂要"分散、靠山、隐蔽",要进洞,人为地割断了生产的有机联系,致使经济效益低下。例如,1978年"三线"地区的百元固定资产实现产值只有沿海地区的一半,利润率只有9.2%,而沿海地区为23.4%。1952—1975年

"一五"计划生产力布局导向

在《中华人民共和国发展国民经济的第一个五年计划》中明确提出:"在我国各地区适当地分布工业的生产力,使工业接近原料、燃料产区和消费地区,并适合于巩固国防的条件,来逐步提高落后地区的经济水平。"

全国基本建设投资的地区分布见表30.1。

表30.1 1952—1975年全国基本建设投资的地区分布　　　　单位：%

时期	沿海	内地	其中"三线"地区
"一五"时期	41.8	47.8	30.6
"二五"时期	42.3	53.9	36.9
调整时期	39.4	58.0	38.2
"三五"时期	30.9	66.8	52.7
"四五"时期	39.4	53.5	41.1
"一五"至"四五"时期	40.0	55.0	40.0

注：由于部分地区的投资未纳入计算，沿海和内地投资比重加总之和不等于100%。

资料来源：刘再兴，《中国生产力总体布局研究》，中国物价出版社，1995年。

30.3.2 "先富带后富"非均衡发展阶段（1979—1995年）

党的十一届三中全会作出了把工作重点转移到经济建设上来的重大战略决策。为了突破计划经济体制的束缚，1978年邓小平同志提出允许一部分地区、一部分人先富起来，先富带后富，最终实现共同富裕的著名论断；1988年，邓小平同志又提出"两个大局"的重要思想。随着经济发展战略的转轨，在对中华人民共和国成立以来我国生产力布局经验教训进行总结的基础上，党中央、国务院提出了"扬长避短、发挥优势"的方针，把效率原则放到区域发展第一优先的地位。国内通常把1978年改革开放后到1995年"九五"计划前这一时期，称为梯度推进或非均衡发展阶段。

沿海优先发展战略，主要做法是充分利用沿海工业基础和区位优势，面向国际市场，积极参与国际市场竞争，设立若干经济特区，发展外向型经济。国家"六五"计划明确指出，要积极利用沿海地区的现有基础，"充分发挥它们的特长，带动内地经济进一步发展"；"七五"计划进一步将全国划分为东部、中部、西部三大经济地带，提出"要加速东部沿海地带的发展，同时把能源、原材料建设的重点放到中部，并积极做好进一步开发西部地带的准备"。"六五"至"八五"时期，沿海地区基本建设投资超过全国的一半，1978—1995年，沿海

"两个大局"战略思想

1988年邓小平同志提出了"两个大局"的战略思想："沿海地区加快对外开放，使这个拥有两亿人口的广大地带较快地先发展起来，从而带动内地更好地发展，这是一个事关大局的问题，内地要顾全这个大局。反过来，发展到一定的时候，又要求沿海拿出更多力量来帮助内地发展，这也是一个大局。那时沿海也要服从这个大局。"

地区吸引外资占全国吸引外资总额的 84.7%。

从实际效果来看,东部地区的率先发展产生了较大的极化效应。沿海地区的率先发展,加快了我国改革开放进程,使我国的经济实力迅速上升,缩小了与发达国家之间的差距。东部沿海地区抢抓到了国际经济产业转移的机遇,在短短的不到 20 年的时间里,就进入了工业化的起飞阶段,也因此形成了我国经济最发达的经济圈与城市群。但是由于发展基础和条件的差异以及其他原因,东部地区与中西部地区发展速度的差距逐步扩大。1979—1995 年,沿海与内地相比,人均国民生产总值的绝对差距扩大了 4.4 倍;1997 年,东部地区国内生产总值占全国的比重超过了 50%。

专栏 30.2
改革开放初期加快东部沿海地区发展政策举例

对广东、福建两省实行特殊政策、灵活措施。1979 年 7 月,中央决定对广东、福建两省的财政和外汇实行定额包干,物资、商业在国家计划指导下适当利用市场调节。

设立经济特区。1980 年 8 月,中央批准设置深圳经济特区,又相继设立了珠海、汕头、厦门经济特区。

开放沿海港口城市。1984 年 4 月,中央决定进一步开放天津、上海、大连、秦皇岛、烟台、青岛、连云港、南通、宁波、温州、福州、广州、湛江、北海等 14 个城市,兴办新的经济技术开发区。

开辟沿海经济开放区。1985 年 2 月,中央决定把长江三角洲、珠江三角洲和闽南厦漳泉三角地区 59 个市县开辟为沿海经济开放区;1988 年,设立海南省和建立海南特区。

设立浦东新区。1990 年 6 月,中央批准上海开发和开放浦东新区,实行经济特区的某些优惠政策。

30.3.3 东中西东北地区协调发展阶段(1996—2012 年)

20 世纪 90 年代中期,针对地区差距带来的突出矛盾,党中央审时度势,适时作出了完善区域发展战略的重大决策。1996 年发布的

《国民经济和社会发展"九五"计划和2010年远景目标纲要》中,首次将地区之间协同发展作为国民经济和社会发展的指导方针之一,提出要"坚持区域经济协调发展,逐步缩小地区发展差距"。从这时开始,协调发展成为区域发展的主导思想,东、中、西、东北地区"四大板块"格局逐步形成。1997年,党的十五大报告提出:"促进地区经济合理布局和协调发展";1999年,国家启动实施西部大开发战略;2000年,出台《国务院关于实施西部大开发若干政策措施的通知》;2003年,启动实施东北地区等老工业基地振兴战略,党中央、国务院出台《关于实施东北地区等老工业基地振兴战略的若干意见》;2006年,启动实施促进中部地区崛起战略,党中央、国务院出台《关于促进中部地区崛起的若干意见》。这一系列重大决策,为完善区域发展战略、推动区域协调发展奠定了基础。

2006年,"十一五"规划对促进区域协调发展进行了全面阐述,首次提出实施区域发展总体战略,即坚持实施推进西部大开发,振兴东北地区等老工业基地,促进中部地区崛起,鼓励东部地区率先发展,健全区域协调互动机制,形成合理的区域发展格局。2011年,"十二五"规划强调,进一步落实区域发展总体战略,充分发挥不同地区比较优势,促进生产要素合理流动,深化区域合作,推进区域良性互动发展,逐步缩小区域发展差距。

随着区域发展总体战略的深入实施,东部地区一马当先的增长格局发生了重大变化。从图30.4可以看到,1996年,东部、中部、西部、东北四大板块经济总量占全国的比重分别为51.7%、19.8%、18.3%、10.1%,在前期东部率先发展的惯性影响下,东部地区经济总量占比一度在2006年达到改革开放后最高的55.5%,中部、西部地区经济总量占比下滑至18.7%、17.3%;从2006年开始,中西部地区经济发展开始加速,2007年,西部地区经济增长速度达到14.6%,首次超过东部地区;2008年,中西部和东北地区整体加速,全面超过东部地区的增长速度;2009—2012年,这一态势得以延续;到了2012年,中部、西部地区经济总量占比达到20.2%、19.8%,东部地区下降至51.3%。与此同时,中西部和东北地区发展环境逐步改善,教育、卫生、就业、社保等基本公共服务水平不断提高,自我发展能力稳步提升。

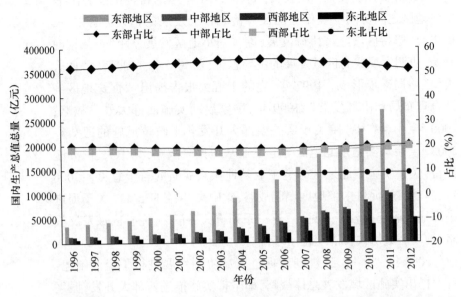

图 30.4 1996—2012 年四大区域板块国内生产总值总量及占比变化

30.3.4 板块轴带功能类型协同互动发展阶段（2013 年至今）

党的十八大以来，以习近平同志为核心的党中央，着眼于统筹区域协调互动发展，统筹国际国内两个市场，开创性地提出了推进"丝绸之路经济带"和"21 世纪海上丝绸之路"建设、京津冀协同发展、推动长江经济带发展等新的三大战略构想。习近平总书记在 2014 年中央经济工作会议上强调："这三大战略的共同特点，是跨越行政区划、促进区域协调发展。"从四大板块竞相发展，到三大战略协同推进，形成了"4+3"的区域战略格局。从统筹东中西，到协调南北方，从沿海沿江沿边组合式联动，到对内对外全方位开放，从打破行政区域壁垒、推动体制机制创新，到实现基础设施互联互通、构建统一大市场，这种跨区域、组合式的互动发展模式，是我国区域发展战略理念的又一次创新和飞跃。如图 30.5 所示，在空间结构上，不仅考虑原有的四大板块的功能定位，而且发挥重要轴带的带动作用。在政策支点上，由以行政区为基础制定区域政策转向依托主体功能区和特殊类型区，主体功能区主要解决国土空间合理开发问题；特殊类型区主要解决老、少、边、穷等特殊地区发展问题。这对我国生产力布局优化提出了新的要求，有助于提高互联互通水平，为构建连接东中西、贯通南北方的多中心、网络化、开放式的区域协调发展格局提供支撑保障。

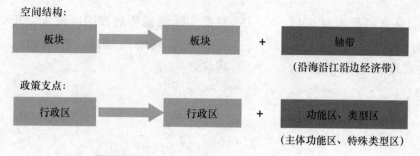

图 30.5　板块轴带功能类型协同互动

内容小结

本章介绍了我国自然地理条件及其影响、区域发展理论和实践，论述了我国区域发展历程和区域发展战略演进。我国自然环境存在着的巨大区域差异，决定了我国区域发展不平衡不协调的基本格局。在区域发展理论中，国际上主要有区域均衡与非均衡理论、区域分工与协作理论、区域空间结构理论等。中华人民共和国成立以后，国内学者提出了点轴开发、三大地带划分等理论。在我国区域发展实践中，我国区域发展战略和区域经济格局不断演进，主要经历了沿海与内地工业平衡发展、"先富带后富"非均衡发展、东中西东北地区协调发展、板块轴带功能类型协同互动发展四个阶段。最终形成"4+3"的区域战略格局，即东、中、西、东北部"四大板块"和"一带一路"建设、京津冀协同发展、长江经济带发展三大战略，构成连接东中西、贯通南北方的多中心、网络化、开放式的区域协调发展格局。

关键概念

三级阶梯	古典区位论	杜能环	马克思生产力布局理论
区域均衡理论	区域非均衡理论	区域分工与协作理论	区域空间结构理论
点轴开发理论	三大地带划分理论	四个发展阶段	两个大局战略思想
四大板块	三大战略		

思考讨论题

1. 我国自然地理的基本特征及对区域发展有哪些影响?
2. 国内外区域发展理论主要有哪些?有何实践意义?
3. 联系实际谈谈你对我国区域发展历程和发展战略的理解。有何相关建议?

第 31 章
区域发展总体战略

中华人民共和国成立到现在,区域发展差距逐步缩小,活力不断增强,但不平衡、不协调发展的矛盾、问题依然突出。要深入实施西部开发、东北振兴、中部崛起和东部率先的区域发展总体战略,创新区域发展政策,完善区域发展机制,促进区域协调、协同、共同发展,努力缩小区域发展差距。总体来看,东部地区仍是我国经济发展的稳定器,中部地区将成为拉动经济发展的新增长极,东北地区经济将在结构调整中发展,西部地区是经济发展重要的回旋空间。

31.1 推进西部大开发形成新格局

西部地区是我国重要的生态屏障和能源资源接续地,是打赢脱贫攻坚战、全面建成小康社会的难点所在,也是我国发展的重要回旋余地和提升发展水平的潜力所在,在区域发展总体战略中具有优先地位。西部大开发"十三五"规划主要指标见表31.1。

表 31.1 西部大开发"十三五"规划主要指标

类别	指标	2015 年	2020 年	属性
经济发展	人均地区生产总值(元)	39 210	54 000	预期性
	地区生产总值(亿元)	145 019	200 000	
	服务业增加值比重(%)	42.5	>45	
	常住人口城镇化率(%)	48.7	54.0	

西部地区概况

包括重庆市、四川省、贵州省、云南省、西藏自治区、陕西省、甘肃省、宁夏回族自治区、青海省、新疆维吾尔自治区、内蒙古自治区和广西壮族自治区等12个省(区、市),国土面积、人口分别占全国的71.5%和27.1%,2017年主要经济指标全国占比分别为:国内生产总值20.0%、全社会固定资产投资额26.7%、货物进出口总额7.5%、粮食26.5%、规模以上工业企业利润总额16.1%、建筑业总产值20.4%、社会消费品零售总额18.7%。

(续表)

类别	指标	2015年	2020年	属性
资源环境	耕地保有量(万亩)	—	67 900	约束性
	草原综合植被覆盖度(%)	50.6	53.6	
	森林覆盖率(%)	18.5	19.1	
	湿地保有量(万亩)	44 850	44 850	
社会发展	居民人均可支配收入(元)	16 868	26 000	预期性
	人均预期寿命(岁)	74.5	75.5	
	劳动年龄人口平均受教育年限(年)	9.7	10.5	
	贫困发生率(%)	10	<3	
创新能力	研究与试验发展经费投入强度(%)	1.2	>2	预期性
	每万人口发明专利拥有量(件)	2.7	>5.5	
	科技进步贡献率(%)	47.7	55	

31.1.1 优化空间开发新布局

根据西部各地区主体功能定位、现有发展基础和资源环境承载能力,以重要交通走廊和中心城市为依托,着力培育若干带动区域协调协同发展的增长极,构建以陆桥通道西段、京藏通道西段、长江—川藏通道西段、沪昆通道西段、珠江—西江通道西段为五条横轴,以包昆通道、呼(和浩特)南(宁)通道为两条纵轴,以沿边重点地区为一环的"五横两纵一环"西部开发总体空间格局(见图31.1)。加快以成渝、关中—天水、北部湾、珠江—西江、天山北坡等重点经济区为支撑的核心增长区域建设,推进兰州—西宁、呼包银榆、黔中、滇中、川南、藏中南、酒泉—嘉峪关等次级增长区域发展,在有条件的地区培育若干新增长极。把沿边重点地区培育成为边疆经济社会发展的重要支撑。

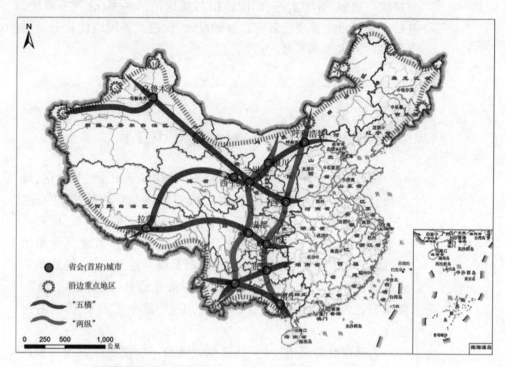

图 31.1 "五横两纵一环"空间开发格局示意图

31.1.2 构建基础设施新网络

基础设施建设滞后是西部地区发展的短板。推进西部大开发要进一步提高基础设施水平,着力构建"五横四纵四出境"综合运输大通道,加快建设适度超前、功能配套、安全高效的现代化基础设施体系。把西部地区铁路建设作为全国铁路建设的重点,加快推进干线铁路、高速铁路、城际铁路、开发性新线和枢纽站场建设,强化既有线路扩能改造,促进西部高速铁路成网、干线铁路升级、全网密度加大、运营提质增效。提升公路网络联通和畅达水平。实施高速公路联网畅通、普通国省干线升级改造、农村公路畅通安全、枢纽站场建设推进和专项建设巩固扩展五大工程,基本实现城镇人口 20 万以上城市及地级行政中心通高速公路、具备条件的乡镇和建制村通硬化路。加快民用航空发展,提升区域机场密度,大力拓展国际航线,完善国内航线布局,加快发展通用航空。加强河流航道和沿海港口建设。改造提升水利基础设施,加强涉及全局的重大水利工程和惠及民生的水利工程建设,支持大江大河及其主要支流治理和城镇防洪建设。

公路建设五大工程
- 高速公路联网畅通工程
- 普通国省干线升级改造工程
- 农村公路畅通安全工程
- 枢纽站场建设推进工程
- 专项建设巩固扩展工程

水利建设四大工程
- 重点水源工程
- 新建大型灌区工程
- 重大引调水工程
- 江河治理骨干工程

坚持统一规划、有序实施、能源输出与就地消纳并举,合理安排能源基础设施建设。扩展提升信息基础设施,促进宽带网络优化升级,提升网络覆盖水平和质量。

> **专栏 31.1**
> **西部大开发"十三五"规划重点铁路工程**
>
> **联系东中部通道：**(1) 陆桥通道——建成宝鸡至兰州高铁、库尔勒至格尔木等铁路,规划建设雅安至康定(新都桥)铁路。(2) 沿江通道——建设郑州至万州高速铁路,拉萨至林芝、成都至雅安等铁路,进一步优化补强沿江货运能力,完善枢纽地区和集疏运体系。(3) 沪昆通道——完成贵阳至昆明段建设,全线贯通沪昆高速铁路。(4) 西南出海通道——推进云桂、成贵铁路建设,加快成昆、南昆、渝怀等铁路扩能,开工建设贵阳至南宁高速铁路。
>
> **沟通南北方通道：**(1) 西部南北通道——加快建设银川至西安、吴忠至中卫、西安至成都、重庆至贵阳、兰州至重庆等铁路项目,开工建设重庆至昆明、西宁至成都(黄胜关)、中卫至兰州、银川至包头、西安至延安、西安至十堰等铁路。(2) 蒙华煤运通道——加快形成"三西"煤炭富产区与华中煤炭需求区便捷大能力货运通道。
>
> **联通国内外通道：**加快防城港至东兴、大理至瑞丽、玉溪至磨憨、大理至临沧铁路建设,规划建设和田至若羌、芒市至猴桥等铁路,积极推进中越、中巴、中蒙、中吉乌等铁路通道规划研究。
>
> **开发性新线：**加快实施丽江至香格里拉、敦煌至格尔木、阿勒泰至准东、叙永至毕节、安顺至六盘水等铁路,推进川南城际、庆阳至平凉、纳雍至六盘水、克拉玛依至塔城、博州支线、南疆铁路至兰新铁路联络线、柳州至广州(或韶关)等项目前期工作。
>
> **既有线路扩能改造：**规划实施平凉至中卫、集宁至二连浩特、南昆铁路百色至昆明段、洛湛铁路永州至玉林段、乌鲁木齐经精河至伊宁、南疆铁路(阿克苏至喀什段)、集宁至通辽、青藏铁路(格尔木至拉萨段)等铁路改造,规划实施怀化至柳州、衡阳至柳州等铁路电气化改造。
>
> **运输枢纽：**强化枢纽场站建设,推进乌鲁木齐新客站、成都站、

西安站、中卫站、南宁站、柳州站扩能改造,建设昆明枢纽东南环线、乌鲁木齐铁路枢纽乌西至乌北联络线、中欧班列新疆集结中心、西宁曹家堡货运基地等项目。

31.1.3 筑牢生态安全新屏障

西部地区是我国大江大河的主要源头和重要生态安全屏障,加强生态建设和环境保护是西部大开发的基本前提。坚持守住发展和保护两条底线,保护好绿水青山。要牢固树立尊重自然、顺应自然、保护自然的理念,坚定不移实施主体功能区制度,加大自然生态系统和环境保护力度,全面促进资源节约利用,大力推进绿色发展、循环发展、低碳发展、永续发展,健全防灾减灾救灾体制,增强抵御自然灾害的综合防范能力。要以重点生态区为依托,以重点生态工程建设为抓手,完善森林、草原、湿地、荒漠、水流、耕地等领域生态保护补偿机制,促进生态环境整体趋好。要加大生态环境保护力度,开展水污染防治,严格饮用水源保护,实施土壤和水污染防治,加大大气污染防治力度,深入开展农村环境综合整治。

> **专栏 31.2**
> **西部大开发"十三五"规划重点生态工程**
>
> (1) **新一轮退耕还林还草工程**:重点对 25 度以上陡坡耕地、严重沙化耕地、重要水源地 15—25 度坡耕地实施退耕还林还草。(2) **退牧还草工程**:安排草原围栏任务 1.5 亿亩、退化草原改良 4 000 万亩,建设人工饲草地 500 万亩、舍饲棚圈 30 万户,开展岩溶地区草地治理 500 万亩。(3) **天然林保护工程**:加强工程区内森林管护,加快营造公益林;强化中幼林抚育,促进林木生长,提高林分质量;着力培育后备资源,改善林分结构,增加森林蓄积量。(4) **自然保护区体系建设工程**:新建一批国家级、省级自然保护区,开展资源本底、生物多样性、外来入侵物种、保护绩效和管理机构状况等调查评价。(5) **湿地保护和恢复工程**:针对国际重要湿

地、国家重要湿地自然保护区和湿地公园及其周边符合条件的耕地实施退耕还湿,恢复和重构湿地生态系统。**(6)石漠化治理工程**:继续在贵州、云南、广西、四川、重庆等省(区、市)岩溶石漠化地区开展石漠化治理,恢复林草植被,封山育林,人工造林。**(7)水土保持工程**:以小流域为单元,以坡耕地治理为重点,以生态修复为突破口,通过工程措施、植物措施和保护性耕作等措施,加强区域水土流失综合治理。**(8)濒危野生动植物抢救性保护工程**:加大对极度濒危野生动物和极小种群野生植物的拯救保护力度。**(9)三江源生态保护和建设二期工程**:湿地封育1413.6万亩,沙化土地治理153万亩,封山育林120.5万亩,人工造林249万亩,退牧还草6150万亩,黑土滩治理545万亩,开展水土保持和生物多样性保护等。**(10)祁连山生态保护与综合治理工程**:封山育林与水源地保护111.6万亩,沙漠化土地治理5.1万亩,湿地保护与建设446.5万亩,沙化草地及黑土滩治理319.5万亩,开展水土保护工程和冰川环境保护工程及科技支撑。**(11)柴达木地区生态环境综合治理工程**:综合治理面积22.1万平方公里。**(12)农牧交错带已垦草原治理工程**:建设优质稳定多年生人工草地,配套建设饲草储藏库,推广应用饲草播种加工贮运机械,治理1750万亩已垦撂荒草原。

31.1.4 发展特色优势产业新体系

新能源产业布局
建设乌鲁木齐、哈密、酒泉、重庆、成都、德阳、包头、西安、商洛、海东、银川、昆明、六盘水等地风电装备、光伏产品研发生产基地,开发2.5兆瓦级以上风电机组、太阳能光伏电池、生物质液体燃料技术,建设云南、广西、内蒙古等生物质能源研发生产基地,建设重庆、四川、新疆等页岩气生产、页岩气装备制造与油田服务基地。

发展特色优势产业是增强西部地区发展内生动力的主要途径。要深入实施以市场为导向的优势资源转化战略,坚持走新型工业化道路,提升特色优势产业发展水平,塑造产业核心竞争力,构建资源优势突出、创新能力较强、产业链条齐备、生态承载合理的现代产业发展体系。推动传统产业转型升级,严控新增产能,确保完成钢铁、煤炭去产能目标任务。培育符合西部地区实际的新能源、新能源汽车、新一代信息技术、生物医药、新材料、高端装备等战略性新兴产业,形成新的主导产业。引导现代服务业有序发展,打造高效便捷的西部物流大通道,大力发展商业新模式、经营新业态,加快发展家政、养老、健康等生活性服务业,大力发展高技术服务业和生产性服务业,促进文化产业健康发展,加快旅游业改革发展。厚植农业发展基础,着力构建现代农业产业体系。

> **专栏 31.3**
> **新材料基地建设**
>
> 建设内蒙古稀土功能材料、镁铝合金材料、有机合成材料基地，陕西钨钼钛锆钒稀有金属材料、超导材料、生物医药材料基地，甘肃镍及镍钴合金材料、高性能纤维及复合材料基地，青海铝镁锂材料、蓝宝石晶体材料基地，宁夏钽铌铍、铝镁锰和光伏材料基地，重庆铝镁锂轻合金材料、高强度汽车钢、石墨烯及聚氨酯等化工新材料基地，四川光伏材料、钒钛及稀土材料、高性能纤维材料基地，贵州钛及钛合金材料基地，云南稀贵金属材料及催化材料、光电子材料基地，广西锡锑铟铝稀土材料基地，新疆铍锂稀有金属材料、铝基合金材料基地。

31.1.5 培育开放开发新优势

改革开放是西部大开发的强大动力。要促进西部大开发与"一带一路"建设、长江经济带发展紧密衔接、相互支撑，加快内陆沿边开放步伐，推进同有关国家和地区多领域互利共赢务实合作，打造陆海内外联动、东西双向开放的全面开放新格局。以推进"一带一路"建设为统领，充分发挥西部各省（区、市）比较优势，围绕政策沟通、设施联通、贸易畅通、资金融通、民心相通，加快推进中蒙俄、新亚欧大陆桥等国际经济走廊境内段建设，提升对西部地区开发开放的支撑能力。大力发展内陆开放型经济，探索建立更加适应开放型经济发展的行政管理和公共服务体制，鼓励内陆开放型经济试验区在更多领域先行先试。加快沿边地区开发开放，将沿边地区建设成为沟通我国内陆地区与周边国家的合作交往平台。支持西部地区与东中部和东北地区、西部省（区、市）之间依托现有机制，建立完善合作平台，开展跨区域合作。积极参与推进长江经济带发展和京津冀协同发展，深化泛珠三角、泛北部湾等区域合作，促进区域一体化和良性互动，培育多层次开放合作机制。西部内陆和沿边开放试验区如图31.2所示。

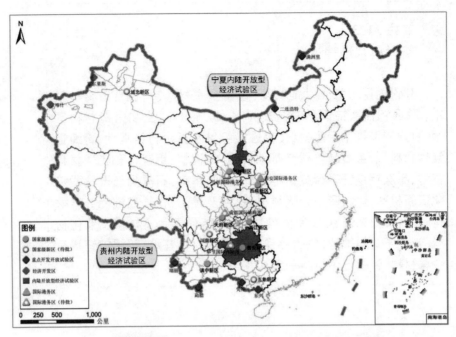

图 31.2 西部内陆和沿边开放试验区示意图

31.1.6 推动基本公共服务迈上新台阶

突破西部地区脱贫攻坚难点
西部地区人口占全国总人口的 27%，但贫困人口却占全国总贫困人口的 54%，全国 832 个贫困县中，西部有 505 个，是脱贫攻坚的主战场。西部大开发"十三五"规划提出，通过实施产业扶植、转移就业、易地搬迁、教育支持、社保兜底、生态保护以及东西部扶贫协作等多项举措，到 2020 年，确保现行标准下西部地区农村贫困人口实现脱贫，贫困县全部摘帽，解决西部地区区域性整体贫困问题。

西部地区要坚持普惠性、保基本、均等化、可持续方向，履行政府职责，提高公共服务共建能力和共享水平，力争到 2020 年西部地区基本公共服务接近全国平均水平。**提升国民教育质量：**加大教育投入，鼓励普惠性幼儿园发展，加强农村普惠性学前教育建设，促进县域内义务教育均衡发展，推进城乡公办义务教育学校标准化建设，新建、改扩建一批普通高中和中等职业学校，加强职业教育实习实训基地建设和"双师型"教师队伍建设，逐步分类推进中等职业教育免除学杂费，继续提高重点高校西部招生比例。**健全社会保障制度：**坚持就业优先，进一步完善城乡基本养老保险制度和失业保险制度，在西部地区地（市）级以上城市建立一批农民工综合服务中心，按照国家统一部署合理调整西部地区退休人员基本养老金水平，加强医疗保障体系建设，到 2020 年力争将基本医疗保险覆盖面稳定在 95% 以上，完善城乡居民大病保险制度，完善医疗保险关系转移接续措施和城乡居民大病保险制度，提高群众健康水平，加强公共卫生服务能力建设，完善基层医疗卫生服务体系，稳步提升医疗卫生信息化水平。**丰富群众文化体育生活：**加强基本公共文化服务能力建设，促进基本公共文化服务标准化、均等化。

> **专栏 31.4**
> **西部大开发"十三五"规划公共服务重点工程**
>
> 教育重点工程:(1) 乡村教师支持计划;(2) 中西部中小学首席教师岗位计划;(3) 幼儿园和中小学教师国家级培训计划;(4) 中西部高等教育振兴计划。
>
> 卫生计生服务体系建设重大工程:(1) 县级医院能力建设工程;(2) 基层医疗卫生服务体系建设工程;(3) 人口健康信息化建设工程;(4) 医疗卫生人才培训基地建设工程;(5) 医疗卫生科技创新能力提升建设工程;(6) 中医药传承创新工程;(7) 健康城镇项目;(8) 重大疾病防治项目;(9) 健康妇幼项目。

31.2 加快东北老工业基地振兴

东北地区是中华人民共和国成立初期工业的摇篮和重要的农业基地。2003 年实施东北地区等老工业基地振兴战略取得了明显成效,但从 2014 年起经济增速持续下滑,结构性、体制性矛盾突出。推动东北地区经济脱困向好、实现新一轮振兴,事关全国经济发展和转型升级大局,事关区域协调发展全局。要因地制宜、分类施策,扬长避短、扬长克短、扬长补短,有效提升老工业基地的发展活力、内生动力和整体竞争力,努力走出一条质量更高、效益更好、结构更优、优势充分释放的振兴发展新路。东北振兴"十三五"规划主要指标见表 31.2。

东北地区概况

包括辽宁、黑龙江、吉林 3 省,国土面积、人口分别占全国的 3.8% 和 7.8%,2017 年主要经济指标全国占比分别为:国内生产总值 6.5%、全社会固定资产投资额 4.9%、货物进出口总额 3.3%、粮食 19.2%、规模以上工业企业利润总额 3.5%、建筑业总产值 3.5%、社会消费品零售总额 8.5%。

东北地区与东部地区对口经济合作

- 辽宁省与江苏省
- 吉林省与浙江省
- 黑龙江省与广东省
- 北京市与沈阳市
- 上海市与大连市
- 天津市与长春市
- 深圳市与哈尔滨市

表 31.2 东北振兴"十三五"规划主要指标

	指标	2015 年基数	2020 年目标	年均增速（累计）	属性
经济发展	全员劳动生产率(万元/人)	9.6	13	6.2	预期性
	粮食综合生产能力(万吨)	13 210	13 210	(0)	预期性

(续表)

	指标		2015年基数	2020年目标	年均增速[累计]	属性
创新驱动	研究与试验发展经费投入强度(%)		1.3	2.1	(0.8)	预期性
	每万人口发明专利拥有量(件)		3.6	6.9	(3.3)	预期性
	互联网普及率	固定宽带家庭普及率(%)	48.3	72.6	(24.3)	预期性
		移动宽带用户普及率(%)	58.4	86.5	(28.1)	
结构调整	高新技术产业增加值比重(%)		10	13.3	(3.3)	预期性
	服务业增加值比重(%)		44.7	47.4	(2.7)	预期性
	城镇化率(%)	常住人口城镇化率(%)	60.5	65.8	(5.3)	预期性
		户籍人口城镇化率(%)	45.1	50	(4.9)	
社会发展	居民人均可支配收入增长(%)		—	—	>6.5	预期性
	劳动年龄人口平均受教育年限(年)		10.5	11.1	(0.6)	约束性
	城镇新增就业人数(万人)		—	—	(620)	预期性
	农村贫困人口脱贫(万人)		—	—	(270)	约束性
	城镇棚户区住房改造(万套)		—	—	(215)	约束性
生态文明	耕地保有量(万公顷)		2 700	2 700	(0)	约束性
	万元国内生产总值用水量下降(%)		—	—	(21.7)	约束性
	单位国内生产总值能源消耗降低(%)		—	—	(15)	约束性
	单位国内生产总值二氧化碳排放降低(%)		—	—	(17.7)	约束性
	森林发展	森林覆盖率(%)	38.7	40	(1.3)	约束性
		森林蓄积量(亿立方米)	42	45	(3)	

(续表)

指标		2015年基数	2020年目标	年均增速[累计]	属性
生态文明	空气质量	地级及以上城市空气质量优良天数比率(%)	77.1	81.1	(4)	约束性
		PM2.5未达标地级及以上城市浓度下降(%)	—	—	(18.9)	
	地表水质量	达到或好于Ⅲ类水体比例(%)	50.5	>56.9	—	约束性
		劣Ⅴ类水体比例(%)	7.1	<1.5	—	
	主要污染物	化学需氧量	—	—	(8.4)	约束性
		氨氮	—	—	(7.6)	
		二氧化硫	—	—	(17.3)	
		氮氧化物	—	—	(16.6)	

注：① 全员劳动生产率增速按可比价计算，绝对数按2015年不变价计算。② ( )内为5年累计数。③ PM2.5未达标指年均值超过35微克/立方米。

31.2.1 完善体制机制：治本之策

解决东北地区市场化程度不高问题，关键在于理顺政府与市场的关系，在经济社会协调上，更多地依靠市场这只"无形的手"调节微观领域的经济活动，政府这只"有形的手"应聚焦制定规则、宏观调控、社会管理和公共服务。在经济运行上，要推进行政管理体制改革，深化"放、管、服"，改善营商环境，加快形成有利于激发市场内在活力的振兴发展新体制。**加快转变政府职能**。深入推进简政放权。建立健全权力清单、责任清单、负面清单制度。探索制定东北地区统一的市场监管规则、流程和标准，建设东北地区统一的信用信息征集目录。推动"法治东北、信用东北"建设。**深化国企国资改革**。制定深化东北国有企业改革专项工作方案，科学合理界定国有企业功能、划分国有企业类别，实行分类改革、分类发展、分类监管、分类定责、分类考核。**大力发展民营经济**。健全和完善促进民营经济健康发展的体制机制。完善民营企业公共服务平台，增强提供创新创业、人才培训、市场开拓、法律政

综合改革试验

积极推进沈阳经济区新型工业化综合配套改革试验区建设,创新产业园区联盟发展机制,建立产业链条分工协作机制。加快推进黑龙江省"两大平原"现代农业综合配套改革试验,创新农业经营主体、农村金融保险服务、农业支持保护政策、农产品价格形成机制。推动实施吉林省农村金融综合改革试验,探索形成可操作、可复制的普惠金融发展模式。

策等服务的能力。壮大一批主业突出、核心竞争力强的民营企业集团和龙头企业。支持民营企业和社会资本参与国有企业改制重组,引导民营企业和国有企业建立配套协作机制。

专栏 31.5
重点专项改革

一是解决国有企业历史遗留问题。全面启动并深入推进厂办大集体改革。允许国有企业划出部分股权转让收益、地方政府出让部分国有企业股权,专项解决厂办大集体和分离企业办社会职能等历史遗留问题。中央财政继续对厂办大集体改革实施"奖补结合",允许中央财政奖励和补助资金统筹用于支付改革成本。鼓励厂办大集体企业通过合资、合作、出售等多种方式,改制为产权清晰、面向市场、自负盈亏的独立法人实体。全面推进国有企业职工家属区"三供一业"分离移交工作。

二是推进国有林区林场改革。剥离森工企业社会管理和办社会职能,加快林区所办企业改制改革。分类化解林区林场金融债务。推进重点国有林区深远山林业职工搬迁和林场调整,因地制宜发展一批林区宜居小镇。发展林下经济、森林旅游等接续替代产业。支持重点国有林业局和森工城市开展生态保护和经济转型试点。妥善安置国有林区富余职工。

三是加快农垦系统改革发展。推进农场企业化,实现改制平稳过渡。推进垦区集团化,探索自下而上改革路径。推进分离办社会改革,加快社会管理属地化,提高垦区公共服务水平。推动将国有农场承担的社会管理和公共服务职能纳入地方政府统一管理。支持农垦企业按规定参与国家大宗农产品政策性收储和境外农业综合开发。赋予黑龙江农垦粮食自营进出口权。

31.2.2 推进结构调整:主攻方向

改造升级"老字号"、深度开发"原字号"、培育壮大"新字号"是东北地区产业结构的优化方向。要通过调整优化传统产业结构,推进装备制造业提档升级,促进服务业优质高效发展,积极发展新产业与新业态,引导制造业向效益提升、分工细化、协作紧密方向发展,增强现代服务业对制造业升级的支撑作用,促进互联网的深度广泛应用,在东北地区构建现代产业体系,重塑产业竞争优势,培育振兴发展新动能。

专栏 31.6
装备制造业发展重点

电力装备。包括核电装备、大型高效超净排放煤电机组、超大容量水电机组、重型燃气轮机、超高压输变电装备、智能电网设备等。**航空航天装备**。包括直升机、通用飞机、轻型多用途飞机、支线飞机、无人机、卫星、航天器,以及新型航空发动机、飞机传动系统、大型精密模锻专用件等关键零部件。**轨道交通装备**。包括高速动车组、新型内燃机车、铁路货车、现代有轨电车、市域快轨车等轨道交通装备,以及城市轨道交通控制系统、机车微机控制系统、机车信号设备等关键设备和零部件。**智能制造装备**。包括高精度高性能精密测量设备、高精度数控装备、3D打印设备、机器人等,以及关键零部件。**农机装备**。包括联合收割机械、精准播种施肥机械、整地机械、先进牧业机械、大型农机电控系统等。**船舶与海工装备**。包括高技术船舶、大型远洋船舶、豪华邮轮、海洋矿产资源开发装备、深海探测装备、海上作业保障装备等。**新能源装备**。包括大功率风力发电机组、高转化率太阳能电池组件、并网电站、分布式光伏光热电站等。**石化成套装备**。包括大型石化产品成套生产线、大型天然气液化生产线、大型煤化工生产线、大型高品质石油炼化装备、石油开采装备等。**冶金成套装备**。包括大型高效金属冷热轧机、钢铁高效精整设备、高产铁矿石焙烧设备、高端液压装备等。

东北特色旅游产品体系

生态旅游:呼伦贝尔、锡林郭勒、科尔沁等草原生态旅游目的地,大小兴安岭、长白山、辽东山地等森林生态旅游目的地,三江、松嫩、辽河下游等平原湿地生态旅游目的地。

工业旅游:沈阳铁西装备制造业发展示范区、阜新海州露天矿国家矿山公园、大庆铁人纪念馆及地质博物馆等工业旅游示范点。

边境旅游:满洲里、黑河、绥芬河、同江、二连浩特、丹东、珲春、图们等边境口岸城市,漠河、抚远、东宁、集安、额尔古纳等边境风情旅游城镇。

文化旅游:侏罗纪古生物化石、晚白垩纪早期恐龙化石、红山文化、辽上京及上都、高句丽国、渤海国,以及辽、金、元、清时期遗址等历史文化遗迹旅游线路;"九一八"历史博物馆、东北抗联博物馆、抗美援朝纪念馆;等等。

冰雪旅游:打造哈尔滨—亚布力—牡丹江冰雪文化旅游目的地、长春—吉林冰雪运动休闲旅游目的地、长白山冰雪休闲竞技旅游目的地、阿尔山—柴河新兴滑雪度假旅游目的地。

滨海旅游:打造葫芦岛—锦州—盘锦—营口—大连—丹东滨海旅游目的地。

31.2.3 鼓励创业创新:内生动力

创新发展有利于增强振兴东北的内在动力。采取建立健全创新创业体系、培育壮大创新创业群体、完善创新创业支持政策等举措,深入推进大众创业万众创新,塑造更多依靠创新驱动、更多发挥先发优势的引领型发展,使创新成为培育东北老工业基地内生发展动力的主要生成点。构建政产学研用一体的创新体系。实施国家技术创

推动东北资源枯竭城市创新转型

全国资源枯竭型城市有69座,东北地区分布最为集中,达到20座。其中,辽宁省7座:阜新市、盘锦市、抚顺市、北票市、弓长岭区、杨家杖子、南票区;吉林省7座:辽源市、白山市、舒兰市、九台市、敦化市、二道江区、汪清县;黑龙江省6座:伊春市、大兴安岭地区、七台河市、五大连池市、鹤岗市、双鸭山市。东北振兴"十三五"规划提出,支持具备条件的城市创建可持续发展示范市,选择典型资源富集地区开展转型创新试验区建设;因地制宜科学确定功能定位,明确转型方向,宜产则产、宜居则居、宜迁则迁;采取资产重组、产权转让、关闭破产等方式实现市场出清,释放经济社会资源;坚持产业转型升级与扩大就业良性互动,改造提升优势产业,扶持一批市场前景好的劳动密集型产业;鼓励地方设立资源型城市接续替代产业投资基金,支持金融机构参与发展接续替代产业;积极培育壮大新技术、新产业、新业态和新商业模式,重构支持区域发展的产业基础。

新工程,开展区域骨干企业创新转型试点。加快构建以企业为主体,科研院所、高校、职业学校、科技服务机构等参加的产业与技术创新联盟,开展行业共性关键技术攻关,打通基础研究、应用开发、中试和产业化之间的通道,强化创新链和产业链、创新链和服务链、创新链和资金链对接。务实推动东北地区多层次创新创业平台建设,将东北地区建设成为重要的技术创新与研发基地。支持东北地区充分利用现有基础、依托互联网建设一批创新创业服务平台,探索建设跨区域跨行业平台。加大国家"千人计划""万人计划"等重大人才计划对东北地区的倾斜力度。完善人才激励机制,鼓励高校、科研院所、国有企业强化对科技人才和管理人才的激励。推动在中心城市建立人才管理改革试验区,面向全球吸引人才。

专栏 31.7
重点创新创业平台

实验室、技术中心、工程中心:沈阳材料科学国家(联合)实验室、大连高新区"2025 创新中心"、大连储能技术创新中心、中国农业科学院果树研究所北方果树良种苗木繁育和技术转化中心(辽宁)、综合极端条件试验装置(吉林大学)、高速列车试验中心(中车长客)、哈工大空间环境地面模拟装置、国家重载快捷铁路货车装备工程技术研究中心(黑龙江)、国家水力发电设备工程技术研究中心(黑龙江)、国家乳业工程技术研究中心(黑龙江)、清华大学宝泰隆石墨烯应用技术联合开发中心(黑龙江)、呼伦贝尔科技创业服务中心。

园区、创新基地、科研院所:远大科技园、沈鼓-大工研究院、中科院机器人与智能制造创新研究院、国家精密光学领域重大创新基地(吉林)、吉林省化工新材料重大创新基地、中科院东北地理与农业生态研究所湿地与黑土农业创新平台(吉林)、空间目标观测基地(吉林)、703 研究所燃气轮机产业园(黑龙江)、黑龙江省工业技术研究院、哈工大机器人产业集团、内蒙古通辽国家农业科技园区、内蒙古蒙东铝及新材料工业技术研究院、内蒙古蒙医药工程技术研究院。

31.2.4　保障改善民生:衡量标准

要把保障和改善民生作为推动东北振兴的出发点和落脚点。坚持兜牢民生底线,增加基本公共服务供给,实施重大民生工程,不断提高人民生活水平,让人民群众有更多获得感。扩大就业,增加居民收入。统筹推进重点群体就业,健全就业服务体系,完善创业扶持政策。增加居民收入,健全科学的工资水平决定机制、正常增长机制、支付保障机制,有效调节过高收入,缩小收入差距。增加公共服务供给。提高办学水平和教育质量,缩小城乡、区域、校际教育资源配置差距。完善医疗卫生服务体系,合理配置医疗卫生资源。扩大社会保险覆盖面,健全城乡社会救助体系。基本完成城镇棚户区和危房改造任务,将棚户区改造与城市更新、产业转型升级更好地结合起来,动员各方力量参与。

31.3　促进中部地区崛起

中部地区承东启西、连南接北,自然环境条件优于西部,现阶段资源环境承载能力优于东部,是推进新型工业化、城镇化、信息化、农业现代化同步发展的重点区域,也是我国经济保持中高速增长的重要支撑。目前中部地区仍处于以要素、投资驱动为主的发展阶段,服务业占比和城镇化率偏低,经济开放度不高,产业升级、结构调整、动能转换面临较多挑战。促进中部地区全面崛起,是落实四大板块、三大战略布局,推动东中西协调互动发展的必然要求。

中部地区概况
包括山西、安徽、江西、河南、湖北、湖南六省,国土面积、人口分别占全国的 10.7% 和 26.5%,2017 年主要经济指标全国占比分别为:国内生产总值 21.0%、全社会固定资产投资额 26.1%、货物进出口总额 6.7%、粮食 29.9%、规模以上工业企业利润总额 20.6%、建筑业总产值 22.7%、社会消费品零售总额 21.3%。

专栏 31.8
促进中部地区崛起"十三五"规划主要目标

经济保持中高速增长。发展质量和效益明显提高。经济、人口布局向均衡方向发展。新型城镇化步伐加快,常住人口城镇化率达到 58% 左右,户籍人口城镇化率达到 43% 左右。

产业整体迈向中高端水平。先进制造业和战略性新兴产业加快发展,一批产业集群和新型工业化示范基地培育形成并发展壮大,服务业增加值比重达到47%以上。创业创新蓬勃发展,全要素生产率明显提高,科技进步贡献率达到60%左右。

现代农业发展走在全国前列。粮食生产基地地位进一步巩固和提升,粮食产量稳定在全国总产量的30%左右,农产品供给质量和效率显著提高,物质技术装备条件显著改善。农村产业融合发展水平明显提升,多种形式的农业适度规模经营加快发展。

生态环境质量总体改善。湿地保有量达到520万公顷,森林覆盖率达到38%以上。主要污染物排放总量大幅减少,区域大气环境质量、流域水环境质量得到阶段性改善。耕地保有量保持在3.77亿亩,单位国内生产总值能源消耗和二氧化碳排放分别降低15%以上和18%以上。

人民生活水平和质量普遍提高。城乡居民收入稳步增长。就业、教育、文化体育、社保、医疗卫生、住房等公共服务体系更加健全,基本公共服务均等化水平进一步提高。区域性整体贫困得到解决,现行标准下贫困人口全部脱贫。

现代服务业发展重点
金融服务业。全国金融后台服务基地、金融集聚核心功能区、普惠金融改革试验区、普惠金融改革试验区建设。
现代物流业。国际物流中心、区域性物流城市、国家级示范物流园区建设。
电子商务业。国家级电子商务基地、电子商务进农村综合示范区建设。
旅游业。国际文化旅游示范区、生态文化旅游圈、旅游综合改革试点、红色旅游发展、国际文化旅游名城。
文化产业。动漫游戏产业振兴基地、文化产权交易所、数字出版基地、知识产权服务业集聚区。
健康养老服务业。居家社区养老服务示范项目、大健康产业发展基地、养老服务业综合改革试点。

31.3.1　打造全国重要先进制造业中心

中部地区工业基础较好,产业门类齐全,经过多年努力已经初步建成全国重要的现代装备制造及高技术产业基地。要发挥比较优势,促进制造业向高端、智能、绿色、服务、集群方向发展,加快构建以先进制造业为支柱、以现代服务业为支撑的现代产业新体系。实施工业强基工程,打造具有全球竞争力的精品原材料产业基地,培育形成一批具有国际水平的先进制造龙头企业和产业集群,全面推进传统制造业绿色改造,促进产业向高端化、集聚化、智能化升级。深入实施战略性新兴产业发展重大行动,引导产业优化布局和分工协作,构建一批专业特色鲜明、品牌形象突出、服务平台完备的现代产业集群。

> **专栏 31.9**
> **重点新兴产业集群培育工程**
>
> **新一代信息技术产业**：以武汉、南昌为中心发展光电子产业，以合肥、芜湖、武汉为中心积极打造平板显示产业链，支持武汉、合肥建设存储器产业基地，支持郑州建设智能终端产业基地。**新能源汽车产业**：加大新能源汽车研发和推广力度，形成从关键零部件到整车的完整创新体系，打造郑州、合肥、芜湖、武汉、南昌、长沙等新能源汽车生产基地。**先进轨道交通装备产业**：依托株洲、湘潭、郑州、洛阳、太原、大同、合肥、马鞍山等地产业基础，研发新一代绿色智能、高速重载轨道交通装备系统，建立世界领先的现代轨道交通产业体系。**航空航天产业**：支持南昌、景德镇建设国家航空产业基地，大力发展飞机设计与制造，提升航空制造业专业化发展能力。支持武汉建设国家航天产业基地，郑州、长沙、信阳建设北斗导航产业基地。**新材料产业**：积极发展新型功能材料、先进结构材料、高性能复合材料、前沿新材料，重点建设长株潭、武汉、赣州、鹰潭、洛阳、安庆等新材料基地。**现代生物医药产业**：积极推动生物医药产业技术创新，加快推进生物医药产业规模化、集群化、国际化发展，建设武汉、长沙、郑州、南昌、新乡、长治等生物医药基地。**现代种业**：面向保障粮食安全的总体需求，大力发展现代种业，研究推广生物育种技术，研制和推广一批农业动植物新品种，建设长沙、郑州、新乡等现代种业基地。

31.3.2 建设新型城镇化重点区

中部地区仍处于城镇化快速发展阶段，常住人口城镇化率比全国水平低 3.6 个百分点。城镇化发展基础良好且潜力巨大。中部地区是我国外出农民工的主要流出地，也是引导约 1 亿人在中西部地区就近城镇化的主要区域。要通过健全新型城镇化机制和大力发展城市经济，努力吸引农民工返乡创业就业，同步推进市民化进程，积极探索就地就近城镇化道路，推动城镇化取得突破性进展，为提升全国城镇化水平奠定坚实基础。发展壮大长江中游城市群、中原城市群、皖江城市带、山西中部城市群，继续做大做强区域性中心城市，培育形成一批和谐宜居、富有活力、各具特色的现代化中小城市，建立功能完备、布局合理的城镇体系,稳步提高户籍人口城镇化水平,促进农业转移人口市民化。培育发展充满活力、特色化、专业化的县域经济,提升承接城市功能转移和辐射带动乡村发展能力,推动城镇公共服务向农村延伸,科学规划村镇建设、农田保护、村落分布和生态涵养等空间布局。

专栏 31.10
城市群壮大计划

长江中游城市群： 推动武汉城市圈、长株潭城市群、环鄱阳湖城市群大力实施创新驱动发展战略,加快建立现代产业体系,提升城市群综合实力和竞争力,建设具有全球影响力的现代产业基地和全国重要创新基地,打造生态文明和绿色城镇化样板。

中原城市群： 立足区位交通等优势,建设全国重要的先进制造业、现代服务业基地和现代综合交通枢纽,打造新亚欧大陆桥经济走廊极具发展活力的核心地带。

皖江城市带： 加快融入长三角城市群,进一步承接产业转移,建设产业实力雄厚、资源利用集约、生态环境优美、人民生活富裕、全面协调可持续发展的示范区。

山西中部城市群： 强化太原城市功能,推进太原—晋中同城化发展,加快传统产业转型升级,建设全国资源型经济转型示范区和重要的制造业、文化旅游业基地。

31.3.3 构建现代农业发展核心区

中部地区粮食产量占全国的30%,棉花、油料等主要农产品产量占全国的40%,是国家重要的粮食生产基地。中部地区要提高农业综合生产能力,巩固提升全国主要粮食生产基地地位,加快推进农业现代化,推动农业生产方式由数量规模型向质量效益型转变,为保障国家粮食安全和农产品有效供给、增强农业竞争力作出新贡献。要巩固提升全国粮食生产基地地位,严格落实耕地保护制度,落实藏粮于地、藏粮于技战略,集中力量开展土地整治、农田水利、土壤改良、机耕道路等建设,到2020年,建成2.27亿亩集中连片、旱涝保收高标准农田,耕地保有量保持在3.77亿亩。加快农业结构调整和优势特色产业培育,支持棉花、油料等优势产区生产基地建设,发展水果、蔬菜、花卉、茶叶、油茶、烟叶、中药材等优势特色农产品,巩固生猪、家禽优势产区,稳步发展奶类生产,加快中原肉牛、肉羊养殖加工基地建设,加强长江流域鱼类种质资源保护,建成全国优质畜禽水产品生产核心区。加快农业科技创新能力条件建设,实现主要农作物良种覆盖率稳定在96%以上。农作物耕种收综合机械化率达到68%以上,构建新型农业经营体系,推广农产品"田头市场+电商企业+城市终端配送"等营销模式。

31.3.4 创建全国生态文明建设示范区

中部地区位于大江大河的中上游地区,拥有鄱阳湖、洞庭湖等众多湖泊,是南水北调中线水源地。充分发挥江西全国生态文明示范省,武汉城市圈、长株潭城市群"两型社会"综合配套改革实验区,以及山西省资源型经济转型综合配套改革试验区等平台的作用,积极探索创新生态文明建设机制,塑造一批全国生态文明建设典范。加大生态建设和环境保护力度,逐步恢复生态系统和生态服务功能,着力构建以水系生态廊道、山区生态屏障、平原生态绿网为主体的大保护格局,强化长江、黄河、淮河、洞庭湖和鄱阳湖等流域生态环境保护,划定生态保护红线,加强太行山、吕梁山、秦巴山—武陵山、大别山、南岭、皖南—赣东北等山区生态系统修复,大力推进城镇绿化和农田林网建设,拓展重点生态功能区范围,加大禁止开发区域保护力度。

生态环境保护和修复 11 项重点工程
- 国土绿化行动
- 国土综合整治
- 天然林草资源保护
- 新一轮退耕退牧还林还草
- 防沙治沙和水土流失综合治理
- 湿地保护与恢复
- 珍稀濒危野生动植物抢救性保护
- 工业污染源全面达标排放
- 大气环境治理
- 水环境治理
- 土壤环境治理

31.3.5 形成全方位开放重要支撑区

中部地区作为内陆腹地,加大开放力度,对于推动形成全面开放新格局具有重要意义。要抓住推进"一带一路"建设的重大机遇,积极融入京津冀协同发展、长江经济带发展战略,构建全方位、多层次、宽领域的开放发展新格局,为经济发展注入新活力。中部地区要充分发挥区位优势,适应经济全球化和区域一体化趋势,强化区域次区域合作,建设开放型经济新高地。要全面融入"一带一路"建设和长江经济带发展战略,积极对接京津冀协同发展战略,积极承接国内外产业转移,在更宽领域、更高水平参与国际合作与竞争。全面推进双向开放,加快推动服务业领域开放,扩大中部地区服务业利用外资规模,推进农业深度开放,引导外商投资向农业综合开发领域和社会化服务领域延伸。加快在中部地区复制推广自由贸易试验区建设经验,借鉴推广在投资管理、贸易监管、金融创新方面的改革成果。

> **专栏 31.11**
> **对内对外开放合作重点**
>
> **参与长江经济带发展**:加强与长江上下游省份的协调联动,积极开展生态环境联防联控,统筹利用沿江岸线资源,合作建设沿江综合交通体系,整合沿江沿河港口和航运资源,深化区域通关一体化。
>
> **对接京津冀协同发展**:支持山西、河南省在产业转移承接、能源生产供应、生态环境联合保护治理、创新合作、基础设施连通等重点领域取得突破。
>
> **深化与泛珠三角区域合作**:大力推进赣粤产业合作园、赣闽产业合作园、湘粤(港澳)开放合作试验区建设,积极支持东南沿海地区产业及国内外知名企业生产基地向中部地区有序转移,共同培育先进产业集群。
>
> **促进区域内部合作**:加快推进长江中游城市群、中原城市群一体化发展,深化晋陕豫黄河金三角地区区域合作,推进湘赣开放合作试验区等省际毗邻地区合作发展,推动郑(州)开(封)、太(原)榆(次)、合(肥)淮(南)、(南)昌九(江)、长株潭等重点区域一体化发展。
>
> **建设重点开放平台**:支持符合条件的地区设立综合保税区和保税物流中心。加快航空口岸建设,推动水运口岸提质升级。加快建设郑州、合肥等跨境电子商务综合试验区。依托郑州、武汉等国际航空港,打通"一带一路"沿线主要城市空中通道,创新中欧班列集货运营模式,完善"一站式"大通关服务体系。

31.4 实现东部地区率先优化发展

<small>**东部地区概况**
包括北京、天津、河北、山东、江苏、上海、浙江、福建、广东、海南等省市,国土面积、人口分别占全国的14%和38.5%,2017年主要经济指标全国占比分别为:国内生产总值52.6%、全社会固定资产投资额42.3%、货物进出口总额82.4%、粮食24.4%、规模以上工业企业利润总额59.8%、建筑业总产值53.5%、社会消费品零售总额51.5%。</small>

东部地区在改革、开放、创新上一直走在全国前列,是我国经济发展的发动机和稳定器,在我国现代化进程中具有不可替代的重要作用。东部地区要继续以先行者的身份,以全球化的视野,以全面创新提升国际竞争力,创造新的经验,提供新的样板。

31.4.1 更好发挥对全国改革发展的引领支撑作用

东部地区已经进入转型升级、优化发展的关键时期。要着眼新时代新形势,在改革上,加快推进重点领域和关键环节的突破,破除思想观念障碍,突破利益固化藩篱,激发制度创新活力。在发展上,优化经济结构,转换增长动力,引领先进制造业、现代服务业加快发展,促进新技术、新产业、新业态、新模式率先成长,完善公共服务体系,促进社会公平正义,增强人民群众获得感、幸福感、安全感;在制度创新、科技进步、产业升级、绿色发展、城乡统筹、社会治理、全面开放等方面持续领先,充分发挥对全国经济社会发展的重要引领和支撑作用。

专栏 31.12
长江三角洲城市群发展目标

中期目标: 到 2020 年,基本形成经济充满活力、高端人才汇聚、创新能力跃升、空间利用集约高效的世界级城市群框架,人口和经济密度进一步提高,在全国 2.2% 的国土空间上集聚 11.8% 的人口和 21% 的地区生产总值。

远期目标: 到 2030 年,长江三角洲城市群配置全球资源的枢纽作用更加凸显,服务全国、辐射亚太的门户地位更加巩固,在全球价值链和产业分工体系中的位置大幅跃升,国际竞争力和影响力显著增强,全面建成全球一流品质的世界级城市群。

31.4.2 更大力度打造具有国际影响力的创新高地

东部地区要充分利用和拓展技术、人才、资本等创新要素集聚的比较优势,在新一轮科技革命和产业变革中,在实施创新驱动发展战略中,不做追随者,而要做领跑者、主导者,奋力闯出一条新路子,打开一个新局面,加快全面创新改革试验,完善综合创新生态体系,增强自主创新能力,激发全社会的创新活力和创造潜能,培育创新型城市,建设区域性创新中心,把东部地区打造成为全球创新网络的重要组成部分和国际性重大科学发展、原创技术发明和高新科技产业培育的重要发源地,为创新型国家建设作出重大贡献。

> **专栏 31.13**
> **珠江三角洲地区发展定位**
>
> 如图 31.3 所示,珠江三角洲地区的创新驱动发展要走在全国前列,跻身世界先进行列:
> - 体制创新的探索者;
> - 科技创新的生力军;
> - 产业创新的策源地;
> - 开放创新升级的新高地;
> - 国际一流的经济区、大湾区。
>
>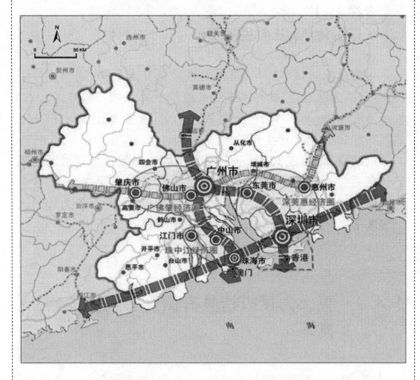
>
> **图 31.3** 珠江三角洲地区发展定位

31.4.3　更高层次参与国际经济合作和竞争

与其他地区比较,东部地区外向型经济的优势和特征更为明显,是我国参与国际经济合作和竞争的主要阵地。要进一步发挥环渤海、长三角、珠三角等地区的对外开放门户作用,实行更加积极、主动的开放战略和政策,不断拓展开放领域和空间,加快建立全方位开放型经济体系,全面提升国际合作的水平,着眼于世界范围内的资源和要素配置,提升产业在全球价值链分工中的层级,推动重点产业国际化布局,建立全球化产业链体系,发展一批跨国公司,更好地利用国际国内两种资源、两个市场,同时,在全国复制推广对外开放的成功经验。

专栏 31.14
上海自由贸易试验区试点经验复制推广

上海自由贸易试验区运行一周年,有关部门陆续在全国或部分地区复制推广 27 项试点经验,其中,涉及投资管理体制改革共 13 项,包括注册资本认缴登记制、境外投资项目备案管理制度、企业年报公示制度、经营异常名录制度等;涉及贸易便利化改革共 10 项,包括"先进区、后报关"、保税展示交易、集中汇总纳税等;涉及金融改革开放举措共 4 项,包括取消境外融资租赁债权审批、取消对外担保行政审批等。

国务院在上海市对自由贸易试验区试点进行全面总结评估的基础上,在全国范围内复制推广的改革事项有 28 项,涉及五个方面:一是投资管理领域,包括税务登记号码网上自动赋码、组织机构代码实时赋码、企业设立实行"单一窗口"等 9 项;二是贸易便利化领域,包括检验检疫通关无纸化、第三方检验结果采信等 5 项;三是金融领域,包括个人其他经常项下人民币结算业务、外商投资企业外汇资本金意愿结汇等 4 项;四是服务业领域,包括允许设立股份制外资投资性公司、允许内外资企业从事游戏游艺设备生产和销售等 5 项;五是事中事后监管方面,包括社会信用体系、信息共享和综合执法制度、社会力量参与市场监督制度等 5 项。在全国其他海关特殊监管区域复制推广的改革事项共 6 项,包括期货保税交割海关监管制度、融资租赁海关监管制度、进口货物预检验等。

31.4.4　更快步伐推进陆海统筹

东部地区陆海兼备,既是我国人口、城镇、产业高度集聚的区域,也是实施海洋强国战略和发展海洋经济的重要区域。要以国家建设海洋强国为契机,以山东、浙江、福建、广东、天津等国家海洋经济试点省和海洋经济示范区建设为重点,统筹利用陆海两种资源,促进海洋资源开发利用。支持海南利用南海资源优势发展特色海洋经济。要充分发挥东部沿海地区海洋开发中的引领作用,提升沿海地区的集聚辐射能力,强化其作为人口和海陆产业主要集聚平台、海洋开发支撑保障基地、海陆联系"桥梁"和"窗口"的功能。要实施以海洋生态系统为基础的综合管理,加强海洋资源环境保护,优化近岸海域空间布局,科学控制开发强度。统筹运用多种手段维护国家海洋权益。

扶持特殊类型地区发展

革命老区、民族地区、边疆地区和困难地区是特殊类型地区。"十三五"规划提出:支持革命老区开发建设,推动民族地区健康发展,推进边疆地区开发开放,促进困难地区转型发展。推进经济加快发展,人民生活明显改善。实施六项重大工程:
- 革命老区振兴发展行动
- 民族地区奔小康行动
- 沿边地区开发开放行动
- 资源枯竭地区转型
- 产业衰退地区振兴发展
- 生态严重退化地区转型发展

专栏 31.15
海洋重大工程

(一)**蓝色海湾整治**:在胶州湾、辽东湾、渤海湾、杭州湾、厦门湾、北部湾等开展水质污染治理和环境综合整治,增加人造沙质岸线,恢复自然岸线、海岸原生风貌景观,在辽东湾、渤海湾等围填海区域开展补偿性环境整治和人工湿地建设。

(二)**蛟龙探海**:突破"龙宫一号"深海实验平台建造关键技术,建造深海移动式和坐底式实验平台。研发集深海环境监测和活动探测于一体的深海探测系统。推进深海装备应用共享平台建设。

(三)**雪龙探极**:在北极合作新建岸基观测站,在南极新建科考站,新建先进破冰船,提升南极航空能力,初步构建极地区域的陆—海—空观测平台。研发适用于极地环境的探测技术及装备,建立极地环境与资源潜力信息和业务化应用服务平台。

(四)**全球海洋立体观测网**:统筹规划国家海洋观(监)测网布局,推进国家海洋环境实时在线监控系统和海外观(监)测站点建设,逐步形成全球海洋立体观(监)测系统,加强对海洋生态、洋流、海洋气象等观测研究。

资料来源:《中华人民共和国国民经济和社会发展第十三个五年规划纲要》。

内容小结

本章论述了深入实施西部大开发、东北振兴、中部崛起和东部率先优化发展的区域协调发展战略。推进西部大开发形成新格局,重点是优化空间开发新布局、构建基础设施新网络、筑牢生态安全新屏障、发展特色优势产业新体系、培育开放开发新优势、推动基本公共服务迈上新台阶。加快东北地区等老工业基地振兴,要把完善体制机制作为治本之策,把推进结构调整作为主攻方向,把鼓励创业创新作为内生动力,把保障和改善民生作为衡量标准。促进中部地区崛起,要着力打造全国重要先进制造业中心、建设新型城镇化重点区、构建现代农业发展核心区、创建全国生态文明建设示范区、形成全方位开放重要支撑区。实现东部地区率先优化发展,要更好发挥对全国改革发展的引领支撑作用,更大力度打造具有国际影响力的创新高地,更高层次参与国际经济合作和竞争,更快步伐推进陆海统筹。同时,要扶持特殊类型地区发展。

关键概念

西部大开发　　　　东北老工业基地振兴　　　中部崛起　　　　三基地一枢纽
东部率先发展　　　陆海统筹　　　　　　　　特殊类型地区发展

思考讨论题

1. 谈谈你对实施区域发展总体战略的认识。
2. 为什么要深入推进西部大开发战略?
3. 加快东北老工业基地振兴的主要挑战与对策是什么?
4. 促进中部崛起面临哪些问题?有何政策建议?

第 32 章
推动京津冀协同发展

京津冀概况
京津冀包括北京市、天津市、河北省,国土面积、人口分别占全国的 2.25% 和 8.1%。2017 年主要经济指标全国占比分别为:国内生产总值 9.7%、全社会固定资产投资额 8.3%、货物进出口总额 11.9%、粮食 6.1%、规模以上工业企业利润总额 8.3%、建筑业总产值 9.2%、社会消费品零售总额 9.1%。

推动京津冀协同发展,是以习近平同志为核心的党中央在新的历史条件下作出的重大决策部署。当前京津冀地区发展面临一些突出问题,北京聚集过多的非首都功能,"大城市病"凸显,人口增长过快,资源环境承载超限,区域战略定位缺乏统筹,功能布局不够合理,公共服务水平差距较大。京津冀协同发展的核心在于有序疏解北京非首都功能,提升核心功能,统筹推进京津冀基础设施建设、产业升级转移、区域环境治理等,探索人口经济密集地区优化开发模式,走出一条具有中国特色的解决"大城市病"的路子,为全国区域协调发展体制机制创新提供经验。

> **专栏 32.1**
> **京津冀协同发展总体目标**
>
> 　　到 2020 年,北京市常住人口控制在 2 300 万人以内,北京"大城市病"等突出问题得到缓解;区域一体化交通网络基本形成,生态环境质量得到有效改善,产业联动发展取得重大进展。公共服务共建共享取得积极成效,协同发展机制有效运转,区域内发展差距趋于缩小,初步形成京津冀协同发展、互利共赢新局面。
> 　　到 2030 年,首都核心功能更加优化,区域一体化格局基本形成,区域经济结构更加合理,生态环境质量总体良好,公共服务水平趋于均衡,成为具有较强国际竞争力和影响力的重要区域,在引领和支撑全国经济社会发展中发挥更大作用。

32.1 优化空间布局和功能定位

推进京津冀协同发展,要立足各自比较优势、现代产业分工要求、区域优势互补原则、合作共赢理念,以京津冀城市群建设为载体、以优化区域分工和产业布局为重点、以资源要素空间统筹规划利用为主线、以构建长效体制机制为抓手,着力加强顶层设计,调整优化城市布局和空间结构,促进城市分工协作,明确三地功能定位,努力形成京津冀目标同向、措施一体、优势互补、互利共赢的协同发展新格局。

32.1.1 空间布局

按照"功能互补、区域联动、轴向集聚、节点支撑"的思路,以"一核、双城、三轴、四区、多节点"为骨架,构建以重要城市为支点,以战略性功能区平台为载体,以交通干线、生态廊道为纽带的网络型空间格局。

- 一核:北京
- 双城:北京、天津
- 三轴:京津发展轴、京保发展轴、京唐秦发展轴
- 四区:中部核心区、东部沿海发展区、南部功能拓展区、西北部生态涵养区
- 多节点:石家庄、唐山、保定等区域性中心城市和张家口、承德、廊坊、秦皇岛、沧州、邢台、衡水等节点城市。

32.1.2 功能定位

功能定位是科学推动京津冀协同发展的重要前提和基本遵循。坚持"一盘棋"思想,立足各自特色和比较优势,着眼长远,按照协同发展、促进融合、增强合力的要求,科学确定京津冀整体定位和三省市各自的定位,体现三省市在京津冀协同发展中所扮演的角色和肩负的责任,突出功能互补、错位发展、相辅相成,并服从和服务于区域整体功能定位。

总体定位:以首都为核心的世界级城市群、区域整体协同发展改革引领区、全国创新驱动经济增长新引擎、生态修复环境改善示范区。

北京市:全国政治中心、文化中心、国际交往中心、科技创新中心。

天津市:全国先进制造研发基地、北方国际航运核心区、金融创新运营示范区、改革开放先行区。

河北省：全国现代商贸物流重要基地、产业转型升级试验区、新型城镇化与城乡统筹示范区、京津冀生态环境支撑区。

32.2 有序疏解北京非首都功能

有序疏解北京非首都功能，是实施京津冀协同发展战略的关键环节和重中之重，对于推动京津冀协同发展具有重要先导作用。有序疏解北京非首都功能，疏解的重点主要是：一般性产业特别是高消耗产业，区域性物流基地、区域性专业市场等部分第三产业，部分教育、医疗、培训机构等社会公共服务功能，部分行政性、事业性服务机构和企业总部等四类非首都功能。疏解的原则是"四个相结合"：政府引导与市场机制相结合，集中疏解与分散疏解相结合，严控增量与疏解存量相结合，统筹谋划与分类施策相结合。建设雄安新区和通州新城，是疏解北京非首都功能、推进京津冀协同发展的两大历史性工程。

32.2.1 建设雄安新区：非首都功能疏解集中承载地

雄安新区概况
雄安新区地处北京、天津、保定腹地，距北京、天津均为105公里，距石家庄155公里，距保定30公里，距北京新机场55公里，区位优势明显，交通便捷通畅，地质条件稳定，生态环境优良，资源环境承载能力较强，现有开发程度较低，发展空间充裕。规划范围包括雄县、容城、安新三县行政辖区（含白洋淀水域），任丘市鄚州镇、苟各庄镇、七间房乡和高阳县龙化乡，规划面积1770平方公里。
新区城乡空间布局为"一主、五辅、多节点"。"一主"，即起步区，选择容城、安新两县交界区域，是新区的主城区，先行启动建设。"五辅"，即雄县、容城、安新县城及寨里、昝岗五个外围组团，全面提质扩容。"多节点"，即若干特色小城镇和美丽乡村，实行分类特色发展。

设立河北雄安新区，是继深圳经济特区和上海浦东新区之后又一具有全国意义的新区，是千年大计、国家大事。雄安新区作为北京非首都功能疏解集中承载地，与北京城市副中心形成北京新的两翼，与以2022年北京冬奥会和冬残奥会为契机推进张北地区建设形成河北两翼，有利于加快补齐区域发展短板，提升区域经济社会发展质量和水平。要坚持世界眼光、国际标准、中国特色、高点定位，坚持生态优先、绿色发展，坚持以人民为中心、注重保障和改善民生，坚持保护弘扬中华优秀传统文化、延续历史文脉，高起点规划、高标准建设雄安新区，使之成为绿色生态宜居新城区、创新驱动发展引领区、协调发展示范区、开放发展先行区。

到2035年，基本建成绿色低碳、信息智能、宜居宜业、具有较强竞争力和影响力、人与自然和谐共生的高水平社会主义现代化城市。城市功能趋于完善，新区交通网络便捷高效，现代化基础设施系统完备，高端高新产业引领发展，优质公共服务体系基本形成，白洋淀生态环境根本改善。有效承接北京非首都功能，对外开放水平和国际影响力不断提高,实现城市治理能力和社会管理现代化,"雄安质量"引领全国高质量发展作用明显,成为现代化经济体系的新引擎。到本世纪中叶,全面建成高质量高水平的社会主义现代化城市,成为京津冀世界级城市群的重要一极。集中承接北京非首都功能成效显著,为解决"大城市病"问题提供中国方案。新区各项经济社会发展指标达到国际领先水平,治理体系和治理能力实现现代化,成为新时代高质量发展的全国样板。彰显中国特色社会主义制度优越性,努力建设人类发展史上的典范城市,为实现中华民族伟大复兴贡献力量。

32.2.2　建设通州新城:北京城市副中心

2016年5月,习近平同志主持中央政治局会议时提出,北京城市副中心要构建蓝绿交织、清新明亮、水城共融、多组团集约紧凑发展的生态城市布局,着力打造国际一流和谐宜居之都示范区、新型城镇化示范区、京津冀区域协同发展示范区,按照通州新城的功能定位和规划设计,加快建设一批基础设施、公共服务、生态环境等重点工程,全面增强城市副中心综合承载力和吸引力。推进城市绿心建设,以生态的办法治理水系、恢复湿地,努力建设水城共融的生态城市、蓝绿交织的森林城市。围绕行政办公、商务服务、文化旅游三大主导功能,发展新产业新业态,推进运河商务区、环球主题公园等建设。高标准配置优质公共服务资源方案。

城市副中心规划范围约155平方公里,目前常住人口约86万人,综合考虑资源环境承载能力等因素,将承接中心城区40万—50万常住人口疏解任务,到2035年,常住人口规模控制在130万人以内,城乡建设用地规模控制在100平方公里左右。初步建成具有核心竞争力、彰显人文魅力、富有城市活力的国际一流的和谐宜居现代化城区。城市功能更加完善,城市品质显著提升,承接中心城区功能和人口疏解作用全面显现,城乡一体化新格局基本实现。

> **"一带、一轴、多组团"空间布局**
> **一带**:依托大运河构建城市水绿空间格局,形成一条蓝绿交织的生态文明带。
> **一轴**:依托六环路建设功能融合活力地区,形成一条清新明亮的创新发展轴。
> **多组团**:依托水网、绿网、路网,形成12个民生共享组团和36个美丽家园(街区)。构建集成基础设施和城市公共服务设施的设施服务环,有机串联组团和家园,建设职住平衡、宜居宜业的城市社区。

32.3　推进重点领域率先突破

推动京津冀协同发展,任务繁重,既要有明确的长远目标,又要从现实出发,分步稳妥推进。先期重点在交通、生态环保、产业三个领域集中力量推进,力争率先取得突破,同时推动公共服务共建共享。

32.3.1 构建一体化现代交通网络

按照网络化布局、智能化管理和一体化服务的要求,构建以轨道交通为骨干的多节点、网格状、全覆盖的交通网络,提升交通运输组织和服务现代化水平,建立统一开放的区域运输市场格局。重点是建设高效密集轨道交通网,完善便捷通畅公路交通网,打通国家高速公路"断头路",全面消除跨区域国省干线"瓶颈路段",加快构建现代化的津冀港口群,打造国际一流的航空枢纽,加快北京新机场建设,大力发展公交优先的城市交通,提升交通智能化管理水平以及区域一体化运输服务水平,发展安全绿色可持续交通。

32.3.2 实行生态环境联防联治

按照"统一规划、严格标准、联合管理、改革创新、协同互助"的原则,打破行政区域限制,推动能源生产和消费革命,促进绿色循环低碳发展,加强生态环境保护和治理,扩大区域生态空间。重点是联防联控环境污染,建立一体化的环境准入和退出机制,加强环境污染治理,实施清洁水行动,大力发展循环经济,推进生态保护与建设,谋划建设一批环首都国家公园和森林公园。形成京津保中心区过渡带、沿海生态防护区、低平原生态修复区、燕山太行山水源涵养区、坝上高原生态防护区;划定和严守资源环境生态红线,强力推进生态建设和污染治理重点任务;到 2020 年,区域城乡环境基础设施体系基本完善,主要污染物排放总量大幅削减,PM2.5 浓度比 2013 年下降 40% 左右,丧失使用功能的水体断面比例下降 16 个百分点,基本实现地下水采补平衡等。

32.3.3 推动产业升级转移

从全国生产力整体布局出发,理顺产业发展链条,加快产业转型升级,打造立足区域、服务全国、辐射全球的优势产业集聚区。重点是明确产业定位和方向,加快产业转型升级,推动产业转移对接,加强三省市产业发展规划衔接,制定京津冀产业指导目录,加快津冀承接平台建设,加强京津冀产业协作等。在产业升级转移中,三省市加快完善市场机制,充分发挥市场在资源配置中的决定性作用,根据市场主体的选择来进行资源共享和功能对接,促进生产要素在更大范围内有序流动和优化配置。

专栏 32.2
重点产业升级转移项目

产业项目转移承接:北京市中心城区内已有 36 个商品交易市场外迁,大红门地区 8 家批发市场签约入驻河北永清服装城,600 多家商户迁入河北白沟服装城;凌云化工、首农集团等一批央企和北京市属企业已整体或部分搬迁至河北;曹妃甸千万吨炼油项目已核准;北汽集团黄骅整车项目建成投产,北京现代汽车第四工厂 25 万辆整车项目在沧州动工建设,建成后将形成年产整车 30 万台的产能。

产业合作平台建设:北京与河北共建曹妃甸协同发展示范区,设立了 200 亿元的首钢京冀协同发展投资基金,20 多家北京企业到曹妃甸落户发展,其中首钢京唐二期项目总投资约 448 亿元,2015 年 8 月份已开工;有序推进张承生态功能区、天津滨海—中关村科技园、宁河未来科技城京津合作示范区、天津—河北涉县天铁循环经济产业示范区、天津—河北芦台汉沽协同发展示范区等建设。

32.3.4 推动公共服务共建共享

促进基本公共服务均等化是推动京津冀协同发展不可或缺的重要内容。河北省人口是北京、天津人口总和的 2 倍,在公共服务供给水平上差距明显。要积极推进三省市基本公共服务均等化,促进优质公共服务资源均衡配置,推动教育医疗、社会保险、文化体育等社会事业共同发展。到 2020 年,河北与北京、天津的公共服务差距明显缩小,区域基本公共服务均等化水平明显提高,公共服务共建共享体制机制初步形成。

> **专栏 32.3**
> **公共服务共建共享初见成效**
>
> （一）**教育资源共享**：北京、天津与河北基础教育交流项目已经超过 500 个，京津冀互联网+职业教育联盟已经组建，河北省 58 所职业学校与北京、天津两市 225 家企业开展校企合作；高等教育同城化试点加快推进，师范、轻工、医学等各类高等学校联盟相继组建；人才培养、学科建设、教育科研资源共享合作不断深化，北京与河北实现了国家层面专业技术人员职称的资格互认。
>
> （二）**医疗卫生协作**：北京 50 多家医院，与天津、河北省 150 余家医疗机构开展合作；北京与河北在燕郊、张家口、曹妃甸、承德等地共同实施重点医疗合作项目，累计派出医师 1 000 余人，接诊患者约 7 万人次；京津冀医师职业注册电子证照管理启动，医师在京津冀区域注册制正在探索实行；天津、河北在全国率先实现退休人员住院医疗费用跨省市及时结算；河北燕达医院率先实现与北京基本医疗保险互联互通，京津冀区域内医疗机构临床检验结果互认首批试点启动实施；三省市实现挂网药品资质、中标价格互认。
>
> （三）**文化旅游共建**：北京国家文化产业创新试验区和动漫产业综合示范区、天津国家数字出版基地、河北廊坊国家级印装产业园加快建设，三省市旅游行业管理信息实现共享；京津冀文化遗产保护传承协同推进，河北兴隆、遵化、三河与北京平谷、天津冀州区共同打造"京东休闲旅游示范区"，京冀共同做好冬奥会筹办工作，张家口、承德与延庆、密云联手打造"京北生态旅游圈"。
>
> （四）**环京津脱贫攻坚**：《京津两市对口帮扶河北省张承环京津相关地区工作方案》印发实施，北京、天津分别与河北签署对口帮扶合作协议；北京 16 个区与河北张家口、承德、保定 16 个县区，天津 5 个区与河北承德、武县建立了对口帮扶关系。

内容小结

本章论述了推动京津冀协同发展。优化空间布局和功能定位，重点是以"一核、双城、三轴、四区、多节点"为骨架，建设以首都为核心的世界级城市群、区域整体协同发展改革引领区、全国创新驱动经济增长新引擎、生态修复环境改善示范区。有序疏解北京非首都功能，核心任务是建设雄安新区和北京城市副中心两个新城,形成北京新的"两翼"。推进重点领域率先突破,主要是构建一体化现代交通网络,实行生态环境联防联治,推动产业升级转移和公共服务共建共享。

关键概念

京津冀　　　　"大城市病"　　　非首都功能　　　空间布局
功能定位　　　雄安新区　　　　北京城市副中心　一体化交通网络
生态环境联防联治

思考讨论题

1. 为什么说推动京津冀协同发展是党中央的一项重大战略决策?
2. 如何有序疏解北京非首都功能?
3. 谈谈你对雄安新区建设的建议。

第 33 章
推进长江经济带发展

长江是中华民族的母亲河,也是中华民族发展的重要支撑。长江通道是我国国土空间开发最重要的东西轴线,在区域发展总体格局中具有重要战略地位。推动长江经济带发展,是党中央作出的重大决策,是关系国家发展全局的重大战略。

33.1 生态优先、绿色发展的战略定位和空间布局

长江经济带概况
长江经济带包括上海、江苏、浙江、安徽、江西、湖北、湖南、重庆、四川、云南、贵州等 11 个省市,国土面积、人口分别占全国的 21.4% 和 42.8%,2017 年主要经济指标全国占比分别为:国内生产总值 43.7%、全社会固定资产投资额 45.9%、货物进出口总额 43.7%、粮食 37.8%、规模以上工业企业利润总额 44%、建筑业总产值 57.5%、社会消费品零售总额 42.6%。

五项发展原则
江湖和谐、生态文明
改革引领、创新驱动
通道支撑、协同发展
陆海统筹、双向开放
统筹规划、整体联动

如图 33.1 所示,长江经济带横贯东部、中部、西部三大区域,覆盖长江上中下游广阔腹地,向西连接"丝绸之路经济带",向东对接"21 世纪海上丝绸之路",是我国经济重心所在、活力所在。在新的历史条件下推动长江经济带发展,必须从中华民族长远利益考虑,坚持生态优先、绿色发展的战略定位,共抓大保护,不搞大开发,努力把长江经济带建设成为生态更优美、交通更顺畅、经济更协调、市场更统一、机制更科学的黄金经济带。

33.1.1 战略定位

当前长江经济带生态环境形势严峻,上游水土流失严重,中下游湖泊、湿地、生态功能退化,洞庭湖、鄱阳湖枯水期延长,少数地区重金属污染严重等。沿江产业发展惯性较大,污染物排放基数大,废水、化学需氧量、氨氮排放量分别占全国的 43%、37%、43%。长江岸

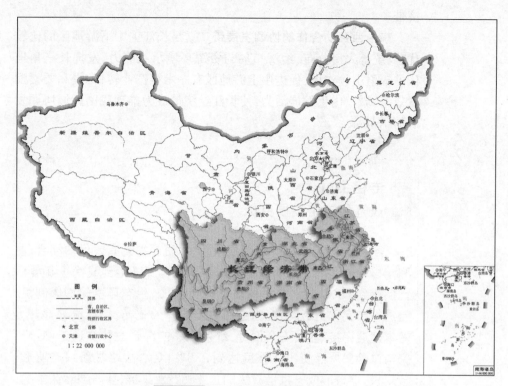

图 33.1　长江经济带示意图

线、港口乱占滥用、占而不用、多占少用、粗放利用的问题仍然突出。生态环境硬约束机制尚未建立,长江保护法治进程滞后。生态环境协同治理较弱。地区发展条件差异大,基础设施、公共服务和人民生活水平的差距较大。为此,必须明确四大战略定位:

建设生态文明发展的先行示范带。统筹江河湖泊丰富多样的生态要素,推进长江经济带生态文明建设,构建以长江干支流为经脉、以山水林田湖草为有机整体,江湖关系和谐、流域水质优良、生态流量充足、水土保持有效、生物种类多样的生态安全格局,使长江经济带成为水清地绿天蓝的生态廊道。

引领全国转型发展的创新驱动带。用好海陆双向开放的区位资源,创新开放模式,促进优势互补,培育内陆开放高地,加快同周边国家和地区基础设施互联互通,加强与"丝绸之路经济带""海上丝绸之路"的衔接互动,使长江经济带成为横贯东中西、连接南北方的开放合作走廊。

具有全球影响力的内河经济带。发挥长江黄金水道的独特作用,构建现代化综合交通运输体系,推动沿江产业结构优化升级,打造世界级产业集群,培育具有国际竞争力的城市群,使长江经济带成为充分体现国家综合经济实力、积极参与国际竞争与合作的内河经济带。

东中西互动合作的协调发展带。立足长江上中下游地区的比较优势,统筹人口分布、经济布局与资源环境承载能力,发挥长三角地区的辐射引领作用,促进中上游地区有序承接产业转移,提高要素配置效率,激发内生发展活力,使长江经济带成为推动我国区域协调发展的示范带。

> **专栏 33.1**
> **长江经济带发展目标**
>
> 　　到 2020 年,生态环境明显改善,水资源得到有效保护和合理利用,河湖、湿地生态功能基本恢复,水质优良(达到或优于Ⅲ类)比例达到 75% 以上,森林覆盖率达到 43%,生态环境保护体制机制进一步完善;长江黄金水道瓶颈制约有效疏畅、功能显著提升,基本建成衔接高效、安全便捷、绿色低碳的综合立体交通走廊;研究与试验发展经费投入强度达到 2.5% 以上,战略性新兴产业形成规模,培育形成一批世界级的企业和产业集群,参与国际竞争的能力显著增强;发展的统筹度和整体性、协调性、可持续性进一步增强,基本建立以城市群为主体形态的城镇化战略格局,城镇化率达到 60% 以上,人民生活水平显著提升,现行标准下农村贫困人口实现脱贫;经济发展质量和效益大幅提升,基本形成引领全国经济社会发展的战略支撑带。
>
> 　　到 2030 年,水环境和水生态质量全面改善,生态系统功能显著增强,水脉畅通、功能完备的长江全流域黄金水道全面建成,创新型现代产业体系全面建立,上中下游一体化发展格局全面形成,生态环境更加美好、经济发展更具活力、人民生活更加殷实,在全国经济社会发展中发挥更加重要的示范引领和战略支撑作用。

33.1.2　空间布局

　　空间布局是落实长江经济带功能定位及各项任务的载体。按照"生态优先、流域互动、集约发展"的思路,推动形成"一轴、两翼、三极、多点"的空间布局。

一轴:是指以长江黄金水道为依托,发挥上海、武汉、重庆的核心作用,以沿江主要城镇为节点,构建沿江绿色发展轴。

两翼:是指发挥长江主轴线的辐射带动作用,南翼以沪瑞运输通道为依托,北翼以沪蓉运输通道为依托,增强南北两侧腹地主要节点城市人口和产业集聚能力。

三极:是指以长江三角洲城市群、长江中游城市群、成渝城市群为主体,充分发挥中心城市辐射带动作用,打造长江经济带三大增长极。

多点:是指发挥三大城市群以外地级城市的支撑作用,以资源环境承载力为基础,不断完善城市功能,发展优势产业,建设特色城市,加强与中心城市的经济联系互动,带动地区经济发展。

33.2 保护和修复长江生态环境

推动长江经济带发展,必须绷紧生态环境保护这根弦,不能再走先污染后治理、边污染边治理的老路,严格控制和治理长江水污染,加强流域生态系统修复和环境综合治理,妥善处理好江河湖泊关系,强化长江水资源保护和合理利用,促进长江岸线有序开发利用,努力建成上中下游相协调、人与自然相和谐的绿色生态廊道。

33.2.1 保护和改善水环境

要明确水功能区限制纳污红线,完善水功能区监督管理制度,科学核定水域纳污容量,严格控制入河(湖)排污总量。强化跨界断面考核,逐年改善长江干流进出省市界断面水质。强化重点工业企业污染防治,严格排放标准,严控污染增量,削减污染存量。加大落后污染产能淘汰力度,严格控制沿江化工、有色产能规模,力争做到净削减。严控上游高污染行业产能建设,严管中游排污企业产能规模和污染物排放总量,严防下游环境风险大、涉及有毒有害污染物的产业污染排放。提高城镇污水垃圾收集处理水平,实行长江干支流沿线城镇污水垃圾全收集全处理。加强农业畜禽、水产养殖污染物排放控制及农村污水垃圾治理,严防船舶污染。加强应急基础设施建设,提高应对水上突发环境问题应急处理能力。加强三峡库区、丹江口库区、洞庭湖、鄱阳湖、长江口及长江源头等重点水域水质监测和污染治理,深化湘江流域重金属污染治理。

> **专栏 33.2**
> **水环境保护和治理**
>
> **四个重点:**
> - 严格治理工业污染
> - 严格处置城镇污水垃圾
> - 严格控制农业面源污染
> - 严格防控船舶污染
>
> **五项措施:**
> - 跨界断面考核
> - 水功能区限制纳污红线
> - 污染物排放总量控制
> - 突发环境事件风险防控和应急处置体系
> - 重点污染防治工程

33.2.2 保护和修复水生态

保护和修复水生态,必须正确处理防洪、生态、航运、发电的矛盾,以生态调度为主线,以三峡枢纽为核心,推进长江上游水库群联合调度,适当增加枯水期下泄流量,保障中下游重要河湖生态用水。加强洞庭湖、鄱阳湖等重点湖泊生态安全体系建设,继续实施退田还湖、疏浚湖底,提升调蓄能力。加强河湖、湿地生态保护修复,开展重要湿地生态保护与修复工程。坚持以自然修复为主,采取必要的人工治理工程,全面保护天然林资源,大力实施长江防护林体系建设、植树造林和农田防护林网建设、水土流失及岩溶地区石漠化治理、退耕还林还草、水土保持等重大工程,增强水源涵养、水土保持等生态功能。强化森林公园、湿地公园、风景名胜区和自然保护区建设和管护。以中华鲟、江豚、大熊猫、金丝猴等珍稀濒危生物种为重点,改善和扩大栖息地。

> **专栏 33.3**
> **湿地湖泊生态修复工程**
>
> （一）**生态修复工程**：太湖、巢湖、滇池、草海、洪泽湖、湖北四湖、洞庭湖四口水系、安徽新安江、浙江浦阳江、仙居县永安溪等水生态修复工程，有条件的地区与长江实现连通。
> （二）**河湖库连通工程**：贵州部分区域水库湖库连通、九江城区河湖连通、大东湖生态水网连通等工程。
> （三）**补水还湿工程**：昆明滇池、程海、贵州威宁草海、南京玄武湖、长江口（北支）、淮河、新安江、云南高原湿地、洪湖、鄱阳湖补水还湿工程。

33.2.3　保护和利用水资源

有效保护和利用水资源，必须实行最严格的水资源管理制度，明确各省、区（市）水资源开发利用红线和用水效率红线。加强饮用水水源地保护，优化调整沿江取水口和排污口布局，严格控制新增取水口、排污口，全面取缔饮用水水源保护区内的排污口，加快应急备用水源建设。严厉打击河道和湖泊非法采砂。优化水资源配置格局，加快推进大中型骨干水源及配套工程、现有灌区续建配套建设，稳步推进一批调水工程和沿江城市引提水工程。全面建设节水型社会，以水定城、以水定产；加大非常规水源利用力度，建设海绵城市。加强干流和主要支流河道崩岸治理，加强重要河流及河段堤岸加固和清淤疏浚；扩大干支流水库的防洪库容，推进长江中下游重要蓄滞洪区建设；加强城市防洪排涝体系建设。强化山洪、地质灾害防治。

> **专栏 33.4**
> **水资源配置工程**
>
> （一）**大中型水库和骨干水源建设工程**：重点在云贵川渝皖建设一批大中型水库；建设若干骨干水源工程；沿江城市有序建设一批备用饮用水源地。

> **（二）调水工程：**云南滇中引水、鄂北水资源配置、引江补汉、引江济淮、舟山大陆引水三期、杭州千岛湖引水、嘉兴和湖州太湖取水、上海东太湖取水、引大济岷、长征渠引水、南水北调大宁河调水、川东渝西跨流域调水等工程。

33.2.4　有序利用长江岸线资源

有序利用长江岸线资源，必须统筹规划长江岸线资源，严格分区管理和用途管制，合理划定保护区、保留区、控制利用区和开发利用区边界。强化保护区和保留区岸线保护力度，严格控制利用区新增开发利用项目，提升开发利用区岸线使用效率。控制工贸和港口企业无序占用岸线，推进公共码头建设，集约利用岸线资源。推动工业和仓储用地沿纵深方向布局，杜绝岸线资源浪费。结合工业企业落后产能淘汰进程，优化整合沿江港口资源。利用沿江风景名胜和其他自然人文景观资源，开辟休闲绿带，为居民提供便捷舒适的亲水空间。

33.3　构建综合立体交通走廊

加快交通基础设施互联互通，是推动长江经济带发展的先手棋。要着力推进长江水脉畅通，把长江全流域打造成黄金水道；统筹铁路、公路、航空、管道建设，率先建成网络化、标准化、智能化的综合立体交通走廊，进一步提高质量和效益，增强对长江经济带发展的战略支撑力。

33.3.1　提升黄金水道功能

长江黄金水道
长江是中国第一大河，干流全长 6 397 公里（以青海沱沱河为源）。流域总面积 180 余万平方公里，年平均入海水量约 9 600 余亿立方米。以干流长度和入海水量论，均居世界第三位。长江可供开发的水能总量达 2 亿千瓦，是中国水能最富集的河流。长江干流通航里程达 2 800 多公里，货运量位居全球内河第一，2017 年达 25 亿吨，故素有"黄金水道"之称。

全面推进干线航道系统化治理，重点解决下游"卡脖子"、中游"梗阻"、上游"瓶颈"问题，进一步提升干线航道通航能力。统筹推进支线航道建设，围绕解决支流"不畅"问题，有序推进航道整治和梯级渠化，形成与长江干线有机衔接的支线网络。加快推进船型标准化,加大相关资金投入力度,拓宽融资渠道,加快长江船型标准化步伐。坚持安全第一,提高客船安全标准,完善危险化学品船舶技术规则和运输管理。积极推广应用节能环保型船舶,加快淘汰低效率高污染老旧船舶。健全智能服务和安全保障系统,加快长江水运预防预控和应急救助能力建设,增强突发事件处置能力,加强国家船舶溢油应急设备库和溢油应急船舶建设。优化整合长江干线渡口渡线,加强渡运安全管理。

长江黄金水道布局如图 33.2 所示。

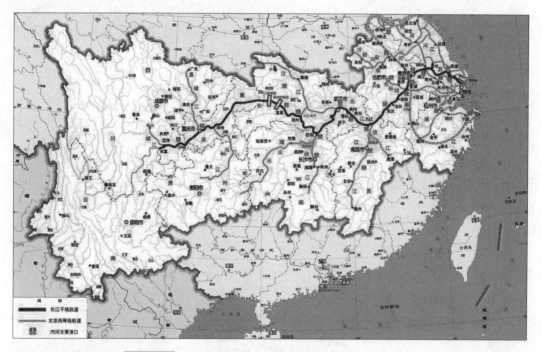

图 33.2 长江黄金水道布局示意图

33.3.2 促进港口合理布局

强化港口分工协作,统筹港口规划布局,优先发展枢纽港口,积极发展重点港口,适度发展一般港口,严格控制港口码头无序建设。鼓励大型港航企业以资本为纽带,采用商业模式整合沿江港口和航运资源。发展现代航运服务,加快上海国际航运中心、武汉长江中游航运中心、重庆长江上游航运中心和南京区域性航运物流中心建设,积极培育高端航运服务业态,大力发展江海联运服务。加强集疏运体系建设,以航运中心和主要港口为重点,加快铁路、高等级公路等与重要港区的连接线建设,提升货物中转能力和效率,有效解决"最后一公里"问题。

33.3.3 完善综合交通网络

围绕建设长江大动脉,加快铁路建设步伐,优先实施消除铁路"卡脖子"工程,形成与黄金水道功能互补、衔接顺畅的快速大能力铁路通道(见图33.3)。加快建设高等级广覆盖公路网,有效延伸黄金水道辐射范围(见图33.4)。优化航线网络,提高主要城市间航班密度,培育和拓展国际运输航线,积极发展航空快递,大力发展通用航空。统筹规划、合理布局油气管网,加快建设主干管道,配套建设输配体系和储备设施,提高原油、成品油管输比例。

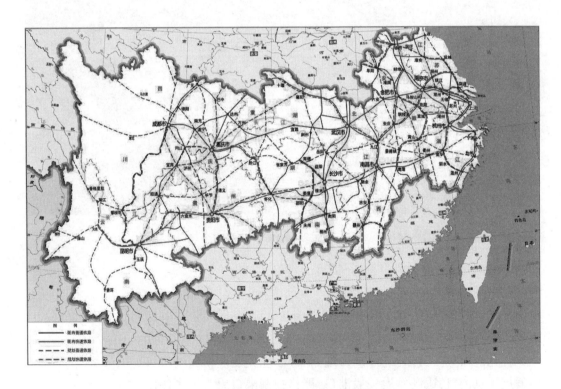

图33.3 长江经济带铁路网规划示意图

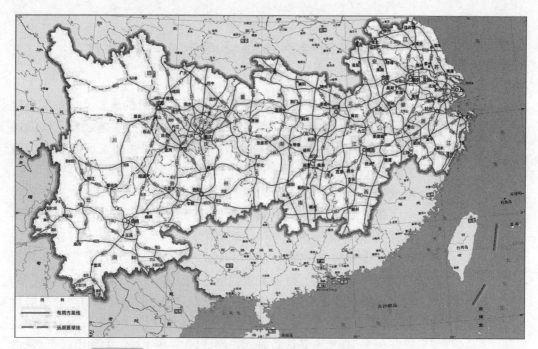

图 33.4　长江经济带高速公路网规划示意图

33.3.4　发展联程联运

按照"零距离换乘、无缝化衔接"要求,加快建设全国性综合交通枢纽,有序发展区域性综合交通枢纽,提高综合交通运输体系的运行效率,增强对产业布局的引导和城镇发展的支撑作用。加快发展多式联运,鼓励发展铁水、公水、空铁等多式联运,增加集装箱和大宗散货铁水联运比重,提高公水、空铁联运效率,提升运输服务一体化水平。

33.4　优化沿江产业布局和城镇化格局

长江经济带沿线产业实力雄厚、城镇繁荣密集,加快推进产业转型升级、引导产业有序转移、优化沿江城镇化空间格局,以产兴城、以城促产,实现发展动力有效接续,把长江经济带打造成为我国产城融合的创新发展驱动带。

33.4.1 引导产业合理布局和有序转移

创新驱动是推动长江经济带产业转型升级的重要支撑。要牢牢把握全球新一轮科技革命和产业变革机遇,大力实施创新驱动发展战略,着力加强供给侧结构性改革,在改革创新和发展新动能上做"加法"、在淘汰落后过剩产能上做"减法",加快推进产业转型升级,形成集聚度高、国际竞争力强的现代产业走廊。

优化沿江产业布局,培育世界级产业集群。按照区域资源禀赋条件、生态环境容量和主体功能定位,促进产业布局优化调整。下游地区深度参与全球资源配置和国际产业分工,推动产业向中高端迈进,做强战略性新兴产业和现代服务业。中上游地区发挥比较优势,推进优势产业提质增效,大力发展特色产业,强化资源型产业布局导向,推进有色金属、煤化工等重大产业基地建设。严把资源承载和生态环保关,在生态条件较好的三峡库区、武陵山区、大别山区、乌蒙山区等设立生态经济示范区。以沿江国家级、省级开发区为载体,以电子信息、家电、高端装备、纺织服装、汽车为重点,建设若干产能规模大、集聚程度高、研发实力强、大型企业及世界知名品牌多、技术水平国际领先的产业基地。积极培育新兴产业集群,在沿江布局一批战略性新兴产业聚集区、国家级高技术产业基地和国家新型工业化产业示范基地。大力推进船舶、石化、钢铁、有色金属等产业转型升级,促进沿江炼化一体化和园区化发展,加快船舶、钢铁、有色金属产品结构调整,淘汰落后产能。

专栏 33.5
五大世界级产业集群

(一)**电子信息产业集群**:建设上海、杭州、南京、苏州、无锡、合肥、南昌、武汉、长沙、重庆、成都、贵阳、昆明信息产业基地,突破芯片、软件、集成电路等核心技术,发展一批创新型大企业,促进电子信息产业和其他产业融合发展。

(二)**汽车产业集群**:建设上海、武汉、襄阳、十堰、南京、苏州、盐城、重庆、成都、合肥、芜湖乘用车和商用车基地,以及长株潭、娄底、合肥新能源汽车基地,提高整车和关键零部件的自主研发能力,推进自主知识产权整车发展,创立自主品牌,加快新能源汽车发展。

（三）**高端装备产业集群**:建设上海、成都、绵阳、南昌、景德镇、黔中产业带等航空航天设备基地,上海、南通、武汉、德阳等海洋工程装备基地,株洲、南京、成都等轨道交通基地,徐州、长株潭、泸州、宜宾等工程机械基地,以关键技术攻关、技术产业化、重点骨干企业培育为突破口,打造产业技术联盟。

（四）**家电产业集群**:建设长三角、绵阳家电研发设计生产基地,做强合肥、重庆等家电生产基地,按照智能化、绿色化、节能化发展方向,打造一批全球化企业,提高国际标准制定话语权,支持液晶模组工厂、面板工厂建设,加强与电商合作,完善产业链,推动家电产品从国内知名品牌向全球品牌转变。

（五）**纺织服装产业集群**:建设上海服装设计和贸易基地,苏州、无锡、南通、常州、杭州、宁波、湖州、温州、成都、南充等服装及面料生产、研发、展销等基地,扬州、泰州、盐城、湖州、嘉兴、绍兴、金华现代纺织基地,推进纺织服装企业从生产型向品牌型转变,推进名企、名牌、名镇一体化,形成研发、制造、展销、贸易合理分工的格局。

引导产业有序转移和分工协作,建设承接产业转移平台。中上游地区要增强基础设施和产业配套能力,开展与下游地区的产业转移战略合作。产业转移不能搞简单的产能搬家,更不能造成污染转移。下游地区积极引导资源加工型、劳动密集型产业和以内需为主的资金、技术密集型产业加快向中上游地区转移。中上游地区要立足当地资源环境承载能力,因地制宜承接相关产业,注重以集群式、链条式、配套式承接下游产业转移,促进产业价值链的整体提升。严格禁止污染型产业、企业向中上游地区转移。以开发区、产业园区为主载体,进一步完善配套政策,加快提高基础设施和产业配套能力,促进产业向皖江城市带、江西昌九走廊、长株潭、武汉城市圈、重庆都市区、成都平原、黔中、滇中等重点地区集聚。推进安徽皖江、江西赣南、湖北荆州、湖南湘南、重庆沿江、四川广安等国家级承接产业转移示范区建设。积极利用扶贫帮扶和对口支援等多种区域合作机制,建立产业转移合作平台。鼓励社会资本积极参与承接产业转移园区建设和管理,加快形成一批具有较强规模效益和辐射带动作用的承接产业转移集聚区。

> **专栏 33.6**
> **国家级承接产业转移示范区**
>
> （一）**安徽皖江承接转移示范区**：重点发展装备制造业、电子信息产业、原材料产业、轻纺产业、高技术产业、现代服务业、现代农业。
>
> （二）**重庆沿江承接转移示范区**：重点发展先进制造、电子信息、汽车零部件、新材料、生物、医药、化工、轻工、现代服务业。
>
> （三）**湖南湘南承接转移示范区**：重点发展电子信息、新材料、新能源、装备制造、精细化工、汽车零部件、生产性服务业、矿产品精深加工。
>
> （四）**湖北荆州承接转移示范区**：重点发展农产品加工、机械制造、化工、轻工建材、纺织服装。
>
> （五）**四川广安承接转移示范区**：重点发展装备制造、电子信息、新材料、新能源、生物、现代农业、资源开发加工、现代服务业。
>
> （六）**江西赣南承接转移示范区**：重点发展稀土和钨精深加工、有色金属综合利用、家电、机械及器材制造、现代轻纺、电子信息、矿山机械、食品药品。

创新产业转移方式，严格产业转移标准。以市场为导向，以企业为主体，加强宏观引导和政策扶持，鼓励上中下游地区探索实践多种形式的产业转移合作。支持上海、浙江、江苏到中上游地区共建产业园区，发展"飞地经济"，利益共享，拓宽市场和发展空间。支持江西九江与湖北黄梅小池合作共建，打造跨省跨江承接产业转移园区，加快长江中游城市群产业一体化进程。支持川渝合作示范区、渝南黔北煤电矿合作基地建设，共同承接下游地区产业转移。借鉴负面清单管理模式，加强对产业转移的引导。中上游地区承接产业转移，要以资源、生态环境相协调，严格禁止污染型产业、企业转移，切实防止出现污染转移和环境风险聚集，避免低水平重复建设。注重在转移中调整，把承接产业转移与当地产业结构优化升级结合起来，加快构建现代产业体系，提升市场竞争能力和自我发展能力。切实防止出现污染转移和环境风险聚集，避免低水平重复建设。

33.4.2 形成大中小结合、东中西联动的新型城镇化格局

推进新型城镇化是长江经济带发展的重要任务之一,长江上中下游城镇化水平和质量差别很大,推进新型城镇化不能搞"一刀切",要以提高城镇化水平和质量为目标,以长江为地域纽带和集聚轴线,以城市群为主体形态,促进沿江三大城市群与区域性城市群协同互动,着力构建大中小结合、东中西联动新型城镇化格局。

中心城市带动、中小城市支撑的组团式格局。以城市群为主体带动大中小城市和小城镇联动发展、错位发展,促进各类城市协调发展,努力形成中心城市带动、中小城市支撑的组团式发展。发挥上海、武汉、重庆等超大城市和南京、杭州、成都等特大城市引领作用,发挥合肥、南昌、长沙、贵阳、昆明等大城市对地区发展的核心带动作用,加快发展中小城市和特色小城镇,培育一批基础条件好、发展潜力大的小城镇。

适当控制特大城市和大城市规模。增强上海、武汉、重庆、成都等超大、特大城市的国际化职能,积极发展总部经济、服务经济、知识经济。科学规划城市空间,适当疏散经济功能,控制城市边界和开发强度。做大做强中小城市,引导公共资源优先向沿长江干支流重要航道的中等城市集聚,打造滨江滨河经济集聚高地。积极发展小城镇,促进小城镇与疏解特大城市及大城市功能、发展特色产业有机结合,培育一批卫星镇、重点镇、中心镇和特色镇,完善公共服务体系,增强发展活力。

增强城市综合承载能力。推进城市轨道交通、能源、给排水、污水处理等设施建设,加大城市交通拥堵、暴雨时期内涝等治理力度,提高各类设施绿色化、智能化水平,提高教育、医疗等公共服务水平,增强城市综合服务功能,提升对人口集聚和服务的支撑能力。引导产业和城市同步融合发展,选择具备条件的开发区开展城市功能区转型试点。提升城市公共交通网络能力。贯彻落实公共交通优先政策,统筹城市发展与重大交通基础设施建设,有序发展城市轨道交通,充分利用现有铁路资源,积极推进市郊铁路发展。提升公共交通枢纽场站覆盖水平,基本实现大城市中心城区公共交通占机动化出行比例达到60%左右。完善城市路网结构,改善微循环系统。加强静态交通管理,推动城市步行和自行车交通系统建设。

> **长江经济带新型城镇化格局**
> 以长江三角洲城市群为龙头,以长江中游城市群、成渝城市群为支撑,以黔中、滇中两个区域性城市群为补充,以沿江三个超大城市、三个特大城市、约五十个大城市和众多中小城市、小城镇为依托,形成区域联动、结构合理、集约高效、绿色低碳的新型城镇化格局。

内容小结

本章论述了推动长江经济带发展。按照"共抓大保护、不搞大开发"的要求,坚持生态优先、绿色发展的战略定位,建设生态文明发展的先行示范带、引领全国转型发展的创新驱动带、具有全球影响力的内河经济带、东中西互动合作的协调发展带,形成"一轴、两翼、三极、多点"的空间布局,重点要抓好保护和修复长江生态环境、构建综合立体交通走廊、优化沿江产业布局和城镇化格局等战略任务,努力把长江经济带建设成为生态更优美、交通更顺畅、经济更协调、市场更统一、机制更科学的黄金经济带。

关键概念

长江经济带　　生态优先、绿色发展　　战略定位　　空间布局
水环境　　　　长江岸线　　　　　　　综合立体交通走廊　黄金水道
产业转移

思考讨论题

1. 请你谈谈推动长江经济带发展的时代背景和重要意义。
2. 为什么长江经济带必须坚持"生态优先、绿色发展"的战略定位?
3. 如何优化提升长江黄金水道功能?
4. 怎样把长江经济带建设成为黄金经济带?
5. 国际上在流域开发和治理方面有哪些经验和做法?

本篇参考文献

习近平,《习近平谈治国理政》,外文出版社,2014年。

习近平,《在深入推动长江经济带发展座谈会上的讲话》,人民出版社,2018年。

〔美〕西蒙·库兹涅茨,《现代经济增长:速度、结构与扩展》,北京经济学院出版社,1989年。

陆大道,《中国区域发展的理论与实践》,科学出版社,2003年。

陈秀山、张可云,《区域经济理论》,商务印书馆,2004年。

林毅夫、张鹏飞,"后发优势、技术引进和落后国家的经济增长",《经济

学》(季刊),2005年第1期。

程必定、陈栋生、肖金成,《区域科学发展论》,经济科学出版社,2009年。

李明,《欧盟区域政策及其对中国中部崛起的启示》,武汉大学出版社,2010年。

魏后凯,《中国区域政策——评价与展望》,经济管理出版社,2011年。

范恒山、孙久文、陈宣庆,《中国区域协调发展研究》,商务印书馆,2012年。

徐宪平,《中国经济的转型升级——从"十二五"看"十三五"》,北京大学出版社,2015年。

国家发展和改革委员会,《〈中华人民共和国国民经济和社会发展第十三个五年规划纲要〉辅导读本》,人民出版社,2016年。

中共中央,《京津冀协同发展规划纲要》,2015年4月。

国家发展和改革委员会,《东北振兴"十三五"规划》,2016年11月。

国家发展和改革委员会,《促进中部地区崛起"十三五"规划》,2016年12月。

国家发展和改革委员会,《西部大开发"十三五"规划》,2017年1月。

中共中央,《长江经济带发展规划纲要》,2016年3月。

中共河北省委、河北省人民政府,《河北雄安新区规划纲要》,2018年4月。

北京市规划国土委、通州区政府,《北京城市副中心控制性详细规划(街区层面)》,2018年6月。

第10篇

构筑现代基础设施网络

19世纪40年代,西方经济学把基础设施这一概念引入经济结构和社会再生产理论研究中,认为基础设施是为某种需要而建立的系统、组织、建筑等,是国民经济发展的先行资本,与人类社会进步相互促进,既有短期作用,又有长期功能。基础设施对于推动增长、创造就业和提高生产力具有战略性、全局性影响。在世界经济、贸易增速缓慢的背景下,基础设施投资成为一个主要增长点。据世界银行测算,2030年前全球基础设施投资需求高达55万亿美元,印度、巴西和非洲国家等新兴经济体将成为高增长市场、美国、欧盟、日本和海湾国家也大力推进基础设施改造、新建计划。中国在全球基础设施市场一直扮演着重要角色,以新理念、新技术、新模式构筑交通、能源、水利、信息等现代基础设施网络,将是未来一项重要战略任务。

第 34 章
基础设施支撑引领作用

基础设施在经济社会发展中具有重要作用,是生产力发展和社会变革进步的必要条件,是改变贫困的先行条件。发展中国家或地区所面临的核心制约因素是落后的基础设施,解决问题的主要手段是改善基础设施。马克思在其研究中指出,交通运输与货币是推动资本主义发展的两个轮子。欧洲经济体制的所有重大变化,都伴随着运输和通信基础设施的重大变化。基础设施具有较强的外部性,既创造经济效益,又带来社会效益,在推动工业文明发展中,又促进了城市文明发展。同时,它在国防军事领域的作用也是不可或缺的。

34.1 世界基础设施发展演进

从世界基础设施发展历程看,基础设施与经济社会发展总是相辅相成、相互促进的。基础设施的发展为加速经济社会发展进程、提升经济社会发展质量提供了支撑条件、引领作用和内生动力,而经济社会的发展又为基础设施的更新换代提供了创造价值的契机和广泛应用的空间。

34.1.1 农耕社会的基础设施

在农耕社会,受当时技术条件的限制,基础设施发展缓慢,不同类型的基础设施少有交叉且主次分明,有服务于农业生产的水利基础设施,有保护部落安全的城邦防护系统,最为重要的是交通基础设施,包括内河航道、沿海沿江港口和陆路交通,往往肩负着商贸往来的重任。随着人类创造和改造自然的信心、手段不断增强,在历史上的每一个时期,人类文明都创造了许多伟大的基础设施工程。"条条道路通罗马",就是对古罗马帝国规模宏大的道路网的生动描绘。

> **专栏 34.1**
> **古罗马道路**
>
> 从公元前 500 年开始,古罗马帝国随着版图的扩大,开始修建四通八达的道路网。罗马道路主要由石头铺成,两旁除有人行道外,还有马道和排水沟渠。地方小路连接广阔的、长距离的公路,连接各个市镇和军事基地,为罗马军队、官员和平民带来便捷的交通方式,同时促进了陆上通信和贸易。当罗马国力和人口达到鼎盛时期时,有超过 29 条大型军事公路由首都罗马以辐射式向外扩散,连接罗马帝国内 113 个省份 372 条大道,总长超过 40 万公里。著名的阿庇亚大道、波匹利亚大道、奥莱莉亚大道、弗拉米尼亚大道、埃米利亚大道、瓦莱里亚大道、拉丁大道等以及无数条支线通往帝国各行省。

京杭大运河

早在 1400 多年前的隋朝,中国就开始建造京杭大运河,把长江和黄河水系通过人工河流连接在一起。京杭大运河全长 1 787 公里,是世界上最长的运河,目前通航里程仍有 1 442 公里,其中全年通航的 877 公里,主要分布在山东、江苏和浙江。从国际比较看,美国的伊利运河、埃及的苏伊士运河分别是世界第二、第三长的运河,分别为 584 公里和 190 公里,但无论是修建的时间还是通航里程都远不及中国的京杭大运河。

我国古代最早的基础设施,主要是驿道(驿站)、漕运、烽火台等。我国农耕文明发展早、规模大,远超过同期欧洲的发展水平。统治阶层很早就意识到,建设农业基础设施,事关农业生产和国计民生。秦朝修建的都江堰、郑国渠等农田水利设施,在世界上享有盛誉,至今仍在发挥作用。从西周到明朝持续修建的万里长城,是用于军事防御的基础设施,长度达两万多公里,被誉为世界奇迹之一。

> **专栏 34.2**
> **都江堰与郑国渠**
>
> 约公元前 256 年,蜀郡太守李冰父子在四川岷江上主导修建都江堰。都江堰集灌溉、防洪、航运于一体,使成都平原从饱受灾害之地变为沃野千里的"天府之国"。都江堰至今 2 200 多年,灌区覆盖 30 余县市,灌溉面积近千万亩,是世界上迄今为止年代最久、唯一留存、仍在使用的以无坝引水为特点的宏大水利工程,凝聚着中国古代劳动人民勤劳、勇敢、智慧的结晶。2000 年,都江堰被联合国列入世界文化遗产名录。

公元前246年，秦国又在陕西关中修建大型水利工程"郑国渠"，约10年完工，长达300余里，首开了引泾灌溉之先河，对后世产生了深远影响。《史记·河渠说》记载："用注填淤之水，溉泽卤之地四万余顷，收皆亩一锺，于是关中成沃野，无凶年。"关中由此被誉为富饶的"八百里秦川"。2016年，郑国渠被国际灌溉排水委员会列为世界灌溉工程遗产。

34.1.2 工业社会的基础设施

在工业社会，由18世纪中叶到19世纪中叶和下半叶兴起的两次工业革命，突破了自然力和人力的束缚，人类社会进入机械化、电气化时代(见图34.1)。第一次工业革命，蒸汽机技术运用于交通运输领域，诞生了第一艘蒸汽轮船和第一列火车，交通运输方式的变革成为加速工业革命的助燃剂。这一时期，各国竞相加快铁路建设，积极发展水运。海运大发展助推英国工业产品开拓海外市场；铁路将美国变成统一的大市场，为工厂送去了棉花、煤和铁矿石等重要的生产原料。第二次工业革命，汽车、飞机等现代交通工具出现，使世界的时空距离缩小，人类社会的交往变得前所未有的频繁。这一时期，机场、港口、公路等基础设施快速发展推动石油需求迅速上升，工业化大生产推动大规模电网建设，加之电报电话通信方式普及，形成前所未有的力量，使世界进入一个新的发展时代。

蒸汽轮船的发明
从1770年起，苏格兰、法国和美国的发明者就在船上试验蒸汽机。第一艘成功的商用汽船是由美国人罗伯特·富尔顿建造的。1807年，他设计制造的"克莱蒙号"汽船在哈得孙河下水。这艘船配备着一台瓦特式蒸汽机，沿哈得孙河面行驶150英里，抵达奥尔巴尼。1833年，"皇家威廉号"汽船从新斯科舍行驶到英国。5年后，"天狼星号"和"大西方号"汽船分别以16天半和13天半的时间朝相反方向越过大西洋，行驶时间为最快的帆船所需时间的一半左右。1840年，塞缪·肯纳德建立了一条横越大西洋的定期航运线。

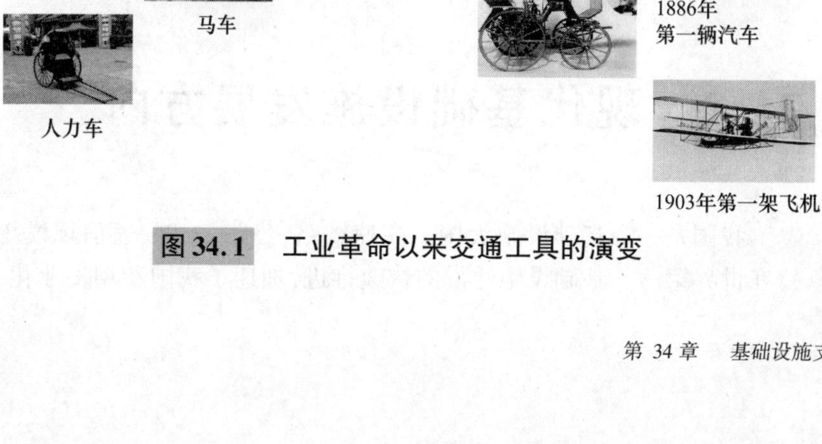

图34.1 工业革命以来交通工具的演变

人力车　马车　帆船　1807年 第一艘轮船　1825年 第一列火车　1886年 第一辆汽车　1903年第一架飞机

34.1.3 信息社会的基础设施

在信息社会,信息通信技术是应用最广、发展最快、渗透力最强的关键技术,推动基础设施与之高度融合。从历史进程看,每一次科技进步都助推基础设施水平迈上一个新台阶。当前信息化、网络化正在推动交通、能源、通信等领域基础设施的升级换代,向更先进、更便捷、更智能方向发展,高速铁路、智能电网、新一代移动通信、数字电视网、无人驾驶等,这些无不建立在新一代信息技术和网络基础上,也成为新一代基础设施的重要标志。互联网应用大幅提升基础设施服务品质。互联网渠道购票更加方便,基础设施服务信息更加公开,各种运输方式之间的衔接融合更加顺畅。移动互联、云计算、大数据、人工智能等新技术与其他基础设施不断融合,渗透于经济社会发展的各个领域,"互联网+交通"深刻改变着人们的生产和生活方式。

专栏 34.3
无人驾驶时代的到来

2016年2月,美国政府监管部门告知谷歌,根据美国联邦法律,谷歌无人驾驶汽车可以被视为"司机",这是无人驾驶技术在世界范围内迈出的重要一步。目前,谷歌等互联网公司正在引领无人驾驶发展的潮流,给传统汽车发展相关技术带来挑战,特斯拉、奥迪、日产、沃尔沃、奔驰、丰田等厂商相继加快了研发步伐,根据各自的目标规划,预计2020年前后有望推出第一批真正意义上的量产自动驾驶汽车产品。中国互联网企业百度正在利用大数据、人工智能等系列技术进行无人驾驶汽车的研究开发。

34.2 现代基础设施发展方向

我国是一个基础设施大国。高速铁路、公路、电网、通信规模等排在世界第一。基础设施建设的快速推进,加速了我国新型工业化、信息化、城镇化、农业现代化进程。为适应新时代高质量发展的要求，我国基础设施建设要从注重总量扩张向注重结构优化转变，从注重投资增长向注重提升投资效率转变，从注重硬件建设向注重软件服务转变，从注重发挥政府引导作用向注重发挥政府、市场两个作用转变，着力推进布局网络化、装备自主化、技术标准化、服务一体化、管理智能化、投资多元化。

34.2.1 布局网络化

布局网络化是现代基础设施的典型特征。主要表现在通过多结点、多通道交叉连接，形成互联互通、全面覆盖的网络。布局网络化的核心是，既要建设主干骨架，又要完善"毛细血管"，解决好"最先一公里"和"最后一公里"问题。网络化的关键是提升通道通达性，做好枢纽的有效衔接和互联互通，提高人流、物流、信息流等输送效率，更好地促进区域之间的交流和要素流动，增强对区域经济活动的支撑作用。近年来我国颁布《国家公路网规划》《中长期铁路网规划》《民航运输机场发展规划》《油气管道规划》等多部中长期基础设施规划，都是从加强网络连通的角度，描绘我国基础设施网络化布局的蓝图（见图34.2、图34.3）。同时，随着"一带一路"的建设，中国与周边国家基础设施网络的互联互通也已经逐步成为共识并付诸实施。

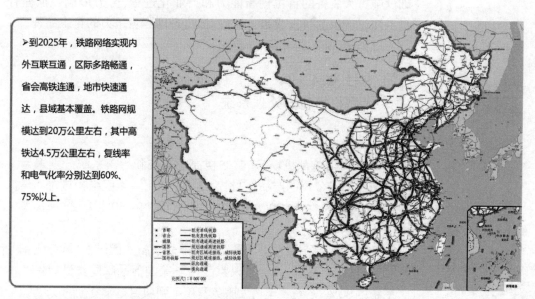

图34.2 中长期铁路网络布局（2016—2025年）

图 34.3　国家公路网络布局(2012—2030 年)

34.2.2　装备自主化

C919 大型客机首飞

2017 年 5 月 5 日下午 2 点整,C919 大型客机从浦东国际机场腾空而起,在 3 000 米高度巡航平稳飞行 79 分钟后安全返航,萦绕中华民族百年的"大飞机梦"如愿以偿。

C919 大型客机是中国首款按照最新国际适航标准和主流市场标准研制的单通道干线飞机。自 2008 年 7 月研制以来,按照"自主研制、国际合作、国际标准"的技术路线,走的是一条"中国设计、系统集成、全球招标、逐步提升国产化"的道路。

装备自主化是现代基础设施的重要支撑。是指自主知识产权成果在基础设施领域的产业化应用。实现基础设施重大装备自主化,事关我国工业制造水平升级和国际竞争力提升,大幅降低基础设施重大装备关键技术和零部件的对外依赖程度。装备自主化将有效降低我国基础设施建设与运营成本,提升基础设施整体运营效率,保障国家经济社会的运营安全。装备自主化的核心是促进装备产业从低端向中高端迈进,逐步实现高端装备自主化,这就要求进一步加强基础设施重大装备的自主创新能力和产业化进程,努力形成一批拥有自主知识产权的研发成果,培育一批具备国际竞争力的自主品牌。

专栏 34.4
大型机场行李处理系统

✎ 2005 年,首都机场 T3 航站楼捷运系统和行李系统分别采用德国西门子公司的产品,总价高达 22 亿元。年度维护成本 1.4 亿元,备品备件 2 500 万项,由于备品备件的 80% 需要进口,采购周期达 6—9 个月。

✎ 2012 年,昆明长水机场采用昆明船舶设备集团研发(国产化率 70%)的行李系统,其价格只为西门子等国际品牌同类进口设备系统的 50%,系统每年售后服务费用不到项目建设资金的 0.2%。

34.2.3 技术标准化

技术标准化是指覆盖基础设施规划设计、建设管理、运营维护全过程和全生命周期的规范体系。既是"硬规矩",也是"软实力"。技术标准化已成为自主创新和市场竞争的制高点,谁掌握了技术标准制定的话语权,谁就掌握了市场竞争主动权。技术标准化的核心是,建立健全先进适用的技术标准体系,适应国际国内基础设施发展的新变化、新要求,在国内统一规范市场的同时,加快国内标准走向国际市场,推动我国基础设施技术装备"走出去",在国际标准制定上争取更多话语权。

4G 成为国际通信标准

中国主导研制的第四代移动通信技术 TD-LTE(4G)已成为国际主流标准,实现全球规模商用;标志着移动通信领域已成为我国少数具有国际竞争力的高科技领域之一,实现了我国移动通信技术和产业从边缘到主流、从低端到高端的跨越式发展,带动了中国制造企业群体突破。2016 年,"第四代移动通信系统(TD-LTE)关键技术与应用"项目荣获国家科技进步特等奖,这是中国通信领域的成果首次获得该级别的奖项。

> **专栏 34.5**
> **我国高速铁路技术标准**
>
> 我国高速铁路动车组已经建立完整的高速铁路列车运行控制技术体系和标准体系,形成了具有世界先进水平的、完全自主知识产权的高速铁路列车运行控制系统技术及成套装备。2008 年 6 月 24 日,由唐山轨道客车公司制造的 CRH3 动车组在京津线创造了时速 394.3 公里的中国铁路第一速度;2011 年 1 月 9 日,CRH380BL 动车组在京沪高速铁路运行试验中创造了时速 487.3 公里的中国铁路最高试验速度;2017 年 9 月 21 日,"复兴号"在京沪高速铁路上实现 350 公里时速运行,转向架、网络、制动、牵引等系统实现自主设计、自主生产,车体、牵引等系统关键零部件均实现统型和通用互换,整车通过了 60 万公里运用考核,设计寿命 30 年。

34.2.4 服务一体化

服务一体化是实现运营管理和使用需求全面对接、硬件和软件高效衔接的全过程。服务一体化的核心是打破不同管理部门之间的行政壁垒和行业垄断,为社会和公众提供全方位、多层次、高质量的服务。服务一体化要求创新服务协调机制,加强企业、行业合作,推进管理部门、服务企业之间的统筹发展。现代综合交通枢纽就是服务一体化的平台,在这个平台上,不同的交通工具和运输方式与不同的管理部门和运输企业统筹互动,实现客运零距离换乘、货运无缝化对接。

> **专栏 34.6**
> **上海虹桥综合交通枢纽**
>
> 上海虹桥综合交通枢纽涵盖航空港、高速铁路和城际铁路、磁悬浮交通、城市轨道交通、公交车和出租车等多种交通方式,是空、轨、路三位一体的超大型、世界级交通枢纽。占地面积 26.3 平方公里,核心建筑面积 142 万平方米。2017 年枢纽总客流为 3.8 亿人次,日均约 105 万人次,对外交通占枢纽日均总客流的 44.7%,市内交通占枢纽日均总客流的 55.3%。
>
> 依次分层设置:高架二层(磁悬浮站台层)、高架一层(磁悬浮站厅层、空中连接大平台)、地面层(道路系统、绿化、公交枢纽)、地下一层(轨道交通公共站层、车库、开发、地下连接通道)、地下二层(轨道交通站台层、捷运系统站厅层)、地下三层(轨道交通站台层)。拥有京沪高速铁路、沪宁城际铁路、沪杭甬客运专线、沪杭城际铁路等多条铁路及 30 股道,5 条轨道交通线路,2 座磁悬浮客站,以及不少于 30 条公共汽车线路和日客运量 2.5 万人次的长途高速巴士站。

洋山港的无人码头
2005 年 12 月,洋山港开港,至今已建设 4 期工程,成为世界级大港。2017 年 11 月,新建成的 4 期码头成为"无人码头",通过自主开发的智能化系统,实现智能装卸,提高整体利用效率。远程操控的双小车岸桥,实现船舶和码头之间的集装箱自动装卸,无人驾驶的自动导引运输车(AGV)替代了有人驾驶的集装箱卡车。洋山港 4 期自动化码头,从设计、建设到关键装备和系统,均由我国企业自行研发,从科技含量到建设规模都堪称世界先进水平。

34.2.5 管理智能化

管理智能化是对基础设施系统运营实行模块控制、智能调度,是信息技术与基础设施的深度融合。管理智能化的核心是运用新一代信息技术,以互联网、物联网为依托,以数据管理为支撑,及时准确地采集信息,通过数据分析与处理,为基础设施管理部门提供智能调度、智能控制、自动分拣等功能,实现运营管理的智能化。

> **专栏 34.7**
> **智能电网**
>
> 智能电网被称为"电网2.0",是以物理电网为基础,集成新能源、新材料、新设备和先进的传感技术、信息技术、控制技术、储能技术,可实现电力发、输、配、用、储全过程中的数字化管理、智能化决策、互动化交易的新型电网。它可以优化电力资源配置,满足用户多元化需求,确保电力供应安全、可靠、经济、环保。
>
> 智能电网的几大好处:(1)让生活更便捷。家庭智能用电系统既可以实现对空调、热水器等智能家电的实时控制和远程控制,又可以为电信网、互联网、广播电视网等提供接入服务,还能够通过智能电能表实现自动抄表和自动转账交费等功能。(2)让生活更低碳。智能电网可以接入小型家庭风力发电和屋顶光伏发电等装置,并推动电动汽车的大规模应用,从而提高清洁能源消费比重,减少城市污染。(3)让生活更经济。智能电网可以促进电力用户角色转变,使其兼有用电和售电两重属性;能够为用户搭建一个家庭用电综合服务平台,帮助用户合理选择用电方式,节约用能,有效降低用能费用支出。

34.2.6 投资多元化

投资多元化是指在基础设施的规划设计、建设管理、运营维护全过程中,实现投资主体、投资渠道、投资方式多元化。基础设施建设资金需求量大,靠政府财政性投入难以满足大规模建设需要。通过放宽基础设施领域的市场准入限制,实现政府、企业、社会多元化投入和合作,是解决发展需求和资金短缺这对矛盾的有效途径。1984年,国家作出"贷款修路、收费还贷"的重要决策,拉开公路领域多元投资的序幕,推动形成了"国家投资、地方筹资、社会融资、引进外资"的多元化基础设施投融资格局。

公路建设投融资体制改革

1981年,广东省为解决公路建设资金短缺问题,率先实行"贷款修路、收费还贷",在全国开创了"以桥养桥、以路养路"的先河,这一做法在国家层面得到认同。1984年12月,国务院第54次常务会明确,交通部门可以利用贷款和集资建设公路,收取车辆通行费偿还贷款和集资,从此,传统的单一公路建设投融资体制被打破。1988年我国第一条收费高速公路——长度为18.5公里的上海至嘉定高速公路建成通车。到2017年,我国高速公路里程达到13.64万公里,位居世界第一。

> **专栏 34.8**
> **蒙西至华中北煤南运通道**
>
> 如图 34.4 所示,蒙西至华中北煤南运通道,北起内蒙古鄂尔多斯,途经内蒙古、陕西、山西、河南、湖北、湖南、江西七省区,终至京九铁路吉安站,线路全长 1814.5 公里,设计为国铁 I 级。输送煤炭能力超过 2 亿吨/年,投资估算总额 1930.4 亿元,2013 年 6 月开工建设,工期 5 年,中铁投公司、陕煤集团、湖北铁路、湖南铁投、河南铁投、江西铁投、国投交通、淮南矿业、伊泰煤炭、榆林统万等 16 家企业作为项目出资人,民营投资占比 15.7%。是世界上一次建成最长的重载煤运铁路,为铁路投融资体制改革示范项目。
>
>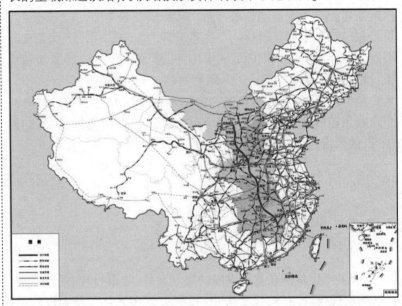
>
> **图 34.4** 蒙西至华中地区铁路煤运通道工程地理位置示意图

内容小结

本章论述了基础设施的支撑引领作用。从世界基础设施发展历程看,基础设施与经济社会发展总是相辅相成、相互促进的。农耕社会的基础设施,以交通和水利基础设施为主,内河航道、沿海沿江港口和陆路交通肩负着商贸往来的重任。工业社会的基础设施,突破了自然力和人力的束缚,进入机械化、电气化时代。信息社会的基础设施,信息化、网络化正在推动交通、能源、通信等领域基础设施的升级换代。从我国现代基础设施发展方向看,为适应新时代高质量发展的要求,需着力推进布局网络化、装备自主化、技术标准化、服务一体化、管理智能化、投资多元化。

关键概念

基础设施　　　　农耕社会　　　　　工业社会　　　　信息社会
布局网络化　　　装备自主化　　　　智能电网　　　　技术标准化
服务一体化　　　综合交通枢纽　　　管理智能化　　　投资多元化

思考讨论题

1. 世界基础设施发展演进对推动经济社会发展有哪些重要作用?
2. 举例谈谈你对现代基础设施发展发向的理解和建议。
3. 信息化、网络化、智能化时代基础设施领域将发生哪些重大变化?

第 35 章
现代综合交通运输体系

交通运输业是国民经济的基础性、先导性产业。综合交通运输体系是指符合一个国家或地区的经济地理特征,各种运输方式按其技术经济特点组成的布局合理、结构优化、分工协作、优势互补、连接贯通的交通运输综合体。

35.1 我国交通运输发展历程

中华人民共和国成立特别是改革开放以来,我国交通运输业在基础设施、技术装备、运输服务、体制机制等诸多方面,实现了整体跨越式发展,创造了世界交通发展史上的"中国速度"和"中国经验"。

35.1.1 中华人民共和国成立初期至改革开放前(1949—1978年):恢复发展

中华人民共和国成立之前交通运输水平低下。在960万平方公里的国土上,铁路总里程仅2.18万公里,公路总里程仅8.08万公里,固定航线仅有6条,民用汽车不足6万辆;国家几乎没有自己的民用海上运输能力和远洋船舶。为恢复国民经济,满足工业化发展和国家安全需要,中华人民共和国成立之初采用国有化、计划式的交通建设模式,国家收回了帝国主义买办、官僚资本主义所拥有的铁路、公路、水运、民航等交通运输设施;继而通过社会主义工商业改

川藏、青藏公路建设

西藏和平解放后,中国人民解放军、四川、青海等省各族人民群众以及工程技术人员组成了11万人的筑路大军,在极为艰苦的条件下奋勇拼搏,3 000多名英烈捐躯高原,于1954年建成了总长4 360公里的川藏、青藏公路,结束了西藏没有现代公路的历史,在"人类生命禁区"的"世界屋脊"创造了公路建设史上的奇迹,铸造了一不怕苦、二不怕死,顽强拼搏、甘当路石,军民一家、民族团结的"两路"精神。

造,赎买了民族资本家手中的交通运输设施,形成了国家所有制下的交通运输资产。这一阶段,国家将恢复和发展交通运输业作为重要任务,1949年抢修恢复铁路里程8 278公里,1952年开行满洲里至广州第一列全程4 600公里的直达列车,1954年建成的川藏、青藏公路结束了西藏没有公路的历史。"一五""二五"期间,国家改造和新建一批铁路、公路、港口和机场,开辟了一批国际、国内海运和航空运输航线,交通基础设施条件逐步改善。南京长江大桥,是长江上第一座由我国自行设计和建造的双层式铁路、公路两用桥梁,在中国桥梁史乃至世界桥梁史上具有重要意义,是20世纪60年代中国经济建设的重要成就、中国桥梁建设的重要里程碑。

> **专栏35.1**
> **港口与海运发展**
>
> 　　20世纪70年代,随着我国对外关系的改善以及外贸海运量的迅猛增长,沿海港口首次出现压船压港局面。1973年,国家提出"三年改变港口面貌"的号召,建设大连、秦皇岛、青岛、南京原油装船港,开辟防城新港;同年,中日航线试用杂货船捎运小型集装箱,我国首次进行国际集装箱运输;1975年,在天津港开始建设我国第一座集装箱专用码头,新建泊位58个,对100余条港口装卸线进行改造,沿海港口快速发展;同时,抓住国际船舶市场不景气的时机,购置大量专用滚装船,扩大了我国远洋和沿海运输船队;1978年,中国远洋运输总公司开通第一条集装箱运输航线(上海至澳大利亚集装箱班轮航线)。

35.1.2 改革开放至21世纪初(1979—2000年):改革发展

　　改革开放有力推动了交通行业体制改革。1981年,交通部针对统得过死、过于集中、部门所有、地区分隔的弊端,第一次提出把交通运输搞通、搞活、搞上去的口号;1983年,再次提出既有导向性又具通俗性的发展理念:"有水大家行船,有路大家走车",推动交通运输领域向市场化迈进。港口体制改革率先取得突破,交通部直属的港口实行航政和港政分开;1984年,沿海14个直属港口实行"双重领导、地方为主"的管理体制,并相应扩大企业经营自主权,鼓励国内企业投资建设码头,极大地调动了地方建设发展港口的积极性;1985年,国务院决定对进出口沿海港口的主要货物征收港口建设费,使其成为港口建设资金的主要来源,利用世界银行、亚洲开发银行等国外贷款,鼓励外商合资合作经营建设码头;1986年,铁路开始实行全行业经济承包责任制;1991年,国务院设立铁路建设基金,在公路方面出台提高养路费征收标准、开征车辆购置附加费、贷款修路扶持公路发展三项政策;1997年,铁路开始实行大提速;1998年,为应对亚洲金融危机,采取积极财政政策扩大内需,加快公路、港口、机场建设;1999年,实施西部大开发战略,全面推进交通基础设施建设。这一时期,交通运输发展进入快车道,给经济社会发展提供了强大动力。1978—2000年交通运输先行指标见表35.1。

表35.1　1978—2000年交通运输先行指标

	高速公路（万公里）	定期航班航线里程（万公里）	民用汽车（万辆）	民用运输机动船（艘）	客运量（万人）	货运量（万吨）
1978年	0	14.89	135.8	28 340	253 993	319 431
2000年	1.63	150.29	1 608.9	185 018	1 478 573	1 358 682
年均增速（%）		11.08	11.89	8.90	8.34	6.80

35.1.3　21世纪初至十八大(2001—2012年)：跨越发展

21世纪头十年交通实现跨越发展。"十五"计划首次编制《交通发展重点专项规划》,自此国家开始对交通领域进行系列布局。2004年出台的《中长期铁路网规划》提出,建设"四纵四横"客运专线;出台的《国家高速公路网规划》明确了7条首都放射线、9条南北纵向线和18条东西横向线的建设任务。2007年,首次编制《综合交通网中长期发展规划》,提出构建"五纵五横"综合交通网骨架。还先后编制了《全国沿海港口布局规划》《全国内河航道与港口布局规划》《全国民用机场布局规划》等。2011年,"十二五"规划首次提出,按照适度超前原则,统筹各种运输方式发展,构建便捷、安全、高效的综合运输体系,并编制首个"十二五"综合交通运输体系专项规划。这些规划对我国交通发展具有重要指导意义。

与此同时,深入推进交通体制改革。2001年,开始实施车辆购置税改革,交通建设获得稳定的财政性资金投入;2003年,国家进一步开放城市轨道交通市场,实行投资渠道、投资主体多元化,城市政府探索通过上盖及沿线土地开发收入反哺轨道交通建设运营;同年,交通部将沿海和长江干线港口下放地方,实施属地化管理;2004年,民航总局在此前联合重组大型航空集团之后,将绝大多数直属机场移交地方管理;同年,铁道部实施"政府主导、多元化投资、市场化运作"的铁路投融资改革,与31个省(市、区)签订战略协议,启动"部省战略合资建设"新模式;2005年,铁道部撤销各地铁路分局,实行铁路局直接管理站段的铁路管理格局;2008年,实施大部制改革,交通运输部成立;2009年,实施公路燃油税费改革,逐步取消政府还贷二级公路收费,等等。这一系列改革加快了交通发展市场化进程,极大地调动了地方、企业交通建设的积极性,推动了交通基础设施跨越发展。"十五""十一五"两个五年规划,是交通投资、铁路投资增加最多、增长最快,高铁里程从无到有的时期。

三个五年规划交通、铁路投资和高铁里程比较见图35.1。

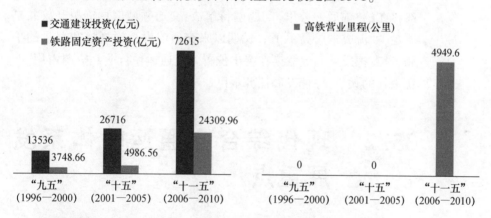

图35.1 三个五年规划交通、铁路投资和高铁里程比较

35.1.4 十八大以来(2013年至今):融合发展

习近平同志指出,综合交通运输进入新的发展阶段,各种运输方式都要融合发展,提高效率、提升质量。融合发展就是要从战略规划、运输方式、建设重点、政策导向上统筹落实。按照"十二五"规划

提出的"基本建成42个全国性综合交通枢纽"以及"零距离换乘和无缝化衔接"的目标要求，2013年出台《促进综合交通枢纽发展的指导意见》，提出了加强以客运为主的枢纽一体化衔接、完善以货运为主的枢纽集疏运功能的系列具体举措；2015年印发的《京津冀协同发展规划纲要》提出，构建一体化现代交通网络，创立全方位、多层次、开放型、融合型的交通运输管理体系；2016年制定的《城镇化地区综合交通网规划》，要求构建联通21个城镇化地区和每个城镇化地区内部相邻城市之间1—2小时通达的城际综合交通网，把各种交通方式融于"一张蓝图"中。融合发展呈现良好态势，一批集高铁、航空、城市轨道、城市公共交通运输等各种服务于一体的综合枢纽加快建设，共享单车、滴滴打车等"互联网+"便捷交通蓬勃兴起。

但应该看到，我国综合交通运输体系布局不优、覆盖不全、衔接不畅、质量不高等问题还比较突出。中西部地区特别是集中连片贫困地区运输通道和交通网络仍然比较薄弱，覆盖率、连通度偏低；超大、特大城市交通拥堵问题较为普遍，大城市内部交通运输设施配置与服务供给功能性匹配不足，不能满足日益多元、日渐分化的交通需求；一体化运输服务水平亟待提升，多式联运发展滞后，综合交通枢纽存在的"前后一公里"问题亟待解决；交通领域信息资源开放共享不足，物流成本居高不下。长期以来交通建设重视规模和总量的扩张，没有把质量和效益摆在突出位置。交通运输行业是资源占用、能源消耗的大户，绿色发展任务艰巨。

35.2 现代综合交通运输体系发展重点

围绕交通强国目标，坚持网络化布局、智能化管理、一体化服务、绿色化发展，建设国内国际通道联通、区域城乡覆盖广泛、枢纽节点功能完善、运输服务一体高效的综合交通运输体系。"十三五"时期综合交通运输发展主要指标见表35.2。

表 35.2 "十三五"时期综合交通运输发展主要指标

	指标名称	2015年	2020年	属性
基础设施	铁路营业里程(万公里)	12.1	15	预期性
	高速铁路营业里程(万公里)	1.9	3.0	预期性
	铁路复线率(%)	53	60	预期性
	铁路电气化率(%)	61	70	预期性
	公路通车里程(万公里)	458	500	预期性
	高速公路建成里程(万公里)	12.4	15	预期性
	内河高等级航道里程(万公里)	1.36	1.71	预期性
	沿海港口万吨级及以上泊位数(个)	2 207	2 527	预期性
	民用运输机场数(个)	207	260	预期性
	通用机场数(个)	300	500	预期性
	建制村通硬化路率(%)	94.5	99	约束性
	城市轨道交通运营里程(公里)	3 300	6 000	预期性
运输服务	动车组列车承担铁路客运量比重(%)	46	60	预期性
	民航航班正常率(%)	67	80	预期性
	建制村通客车率(%)	94	99	约束性
	公路货运车型标准化率(%)	50	80	预期性
	集装箱铁水联运量年均增长率(%)	10	10	预期性
	城区常住人口100万以上城市建成区公交站点500米覆盖率(%)	90	100	约束性
智能交通	交通基本要素信息数字化率(%)	90	100	预期性
	铁路客运网上售票率(%)	60	70	预期性
	公路客车电子不停车收费系统(ETC)使用率(%)	30	50	预期性
绿色安全	交通运输二氧化碳排放强度下降率(%)	7		预期性
	道路运输较大以上等级行车事故死亡人数下降率(%)	20		约束性

35.2.1 构建内通外联的综合运输通道网络

综合运输通道是由铁路、公路、内河航道、管道等多种运输方式线路组成,承担客货运输任务的主要运输走廊,构成综合交通网的主骨架。"十三五"时期,加快构建横贯东西、纵贯南北、内畅外通的"十纵十横"综合运输大通道(见图35.2),加快实施重点通道连通工程和延伸工程,强化中西部和东北地区通道建设。贯通上海至瑞丽等运输通道,向东向西延伸西北北部等运输通道,将沿江运输通道由成都西延至日喀则。推进北京至昆明、北京至港澳台、烟台至重庆、二连浩特至湛江、额济纳至广州等纵向新通道建设,沟通华北、西北至西南、华南等地区;推进福州至银川、厦门至喀什、汕头至昆明、绥芬河至满洲里等横向新通道建设,沟通西北、西南至华东地区,强化进出疆、出入藏通道建设。做好国内综合运输通道对外衔接。规划建设环绕我国陆域的沿边通道。

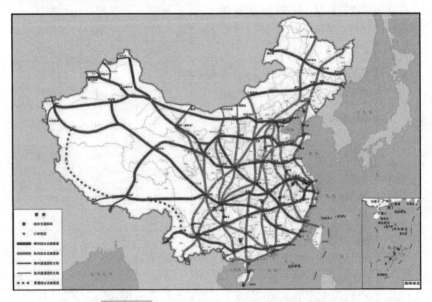

图35.2 综合交通大通道布局示意图

"八纵八横"主通道
"八纵"通道:
沿海通道
京沪通道
京港(台)通道
京哈—京港澳通道
呼南通道
京昆通道
包(银)海通道
兰(西)广通道
"八横"通道:
绥满通道
京兰通道
青银通道
陆桥通道
沿江通道
沪昆通道
厦渝通道
广昆通道

推进高速铁路成网。在全面贯通"四纵四横"高速铁路主骨架的基础上,加快"八纵八横"主通道建设;拓展高品质铁路服务覆盖范围,中西部路网规模达到9万公里左右。推进主要城市群之间区际干线铁路建设,缩短区域时空距离,铁路网基本覆盖城区常住人口20万以上城市,高速铁路网覆盖80%以上的大城市。旅客出行更为便捷。动车组列车承担旅客运量比重达到65%。实现北京至大部分省会城市之间2—8小时通达,相邻大中城市1—4小时快速联系,主要城市群内0.5—2小时便捷通勤,基本形成布局合理、覆盖广泛、层次分明、安全高效的铁路网络。

完善国家公路网络。加快推进由7条首都放射线、11条北南纵线、18条东西横线,以及地区环线、并行线、联络线等组成的国家高速公路网建设(见图35.3),打通中西部地区国家高速公路主线待贯通路段,推进东部建设年代较早、交通繁忙的国家高速公路扩容改造和分流路线建设。同时,适度合理发展地方高速公路,强化对国家公路网的支撑和补充。为了全面提升保障能力和服务水平,将加强高速公路与口岸的衔接,加快普通国道提质改造,建设普通国道9.9万公里,重点加强西部地区、集中连片特困地区、老少边穷地区低等级普通国道升级改造和未贯通路段建设,基本消除无铺装路面。

农村公路重点工程
除少数不具备条件的乡镇、建制村外,全部实现通硬化路,新增3.3万个建制村通硬化路。改造约25万公里窄路基或窄路面路段。对约65万公里存在安全隐患的路段增设安全防护设施,改造约3.6万座农村公路危桥。有序推进较大人口规模的撤并建制村通硬化路13.5万公里。

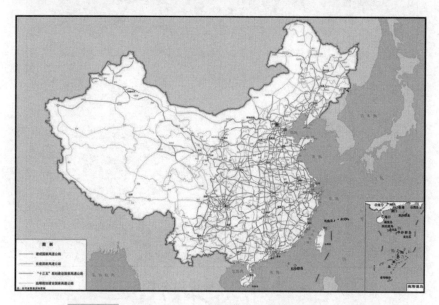

图35.3 "十三五"时期高速公路规划建设示意图

优化运输机场功能布局。 适应区域经济规模、人口分布、综合交通和旅游资源分布,构建布局合理、覆盖广泛、安全高效的现代化机场网络体系。打造国际枢纽机场,建设京津冀、长三角、珠三角世界级机场群,加快建设哈尔滨、深圳、昆明、成都、重庆、西安、乌鲁木齐等国际航空枢纽,增强区域枢纽机场功能,实施部分繁忙干线机场新建、迁建和扩能改造工程。科学安排支线机场新建和改扩建,增加中西部地区机场数量,扩大航空运输服务覆盖面。推进以货运功能为主的机场建设。优化完善航线网络,推进国内国际、客运货运、干线支线、运输通用协调发展。加快空管基础设施建设,优化空域资源配置,提高空管服务保障水平。

提升水运运输功能。 发展现代航运服务,加强上海国际航运中心功能,建设武汉、重庆长江中上游航运中心及南京区域性航运物流中心和舟山江海联运服务中心。优化港口布局,推动资源整合,促进结构调整。强化航运中心功能,稳步推进集装箱码头项目,合理把握煤炭、矿石、原油码头建设节奏,有序推进液化天然气、商品汽车等码

民用航空重点工程
建成北京新机场、成都新机场,以及承德、霍林郭勒、松原、白城、建三江、五大连池、上饶、信阳、武冈、岳阳、巫山、巴中、仁怀、澜沧、陇南、祁连、莎车、若羌、图木舒克、绥芬河、芜湖/宣城、瑞金、商丘、荆州、鄂州/黄冈、郴州、湘西、玉林、武隆、甘孜、黔北、红河等机场。
建设青岛、厦门、呼和浩特新机场,邢台、正蓝旗、丽水、安阳、乐山、元阳等机场。建设郑州等以货运功能为主的机场。研究建设大连新机场、聊城等机场。开展广州、三亚、拉萨新机场前期研究。扩建上海浦东、广州、深圳、昆明、重庆、西安、乌鲁木齐、哈尔滨、长沙、武汉、郑州、海口、沈阳、贵阳、南宁、福州、兰州、西宁等机场。
推进京沪、京广、中韩、沪哈、沪昆、沪广、沪兰、胶昆等单向循环空中大通道建设,基本形成以单向运行为主的民航干线航路网格局。

头建设。提升沿海和内河水运设施专业化水平,加快内河高等级航道建设,统筹航道整治与河道治理,增强长江干线航运能力,推进西江航运干线和京杭运河高等级航道扩能升级改造(见图35.4)。推进内陆"无水港"网络化布局,构建以港口为枢纽,辐射广大腹地的物流网络体系。

港口航道重点工程
沿海港口:稳步推进天津、青岛、上海、宁波—舟山、厦门、深圳、广州等港口集装箱码头建设。推进唐山、黄骅等北方港口煤炭装船码头以及南方公用煤炭接卸中转码头建设。实施黄骅、日照、宁波—舟山等港口铁矿石码头项目。推进唐山、日照、宁波—舟山、揭阳、洋浦等港口原油码头建设。
内河航道:加快南京以下12.5米深水航道建设,研究实施武汉至安庆航道整治工程、长江口深水航道减淤治理工程。继续推进西江航运干线扩能,推进贵港以下一级航道建设。加快京杭运河山东段、江苏段、浙江段航道扩能改造以及长三角高等级航道整治工程。加快合裕线、淮河、沙颍河、赣江、信江、汉江、沅水、湘江、嘉陵江、乌江、岷江、右江、北盘江—红水河、柳江、黔江、黑龙江、松花江、闽江等高等级航道建设。

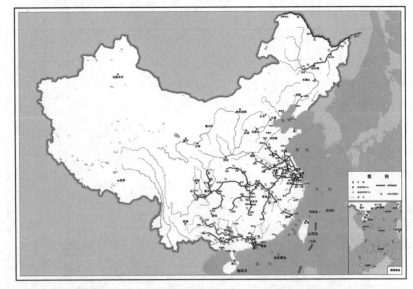

图35.4 全国内河高等级航道和主要港口布局方案

35.2.2 建设现代高效的城际城市交通

我国城际间交通发展仍显滞后,特大城市轨道交通网络密度和服务水平有待提高。结合我国城镇化发展进程,按照建设城市群中心城市间、中心城市与周边节点城市间1—2小时交通圈,打造城市群中心城市与周边重要城镇间1小时通勤都市圈要求,大力推进城际轨道交通建设。

城际铁路
是指专门服务于相邻城市间或城市群的快速、便捷、高密度客运专线铁路。按照城际铁路设计规范,时速为200公里及以下,具有区域性、短距离、公交化运输特点。

加快发展城际铁路。目前,国家批复的京津冀、长三角、珠三角、成渝地区等16个城际铁路建设规划,规划里程约10 000公里,截至2017年年底已建成运营约2 500公里,在建里程约2 000公里。为提高城市群之间的交通出行质量,促进城市间协调互动发展,将加快推进城际铁路成网,到2020年,京津冀、长三角、珠三角三大城市群基本建成城际交通网络,山东半岛、海峡西岸、中原、成渝、关中平原和北部湾等其他重点城市群形成城际铁路网主骨架。

积极推进市域铁路。市域铁路是城市中心城区连接周边城镇组团的通勤化、快速度、大运量的轨道交通系统。在伦敦、巴黎、东京等城市,通勤功能的市域铁路网络十分发达。我国城市规模扩大,中心城区发展趋于饱和,城市人口和功能向周边卫星城疏散,国家鼓励地方结合城市空间布局,优先利用既有铁路释放出来的能力来开行市域列车。新建部分市郊线路,串联5万人以上的城镇组团和旅游景点,加强与干线铁路、城际铁路、城市轨道交通等合理分工,按照零距离换乘和一体化运营要求,实现基础设施和运营服务资源共享和互联互通,逐步在东部沿海城市化地区构建核心区与周边1小时市域通勤圈。

> **专栏 35.2**
> **国内首条市域铁路——金山铁路**
>
> 金山铁路是从上海南站到金山卫站,由金山铁路支线改建而成的市域铁路。全长56.4公里,总投资48亿元,2009年8月12日开工,2012年9月28日建成开通试运行。金山铁路是中国首条公交化运行并实行政府购买服务的市域铁路。沿途连通徐汇、闵行、松江、金山四区,日均客流3万人次,开行以来累计发送旅客4000万人次。金山铁路最高时速160公里,运行时间根据不同停站模式分别为32分钟、42分钟和60分钟,动车组列车的运行极大地满足了沿途市民的出行和通勤需求,使沿途郊区与中心城区的交通联系更加快速紧密,2017年金山滨海游客增加到650万人次。金山铁路采取公交化运营模式,根据市域交通的特点,创新运营服务模式,实行工作日和双休日两套列车运行方案;旅客可以购买铁路火车票,也可以使用公交卡刷卡进站;车站采用自动检票闸机进出站,让旅客快进快出,随到随走,同时列车乘坐实行不限定车次与座席,有空位即坐,全程公交化服务。

优先发展城市公共交通。2017年我国城市轨道交通运营线路长度见图35.5。到2020年,预计我国城镇化率将达到60%左右,城镇常住人口约为8.5亿人。优先发展公共交通是转变交通方式、缓解交通拥堵、提升生活品质的迫切要求。根据不同城市规模、特点和客运需求,构建以公共交通为主体的城市机动化出行系统,积极发展快速公共汽车、现代有轨电车等大容量地面公共交通系统,有序推进城市轨道交通建设。要完善超大、特大城市轨道交通网络,推进城区常住人口300万以上的城市轨道交通成网,实现中心城区轨道交通、市域(郊)铁路与高速铁路、城际铁路融合发展,多层次、多模式、一体化城市轨道交通系统将加快形成。

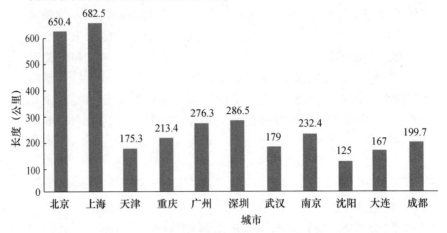

图 35.5　2017 年我国城市轨道交通运营线路长度

资料来源:中国城市轨道交通协会。

35.2.3　打造一体衔接的综合交通枢纽

综合交通枢纽是在综合交通网络节点上形成的客货流转换中心。考虑经济发展水平、辐射带动能力、综合交通网络布局,适应全面开放新格局的要求,国家选择 12 个重要节点城市或节点组合城市作为国际性综合交通枢纽,支持建设成为通达全球、衔接高效、功能完善的国际交通中枢;同时拓展 63 个全国性综合交通枢纽,重点优化中转设施和集疏运网络,扩大辐射范围,强化客运零距离换乘和货运无缝化衔接,实现不同运输方式协调高效,发挥综合优势,提升交通物流整体效率。

完善综合交通枢纽服务功能,围绕着力提升客运枢纽站场服务一体化水平,重点打造一批开放式、立体化综合客运枢纽,基本实现利用城市轨道交通等骨干公交方式连接大中型高铁车站以及年吞吐量超过 1 000 万人次的机场,新建及改扩建综合客运枢纽步行换乘时间以不超过 5 分钟为宜。为促进货运枢纽站场集约化发展,重点建设一批全国布局、具备多式联运功能的货运枢纽,线上线下结合、干支衔接的货运枢纽,加快铁路物流基地、港口物流枢纽、航空转运中心、快递物流园区等规划建设和设施改造。货运枢纽体系的发展将有效促进我国物流降本增效。

> **专栏 35.3**
> **综合交通枢纽布局**
>
> **(一)国际性综合交通枢纽**:重点打造北京—天津、上海、广州—深圳、成都—重庆国际性综合交通枢纽,建设昆明、乌鲁木齐、哈尔滨、西安、郑州、武汉、大连、厦门等国际性综合交通枢纽。
>
> **(二)全国性综合交通枢纽**:全面提升长春、沈阳、石家庄、青岛、济南、南京、合肥、杭州、宁波、福州、海口、太原、长沙、南昌—九江、贵阳、南宁、兰州、呼和浩特、银川、西宁、拉萨、秦皇岛—唐山、连云港、徐州、湛江、大同等综合交通枢纽功能,提升部分重要枢纽的国际服务功能。推进烟台、潍坊、齐齐哈尔、吉林、营口、邯郸、包头、通辽、榆林、宝鸡、泉州、喀什、库尔勒、赣州、上饶、蚌埠、芜湖、洛阳、商丘、无锡、温州、金华—义乌、宜昌、襄阳、岳阳、怀化、泸州—宜宾、攀枝花、酒泉—嘉峪关、格尔木、大理、曲靖、遵义、桂林、柳州、汕头、三亚等综合交通枢纽建设。
>
> **(三)区域性综合交通枢纽及口岸枢纽**:推进丹东、珲春、绥芬河、黑河、满洲里、二连浩特、甘其毛都、策克、巴克图、吉木乃、阿拉山口、霍尔果斯、吐尔尕特、红其拉甫、樟木、亚东、瑞丽、磨憨、河口、龙邦、凭祥、东兴等沿边重要口岸枢纽建设。
>
> 资料来源:《"十三五"现代综合交通运输体系发展规划》。

35.2.4 推动运输服务绿色智能安全发展

推进交通运输低碳发展,集约节约利用资源,加强标准化、现代化运输装备和节能环保运输工具推广应用。加快智能交通发展,推广先进信息技术和智能技术装备应用,加强联程联运系统、智能管理系统、公共信息系统建设,加快发展多式联运,提高交通运输服务质量和效益。强化交通运输、邮政安全管理,提升安全保障、应急处置和救援能力。

推进货物多式联运发展。以提高货物运输集装化和运载单元标准化为重点,积极发展大宗货物和特种货物多式联运。完善铁路货运线上服务功能,推动公路甩挂运输联网。制定完善统一的多式联运规则和多式联运经营人管理制度,探索实施"一单制"联运服务模式,引导企业加强信息互联和联盟合作。统筹城乡配送协调发展。

> **多式联运**
> 是指使用两种以上的运输方式,以连续的、无缝衔接的运输方式,在一个合同及一个票据下,由单一责任人承担的全程运输方式。

加快建设城市货运配送体系。加快完善邮政普遍服务网络。推动重要枢纽的邮政和快递功能区建设,实施快递"上车、上船、上飞机"工程,鼓励利用铁路快捷运力运送快件。

提升联程联运服务水平。推进旅客联程运输发展就是促进不同运输方式运力、班次和信息高效对接,开展空铁、公铁等联程运输服务。推广普及铁路、公路电子客票,健全身份查验制度,加快完善旅客联程、往返、异地等出行票务服务系统,完善铁路客运线上服务功能。推行跨运输方式异地候机候车、行李联程托运等配套服务。鼓励第三方服务平台发展"一票制"客运服务。完善区际城际客运服务。推进城乡客运服务一体化。推动城市公共交通线路向城市周边延伸,推进有条件的地区实施农村客运班线公交化改造。鼓励发展镇村公交,推广农村客运片区经营模式,实现具备条件的建制村全部通客车,提高运营安全水平。

促进交通运输绿色发展。绿色发展是综合交通运输可持续发展和现代化的重要标志。要将绿色发展理念贯穿到交通发展各领域和各环节,从交通自身、交通与生态环境两个层面,重点开展推动交通节能低碳发展、推进资源集约节约利用、强化生态保护和污染防治等三方面的工作,全面提升规划、建设、管理、运营全过程绿色化发展水平。到2020年,适应全面建成小康社会要求的绿色低碳交通运输体系建设取得显著进展,交通运输二氧化碳排放强度较2015年下降7%。

专栏 35.4
交通运输绿色化发展重点工程

(一)**交通节能减排工程**:支持高速公路服务区充电桩、加气站,以及长江干线、西江干线、京杭运河沿岸加气站等配套设施规划与建设。推进原油、成品油码头油气回收治理,推进靠港船舶使用岸电。在京津冀、长三角、珠三角三大区域,开展船舶污染物排放治理,到2020年硫氧化物、氮氧化物、颗粒物年排放总量在2015年基础上分别下降65%、20%、30%。

(二)**交通装备绿色化工程**:加快推进天然气等清洁运输装备、装卸设施以及纯电动、混合动力汽车应用,鼓励铁路推广使用交—直—交电力机车,逐步淘汰柴油发电车。加速淘汰一批长江等内河老旧客运、危险品运输船舶。

(三)交通资源节约工程:提高土地和岸线利用效率,提升单位长度码头岸线设计通过能力。积极推广公路服务区和港口水资源综合循环利用。建设一批资源循环利用试点工程。

(四)交通生态环保工程:建设一批港口、装卸站、船舶修造厂和船舶含油污水、生活污水、化学品洗舱水和垃圾等污染物的接收设施,并与城市公共转运处置设施衔接。在枢纽、高速公路服务区建设一批污水治理和循环利用设施。

资料来源:《"十三五"现代综合交通运输体系发展规划》。

提升交通发展智能化水平。做到"三个基本实现"。一是基本实现公众通过移动互联网终端,及时获取交通动态信息和完成导航票务、支付等客运的全程"一站式"服务,基本实现重点城市群内交通"一卡通"的互联互通。二是基本实现交通基础设施载运工具以及运行信息等的互联网化。推动各类交通信息的开放共享,实现高效配置各类交通运输资源,重点营运车辆(船舶)"一网联控",全国骨干物流通道率先实施货物运输"一单到底"。三是基本实现交通与互联网融合发展的新局面,线上、线下企业加快融合,网约车、共享单车等依托互联网技术发展起来的新业态新模式不断涌现,交通装备和载运工具的智能化自动化水平显著提升。到"十三五"末,交通基础设施、运载装备、经营业户和从业人员等基本要素信息全面实现数字化。

交通运输智能化发展重点工程
1. 高速铁路、民用航空器接入互联网工程
2. 交通运输数据资源共享开放工程
3. 综合交通枢纽协同运行与服务示范工程
4. 新一代国家交通控制网示范工程
5. 高速公路电子不停车收费系统应用拓展工程
6. 北斗卫星导航系统推广工程

内容小结

本章论述了现代综合交通体系建设问题。从我国交通运输发展历程看,大致经过四个阶段:中华人民共和国成立初期至改革开放前,恢复发展阶段;改革开放至21世纪初,改革发展阶段;21世纪初至十八大,跨越发展阶段;十八大以来,融合发展阶段。有一些经验值得借鉴,面临的问题亟待解决。从现代综合交通运输体系发展重点看,主要是通过构建内通外联的综合运输通道网,建设现代高效的城际城市交通,打造一体衔接的综合交通枢纽,推动运输服务绿色智能安全发展,以形成国内国际通道联通、区域城乡覆盖广泛、枢纽节点功能完善、运输服务一体高效的综合交通运输体系。

关键概念

综合交通运输体系　　"八纵八横"高速铁路网络　　城际铁路　　市域铁路
综合交通枢纽　　　　多式联运

思考讨论题

1. 如何理解综合交通运输体系的发展阶段及未来的发展战略重点？

2. 谈谈你对未来综合交通运输体系建设的实施效果展望。

第 36 章
现代能源体系

能源是人类社会生存发展的重要物质基础,攸关国计民生和国家战略竞争力。要深入推进能源革命,推动能源生产利用方式变革,优化能源供给结构,提高能源利用效率,建设清洁低碳、安全高效的现代能源体系,维护国家能源安全。

36.1 我国能源发展历程

人类社会的发展进步史是一部能源开发利用史。人类社会有史以来,每一次能源开发利用技术的重大突破都带来了经济社会的巨大飞跃。火的发现和利用标志着人类征服自然的开始;薪柴的利用给人类带来了金属工具;煤炭的开发利用引发了工业革命,推动了冶金、机器制造及采矿业的发展;电力、石油和天然气的利用,促进了现代工业及技术的发展,创造了人类历史上空前的物质文明;原子能及新能源的利用正在使人类进入绿色、低碳的新时代。

我国能源工业始于19世纪后半叶的"洋务运动"。据记载,1876年,清政府在台湾开办了我国第一个使用机器采煤的煤矿。1878年,台湾设立了第一个石油开发行政管理机构——矿油局,并打出第一口油井。1882年,装机容量12千瓦的第一个火电厂在上海开始商业运营。由于外敌入侵、内政腐败、社会动荡,经济发展缓慢,到1949年,我国能源总体上仍十分落后,煤炭仍以原始方式开采,薪柴、秸秆等初级能源仍为主要能源。中华人民共和国成立以来,我国能源发展大致经历如下阶段。

36.1.1 能源发展恢复奠基阶段(1949—1978年)

"一五"时期的能源发展

建设一批新煤矿，全国煤产量从1949年的0.32亿吨增加到1957年的1.33亿吨。进行石油普查勘探，相继在新疆准噶尔盆地、青海柴达木盆地发现新油田，全国原油产量从1949年的12万吨增加到1957年的146万吨。在东北、山西、陕西、河南、四川、华东等地新建了一批电厂，全国发电装机容量从1949年的185万千瓦增加到1957年的463万千瓦。

1949—1952年的国民经济三年恢复期，重点是恢复中华人民共和国成立前留下的能源生产能力。1953—1957年，第一个五年计划的基本建设，奠定了我国能源工业的初步基础。1958—1978年，受"大跃进"和"文化大革命"的影响，我国能源发展在曲折中前进。煤炭工业大起大落，1960年，我国新建煤矿产能曾一度达到3.2亿吨，经过关、停、并、转或废弃，生产能力仅剩0.3亿吨。"三线"建设时期，建设煤矿年产能力0.39亿吨。1959年发现的大庆油田，是我国能源发展的重大突破。1960年，开始大庆石油会战，到1963年建成年产600万吨的生产能力。随后又开展了华北石油会战，开发山东胜利和天津大港油田。1965年，全国石油产量达1131万吨，实现石油全部自给。1960—1965年间，全国在建的火电工程项目有48个、水电工程项目有18个，但有些后停建或缓建。在"三线"建设中，32个火电厂按"靠山、分散、进洞"的要求建造。这20年间，能源工业虽然波折起伏，但仍然取得较大发展，到1978年，原煤产量增至6.81亿吨，原油产量突破1亿吨，发电量增至256亿千瓦时。

专栏36.1
发现大庆油田

1949年，我国石油产量只有12万吨，国家经济建设所需要的1000多万吨石油，基本依赖进口，但缺口在一半以上。当时毛主席说："要进行建设，石油是不可缺少的，天上飞的，地上跑的，没有石油都转不动啊！"1959年9月26日，在松嫩平原一个叫大同的小镇附近，从一口油井里喷射出的黑色石油，改写了中国石油工业的历史：东北平原发现了世界级的特大砂岩油田！时逢国庆，故将大同改为大庆，作为一份特殊的厚礼献给成立10周年的中华人民共和国。

36.1.2 能源发展产业形成阶段(1979—1999年)

随着改革开放的深入推进,我国能源进入一个新的历史发展阶段。1980年,邓小平同志提出"能源是经济的首要问题"。在煤炭工业发展上,1982年,国务院决定建设以山西为中心的煤炭化工基地;1983年,发布《关于加快发展小煤矿八项措施的报告》,鼓励农村集体和个人办矿;1984年,国务院批准实行统配煤矿总承包,同年,中美合作经营平朔安太堡露天矿;1987年,党的十二大把能源确定为经济社会发展的战略重点,能源事业发展达到一个新的历史高度;1993年,放开国有重点煤矿指令性煤价;1995年,国有重点煤矿开始进行现代企业制度试点;1998年,国务院决定关闭非法小煤矿。这一时期,我国煤炭产量持续增长,1979年达到6.35亿吨,1996年高峰时为13.97亿吨,1999年回落为10.45亿吨。在石油工业发展上,继国家批准石油部直接与外国石油公司合作勘探海上石油后,1981年,为了解决石油勘探开发资金不足的困难,国务院决定石油部实行1亿吨原油产量包干,并允许石油工业采取多种方式引进国外资金以及先进技术和装备;1988年,石油工业部撤销;1998年,国内原油价格开始与国际市场接轨;深化石油管理体制改革,新组建石油、石化两家公司,实现上下游、产供销、内外贸一体化。在电力工业发展上,1985年,国务院批准《关于鼓励集资办电和实行多种电价的暂行规定》;"七五"计划提出,能源工业发展以电力为中心;1988年,开始征收电力建设基金;1999年,开始实行"厂网分开、竞价上网"改革试点,以及农村电力管理体制改革。这一阶段,全国发电量由1979年的0.282万亿千瓦时增至1999年的1.239万亿千瓦时。

我国第一座核电站
秦山核电站工程,1985年3月20日开工,1991年12月15日并网发电。它的建成发电,结束了中国无核电的历史,标志着中国核工业的发展迈上了一个新的台阶,使中国成为继美国、英国、法国、苏联、加拿大、瑞典之后世界上第七个能够自行设计、建造核电站的国家。

36.1.3 能源发展跨越扩张阶段(2000—2012年)

进入21世纪以来,随着我国工业化、城镇化的快速推进,能源需求快速增长,供给保障能力不断增强,发展质量逐步提高,我国能源经历了一轮跨越式发展,跃升为世界最大的能源生产国和消费国。从2000年开始,我国原煤产量一直居世界第一,煤炭占我国一次能源生产比重超过75%。2012年,全国原煤产量39.4亿吨,接近世界

西电东送
西电东送是西部大开发的标志性工程,指的是开发西部地区的电力资源,将其输送到电力紧缺的东部地区。2000年,云南、贵州第一批西电东送项目开工建设。

煤炭总产量的一半,煤炭生产规模化、集约化水平明显提高,亿吨级大型煤炭企业达5个。2010年,我国石油产量突破2亿吨,居世界第五,海上油气产量突破5 000万吨油当量,相当于再造了一个大庆。天然气产量快速增长,2012年达到1 118亿立方米,建成西气东输一、二线,陕京一、二、三线,川气东送等国内天然气骨干管线,总长度达到4.5万公里。2000年,我国电力装机容量达到3.4亿千瓦。"十一五"以来,每年新增装机接近1亿千瓦,2012年增加到11.5亿千瓦。在此期间,风电、太阳能等可再生能源快速发展。2000—2012年,我国一次能源消费总量从14.7亿吨标准煤增加到40.2亿吨标准煤,年均增速超过8%。

> **专栏36.2**
> **三峡水电站**
>
> 1994年动工兴建的三峡水电站,大坝高185米、宽3 335米,水库长2 335米,蓄水位达175米,总投资1 352.66亿元,是世界上规模最大的水电站和清洁能源生产基地。2003年首批机组投产发电,2012年最后一台机组建成投产。安装的32台单机容量70万千瓦和2台5万千瓦的水轮发电机组,总装机容量为2 250万千瓦,居世界第一,年设计发电量882亿千瓦时,是我国"西电东送"和"南北互供"的骨干电源点。

36.1.4 能源发展优化升级阶段(2013年至今)

十八大以来,能源发展方式由规模扩张向质量升级转型,从传统的侧重保障能源供给,向能源结构调整、布局优化、国际合作、科技引领等多个方面拓展。2014年以来,我国能源消费总量增长开始减缓,结构不断优化。2017年,我国煤炭消费占能源消费总量比重,从1987年最高峰的76.2%下降到60.4%;可再生能源发电总装机占全国规模以上电厂总发电装机比重,快速上升至36.6%,其中水电、风电、光伏装机规模均已居全世界第一。能源科技创新迈上新台阶。燃煤发电技术、千万吨煤炭综采、三次采油和复杂区块油气开发、特高压输电等技术装备保持世界领先水平。三代核电"华龙一号"、四代安全特征高温气冷堆示范工程开工建设,深水油气钻探、页岩气开采取得突破,海上风电、低风速风电进入商业化运营,建成投运"海洋石油981"工程技术装备平台。能源国际合作不断深化。海外油气合作的领域和规模逐步拓宽,形成涵盖上下游的完整油气产业链和工程服务链条。我国能源"五基一带"及流向布局如图36.1所示。

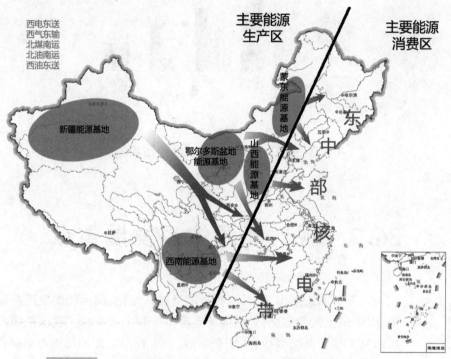

图 36.1 我国能源"五基一带"及流向布局示意图

但应该看到,我国能源发展不平衡不充分问题突出。主要表现在:传统能源产能过剩,煤炭产能、煤电装机供求关系失衡;能源结构清洁化程度不高,"以气代煤、以电代煤"成本高(见图36.2);可再生能源有效利用不足,部分地区弃风、弃水、弃光现象频发;能源整体效率偏低;能源市场体系有待完善,电力、油气体制改革还需进一步深化;能源科技创新能力还不够强,部分核心技术和关键材料受制于人,新产品、新技术、新业态还处于发展培育期;能源安全形势不容乐观,原油对外依存度偏高;美国"能源独立"进程加速,减少对中东北非等油气富集地区的油气进口和维稳投入,对我国能源安全提出了新的挑战。总体来看,我国能源发展正处于能源消费速度变化期、发展动力换挡期、结构调整优化期、体制改革深化期,是全面落实能源革命战略、实现能源战略转型的关键时期。

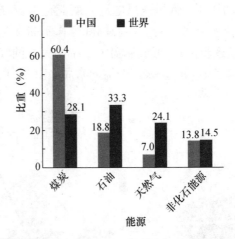

图36.2　2017年能源消费结构国际比较

36.2　现代能源体系发展重点

习近平同志指出,面对能源供需格局新变化、国际能源发展新趋势,保障国家能源安全,必须推动能源生产和消费革命。我国能源发展的基本国策可以概括为"四个革命、一个合作",即推动能源消费革命,抑制不合理能源消费;推动能源供给革命,建立多元供应体系;推动能源技术革命,带动产业升级;推动能源体制革命,打通能源发展快车道;全方位加强国际合作,实现开放条件下能源安全。要遵循这一战略思想,努力构建清洁低碳、安全高效的现代能源体系。

36.2.1　推动能源结构优化升级

加快非化石能源发展。为实现到2020年非化石能源占能源消费总量比重15%的目标,必须大力发展水电、风电、太阳能、核电等。水电开发要统筹好与生态保护的关系,坚持生态优先,以重要流域龙头水电站建设为重点,科学开发西南水电资源。发展风能、太阳能要坚持分布式和集中式并举,严格开发建设与市场消纳相统筹,着力推进就地开发和高效利用,在消纳市场、送出条件有保障的前提下,再来有序推进风电、光伏基地建设。核电要采用我国和国际最新核安全标准,始终在坚持安全第一原则的前提下高效发展。此外,还要因地制宜广泛开发生物质能,推广利用地热能、海洋能等其他可再生能源。

加大力度实现稳油增气。要深化精细勘探开发,延缓东部石油基地产量衰减,实现西部鄂尔多斯、塔里木、准噶尔三大石油基地增储稳产,加强海上石油基地开发,支持超低渗油、稠油、致密油等低品位资源和页岩油、油砂等非常规资源勘探开发和综合利用。"十三五"期间,石油新增探明储量50亿吨左右,产量2亿吨左右。天然气是绿色清洁的低碳能源,是加快主体能源更替的主要过渡能源,是有效治理大气污染、落实北方地区清洁取暖的重要能源。要坚持海陆并进,常规与非常规并举,积极推动天然气国内供应能力倍增发展。加强天然气勘查开发,推动煤层气、页岩气、致密气等非常规天然气低成本规模化开发,稳妥推动天然气水合物试采。2020年,常规天然气产量达到1 700亿立方米,页岩气产量达到300亿立方米,煤层气(煤矿瓦斯)利用量达到160亿立方米。

推动煤炭清洁高效开发利用。我国多煤、贫油、少气的资源国情,决定了煤炭在相当长一段时期内仍是我国重要的基础能源。要变"黑"为"宝",促进煤炭绿色生产,严控煤炭新增产能,强化矿山企业环境恢复治理责任,健全采煤沉陷区防治机制。推进煤炭集中使用,制定更严格的煤炭产品质量标准,逐步减少并全面禁止劣质散煤直接燃烧,大力推进工业锅炉、工业窑炉等治理改造,降低煤炭在终端分散利用比例。发电是当前煤炭清洁高效利用的最适宜途径,它比工业锅炉和直接分散燃烧排放要低,比煤化工更具经济性。因此,要不断提高煤电机组效率,降低供电煤耗,加快现役煤电机组升级改造,建立世界最清洁的煤电体系。

专栏36.3
风能和太阳能开发重点

稳步推进内蒙古、新疆、甘肃、河北等地区风电基地建设;在青海、新疆、甘肃、内蒙古、陕西等太阳能资源和土地资源丰富地区,科学规划、有序推进光伏电站建设;在四川、云南、贵州等水能资源丰富的西南地区,借助水电站外送通道和灵活调节能力,推进多能互补形式的大型新能源基地开发建设。鼓励"三北"地区风电和光伏发电参与电力市场交易和大用户直供,支持采用供热、制氢、储能等多种方式,增强就地消纳能力。大力推动中东部和南方地

> 区分散风能资源的开发,推动低风速风机和海上风电技术进步。推广光伏发电与建筑屋顶、滩涂、湖泊、鱼塘、农业大棚及相关产业有机结合的新模式,鼓励利用采煤沉陷区废弃土地建设光伏发电项目,扩大中东部和南方地区分布式利用规模。到2020年,全国风电并网装机达到2.1亿千瓦以上;全国太阳能并网装机达到1.1亿千瓦以上。

36.2.2 构建现代能源储运网络

加强现代电网建设布局。传统电网网架难以满足大规模可再生能源发电的接入与消纳。我国未来新增水电主要分布在西南地区,新增风电和太阳能发电主要集中在"三北"地区,新增燃煤发电主要集中在西北大型煤电基地,电力流向新格局对电网发展提出了更高要求。要坚持分层分区、结构清晰、安全可控、经济高效的发展原则,调整完善电网主网架。稳步推进跨省区电力输送通道建设,合理确定通道送电规模。有序建设大气污染防治重点输电通道,积极推进大型水电基地外送通道建设,优先解决云南和四川"弃水"以及东北地区"窝电"问题。进一步优化完善区域和省级电网主网架,着力提升电网利用效率。针对城镇化、现代化对用电需求增加的发展趋势,全面实施城乡配电网建设改造行动,打造现代配电网。到2020年,新增跨省区输电能力1.3亿千瓦左右。

加快油气管网建设布局。加强油气管网基础设施建设,对于对接供给需求、平抑油气价格波动具有举足轻重的作用。我国的油气管网总里程仅为美国的25%,基础设施短板比较明显。要加快天然气管道建设布局,完善主干管网和联络线,京津冀、长三角、珠三角等重点区域天然气管道覆盖县镇,形成"西气东输、北气南下、海气登陆、主干互联、区域成网"的格局。完善原油管道布局,统筹油田开发、原油进口和炼厂建设,以长江经济带和沿海地区为重点,加强区域管道互联互通,加快完善东北、西北、西南陆上进口通道,提高管输原油供应能力。按照"北油南下、西油东运、就近供应、区域互联"的原则,优化成品油管输流向,鼓励企业间通过油品资源串换等方式,提高管输效率。

加强能源储备调峰设施建设。能源储备设施是我国能源安全保障体系的重要组成部分,与全球能源市场和国际政治经济格局紧密相关。要建立政府储备与企业储备并重、中央储备与地方储备分层、资源储备与技术储备结合、战略储备与应急响应兼顾、国内储备与国际储备互补的能源储备机制,完善能源储备设施布局,增强长期战略性储备、平时和应急调峰性储备能力。加快石油储备体系建设,全面建成国家石油储备二期工程,鼓励商业储备,合理扩大石油储备规模。加大储气库建设力度,加快建设沿海液化天然气和城市储气调峰设施。积极发展天然气应急调峰设施,提升天然气应急调峰能力,加快地下储气库、沿海液化天然气应急调峰站等建设。"十三五"能源基础设施建设重点如表36.1所示。

表36.1 "十三五"能源基础设施建设重点

电力	**跨省区外送电通道:** 建成内蒙古锡林郭勒盟经北京天津至山东、内蒙古蒙西至天津南、陕北神木至河北南网扩建、山西盂县至河北、内蒙古上海庙至山东、陕西榆横至山东、安徽淮南经江苏至上海、宁夏宁东至浙江、内蒙古锡林郭勒盟至江苏泰州、山西晋北至江苏、滇西北至广东等大气污染防治重点输电通道以及金沙江中游至广西、观音岩水电外送、云南鲁西背靠背、甘肃酒泉至湖南、新疆准东至华东皖南、内蒙古扎鲁特至山东青州、四川水电外送、乌东德至广东、川渝第三通道、渝鄂背靠背、贵州毕节至重庆输电工程。 开工建设赤峰(含元宝山)至华北、白鹤滩至华中华东、张北至北京、陕北(神府、延安)至湖北、闽粤联网输电工程。结合电力市场需求,深入开展新疆、东北(呼盟)、蒙西(包头、阿拉善、乌兰察布)、陇彬(陇东、彬长)、青海、金沙江上游等电力外送通道项目前期论证。 **区域电网:** 依托外送通道优化东北电网500千伏主网架;完善华北电网主网架,适时推进蒙西与华北主网异步联网;完善西北电网750千伏主网架,覆盖至南疆等地区;优化华东500千伏主网架;加快实施川渝藏电网与华中东四省电网异步联网,推进实施西藏联网工程;推进云南电网与南方主网异步联网,适时开展广东电网异步联网。
石油	**跨境跨区原油输配管道:** 完善中哈、中缅原油管道,建设中俄二线、仪长复线仪征至九江段、日仪增输、日照—濮阳—洛阳等原油管道,完善长江经济带管网布局,实施老旧管道改造整改。论证中哈原油管道至格尔木延伸工程。 **跨区成品油输配管道:** 建设锦州至郑州、樟树至株洲、洛阳至三门峡至运城至临汾、三门峡至西安管道,改扩建格尔木至拉萨等管道。

战略石油储备
战略石油储备起源于1973年,西方发达国家为了应对石油危机,成立国际能源署,要求成员国至少储备60天的石油,后来增加到90天以上。

(续表)

天然气	**跨境跨区干线管道**：建设中亚天然气管道D线、西气东输三线（中段）四线五线、陕京四线、中俄东线、中俄西线（西段）、川气东送二线、新疆煤制气外输、鄂安沧煤制气外输、蒙西煤制气外输、青岛至南京、青藏天然气管道等。 **区域互联互通管道**：建成中卫至靖边、濮阳至保定、东先坡至燕山、武清至通州、建平至赤峰、海口至徐闻等跨省管道，建设长江中游城市群供气支线。
储气库	**已建项目扩容达容**：大港库群、华北库群、金坛盐穴、中原文96、相国寺等。 **新建项目**：华北兴9、华北文23、中原文23、江汉黄场、河南平顶山、江苏金坛、江苏淮安等。

36.2.3 加强智慧能源系统建设

加快能源技术创新步伐。统筹推进基础性、综合性、战略性能源科技研发，整合现有科研力量，建设一批能源创新中心和实验室，建立一批技术创新联盟，推进技术集成创新。围绕油气资源勘探开发、化石能源清洁高效转化、可再生能源高效开发利用、核能安全利用、智慧能源技术、先进高效节能等领域，应用推广一批技术成熟、市场有需求、经济合理的技术，集中攻关一批前景广阔的技术。实施科技创新示范工程。重点在油气勘探开发、煤炭加工转化、高效清洁发电、智能电网、先进核电、大规模储能、柔性直流输电、制氢等领域，建设一批创新示范工程，如百万吨级煤油共炼、煤油气资源综合利用、非常规油气开发、深层稠油开发、华龙一号、CAP1400、智能电网、大规模先进储能、大型超大型海上风电、大型光热发电等。

加强重点领域能源装备自主创新。重点突破能源装备制造关键技术、材料和零部件等瓶颈，加快形成重大装备自主成套能力，推动可再生能源上游制造业加快智能制造升级，提升全产业链发展质量和效益。如在薄煤层机械化开采装备、重大事故应急抢险技术装备、超大型煤炭气化装置、大型合成气甲烷化装置、海上大型浮式生产储油系统、非常规油气勘探开发技术装备、节能/超低排放型超临界循环流化床锅炉、百万千瓦级水电机组、核电主泵和爆破阀等关键设备、低速及7兆瓦—10兆瓦级风电机组、光热发电核心设备等重大能源装备上实现自主创新。

全面建设"互联网+"智慧能源。促进能源与现代信息技术深度融合，推动能源生产管理和营销模式变革，重塑产业链、供应链、价值链,增强发展新动力。推进能源生产智能化,建设分布式能源网络,发展基于能源互联网的新业态,推动多种能源的智能定制,合理引导电力需求,鼓励用户参与调峰,培育智慧用能新模式。构建基于大数据、云计算、物联网等技术的能源监测、管理、调度信息平台、服务体系和产业体系。

内容小结

本章论述了现代能源体系建设问题。我国能源发展历程主要经历了恢复奠基阶段、产业形成阶段、跨越扩张阶段、优化升级阶段等四个阶段,能源结构不断调整优化,但不平衡不充分发展的矛盾依然突出。面对能源供需格局新变化、国际能源发展新趋势,保障国家能源安全,必须大力推进能源生产和消费革命,推动能源结构优化升级,构建现代能源储运网络,加强创新智慧能源系统建设,努力构建清洁低碳、安全高效的现代能源体系。

关键概念

现代能源体系　　　能源结构　　　　化石能源　　　　可再生能源
能源消费结构　　　"五基一带"　　　能源流向　　　　能源发展基本国策
能源储运　　　　　智慧能源

思考讨论题

1. 我国能源发展历程有哪些主要特点?
2. 当前我国能源发展面临哪些问题与挑战?
3. 我国能源发展的基本国策是什么?
4. 谈谈你对现代能源体系发展重点的看法和建议。

第 37 章
水利基础设施网络

水利是国民经济社会发展的重要基础设施,不仅直接关系到防洪安全、供水安全、粮食安全,而且关系到经济安全、生态安全、国家安全。加快完善水利基础设施网络,对推进水资源科学开发、合理调配、节约使用、高效利用,全面提升水安全保障能力具有重要意义。

37.1 我国水利基础设施发展历程

红旗渠

红旗渠位于河南林县,动工于1960年。时年26岁的县委书记杨贵,带领全县30万人苦战10个春秋,靠着一锤一铲两只手,削平了1 250个山头,凿通了211个隧洞,在太行山悬崖峭壁上修建了全长1 500公里的渠道,引漳河水入境,被称为"人间天河"。红旗渠使林县人彻底告别了"水缺贵如油"的历史,毛主席曾经自豪地告诉外国人,中华人民共和国成立初期有两大奇迹,一个是南京长江大桥,一个是林县红旗渠。据统计,红旗渠通水40年来,引水80多亿立方米,灌溉农田8 000多万亩,增产粮食15.9亿斤。

中华人民共和国成立以来,水利基础设施建设随着国情、水情条件的不断变化进行调整,以努力适应经济社会发展水平和要求。水利基础设施建设历程大致分为四个时期。

37.1.1 大规模建设期(1949—1978年)

中华人民共和国成立之初,我国大多数江河处于无法控制或难以控制的自然状态,水利基础设施十分薄弱,水资源开发利用能力低下。当时国家的首要任务是恢复生产、安定社会,为此水利工作的方针是"防治水害,兴修水利"。毛泽东同志强调"水利是农业的命脉",并作出保护长江、治理黄河、根治淮河的战略部署。大规模治理淮河,修建荆江和汉江下游分洪工程,加强洞庭湖、鄱阳湖、太湖、珠三角等圩区建设,极大地改善了水旱灾害频繁发生的局面。作为一个典型的农业大国,为解决最基本的吃饭问题,农田水利设施建设需求也十分紧迫。自20世纪50年代末期开始,全国群众性的兴修水利运动蓬勃兴起,建设了大量水库工程和淠史杭灌区、河套灌区等灌溉工程。随着农业学大寨运动的深入开展,20世纪70年代水利建设达到顶峰,全国各类水库数量从中华人民共和国成立前的1 200多座,增加到1978年的84 585座,总库容从约200亿立方米增加到4 012亿立方米,农田有效灌溉面积从2.4亿亩增加到7.27亿亩。

37.1.2 缓慢发展期(1979—1998年)

20世纪80、90年代是我国改革开放的关键时期,全党工作重心放在经济建设上,水利工作方针是"加强经营管理,讲究经济效益"。水利建设资金减少,水库堤防建设放缓,1978年之后的12年,灌溉面积徘徊不前,是历史上增长最慢的时期,水利基础设施条件与经济社会发展的矛盾日益凸显。由于前期水利投入的降低,水旱灾害呈增加趋势,淮河等流域的水环境持续恶化,西北、华北和中部广大地区因水资源短缺造成生态失衡,引发河流断流、湖泊萎缩、湿地干涸、地面沉降、土壤沙化等一系列生态问题,在90年代后期集中爆发。水利投入开始恢复性增加,大江大河治理步伐加快。重点开工建设了长江三峡、黄河小浪底、万家寨、湖南江垭、珠江飞来峡以及引黄入卫、引壁入连、引大入秦等一批重大水利工程;治淮、治太等工程取得重大进展,城乡供水、农村饮水、农村水电、水土保持等得到明显改善。

37.1.3 加快发展期(1999—2011年)

1998年大洪灾后,党中央、国务院及时制定《关于灾后重建、整治江湖、兴修水利的若干意见》,提出"封山育林、退耕还林,平垸行洪、退田还湖,以工代赈、移民建镇,加固干堤、疏浚河道"32字的灾后重建方针,加快江河治理和流域控制性枢纽建设。重大水灾害的发生,使国家作出"水利欠账太多""水利设施薄弱是国家基础设施的短板"的科学判断。进入21世纪,水利投入稳步增长,江河治理得到全面加强。2002年年底,长江中下游堤防修建目标如期完成,治淮19项骨干工程相继建成,其他江河堤防工程建设也明显加快;长江三峡、黄河小浪底工程相继建成,开工建设了南水北调东、中线一期工程。这一时期,治水思想发生重大变化,"人水和谐"逐步成为指

"98大洪水"
1998年,长江、嫩江、松花江流域发生历史上罕见的洪涝灾害,受灾人口22 300万人,直接经济损失2 000多亿元,基础设施遭到严重破坏,人民生活和财产遭受严重损失。党中央、国务院以前所未有的规模调集解放军和武警官兵投入抗洪抢险,调运物资保障灾民生活,取得抗击特大洪灾的伟大胜利。

南水北调工程
南水北调工程分为东、中、西三条线路并分期建设,连接长江、淮河、黄河、海河四大流域,总调水量为448亿立方米。东线工程受水区主要为山东、江苏两省,少量供给安徽省,后续工程还将穿过黄河向天津市供水;中线工程受水区主要为河南、河北、天津和北京;西线工程主要解决青海、甘肃、宁夏、内蒙古、陕西、山西六省区黄河上中游地区和渭河关中平原缺水问题。南水北调工程将构成我国水资源"四横三纵"。东线第一期工程调水主干线全长1 466.5公里,净增供水量36亿立方米,总投资371亿元,2002年开工,2013年年底通水。中线第一期工程全长1 432公里,调水规模95亿立方米,总投资2 454亿元,2003年开工,2014年12月通水。

导方针。全面加强了以病险水库除险加固、农村饮水安全、灌区节水改造与续建配套等工程为重点的民生水利建设工作,进入传统水利向现代水利、可持续发展水利转变的新阶段。2011年,中央印发《关于加快水利改革发展的决定》的1号文件,对水利工作作出全面部署,这是中华人民共和国成立以来中央1号文件首次聚焦水利改革发展。

37.1.4 加速提质期(2012年至今)

党的十八大以来,是水利改革发展的黄金时期。党中央、国务院相继出台加快水利改革发展、保障国家水安全、推进节水供水重大水利工程等一系列决策部署,水安全上升为国家战略,治水理念不断升华,水利改革发展实现新跨越。水利作为这一时期国家稳增长调结构促改革惠民生防风险的重要领域,重大水利工程和民生水利工程全力提速,水利投资规模再创新高。集中力量建设了一批打基础、管长远、利发展、惠民生的江河治理骨干工程、重大引调水工程、大型水库和节水灌溉骨干渠网,国务院确定的172项节水供水重大工程稳步推进。长江中下游河势控制、洞庭湖鄱阳湖治理加快实施,黄河下游治理和宁蒙河段治理有序开展,淮河、太湖水环境综合治理力度进一步加大,黑龙江、松花江、嫩江干流防洪治理全面实施。我国大江大河主要河段基本具备了防御中华人民共和国成立以来发生最大洪水的能力,中小河流具备防御一般洪水的能力。

但应该看到,水灾害频繁发生、水资源短缺加剧、水生态恶化趋势尚未得到根本扭转等短板仍然存在。一些大江大河及主要支流防洪控制性枢纽工程尚未健全,一些中小河流堤防防洪标准还比较低,一些重要防洪保护区尚未达到国家规定的防洪标准。水资源调配能力与经济社会发展格局不匹配,许多中小城镇缺乏稳定可靠的水源保障,城乡饮水安全问题没有得到根本性解决,全国21个重要经济区中15个分布在水资源环境超载或接近超载地区,17个国家能源基地中16个分布在水资源环境超载或接近超载地区,17个粮食主产区中8个分布在北方水资源紧缺地区。农田水利基础设施仍较薄弱,灌排设施建设明显滞后,不能满足农业现代化建设需求。

中华人民共和国成立以来基础设施主要数据比较见表37.1。"九五"时期以来水利建设投资比较见图37.1。

表37.1　中华人民共和国成立以来水利基础设施主要数据比较

类别/时间	1949年	1978年	2017年
水库(座)	约1 200	84 585	98 460
库容量(亿立方米)	约200	4 012	8 967
江河堤防(公里)	约41 600	164 600	299 322
农田有效灌溉面积(亿亩)	约0.12	7.27	10.97

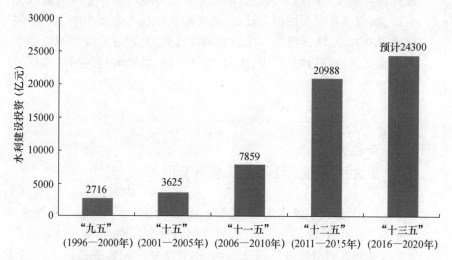

图37.1　"九五"时期以来水利建设投资比较

37.2　水利基础设施网络发展重点

以推进重大水利工程建设、增强防汛抗旱减灾和水资源配置能力为重点,加快完善水利基础设施网络,推进水资源科学开发、合理调配、节约使用、高效利用,全面提升水安全保障能力。到2020年,基本建成与经济社会发展要求相适应的防洪抗旱减灾体系、水资源合理配置和高效利用体系、水资源和河湖健康保护体系。

37.2.1　优化水资源配置格局

立足我国基本国情水情,以水资源承载能力为约束,在坚持节水优先、强化需水管理的同时,进一步优化水资源配置格局,以重大引调水工程、重点水源工程为骨干,以各类中小型供水工程和非常规水源为补充,大中小微并举,着力构建布局合理、水源可靠、水质优良的供水安全保障体系,促进经济社会发展与水资源承载能力相协调。北方地区主要通过南水北调东中线工程、引江济淮、引汉济渭等跨流域水资源调配工程从水资源丰沛的长江流域等地区向黄、淮、海等资源性缺水地区供水,用以置换挤占的生态环境用水,弥补供需缺口和提高水资源承载能力,通过区域引调水和水源工程从东北、西北水资源具备开发潜力的地区向其腹地供水。南方地区总体上水资源较为丰沛,水资源开发利用潜力较大,主要通过建设大中型水库工程增强西南、华中以及华南沿海地区的水源调蓄能力,通过建设区域引提水和调水工程提高滇中、黔中、成渝、海峡西岸、鄂北等地区的供水保障能力。

专栏 37.1
重大引调水工程和重点水源工程

（一）**重大引调水工程**:建设一批重大引调水和河湖水系连通骨干工程,加快陕西引汉济渭、甘肃引洮供水二期、引黄入冀补淀、贵州夹岩水利枢纽及黔西北调水、鄂北水资源配置等在建工程建设进度,积极推进滇中引水、引江济淮、引绰济辽、珠三角水资源配置、吉林西部供水等工程开工建设。加快南水北调东中线一期受水区配套工程建设,充分发挥工程效益,推进南水北调东中线后续工程建设。深化南水北调西线工程前期论证。

（二）**重点水源工程**:加强西南山区、中部地区的水源工程建设,提高重点地区、重点城市、粮食主产区和贫困地区的供水安全保障能力。加快西藏拉洛、贵州马岭、重庆观景口、湖南莽山、黑龙江奋斗、云南德厚等在建水库的建设步伐,积极推进安徽江巷、四川李家岩等一批重点水源工程,继续加强西南等工程性缺水地区中型水库工程建设。以干旱易发区、粮食主产区等为重点,因地制宜建设一批中小型水库及引提水工程。

37.2.2 完善综合防洪减灾体系

针对防洪体系存在的薄弱环节,着力完善以河道堤防为基础、控制性枢纽为骨干、蓄滞洪区为保障、工程措施与非工程措施相结合的防洪减灾综合体系。加强江河治理骨干工程建设。加快西江大藤峡、淮河出山店、新疆阿尔塔什等控制性枢纽工程建设,进一步提高径流控制能力。加强长江中下游河势控制、上游干流治理、洞庭湖和鄱阳湖综合整治、蓄滞洪区建设。继续实施黄河下游、宁蒙河段和上游河道治理。加快淮河出山店水库枢纽建设、平原洼地排涝治理、行蓄洪区调整与建设等骨干工程建设。推进海河流域重要蓄滞洪区建设,实施骨干河道治理。全面完成松花江、嫩江干流防洪治理,整体提高东北地区防洪除涝能力。加快大江大河主要支流、独流入海和内陆河流重点河段治理,使治理河段达到防洪标准。在完成中小河流治理建设规划的治理任务基础上,扩大流域面积 200—3 000 平方公里中小河流治理实施范围,使中小河流重要河段治理率达到 75% 左右。

37.2.3　夯实农村水利基础设施

大规模推进农田水利建设。在东北粮食主产区、西北水资源紧缺地区、华北地下水超采区、南方水生态保护地区和农业规模化种植区,建设一批重大节水灌溉工程。把大中型灌区配套改造作为巩固提升现有灌溉面积的重要抓手,完成纳入规划的 434 处大型灌区和 251 处大型泵站改造任务,加快大中型灌区现代化改造,完善灌排工程体系,打通"最后一公里",提高灌溉保证率和农田排涝能力。加强中小型农田水利设施建设,扩大旱涝保收农田面积。加快建设一批现代化大型灌区。结合新增千亿斤粮食生产能力规划实施和大中型水库建设,在水土资源条件相对较好、适合发展灌溉的地区,规划建设一批现代化大型灌区,提高粮食产能和农业综合生产能力。

加强村镇供水工程建设,充分挖掘现有城镇水厂供水潜力,推动城镇供水设施向农村延伸,采取管网延伸扩大供水区域;在有优质可靠水源的地区,新建规模化集中连片供水工程;对原工程规模小且水源有保障的,尽可能进行改、扩建,采取联网并网,提高供水保证率;对水源有保证,但设施老化或水处理工艺落后的供水工程,通过改造供水设施,改进水处理工艺,改善供水水质;小型供水工程有条件的可通过改造、联网等措施,进一步扩大供水规模,实现供水到户。

37.2.4　实施流域水生态综合治理

推进重要河湖综合整治,因地制宜实施河道治理、清淤疏浚,打通阻隔、生态修复,打造河湖绿色生态廊道,保护恢复河湖生态系统及功能;综合运用节水减排、截污治污、河湖清淤、水系连通、生态调度、自然修复等措施,改善水质状况。加强重要江河源头区、重要水源地和水蚀风蚀交错区等重点区域水土流失防护和治理。在水土流失严重区域开展以小流域为单元的山水田林路综合治理,加强坡耕地、侵蚀沟及崩岗综合整治。以自然河湖水系、调蓄工程和引排工程为依托,以水资源紧缺、水生态脆弱和水环境恶化地区为重点,构建布局合理、生态良好、引排得当、循环通畅、蓄泄兼筹、丰枯调剂,多源互补、调控自如的河湖水系连通体系。强化水生态环境基础信息监控,优化水情雨情、水利工程、水旱灾害等基础信息监测站网,完善水生态环境基础信息监测站网,加快工业用水户、灌区等取用水在线监测体系建设。

内容小结

本章论述了水利基础设施网络建设问题。我国水利基础设施建设随着国情、水情条件的不断变化进行调整,发展大体经历了大规模建设期、缓慢发展期、加快发展期、加速提质期等四个时期。今后一个时期我国水利基础设施发展重点,主要是优化水资源配置格局,完善综合防洪减灾体系,夯实农村水利基础设施,实施流域水生态综合治理。

关键概念

水利基础设施	"98大洪水"	灌溉工程	南水北调
水资源	水生态	水环境	防洪减灾体系

思考讨论题

1. 为什么要加快完善水利基础设施网络?
2. 我国水利基础设施发展有哪些经验教训?
3. 请你谈谈对我国水利基础设施发展重点的看法与建议。

第 38 章
信息基础设施网络

完备先进的信息基础设施网络,是信息传输、交换和共享的重要基础,是数据资源开发、信息技术应用的先决条件,对于建设网络强国、推进信息技术与经济社会发展深度融合具有重要意义。

38.1 我国信息网络发展历程

近代通信发展的四个第一
1881年,我国第一条正式电报线——津沪电报线建成通报;
1887年,我国自主建设的第一条海底电缆投入使用;
1899年,广州成为我国第一个使用无线电通信的城市;
1900年,我国第一部市内电话在南京问世。

人类对于信息网络的需求由来已久。早在远古时期,人们就开始通过语言、图符、钟鼓、烟火、竹简、纸书等频繁进行信息传递,烽火台、钟鼓楼、驿站也成为古代社会信息网络的典型代表。19世纪中叶以后,随着电报和电话的发明、电磁理论的建立以及电磁波的发现,人类通信领域开始发生根本性变革。我国以电信号为载体的信息网络建设,最早可追溯至清政府时期。到19世纪后半叶,古老的邮驿制度和民间通信机构逐渐为先进的邮政和电信所替代。在半殖民地半封建的中国,由于战争影响和外国资本控制,通信发展缓慢。到1949年,全国仅有城市市内电话31万门,普及率仅为0.05%,用户只有21.8万,长途通信电路仅2800条,总长度7.6万公里,城市之间的电信联系借助无线电台,90%以上的县没有电信设施。中华人民共和国成立以来,我国信息网络发展大致经历了四个时期。

38.1.1　探索发展期(1949—1978年)

这一时期,主要是围绕服务党政军各部门的通信需求展开,普及范围十分有限,通信发展呈现两极分化。一方面,通信技术不断取得突破。1950年,我国第一条有线国际电话电路——北京至莫斯科的电话电路开通;1954年,我国成功研制了60千瓦短波无线电发射机;1963年,120路高频对称电缆研制成功;1966年,我国第一套长途自动电话编码纵横制交换机在北京投入使用;1970年,960路微波通信系统Ⅰ型机研制成功,我国第一颗人造卫星(东方红1号)发射成功。另一方面,民用通信发展不尽如人意。经过"一五"时期的努力,国内已经铺设长途有线通信网,但从1949年到1978年,全国电话用户增长不到200万户;到1978年,我国拥有的电话机数还不到世界的1%,在185个国家或地区中排名第161位;电话普及率仅为0.38%,平均每200人拥有不到1部电话,不及世界平均水平的1/10,而当时美国的电话普及率已超过90%。

我国第一颗人造卫星
1970年4月24日21时35分,我国成功发射第一颗人造卫星——东方红一号。它由中国空间技术研究院自行研制,标志着我国成为继苏联、美国、法国、日本之后世界上第五个用自制火箭发射国产卫星的国家。至今,东方红一号仍在其轨道上运行。

38.1.2　快速成长期(1979—1985年)

改革开放后,随着经济的快速发展,信息交流需求日益扩大,我国通信行业迎来第一个发展黄金期,信息网络建设随之全面加快。电话领域捷报频传。1982年,我国自行设计的8频道公用移动电话系统在上海投入运营;1984年,首次具备国际直拨功能的编码纵横制自动电话交换机(HJ09型)研制成功。光纤通信进展喜人。1979年,赵梓森拉制出我国第一根实用光纤;1982年,短波长局间中继光纤通信系统率先在市内电话局间得到使用;1984年,我国开始在长途通信线路上使用单模光纤,标志着我国正式进入第三代光纤通信系统。寻呼系统开始出现。1983年,上海开通了我国第一个模拟寻呼系统,同时成立了我国第一家寻呼台;1984年,广州开通了我国第一个数字寻呼系统,解决了模拟寻呼机不能查看回电号码的难题。卫星通信取得突破。1984年,我国的东方红二号试验通信卫星成功发射,进行了电视传输、声音广播、电话传送等试验;1985年,我国正式开始经国际卫星组织的C频段全球波束转发中央电视台的电视节目。

> **专栏 38.1**
> **赵梓森:"中国光纤之父"**
>
> 赵梓森院士,是我国光纤通信技术的主要奠基人和公认的开拓者,被誉为"中国光纤之父"。1977年,武汉邮电科学研究院任命赵梓森为技术负责人,主导全院的光纤通信技术研究。他和10位志同道合的同事,采用最简易的实验设备(电炉、试管和酒精灯等)、最简单的工艺(烧烤)和最基础的原料(四氯化硅、氧气),经过一年多时间数千次的试验,终于熔炼出高纯度(杂质10^{-9})的石英玻璃。他们以此为基础,采用改良的化学气相沉积法(MCVD),自力更生绘制了300多张图纸,利用一台旧车床和废旧机械零件,制造出一台光纤拉丝机,终于在1979年拉制出中国第一根具有实用价值每公里衰耗只有4分贝的光纤。

38.1.3 发展壮大期(1986—2008年)

这一时期,是我国信息网络发展最快、变化最大的时期,移动通信网与互联网成为主战场。移动通信网络布局趋于完善。1987年,我国第一个TACS制式模拟移动电话系统在广东建成并投入使用,首批用户达到700个,标志着中国移动通信服务的开始;1994年,广东开通第一个省级数字移动通信网,拉开我国数字通信时代的帷幕;2001年,我国移动用户数突破1.2亿,首次超过美国而跃居全球第一;同年,我国关闭模拟移动电话网,正式进入全数字时代;2003年,我国移动用户达到2.6亿户,首次超过了固定电话用户数量;2008年,我国已经拥有6.08亿手机用户,高居全球首位。互联网建设持续推进。1987年,一封内容为"跨越长城,走向世界"的电子邮件从北京越过半个地球抵达德国,拉开了我国互联网发展的序幕;1993年,中国公用分组交换数据通信网(CHINAPAC)与中国公用数字数据网(CHINADDN)正式开通;1994年,中国正式接入国际互联网;随后,CSTNET、CERNET、CHINANET、CHINAGBN等四大Internet(因特网)主干网相继建立,并于1997年实现互联互通,我国互联网进入飞速发展期。到2008年年底,我国网民达到2.98亿人,超过美国位居世界第一;互联网普及率达到22.6%,首次超过全球平均水平的21.9%。

> **专栏 38.2**
> **中国发出的第一封电子邮件**
>
> 1987年9月,来自德国的维纳·措恩教授到北京出席第三次合格评定委员会(CASCO)会议。会议期间,他的队伍成功地解决了中—德邮件通信的所有软件问题,实现了北京计算机应用技术研究所与卡尔斯鲁厄大学计算机中心的计算机联结。9月20日,他起草了一封电子邮件,并与中国的王运丰教授一起署名后发出,成功地传到卡尔斯鲁厄大学的一台计算机上。"Across the Great Wall, we can reach every corner in the world(越过长城,走向世界)"是这封电子邮件的具体内容。第一封电子邮件的成功发送,标志着互联网时代已悄然叩响了中国的大门。

38.1.4 跨越提升期(2009年至今)

21世纪的第二个十年,全球化、网络化进程明显加快,信息网络成为国际竞争的重要战略支点。我国信息网络发展在光纤宽带、4G移动通信网络等方面已经赶上世界先进水平。光缆传输网络向超高速大容量智能控制演进。截至2017年,我国光缆总里程数达到3747.4万公里,是第一个十年里程数的3.76倍。互联网骨干网架构正在由星形网络结构向复杂的网状网演进,承载能力不断提升。互联网扩容加快推进,2017年全国互联网总带宽达到4012 G,网间互通质量与效率明显改善。光纤宽带网络全球领先。截至2016年年底,全国光纤入户覆盖规模累计达到8.8亿户,平均比例已超过95%。移动通信网络实现跨越式发展。我国已建成全球最大的4G网络,拥有最大的4G用户群。国际通信网络架构逐步完善,目前已基本形成以海底光缆、跨境陆缆为主的立体国际传输网络架构。我国已与周边12个国家建立了跨境陆地光缆系统,系统带宽超过9000 Gbps;实现9条国际海缆登陆。2009—2017年移动电话、互联网普及率和4G用户规模见图38.1。

图 38.1 2009—2017 年移动电话、互联网普及率和 4G 用户规模

但应该看到,我国信息网络建设仍然面临五个突出问题:一是宽带普及率与发达国家相比普遍偏低。2016 年年底,全国固定宽带用户人口普及率为 22%,日、韩、美、英、法、德等重点国家固定宽带普及率已超过 30%;我国移动宽带人口普及率只有 68%,而经济合作与发展组织平均移动宽带普及率已超过 95%。二是宽带网速偏低。全球平均网速为 9.1 Mbps,美国为 25.86 Mbps,日本为 28.94 Mbps,中国为 2.38 Mbps。三是城乡信息网络发展差距日益明显。2016 年年底,我国农村宽带家庭普及率为 33.7%,落后城市 39.7 个百分点。四是网络应用设施地域分布极度不均。国内 CDN(内容分发网络)主要集中在东部发达地区,中西部欠发达地区的 CDN 网络覆盖和节点数量远远落后于东部地区。五是互联网访问性能仍有待提升。国际互联网出入口带宽扩容滞后。主要是骨干网链路利用率过高,平均为 50%—70%,部分链路利用率超过 80%,明显高于发达国家低于 50% 的链路利用率水平。随着大数据、云计算、人工智能等新一代信息技术的飞速发展,人们对数据感知、传输、存储与处理能力的要求将进一步提高,我国信息网络将面临更多挑战。

38.2 我国信息网络发展重点

把握信息技术变革趋势,加快构建高速、移动、安全、泛在的新一代信息基础设施,形成万物互联、人机交互、天地一体的网络空间,推动我国信息基础设施网络优化升级。

38.2.1 加速完善新一代高速光纤网络

加快高速宽带网络建设,推动实现城乡光纤到户网络全覆盖。在城镇地区,积极推进40G及以上高速光纤接入技术的大规模商用,家庭用户、工业企业、商业用户宽带接入能力全面向1 000兆以上发展;加大对农村地区的网络建设投入力度,98%的行政村实现光纤通达,有条件地区提供100兆比特每秒以上接入服务能力,半数以上农村家庭用户带宽实现50兆比特以上灵活选择。加快城域网和互联网骨干网扩容升级。一方面,持续提高城域网、骨干网承载能力和智能管理水平,以新增省际直连链路为手段,继续推进网络扁平化;另一方面,进一步优化骨干网间互联架构,扩大互联网网间带宽容量。持续优化完善既有"八纵八横"光缆网络架构,增加光缆出口路由方向,并且及时组织老旧光缆的更新换代。

38.2.2 加快建设先进移动宽带网

积极推进新一代无线宽带网络建设,不断提升无线宽带网的高速传送和接入能力。重点推动4G网络向主要行政村、风景区、高速铁路等延伸覆盖。在城镇地区,加强移动宽带网络深度覆盖,做好重要场景和热点地区LTE-APro等4G演进技术部署,全面提升热点地区4G网络下载速率,大幅改善4G网络的用户体验。在城镇热点公共区域推广免费高速无线局域网(WLAN)接入,提升用户高速移动数据服务体验。在农村地区,继续扩大4G网络覆盖广度,实现乡镇及人口密集的行政村全面深度覆盖。引导鼓励电信运营企业推进5G试验网建设,加快5G商用进程。加强频谱配置,率先支持大中型城市开展5G无线宽带网络试点,推动5G支撑移动互联网、物联网应用融合创新发展,推动建成全球领先的5G网络。

38.2.3 加强信息应用基础设施部署

着眼下一代互联网大规模商用布局,加强大数据平台、云计算中心、内容分发网络等应用基础设施的部署,实现应用基础设施与宽带网络优化匹配和有效协同,加快以信息传输为核心的网络设施向融感知、传输、存储、计算、处理于一体的智能化综合信息基础设施的演进。数据中心建设,引导数据中心规模化、集约化、绿色化发展。大型、超大型数据中心优先在能源富足、气候适宜、地质稳定地区部署,并且鼓励引入和推广绿色节能技术和使用太阳能等新型清洁能源。为适应新一代应用(物联网、自动驾驶汽车、虚拟现实等)对访问内容的实时性要求,在人口聚集区(城市)合理规划中型数据中心的建设。云计算平台建设,根据业务特性分类构建公有云平台和公共服务云平台、工业云平台、政务云平台等多个行业云平台,统筹布局云计算基础设施建设,合理规划平台资源,支持政务、行业信息系统向云平台迁移,同时鼓励骨干云平台企业开放自有云平台资源,引导平台间互联互通。内容分发网络发展,有效提高网络资源利用效率,加强规范域名基础设施建设,促进域名系统整体安全能力和解析性能的提升。

38.2.4 推动全球网络设施建设

围绕"一带一路"战略,优化国际出入口布局,积极推进国际海陆缆建设,拓宽国际出入口带宽,合理布局海外网络服务提供点(POP点),建设中国—阿拉伯国家等"网上丝绸之路"和中国—东盟信息港,满足日益增长的国际交流合作需求。跨境陆缆建设,打通经中亚到西亚、经南亚到印度洋、经俄罗斯到中东欧国家的陆地信息通道,重点推动完善各国国内干线光缆设施,探索建立多国参与的信息通道合作机制。海底光缆建设,持续跟进我国登陆海缆建设进程和老旧海缆服役期限,发起建设亚太、美国、欧洲等方向新的国际海缆,以替代老旧海缆,满足新增需求;推动非洲、南美洲等重要方向的国际海缆建设;参与重点路线上非登陆海缆建设。POP点建设,完善北美、东南亚等区域重点国家和城市覆盖的同时,根据我国"走出去"需求和企业全球竞争的需要,适时扩大中东欧、非洲、拉美等地区的POP点覆盖。

38.2.5 加快民用空间基础设施建设

重点增强空间设施能力,构建可持续发展的天地一体信息网络。合理规划利用卫星频率和轨道资源,协调推进通信、导航、遥感等卫星的研制和发射,优化配置卫星轨道资源,扩大卫星系统和地面设施覆盖。移动通信卫星，大力发展高通量高频宽带通信卫星和中低轨移动通信卫星，形成宽带通信、固定通信、电视直播、移动通信、移动多媒体广播业务服务能力，逐步建成覆盖全球主要地区、与地面通信网络融合的卫星通信广播系统，推进国际传播能力建设。卫星导航系统，加快建成覆盖全球的北斗卫星导航系统，形成全球无源定位服务能力，到 2020 年，建成由 35 颗卫星组成的北斗全球卫星导航系统，形成优于 10 米定位精度、20 纳秒授时精度的全球服务能力。卫星遥感系统，重点发展陆地观测、海洋观测、大气观测三个系列，构建由七个星座及陆地、海洋和大气三类专题卫星组成的遥感卫星系统，逐步形成高、中、低空间分辨率合理配置、多种观测技术优化组合的综合高效全球观测和数据获取能力。

内容小结

本章论述了信息基础设施网络建设问题。我国信息网络发展经历了探索发展期、快速成长期、发展壮大期、跨越提升期等四个重要阶段。我国信息网络发展在光纤宽带、4G 移动通信网络等方面已经赶上世界先进水平，但还面临一些突出问题。今后一个时期我国信息网络的发展重点，主要是加速完善新一代高速光纤网络，加快建设先进移动宽带网，加强信息应用基础设施部署，推动全球网络设施建设，加快民用空间基础设施建设，推动我国信息基础设施网络优化升级。

关键概念

信息基础设施　　　移动通信　　　　光缆传输　　　　光纤网络
移动通信网　　　　信息应用基础设施　空间基础设施

思考讨论题

1. 请你谈谈信息网络基础设施建设的重大意义。
2. 我国信息网络发展取得了哪些成就？
3. 今后一个时期信息网络发展的重点是什么？面临哪些问题？

本篇参考文献

《党的十九大报告辅导读本》,人民出版社,2017年。

国家发展和改革委员会,《综合交通网中长期发展规划》,2007年11月。

国家发展和改革委员会,《中长期铁路网规划(2004—2020)》,2004年1月。

Jean-Paul Rodrigues et al., *The Geography of Transport Systems*, Routledge, Taylor & Francis e-Library, 2006.

国务院,《"十二五"综合交通运输体系发展规划》,2012年3月。

国务院,《"十三五"现代综合交通运输体系发展规划》,2017年2月。

交通运输部,《国家公路网规划(2013—2030)》,2013年6月。

国家发展和改革委员会,《促进综合交通枢纽发展的指导意见》,2013年3月。

中国民用航空局、国家发展和改革委员会、交通运输部,《中国民用航空发展第十三个五年规划》,2017年2月。

国家发展和改革委员会、国家能源局,《能源生产和消费革命战略(2016—2030年)》,2016年12月。

国家发展和改革委员会、国家能源局,《能源发展"十三五"规划》,2016年12月。

国务院发展研究中心、壳牌国际有限公司,《中国中长期能源发展战略研究》,中国发展出版社,2013年。

周大地、韩文科等,《中国能源问题研究》,中国环境出版社,2002年。

刘振亚,《全球能源互联网》,中国电力出版社,2015年。

中国能源中长期发展战略研究项目组,《中国能源中长期(2030、2050)发展战略研究:综合卷》,科学出版社,2011年。

国家发展和改革委员会、水利部、住房城乡建设部,《水利改革发展"十三五"规划》,2016年12月。

国务院,《十三五国家信息化规划》,2016年12月。

陈建功、李晓东,《中国互联网发展的历史阶段划分》,《互联网天地》,2014年第3期。

刘胜天,《我国信息网络发展的现状、问题与对策》,《现代情报》,2003年第4期。

郑晔、钟昌标,《信息网络对区域经济发展影响的机制分析》,《数量经济技术经济研究》,2002年第12期。

第11篇

共建共治共享
促进社会发展

社会发展与经济发展是历史进步的两个车轮。在较长一段时期内，我国社会发展滞后于经济发展，呈现出一条腿长、一条腿短的现象。习近平同志在党的十九大报告中提出：打造共建共治共享的社会治理格局。实现共建共治共享，既是社会发展的前提和条件，也是社会发展的目的和结果。共建，就是人人参与；共治，就是人人尽责；共享，就是人人享有。这是对全体人民意志的遵从，对全体人民权利的肯定，对全体人民利益的敬畏，是对以人民为中心的发展思想的最好诠释。通过共建共治共享，以不断满足人民日益增长的美好生活需要，不断促进社会公平正义，形成有效的社会治理、良好的社会秩序，使人民获得感、幸福感、安全感更加充实、更有保障、更可持续。

第 39 章
推进基本公共服务均等化

从解决人民最关心、最直接、最现实的利益问题入手,完善基本公共服务体系,促进基本公共服务均等化,是守住基本民生底线的重大举措,是满足人民对美好生活需要的重要支撑,是实现全体人民共同迈入全面小康社会的有效途径,是中国特色社会主义事业的制度安排。

39.1 公共服务制度概述

从世界范围来看,公共服务是各国政府为公民提供的共同消费或享用的产品或服务,具有非竞争性和非排他性。一个国家公共服务的制度性安排,受到历史文化传统、经济社会发展水平、政府管理方式等影响,制度安排大都围绕普遍性(Universality)、统一性(Unity)、均一性(Uniformity)"3U"原则展开,核心是满足公共教育、医疗卫生、社会保障等公民生存与发展的基本需求。

公共服务制度的"3U"原则
"3U"原则来自20世纪40年代被称为"福利国家之父"的英国经济学家威廉·贝弗里奇的研究报告。**普遍性**(Universality),是指覆盖所有公民,以预防社会风险;**统一性**(Unity),是指对社会福利事业进行整体性设计、大一统管理;**均一性**(Uniformity),是指每一个受益人根据其需要,而不是收入状况,获得资助。

39.1.1 主要国家公共服务供给模式

公共服务供给本质上体现的是公民权利与政府责任之间的关系,上升到制度层面,实际上是一个国家福利制度的选择。发达国家的公共服务制度主要有四种模式:以北欧国家为代表的普惠型模式,以欧洲大陆国家为代表的合作型模式,以北美国家为代表的补缺型模式,以东亚国家为代表的发展型模式。

普惠型模式:以挪威、瑞典、芬兰、冰岛、丹麦等国家为典型代表。该模式的最大特点是,获得公共服务的资格主要取决于公民资格或长期居住资格,寻求相当水平的甚至能够满足中产阶级品位的服务供给,而不是仅满足最低需求上的平等。以瑞典为例,建立起政府主导的、高税收支持的"从摇篮到坟墓"的社会保障体系,给付水平高、覆盖面宽,服务内容包括老人福利、医疗保险、住房津贴、失业保险和救济、社会救助等。但存在的问题是,20世纪80年代以后,受两次石油危机影响,瑞典模式的负面效应开始显现,诸如高福利制约经济增长、无差异福利挫伤劳动者积极性。为应对这些问题,瑞典在紧缩支出的同时增加个人在社会保障费用中的负担比重、强化地方政府在社会保障制度中的责任、积极引入私人机构促进公共服务多元供给。

合作型模式:最初发生在德国,而后扩展到整个欧洲大陆,目前奥地利、法国、意大利等许多国家都属于这种类型。该模式最大的特点是,以参与劳动市场和社保缴费记录为前提条件,享受的社会权利取决于一个人的工作和参保年限、过去的表现。以德国为例,服务内容:一是养老保险,分为三类,第一类是为退休人员提供的养老金,第二类是为就业能力降低者在退休后提供的养老金,第三类是为投保人死亡后提供的遗属养老金,领取养老保险金须缴费满5年。对第一类养老金领取者还有特别的年龄限制,即规定必须年满65岁。二是医疗保险由三部分组成:法定医疗保险、私人医疗保险和其他医疗保险。三是工伤保险的覆盖范围包括所有的雇员、中小学生、大学生、幼儿园儿童和从事公益事业者。四是失业保险是与劳动促进联系在一起的。所有的雇主和雇员都要参加失业保险,有缴纳失业保险费的义务。该模式体现出既强调国家保护又重视个人责任,既要竞争又要互助的基本原则,雇主、雇员、政府共担费用,投保人、雇主和公共团体代表组成社保机构共同管理基金。但存在的问题是,劳动者只有缴纳保险费,才能在自身情况符合相应社会保险制度规定时,取得领取保险金的资格。这就使得制度覆盖面相对较窄,一部分非就业群体会游离于社会保障制度之外。由于人口老龄化加剧、管理体制漏洞显现、保障水平日益提高,德国社会保障费用迅猛增长,出现收支失衡的危机。从20世纪70年代开始,德国逐渐对社会保障制度进行改革,控制社会保障支出的过度膨胀,相应提高养老金缴费比率,扩大参保人员范围,由所有就业者扩大到全民参保,鼓励就业,改进管理,从而减轻政府负担。

补缺型模式:该模式以美国、加拿大为典型代表,还包括澳大利亚。该模式的最大特点是,居支配地位的是不同程度地运用家计调查式的社会救助,辅以少量的普救式转移支付或作用有限的社会保险计划,服务对象主要是那些收入较低、依靠国家救助的工人阶层。以美国为例,服务内容包括社会保险、社会福利和社会救济三大类:(1) 社会保险费用由国家、雇主、劳动者三方共同负担,个人和雇主投保,国家给予适当资助。(2) 社会福利主要对低收入阶层和贫困社会成员进行救助,包括食品券制度、廉租房制度和免费医疗制度等。奥巴马政府医改前,美国没有面向全民免费的医疗服务,政府只负责65岁以上老人的医疗保险,其他公民只能依托商业保险来保障。(3) 社会救济经费主要来源于政府的财政投入,对没有进行社会投保的老人、残疾人士、含有未成年子女的困难家庭以及失业两年以上的失业者均给予经济救助。但存在的问题是,这种模式重视社会保险权利与义务的密切联系,强化自我保障意识,市场化运作成分较大,政府干预程度较低,保障面有限,也使得社会贫富差距越来越大。

发展型模式:以日本、韩国为典型代表,该模式的最大特点是,强调福利政策首先要有利于经济发展和经济参与,同时强调经济政策要有助于社会福利的改善,本质在于促进市场和家庭提供福利,国家发挥监管和补充的作用。以日本为例,服务内容包括社会保险、社会救济、社会福利和公共医疗卫生四大方面:(1) 社会保险包括医疗保险、养老保险、失业保险、劳动灾害补偿保险、护理保险等。(2) 社会救济是对生活困难的人提供生活、教育、医疗、住宅等方面的公共救济。(3) 社会福利是为社会弱势群体包括老人、儿童和残疾人等提供社会福利设施及相关服务。(4) 公共卫生与医疗保健是向国民提供医疗服务以及改善生活环境、保护自然环境等。日本政府注重发挥民间团体、家庭等在福利政策中的重要作用,政府通过提供财政补助、税收减免等优惠政策,积极鼓励民间团体参与社会福利事业,减轻了政府人力、财力和物力的负担,也满足了不同层次群体不同的福利需求。但存在的问题是,人口老龄化加速,政府负担加重,财政赤字越来越严重,因此日本开始改变高福利的社会保障模式,压缩社会保障支出,设法将国家负担的部分向地方政府、个人转嫁。

39.1.2 我国基本公共服务发展实践

世界两百多年的工业化进程,使不到世界人口20%的西方发达国家实现了现代化,却消耗了全球70%以上的资源。我国是世界上

> **基本公共服务**
> 基本公共服务是公共服务中最重要、最核心的部分,是由政府负责提供,由公共财政保障,与经济社会发展水平相适应,旨在满足全体居民生存和发展基本需求的公共服务。基本公共服务均等化是指全体公民都能公平可及地获得大致均等的基本公共服务,核心是机会均等、权利均等,不是简单的平均化。

> **首个基本公共服务专项规划**
> 2012年7月,国务院印发首个《国家基本公共服务体系"十二五"规划》,明确九个方面的任务,包括基本公共教育、劳动就业、社会保险、基本社会服务、基本医疗卫生、人口和计划生育、基本住房保障、公共文化体育和残疾人基本公共服务等,实施44类共80项基本公共服务项目,并明确国家基本标准,全面建立以基层为重点的基本公共服务网络,实施30项保障工程和政策,全面系统完善财力保障、供给方式以及绩效评价等各项制度性安排。

最大的发展中国家,人口占世界人口的20%左右,预计未来人口高峰将达到14.5亿人左右,加之面对比较脆弱的资源和生态环境,城乡区域发展不平衡,人均国内生产总值只相当于发达国家的20%左右,建立基本公共服务制度,推进基本公共服务均等化,是符合我国国情的现实选择。基本公共服务有两大特征:一是基本公共服务是公民的基本权利。生存权、健康权、居住权、受教育权、工作权和资产形成权等,关系到人们的最基本需求、最根本利益,决定了人们在社会竞争中的起点、机会和条件的公平性。二是基本公共服务是政府的基本职责。政府是基本公共服务供给的责任主体,对基本公共服务供给具有立法、规划、提供、监管等重要职能,是履行社会责任的基本底线,是"为人民服务"宗旨的根本体现。

2006年10月,党的十六届六中全会首次提出,逐步形成惠及全民的基本公共服务体系。2007年10月,党的十七大首次提出,推进基本公共服务均等化。2010年10月,党的十七届五中全会提出,建立健全符合国情、比较完整、覆盖城乡、可持续的基本公共服务体系,提高政府保障能力,推进基本公共服务均等化。2012年11月,党的十八大提出,要加快形成政府主导、覆盖城乡、可持续的基本公共服务体系,努力实现城镇基本公共服务常住人口全覆盖。2015年10月,党的十八届五中全会提出,要坚持普惠性、保基本、均等化、可持续方向,提高公共服务共建能力和共享水平。2017年11月,党的十九大提出,在发展中补齐民生短板,促进社会公平正义,在"学有所教、劳有所得、病有所医、老有所养、住有所居"的基础上增加了"幼有所育""弱有所扶"等内容,明确到2035年基本公共服务均等化基本实现。

总体上看,我国基本公共服务制度框架已经建立,基本公共服务供给得到一定程度的保障。但由于长期以来的矛盾积累和欠账较多,推进基本公共服务均等化仍然面临许多困难和挑战,发展不平衡、不充分的问题较为突出,主要表现在:服务供给能力不足、质量水平不高,城乡区域间资源配置不均衡;基层设施不足和利用不够并存,人才短缺严重;一些服务项目还存在覆盖盲区,尚未有效惠及全部流动人口和困难群体;体制机制创新滞后,社会力量参与不足;偏远农村地区、边疆地区、少数民族地区公共基础设施建设滞后。实现基本公共服务从制度覆盖到人人覆盖,差距很大,任重道远。

39.2 完善基本公共服务体系

按照人人参与、人人尽力、人人享有的要求,坚守底线、突出重点、完善制度、引导预期,注重机会公平,保障基本民生,强化公共资源投入保障,围绕标准化、均等化、法制化,加快健全国家基本公共服务制度,完善基本公共服务体系。建立国家基本公共服务清单。

39.2.1 主要目标:提升公众获得感、幸福感、安全感

完善基本公共服务体系要聚焦四大目标:**一是均等化水平稳步提高**,城乡区域间基本公共服务大体均衡,贫困地区基本公共服务主要领域指标接近全国平均水平,广大群众享有基本公共服务的可及性显著提高。**二是标准体系全面建立**,国家基本公共服务清单基本建立,标准体系更加明确并实现动态调整,各领域建设类、管理类、服务类标准基本完善并有效实施。**三是保障机制巩固健全**,基本公共服务供给保障措施更加完善,基层服务基础进一步夯实,人才队伍不断壮大,供给模式创新提效,可持续发展的长效机制基本形成。**四是制度规范基本成型**,各领域制度规范衔接配套、基本完备,服务提供和享有有规可循、有责可究,基本公共服务依法治理水平明显提升。"十三五"时期基本公共服务领域主要发展指标见表39.1。

表 39.1 "十三五"时期基本公共服务领域主要发展指标

指标	2015年	2020年	累计
基本公共教育			
九年义务教育巩固率(%)	93	95	—
义务教育基本均衡县(市、区)的比例(%)	44.48	95	—
基本劳动就业创业			
城镇新增就业人数(万人)	—	—	>5 000
农民工职业技能培训(万人次)	—	—	4 000
基本社会保险			
基本养老保险参保率(%)	82	90	—
基本医疗保险参保率(%)	—	>95	—

(续表)

指标	2015年	2020年	累计
基本医疗卫生			
孕产妇死亡率(1/10万)	20.1	18	—
婴儿死亡率(‰)	8.1	7.5	—
5岁以下儿童死亡率(‰)	10.7	9.5	—
基本社会服务			
养老床位中护理型床位比例(%)	—	30	—
生活不能自理特困人员集中供养率(%)	31.8	50	—
基本住房保障			
城镇棚户区住房改造(万套)	—	—	2 000
建档立卡贫困户、低保户、农村分散供养特困人员、贫困残疾人家庭等四类重点对象农村危房改造(万户)	—	—	585
基本公共文化体育			
公共图书馆年流通人次(亿)	5.89	8	—
文化馆(站)年服务人次(亿)	5.07	8	—
广播、电视人口综合覆盖率(%)	>98	>99	—
国民综合阅读率(%)	79.6	81.6	—
经常参加体育锻炼人数(亿人)	3.64	4.35	—
残疾人基本公共服务			
困难残疾人生活补贴和重度残疾人护理补贴覆盖率(%)	—	>95	—
残疾人基本康复服务覆盖率(%)		80	

39.2.2　发展方向：坚持普惠性、保基本、均等化、可持续

完善基本公共服务体系要把握四个方向。**一是普惠性**：实现从制度覆盖到人人覆盖。进一步提高政策的精准、精细程度，一方面加强城乡基层服务网络的合理布局和建设，重点解决好"最后一公里"基本公共服务可及性问题，另一方面深入基层、摸清底数，建立每一个服务项目的目标人口动态数据库，杜绝覆盖盲区。**二是保基本**：以"七有"为核心。"幼有所育、学有所教、劳有所得、病有所医、老有所养、住有所居、弱有所扶"涵盖了人一生经历的"不同阶段"和"贯穿一生"所需的最基本的服务，把"七有"保障好了，人民群众最基本的生存和发展权利就能得到较好的维护，国家宏观层面的民生保障网兜底功能就能得到夯实。**三是均等化**：保证机会均等、权利均等。均等化不是简单的平均化和无差异化，要在制度上保证人人享有基本

公共服务,要推动基本公共服务资源在城乡、区域间均衡配置,要在财政上确保负责提供服务的地方政府具有均等支付这些基本公共服务的能力,最基础性的工作是实现县(市、区)域内基本公共服务发展均衡。**四是可持续**:做到尽力而为、量力而行。根据财政保障能力和需求变化,构建多层次的公共服务体系,稳妥地调整完善基本公共服务范围和标准,而不应盲目地追求扩大范围、提高标准,承诺做不到的事情,要突出体制机制创新,完善财政保障机制、管理运行机制、服务供给机制、监督问责机制,形成可持续的基本公共服务体系长效机制。普惠性是首要目标,保基本是基础目标,均等化是核心目标,可持续是长远目标。

39.2.3 核心任务:健全国家基本公共服务制度

一是落实国家基本公共服务清单。《"十三五"国家基本公共服务清单》提出公共教育、劳动就业创业、社会保险、医疗卫生、社会服务、住房保障、公共文化体育、残疾人服务等八个领域的 81 个项目,每个项目均明确服务对象、指导标准、支出责任、牵头负责单位等。**二是健全基本公共服务实施机制**。健全统筹协调机制。加强中央和地方、部门和部门、政府和社会的互动合作,促进各级公共服务资源有效整合,形成实施合力。健全财力保障机制。拓宽基本公共服务资金来源,增强各级财政特别是县级财政保障能力,推动基本公共服务财政支出增长与政府财力增长相适应。健全人才建设机制。加强各级各类人才培养培训,强化激励约束,提高职业素养,促进合理流动,重点向基层倾斜,不断提高服务能力和水平。健全多元供给机制。创新提供方式,积极引导社会力量参与,推动政府与社会资本合作,形成政府主导、各方参与、竞争有序、充满活力的多元供给格局。健全监督评估机制。强化规划目标导向,完善信息统计收集,加强动态跟踪监测,推动总结评估和需求反馈,努力实现服务项目提供的全程监控和全域管理。**三是创新基本公共服务供给方式**。培养多元供给主体,发挥政府供给的主导作用,发挥市场机制的配置作用,发挥社会力量的参与作用。创新服务供给方式,主要是三种形式:政府直接提供服务,政府购买服务,政府与社会资本合作提供服务。能由政府购买服务提供的,政府不再直接承办,大包大揽;能由政府和社会资本合作提供的,广泛吸引社会资本参与。

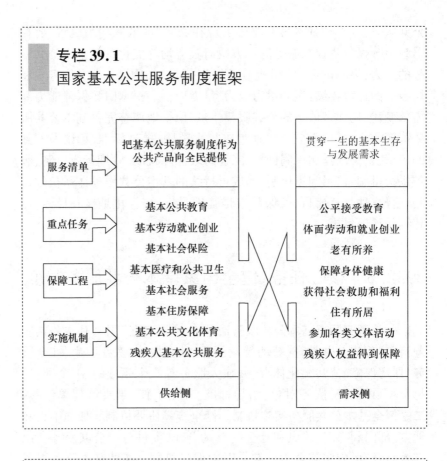

专栏 39.1 国家基本公共服务制度框架

专栏 39.2 国家基本公共服务清单

（一）**基本公共教育**：免费义务教育、农村义务教育学生营养改善、寄宿生生活补助、普惠性学前教育资助、中等职业教育国家助学金、中等职业教育免除学杂费、普通高中国家助学金、免除普通高中建档立卡等家庭经济困难学生学杂费。

（二）**基本劳动就业创业**：基本公共就业服务、创业服务、就业援助、就业见习服务、大中城市联合招聘服务、职业技能培训和技能鉴定、"12333"人力资源和社会保障服务热线电话咨询、劳动关系协调、劳动人事争议调解仲裁、劳动保障监察。

（三）**基本社会保险**：职工基本养老保险、城乡居民基本养老保险、职工基本医疗保险、生育保险、城乡居民基本医疗保险、失业保险、工伤保险。

（四）**基本医疗卫生**：居民健康档案、健康教育、预防接种、传染病及突发公共卫生事件报告和处理、儿童健康管理、孕产妇健康管理、老年人健康管理、慢性病患者管理、严重精神障碍患者管理、卫生计生监督协管、结核病患者健康管理、中医药健康管理、艾滋病病毒感染者和病人随访管理、社区艾滋病高危行为人群干预、免费孕前优生健康检查、基本药物制度、计划生育技术指导咨询、农村部分计划生育家庭奖励扶助、计划生育家庭特别扶助、食品药品安全保障。

（五）**基本社会服务**：最低生活保障、特困人员救助供养、医疗救助、临时救助、受灾人员救助、法律援助、老年人福利补贴、困境儿童保障、农村留守儿童关爱保护、基本殡葬服务、优待抚恤、退役军人安置、重点优抚对象集中供养。

（六）**基本住房保障**：公共租赁住房、城镇棚户区住房改造、农村危房改造。

（七）**基本公共文化体育**：公共文化设施免费开放、送地方戏、收听广播、观看电视、观赏电影、读书看报、少数民族文化服务、参观文化遗产、公共体育场馆开放、全民健身服务。

（八）**残疾人基本公共服务**：困难残疾人生活补贴和重度残疾人护理补贴、无业重度残疾人最低生活保障、残疾人基本社会保险个人缴费资助和保险待遇、残疾人基本住房保障、残疾人托养服务、残疾人康复、残疾人教育、残疾人职业培训和就业服务、残疾人文化体育、无障碍环境支持。

内容小结

本章论述了推进基本公共服务均等化。从世界范围看，发达国家公共服务制度主要有四种模式：以北欧国家为代表的普惠型模式，以欧洲大陆国家为代表的合作型模式，以北美国家为代表的补缺型模式，以东亚国家为代表的发展型模式。我国是世界上最大的发展中国家，建立基本公共服务制度，推进基本公共服务均等化，是符合基本国情的现实选择。我国基本公共服务制度框架已经建立，但基本公共服务城乡区域发展不平衡、不充分的问题仍然突出。完善基本公共服务体系的主要目标是均等化水平稳步提高、标准体系全面建立、保障机制巩固健全、制度规范基本成型。发展方向是坚持普惠性、保基本、均等化、可持续。核心任务是落实国家基本公共服务清单，健全基本公共服务实施机制，创新基本公共服务供给方式。

关键概念

公共服务制度　　　"3U原则"　　　基本公共服务　　　基本公共服务均等化
基本公共服务体系　　国家基本公共服务清单　　基本公共服务实施机制和供给方式

思考讨论题

1. 世界主要国家公共服务制度的特点、经验和问题,对我国公共服务制度设计有什么启示?
2. 为什么我国提出建立基本公共服务体系,推进基本公共服务均等化?
3. 请你联系实际谈谈对完善基本公共服务体系的建议。

第40章
优先发展教育事业

教育是培养人的社会活动，不仅关系到个人的命运，也关系到国家的命运。教育现代化是国家现代化的根本前提，建设教育强国是中华民族伟大复兴的基础工程，必须把教育事业放在优先位置，深化教育改革，加快教育现代化，办好人民满意的教育。

40.1 教育改革发展概述

进入21世纪以来，为了提升国民素质，培养各类人才，助推经济社会发展，增强国际竞争力，世界各国纷纷制定面向未来的教育改革发展战略。

40.1.1 国际教育改革发展态势

发展教育是实现经济追赶的战略选择。追溯19世纪后期以来的世界经济发展史，先后三次出现现代化后进国对先进国的经济追赶，无论是美英实力的对比逆转，还是第二次世界大战后日本的崛起以及亚洲"四小龙"的快速成长，都证明了人力资本追赶成为经济追赶的先导，教育优先对后进国家实现现代化发挥了至关重要的作用。德国现代化的历程更具有代表意义，早期工业化落后于英国，由于政府高度重视教育，推进全民教育培养高素质国民，兴办各类大学推动发明创造，使智力资源成为德国最重要的资源。2008年国际金融危机爆发后，发达国家在应对时不约而同地发起新的教育竞争。美国总统奥巴马强调,"我们必须要清楚,今天在教育上超出我们的国家,未来也将在经济上超越我们",提出"美国要致力于创建全面且具有竞争力的教育体系,美国教育应再一次成为世人羡慕的对象";英国、韩国等国家也制订和实施了教育振兴计划,主要政策取向是创新教育理念,增加教育投入,改善教育治理。

创新教育理念:注重人本化、个性化、互动化。人本化教育,就是要按照人的特点和发展规律进行教育,重视健全人格的培养和塑造。早在1972年,联合国教科文组织就在《学会生存——教育世界的今天和明天》报告中,将其作为新时代教育目的观。美国人本主义心理学家卡尔·罗杰斯提出"以学生为中心"的教育理念,并在全美广为推广。英国高等教育以人为中心,强调人的发展,注重最大限度地发挥学生潜能,提高学生的社会生存能力,把生存与发展作为终极目标。个性化教育,是指尽可能多地向学生提供学习机会,培养他们的学校归属感以及自主学习指导下的学校主人翁态度,使学生可根据自身需求自主地、有意义地学习。互动化教育,旨在培养学生的独立思考能力。美国高校打破传统的"教师中心论"和"满堂灌"的单一教学模式,在教学设计和互动式教学的实施过程中,将以学习者为中心的理念融入教学,形成了教师引导下的师生间、同学间的多向交流模式,相互对话、加深理解。新加坡推行批判性思维能力培养方式,把学生定位为积极主动的学习者,加强对学生批判性思维能力的训练。

增加教育投入:提供充足的教育经费、充分的教师保障。在教育投入方面,德国联邦和各州在第三期高等教育发展规划(2016—2020年)中,计划投资250亿欧元;巴西政府在2014年通过全国教育计划提案,预计在未来10年内将国内生产总值的10%用于教育发展。在教师保障方面,日本《教育基本法》将教师的法律地位确定为"公务员";美国全国教育协会章程在教学时间、学术及专业自由、非歧视的人事政策、工资公平和平等价值、统一工资制度、专业费用税务扣减、基本合约标准、工资和补贴、福利、退休和社会保障等方面都作出了详细规定;世界各国重视教师选拔及进修培训,芬兰、韩国、新加坡等国对教师职前教育的学员进行严格选拔,俄罗斯《高等教育法》强调高校教师必须至少五年接受一次各种形式的培训。

改善教育治理:倡导多元参与。中央地方实行教育分权。新加坡实行分级管理模式,即教育部宏观调控和学校自主管理相结合,教育部设立"校群督导",加强宏观调控,学校在教育部分权下,拥有人事权、财务权、管理权等办学自主权。美国城市公立学校实行"市长控制"治理模式,将地方学区的控制权交由市长或其他官员来管理,波士顿自1991年首开"市长控制"先河以来,芝加哥、克利夫兰、底特律、洛杉矶、费城、华盛顿特区、纽约等十几个大城市先后实施了这一模式。多方参与学校内部治理。美国、英国、澳大利亚等国的家长,依照各自国家的教育法规参与学校管理。如澳大利亚通过立法,要求每所学校成立一个由家长、社区代表共同参加的学校委员会,家长、学生和社区代表的人数不得低于半数,学校委员会有权决定校长人选,直接参与学校课程开发方向的决策以及课程规划、课程编制、课程评价等工作。美国政府主要从学校财务、学生学业、学生健康成长、学校专业水平等四个层面对学校进行问责。

专栏 40.1
人力资本追赶助推经济追赶

美国对英国的追赶:19世纪下半叶到20世纪初期是美国经济赶超英国的重要时期。1870年美国人均国内生产总值相当于英国的75.3%,到1913年达到英国的105.5%。这一时期,也是美国人力资本加速追赶英国的时期,1870年美国人均受教育年限相当于英国的88.3%,1913年提高到了91.2%。

日本对美国的追赶:1950年日本人均国内生产总值只相当于美国的19.6%,1992年提高到90.1%;1950年日本人均受教育年限相当于美国的68.2%,1992年提高到82.4%。人力资本快速提升对日本经济繁荣发挥了重要的推动作用。

韩国对西欧的追赶:1973年韩国人均国内生产总值只相当于西欧12个国家的24.3%,1992年上升到57.5%;从1970年开始,韩国在发展中等教育、高等教育上持续发力,到1995年中等和高等教育入学率分别达到90%和55%,与经济合作与发展组织国家处在同一水平。

40.1.2 我国教育改革发展实践

改革开放40年,我国走出了一条中国特色的社会主义教育发展道路,形成了层次完整、类别齐全、形式多样、基本适应社会主义现代化建设需要的教育体系,教育规模世界最大,总体发展水平进入世界中上行列,正在从教育大国向教育强国转变。从我国教育发展历程看,大致分为四个时期。

教育恢复发展期(1977—1984年)。中华人民共和国成立之初,根据国家建设需要,对旧有学校进行接管和改造,对高等学校进行院系调整,创办工农速成中学,教育事业纳入国家计划,得到迅速发展,后因"文化大革命"遭受严重破坏。"文化大革命"结束后,邓小平同志认为,我国要走现代化建设之路,要改革,就必须寻找突破口,这个突破口就是科技和教育。1977年,国家对教育进行整顿和恢复,拨乱反正以恢复高考为开端。1978年,全国教育工作会议提出教育事业必须同国民经济发展的要求相适应,培养社会主义建设需要的合格人才。1982年,党的十二大把教育确定为经济发展战略重点之一。1983年,邓小平提出教育要面向现代化、面向世界、面向未来,为教育改革发展指明了方向。全国大专院校录取人数由1977年的27.3万人迅速增加到1984年的47.5万人。

教育改革探索期(1985—2003年)。1985年,中共中央出台《关于教育体制改革的决定》,提出改革教育管理体制,实行简政放权,扩大学校办学自主权;调整教育结构,改革劳动人事制度,改革同社会主义现代化不相适应的教育思想、教育内容、教育方法。重点内容:一是实施九年义务教育制度,1986年通过《义务教育法》,对接受义务教育的学生免收学费,实行地方负责、分级管理,国家设立助学金帮助贫困学生就学。二是调整中等教育结构,大力发展职业技术教育。到1990年,全国高中阶段普通教育和职业技术教育在校生的比例大致达到了1:1。三是扩大高等学校办学自主权,改革高校招生和毕业分配制度,学校逐步实行校长负责制。四是撤销教育部,成立国家教育委员会,面向全国教育领域,统管全局,但1995年又重新改为教育部。五是教育经费实现"两个增长",并决定地方政府可征收教育费附加,为义务教育增加资金来源。这一时期的教育政策,主要包括"人民教育人民办",农村义务教育实行多渠道集资办学;高等学校进行合并和院校调整、大规模扩招和实行收费制度;中小学改革学校产权制度,实行"民营机制""名校办民校",学校后勤社会化改革,大规模借贷兴建"大学城",等等。在政府教育投入严重不足的情况下,扩大了教育规模,增加了教育机会,与此同时,也出现了各种乱收费、高收费等损害教育事业的现象。

> **教育经费"两个增长"**
> 《义务教育法》首次提出,国家用于义务教育的财政拨款比例应该高于财政经常性收入增长的比例,并使按在校学生人数平均的教育费用逐步增长。

> **专栏 40.2**
> **教育改革探索大事记**
>
> 1986 年,全国人民代表大会颁布《义务教育法》,国家实施九年义务制教育。
>
> 1993 年,国务院印发《中国教育改革和发展纲要》,提出重点改革办学体制,逐步建立以政府为主体、社会各界共同办学的体制,从而改变了政府包揽办学的格局。
>
> 1998 年,国务院印发《面向 21 世纪教育振兴行动计划》,调动各方力量积极发展教育事业,加快形成以政府为主体、社会各界参与、公办和民办教育共同发展的新格局。
>
> 1999 年,中共中央、国务院印发《关于深化教育改革全面推进素质教育的决定》,扩大高中和高等教育规模,以教育消费拉动经济内需并带动相关产业发展的思想进入政策层面。
>
> 2001 年,国务院印发《关于基础教育改革与发展的决定》,确定可以对薄弱学校和新建的学校等公办学校实行民办学校机制的改革试验,成为公办学校实行"民营机制"的重要依据。
>
> 2002 年,国务院印发《关于进一步加强农村基础教育改革的决定》,鼓励农村学校"大胆破除束缚农村教育发展的思想观念和体制障碍,在农村办学体制、运行机制、教育结构和教学内容与方法等方面进行改革探索"。
>
> 2003 年,全国人民代表大会常务委员会颁布实施《民办教育促进法》,进一步明确国家对民办教育实行积极鼓励、大力支持、正确引导、依法管理的方针,明确各级人民政府要将民办教育事业纳入国民经济和社会发展规划。

教育公平推进期(2004—2012 年)。随着科学发展观和建设和谐社会目标的提出,单纯追求经济增长的思路以及教育产业化的做法受到质疑。围绕解决农村义务教育问题,对教育发展速度、规模的追求转向对教育公平的关注,促进教育公平逐渐成为教育公共政策的基本价值和主导方向。2006 年,全国人大常委会通过新修订的《义务教育法》,确立了各级政府分担义务教育经费的机制,以及促进义务教育均衡发展的方针,对"应试教育"和"教育产业化"政策进行清理规范。政策取向聚焦实施农村义务教育免费、促进义务教育均衡发展、整顿规范改制学校,以及控制高等教育发展规模、提高发展质量等方面。2007 年,国家明确春季学期起免除农村义务教育学杂费,建立健全普通高校、高等职业院校和中等职业学校家庭贫困学生资助政策体系。从2008年秋季学期开始,在全国范围内全部免除城市义务教育阶段学生学杂费。2010年印发的《国家中长期教育改革和发展规划纲要》,提出"政校分开、管办分离"、建设现代学校制度、落实和扩大学校办学自主权、深化办学体制的改革思路。2011年3月,全国人民代表大会通过的"十二五"规划明确提出,"2012年财政性教育经费支出占国内生产总值比例达到4%",教育投入得到进一步保障。

教育深化改革期(2013年至今)。党的十八大提出"努力办好人民满意的教育""坚持教育优先发展"的战略方针。习近平同志指出,教育是人类传承文明和知识、培养年轻一代、创造美好生活的根本途径,我国将坚定实施科教兴国战略,始终把教育摆在优先发展的战略位置。2013年,党的十八届三中全会提出,深化教育领域综合改革,大力促进教育公平,推进考试招生制度改革。深入推进管办评分离,扩大省级政府教育统筹权和学校办学自主权,形成政府适度管教育、学校规范办教育、社会科学评价教育的发展新环境。2016年,全国人民代表大会修订《民办教育促进法》,明确实施营利和非营利分类管理框架,为促进民办教育健康发展提供了法律保障。

我国教育事业发展取得了突出成就,教育发展总体水平达到中上收入国家水平。学前教育基本普及,九年义务教育全面普及,高中阶段教育基本普及,高等教育正在向普及化迈进。2016年,学前三年毛入园率达77.4%,超过中高收入国家73.7%的平均水平;小学净入学率达99.9%,初中阶段毛入学率达104.0%,超过高收入国家平均水平;高等教育在学总规模为3 699万人,居全球首位,毛入学率达到42.7%,比世界平均水平高8个百分点;高等教育共为社会输送1 005万名毕业生,职业教育每年为各行各业输送近1 000万名技术技能人才,新增劳动力平均受教育年限已超过13.3年。但要清醒地看到,我国教育改革发展尚不能完全适应人的全面发展和经济社会发展的需要,科学的教育理念尚未牢固确立,产教融合、科教融合的协同培养机制尚未形成;城乡、区域之间教育差距仍较大,优质教育资源总量不足、布局不合理,学前教育、职业教育、继续教育仍是教育体系中的突出短板,人才培养的类型、层次和学科专业结构与社会需求不够契合;教师队伍素质和结构不能适应提升质量与促进公平的新要求;学校办学活力不强,促进和规范社会力量参与举办教育的法律制度和政策体系亟待完善;教育优先发展地位需进一步巩固。

改革开放以来各级各类教育入学率变化见图40.1。

教育对外开放

我国已经构建起全方位的教育对外开放格局。先后与世界上188个国家和地区、40多个国际组织建立了教育合作与交流关系,是世界上最大的留学生生源国。2017年度我国出国留学人员总数为60.84万人,是1978年的633倍。83.7%的留学人员学成后选择回国发展,留学回国人员总数累计达313.2万人。来自205个国家和地区的48.92万人次留学人员在华学习,是亚洲最大的留学目的国。中外合作办学正在蓬勃发展,已建成中外合作大学9所,730所高校开展中外合作办学,约占全国高校的1/3。

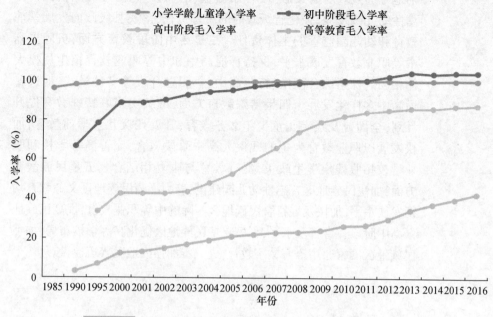

图 40.1 改革开放以来各级各类教育入学率

40.2 教育现代化发展重点

没有教育现代化就没有国家现代化。"十三五"时期教育改革发展的总目标是：教育现代化取得重要进展，教育总体实力和国际影响力显著增强，推动我国迈入人力资源强国和人才强国行列，为实现我国教育现代化2030年远景目标奠定坚实基础。

40.2.1 加快基本公共教育均衡发展

完善基本公共教育制度，保障所有适龄儿童、青少年平等接受教育，不断提高国民基本文化素质。**一是义务教育方面**，建立城乡统一、重在农村的义务教育经费保障机制，加大公共教育投入向中西部和民族边远贫困地区的倾斜力度。科学推进城乡义务教育公办学校标准化建设，基本实现县域校际资源均衡布置。加强教师队伍特别是乡村教师队伍建设，落实乡村教师支持计划。**二是学前教育方面**，继续扩大普惠性学前教育资源，完善普惠性民办幼儿园扶持政策，鼓励地方通过政府购买服务、补贴租金、培训教师等方式,加快民办普惠性幼儿园发展,强化省级政府的统筹责任,落实县级政府发展学前教育和幼儿园监管的主体责任。**三是高中阶段教育方面**,巩固提高中等职业教育发展水平,保持普通高中和中等职业教育招生规模大体相当。探索综合高中、特色高中、普职融合班等多种模式,促进普通高中多样化发展。**四是特殊教育方面**,继续实施好特殊教育提升计划,全面普及残疾儿童少年义务教育,开展残疾儿童学前教育,加快发展以职业教育为主的残疾人高中阶段教育,完善高等学校和职业学校招收残疾学生政策,促进教育与康复相结合。**五是民族教育方面**,加快民族地区普惠性幼儿园建设,着力提高民族地区义务教育均衡发展水平,加快发展符合民族地区实际的中等职业教育,提高民族地区高中阶段教育普及水平,积极支持民族地区优化高等学校布局,加强民族地区国家通用语言文字教育,进一步加强内地民族班建设。

专栏 40.3
"十三五"教育现代化重大工程

(一)**义务教育学校标准化**。实施加快中西部教育发展行动计划,逐步实现未达标城乡义务教育公办学校的师资标准化配置和校舍、场地标准化。

(二)**高中阶段教育普及攻坚计划**。增加中西部贫困地区尤其是集中连片特殊困难地区高中阶段教育资源,使中西部贫困地区未升入普通高中的初中毕业生基本进入中等职业学校就读。

(三)**普惠性幼儿园建设**。加强普惠性幼儿园建设,重点保障中西部农村适龄儿童和实施全面两孩政策城镇新增适龄儿童入园需求。

(四)**产教融合发展**。支持百所高职院校和千所中职学校加强校企合作,共建职业教育实习实训设施;支持本科高校改善教学实训设施等基本办学条件;建设一批高水平应用型本科高校。支持校企合作方式建设服务现代产业的新兴学科专业集群。

(五)**世界一流大学和一流学科建设**。重点支持若干所高校和一批学科进入世界一流行列,若干学科进入世界一流学科前列。继续推进高等学校创新能力提升计划。

(六)**发展继续教育**。支持高等学校和职业院校为进城定居农民工、现代职业农民、现代产业工人和退役军人提供继续教育培训。

建立个人学习账号和学分认证平台。

（七）**教师队伍建设**。支持师范教育发展，实施高素质教育人才培养工程。补充民族地区双语教师和贫困地区中职教师。每年安排农村教师"特岗计划"，逐步扩大到10万人。建设乡村教师周转宿舍。实施中西部中小学首席教师岗位计划和高校高水平教师引进计划。加大特教教师培养力度。

（八）**教育信息化**。加快实施"三通两平台"建设工程，继续支持农村中小学信息化基础设施建设。通过购买服务建设国家级优质教育资源平台。以职业教育和应用型高等教育为重点，发展现代远程教育和在线教育。

（九）**教育国际交流合作**。推进共建"一带一路"教育行动。实施留学行动计划。继续办好孔子学院。

40.2.2 推进职业教育产教融合

坚持面向市场、服务发展、促进就业的办学方向，科学确定各层次各类型职业教育培养目标，创新技术技能人才培养模式。**一是推行校企一体化育人**。推进"订单式"培养、工学交替培养，积极推动校企联合招生、联合培养的现代学徒制。率先在大中型企业开展产教融合试点，推动行业企业与学校共建人才培养基地、技术创新基地、科技服务基地。鼓励学校、行业、企业、科研机构、社会组织等组建职业教育集团，实现教育链和产业链有机融合。**二是建立健全职业教育教学标准体系**。对接产业发展中高端水平，以增强学生核心素养、技术技能水平和可持续发展能力为重点，统筹规划课程与教材建设，对接最新行业、职业标准和岗位规范，优化专业课程结构，更新教学内容。完善职业学校教学工作诊断与改进制度。构建科学的职业教育评价制度，将学习者职业道德、技术技能水平和就业创业能力作为评价的主要内容，强化实习实训环节的评价。**三是完善职业学校布局结构**。根据产业发展对技术技能人才的需求优化职业教育体系结构，新增高等职业学校主要向中小城市、产业集聚区布局，着力建设一批服务现代产业发展和扶贫开发等重点工作领域的高水平职业学校，提升职业学校基础能力。

高水平职业学校建设
围绕深化产教融合、校企合作、工学结合主线，支持100所左右高等职业学校和1000所左右中等职业学校建设，改善基本办学和实习实训条件，强化国家重点领域产业和区域支柱产业相关专业建设，重点提升学校服务学历教育、社区教育、职工教育培训等能力，建成一批人才培养、科技创新、专业建设和产业融合发展的高水平职业学校。

> **专栏 40.4**
> **大国工匠后备人才培养**
>
> 着力提升职业学校人才培养质量,加强职业精神培育,推动产业文化、优秀企业文化、职业文化进校园进课堂,促进职业技能和职业精神高度融合,着力培养崇尚劳动、敬业守信、精益求精、敢于创新的工匠精神。推动职业学校与行业企业共建技术工艺和产品研发中心、实验实训平台、技能大师工作室等,完善职业学校学生技能竞赛制度,统筹职业学校教学体系和竞赛体系,建立健全大国工匠优秀后备人才早期发现、选拔和培养制度。打通职业教育人才培养通道,让职业学校学生的技术技能可以通过不断深造得到发展。

40.2.3 提升大学创新人才培养能力

加大创新型、复合型、应用型和技术技能型人才培养力度,提升大学人才供给和创新能力。**一是要推进现代大学制度建设**,完善学校内部治理结构。完善高等教育质量保障体系。推进高等教育分类管理和高等学校综合改革,实行学术人才和应用人才分类、通识教育和专业教育相结合的培养制度。深入实施中西部高等教育振兴计划,扩大重点高校对中西部和农村地区招生规模。全面提高高校创新能力,统筹推进世界一流大学和一流学科建设。**二是要改进高校人才培养质量评价**。鼓励行业部门(协会)制定人才评价标准,推动高校制定各专业人才培养标准和评价办法。坚持高校学生学习过程性和结果性评价相结合,严格课程考核标准和管理,探索基于真实任务的评价方法,注重考核学生运用知识系统分析问题和解决问题的能力。**三是提高应用型、技术技能型和复合型人才培养比重**。新增高等教育招生计划主要向应用型、技术技能型人才培养倾斜。稳步扩大研究生培养规模。扩大专业学位硕士研究生培养比例,积极稳妥推进博士专业学位研究生培养,新增计划主要用于紧缺人才培养。加快发展新兴学科、交叉学科。推进军民融合,改革完善依托国民教育培养军事人才的政策制度,做好普通高校国防生培养工作,扩大高等学校与军队合作培养军地两用人才规模。

> **专栏40.5**
> **世界一流大学和一流学科建设**
>
> 加强总体规划，坚持扶优扶需扶特扶新，按照"一流大学"和"一流学科"两类布局建设高校，引导和支持具备较强实力的高校合理定位、办出特色、差别化发展，努力形成支撑国家长远发展的一流大学和一流学科体系。到2020年，若干所大学和一批学科进入世界一流行列，若干学科进入世界一流学科前列。到2030年，更多的大学和学科进入世界一流行列，若干所大学进入世界一流大学前列，一批学科进入世界一流学科前列，高等教育整体实力显著提升。到本世纪中叶，一流大学和一流学科的数量和实力进入世界前列，基本建成高等教育强国。
>
> 以学科为基础，支持建设100个左右学科，重点支持一批接近或达到世界先进水平的学科，加强建设关系国家安全和重大利益的学科，重点布局一批国家急需、支撑产业转型升级和区域发展的学科，积极发展一批新兴学科、交叉学科，覆盖哲学社会科学、自然科学、工程技术等重点领域，大力提升国家自主创新能力和核心竞争力。每五年一个建设周期，建设高校及学科实行开放竞争、动态调整。围绕国家发展重大需求，按照"国家急需、世界一流、制度先进、贡献突出"的要求，深化高校与高校、科研院所、行业企业和国外科研机构的合作，汇聚创新资源和要素，构建协同创新的新模式，全面提升高等学校的人才、学科、科研三位一体创新能力。

40.2.4 建设学习型社会

构建惠及全民的终身教育培训体系，扩大全民终身学习机会。**一是建立终身教育制度**。建立个人学习账号、学分累计制度和多种学习成果认证平台；探索高中后教育全面实行学分制，实行弹性学制和学习者自主选课；探索建立与完全学分制相适应的高校教育教学、课程设置、学籍管理、按学分收费等各项制度；探索非学历教育学习成果认定和转换；允许学习者通过课堂学习、在线学习、自学等方式获得学分，建立健全职业教育与普通教育、学历教育与非学历教育、职前教育与职后教育沟通衔接的机制。**二是加强教育平台建设**。明

学习型社会

学习型社会是美国学者罗伯特·哈钦斯于1968年首次提出的。联合国教科文组织的报告《学会生存——教育世界的今天和明天》，强调把学习型社会作为未来社会形态的构想和追求目标，提出人类要向着学习型社会前进。学习型社会要求学习行为的社会化和普遍化，包括学习型公民、学习型组织、学习型城市、学习型政党、学习型政府等内容。要求学习行为的持续性和长久性，个人要终身学习和受教育，企业要不断学习与变革，国家要始终保持竞争的动力和创新的活力。

确各类高等学校和职业学校发展继续教育的职责任务、考核标准,推动高等学校和职业学校进一步开放办学;加强顶层设计,完善自学考试制度,办好开放大学,提供优质继续教育资源;继续办好各类成人教育机构;支持办好企业大学和企事业单位职工继续教育基地,鼓励各类社会培训机构依法开展教育培训活动。**三是扩大继续教育服务**。加快构建政府、企业、社会共同参与的终身学习激励机制,建设覆盖全国城乡、开放便捷的终身学习公共服务体系。整合资源,健全城乡一体的社区教育办学网络,广泛开展城乡社区教育。推动学习型城市建设。持续开展"全民终身学习活动周",倡导全民阅读。推进老年教育机构逐步纳入地方公共服务体系,完善老年人学习服务体系,办好老年大学,有效扩大老年教育资源供给。

40.2.5 增强教育改革发展活力

落实和扩大学校办学自主权,提升教育开放的层次和水平,激发学校面向社会需求办学的活力,整体提升教育的适应性、贡献力和竞争力。全面加强体育卫生、心理健康、艺术审美教育,培养创新兴趣和科学素养,增强学生的社会责任感、法治意识、创新精神、实践能力。深化考试招生制度改革。推行初高中学业水平考试和综合素质评价。全面推开中小学职称制度改革。推动现代信息技术与教育教学深度融合。依法保障教育投入。实行管办评分离,扩大学校办学自主权,完善教育督导,加强社会监督。建立分类管理、差异化扶持的政策体系,鼓励社会力量和民间资本提供多样化教育服务。完善资助体系,实现家庭经济困难学生资助全覆盖。教育事业发展"十三五"规划主要目标见表40.1。

表40.1　教育事业发展"十三五"规划主要目标

指　标	2015年	2020年	属　性
学前教育			
在园幼儿数(万人)	4 265	4 500	预期性
学前三年毛入园率(%)	75	85	预期性
九年义务教育			
在校生(万人)	14 004	15 000	预期性
巩固率(%)	93	95	约束性

(续表)

指 标	2015 年	2020 年	属 性
高中阶段教育			
在校生(万人)	4 038	4 130	预期性
其中:中等职业教育	1 657	1 870	预期性
毛入学率(%)	87	90	预期性
高等教育			
在学总规模(万人)	3 647	3 850	预期性
在校生(万人)	3 511	3 680	预期性
其中:研究生(万人)(含全日制和非全日制研究生)	250(191)	290(230)	预期性
其中:普通本专科(万人)	2 625	2 655	预期性
毛入学率(%)	40	50	预期性
继续教育			
从业人员继续教育(万人次)		35 000	预期性
人力资源开发			
新增劳动力平均受教育年限(年)	13.3	13.5	

内容小结

本章论述了优先发展教育事业。教育事业不仅关系到个人的命运,也关系到国家的命运,教育现代化是国家现代化的根本前提。进入 21 世纪以来,世界各国注重创新教育理念,注重人本化、个性化、互动化;增加教育投入,提供充足的教育经费、充分的教师保障;改善教育治理,倡导多元参与。改革开放 40 年,我国走出了一条具有中国特色的社会主义教育发展道路,正在从教育大国向教育强国转变。从发展历程看,主要经历了教育恢复发展期、教育改革探索期、教育公平推进期、教育深化改革期四个阶段。但要清醒地看到,我国教育改革发展尚不能完全适应人的全面发展和经济社会发展需要。建设教育强国是中华民族伟大复兴的基础工程,必须把教育事业放在优先位置,加快基本公共教育均衡发展,推进职业教育产教融合,提升大学创新人才培养能力,建设学习型社会,增强教育改革发展活力,努力实现教育现代化,办好人民满意的教育。

关键概念

教育现代化　　教育强国　　　　　　基本公共教育　　职业教育
产教融合　　　世界一流大学和一流学科　学习型社会

思考讨论题

1. 联系实际谈谈优先发展教育事业的重大意义。
2. 改革开放40年来我国教育事业发展取得了哪些主要成就？存在哪些突出问题？
3. 谈谈你对推进教育现代化的看法与建议。

第 41 章
实现更高质量和充分就业

就业是最大的民生。就业机会、就业待遇和就业权益的平等是社会公平的重要内容,就业质量影响劳动者的收入水平和消费水平。实现更充分和更高质量的就业,对发挥人的创造能力、促进居民增收和保障基本生活、适应人们对自身价值的追求具有重要意义。

41.1 就业政策概述

凯恩斯指出,由于真实世界的经济普遍存在"有效需求不足",充分就业并不能自动实现,需要政府加以干预。国际劳工组织先后颁布了《就业政策公约》《就业政策补充规定建议书》《促进就业和失业保护公约》以及《全球就业议程》等,倡导各国推行积极的就业政策。世界各国政府普遍把促进就业、解决失业作为经济社会发展的重要目标。

41.1.1 主要国家的就业政策

美国的就业政策:政府较少介入劳动力市场,较少直接干预企业和行业的雇佣总量和结构,重点是建立劳动力市场运行的法律保障,并采用津贴、就业基金等经济手段调节劳动力需求,在劳动力供给上则集中于就业素质培养。美国国会颁布了《就业法》和《人力开发和培训法》,规定政府要制订就业计划,评估、研究和预测就业形势,建立公益就业服务计划并提供就业帮助基金。美国执行就业政策的政

就业和充分就业
就业是指在法定劳动年龄内(男 16—60 岁,女 16—55 岁),从事一定的社会经济活动,并取得合法劳动报酬或经营收入的活动。充分就业指所有具有劳动意愿和劳动能力的劳动者都能够获得与之相匹配的劳动岗位。充分就业并不等于全部就业,仍然存在一定的失业,但所有的失业均属于摩擦性的和结构性的。通常把失业率等于自然失业率时的就业水平称为充分就业。

国际劳工组织
是以国际劳工标准处理有关劳工问题的联合国专门机构。1919 年,根据《凡尔赛和约》,国际劳工组织作为国际联盟的附属机构成立。宗旨是促进充分就业和提高生活水平;促进劳资合作;改善劳动条件;扩大社会保障;保证劳动者的职业安全与卫生;获得世界持久和平,建立和维护社会正义。

美国反就业歧视政策
美国国会颁布的《同工同酬法》和《民权法案》中明确,保障少数民族、黑人、女性的就业水平、就业质量和收入水平。颁布的《就业年龄歧视法案》反对老年人就业歧视,颁布的《残疾人法案》强调改进残疾劳动者的经济地位。美国政府成立了专门的平等就业机会委员会(EEOC)负责反就业歧视法律执行。1997—2006 年,EEOC 每年受理的歧视投诉多达 7 500—8 500 件。一旦歧视成立,雇主就必须对受害人采取补发欠薪、恢复雇佣、晋升、重新安置、提供工作便利等措施予以补偿。

府和社会机构包括劳工部、人力管理局和职业介绍局、劳动标准局、联邦就业与调解书、联邦劳工关系管理局、国家劳工关系管理委员会以及职业安全和健康审议会等，负责就业安置、职业介绍、失业工人培训、发放就业津贴等工作。

德国的就业政策：相对于美国而言，德国政府对市场和企业的干预较多。德国议会颁布了《就业促进法》《职业培训法》《工作时间法》和《解雇保护法》，由劳动与社会福利部，地方劳动与社会福利局，以及中央、州和地方的职业介绍所与工商联负责职业培训工作。德国的就业政策对劳动力市场上出现的就业困难进行积极的公共干预，对象覆盖失业者、从事存在非自愿性失业风险工作的人员及希望进入劳动力市场的非经济活动人员。主要内容包括：政府开展人力资本投资，进行基础教育和就业培训，制定培训内容与考核标准；重视培训高质量和实用性的"双元"制职业培训；建立较为完善的社保制度为劳工提供兜底保障；推行劳资合作的"共同决定制"调节劳动关系，推动工人参与企业决策，保障工人平等权利。德国的就业服务采用政府和民间共同推进的模式，引入工会、雇主协会、商会、研究机构等大量社会机构参与，保障了政策有效落地。

日本的就业政策：相较于美国、德国而言，日本由于实施赶超战略导致政府干预色彩更浓。日本议会颁布了《劳动省设置法》《失业保险法》《职业安定法》《雇佣保险法》和《中小企业劳动力确保法》等，设立劳动大臣、劳动基准局、中央劳动委员会、公共企业劳动委员会等机构负责制定就业规划、政策、法规，建立统一的就业服务体系，监督检查全国和地区劳动力市场活动，培训就业管理人员，管理分配就业保险基金，分析提供劳动力供求信息，维护日本企业"终身雇佣制"的良好运行等。产业更替中的就业结构管理是日本就业政策的一大特点。第二次世界大战后，日本主导产业经历了煤炭、钢铁、汽车、石化、电子工业等变迁。在产业更替过程中，就业政策的重点：一是雇佣补助和保险计划，设立雇佣调整补助金制度、产业雇佣安定补助金和雇佣高龄职工补助，对缩小规模但同时采取雇员转岗安置措施的企业，在企业发放职工工资时给予一定补助，将暂时停业的工人留在企业内部，待经济情况好转时重新就业；二是职业能力建设计划，通过发放补助鼓励企业进行职业训练，社会机构开展公共职业训练，以及工人进行自学和自我培养；三是职业介绍，给萧条产业离职者发放《产业离职手册》，各个单位对持有手册的求职者在就业时需给予多种照顾并提供指导。

德国就业政策的改革

2008年国际金融危机后，为有效避免大规模失业，德国对就业机构和就业政策进行革新，主要措施包括：就业服务机构"去官僚化"，德国联邦劳动局总部更名为"联邦就业服务机构"，将地方分支机构更名为"顾客服务中心"，在组织上采用董事会领导下的非营利企业模式，成员由雇主联合会、工会联合会和政府三方组成；合并失业援助和社会救助，为求职者提供基本生活保障，通过住户调查确认困难群体的补助金额；开展竞争性职业培训和职业介绍，联邦就业服务机构在全国范围内招标，培训机构和职业介绍所都可凭资质证明和标书参与竞争。

终身雇佣制

由创立于1918年的松下公司提出。其创始人松下幸之助说："松下员工在达到预定的退休年龄之前，不用担心失业。企业也绝对不会解雇任何一个'松下人'"。这一雇佣制度为战后日本大部分日本企业所效仿，为日本经济恢复和腾飞作出了贡献，是日本经济的一大特色。

41.1.2 我国就业政策的演进

改革开放前"统包统配"的就业政策。由于实行高度集中的计划经济体制,就业政策与之相适应,以指令性计划为基础,以城乡二元就业为特征。这一时期,我国的就业政策方针呈波动性变化。中华人民共和国成立之初,主要是政府统一介绍就业与劳动者自行就业相结合,把安置失业人员就业同补充工业、发展农业所需要的劳动力统筹起来考虑,解决了中华人民共和国成立之前遗留下来的失业人员问题,巩固了新生政权,提高了党和政府的威信,就业政策对中华人民共和国成立后经济的恢复和发展以及工业化的推进发挥了积极作用。从20世纪50年代末期到改革开放前,就业的计划性、调配性增强,对城镇劳动力安排采取了统包统配的方式。这种高度计划性的就业政策,一方面有利于社会稳定和群众生活,另一方面抬高了企业的劳动成本,影响了劳动积极性,降低了资源配置效率,也导致大量显性和隐性失业人员。

改革开放初实行"三结合"的就业政策。传统计划经济体制下"统包统配"的城镇就业政策已经不能解决严峻的就业问题。1980年,全国劳动工作会议提出:在国家统筹规划和指导下,实行"三结合"的就业方针。这一方针实质上是三种经济成分并存在劳动就业政策上的新体现,由此开创了城镇多元就业的新局面。主要包括:一是发展集体经济和个体经济,安置待业人员就业。个体劳动在《中华人民共和国宪法》(1978年)中得到承认;1981年,国务院印发《关于城镇非农业个体经济若干政策规定》,接着又颁布《关于城镇集体所有制经济若干政策问题的暂行规定》,集体和个体经济快速发展,成为就业的主要渠道。二是严格控制农村劳动力流入城镇。为缓解当时城镇尖锐的就业矛盾,1981年,中共中央、国务院《关于广开门路,搞活经济,解决城镇就业问题的若干决定》中提出:"对农村多余劳动力,要通过发展多种经营和兴办社队企业,就地适当安置,不使其涌入城镇。"这种城乡分离的就业政策客观上限制了农村劳动力的流动和转移。三是开展职业教育。由于全国技能型人才极度短缺,1981年,中共中央《关于加强职工教育工作的决定》指出,逐步建立正规的职工教育制度和严格的考核制度。到1987年,全国已有技工学校4 000多所,培训规模达150万人,企业举办的职业学校和培训中心共有2万多所,年培训能力达2 000万人次。四是推行全员劳动合同制。1983年2月国务院下达《关于积极试行劳动合同制的通知》,引

> **"三结合"的就业方针**
> 是指劳动部门介绍就业、自愿组织起来就业和自谋职业相结合。劳动部门介绍就业指国营和大集体企业、事业单位按国家计划指标招工;自愿组织起来就业指待业人员通过自筹资金、自愿组合,兴办各种形式的集体经济组织,达到就业的目的;自谋职业指个体劳动者从事个体商业和服务业。

导劳动者和用人单位双方签订合同,规定权利义务,建立劳动关系。合同制职工比例由1987年年底的6.6%上升到1991年年底的13.6%。

20世纪八九十年代以市场为主导的就业政策。从1984年以城市为重点的经济体制改革全面展开,到1992年党的十四大提出建立社会主义市场经济体制,我国逐步推行以市场为主导的就业政策;到1998年,国家明确提出"劳动者自主就业、市场调节就业、政府促进就业"的新时期就业方针,标志着市场导向的就业机制进入新阶段。这一时期,就业政策的主要内容包括:一是颁布系列法律法规,建立新型劳动关系。1993年,国家颁布《中华人民共和国企业劳动争议处理条例》,1994年,颁布《中华人民共和国劳动法》,从法律上明确劳动合同的作用和地位,放宽企业用工自主权。二是企业用工全面市场化。企业用人自主、职工择业自由的新型用工制度全面建立。1992年,颁布的《全民所有制工业企业转换经营机制条例》明确提出,企业可以实行合同化管理或者全员劳动合同制。到1997年年底,实行劳动合同制的城镇职工已达到10 728.1万人,占职工总数的97.5%。三是实施"再就业工程"。随着国有企业改革的深入,1993年,国务院发布《国有企业富余职工安置规定》,确定了"企业自行安置为主,社会帮助安置为辅,保障富余职工基本生活"的分流安置办法。1995年,国务院转发劳动部《关于实施再就业工程的报告》,再就业工程正式在全国推广。

进入新世纪后的积极就业政策。党的十六届六中全会《关于构建社会主义和谐社会若干重大问题的决定》提出,大力发展劳动密集型产业、服务业、非公有制经济、中小企业,多渠道、多方式增加就业岗位。这一时期的就业政策主要内容:一是完善就业公共服务体系。2008年国务院下发《关于做好促进就业工作的通知》,要求县级以上人民政府建立健全公共就业服务体系,规范公共就业服务机构,向劳动者提供免费就业服务。二是实施再就业援助,提升就业质量。实行税费减免和小额贷款政策,支持下岗失业人员自谋职业。实行社会保险补贴和税收减免政策,鼓励服务型企业吸纳下岗失业人员。实行再就业援助,帮助就业困难对象再就业。三是加强兜底保障,维护劳动关系和谐稳定。1998年,中共中央、国务院发布《关于切实做好国有企业下岗职工基本生活保障和再就业工作的通知》;2001年,开始城镇社会保障体系试点,随后逐步推广;2005年,国务院印发《关于完善企业职工基本养老保险制度的决定》,规定城镇个体工商户和灵活就业人员都要参加养老保险。

十八大以来的就业优先战略。以习近平同志为核心的党中央高度重视就业问题,强调"就业是民生之本",提出实施就业优先战略和更加积极的就业政策。这就要求在创造良好就业环境、提高就业质量、增强劳动者就业能力、保障劳动者权益等方面有更大作为。一是加大劳动力市场制度建设力度。完善劳动立法,建立健全工资集体协商制度,发挥工会保护劳动者权益的作用,加强和谐劳动关系构建。把城镇就业增长、城镇登记失业率和城镇调查失业率等一系列劳动力市场指标作为评估宏观经济运行状况和决定政策取向的重要依据。二是构建劳动者终身职业培训体系。积极推动就业优先战略向教育和培训延伸,努力构建终身学习体系,推动建立覆盖城乡全体劳动者、贯穿劳动者学习工作终身、适应劳动力市场需求的职业培训制度,增强劳动者创新和就业能力。三是促进农村劳动力转移就业。大力推动户籍制度改革,合理引导农业人口有序向城镇转移,推进农业转移人口市民化。通过增加劳动力供给、提高人力资源配置效率,同时帮助农村贫困人口脱贫致富,缩小城乡收入差距。四是鼓励创造就业岗位,落实和完善就业援助措施。实施零就业家庭动态"清零"政策、公益性岗位托底安置政策和社会保险补贴政策,有效解决结构性失业问题。进一步降低市场准入门槛,完善创业扶持政策,着力解决劳动者创业面临的融资难、税负重、门槛高等问题,大力推动以创业带动就业。

我国就业规模持续扩大,近5年城镇新增就业6 600万人以上。2017年,城镇新增就业1 351万人,失业率为多年来最低,实现了零就业家庭动态清零;农民工总量达到28 652万人,其中进城农民工达到13 710万人;13亿多人口的大国实现了比较充分就业。但要清醒地看到,我国劳动力总量和结构正在发生重大变化,劳动力供需矛盾日益凸显。从供给看,"十三五"时期城镇年均新成长劳动力在1 500万人以上,加上约1 000万的城镇登记失业人员,此外,每年还有近300万的农业富余劳动力需要转移就业。从需求看,受中美贸易摩擦、经济增速放缓等多种因素影响,企业生产经营困难增多,"机器换人"趋势加快,导致劳动力需求明显减少,"招工难"与"就业难"并存,结构性失业和摩擦性失业交织,实现更高质量和充分就业任务艰巨。

41.2 实施就业优先战略的重点

实施就业优先战略和更加积极的就业政策,贯彻劳动者自主就业、市场调节就业、政府促进就业和鼓励创业的方针,强化各类政策协同机制,创造更多就业岗位,着力解决结构性就业矛盾,提供全方位公共就业服务,促进高校毕业生等青年群体、农民工多渠道就业创业,完善政府、工会、企业共同参与的协商协调机制,构建和谐劳动关系。

41.2.1 以促进充分就业为优先目标

把促进充分就业作为经济社会发展优先目标,放在更加突出位置,坚持分类施策,提高劳动参与率,稳定并扩大城镇就业规模。一是加快发展平台经济等新经济形态,催生更多微经济主体。积极发展吸纳就业能力强的产业和企业,创造更多就业机会。完善创新创造利益回报机制,激发经济升级和扩大就业内生动力。二是坚持人才优先,健全劳动者素质提升长效机制,完善终身学习服务体系,完善职业技能培训制度,健全劳动者技能提升激励机制,增强公共实训能力。三是加强对灵活就业、新就业形态的扶持,促进劳动者自主就业。加强就业援助,对就业困难人员实行实名制动态管理和分类帮扶,做好"零就业"家庭帮扶工作。加大再就业支持力度。四是建立健全城乡劳动者平等就业制度,推进农村劳动力转移就业示范基地建设,建立健全劳务输出对接机制,提高劳务输出就业脱贫的组织化程度。

专栏 41.1
"十三五"时期促进就业的主要目标

(一)就业规模稳步扩大,就业质量进一步提升。"十三五"时期城镇新增就业 5 000 万人以上,全国城镇登记失业率控制在 5% 以内,高校毕业生、农民工等重点人群就业形势基本稳定。促进贫困人口就业,带动 1 000 万人脱贫。服务业从业人员、城镇就业人员所占比重不断提高,就业结构持续优化。城乡均等的公共就业创业服务体系更加健全,劳动者权益保护制度不断完善,企业劳动合同签订率保持在 90% 以上,工资收入合理增长,就业质量进一步提升。

(二)创业环境显著改善,带动就业能力持续增强。促进创业政策体系不断完善,服务能力明显提升,各类劳动者创业创富通道更加畅通,全社会支持创业、参与创业的积极性显著提高,创业成功率明显提升,创业带动创新、促进就业增收能力持续增强。

(三)人力资源结构不断优化,劳动者就业创业能力明显提高。劳动年龄人口平均受教育年限达到10.8年,新增劳动力平均受教育年限达到13.5年,劳动者素质普遍提高,适应就业形势变化能力不断增强。全国技能劳动者总量达到约1.7亿人,其中高技能人才总量达到5 500万人,占技能劳动者总量的比重达到32%,技术技能人才短缺状况有效缓解。

41.2.2 提高公共就业创业服务能力

大力推动大众创业、万众创新,鼓励以创业带动就业,健全覆盖城乡的公共就业创业服务体系。一是完善就业创业服务体系。推行终身职业技能培训制度。建设一批各具特色、高水平的区域、高校和科研院所、企业"双创"示范基地,推广新型孵化模式,加快发展众创空间,建设小微企业创业创新基地,推动乡村旅游创客示范基地建设。二是做好重点群体就业创业服务工作,落实高校毕业生就业促进和创业引领计划,健全高校毕业生资助创业、到基层就业的激励政策。促进农村富余劳动力转移就业和外出务工人员返乡创业。开展贫困家庭子女、未升学初高中毕业生、农民工、失业人员和转岗职工、退役军人和残疾人免费接受职业培训行动。完善高技能人才职称评定、技术等级认定等政策。三是完善就业失业统计指标体系,健全失业监测预警机制,发布城镇调查失业率数据,强化对部分地区、行业规模性失业的监测和应对。四是提高公共就业创业服务信息化水平,推进各类就业信息共享开放。到2020年,全面建成省级集中的公共就业服务信息系统和公共就业创业服务平台。五是推进人力资源市场信用体系和标准体系建设,加强人力资源市场管理信息平台建设。依法规范实施人力资源市场行政许可,加强人力资源市场事中事后监管,建立年度报告公示制度。

> **专栏 41.2**
> **"十三五"时期的重点人群就业促进计划**
>
> 1. 高校毕业生就业创业促进计划。健全未就业毕业生实名数据库,为高校毕业生提供就业信息、职业指导和就业见习等就业服务。普及创业教育,加强职业培训。加强部门之间工作衔接、信息共享,推动高校毕业生就业创业。
>
> 2. 实施高校毕业生基层服务项目。统筹实施大学生村官、农村教师特岗计划、"三支一扶"计划、志愿服务西部计划和农技特岗计划等专门项目,选拔派遣高校毕业生到基层服务。
>
> 3. 促进农村劳动力转移就业。加强职业培训和就业创业服务,优化就业创业环境,加强形势分析和就业监测,促进农村富余劳动力有序外出就业、就地就近就业和返乡创业,着力稳定和扩大农民工就业规模。
>
> 4. 做好化解过剩产能职工安置工作。以钢铁、煤炭等行业为重点,实施再就业帮扶行动,对确实要离开企业的劳动者,普遍开展转岗培训或技能提升培训,免费提供就业创业服务,落实职业培训补贴等扶持政策。
>
> 5. 推进就业扶贫。通过精准对接、劳务协作和政策扶持,促进有就业意愿和就业能力的未就业贫困人口和非建档立卡的农村低保对象、贫困残疾人转移就业,促进已实现就业的建档立卡贫困人口和非建档立卡的农村低保对象、贫困残疾人稳定就业。
>
> 6. 实施就业援助。加大企业吸纳困难群体就业的扶持力度,规范公益性岗位开发管理,畅通进出通道。大力推进残疾人按比例就业。完善就业援助制度,实施精细化的分类帮扶和实名制动态管理,缩短长期失业者失业周期。

41.2.3 构建和谐劳动关系

构建中国特色的和谐劳动关系体制机制,实现劳动关系矛盾的系统治理、依法治理、源头治理和综合治理,建立规范有序、公正合理、互利共赢、和谐稳定的劳动关系。一是切实保障职工基本合法权利。完善并落实工资支付规定,健全工资支付监控、工资保证金和欠薪应急周转金制度,完善并落实国家关于职工工作时间、假期等规定,加强劳动安全卫生执法监督,努力实现社会保险全面覆盖。二是健全劳动关系协调机制。加强对企业实行劳动合同制度的监督、指导和服务,依法推进工资集体协商。三是加强企业民主管理制度建设。完善以职工代表大会为基本形式的企业民主管理制度,在公司制企业建立职工董事、职工监事制度。四是健全劳动关系矛盾调处机制。全面推进劳动保障监察网格化、网络化管理,推动各类企业普遍建立内部劳动争议协商调解机制,依法及时为符合条件的职工提供法律援助。

专栏 41.3
全面治理拖欠农民工工资行动计划

（一）全面规范企业工资支付行为。全面落实企业对招用农民工的工资支付责任,督促各类企业严格依法将工资按月足额支付给农民工本人,严禁将工资发放给不具备用工主体资格的组织和个人。督促各类企业依法与招用的农民工签订劳动合同并严格履行,建立职工名册并办理劳动用工备案。推动各类企业委托银行代发农民工工资,推广实名制工资支付银行卡,开通农民工社会保障卡的银行账户工资支付功能。

（二）健全工资支付监控和保障制度。完善企业工资支付监控机制,建立和完善欠薪预警系统。在工程建设领域全面实行工资保证金制度,逐步将实施范围扩大到其他容易发生拖欠工资的行业。建立健全农民工工资（劳务费）专用账户管理制度。完善应急周转金制度,研究建立欠薪保障金制度。

（三）推进企业工资支付诚信体系建设。完善企业守法诚信管理制度,建立拖欠工资企业"黑名单"制度,定期向社会公开有关信息。对拖欠工资的失信企业,在政府资金支持、政府采购、招投标、生产许可、履约担保、资质审核、融资贷款、市场准入、评优评先等方面依法依规予以限制。

（四）依法处置拖欠工资案件。严厉查处拖欠工资行为,加强工资支付监察执法,完善劳动保障监察行政执法与刑事司法衔接机制。加强欠薪争议调解仲裁,及时处理欠薪争议案件。

资料来源：国务院办公厅,《关于全面治理拖欠农民工工资问题的意见》,2016 年 1 月。

内容小结

本章论述了实现更高质量和充分就业。就业是最大的民生。就业机会、就业待遇和就业权益的平等是社会公平的重要内容,就业质量影响劳动者的收入水平和消费水平。国际劳工组织倡导各国推行积极的就业政策,美国、德国、日本等主要国家普遍把促进就业、解决失业作为经济社会发展的重要目标。从我国就业政策的演进看,大致经历了改革开放前"统包统配"的就业政策、改革开放初实行"三结合"的就业政策、20世纪八九十年代以市场为主导的就业政策、进入新世纪后的积极就业政策、十八大以来的就业优先战略等发展阶段。实施就业优先战略和更加积极的就业政策,就是要以促进充分就业为优先目标,贯彻劳动者自主就业、市场调节就业、政府促进就业和鼓励创业的方针,提高公共就业创业服务能力,促进高校毕业生等青年群体、农民工多渠道就业创业,完善政府、工会、企业共同参与的协商协调机制,构建和谐劳动关系,持续扩大就业规模、提升就业质量。

关键概念

就业　　　充分就业　　　就业政策　　　"统包统配"就业政策
"三结合"就业政策　　就业优先战略　　公共就业创业服务能力　　重点人群就业
和谐劳动关系

思考讨论题

1. 联系实际谈谈实施就业优先战略、把促进充分就业作为经济社会发展优先目标的重大意义。
2. 从主要国家的就业政策和我国就业政策的演进来看,有哪些主要特点?有什么启示?
3. 你对今后一个时期实施就业优先战略、实现更高质量和充分就业有什么看法与建议?

第 42 章
缩小收入分配差距

收入分配制度是经济社会发展中一项带有根本性、基础性的制度安排,是社会主义市场经济体制的重要基石。鼓励勤劳守法致富,扩大中等收入群体,增加低收入者收入,调节过高收入,取缔非法收入,坚持在经济增长的同时实现居民收入同步增长、在劳动生产率提高的同时实现劳动报酬同步提高。努力缩小收入分配差距,是新时代一项十分重要的任务。

42.1 我国收入分配制度演进

收入分配差距是一道世界性的难题。无论是发达国家还是发展中国家,近30年来收入差距都呈现出"波浪式扩大"趋势,不少国家基尼系数超过0.4的警戒线。习近平同志在十九大报告中讲到发展不平衡不充分的一些突出问题时指出:"收入分配差距依然较大。"我国收入分配制度主要经历了从单一的"平均主义",到逐步建立按劳分配为主体、多种分配方式并存的分配制度的演进过程。

42.1.1 计划经济时期的"平均主义"分配方式

在计划经济时期,按劳分配是我国唯一的分配方式,具体形式有两种,即工资和"工分"。在城镇,无论是全民所有制企业、集体所有制企业,还是机关事业单位,均实行工资制,各类人员的收入被纳入国家统一规定的工资制度中,以技术、职务、行业、地区四个基本因素

基尼系数
由意大利经济学家基尼于1922年提出,是根据洛伦茨曲线定量测定居民内部收入分配差距程度的一个重要分析指标,目前为国际社会所普遍采用。其经济含义是指在全部居民收入中,用于进行不平均分配的那部分收入占总收入的百分比。基尼系数在0.2以下,表示居民之间收入绝对平均;0.2—0.3表示相对平均;0.3—0.4表示比较合理;通常把0.4作为收入分配贫富差距的"警戒线",认为基尼系数在0.4—0.6为"差距偏大"。

为参照标准。企业职工的工资多少与企业经营状况好坏没有关系，机关工作人员工资等级、标准全国基本一致。在农村，农民由生产队"派活"，进行集体劳动，收入主要来自生产队所评的"工分"，农民凭"工分"取得劳动报酬，"工分"的分值取决于生产队生产的农产品数量和价格，而这些绝大部分又是由国家统一决定的。可以说，改革开放以前的收入分配制度是高度集中的平均主义的计划分配制度。

42.1.2 社会主义市场经济条件下的收入分配制度改革

美国的贫富差距
2017年6月，联合国人权理事会极端贫困和人权问题特别报告员、纽约大学法学教授菲利普·奥尔斯顿发表的最新研究报告指出，美国最富裕的1%的人群，所占有的社会财富在2016年达到38.6%；过去25年占总人口90%的民众所拥有的财富和收入水平呈现下降趋势；全美有4 000万人生活在贫穷中，1 850万人生活在赤贫之中，是发达国家中最不平等的国家。美联储发布的《2017美国家庭经济状况报告》也显示，2017年27%的成年人负担不起药费放弃治疗，9%的人没有任何医疗保险(其中约42%的人生病时无力支付药费)。世界银行的数据表明，美国基尼系数从1970年的0.39上升到2016年的0.48。

从改革开放初期提出"允许一部分人通过诚实劳动和合法经营先富起来"，到党的十四届三中全会提出"效率优先，兼顾公平"，到党的十七大提出"初次分配和再分配都要处理好效率和公平的关系"，再到党的十八届三中全会提出"让发展成果更多公平惠及全体人民"，我国收入分配改革逐步推进，破除了传统计划经济体制下平均主义的分配方式，在坚持以按劳分配为主体的基础上，允许和鼓励资本、技术、管理等要素按贡献参与分配，不断加大收入分配调节力度。经过三十多年的探索与实践，按劳分配为主体、多种分配方式并存的分配制度基本建立，以税收、社会保障、转移支付为主要手段的再分配调节框架初步形成，城乡居民人均实际收入平均每十年翻一番，家庭财产稳定增加，人民生活水平显著提高，贫困人口大幅减少。实践证明，我国收入分配制度是与基本国情、发展阶段总体相适应的。但必须看到，收入分配领域的一些问题依然突出，城乡区域之间、不同群体之间收入分配差距依然较大，基尼系数仍然处于高位，收入分配秩序不规范，隐性收入、非法收入问题比较突出，部分群众生活困难，宏观收入分配格局有待优化。

> **专栏 42.1**
> **《21世纪资本论》**
>
> 2014年，法国经济学家托马斯·皮凯蒂出版《21世纪资本论》一书，引起世界范围内的广泛关注与讨论。皮凯蒂认为，近几十年来，世界的贫富差距正在严重恶化，而且将会继续恶化下去。现有资本主义制度只会让富人更富、穷人更穷，拥有极多财富的人

群可能固化,自由市场机制是造成这种不平等的根源。资本收益率从长期来看总是高于国民收入增长率,过去一直强调的通过发展教育以缩小收入差距和减弱财富的代际传递的政策主张,会变得不再奏效,政府试图通过教育、医疗和社会福利等来提高公平的做法,也难以在社会分配问题上有所作为。他认为,资本主义的常态是持续稳定的财富世袭传承,贫富差距的持续拉大会使得资本主义民主体制无法运转。

42.2 促进收入分配更合理更有序

坚持按劳分配原则,完善按要素分配的体制机制,促进收入分配更合理、更有序,拓宽居民劳动收入和财产性收入渠道,履行好政府再分配调节职能,加快推进基本公共服务均等化。

42.2.1 完善初次分配制度

初次分配制度以市场机制为基础,生产要素按贡献参与分配。主要包括科学的工资水平决定机制、正常增长机制、支付保障机制、企业工资集体协商制度、最低工资增长机制等。初次分配制度要正确处理效率和公平的关系,创造权利公平、机会公平、规则公平的竞争环境,完善劳动、知识、资本、技术、管理等要素按贡献参与分配的机制,坚持"两个同步"方针。完善初次分配制度要突出两个重点:

要坚持按劳分配原则。一是提高劳动者职业技能。完善多劳多得、技高者多得的技能人才收入分配政策,提高技能人才待遇水平和社会地位,健全面向全体劳动者的职业培训制度,加大政府对技能人才培养的投入。二是促进企业职工工资合理增长。完善最低工资制度、工资指导线制度、劳动力市场工资指导价位制度和行业人工成本信息指导制度,建立统一规范的企业薪酬调查和信息发布制度,根据经济发展、物价变动等因素,适时调整最低工资标准,积极稳妥推行工资集体协商制度。三是加强国有企业工资管理。根据企业经营管理绩效、风险和责任,合理确定国有及国有控股企业高管人员薪酬水平,缩小企业内部分配差距。四是深化机关事业单位工资制度改革。建立公务员和企业相当人员工资水平调查比较制度,完善公务员职务与职级并行制度,适当提高基层公务员工资水平。提高艰苦边远地区津贴标准,并建立正常增长机制,分步实施同城同待遇政策。建立健全符合事业单位特点、体现岗位绩效和分级分类管理的工资分配制度。

要完善按要素分配的体制机制。一是实行以知识价值为导向的科研人员分配体系,完善知识要素参与分配机制,建立健全以实际贡献为评价标准的科技创新人才薪酬制度;完善有利于科技成果转移转化的分配政策,探索建立科技成果入股、岗位分红权激励等多种分配办法,保障技术成果在分配中的应得份额。二是增加居民财产性收入,促进资本市场健康发展,加强上市公司监管,明确和落实分红制度,持续回报股东,保护投资者特别是中小投资者合法权益;鼓励居民金融资产投向实体经济,支持有条件的企业实施员工持股计划;拓宽居民租金、股息、红利等增收渠道。三是建立健全资源有偿使用制度和生态环境补偿机制,完善公开公平公正的国有土地、海域、森林、矿产、水等公共资源出让机制,防止通过不正当手段无偿或低价占有和使用公共资源;建立健全公共资源出让收益全民共享机制,出让收益主要用于公共服务支出。四是建立健全国有资本收益分享机制,建立覆盖国有企业、分级管理的国有资本经营预算和收益分享制度,合理分配和使用国有资本收益,扩大国有资本收益上交范围,新增部分纳入公共财政,主要用于社会保障等民生支出。

专栏 42.2
激发重点群体活力带动城乡居民增收

2016 年 10 月,国务院印发《关于激发重点群体活力带动城乡居民增收的实施意见》,实施七大群体激励计划,推出差别化收入分配激励政策。

(一)技能人才激励计划。完善技术工人薪酬激励机制,优化职业技能标准等级设置,向上增加等级级次,拓宽技术工人晋升通道;贯通职业资格、学历等认证渠道;加大对技能要素参与分配的激励力度,探索建立企业首席技师制度,鼓励企业采取协议薪酬、持股分红等方式,试行年薪制和股权制、期权制,提高技能人才收入水平。

（二）新型职业农民激励计划。提高新型职业农民增收能力，将新型职业农民培育纳入教育培训发展相关规划，定向培养新型职业农民，完善国家助学和培训补贴政策；积极培育家庭农场、专业大户、农民合作社、农业企业等新型农业经营主体和农业社会化服务主体，发展适度规模经营；支持农民工、大学生等人员返乡创业。

（三）科研人员激励计划。实行以增加知识价值为导向的激励机制，提高科研人员成果转化收益分享比例；鼓励科研事业单位聘用高端科研人员实行协议薪酬；完善单位内部科技成果转化中对科研人员进行现金和股权、期权奖励办法；探索完善科研人员股权奖励个人所得税递延纳税政策；鼓励社会资本设立专项奖励基金，补偿优秀科研人员的智力投入。

（四）小微创业者激励计划。清除创业壁垒，提升创业参与率，支持各地结合实际放宽新注册企业场所登记条件限制，推动"一址多照"、集群注册等住所登记改革；探索创业成果利益分配机制，完善创新型中小企业上市股权激励和员工持股计划的制度规则；加大小微企业知识产权维权援助工作力度；鼓励龙头企业与小微创业者探索分享创业成果新模式。

（五）企业经营管理人员激励计划。完善对组织任命的国有企业负责人的薪酬激励机制，合理确定基本年薪、绩效年薪和任期激励收入；对市场化选聘的职业经理人实行市场化薪酬分配机制；强化民营企业家创业激励，消除各种隐性壁垒，坚持依法平等保护产权，严肃查处侵犯非公有制企业和个人合法权益、合法经营、合法收入的行为。

（六）基层干部队伍激励计划。健全不同地区、不同岗位差别化激励办法，提高基本工资在工资性收入中的比重，完善作为激励手段和收入补充的津贴补贴制度；建立健全公务员绩效考核体系，考核结果与工资收入挂钩；推进公务员职务消费和福利待遇货币化改革，符合条件的乡镇公务员可以按规定纳入当地住房保障范围。

（七）有劳动能力的困难群体激励计划。鼓励引导低保对象、建档立卡贫困人口以及残疾人等困难群体中具备劳动能力和劳动条件者提升人力资本，主动参加生产劳动，通过自身努力增加收入；强化贫困地区农民合作社、龙头企业与建档立卡贫困户的利益联结机制；建立低保与就业联动机制，对实现就业的低保对象，在核算其家庭收入时，可扣减必要的就业成本。

42.2.2　健全再分配调节制度

再分配调节制度以政府为主导,目的是缩小居民收入差距。主要包括税收、社会保障、转移支付等手段。健全公共财政体系,完善转移支付制度,调整财政支出结构,大力推进基本公共服务均等化;加大税收调节力度,改革个人所得税,完善财产税,推进结构性减税,减轻中低收入者和小型微型企业税费负担,形成税负公平、调节有度的税收制度体系;建立健全更加公平、更可持续的社会保障制度,稳步提高社会保障统筹层次和水平。重点举措是:

集中更多财力用于保障和改善民生,加大对教育、就业、社会保障、医疗卫生、保障性住房、扶贫开发等方面的支出,通过转移支付加大对中西部地区特别是革命老区、民族地区、边疆地区和贫困地区的财力支持。加大促进教育公平力度,合理配置教育资源,重点向农村、边远、贫困、民族地区倾斜。加强个人所得税调节,建立综合与分类相结合的个人所得税制度,完善高收入者个人所得税的征收、管理和处罚措施,将各项收入全部纳入征收范围,建立健全个人收入双向申报制度和全国统一的纳税人识别号制度,依法做到应收尽收。改革完善房地产税,推进房地产税立法。合理调整部分消费税的税目和税率。完善基本养老保险制度,建立兼顾各类人员的养老保障待遇确定机制和正常调整机制。健全全民医保体系,逐步提高基本公共卫生服务水平。加大保障性住房供给,建立市场配置和政府保障相结合的住房制度。加快对困难群体的救助和帮扶,健全城乡低收入群体基本生活保障标准与物价变动挂钩的联动机制。大力发展社会慈善事业,积极培育慈善组织,鼓励有条件的企业、个人和社会组织举办医院、学校、养老服务等公益事业。

42.2.3　规范收入分配秩序

整顿和规范收入分配秩序,加强制度建设,健全法律法规,加强执法监管,加大反腐力度,加强信息公开,实行社会监督,加强基础工作,提升技术保障,保护合法收入,规范隐性收入,取缔非法收入,推动形成公开透明、公正合理的收入分配秩序。主要内容包括:严格规范工资外收入和非货币性福利,全面推行非现金结算,建立健全自然人收入和财产信息系统,完善收入统计调查和监测体系。重点举措有：

一是加快收入分配相关领域立法。研究出台社会救助、慈善事业、扶贫开发、企业工资支付保障、集体协商、国有资本经营预算、财政转移支付管理等方面的法律法规，及时修订完善土地管理、矿产资源管理、税收征管、房产税等方面的法律法规。建立健全财产登记制度，完善财产法律保护制度，保障公民合法财产权益。**二是维护劳动者合法权益**。健全工资支付保障机制，完善与企业信用等级挂钩的差别化工资保证金缴纳办法。落实清偿欠薪的工程总承包企业负责制、行政司法联动打击恶意欠薪制度、保障工资支付属地政府负责制度。完善劳动争议处理机制，加大劳动保障监察执法力度。**三是清理规范工资外收入**。规范机关事业单位改革性补贴的实施意见，严格规范党政机关奖金发放。严格控制国有及国有控股企业高管人员职务消费，规范车辆配备和使用、业务招待、考察培训等职务消费项目和标准，职务消费接受职工民主监督，相关账目要公开透明。**四是加强领导干部收入管理**。严格执行各级领导干部如实报告收入、房产、投资、配偶子女从业等情况的规定，对隐报瞒报、弄虚作假等行为，通过抽查、核查，及时纠正，严肃处理。规范领导干部离职、辞职或退（离）休后的个人从业行为，严格按照有关程序、条件和要求办理兼职任职审批事项。**五是打击和取缔非法收入**。围绕国有企业改制、土地出让、矿产开发、工程建设等重点领域，强化监督管理，堵住获取非法收入的漏洞。严厉打击走私贩私、偷税逃税、内幕交易、操纵股市、制假售假、骗贷骗汇等经济犯罪活动。深入治理商业贿赂。加强反洗钱工作和资本外逃监控。**六是健全现代支付和收入监测体系**。大力推进薪酬支付工资化、货币化、电子化，加快现代支付结算体系建设，落实金融账户实名制，推广持卡消费，规范现金管理。完善机关和国有企事业单位发票管理和财务报销制度，全面推行公务卡支付结算制度。整合公安、民政、社保、住房、银行、税务、工商等相关部门信息资源，建立健全社会信用体系和收入信息监测系统，完善个人所得税信息管理系统。建立城乡住户收支调查一体化制度。

内容小结

本章论述了缩小收入分配差距。收入分配制度是经济社会发展中一项带有根本性、基础性的制度安排。扩大中等收入群体，增加低收入者收入，调节过高收入，取缔非法收入，坚持"两个同步"方针，缩小收入分配差距，是新时代一项十分重要的任务。我国收入分配制度经历了从计划经济时期的"平均主义"分配方式，到现在以按劳分配为主体、多种分配方式并存的分配制度的演进过程。尽管城乡居民收入大幅增加、生活水平显著提高，但收入分配差距依然较大。为促进收入分配更合理更有序，要完善以市场机制为基础的初次分配制度，坚持按劳分配原则和按要素分配的体制机制；健全以政府为主导的再分配调节制度，运用好税收、社会保障、转移支付等主要手段；规范收入分配秩序，推动形成公开透明、公正合理的收入分配秩序。

关键概念

"两个同步"方针　　　基尼系数　　　平均主义　　　初次分配制度
按劳分配　　　　　　按要素分配　　　再分配调节制度　收入分配秩序

思考讨论题

1. 如何正确处理效率与公平的关系？
2. 如何扩大中等收入群体？
3. 如何整顿和规范收入分配秩序？

第 43 章
完善社会保障体系

社会保障事关民生之利、民生之忧。要按照兜底线、织密网、建机制的要求,以增强公平性、适应流动性、保证可持续性为重点,全面建成覆盖全民、城乡统筹、权责清晰、保障适度、可持续的多层次社会保障体系。

43.1 我国社会保障制度发展实践

改革开放以来,我国社会保障制度不断完善,基本养老和基本医疗保险制度覆盖全民,失业、工伤等社会保险制度逐步健全,以最低生活保障制度为核心的新型社会救助体系全面实施,各项社会福利制度适度普惠,慈善事业更加规范,大致可以分为四个阶段。

43.1.1 社会保障制度的改革探索(1991—2000年)

改革开放前,我国主要实行的是企业保险制度。1951年2月,政务院颁布的《中华人民共和国劳动保险条例》,明确为企业职工建立退休金制度,劳动保险基金由企业缴纳,职工个人不缴费。1958年2月,国务院印发的《关于工人、职员退休处理的暂行规定》,规定职工按本人标准工资一定比例支付养老金。20世纪90年代初,我国社会保障制度开始探索性改革,从企业保险向社会保险转变。**在养老保**

险方面**,1991年6月,国务院印发《关于企业职工养老保险制度改革的决定》,提出建立"国家基本养老保险、企业补充养老保险和个人储蓄"相结合的养老金体系,实行"社会统筹和部分积累"相结合的筹资模式;1993年11月,党的十四届三中全会决定实行"社会统筹和个人账户相结合"的社会保险制度,确立改革基本方向;1997年7月,国务院印发《关于建立统一的企业职工基本养老保险制度的决定》,以解决制度模式碎片化问题,统一和规范了养老保险缴费和养老金计发办法,明确了企业和职工的缴费率。**在医疗保险方面**,1994年4月,国家经济体制改革委员会出台《关于职工医疗制度改革的试点意见》,选择江西省九江市、江苏省镇江市进行职工医疗保险制度综合改革试点,"两江试点"逐步扩大到57个城市;1998年12月,在各地试点基础上,国务院印发《关于建立城镇职工基本医疗保险制度的决定》,提出"低水平、广覆盖、双方负担、统账结合"的思路。**在社会救助方面**,随着市场经济体制的确立,传统社会救济制度已不能适应发展需要。1993年6月,上海市率先建立居民最低生活保障制度,这一做法逐步扩展到全国100多个城市;1997年9月,国务院印发《关于在全国建立城市居民最低生活保障制度的通知》,并将其写入"九五"计划;1999年1月,国务院颁布《失业保险条例》,作为配合国有企业改革、形成市场就业机制、完善社会保障制度的一项重要举措;1999年9月,国务院颁布《城市居民最低生活保障条例》,标志着城市居民低保制度走上法治化轨道;"九五"期末,城市最低生活保障制度普遍建立。

43.1.2 社会保障制度的框架形成(2001—2007年)

进入新世纪,针对职工基本养老、医疗保险面临的问题,国家加大优化调整力度,同时加快工伤保险、生育保险等制度建设,使社会保险制度主体结构得以确立,并推动开展新型农业合作医疗试点。**一是完善"统账结合"的职工基本养老保险制度**。2001年7月,国家在辽宁省开展完善城镇社会保障体系试点:第一,将个人账户的规模从11%下降到8%;第二,逐渐将个人账户由个人全部"做实",2003年试点扩大到黑龙江、吉林两省,2005年12月,国务院印发《关于完善企业职工基本养老保险制度的决定》,又将改革试点扩大到11个省(市、区),同时明确企业缴费不再划入个人账户。**二是建立新型农村合作医疗制度**。2002年10月,中共中央、国务院印发《关于进一步加强农村卫生工作的决定》,明确逐步建立以大病统筹为主的新型农村合作医疗制度,到 2010 年基本覆盖农村居民;2007 年的数据表明,新型农村合作医疗制度覆盖率达到 90% 以上。从 2007 年起,国务院开展城镇居民基本医疗保险试点。此外,2004 年 1 月,《工伤保险条例》颁布实施,在全国范围内建立起强制性工伤保险制度;2006 年 1 月,《农村五保供养工作条例》颁布实施,农村社会救助制度实现根本性重构;2007 年 7 月,国务院印发《关于在全国建立农村最低生活保障制度的通知》,对农村低保标准、救助对象、规范管理、资金落实等内容作出明确规定。

43.1.3 城乡社会保障体系的统筹推进(2008—2012 年)

为加快社会保障体系改革的进程,2008 年 3 月,国家成立人力资源和社会保障部,统筹管理社会保障事务。2009 年 9 月,开始建立新型农村社会养老保险制度,年满 16 周岁(不含在校学生)、未参加城镇职工基本养老保险的农村居民,可以在户籍地自愿参加,国家为每个参保人建立终身记录的养老保险个人账户。2010 年 10 月,颁布《中华人民共和国社会保险法》,这是我国社会保障法制化建设的一个里程碑,对加快建立覆盖城乡居民的社会保障体系,更好地维护公民参加社会保险和享受社会保险待遇的合法权益,意义重大。2011 年 6 月,国务院决定开展城镇居民社会养老保险试点。这一时期,我国社会保障制度开始走出碎片化发展状态,制度安排基本齐备,相互衔接,特别是长期无保障的城乡非职工群体老有所养问题得到解决。

43.1.4 覆盖城乡居民的社会保障体系基本建立(2013 年至今)

党的十八大以来,我国社会保障制度从制度覆盖走向人群覆盖,制度结构更加定型,供给保障更加有力。**一是基本养老、基本医疗保险实现制度全覆盖。**2014 年 2 月,推进建立统一的城乡居民基本养老保险制度;2016 年 1 月,推进整合城乡居民基本医疗保险制度。截至 2017 年年底,基本养老、基本医疗、失业、工伤、生育保险参保人数分别达到9.15亿人、11.77亿人、1.88亿人、2.27亿人、1.92亿人，构筑起世界最大的养老和医疗保障网。**二是养老保险"双轨制"难题得到初步破解**。2015年1月，国务院发布《关于机关事业单位工作人员养老保险制度改革的决定》，在机关事业单位实行与企业制度模式相同的养老保险制度，基本养老保险费由单位和个人共同负担，单位缴纳基本养老保险费的比例为本单位工资总额的20%，个人缴纳基本养老保险费的比例为本人缴费工资的8%，由单位代扣。**三是慈善事业有法可依**。2016年3月，颁布《中华人民共和国慈善法》，对发展慈善事业，弘扬慈善文化，规范慈善活动，保护慈善组织、捐赠人、志愿者、受益人等慈善活动参与者的合法权益提供了法律依据。**四是社会救助规范管理**。2014年2月，颁行《社会救助暂行办法》，对社会救助内容、救助范围、救助标准、规范管理和资金来源等关键问题作出规范。主要社保制度待遇标准和财政补助水平见图43.1。

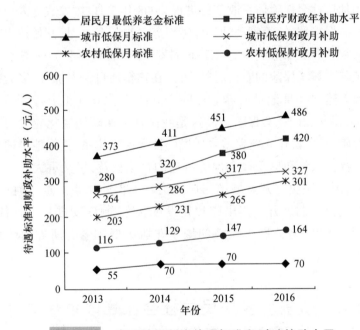

图 43.1 主要社保制度待遇标准和财政补助水平

应该看到，随着我国人口老龄化的加剧，社会保障体系面临一些问题和压力。社会保障财政负担较重，市场力量参与不足，目前我国企业年金制度覆盖人数占城镇职工基本养老保险人数的7%左右，多层次社会保障体系需要加快发展。个人账户做实、筹措资金困难，"统账结合"的基本保障制度模式有待完善；各地人口结构不同，按照以支定收的现收现付原则缴费比例差距较大，经济欠发达地区的社保缴费负担高于发达地区。社会保障人群全覆盖依然存在盲点,职工保险缴费负担偏重,5项职工保险总费率达到40%左右,对农民工等低收入群体形成挤出效应,农民工参加城镇职工养老保险人数仅为外出农民工总数的15%,外出务工劳动力社保转移手续需要进一步简化。养老金待遇确定计算方式与在职期间所做的贡献关联不紧密,对在职劳动者形成负向激励,各类专项救助与最低生活保障挂钩,影响了受助者就业创业积极性,等等。

43.2 建设更加公平、更可持续的社会保障制度

按照全面建成覆盖全民、城乡统筹、责权清晰、保障适度、可持续的多层次社会保障体系的总体要求,进一步改革完善社会保障制度。

43.2.1 实施全民参保计划

促进和引导各类单位和符合条件的人员长期持续参保,基本实现法定人员全覆盖。开展全民参保登记,对各类人员参加社会保险情况进行记录、补充完善,为全民参保提供基础支持。鼓励积极参保、持续缴费。做好中小微企业、灵活就业人员、农民工等重点群体参保工作。

专栏 43.1
全民参保计划

开展全民参保登记。依据社会保险法等法律法规规定,以社会保险全覆盖和精确管理为目标,通过信息比对、数据采集、入户调查、数据集中管理和动态更新等措施,对各类人员参加社会保险情况进行记录、补充完善,建立全面、完整、准确的社会保险基础数据库,形成每个人唯一的社保标识,并实现动态更新,为全面参保和精确管理提供支持。

> 做好重点群体参保工作。在城镇继续以中小微企业、灵活就业人员为重点扩大参保覆盖面;在农村以在城乡之间流动就业和居住农民为重点,鼓励持续参保;积极引导在城镇稳定就业的农民工参加职工社会保险;同时对高风险行业实施工伤保险扩面专项行动,并探索推进网络就业、创业等新型业态群体参保。

43.2.2　完善社会保险体系

> **我国养老保障体系三大支柱**
> 基本养老保险(第一支柱)、企业年金(第二支柱)和个人储蓄养老保险(第三支柱)。目前,第一支柱在养老保障体系中占主要地位,第二、第三支柱覆盖率较低,需要进一步提高。

一是完善养老保险制度。重点是实现职工基本养老金全国统筹,健全统账结合的城镇职工基本养老保险制度,夯实职工养老保险个人账户,规范职工和城乡居民基本养老保险缴费政策,提高收付透明度,制订出台渐进式延迟退休年龄方案。**二是完善医疗保险制度**。建立统一的城乡居民基本医疗保险制度和经办运行机制,积极探索推进医疗保险省级统筹,全面实施城乡居民大病保险制度,完善重特大疾病保障机制,改进职工基本医疗保险个人账户,开展门诊费用统筹。**三是完善失业、工伤保险制度**。规范失业保险基金收支管理,充分发挥失业保险保障失业人员基本生活、预防失业、促进就业的功能,制定公务员和参照公务员法管理事业单位、社会团体工作人员工伤保险政策,探索适应灵活就业人员的工伤保险保障方式,全面实施工伤保险省级统筹。**四是完善社会保险待遇调整机制**。逐步建立覆盖全体参保人员的基本养老保险待遇合理调整机制,稳步扩大基本医疗保险保障范围,合理确定和适当调整基本医疗保险待遇标准。**五是补充社会保险**。着力扩大企业年金覆盖面,鼓励发展补充医疗保险、商业健康保险、商业养老保险,推出个人税收递延型养老保险,促进商业保险与社会保险、补充保险相衔接,探索工伤保险与商业保险的合作模式。

43.2.3　健全社会救助体系

一是健全最低生活保障制度。确保动态管理下的应保尽保,完善低保对象认定办法;建立低保标准动态调整机制,逐步缩小城乡低保标准差距,确保2020年年底前所有地方农村低保标准不低于国家扶贫标准;加强低保与就业救助、扶贫开发等政策的衔接,鼓励有劳动能力和劳动条件的低保对象依靠自身努力脱贫增收。**二是健全特困人员救助供养制度**。制定特困人员认定办法,科学测算基本生活标准和照料护理标准;加强特困人员供养服务机构建设,优先集中供养完全或部分丧失生活自理能力的特困人员,到2020年年底前生活不能自理特困人员集中供养率达到50%。**三是健全医疗救助制度**。合理界定医疗救助对象范围,对发生高额医疗费用、超过家庭承受能力、基本生活出现严重困难家庭中的重病患者实施重特大疾病医疗救助,到2020年年底前重特大疾病医疗救助人次占直接救助人次比例达到30%;分类分段设置重特大疾病医疗救助比例和最高救助限额。**四是健全临时救助制度**。全面落实"先行救助""分级审批""转介服务"等规定,实现应救尽救、托底救助;全面推开"救急难"工作,建立健全主动发现、部门协同、信息共享、慈善衔接机制。**五是健全流浪乞讨人员救助制度**。继续对生活无着流浪乞讨人员提供临时食宿、急病救治、协助返回、滞留人员寻亲等救助服务;升级完善全国救助寻亲网,加强人脸识别、指纹识别、DNA比对、数据挖掘等技术在救助管理工作中的综合应用。

43.2.4 发展社会福利和慈善事业

贯彻落实慈善法,支持慈善事业发展。激发各类慈善主体发展活力,规范慈善主体行为,完善监管体系,加快形成依法治理、制度完善、作用显著、管理规范、健康有序的慈善事业发展格局。建立实施慈善组织登记认定、年度报告和信息公开制度。建立公开募捐资格许可制度。推动完善慈善组织内部治理,建立健全以章程为核心的内部管理制度。创新慈善载体,探索知识产权收益、技术、股权、有价证券等新型捐赠方式。积极发展慈善信托。推进慈善超市和社会捐助站点运营机制改革。加大捐赠废旧纺织品综合利用。鼓励慈善行业和高等院校开展慈善专业人才培养。发挥慈善行业组织作用,提高慈善行业公信力,构建行业自律、社会监督、政府监管相结合的综合监管体系。畅通社会公众对慈善活动的监督渠道,完善投诉举报受理机制,推行双随机抽查、约谈、审计、专项检查等监管手段。健全慈善组织第三方评估机制,建立慈善组织及其负责人信用记录制度。强化福利彩票规范管理。

内容小结

本章论述了完善社会保障体系。社会保障事关民生之利、民生之忧。改革开放以来,我国社会保障制度不断完善,基本养老和基本医疗保险制度覆盖全民,失业、工伤等社会保险制度逐步健全,以最低生活保障制度为核心的新型社会救助体系全面实施,各项社会福利制度适度普惠,慈善事业更加规范,大致经历了社会保障制度的改革探索、社会保障制度的框架形成、城乡社会保障体系的统筹推进、覆盖城乡居民的社会保障体系基本建立等四个阶段。今后一个时期,要围绕建设更加公平、更可持续的社会保障制度,全面建成覆盖全民、城乡统筹、责权清晰、保障适度的多层次社会保障体系,实施全民参保计划,完善社会保险体系,健全社会救助体系,发展社会福利和慈善事业。

关键概念

社会保障制度   基本养老保险   基本医疗保险   社会统筹
个人账户   最低生活保障   新型农村合作医疗 社会救助
社会福利   慈善事业   全民参保计划   养老保险三大支柱

思考讨论题

1. 谈谈完善社会保障体系的重要意义。
2. 我国社会保障制度改革发展有哪些主要特点、成就和问题?
3. 你对建立健全覆盖全民、统筹城乡的多层次社会保障体系有何看法和建议?

第44章
实施健康中国战略

人民健康是民族昌盛和国家富强的重要标志。实施健康中国战略,要完善国民健康政策,为人民群众提供全方位全周期健康服务,深化医药卫生体制改革,建立健全基本医疗卫生制度,实现人人享有基本医疗卫生服务,推广全民健身,提高人民健康水平。

44.1 医疗卫生制度概述

健康是促进经济发展、增加民生福祉的重要领域,越来越多国家将国民健康纳入国家战略,制定健康发展规划,倡导促进健康的公共政策,推进医疗卫生体制改革,改善卫生系统绩效,提高卫生服务质量和效率。

44.1.1 典型国家医疗制度

美国的医疗制度。主要特点有:一是分级诊疗制度,综合医院和社区诊所之间建立双向转诊关系并与医疗保险报销挂钩。二是私立医院较多,通过政府规定的准入标准就能够开办医院。三是为特定人群(如军人、老年病者、穷困失业者)提供服务的非营利性医疗机构可获得政府的全额免税政策。四是实行"管办分离",医疗机构的出资者全权委托专业医院管理机构对医院进行全面经营和管理。五是立法监管严格,政府制定了一系列严密的法律制度和相关政策对市场行为进行有效监管。六是建立健康维护组织(Health Maintain

奥巴马医改
奥巴马医改计划是其竞选美国总统时提出的政纲三大议题之一。主要是给已有医疗保险的人提供安全保护,给没有医疗保险的人提供医疗保险,在扩大医疗保险覆盖面的同时不增加赤字,实现"扩容"和"增效"的双重目标。因金融危机而带来的财政赤字激增和政府对医保市场干预的扩大一直是奥巴马医改争论的焦点。在美国中产阶层收入普遍下降的背景下,医改面临更大阻力。2017年10月,特朗普政府签署行政命令叫停奥巴马医改。

Organization, HMO），HMO既是保险提供者又是医疗服务提供者，帮助有效实现控制医疗费用的目标。美国医疗制度存在的主要问题是，医疗卫生服务体系总体绩效不高，世界卫生组织报告显示，在被统计的191个国家中，美国人均医疗支出排名第1位，而国民健康水平排名却在第72位，医疗筹资分配公平性排名约为第55位，医保缺失人口达到4 000多万，约占美国总人口的16%，以中低收入人群为主；医疗卫生费用快速增长，自1970年以来一直呈上升趋势，美国企业雇主必须为雇员提供医疗保险，企业普遍感到负担沉重。

英国的医疗制度。英国是欧洲最早建立全民医疗服务制度的国家。1946年，英国国会通过了以国家卫生服务体系为核心的《国家卫生服务法》，构建起具有社会福利性质的公费医疗制度，按照全民健康需要由国家提供免费医疗卫生服务。主要特点有：一是筹资机制上，卫生费用主要来源于税收，部分包括保险、慈善捐助等私人筹资。其中以税收立法强制筹集为主，政府总税收筹集医疗资金是主渠道，占医疗保健费用的88%。二是服务体系上，主要包括社区和医院两级，社区卫生服务机构主要由全科医生和护士负责；医院主要负责社区不能处理的疑难杂症或者紧急入院的病人。社区卫生服务机构是服务主体，提供了约90%的医疗服务，但支出只占总体医疗支出的10%左右。三是保障范围上，免费服务或低收费服务的基本医疗卫生服务是英国医疗保障所覆盖的服务范畴。

新加坡的医疗制度。新加坡的医疗卫生制度不同于西方国家，属于政府强制个人储蓄的完全积累模式，是世界上第一个在全国范围内引进积累制，并将其完全融入卫生筹资体系且成功运行的国家。主要特点有：一是费用支出和筹资体制，医疗费用偿付主体包括个人、雇主、政府和保险公司四方，筹资渠道包括个人、政府部门和社会医疗保障系统筹资，其中政府部门和社会医疗保障系统都归属在公共部门下；二是保障供给体制，新加坡卫生保健供给系统是公立、私营双元混合体制，公共供给系统由政府部门管理，私人体制则由私立医院和全科医生提供，在初级医疗中，私立部门发挥主要作用，公立医院和专科中心在二、三级医疗的住院治疗和专科医治里起着主导作用，患者可以在双轨卫生服务提供体制中自由选择医疗服务提供者，在任意一家私人诊所和公共综合诊所就诊。

44.1.2 我国医药卫生体制改革实践

计划经济时期，医疗卫生事业坚持以预防为主、以农村为重点、中西医结合等一系列正确方针,建立了较为完善的农村和城市医疗卫生服务网络,取得了明显成就,但医疗卫生水平低下,重数量、轻质量的问题突出。改革开放以来,随着经济的发展、体制改革的深入,我国医药卫生体制改革大致经历了三个阶段:

面向医院放权让利、允许多种形式办医(1979—1996年)。这一时期,改革的重点是扩大医院自主权,推进医疗机构市场化转型。1979年1月,卫生部提出"运用经济手段管理卫生事业",卫生部等三部委联合发出《关于加强医院经济管理试点工作的通知》,在医院实行"五定一奖"和"定额补助、经济核算、考核奖惩"办法试点,拉开以放权让利为主的改革序幕。1980年9月,国务院批准卫生部《关于允许个体开业行医问题的请示报告》,形成多种所有制医疗服务机构并存的局面。1985年被称为我国医疗卫生体制改革元年。国务院批转卫生部《关于卫生工作改革若干政策问题的报告》,提出"放宽政策,简政放权,多方集资,开阔发展卫生事业的路子",改革重点是调动医院积极性,解决看病难、手术难、住院难的突出问题,医疗机构开始市场化转型。1992年,国务院印发《关于深化卫生医疗体制改革的几点意见》,卫生部贯彻时提出"建设靠国家、吃饭靠自己",这一时期,传统的城市公费医疗和农村合作医疗趋于消亡,公立医疗机构基本依靠自收自支,保障制度缺失、政府投入不足等问题凸显。有关数字表明,全国卫生总费用中来自政府的财政预算比例,从1978年的31.82%下降到1996年的17.04%;农村合作医疗的覆盖率,从1980年的63.8%下降到1989年的4.8%,几近消失。

建立适应社会主义市场经济、人民健康需求的卫生体系(1997—2008年)。这一时期,改革的重点是,推进医疗保险制度、医疗机构和药品流通体制改革。针对医疗机构出现的注重经济效益、忽视公益性的倾向,医疗卫生领域究竟是政府主导还是市场主导,成为社会争论的一个焦点问题。1996年12月,中华人民共和国成立以来的第一次全国卫生工作会议召开。1997年1月,中共中央、国务院印发《关于卫生改革与发展的决定》,提出新时期卫生工作方针,要求卫生事业必须坚持为人民服务的宗旨,正确处理社会效益和经济收益的关系。2000年2月,国务院办公厅转发国务院体改办、卫生部等8部委《关于城镇医药卫生体制改革的指导意见》,陆续出台13个配套文件,强调优化卫生资源配置,改进医德医风,整顿药品生产流通秩序,抑制医药费用过快增长,让群众享有价格合理、质量优良的医疗服务。城镇和农村医保制度改革、城市公立医院产权化改革、药品政府指导价制度和省级药品集中采购等改革交叉推进,在探索与争议中前行。其间,2003年发生的"非典事件",暴露了我国公共卫生领域

五定一奖
定任务、定床位、定编制、定业务技术指标、定经济补助,完成任务奖励。

城镇医药卫生体制改革配套文件
《关于城镇医疗机构分类管理的实施意见》《关于卫生事业补助政策的意见》《医院药品收支两条线管理暂行办法》《关于医疗机构有关税收政策的通知》《关于改革药品价格管理的意见》《关于改革医疗服务价格管理的意见》《医疗机构药品集中招标采购试点工作若干规定》《药品招标代理机构资格认定及监督管理办法》《关于病人选择医生促进医疗机构内部改革的意见》《关于开展区域卫生规划工作的指导意见》《关于发展城市社区卫生服务的若干意见》《关于卫生监督体制改革的意见》《关于深化卫生事业单位人事制度改革的实施意见》。

存在的诸多问题，也加速推动了卫生体制的改革。

全面推进医疗、医保、医药改革联动（2009年至今）。这一时期，改革的重点是，针对卫生领域利益格局的变化、市场化趋向的争论而进行新一轮深入而广泛的医疗卫生体制改革。2009年3月，中共中央、国务院印发《关于深化医药卫生体制改革的意见》，出台《医药卫生体制改革近期重点实施方案（2009—2011年）》。改革前三年，主要围绕建立基本医疗保障制度、建立国家基本药物制度、健全基层医疗卫生服务体系、促进基本公共卫生服务逐步均等化、推进公立医院改革试点五项重点任务而展开，重在解决公平问题，从根本上改变部分城乡居民没有医疗保障和公共医疗卫生服务长期薄弱、公立医疗机构趋利的状况。2012年以来，改革由试点探索、单项突破逐步转向系统配套、综合推进，由打好基础转向提升质量，由形成框架转向制度建设，由地方试点转向全面推广。特别是十八大以来，进一步突出医疗卫生重点领域和关键环节改革，强化医疗、医保、医药"三医"联动，将公立医院改革和分级诊疗制度建设摆上战略性地位，药品及医疗服务价格改革、人事薪酬制度改革等关键性改革也逐步破题。

总体上看，我国已初步搭建起保障人人享有基本医疗卫生服务的制度框架，形成了与经济社会发展水平相适应的卫生与健康事业发展的政策体系，为推进健康中国建设打下了坚实基础。医疗服务体系日趋完善，建成世界上覆盖人口最多、规模最大的基本医疗保险网，基本医疗保险参保率稳定在95%以上。2017年城乡居民医保财政补助标准达到人均480元，是2008年改革前的6倍；人均预期寿命达到76.34岁（2015年），居民健康总体处于中高收入国家的平均水平。但我国卫生资源总量不足，结构不合理，分布不均衡，供给主体相对单一，基层服务能力薄弱，群众看病难、看病贵等问题仍然比较突出。

44.2　推进健康中国建设重点

2016年10月，国家颁布《"健康中国2030"规划纲要》；党的十九大明确提出"实施健康中国战略"。推进健康中国建设，要以提高人民健康水平为核心，以体制机制改革创新为动力，以普及健康生活、优化健康服务、完善健康保障、建设健康环境、发展健康产业为重点，把健康融入所有政策，加快转变健康领域发展方式，全方位、全周期维护和保障人民健康，大幅提高健康水平，显著改善健康公平。

医疗卫生服务市场化转型五项政策
1989年1月，国务院批转卫生部等五部门《关于扩大医疗卫生服务有关问题的意见》，提出：第一，积极推行各种形式的承包责任制；第二，开展有偿业余服务；第三，进一步调整医疗卫生服务收费标准；第四，卫生预防保健单位开展有偿服务；第五，卫生事业单位实行"以副补主""以工助医"，特别强调"给予卫生产业企业三年免税政策，积极发展卫生产业"。

新一轮医改"四梁八柱"
"四梁"：指全面加强公共卫生服务体系建设、完善医疗服务体系、加快建设医疗保障体系、建立健全药品供应保障体系。
"八柱"：指建立协调统一的医药卫生管理体制、高效规范的医药卫生机构运行机制、政府主导的多元卫生投入机制、科学合理的医药价格形成机制、严格有效的医药卫生监管体制、可持续发展的医药卫生科技创新机制和人才保障机制、实用共享的医药卫生信息系统、健全的医药卫生法律制度。

44.2.1 深化医药卫生体制改革

围绕医药卫生领域重点领域和关键环节,加强五项制度建设,做好"医疗、医保、医药"改革文章。**一是建立分级诊疗制度**。坚持居民自愿,坚持基层首诊,坚持政策引导,坚持创新机制,以家庭医生签约为突破口,签约服务对象从老年人、慢性病人等重点人群入手,做细做实签约服务包。建立有效的双向转诊机制,推动建立医保、居民、财政等多方共担的签约服务费用保障机制。**二是建立现代医院管理制度**。实行政事分开和管办分开,推动医院管理模式和运营方式转变。完善公立医院补偿机制,动态调整医疗服务价格。全面落实政府对公立医院的投入政策,逐步偿还和化解公立医院长期债务,提高医院管理的科学化、精细化、信息化水平,规范医疗行为。**三是健全全民医疗保障体系**。加快整合基本医保管理机构,推进基本医保全国联网和异地就医结算,促进地区间制度衔接。健全医保筹资和待遇调整机制,健全医保支付机制,健全利益调控机制,健全医保经办机制。**四是实施药品供应保障制度**。改革完善审评审批制度,建立药品上市许可持有人制度。加强监测预警,解决好低价药、"救命药""孤儿药"等药品供应问题。实施药品采购"两票制"改革,坚持集中带量采购原则,推进实施公立医院药品分类采购,鼓励跨区域联合采购和专科医院联合采购。**五是建立健全综合监管制度**。健全医药卫生法律法规和标准。推动监管重心转向全行业监管,利用信息化手段开展医疗机构门诊、住院诊疗行为和费用全程监控和智能审核。创新监管方式,推行"双随机、一公开",鼓励第三方广泛参与,发挥行业自律、社会监督、舆论监督的积极作用。

44.2.2 强化基层医疗卫生体系建设

基层医疗卫生机构是向全民提供基本医疗卫生服务的重要载体,也是我国医疗卫生体系的短板。要以强基层为重点,促进医疗卫生工作重心下移、资源下沉。一方面,要"软硬兼施"强基层。多措并举把更多的人才技术引向基层,财力物力投向基层,优惠政策向基层倾斜,县和市域内基本医疗卫生资源按常住人口和服务半径合理布局,实现"小病不出县",真正夯实基层医疗服务体系的分流功能。到2030年,15分钟基本医疗卫生服务圈基本形成,每千常住人口注册护士数达到 4.7 人。另一方面,要深化医教协同,制定实施卫生人才培育培训规划,加强全科医生队伍建设,健全家庭医生(团队)签约服务制度,完善签约服务筹资、支付和分配机制,为群众提供综合、连续、协同的基本医疗卫生服务。

44.2.3　全面提升公共卫生服务水平

提升公共卫生服务水平要坚持预防为主,预防是最经济最有效的健康策略。一方面,要完善健康促进政策。个人层面,广泛开展全民健身运动,倡导健康文明的生活方式,塑造自主自律的健康行为。环境层面,深入开展爱国卫生运动,综合整治城乡环境卫生,推进健康城市、村镇、社区、学校、家庭等建设。加强大气、水、土壤、工业污染等治理,建设有利于健康的生态环境。实施食品安全战略。另一方面,要坚持防治结合、因病施策。实施扩大国家免疫规划,宏观整体上防控各类重大疾病。继续实施完善国家基本公共卫生服务项目和重大公共卫生服务项目,加强疾病经济负担研究,适时调整项目经费标准,不断丰富和拓展服务内容,提高服务质量。深入实施健康扶贫工程,不让一名群众因健康问题在奔小康的征程中掉队。

44.2.4　传承发展中医药事业

中医药是祖先留给我们的宝贵财富,是中华民族的瑰宝,也是打开中华文明宝库的钥匙。发展中医药事业要坚持与时俱进。一是提高中医药服务能力。强化中医药防治优势病种研究,加强中西医结合,提高重大疑难病、危急重症临床疗效。大力发展中医非药物疗法,使其在常见病、多发病和慢性病防治中发挥独特作用。促进民族医药发展。二是发展中医养生保健治未病服务。将中医药优势与健康管理结合,探索融健康文化、健康管理、健康保险于一体的中医健康保障模式。鼓励社会力量举办规范的中医养生保健机构,加快养生保健服务发展。三是推进中医药继承创新。加快古籍、传统知识和诊疗技术保护、抢救和整理,全面系统继承历代各家学术理论、流派及学说,不断弘扬当代名老中医药专家学术思想和临床诊疗经验,挖掘民间诊疗技术和方药。建立中医药传统知识保护制度,制定传统知识保护名录。加快打造全产业链服务的跨国公司和国际知名的中国品牌,推动中医药走向世界。

44.2.5 大力发展健康产业

健康产业和健康事业是维护人民健康的两个"翅膀"。第一,要打造多元供给格局。进一步简政放权、放管结合、优化服务,鼓励社会力量提供卫生与健康服务。第二,要丰富健康产品和服务供给,不断满足多元健康需求,积极促进健康与养老、旅游、互联网、健身休闲、食品深度融合,催生健康新产业、新业态、新模式。积极发展健身休闲运动产业,创新健身休闲运动项目推广普及方式。第三,要提升医药产业发展水平。完善政产学研用协同创新体系,推动医药创新和转型升级。加强专利药、中药新药、新型制剂、高端医疗器械等创新能力建设,推动治疗重大疾病的专利到期药物实现仿制上市。发展专业医药园区,支持组建产业联盟或联合体,构建创新驱动、绿色低碳、智能高效的先进制造体系,提高产业集中度,增强中高端产品供给能力。第四,要加快医学与健康科技成果转化。深化"互联网+健康医疗"服务,加强健康医疗大数据应用体系建设,推进基于区域人口健康信息平台的医疗健康大数据开放共享、深度挖掘和广泛应用。

44.2.6 完善人口政策体系

人口问题关系国家长远发展和民族未来。实施好全面两孩政策,充分发挥政策效应。健全完善税收、社保、住房、家庭发展、托幼服务等社会经济政策,与生育政策配套衔接,加强生育全程基本医疗保健服务。强化人口发展战略研究,开展生育意愿调查和全面两孩政策评估工作,科学研判人口形势。从实际情况出发,提供有利于经济社会协调发展和人的全面发展的人口环境,进一步提高人口素质,强化人力资本优势。实施健康老龄化工程,健全医疗卫生机构与养老机构合作机制,支持社会力量兴办医养结合机构,提供治疗期住院、康复期护理、稳定期生活照料、安宁疗护一体化的健康养老服务。

全面两孩政策
2016年1月,中共中央、国务院印发《关于实施全面两孩政策改革完善计划生育服务管理的决定》。2016年、2017年,国家统计局根据人口变动情况抽样调查推算全国出生人口分别为1786万人和1723万人(卫生计生委统计的全国住院分娩活产数分别为1846万人和1758万人),都高于"十二五"时期年均1644万人的水平,据此推算总和生育率大致在1.62—1.72的区间。从两孩占比看,2017年超过51%,较2014年实施单独两孩政策前36%左右的水平有较大提升。但同时也应看到,2017年全国出生人口为1723万人,比2016年减少了63万人,主要是一孩出生减少。

专栏 44.1
"十三五"健康中国行动计划

（一）疾病防治和基本公共卫生服务。逐步扩大向全体城乡居民免费提供基本公共卫生服务的范围，提高心脑血管疾病、癌症、慢性呼吸系统疾病等重病、疑难杂症防治能力，重大慢性病过早死亡率降低10%。加强卫生应急、疾病预防控制、精神卫生、血站、卫生监督能力建设，支持儿科、肿瘤、心脑血管、糖尿病、精神病、传染病、职业病等重点薄弱领域建设。

（二）妇幼健康保障。免费建立母婴健康手册，全面实施免费孕前优生健康检查，免费为儿童接种国家免疫规划疫苗，免费提供孕产期保健和儿童保健服务。扩大妇女"两癌"检查项目覆盖范围。强化孕产妇和新生儿危急重症救治能力建设，实施妇幼健康和计划生育服务保障工程。

（三）出生缺陷防治。将唐氏综合征、耳聋、地中海贫血等20种疾病及先天性心脏病检测列入出生缺陷综合防控方案，力争覆盖范围内可知、可干预。

（四）基层医疗卫生服务能力提升。以中西部贫困地区为重点，每县重点办好1—2所县级公立医院（含县中医院），基层医疗卫生机构标准化达标率达到95%以上；打造30分钟基层医疗服务圈；加强并规范化培养住院医师50万人，每万人口全科医生数达到2名。

（五）中医药传承与创新。改善中医医院基础设施条件。支持中医重点学科和重点学科（专病）建设，加强中医药人才培养。实施中药民族药标准化行动计划。

（六）智慧医疗。全面实施"互联网+"健康医疗益民服务，建设区域人口健康信息平台，推行电子健康档案。推进健康医疗大数据应用，建设一批区域临床医学健康数据示范中心。

（七）全民健身。加强体质测试与健身指导服务，推动城市社区15分钟健身圈建设，实现公共体育服务乡镇常住人口全覆盖和农民体育健身工程全覆盖。加强足球场地、健身活动中心等公共体育服务设施建设和后备人才培养。

（八）食药安全。健全检验检测等技术支撑体系和信息化监管系统，建立食品药品职业化检查员队伍，实现各级监管队伍装备配备标准化，全面提升治理能力。

内容小结

本章论述了实施健康中国战略。人民健康是民族昌盛和国家富强的重要标志。从世界范围看,美国、英国和新加坡的医疗卫生政策各有特点和利弊。从我国医药卫生体制改革实践看,大致经历了面向医院放权让利、允许多种形式办医,建立适应社会主义市场经济、人民健康需求的卫生体系,全面推进医疗、医保、医药改革联动等三个阶段。推进健康中国建设,要以提高人民健康水平为核心,以体制机制改革创新为动力,普及健康生活、优化健康服务、完善健康保障、建设健康环境,重点要深化医药卫生体制改革、强化基层医疗卫生体系建设、全面提升公共卫生服务水平、传承发展中医药事业、大力发展健康产业、完善人口政策体系。

关键概念

健康中国战略　　医疗卫生制度　　"三医"联动　　新一轮医改"四梁八柱"
分级诊疗制度　　基层医疗卫生体系　健康产业　　　人口政策

思考讨论题

1. 世界典型国家医疗卫生制度的主要特点是什么?对我国医疗卫生制度改革有什么启示?
2. 从我国医疗卫生制度改革实践来看,有哪些主要成就和问题?
3. 谈谈你对推进健康中国建设的看法与建议。

第 45 章
推动文化事业和文化产业发展

文化是一个国家、一个民族的灵魂。要坚持社会主义先进文化前进方向,走中国特色社会主义文化发展道路,激发全民族文化创新创造活力,建设社会主义文化强国。

45.1 我国文化体制改革实践

改革文化体制是文化事业繁荣和发展的根本出路。改革开放以来,我国文化事业和文化产业得到蓬勃发展,文化体制改革得到持续推进,大致经历了三个阶段。

45.1.1 文化市场地位得到承认(1978—1991年)

中华人民共和国成立初期,提出了实现民族的、科学的、大众的文化纲领,确立了"文艺为人民服务,首先为工农服务"的基本方针。1951年3月,毛泽东同志为中国戏曲研究院题词:"百花齐放,推陈出新";1956年4月,他又在中央政治局扩大会议上提出"百花齐放、百家争鸣",这成为我国繁荣文化、发展科学的指导方针。"文化大革命"期间,以阶级斗争为纲的文化范式盛行。党的十一届三中全会召开后,"双百方针"得以重新确立。1979年10月,邓小平同志在中国文学艺术工作者第四次代表大会上,强调"我们的文艺属于人民",提出"在建设高度物质文明的同时,提高全民族的科学文化水平,发展

文化的概念

"文化"一词最早源于《易经》,表述为"刚柔交错,天文也;文明以止,人文也。关乎天文以察时变,关乎人文以化成天下"。《辞海》中的定义:广义的文化是指人类在社会历史实践中所创造的物质财富和精神财富的总和;狭义的文化是指社会的意识形态以及与之相适应的制度和组织机构。

高尚的丰富多彩的文化生活,建设高度的社会主义精神文明"。

这一时期,文化体制改革开始启动。一是调整艺术部门和艺术团体的布局,改革全国专业艺术表演团体数量过多、布局不合理的状况。二是在文化单位推行以承包经营责任制为主要内容的改革,以破除统得过死和吃大锅饭等弊端,实行以文补文、多业助文等措施,解决文化单位出现的经济困境。三是实行"双轨制",一方面,国家按照"少而精"的原则,扶持代表国家和民族艺术水平的少数全民所有制院团;另一方面,大多数艺术表演团体实行多种所有制形式,由社会力量主办。最有代表意义的一件事是文化市场地位得到承认。随着经济体制改革的深入,以及文化功能的日趋多样化和丰富,文化的产业属性逐步显现出来,以营业性舞会和音乐茶座为发端的文化市场日益活跃。1988年,文化部、国家工商行政管理局印发《关于加强文化市场管理工作的通知》,首次提出文化市场的概念,明确文化市场的管理范围、任务、原则和方针。这标志着我国"文化市场"的地位正式得到承认。1989年,国务院批准在文化部设置文化市场管理局,全国文化市场管理体系开始建立。

45.1.2　市场机制作用加大(1992—2001年)

1992年党的十四大提出,坚持"为人民服务、为社会主义服务"的方向和"百花齐放、百家争鸣"的方针。1996年党的十四届六中全会提出,"改革文化体制是文化事业繁荣和发展的根本出路""改革的目的在于增强文化事业的活力,充分调动文化工作者的积极性,多出优秀作品,多出优秀人才"。这一时期,出台了两个标志性文件:一是2000年10月中共中央《关于制定国民经济和社会发展第十个五年计划的建议》。首次提出"文化产业"的概念,要求完善文化产业政策,加强文化市场建设和管理,推动有关文化产业发展。在文化的意识形态、教育、娱乐等属性之外,明确了文化的产业属性。二是2001年中宣部、广电总局、新闻出版总署《关于深化新闻出版广播影视业改革的若干意见》,提出文化体制改革要以发展为主题,以结构调整为主线,以壮大实力,增强活力,提高竞争力;坚持把社会效益放在首位,实现经济效益与社会效益的统一;以深化改革促进结构调整和市场整合,促进产业优化升级和规模效益增长;从适应计划经济体制向适应社会主义市场经济体制转变,从分散经营向规模经营转变,从数量扩张为主向素质提高为主转变。此外,文化体制改革还有两个突出特点:一是高度重视法治建设,这一时期陆续制定了200多部与文化建设相关的法律法规、政策文件或部门规章,诸如《著作权法》《广播电视管理条例》《电影管理条例》《出版管理条例》《音像制品管理条例》等。二是以组建文化集团为改革突破口,组建了广电集团、出版集团等文化集团 70 多家,初步建立了包括文艺演出市场、电影电视市场、音像市场、文化娱乐市场、文化旅游市场在内的文化市场体系。

45.1.3　文化事业和文化产业并举(2002 年至今)

文化体制改革试点
2003 年 6 月,中共中央宣传部会同有关部门出台《文化体制改革试点工作方案》,北京、上海、广东、浙江、重庆、深圳、沈阳、西安、丽江等 9 个省市和国家图书馆、中国出版集团、中国电影集团公司、北京青年报业集团、山东大众报业集团、浙江广电集团、深圳电视台等 35 家新闻文化单位被列为改革试点,改革涉及财政税收、资产处置、工商管理等 10 个方面的内容。

　　2002 年党的十六大首次将文化分成文化事业和文化产业。明确文化体制改革重在理顺政府和文化企事业单位的关系,深化文化企事业单位内部改革,逐步建立有利于调动文化工作者积极性、多出精品、多出人才的文化管理体制和运行机制。文化体制改革试点由点及面推开。2003 年党的十六届三中全会提出,文化体制改革的总目标是按照社会主义精神文明建设的特点和规律,适应社会主义市场经济发展的要求,逐步建立党委领导、政府管理、行业自律、企事业单位依法运营的文化管理体制。2007 年党的十七大提出,深化文化体制改革,完善扶植公益性文化事业、发展文化产业、鼓励文化创新的政策。2011 年党的十七届六中全会专题研究深化文化体制改革,提出推动社会主义文化大发展大繁荣。党的十八大以来,文化体制改革在新的起点上纵深拓展,紧紧围绕建设社会主义核心价值体系、建设社会主义文化强国,完善文化管理体制和文化生产经营机制,建立健全现代公共文化服务体系、现代文化市场体系。文化体制改革主体框架基本确立。

专栏 45.1
文化产业的内涵

　　根据国家统计局制定的《文化及相关产业分类》,文化及相关产业的定义是为社会公众提供文化产品和文化相关产品的生产活动的集合。范围包括:一是以文化为核心内容,为直接满足人们的精神需要而进行的创作、制造、传播、展示等文化产品(包括货物和服务)的生产活动;二是为实现文化产品生产所必需的辅助生产

> 活动;三是作为文化产品实物载体或制作(使用、传播、展示)工具的文化用品的生产活动(包括制造和销售);四是为实现文化产品生产所需专用设备的生产活动(包括制造和销售),具体包括新闻出版发行服务、广播电视电影服务、文化艺术服务、文化信息传输服务、文化创意和设计服务、文化休闲娱乐服务、工艺美术品的生产、文化产品生产的辅助生产、文化用品的生产、文化专用设备的生产等10类。

应该看到,我国文化体制改革取得重大进展,文化整体实力和竞争力显著提升,但制约文化繁荣发展的体制性障碍和结构性问题仍然存在,公共文化服务能力有待提升,文化产业规模还较弱小,文化软实力与我国经济大国、文明古国的地位还不相匹配,可以说,我们是一个文化资源大国,但还远不是一个文化强国。如何把握好文化的意识形态属性和产业属性、社会效益和经济效益的关系,始终把社会效益放在首位,还有一些问题和矛盾亟待解决;如何充分发挥文化引领风尚、教育人民、服务社会、推动发展的作用,还有一些短板需要补齐;如何在信息化、网络化时代运用先进技术发展和传播先进文化,还有一些挑战需要应对;如何适应世界大发展大变革大调整的形势,扩大文化领域交流,参与全球文明对话,还有许多工作要做。

45.2 文化事业和文化产业发展重点

坚持把社会效益放在首位、社会效益和经济效益相统一,推动物质文明和精神文明协调发展,推进文化事业和文化产业双轮驱动,建设社会主义文化强国,增强中华文化国际影响力。

45.2.1 实施文化精品创作工程

坚持以人民为中心,把创作生产优秀作品作为文艺工作的中心环节,努力生产更多传播当代中国价值观念、体现中华文化精神、反映中国人审美追求的精品力作,为全体人民提供昂扬向上、多姿多彩、怡养情怀的精神食粮。聚焦新时代主题，大力弘扬社会主义核心价值观，更加重视发挥文化的熏陶和感化作用，使文化产品既"养眼"又"养心"，不断提升国民素质和社会文明程度。引导文艺工作者牢固树立以人民为中心的创作导向，长期深入生活、扎根人民，推动更多文艺院团建立基层联系点，开展采风创作、结对帮扶、慰问演出等活动，并健全长效激励和保障机制。实施精品战略，推动文艺精品创作生产。推动传统戏曲传承发展。

专栏 45.2
文化精品创作生产

（一）**精神文明建设"五个一工程"**：推动电影（含动画片）、电视剧（含动画片、电视纪录片）、戏剧、歌曲、图书、广播剧等优秀精神文化产品创作生产。

（二）**国家重大出版工程**：统筹主题出版和重大出版项目，做好党和国家领导人重要著作出版，实施"三个一百"原创出版计划和学术出版奖励计划，编纂出版《中国大百科全书》（第三版）、《中国历代绘画大系》等，建设"中国社会科学词条库"。

（三）**中国当代文学艺术创作工程**：重点扶持一批现实题材、中国梦题材、爱国主义题材、重大革命和历史题材、少儿题材、军事题材等文艺精品创作项目，推动出版和展演展映展播展示。

（四）**经典再造推广工程**：做好优秀经典作品重拍、重排、重演、重版，以现代手法和元素激活和重塑经典。

（五）**网络文艺精品创作和传播工程**：扶持优秀网络原创作品，支持优秀作品网络传播。扶持一批重点文艺网站。

（六）**国家舞台艺术精品创作工程**：扶持重点剧目创作，推出一批优秀舞台艺术作品，支持优秀保留剧目复排演出。

（七）**国家影视精品工程**：扶持一批优秀广播电视节目、影视剧、纪录片、动画片等创作生产。

（八）**优秀剧本扶持工程**：实施影视、舞台等剧本孵化计划，组织作家、编剧采风，建立网上剧本交易平台，完善定制、采购、众筹等机制，支持创作改编和排演推广。

（九）**传统戏曲振兴工程**：开展全国地方戏曲剧种普查，逐一制订保护传承方案，扶持建设若干戏曲中心，形成文化艺术"大码头"。实施"名家传戏——当代戏曲名家收徒传艺"计划。实施京剧"像音像"工程。支持地方戏建设排演场所,盘活用好现有剧场资源。将符合条件的地方戏曲纳入非物质文化遗产名录,实施抢救性记录和保存。

（十）**国家美术发展和收藏工程**：实施当代美术创作引导计划、全国美术馆和画院专业建设提升计划、国家美术收藏计划,实施国家美术作品收藏和捐赠奖励项目。

（十一）**马克思主义文艺理论与评论建设工程**：编好用好马克思主义文艺理论教材,发挥文艺评论组织、研究机构、高校的积极作用,办好重点文艺评论报刊、网站和栏目,资助优秀文艺评论成果。

45.2.2 完善现代公共文化服务体系

坚持政府主导、社会参与、重心下移、共建共享,缺什么补什么,注重有用、适用、综合、配套,统筹建设、使用与管理。完善公共文化服务网络,做好公共文化馆、图书馆、博物馆、美术馆、乡镇（街道）综合文化站、村（社区）综合性文化服务中心等的规划建设,提高广播电视播出机构的制播能力和发射（监测）台、卫星地球站、直播卫星平台的承载能力。推动基层公共文化设施资源共建共享,整合宣传文化、党员教育、科普普法、体育健身等资源,建设乡镇（街道）、村（社区）的综合文化服务设施,推进公共文化设施免费开放。创新公共文化服务运行机制,推动各级政府购买公共文化服务,鼓励社会组织和企业参与公共文化设施运营和产品服务供给,推进数字图书馆、文化馆、博物馆建设,开发和提供适合老年人、未成年人、农民工、残疾人等群体的基本公共文化产品和服务。深入实施文化扶贫项目,对贫困地区未建成或未达标的公共文化设施进行新建和改扩建,配齐必要的设备,定期开展送书下乡、送戏下乡、送电影下乡。

> **专栏 45.3**
> **公共文化服务重大工程**
>
> （一）**国家级重大文化设施建设**：推动国家美术馆、中国工艺美术馆、"平安故宫"、中国国家画院、国家图书馆国家文献战略储备库、国家自然博物馆、中国新闻博物馆、中国民族博物馆等重大文化设施建设项目，推动国家级文艺院团重点建设项目。
>
> （二）**基层综合文化服务中心建设**：推动中心建设，使其基本具备读书看报、文体活动、公共数字文化服务、广播、电影电视放映、村史收集展陈等功能，并配套建设室外活动场地。发挥中心作用，增强对基层群众特别是青少年的吸引力。
>
> （三）**广播电视节目无线数字化覆盖**：改造全国现有大中功率无线骨干发射台站设备，进行小功率补点建设，实现模拟发射向数字发射转换。
>
> （四）**数字广播电视户户通**：推进有线电视网络建设和数字化双向化改造，推进直播卫星和地面数字广播电视入户接收，基本实现数字广播电视户户通。
>
> （五）**全民阅读**：开展"书香中国"系列活动，打造"中国好书"推荐平台。扶持实体书店发展。鼓励兴建各类公共阅读场所，完善全民阅读基础设施。实施儿童阅读促进计划、盲文出版项目。

45.2.3 构建中华优秀传统文化传承体系

加大文物保护力度，实现文物保护对象的全覆盖，推动文物保护由抢救性保护为主向抢救性与预防性保护并重转变，推动文物保护由注重文物本体保护向注重文物本体与周边环境、文化生态的整体保护转变，修订《文物保护法》。加强非物质文化遗产保护，健全非遗产代表性项目名录体系，编制国家级非物质文化遗产项目保护规划，统筹推进国家级文化生态保护区建设，实施国家级非物质文化遗产项目代表性传承人抢救性记录工程，全面记录传承人口述史、传统技艺流程等，以国家级非物质文化遗产项目为依托，在"十三五"时期建设200个非物质文化遗产项目的展览展示和传习设施。推进历史文化遗产的合理利用，促进文物保护与扶贫开发、生态旅游、新型城镇化、乡村建设相结合。开发文博创意产品，鼓励博物馆、美术馆、图书馆、纪念馆、非物质文化遗产保护中心等文化文物单位开发各类文化创意产品,推动历史文化资源真正"活起来"。

专栏 45.4
中华文化传承工程

（一）**中华文化资源数据库建设**。统筹规划、加强协调,推动全国文化遗产、古籍资源、少数民族文化资源、民间口头文学、老唱片、电影档案等文化资源数字化建设,搭建文化数据共享平台。

（二）**中国古代典籍整理**。实施中华古籍保护计划,编修《国家珍贵古籍名录》,推进基础性古籍、散失海外中华古籍、出土文献、古代社会档案等整理出版,统筹推进古籍整理出版数字化。

（三）**中国近现代典籍整理**。实施民国时期文献保护计划。分期分类梳理近现代重要典籍文献,编撰《复兴文库》。

（四）**史志编修**。加强中国共产党史、中华人民共和国史编修,加强地方史编写和边疆历史地理研究。完成省、市、县三级地方志出版工作。开展旧志整理和部分有条件的镇志、村志编撰。

（五）**文化经典普及**。编撰出版《中华传统文化百部经典》等著作,拍摄《记住乡愁》《中华文化基因》等系列历史文化专题纪录片。

（六）**历史文化记录**。实施国家记忆计划,抓紧历史文化记录和保护,重点做好影像记录、口述历史、记忆整理等项目。

（七）**国家文化公园建设**。依托长城、大运河、黄帝陵、孔府、卢沟桥等重大历史文化遗产,规划建设一批国家文化公园,形成中华文化重要标识。

（八）**中华优秀传统文化进校园**。将中华优秀传统文化教育融入课程和教材体系,提升教师师资水平,分学段有序推进。推进戏曲进校园。

（九）**中华优秀传统文化教育基地建设**。发挥历史文化名城、名镇、名街、名村、名人故居以及名战场等的作用,推动主题特色公园建设,推出专题游览路线,形成若干教育基地。

（十）**中华民族音乐传承出版**。搜集整理民族传统音乐曲谱,完成对珍贵录音录像资料的数字化保护,建设民族音乐资源库,支持民族音乐创新出版传播方式。

45.2.4　培育现代文化产业体系

文化市场建设

重点文化会展：办好中国(深圳)国际文化产业博览交易会、中国国际动漫节、北京国际广播电影电视设备展览会、北京国际图书博览会、上海国际电影电视节、上海国际艺术节等重点会展。

重点文化产权交易所：办好重点文化产权交易所，推动文化企业国有资产入场交易，开展电视剧等进场交易试点。

文化消费促进和引导：开展促进文化消费试点。鼓励为困难群众等提供适当消费补贴。支持大中城市建设文化娱乐综合体，支持艺术街区、特色书店和小剧场等建设，鼓励把文化消费嵌入各类消费场所。

全国文化市场技术监管与服务平台：建立互联网及其服务场所、娱乐场所以及文化产品经营活动等监管系统，加强大数据资源建设，完善文化市场信用制度。

　　引领文化产业创新发展，促进文化资源与文化产业有机融合，扩大和引导文化消费，提高文化产业发展质量和效益。完善文化市场准入和退出机制，鼓励社会资本进入文化市场，培育一批竞争力强的骨干文化企业，加强文化企业孵化器、公共服务平台、众创空间建设，支持"专、精、特、新"小微文化企业发展。加快发展动漫游戏、网络视听、移动多媒体、数字出版等新兴产业，围绕"互联网＋"大力发展新型文化业态，推动文化与信息、金融、制造、建筑等深度融合。支持有条件的地区发挥技术和人才密集的优势，发展以文化创意为主的产业集群，在中西部地区推进丝绸之路文化产业带、藏羌彝文化产业走廊建设。扩大文化消费，支持大中城市建设文化娱乐综合体，培育农村文化市场，促进文化消费便利化、大众化。完善多层次的产品市场和要素市场，加快构建统一开放、竞争有序、诚信守法、监管有力的现代文化市场体系。

专栏 45.5
重大文化产业工程

（一）**电影繁荣发展**。全面提高电影质量，做大做强电影市场，推动电影票房和银幕总数稳定增长。推动有条件的乡镇建设数字影院，加强电影衍生品和后产品开发。

（二）**出版融合发展**。优化出版资源和要素，推动传统和新兴出版在内容、技术应用、平台终端等方面共享融通。

（三）**广播电视繁荣发展**。全面提升广播电视节目制作和传播水平，扶持电视剧、电视动画、纪录片、有线网络等产业加快发展，形成视听内容生产传播新优势。

（四）**音乐产业发展**。释放音乐创造活力，建设现代音乐产业综合体系，推动音乐产业与其他产业融合发展。

（五）**"文化＋"行动**。推动文化创意与相关产业有机融合，增加文化含量和产业附加值，把文化资源优势转化为产业和市场优势。

(六)"互联网+"行动。创新网络文化产品和服务,引导支持网络文化产业基地建设。建设中国文化(出版广电)大数据产业平台。

(七)文化产业集聚区建设。结合主体功能区规划布局,依托中心城市和城市圈,打造若干文化产业集聚平台,形成内容创新、文化科技创新、文化金融服务创新中心。

(八)文化产业园区规范引导。统筹推进各级各类文化产业园区(基地)建设,严格认定标准,建立退出机制。加强国家广告产业园区建设。

45.2.5 发展对外文化交流体系

坚持走出去与请进来相结合、政府交流与民间交流相结合、文化交流与文化贸易相结合。扩大政府间文化交流,构建畅通的政府间文化交流合作机制,积极参与中俄、中美、中英、中欧等人文交流机制,举办中国文化年(节)等大型文化交流活动,提升"欢乐春节""感知中国"等品牌活动的影响力,促进中外智库交流,加快海外中国文化中心布局。拓展民间文化交流渠道,鼓励和引导民间团体更多地参与双边和多边文化交流活动,支持民营文化企业承担对外文化交流任务,加大国内外艺术机构之间的专业交流。促进文化贸易,积极推动文化产品和服务参与国际竞争,搭建国家文化贸易服务平台,发挥上海、北京、深圳等国家对外文化贸易基地的辐射作用,扶持文化出口重点企业和重点项目,引导文化企业境外投资,拓展海外文化市场。加强"一带一路"文化建设,构建"一带一路"沿线国家剧院合作机制,创建丝绸之路剧院联盟,打造丝绸之路国际艺术节等品牌活动,实施丝绸之路影视桥工程、丝路书香工程。

文化科技创新工程
宽带广电建设:加快建设下一代广播电视网,开发智能电视操作系统和融合终端,发展"电视+语音+互联网+智能家居+智慧城市"等综合业务。
广播影视数字化提升:推进广播电视台数字化建设,建设影院信息化管理与服务体系和电影市场技术监管体系,加强电视和电影前沿技术研究应用。
数字出版创新:建立国家知识服务平台,搭建新闻出版内容生产与分销等平台。支持发展绿色印刷、纳米印刷。
艺术呈现技术提升:加快新型灯光、音响、机械、视效、特效、智能展示等研发应用,提升艺术展演展陈数字化、智能化、网络化水平。

> **专栏 45.6**
> **"十三五"时期文化发展改革目标任务**
>
> (一)马克思主义中国化最新成果广泛普及,中国梦引领凝聚作用进一步增强,富强民主文明和谐、自由平等公正法治、爱国敬

业诚信友善的社会主义核心价值观更加深入人心,国民思想道德素质、科学文化素质和社会文明程度显著提高。

（二）精神文化产品创作生产更加活跃繁荣,哲学社会科学创新发展能力不断提升,文化精品不断涌现,网络文化健康发展,社会精神文化生活丰富多彩。

（三）现代传播体系逐步建立,传统媒体与新兴媒体融合发展取得阶段性成果,形成一批新型主流媒体和主流媒体集团,网络空间更加清朗,社会舆论积极向上。

（四）现代公共文化服务体系基本建成,基本公共文化服务标准化、均等化水平稳步提高,体现地方和民族特色的文化设施网络基本形成,公共文化供给与群众文化需求有效匹配。

（五）现代文化产业体系和现代文化市场体系更加完善,文化市场的积极作用进一步发挥,做优做强做大一批文化企业和文化品牌,文化整体实力和竞争力明显增强,"十三五"时期末文化产业成为国民经济支柱性产业。

（六）中华优秀传统文化传承体系基本形成,中华民族文化基因与当代文化相适应、与现代社会相协调,实现传统文化创造性转化和创新性发展。

（七）文化开放格局日益完善,中华文化影响力持续扩大,中国故事、中国声音广泛传播,良好国家形象全面展示,国家文化软实力和国际话语权进一步增强,促进世界文化多样化发展。

（八）文化宏观管理体制改革不断深化,微观运行机制进一步健全,文化法治建设深入推进,中国特色社会主义文化制度更加成熟更加定型。

内容小结

本章论述了推动文化事业和文化产业发展。文化是一个国家、一个民族的灵魂。改革文化体制是文化事业繁荣和发展的根本出路。改革开放以来,我国文化事业和文化产业得到蓬勃发展,文化体制改革得到持续推进,大致经历了文化市场地位得到承认、市场机制作用加大、文化事业和文化产业并举三个阶段。今后一个时期,文化事业和文化产业的发展,要坚持把社会效益放在首位、社会效益和经济效益相统一,推动物质文明和精神文明协调发展,推进文化事业和文化产业双轮驱动,建设社会主义文化强国,增强中华文化国际影响力。

重点是实施文化精品创作工程、完善现代公共文化服务体系、构建中华优秀传统文化传承体系、培育现代文化产业体系、发展对外文化交流体系。

关键概念

文化事业　　　　文化产业　　　　文化市场　　　　文化精品
公共文化服务体系　传统文化传承　　对外文化交流

思考讨论题

1. 推动文化事业和文化产业发展的重大意义是什么？
2. 我国文化体制改革有哪些主要特点？
3. 谈谈你对推动文化事业和文化产业发展的看法与建议。

第 46 章
加强和创新社会治理

加强和创新社会治理,是完善和发展中国特色社会主义制度、推进国家治理体系和治理能力现代化的重要内容。核心是加强社会治理制度建设,完善党委领导、政府负责、社会协同、公众参与、法治保障的社会治理体制,提高社会治理社会化、法治化、智能化、专业化水平,打造共建共治共享的社会治理格局,实现社会充满活力、安定和谐。

46.1 我国社会治理发展实践

改革开放以来,我国逐渐从计划经济体制下的社会管理向社会主义市场经济条件下的社会治理转变,通过加强社会治理基础制度建设,社会治理能力和水平明显提高,人民群众的获得感、幸福感、安全感不断增强。

46.1.1 计划经济体制下的社会管理

计划经济体制时期,我国实行高度集中的社会管理体制。社会管理的主要特征:**一是政府自上而下统一管理**。政府通过干部统一调配、人员统一安置、职业身份统一确定、社会事务统一部署、社会活动统一组织等,建立起以政府为单一中心的、大一统的社会管理体制,从生产生活等诸多方面,按照设计的路径、标准的程序和刚性的规则进行管理。**二是单位承担主要社会功能**。"单位"既是中国社会

社会治理与社会管理

社会治理是指以政府为主导的包括其他社会力量在内的行为主体,依照法律法规和政策,通过多种方式对社会领域的各个环节进行组织、协调、服务、监督和控制的过程。基本任务包括协调社会关系、规范社会行为、化解社会矛盾、促进社会公正、应对社会风险,根本目的是保持社会和谐稳定,创造既有活力又有秩序的经济社会发展环境。比较普遍的认识是,社会治理与社会管理的主要区别在于,从主体看,社会治理强调多元共治,社会管理强调政府作用;从机制看,社会治理强调行政机制与社会机制并重,社会管理强调以行政手段为主。

的基本组织单元,也是社会事务的基本管理单元。无论是政府机关、事业单位,还是企业单位,社会中的各类组织,都是政府的下属"单位",都成为一个个"大而全"或"小而全"的单位,承担着劳动组织、政治学习、社会动员、福利保障等大量职能,由此也产生了"单位人"的"依赖性""排他性"。**三是社会流动受到严格限制**。以单位制度、户籍制度、职业身份制度和档案制度为基础的社会管理方式,严格限制了社会成员在城镇之间、城乡之间、单位之间和不同职业身份之间的自由流动。一方面,社会成员被束缚在一个相对封闭的空间,就业、居住固定化;另一方面,社会管理呈现高度组织化、有序化的状态。**四是社会活力明显不足**。政府高度集中的社会管理体制,形成高度规范的社会秩序,极大地增强了国家对社会的组织动员能力和控制能力,政府成为包揽一切社会事务的全能型政府,一切权力集中到政府的同时,一切责任也集中到政府,造成行政管理成本过高,社会本身缺乏自我组织、自我管理、自我调节的机制,缺乏应有的活力。

> **专栏 46.1**
> **单位:一种特殊的社会组织方式**
>
> 所谓单位,是改革开放前基于计划经济体制在城镇地区所形成的一种特殊组织形式。单位承担着社会动员、资源分配、专业分工和福利保障等多种管理功能。由于国家控制着绝大部分资源,单位必须依附于国家,由于国家通过单位组织将资源分配到个人,个人必须依附于单位,由此形成国家—单位—个人之间的强依附关系结构。单位所控制的资源不仅包括以货币和实物体现的物质生活资源,也包括机会、权力、社会身份等无形的"制度性资源",单位通过对资源的严格控制和分配,形成了对"单位人"的支配关系,通过一个个组织化的单位,国家实现对整个社会高度集中的管理与控制。

46.1.2 社会主义市场经济条件下的社会治理

1978 年以来,随着社会主义市场经济体制的建立和完善,在新的历史条件下,与之相适应的社会治理体制逐渐形成,社会治理具有如下主要特征:

一是以增强流动性为突破口。在城镇,国有企业铁饭碗的打破,民营企业、外资企业等多种所有制经济的兴起,招聘制、合同制等用工制度的推行,沿海城市的开放开发,带来就业主体多元化、就业形式多样化,极大地促进了全国劳动力人口的大范围、大规模流动,就业限制、身份限制、居住限制等逐渐被打破。在农村,家庭联产承包责任制的实行,解放了大量的富余劳动力,国家放开户籍制度限制,允许农民进城务工经商,到2017年年末,自主流动择业的农民工数量已经达到2.86亿人之多,成为我国产业工人的主体。

二是以促进公平性为立足点。党的十六届六中全会提出,逐步形成惠及全民的基本公共服务体系;党的十八大提出,建立以权利公平、机会公平、规则公平为主要内容的社会公平保障体系;党的十八届五中全会强调,全面深化改革必须以促进社会公平正义、增进人民福祉为出发点和落脚点;维护社会公平正义被摆到更加突出的位置。随着农民工在城镇人口中所占比例的提高,2006年国务院出台《关于解决农民工问题的若干意见》,这是第一份全面系统保障农民工权益的政策文件,涵盖农民工工资、就业、技能培训、劳动保护、社会保障、公共管理和服务、户籍管理制度改革、土地承包权益等诸多方面。

三是以倡导共建共治共享为格局。党的十六届六中全会最早提出共建共享的理念,强调"构建社会主义和谐社会是党领导全体人民共同建设、共同享有的和谐社会";党的十八大明确"保证人民平等参与、平等发展权利和开创社会和谐人人有责、和谐社会人人共享的生动局面"的目标;党的十八届五中全会提出"构建全民共建共享的社会治理格局",强调"人人参与、人人尽力、人人享有";党的十九大进一步提出"打造共建共治共享的社会治理格局",在传统社会管理体制向现代社会治理体制转变中,共建共治共享的理念逐渐形成并不断强化。

四是以兼顾活力与秩序为目标。在计划经济体制下,社会管理的目标偏重于稳定和秩序;社会主义市场经济条件下,社会治理的目标则坚持活力与秩序并重,既生机勃勃又井然有序。党的十七大提出"最大限度激发社会创造活力,最大限度增加和谐因素,最大限度减少不和谐因素";党的十八大提出"健全基层公共服务和社会管理网络,建立确保社会既充满活力又和谐有序的体制机制";党的十九大明确把"现代社会治理格局基本形成,社会充满活力又和谐有序"作为2035年基本实现社会主义现代化的战略目标。

> **专栏 46.2**
> **从"单位人"到"社会人"**
>
> 改革开放的深入推进和经济体制的深刻变革,带来的一个重大变化是,随着市场在配置资源中发挥越来越重要的作用,单位的社会功能得以剥离。普遍实行的"就业市场化、住房自有化、福利保障社会化、后勤服务市场化"等改革,单位对国家的依附性和个人对单位的依附性逐渐弱化,单位不再是政府的附庸,仅仅只是工作场所。越来越多的社会成员由"单位人"变成"社会人",在城市就业总人口中,过去有固定编制或待遇的"单位人"占到95%以上,目前这一比例下降到25%以下,大多数人与就业单位的关系变成一种契约关系。农村居民成为自主生产经营的个体,由人民公社社员变成一个"自由人"。

社会变迁的规模之大、波及之广、影响之深前所未有,使得我国社会治理体系面临一系列挑战。一是社会结构变化的挑战。传统"单位制"的解体,人口流动常态化,社会结构多元化,利益诉求多样化,社会关系复杂化,面对大量的、分散的个体,社会治理难度明显加大。二是乡村人口变化的挑战。近三亿的农村劳动力进入城镇从事第二、第三产业,留守在家的主要是老人、妇女、儿童,不少地方出现空心村、空巢户现象。乡村传统治理资源流失,乡规民约、良善风俗弱化。三是信息传播变化的挑战。互联网的发展,微博、微信等新媒体的兴起,加速了各种思潮、信息的传播,影响着人们的思想和行为,越来越多的公众通过网络发表看法、表达诉求,网络犯罪、网络暴力也同时出现。四是政府与社会之间尚未形成既相互分工又相互协作的多元治理机制,缺乏清晰的责任界定,政府的社会管理职责重、权限大,社会组织的边缘化与行政化并存,社会道德和诚信体系建设滞后;公众参与公共管理的意识、渠道和能力缺乏匹配。人口老龄化对社会治理的挑战日益凸显。

46.2 加强和创新社会治理重点

经济结构的深刻变革、利益格局的深刻调整、思想观念的深刻变化、社会结构的深刻变动,对完善社会治理体制提出新要求,迫切需要加强和创新社会治理,打造共建共治共享的社会治理格局。

46.2.1 完善社会治理体制

完善党委领导、政府主导、社会协同、公众参与、法治保障的社会治理体制,实现政府治理和社会调节、居民自治良性互动。

提升政府治理水平。创新政府治理理念,强化法治意识和服务意识,寓管理于服务,以服务促管理。改进政府治理方式,充分运用现代科技改进社会治理手段,推进社会治理精细化,加强源头治理、动态管理、应急处置和标本兼治。健全政府信息发布制度。加强基层政府服务能力建设。建立国家人口基础信息库,加强人口管理、实名登记、信用体系、危机预警干预等制度建设。完善政府社会治理考核问责机制,建立健全社会治理领域权力清单制度和责任追究制度,形成权责明晰、奖惩分明、分工负责、齐抓共管的社会治理责任链条。

加强社区治理体系建设。推动社会治理重心向基层下移,尽可能把资源、服务、管理放到基层,使基层有职有权有物,更好地为群众提供精准有效的服务和管理。依法厘清基层政府和社区组织权责边界,建立社区、社会组织、社会工作者联动机制。加强流动人口管理,更多地运用市场化、法治化手段,促进人口有序流动。加强和创新农村社会治理,主动化解社会矛盾。健全城乡社区综合服务管理平台,促进公共服务、便民利民服务、志愿服务有机衔接,实现一站式服务。实现城市社区综合服务设施全覆盖,推进农村社区综合服务设施建设。提升社区工作者队伍职业素质。注册志愿者人数占居民人口的比例达到13%。

发挥社会组织作用。健全社会组织管理制度,形成政社分开、权责明确、依法自治的现代社会组织体制。推动登记制度改革,实行分类登记制度。支持行业协会商会类、科技类、公益慈善类、社区服务类社会组织发展。加快行业协会商会与行政机关脱钩,健全法人治理结构。创新社会治理思路,扩大开放公共服务市场,通过政府购买服务、健全激励补偿机制等办法,鼓励和引导社会组织参与社会治理。加强综合监督和诚信建设,更好地发挥组织的自律、他律、互律作用。

增强社会自我调节功能。引导公众用社会公德、职业道德、家庭美德、个人品德等道德规范修身律己,自觉履行法定义务、社会责任和家庭责任,自觉遵守和维护社会秩序。加强行业规范、社会组织章程、乡规民约、社区公约等社会规范建设,充分发挥社会规范在协调社会关系、约束社会行为等方面的积极作用。加强社会心理服务体系建设,更加注重人文关怀和心理疏导。完善惩恶扬善机制,以风清气正的社会氛围,加快推进自尊自信、理性和平、积极向上的社会心态的形成。

完善公众参与机制。依法保障居民知情权、参与权、决策权和监督权,完善公众参与治理的制度化渠道。对关系公众切身利益的重大决策,以居民会议、议事协商、民主听证等形式,广泛征求公众意见建议。完善村务公开、居务公开、民主评议等途径,加强公众监督评估。完善第三方评估机制,使评估过程真正成为协调利益、取得共识的过程。

加强预防和化解矛盾机制建设。完善社会矛盾排查预警机制,运用大数据技术、信息化手段,建立集信息共享、部门联动、综合研判、跟踪督办、应急处置于一体的工作体系,及时排除、预警、化解、处置各类矛盾,完善重大决策社会稳定风险评估制度,从源头上预防和减少矛盾。对直接关系群众切身利益且涉及面广、容易引发社会稳定风险的重大决策事项,从法律制度上进一步将风险评估列为必经的前置程序和刚性门槛。完善调解、仲裁、行政裁决、行政复议、诉讼等有机衔接、相互协调的多元化纠纷解决机制。

专栏 46.3
浦东新区合庆镇的村民自治模式

合庆镇位于上海市浦东新区东北角,总面积 41.97 平方公里,下辖 29 个村、6 个居委会,人口 14 万。合庆镇以"草根宪法"的方式对基层治理进行改革,形成 32 字自治经:"有法依法、有规依规,无法无规、村民自治",每个村都有一本《村民自治章程》和若干《实施细则》,通过自治模式实现自我管理、自我教育、自我服务。合庆镇村民自治模式的主要特点:

第一,通过召开"户代会",引导村民自发、自觉、自愿参与村级事务。合庆镇在全镇推行"户代会",通过广泛听取村民意见,将村民关注度最高、反映最集中的村务事项作为村民自治的具体项目。

第二，通过完善制度细则，建立有效的村民监督机制。比如建立"四议两公开"的议事规则，即村民代表会议议事规则、村委会议事规则、村务监督委员会工作规程等，从而保障村民的"知情权、决策权"和合法利益不受侵犯。

第三，通过"草根宪法"，发挥协调利益的作用。合庆镇村民把与其自治相关的章程和细则称为"草根宪法"。"草根宪法"发挥着合理配置权益、平衡利益冲突的作用，凡是与村民切实利益密切相关以及村民普遍关心的事项，都应该按照规定向村民公开，接受村民监督。

46.2.2　完善社会信用体系

加快推进政务诚信、商务诚信、社会诚信和司法公信等重点领域信用建设，推进信用信息共享，健全激励惩戒机制，提高全社会诚信水平。**一是健全信用信息管理制度**。全面实施统一社会信用代码制度。制定全国统一的信用信息采集和管理标准。依法推进信用信息在采集、共享、使用、公开等环节的分类管理，加强涉及个人隐私和商业秘密的信用信息保护。加快推动信用立法。**二是强化信用信息共建共享**。建立信息披露和诚信档案制度，加快完善各类市场主体和社会成员信用记录。加强部门、行业和地方信用信息整合，建立企业信用信息归集机制，完善全国信用信息共享平台，建设国家企业信用信息公示系统。依法推进全社会信用信息资源开放共享。**三是健全守信激励和失信惩戒机制**。建立守信奖励激励机制。在市场监管和公共服务过程中，对诚实守信者实行提供便利化服务等激励政策。健全多部门、跨地区、跨行业联动响应和联合惩戒机制，强化企业信用依法公示和监管，建立各行业失信黑名单制度和市场退出机制。**四是培育规范信用服务市场**。建立公共和社会信用服务机构互为补充、信用信息基础服务和增值服务相辅相成的多层次信用服务组织体系。推动信用服务产品开发创新和广泛运用。支持征信、信用评级机构规范发展，提高服务质量和国际竞争力。健全征信和信用服务市场监管体系。

> **专栏 46.4**
> **我国信用信息共享平台与机制**
>
> 面向社会公众的信用信息共享之窗开启。2015年6月,"信用中国"网站正式开通运行,成为信用政策法规发布、信用信息集中公开、一站式查询展示的窗口和权威媒介。截至2017年年末,"信用中国"网站累计访问量突破13亿次,日访问量突破800万次。"信用中国"网站已经成为以信用为纽带沟通社情民意的"总窗口",受到社会公众的广泛关注与好评。
>
> 信用信息共享交换平台框架基本建立。2015年10月,作为信用信息交换共享"核心枢纽"的全国信用信息共享平台建成并投入运行,成为社会信用体系建设中具有里程碑意义的事件。截至2017年年末,该平台已经连接了44个部门和全部省级信用平台,与51家社会机构签订信息共享协议,归集各类信用信息超过132亿条,在打破信用信息"孤岛"、消除信用信息壁垒方面取得了重大突破,为形成覆盖全部信用主体、所有信用信息类别、全国所有区域的信用信息网络奠定了坚实基础。
>
> 全社会信用信息共建共享机制初步形成。在积极推进政务信用信息交换共享的同时,我国大力推进政务信用信息与社会信用信息互动融合,集聚全社会力量,逐步构建全国信用信息共享大格局,促进形成政府部门协同联动、行业组织自律管理、信用服务机构积极参与、社会舆论广泛监督的社会共治良好局面。

46.2.3 健全公共安全体系

牢固树立安全发展理念,弘扬生命至上、安全第一的思想,加强全民安全意识教育,健全公共安全体系,为人民安居乐业、社会安定有序、国家长治久安编织全方位、立体化的公共安全网,建设平安中国。**一是全面提高安全生产水平**。建立责任全覆盖、管理全方位、监管全过程的安全生产综合治理体系。完善和落实安全生产责任、考核机制和管理制度,实行党政同责、一岗双责、失职追责,严格落实企业主体责任。加强隐患排查治理和预防控制体系、安全生产监管信息化和应急救援、监察监管能力等建设。坚决遏制重特大安全事故,单位国内生产总值生产安全事故死亡率下降30%。**二是提升防灾减**

美、日、俄突发危机处理机制

美国已形成以总统为核心,以国家安全委员会为中枢,中央情报局、联邦调查局、联邦紧急事务管理局、国土安全部等相互协作机制。通过《联邦紧急反应计划》,实行联邦、州、军方、司法的多级响应机制。

日本以内阁首相为最高指挥官,内阁官房长官负责整体协调,自然灾害危机主要由"中央防灾会议"负责,经济危机由"金融危机对策会议"负责,国家安全事宜由"安全保障会议"负责,由国土厅、气象厅、金融厅、防卫厅等部门具体实施。

俄罗斯是"大总统、大安全"构架,总统和联邦安全会议是危机处理的中枢指挥系统,国防部、联邦安全局、对外情报局、紧急情况部等成员部门既是危机处理的智囊系统,也是危机决策的执行系统。

灾救灾能力。坚持以防为主，防抗救相结合，全面提高抵御气象、水旱、地震、地质、海洋等自然灾害综合防范能力。健全防灾减灾救灾体制，完善灾害调查评价、监测预警、防治应急体系。建立城市避难场所。健全救灾物资储备体系，提高资源统筹利用水平。加快建立巨灾保险制度。制定应急救援社会化有偿服务、物资装备征用补偿、救援人员人身安全保险和伤亡抚恤等政策。**三是加强社会治安防控体系建设**。加快建设社会治安立体防控体系，推进立体化、信息化，努力构建全方位的公共安全防控网络。以"全域覆盖、全网共享、全时可用、全程可控"为目标，深入推进公共安全视频监控联网应用建设，加快实现联网集约化、联网规范化、应用智能化。实施社会治安重点部位、重点领域、重点地区联动管控和排查整治。依法打击和惩治黄赌毒黑拐骗等违法犯罪活动，保护人民人身权、财产权、人格权。**四是强化突发事件应急体系建设**。建成与公共安全风险相匹配、覆盖应急管理全过程和全社会共同参与的突发事件应急体系，健全完善重大危险源、主要基础设施的风险管控体系，增强突发事件预警发布和应急响应能力。强化危险化学品处置、海上溢油、水上搜救打捞、核事故应急、紧急医疗救援等领域核心能力。完善应急志愿者管理，提升公众自救互救能力。国家突发公共事件应急处理流程见图46.1。

46.2.4 建立国家安全体系

深入贯彻总体国家安全观，完善国家安全战略和国家安全政策，坚决维护国家政治安全，不断提高国家安全能力，切实保障国家安全。**一是健全国家安全保障体制机制**。制定实施政治、国土、经济、社会、资源、网络等重点领域国家安全政策，明确中长期重点领域安全目标和政策措施，提高防范和抵御安全风险能力。建立健全国家安全监测预警体系。健全国家安全审查制度和机制。对重要领域、重大改革、重大工程、重大项目、重大政策等进行安全风险评估。**二是保障国家政权主权安全**。建立健全跨部门跨地区联合工作机制，依法严密防范和坚决打击各种渗透颠覆破坏活动、暴力恐怖活动、民族分裂活动、宗教极端活动。加强网上主权空间对敌斗争和网络舆情管控。切实维护意识形态安全。**三是防范化解经济安全风险**。维护战略性资源、关键产业、财政金融、资本跨境流动等领域国家经济安全。提高能源、矿产资源、水资源、粮食、生态环保、安全生产、网络等方面的风险防控能力。健全国家战略物资储备，构建产品产能产地储备相结合的国

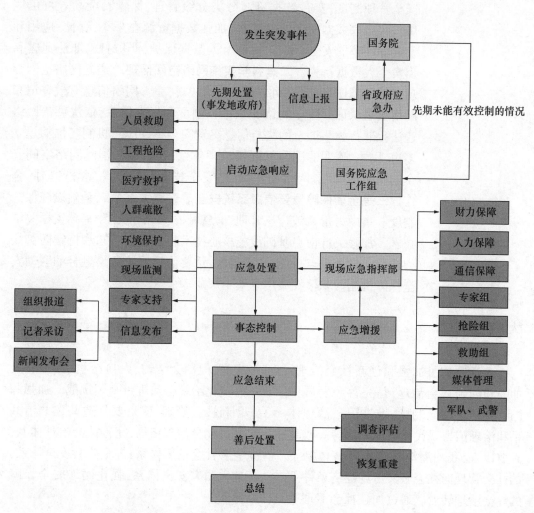

图 46.1 国家突发公共事件应急处理流程

家战略资源能源储备体系。**四是加强国家安全法治保障。**贯彻落实国家安全法,出台相关实施细则。推进国家经济安全、防扩散、国家情报、网络安全、出口管制、外国代理人登记、外资安全审查等涉及国家安全的立法工作,加快健全国家安全法律制度体系,充分运用法律手段维护国家安全。

46.2.5　强化网络安全保障体系

统筹网络安全和信息化发展,加强重要信息系统和数据资源保护,提高网络治理能力。**一是加强数据资源安全保护。**建立大数据安全管理制度,实行数据资源分类分级管理,保障安全高效可信应用。实施大数据安全保障工程,加强数据资源在采集、存储、应用和开放等环节的安全保护。加强个人数据保护,严厉打击非法泄露和出卖个人数据行为。**二是科学实施网络空间治理**。建立网络空间治理基础保障体系,完善网络安全法律法规,完善网络信息有效登记和网络实名认证。建立网络安全审查制度和标准体系,依法惩治网络违法犯罪行为。健全网络与信息突发安全事件应急机制。推动建立多边、民主、透明的国际互联网治理体系,积极参与国际网络空间安全规则制定、打击网络犯罪、网络安全技术和标准等领域的国际合作。**三是全面保障重要信息系统安全**。建立关键信息基础设施保护制度。集中力量突破信息管理、信息保护、安全审查和基础支撑关键技术。加强关键信息基础设施核心技术装备威胁感知和持续防御能力建设。健全重点行业、重点地区、重要信息系统条块融合的联动安全保障机制。积极发展信息安全产业。

内容小结

本章论述了加强和创新社会治理。加强和创新社会治理,是完善和发展中国特色社会主义制度、推进国家治理体系和治理能力现代化的重要内容。改革开放以来,我国逐渐从计划经济体制下的社会管理向社会主义市场经济条件下的社会治理转变。通过加强社会治理基础制度建设,社会治理能力和水平明显提高,但社会结构、人口结构、网络发展等变化给社会治理带来了挑战。加强和创新社会治理,就是要打造共建共治共享的社会治理格局,完善社会治理体制,完善社会信用体系,健全公共安全体系,建立国家安全体系,强化网络安全保障体系。

关键概念

社会治理	社会管理	单位	共建共治共享
政府治理	社区治理	社会组织	公众参与机制
社会信用	公共安全	国家安全	网络安全保障

思考讨论题

1. 与计划经济体制下的社会管理相比,社会主义市场经济条件下的社会治理发生了哪些变化?具有哪些特征?
2. 如何应对信息化、网络化时代给社会治理带来的挑战?
3. 联系实际谈谈对加强和创新社会治理的看法与建议。

本篇参考文献

习近平,《习近平谈治国理政》,外文出版社,2014年。

习近平,《习近平谈治国理政》(第二卷),外文出版社,2017年。

《党的十九大报告辅导读本》,人民出版社,2017年。

《中华人民共和国国民经济和社会发展第十三个五年规划纲要》,2016年3月。

国务院,《国家基本公共服务体系"十二五"规划》,2012年7月。

国务院,《"十三五"推进基本公共服务均等化规划》,2017年1月。

国务院,《国家教育事业发展"十三五"规划》,2017年1月。

国务院,《"十三五"促进就业规划》,2017年1月。

国务院,《"健康中国2030"规划纲要》,2016年10月。

中共中央办公厅、国务院办公厅,《国家"十三五"时期文化发展改革规划纲要》,2017年5月。

人力资源和社会保障部,《人力资源和社会保障事业发展"十三五"规划纲要》,2016年7月。

全国人大财政经济委员会办公室,《建国以来国民经济和社会发展五年计划重要文件汇编》,中国民主法制出版社,2008年。

中国教育与人力资源问题报告课题组,《从人口大国迈向人力资源强国》,高等教育出版社,2003年。

〔丹麦〕考斯塔·艾斯平-安德森,《福利资本主义的三个世界》,郑秉文译,法律出版社,2003年。

魏礼群,《加强和创新社会管理》,学习出版社,2011年。

李培林,《社会改革与社会治理》,社会科学文献出版社,2015年。

徐宪平,《中国经济的转型升级——从"十二五"看"十三五"》,北京大学出版社,2015年。

龚维斌,《中国特色社会主义社会治理体制》,经济管理出版社,2016年。

第12篇

建设生态文明 美丽中国

人类文明的发展史,是一部人与自然关系的演化史。在历史的长河中,诸多兴盛一时的早期文明因为向自然索取无度而衰亡,湮灭于漫漫黄沙之中。进入工业社会,机器的轰鸣使人类利用自然、改造自然的能力空前提高,但也使得人与自然的冲突越来越尖锐,生态危机日趋严重,成为工业文明无法掩盖的伤痛。"生态兴则文明兴,生态衰则文明衰"已成历史铁律,振聋发聩、掷地有声。人与自然是生命共同体,人类必须尊重自然、顺应自然、保护自然。人类只有遵循自然规律才能有效防止在开发利用自然上走弯路,人类对大自然的伤害最终会伤及人类自身,这是无法抗拒的规律。

中国的现代化建设,是一场人类历史上规模空前的革命性变革。中国的工业化、城镇化在享有技术、制度层面后发优势的同时,也面临着比先发国家更为严峻的资源环境瓶颈制约。如何走出一条人与自然和谐的可持续发展之路,是中国现代化建设的一项重大课题,也是无法回避的历史抉择。党的十八大以来,以习近平同志为核心的党中央提出了生态文明建设的重大战略思想,将其纳入中国特色社会主义事业"五位一体"总体布局,党的十九大进而提出"像对待生命一样对待生态环境",建设生态美丽中国,维护全球生态安全,是中国对自己、对世界的庄严承诺。

第 47 章
生态文明建设的战略地位

生态文明是人类社会进步的重大成果。人类社会先后经历了原始文明、农业文明、工业文明等文明形态,生态文明是工业文明发展到一定阶段的产物,是实现人与自然和谐发展的新要求。历史地看,生态兴则文明兴,生态衰则文明衰。生态文明思想的树立和落实,是对传统工业文明带来的生态环境危机深刻反思的结果,也是人类社会实现可持续发展的必然选择。

47.1 全球可持续发展大趋势

工业革命以来,人类利用自然、改造自然的能力不断变得强大,同时,能源资源开发、污染排放以及毁林开荒、围海造田破坏生态的行为不断加剧,对人类赖以生存的自然生态系统产生巨大影响。面对日益严重的全球性生态环境问题,国际社会开始反思传统工业发展方式,可持续发展理念和战略应运而生。

47.1.1 生态环境危机的警示

工业革命之前,由于生产方式的落后,人类大规模影响自然生态系统的能力有限。工业革命大大提升了人类社会开发利用自然的能力,也产生了日益严重的环境污染问题。从 20 世纪 30 年代起,发达国家相继出现耸人听闻的环境公害事件。全球能源、资源短缺问题日益凸显。20 世纪 70 年代,发生了两次世界性的石油危机,使原油

化石能源与非化石能源

化石能源为不可再生能源,泛指生物成因的各类可燃有机岩矿物,如煤、石油、天然气等,是地质历史时期的动植物在特定的地理环境和地质条件下,经过生物化学作用和物理化学作用而形成的。有关测算表明,每吨化石燃料燃烧后排放约 2.3 吨温室气体。非化石能源主要指水能、核能、风能、太阳能、生物质能、地热能、海洋能等。

价格大幅上涨,工业化国家经济衰退。水资源问题日益突出,20世纪世界人口增加了2倍,而人类用水量增加了5倍,80多个国家的约15亿人口面临淡水不足,预计到2025年,全球将有35亿人为水所困。生态恶化加剧,20世纪90年代中期,地球上存在约5500万平方公里的热带雨林,2015年已锐减至原来的50%,25%的物种也随着热带雨林的消失而一起灭绝。植被破坏使得全球每年有600万公顷的土地变为荒漠,地球生物种类以前所未有的速度减少。由于人类广泛使用化石燃料,排放大量二氧化碳、甲烷等温室气体,气候变化成为全球性问题(见图47.1),给人类安全和发展带来普遍性风险,造成风暴潮频发、干旱加剧、洪涝增多、农业歉收、食品短缺、水资源短缺、生物多样性丧失等。

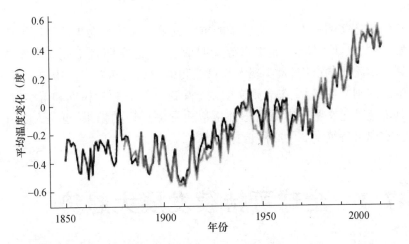

图47.1 观测到的全球陆地和海表平均温度变化(1850—2012年)

资料来源:联合国政府间气候变化专门委员会,《第五次评估报告》(2013年)。

美国博尔德冰川的变化

由于气候变暖等因素,全球范围内冰川的面积和体积均出现明显的减少,美国博尔德冰川在1988年时已经所剩无几,成为世界上著名但即将消失的冰川之一。

专栏47.1
世界八大环境公害事件

比利时马斯河谷烟雾事件。 1930年12月1日至5日,隆冬的大雾笼罩了整个比利时,炼焦、炼钢、电力、玻璃、硫酸等重型工厂分布密集的列日市马斯河谷工业区上空的雾特别浓重,河谷工业区有上千人发生呼吸道疾病,一个星期内就有60多人死亡,是同期正常死亡人数的十倍多。

美国多诺拉烟雾事件。 1948年10月下旬，由于工厂长期烟雾弥漫，美国宾夕法尼亚州多诺拉镇6 000人中近一半的人毫无征兆地突然发病，症状为眼病、咽喉痛、流鼻涕、四肢倦乏、胸闷、呕吐等，其中20多人很快死亡，死者年龄多在65岁以上。

美国洛杉矶光化学烟雾事件。 1943年以后，每年5月至10月，洛杉矶常常出现严重的烟雾污染。20世纪40年代，洛杉矶就拥有汽车250万辆，到70年代增加到400多万辆，每天向城市上空排放大量石油烃废气、氮氧化物和铅烟，排放物在强光作用下发生光化学反应，生成了淡蓝色的光化学烟雾。

英国伦敦烟雾事件。 20世纪50年代，伦敦冬季燃煤取暖普遍，加上期间空气流动性差，污染物在城市上空蓄积不散。1952年12月4日至9日，伦敦迷雾笼罩，4天内死亡人数达到4 000多人，48岁以上人群的死亡率为平时的3倍，1岁以下人群的死亡率为平时的2倍。

日本富山"骨痛病"事件。 1931年起，富山民众开始出现一种怪病，全身关节疼痛不已，到后来患者的骨骼会软化萎缩，四肢弯曲，脊柱变形，因患者常常忍不住喊"痛、痛"，此病得名"骨痛病"。日本医学界和官方发现祸根是贯穿富山平原的神通川上游的神冈矿山排放含镉废水，浇灌土地变成了"镉地"，又生产出"镉米"，使当地居民慢性重金属中毒。

日本熊本县水俣病事件。 1950年，水俣湾边上的小渔村里许多人开始得上一种怪病，发病前毫无征兆，发病后浑身不停抽搐，手足变形，最后精神失常，直至死亡。后来查明，发病原因竟然是日本氮肥公司长年累月地将未经任何处理的含汞废水排放到水俣湾中，汞被水生生物食用转化为剧毒的甲基汞，被污染的水产品被人食用后，甲基汞会侵害人体的神经细胞，破坏小脑和知觉系统，使人得上这种怪病。

日本四日市事件。 20世纪50年代以来，四日市发展成为一个"石油联合企业城"，从1959年开始，全市平均每月每平方千米降尘量为14吨(最多达30吨)，大气二氧化硫浓度超过标准5—6倍，大气中烟雾厚度达500米。1979年10月，确认患有大气污染性疾病的患者超过77万人。

日本米糠油事件。 1968年，日本九州、四国等地几十万只鸡死亡，后经调查发现为饲料中毒，之后又有原因不明的皮肤病患者大量增加并有多人死亡，后来在死者的五脏和皮下脂肪中发现了多氯联苯,该物质被人畜食用后损害皮肤和肝脏,引起中毒。经调查,九州一个食用油工厂在生产米糠油时,因管理不善、操作失误,导致米糠油中混入了多氯联苯。

47.1.2 全球环保意识的觉醒

罗马俱乐部

罗马俱乐部(Club of Rome)是关于未来学研究的国际性民间学术团体,也是一个研讨全球问题的智库,成立于1968年4月,总部设在意大利罗马。俱乐部的宗旨是研究未来的科学技术革命对人类发展的影响,阐明人类面临的主要困难与挑战,以引起政策制定者和舆论的关注。

20世纪以来屡屡发生的环境公害事件,以及接踵而来的能源危机、生态危机和气候变化威胁,引发了人们对工业文明弊端的深刻反思,唤起了全球环保意识的觉醒,可持续发展理念应运而生。1962年,美国生物学家蕾切尔·卡逊在其所著的《寂静的春天》一书中指出,生态环境问题如不解决,人类将生活在"幸福的坟墓"之中。1972年,罗马俱乐部发布《增长的极限》报告,发出"这个地球不是我们从上代人手里继承的,而是我们从下代人手里借来的"呐喊,警示人口与经济的快速增长、资源的快速消耗和环境污染将使地球的支撑能力达到极限。同年,联合国在瑞典斯德哥尔摩召开人类历史上第一次大型的环境会议,通过著名的《人类环境宣言》,提出从整体上协调发展来解决环境问题,成为世界环境保护的重要转折点。1980年,世界自然保护同盟(IUCN)发布《世界自然保护战略:面向可持续发展的生命资源保护》报告,最早提出可持续发展理念。1987年,世界环境与发展委员会发布《我们共同的未来》报告,国际社会第一次正式提出"可持续发展"倡议,强调发展既要满足当代人的需要,又不对后代人满足其需求的能力构成危害。1992年,联合国环境与发展大会发表了《里约宣言》和《21世纪议程》,提出全球可持续发展计划蓝图,倡议各国共同保护地球生态系统。2002年,南非可持续发展世界首脑会议指出,经济发展、社会进步、环境保护是可持续发展的三大支柱。2012年,联合国可持续发展大会"里约+20峰会"发布成果文件《我们憧憬的未来》,进一步形成可持续发展的共识。

专栏 47.2

蕾切尔·卡逊的《寂静的春天》

1962年,美国学者蕾切尔·卡逊写的《寂静的春天》一书问世,销量达到2000多万册,成为当时轰动世界的畅销书。书中揭示由于杀虫化学品的滥用,世界将失去鸟儿的歌唱,春天将变得寂静无声,人类的生存环境将受到威胁。这本书唤起了人们的环境意识,推动了绿色思潮的兴起。在《寂静的春天》一书发行25周年时,美国前副总统戈尔为该书纪念版作序时写道:"这本书就像一道光芒,照向了我们这个时代最重要的问题:人类与自然环境的相互融合。没有她的警示,就没有今天的改善。"

47.1.3 绿色发展浪潮的兴起

发达国家在过去200多年间工业化、城镇化的进程中,走过了一条"先污染,后治理"的道路。20世纪50年代,发达国家开始治理生态环境,90年代世界绿色发展浪潮蓬勃兴起。主要政策手段包括:一是强制推进法律标准体系建设。欧共体从1973年起颁布了六个环境行动规划,到2007年,欧盟生态治理法律文件的数量已达到700余件;日本经历了从《公害对策基本法》(1967年)、《自然环境保全法》(1972年)到《环境基本法》(1993年)逐步完善的过程;美国法律制度表现为环境标准技术性强、处罚严厉等特点,如美国的《清洁空气法》遵循国家环境空气质量标准、排放限制、危险空气污染物排放标准等。二是加大生态环境治理投入力度。20世纪60、70年代,日本以公害事件为契机,加大环境污染治理,1975年日本污染治理投资占国内生产总值的比重高达6.5%,民间污染控制投资占民间资本投资总额的17%,政府和民间环保投入带动了环保产业和技术的快速发展,日本成为世界上拥有尖端环保技术的少数国家之一。三是增强信息公开、舆论监督和社会参与。法国就应对气候变化立法进行了全民大讨论,凝聚了全国共识;美国建立了完善的流域数据管理体系,公众可以从网上查看美国所有监测断面的水质数据,对政府决策或规章制度提出意见和建议。

专栏 47.3
世界主要国家可持续发展战略与政策

英国：在伦敦烟雾事件以后，陆续通过了《大气清洁法》《清洁水法》等法律，开创了解决工业污染问题的先河。进入 21 世纪，英国最早提出"低碳"概念，第一个将应对气候变化纳入国家法律。2003 年，英国政府发布《能源白皮书》，提出到 2050 年二氧化碳排放量在 1990 年的基础上减少 60%。在应对金融危机中，提出到 2020 年投资 1 000 亿英镑，使可再生能源供应量比 2008 年增加 10 倍。

美国：1970 年成立了环境保护局，之后颁布了《清洁水法》《清洁空气法》等一系列污染治理法案。里根政府对环境管制进行了成本-收益分析；克林顿政府积极推动环境保护技术发展；小布什政府对温室气体减排和能源有效利用技术创新给予大力支持；奥巴马政府积极实施以新能源开发为核心，包括发展智能电网、碳储存和碳捕获、可再生能源的"绿色经济复兴计划"。

德国：是最先提出"循环经济"理念的国家之一。1972 年，颁布实施《废物处理法》；20 世纪 90 年代，将循环经济纳入国家发展战略；1996 年，提出了更为宽泛的《资源闭合循环和垃圾管理法》。近年来，德国实施向低碳经济转型战略，建立总额为 2 500 亿欧元的环境奖励基金，对低碳技术研发特别是新能源汽车研发提供支持。

日本：20 世纪 80 年代末，日本开始探讨经济模式向生态型循环经济转型，2000 年，颁布了《推进建立循环型社会基本法》，提出了建立循环型社会的国家目标。在 2012 年福岛核事故后，日本通过大规模发展可再生能源弥补弃核造成的能源短缺。

韩国：2009 年，韩国政府通过"绿色工程"计划，提出 4 年内投资约 380 亿美元，实施 36 个生态工程，使绿色经济成为推动韩国经济复苏的主要力量；同时制定了《绿色增长国家战略及五年行动计划》，大力发展绿色技术产业，提高能源自给率和能源福利，到 2020 年跻身全球"绿色七强"，2050 年进入"绿色五强"。

47.2 我国生态文明建设演进

1972年,联合国召开了第一次人类环境会议。1973年,我国第一次全国环境保护会议在北京召开,环境保护事业由此起步。1978年《中华人民共和国宪法》明确规定"国家保护环境和自然资源",1979年,国家颁布《环境保护法(试行)》。伴随改革开放和经济社会发展进程,生态文明建设深入推进(见图47.2)。

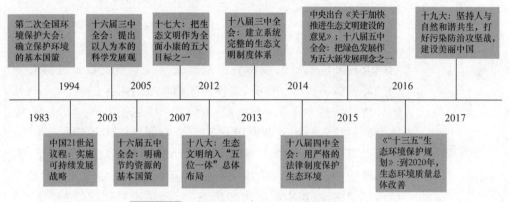

图47.2 我国生态文明建设的演进

47.2.1 环境保护基本国策的确立

1983年12月至1984年1月,第二次全国环境保护会议召开,明确把环境保护作为一项基本国策。20世纪80年代以来,我国环境保护逐步形成"三建设、三同步、三统一"的战略方针和"预防为主,防治结合""谁污染,谁治理""强化环境管理"的"三大政策",并在20世纪70年代"老三项制度"的基础上,补充了"新五项制度"。"老三项制度"重单项目标轻总量控制、重新污染源控制轻老污染源控制、重定性管理轻定量管理,"新五项制度"的出台和推行标志着我国环境保护进入实行定量管理的阶段,为控制环境污染提供了综合性的手段,为建立有中国特色的环境管理模式提供了基础性的框架。

三建设、三同步、三统一

经济建设、城乡建设、环境建设,同步规划、同步实施、同步发展,实现经济效益、社会效益和环境效益的统一。

环境保护"老三项制度"

"三同时"制度,污染防治设施要与生产主体工程同时设计、同时施工、同时投产,这是中国的第一项环境管理制度;

排污收费制度,即对一切排污单位和个人征收超标排污费;

环境影响评价制度,即一切建设项目在批准立项建设之前必须审查批准其环境影响报告。

> **专栏 47.4**
> **20 世纪 80 年代环境保护三大政策、五项制度**
>
> **三大政策：**（一）预防为主、防治结合：通过采取各种防范措施，不产生或少产生对环境的污染破坏，同时对已有的污染和破坏积极进行治理；（二）谁污染、谁治理：以法律形式规定了污染者必须承担治理的责任和费用；（三）强化环境管理：在资金投入跟不上的情况下，通过强化管理解决一些环境问题，并促进环境投入的增加，主要措施包括依法强化监督管理、实行环境目标责任制、城市环境综合整治定量考核制、污染集中控制、排污许可证。
>
> **五项制度：**（一）环境保护目标责任制：《环境保护法》第 16 条规定"地方各级人民政府应当对本辖区的环境质量负责，采取措施改善环境质量"，以责任书的形式落实省、市、县长在其任期内的环境保护目标和任务，并作为政绩考核的内容之一。（二）城市环境综合整治定量考核制度：考核体系中包括大气、水、噪声、固体废弃物综合利用及城市绿化等 5 个方面，共 21 项指标。（三）排污许可证制度：对排污单位实行排污登记，发放排污许可证，实行总量控制。（四）污染集中控制：污染防治走集中与分散治理相结合的道路，以集中控制为发展方向，以期达到规模效益。（五）限期治理制度：对污染严重、危害大的污染源，由各级人民政府下达限期治理的任务。

47.2.2 可持续发展战略的出台

1992 年，联合国召开了环境与发展大会，呼吁世界各国走可持续发展道路。1994 年 3 月，国务院批准《中国 21 世纪议程》，我国在世界范围内率先响应联合国号召，将可持续发展战略上升为国家战略，贯穿到环境与发展的各个领域。1996 年颁布的《国民经济和社会发展"九五"计划和 2010 年远景目标纲要》，明确把可持续发展作为指导方针和战略目标。这一阶段，我国污染防治开始实行"三个转变"，从末端治理向全过程控制、从单纯浓度控制向浓度控制与总量控制相结合、从分散治理向分散治理与集中治理相结合，推动实施了一批环境保护重大行动，重点解决"三河"（淮河、海河和辽河）、"三湖"（太湖、巢湖和滇池）、"两区"（酸雨控制区和二氧化硫污染控制区)、"一市"(北京市)和"一海"(渤海)的污染控制问题。

> **专栏 47.5**
> **《中国 21 世纪议程》**
>
> 在联合国开发计划署(UNDP)的支持下,根据中国国情并广泛吸纳和集中了当时政府各部门正在组织进行和将要实施的各类计划,进行综合编制,分为中国可持续发展总体战略与政策、社会可持续发展、经济可持续发展、资源的合理利用与环境保护等四部分。共包括序言、中国可持续发展的战略与对策、与可持续发展有关的立法与实施、可持续发展经济政策、费用与资金机制、教育与可持续发展能力建设、人口居民消费和社会服务、消除贫困、卫生与健康、人类居住区可持续发展、农业与农村的可持续发展、工业交通通信业的可持续发展、自然资源保护与可持续利用、生物多样性保护、荒漠化防治、防灾减灾、保护大气层、固体废物的无害化管理、团体及公众参与可持续发展等 20 章,分领域明确了所要解决的关键问题、目标和实现有关目标的实施行动。

47.2.3 资源节约型和环境友好型社会的提出

进入 21 世纪,我国经济发展进入快速增长期,资源不足的矛盾凸显,环境压力增大。2003 年 10 月,党的十六届三中全会提出了以人为本,全面、协调、可持续的科学发展观。2005 年 3 月,在中央召开的人口资源环境工作座谈会上,首次提出要建设环境友好型社会;同年 10 月,党的十六届五中全会正式将建设资源节约型、环境友好型社会确定为"十一五"规划的一项重大战略任务,并把节约资源作为基本国策,首次将节能减排列为五年规划的约束性指标,有力地遏制了经济发展过程中能源消费和污染物排放大幅上升的势头。

47.2.4 社会主义生态文明新阶段的开启

党的十八大把生态文明建设放在更加突出的地位,纳入中国特色社会主义事业"五位一体"总体布局,推进生态文明建设重大改革、重大制度、重大工程、重大行动。2013年,党的十八届三中全会提出紧紧围绕建设美丽中国深化生态文明体制改革,建立系统完整的生态文明制度体系。2015年,中共中央、国务院印发《关于加快推进生态文明建设的意见》,第一次对生态文明建设进行顶层设计和总体部署;同年出台《生态文明体制改革总体方案》,加快推进生态文明治理体系和治理能力现代化。2017年,党的十九大提出牢固树立社会主义生态文明观,推动形成人与自然和谐发展现代化建设新格局,首次把建设"美丽中国"写入社会主义现代化强国的奋斗目标。我国生态文明建设进入力度最大、举措最实、推进最快、成效最好的时期。

47.3 我国生态文明建设总体要求

生态文明是以人与自然、人与人、人与社会和谐共生、良性循环、全面发展、持续繁荣为基本宗旨的社会形态,是人类为建设美好生态环境而取得的物质成果、精神成果和制度成果的总和。生态文明建设的核心是正确处理人与自然的关系,与空间布局、产业结构、生产方式、生活方式,以及价值理念等紧密相连,是一场全方位、系统性的绿色变革。

47.3.1 生态文明建设的基本方针

生态文明建设的基本方针可以概括为:"节约优先、保护优先、自然恢复为主"。**一是节约优先**。是指在资源开发与使用中,坚持把节约放在优先位置,大幅提高资源利用效率,推动资源节约循环高效利用,以最小的资源消耗支撑经济社会发展。**二是保护优先**。是指在环境保护与发展中,坚持把保护放在优先位置,在发展中保护、在保护中发展,使青山常在、绿水长流、蓝天常驻。**三是自然恢复为主**。是指在生态建设与修复中,坚持以自然恢复为主,生态人工修复与生态自然恢复相结合,持续增强生态系统稳定性。

47.3.2 生态文明建设的基本途径

生态文明建设的基本途径包括绿色发展、循环发展、低碳发展。

一是绿色发展。就是要摒弃片面追求经济规模、发展速度的模式,在开发活动和经济行为中将生态环境影响全面、系统地考虑进去,引导绿色布局、推广绿色设计、生产绿色产品、发展绿色产业,提倡合理消费、力戒奢侈消费,形成节约资源和保护环境的空间布局、产业结构、生产方式和生活方式。**二是循环发展**。就是要按照减量化、再利用、资源化的原则,通过发展循环经济、建设循环型社会,实现经济发展方式由"资源—产品—废物"向"资源—产品—再生资源"转变,尽可能节约自然资源,提高自然资源的利用效率,减少进入生产和消费流程的物质量;尽可能延长产品的使用周期,并使其能在多种场合使用;最大限度地减少废弃物排放。**三是低碳发展**。就是要推动能源生产消费领域革命,综合运用调整产业结构、提高能源效率、发展非化石能源、增加森林碳汇等多种手段,控制工业、建筑、交通等领域二氧化碳气体的排放,建成覆盖全国、规制统一的碳排放权交易市场,探索低碳产业园区、低碳城镇、低碳社区等各具特色的低碳发展新模式。

47.3.3 生态文明建设的主要目标

到 2020 年,我国资源节约型和环境友好型社会建设取得重大进展,生态文明建设水平与全面建成小康社会目标相适应。国土空间开发格局进一步优化,经济、人口布局向均衡方向发展,陆海空间开发强度、城市空间规模得到有效控制,城乡结构和空间布局明显优化。资源利用更加高效,单位国内生产总值能源消耗强度、二氧化碳排放强度进一步下降,资源产出率大幅提高。生态环境质量总体改善,主要污染物排放总量继续减少,大气环境质量、重点流域和近岸海域水环境质量得到改善。生态文明重大制度基本确立,基本形成源头预防、过程控制、损害赔偿、责任追究的生态文明制度体系。"十三五"生态文明建设主要目标见表 47.1。

表 47.1 "十三五"生态文明建设主要目标

指标	2015 年	2020 年	累计	属性
资源利用				
单位国内生产总值能源消耗降低(%)	—	—	(15)	约束性
单位国内生产总值二氧化碳排放降低(%)	—	—	(18)	约束性

（续表）

指标		2015年	2020年	累计	属性
非化石能源占一次能源消费比重(%)		12	15		约束性
能源消费总量(亿吨)		—	<50		预期性
万元国内生产总值用水量降低(%)		—	—	(23)	约束性
用水总量(亿立方米)		—	<6 700		约束性
耕地保有量(亿亩)		18.65	18.65		约束性
新增建设用地规模(万亩)		—	—	(<3 256)	约束性
生态环境质量					
空气质量	地级及以上城市空气质量优良天数比率(%)	76.7	>80	—	约束性
	细颗粒物未达标地级及以上城市浓度下降(%)	—	—	(18)	约束性
	地级及以上城市重度及以上污染天数比例下降(%)	—	—	(25)	预期性
水环境质量	地表水质量达到或好于Ⅲ类水体比例(%)	66	>70	—	约束性
	地表水质量劣Ⅴ类水体比例(%)	9.7	<5	—	约束性
	重要江河湖泊水功能区水质达标率(%)	70.8	>80	—	预期性
	地下水质量极差比例(%)	15.7	15左右	—	预期性
	近岸海域水质优良(一二类)比例(%)	70.5	70左右	—	预期性
土壤环境质量	受污染耕地安全利用率(%)	70左右	70左右	—	约束性
	污染地块安全利用率(%)	—	90以上	—	约束性
生态状况	森林覆盖率(%)	21.66	23.04	(1.8)	约束性
	森林蓄积量(亿立方米)	151	165	(14)	约束性
	湿地保有量(亿亩)	—	>8	—	预期性
	草原综合植被盖度(%)	54	56	—	预期性
	重点生态功能区所属县域生态环境状况指数	60.4	>60.4	—	预期性

(续表)

指标		2015年	2020年	累计	属性
污染物排放总量					
主要污染物排放总量减少(%)	化学需氧量	—	—	(10)	约束性
	氨氮	—	—	(10)	
	二氧化硫	—	—	(15)	
	氮氧化物	—	—	(15)	
区域性污染物排放总量减少(%)	重点地区重点行业挥发性有机物	—	—	(10)	预期性
	重点地区总氮	—	—	(10)	预期性
	重点地区总磷	—	—	(10)	预期性
生态保护修复					
国家重点保护野生动植物保护率(%)		—	>95	—	预期性
全国自然岸线保有率(%)		—	>35	—	预期性
新增沙化土地治理面积(万平方公里)		—	—	(18)	预期性
新增水土流失治理面积(万平方公里)		—	—	(25)	预期性

注：( )内为5年累计数。
资料来源：《国民经济和社会发展第十三个五年规划纲要》《"十三五"生态环境保护规划》。

内容小结

本章论述了生态文明建设的战略地位。回顾了全球可持续发展理念从孕育到实践、从生态环境危机启示到绿色发展浪潮兴起的进程。回顾了我国生态文明建设的演进，从环境保护基本国策的确立、可持续发展战略的出台、资源节约型和环境友好型社会的提出，到社会主义生态文明新阶段的开启，始终伴随改革开放和经济发展步伐深入推进。生态文明建设的内涵，核心是正确处理人与自然的关系，以节约优先、保护优先、自然恢复为主为基本方针，以绿色发展、循环发展、低碳发展为基本途径，进而实现生态文明建设水平与全面建成小康社会目标相适应。

关键概念

生态危机　　　　　八大环境公害　　　　　　　　气候变化
可持续发展　　　　资源节约和环境保护基本国策　资源节约型和环境友好型社会
生态文明建设

思考讨论题

1. 全球可持续发展理念形成以及发展趋势对我国生态文明建设有哪些启示？
2. 从我国生态文明建设的实践看，主要经验和突出问题是什么？
3. 谈谈你对生态文明建设的基本内涵、基本方针、基本途径的理解。

第 48 章
主体功能区布局

国土空间是宝贵资源,是我们赖以生存和发展的家园。国土空间开发保护是生态文明建设的重要基础。统筹考虑我国人口分布、经济布局、国土利用、城镇化格局等因素,实施主体功能区战略,形成主体功能区布局,是生态文明建设的战略任务。

48.1 主体功能区的内涵

我国国土广袤,自然地貌多样,生态系统复杂。国土空间的特点表明,不是所有的国土空间都适应大规模、高强度的工业化城镇化开发,必须遵循客观规律,保护自然,有序开发;不是所有国土空间都承担同样的功能,必须因地制宜、区分功能、分类开发;由于我国人口众多,以及不适宜开发的面积很大,人均拥有的适宜开发的国土空间并不大,必须节约空间,集约开发。实施主体功能区战略,根据不同区域的资源环境承载能力,确定不同区域的主体功能,促进人口与经济相均衡以及人口、经济与资源环境相适应,构建高效、协调、可持续的国土空间开发格局。

主体功能区的提出与发展
2005 年 10 月,党的十六届五中全会首次提出主体功能区概念。
2010 年 10 月,党的十七届五中全会提出实施主体功能区战略。
2010 年 12 月,国务院印发《全国主体功能区规划》,提出构建高效、协调、可持续的国土空间开发格局。
2012 年 11 月,党的十八大提出加快实施主体功能区战略,推动各地区严格按照主体功能定位发展,构建科学合理的城市化格局、农业发展格局、生态安全格局。
2013 年 10 月,党的十八届三中全会提出坚定不移实施主体功能区制度,严格按照主体功能定位推动发展。
2017 年 10 月,党的十九大提出,构建国土空间开发保护制度,完善主体功能区配套政策。

> **专栏 48.1**
> **胡焕庸线与国土空间格局**
>
> 中国自古就有东南地狭人稠、西北地广人稀的人口地理分布规律。我国著名地理学家胡焕庸教授 1935 年发表《论中国人口

之分布》一文,制作了我国第一张人口密度图,首次揭示了这一规律。这条反映人类生存地区的界线后来被称为胡焕庸线(见图48.1)。"胡焕庸线"从黑龙江瑷珲(现为黑河)到云南腾冲画出一条约为45°的直线,分为东南和西北两半壁,东南半壁36%的土地供养了全国96%的人口,约4.4亿人;西北半壁64%的土地供养了全国4%的人口,仅1 800万人,二者总人口之比为96∶4。2000年全国第五次人口普查数据表明:东南半壁占全国国土面积的43.8%、占总人口的94.1%,约12.2亿人;西北半壁占全国国土面积的56.2%、占总人口的5.9%,约0.8亿人。二者总人口之比为94∶6。长达65年的人口迁徙并没有改变胡焕庸线两侧的人口地理分布格局,表明了线之两侧区域资源环境承载能力对人口分布的硬约束。

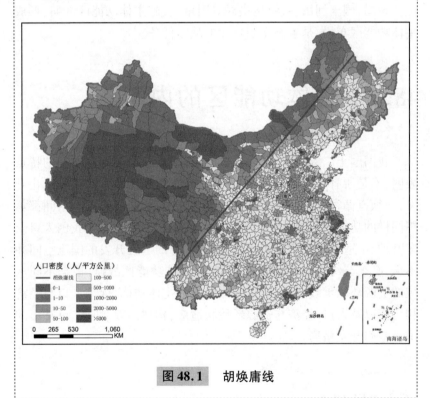

图 48.1　胡焕庸线

48.1.1 主体功能区的基本理念

根据《全国主体功能区规划》，主体功能区的基本理念包括六个方面：**一是自然条件适宜性开发的理念**。不同的国土空间，自然状况不同，必须尊重自然、顺应自然，根据不同国土空间的自然属性确定不同的开发内容。**二是区分主体功能的理念**。一定的国土空间具有多种功能，但必有一种主体功能。需要根据主体功能定位确定开发的主体内容和发展的主要任务。**三是资源环境承载能力开发的理念**。根据资源环境中的"短板"因素确定可承载的人口规模、经济规模以及适宜的产业结构。**四是控制开发强度的理念**。各类主体功能区都要有节制地开发，保持适当的开发强度。**五是调整空间结构的理念**。空间结构的变化在一定程度上决定着经济发展方式及资源配置效率，需要把国土空间开发的着力点从占用土地为主转到调整和优化空间结构、提高空间利用效率上来。**六是提供生态产品的理念**。保护和提高自然界提供生态产品能力的过程也是创造价值的过程，保护生态环境、提供生态产品的活动也是发展。

> **开发强度**
> 是指工业、居住、交通等建设用地占国土总面积的比重。

> **专栏 48.2**
> **发达国家国土空间开发经验**
>
> 发达国家或地区经验表明，并不是所有的国土空间都要开发，其主要人口和经济活动往往集中在一些资源环境承载能力较强的区域，形成工业和服务业密集区，其他大部分国土为农林牧渔产业区，或保持自然状态。例如，按开发强度比较，日本只有8.3%，德国为12%，荷兰为13%。而我国华北和长江下游地区的国土开发强度达到15%左右，部分地区超过25%，开发强度与资源环境承载能力不匹配（见图48.2）。

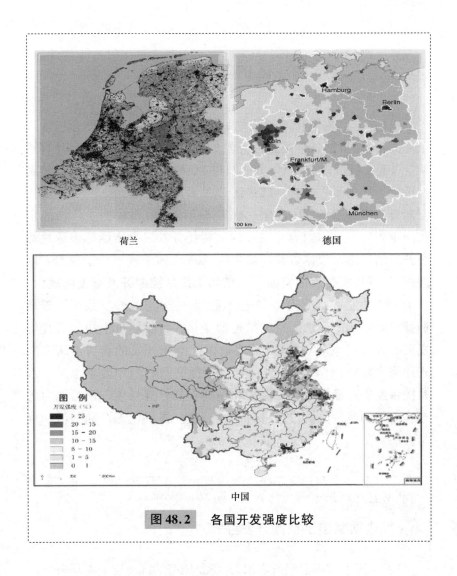

图 48.2 各国开发强度比较

48.1.2 主体功能区的开发原则

推进形成主体功能区,要坚持以人为本、可持续发展的基本原则。**一是优化结构**。将国土空间开发从占用土地的外延扩张为主,转向调整优化空间结构为主,保证生活空间,扩大绿色生态空间,保持农业生产空间,适度压缩工矿建设空间。**二是保护自然**。根据国土空间的不同特点,以保护自然生态为前提、以水土资源承载能力和环境容量为基础进行有度有序开发,走人与自然和谐发展的道路。**三是集约开发**。把提高空间利用效率作为国土空间开发的重要任务,引导人口相对集中分布、经济相对集中布局,走空间集约利用的发展道路。**四是协调开发**。按照人口、经济、资源环境相协调以及统筹城乡发展、统筹区域发展的要求进行开发，促进人口、经济、资源环境的空间均衡。**五是陆海统筹**。根据陆地国土空间与海洋国土空间的统一性，以及海洋系统的相对独立性进行开发，促进陆地国土空间与海洋国土空间协调开发。

48.2 主体功能区的四大空间布局

按照主体功能区的内涵和理念，主体功能区分为优化开发区、重点开发区、农产品主产区和重点生态功能区。各类主体功能区，在全国经济社会发展中具有同等重要的地位，只是主体功能不同，开发方式不同，保护内容不同，发展首要任务不同，国家支持重点不同。

48.2.1 优化开发区

优化开发区是全国发展水平最高、发展基础最好、竞争力最强的地区，也是人口比较集中、开发强度过大和资源环境问题比较突出的地区。优化开发区的主体功能定位和未来的发展方向：依靠技术进步和制度创新，通过着力优化升级产业结构，促进形成集约型经济增长方式，缓解经济社会发展和资源环境之间存在的矛盾，建设成为提升国家(或地区)竞争力的区域，重要的人口和经济密集区域，带动全国(或地区)经济社会发展的龙头区域。从全国主体功能区示意图(图48.3)可以看到，我国优化开发区主要分布在京津冀、长三角、珠三角以及辽宁、山东等部分区域。

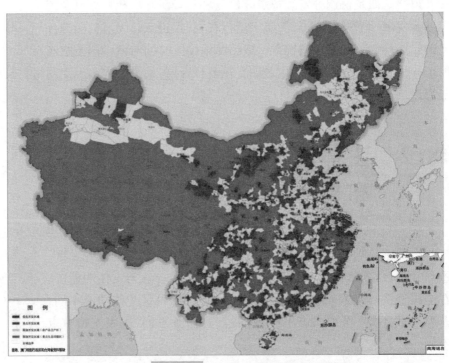

图 48.3 全国主体功能区示意图

注:禁止开发区域以自然或法定边界为基本单元,分布在其他类型主体功能区区域之中。

48.2.2 重点开发区

重点开发区是全国发展条件比较好,具有一定的经济基础,发展潜力较大,资源环境承载力较强,有条件聚集更多人口的地区。重点开发区的主体功能定位和未来的发展方向:依靠发挥区域综合优势和提高资源配置效率,通过促进人口和要素聚集,进一步壮大经济规模,促进产业结构合理化,实现人口、经济和资源环境相协调,建设成为全国(或地区)集聚经济和人口的重要区域。我国重点开发区主要是发展潜力较大、资源环境承载力较强的城市群和市县。

48.2.3 农产品主产区

农产品主产区是全国耕地较多、农业发展条件较好,尽管也适宜工业化城镇化开发,但从保障国家农产品安全以及中华民族永续发展的需要出发,必须把增强农业综合生产能力作为发展的首要任务,从而限制进行大规模高强度工业化城镇化开发的地区。

> **专栏 48.3**
> **粮食生产功能区和重要农产品生产保护区**
>
> 为进一步细化主体功能区的农业生产布局,聚焦主要品种和优势产区,实行精准化管理,2017年4月,国务院发布《关于建立粮食生产功能区和重要农产品生产保护区的指导意见》(以下简称《意见》)。
>
> 《意见》提出,建立"两区"是以主体功能区规划和优势农产品布局规划为依托,以永久基本农田为基础,将粮食和重要农产品生产能力细化落实到具体地块,优化区域布局和要素组合,促进农业结构调整,提升农产品质量效益和市场竞争力。
>
> 《意见》明确,划定粮食生产功能区9亿亩,其中6亿亩用于稻麦生产。以东北平原、长江流域、东南沿海优势区为重点,划定水稻生产功能区3.4亿亩;以黄淮海地区、长江中下游、西北及西南优势区为重点,划定小麦生产功能区3.2亿亩(含水稻和小麦复种区6 000万亩);以松嫩平原、三江平原、辽河平原、黄淮海地区以及汾河和渭河流域等优势区为重点,划定玉米生产功能区4.5亿亩(含小麦和玉米复种区1.5亿亩)。划定重要农产品生产保护区2.38亿亩,以东北地区为重点,黄淮海地区为补充,划定大豆生产保护区1亿亩;以新疆为重点,黄河流域、长江流域主产区为补充,划定棉花生产保护区3 500万亩;以长江流域为重点,划定油菜籽生产保护区7 000万亩;以广西、云南为重点,划定糖料蔗生产保护区1 500万亩;以海南、云南、广东为重点,划定天然橡胶生产保护区1 800万亩。
>
> 资料来源:中国政府网。

48.2.4 重点生态功能区

重点生态功能区是生态系统脆弱或生态功能重要,资源环境承载能力较低,不具备大规模高强度工业化城镇化开发的条件,必须把增强生态产品生产能力作为首要任务的地区。主要有四类：**一是水源涵养型**。推进天然林草保护、退耕还林和围栏封育，治理水土流失，维护或重建湿地、森林、草原等生态系统，加强大江大河源头及上游地区的小流域治理和植树造林。**二是水土保持型**。大力推行节水灌溉和雨水集蓄利用，发展旱作节水农业。限制陡坡垦殖和超载过牧。加强小流域综合治理，实行封山禁牧，恢复退化植被。**三是防风固沙型**。转变畜牧业生产方式，实行禁牧休牧，推行舍饲圈养，以草定畜，严格控制载畜量。加大退耕还林、退牧还草力度，恢复草原植被。加强对内陆河流的规划和管理，保护沙区湿地，对主要沙尘源区、沙尘暴频发区实行封禁管理。**四是生物多样性维护型**。禁止对野生动植物进行滥捕滥采，保持并恢复野生动植物物种和种群的平衡，实现野生动植物资源的良性循环和永续利用，保护自然生态系统与重要物种栖息地，防止生态建设导致栖息环境的改变。

48.3　主体功能区的三大战略格局

按照优化开发区、重点开发区、农产品主产区和重点生态功能区的主体功能定位，《全国主体功能区规划》提出，构建科学合理的城镇化、农业发展和生态安全三大空间战略格局。

48.3.1　"两横三纵"为主体的城市化战略格局

构建以陆桥通道、沿长江通道为两条横轴，以沿海、京哈京广、包昆通道为三条纵轴，以国家优化开发和重点开发的城市化地区为主要支撑，以轴线上其他城市化地区为重要组成的城市化战略格局（见图48.4）。推进环渤海、长三角、珠三角地区的优化开发，形成三个特大城市群；推进哈长、江淮、海峡西岸、中原、长江中游、北部湾、成渝、关中—天水等地区的重点开发，形成若干新的大城市群和区域性的城市群。

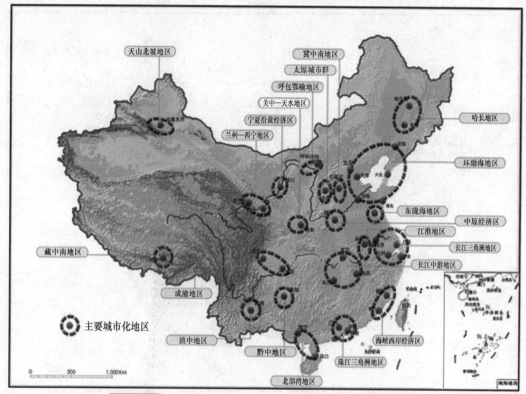

图 48.4 "两横三纵"为主体的城市化战略格局

48.3.2 "七区二十三带"为主体的农业战略格局

　　构建以东北平原、黄淮海平原、长江流域、汾渭平原、河套灌区、华南和甘肃新疆等农产品主产区为主体，以基本农田为基础，以其他农业地区为重要组成的农业战略格局(见图 48.5)。东北平原农产品主产区，建设优质水稻、专用玉米、大豆和畜产品产业带；黄淮海平原农产品主产区，建设优质专用小麦、优质棉花、专用玉米、大豆和畜产品产业带；长江流域农产品主产区，建设优质水稻、优质专用小麦、优质棉花、油菜、畜产品和水产品产业带；汾渭平原农产品主产区，建设优质专用小麦和专用玉米产业带；河套灌区农产品主产区，建设优质专用小麦产业带；华南农产品主产区，建设优质水稻、甘蔗和水产品产业带；甘肃新疆农产品主产区，建设优质专用小麦和优质棉花产业带。

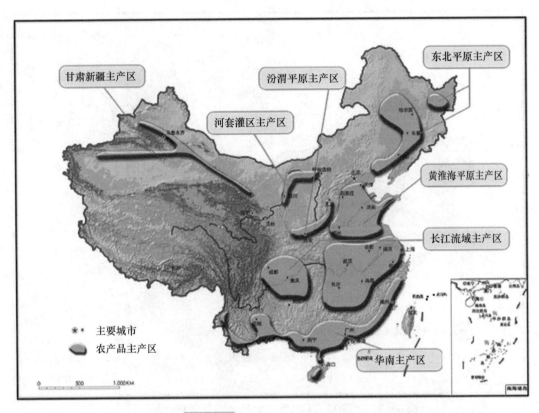

图 48.5 "七区二十三带"为主体的农业战略格局

48.3.3 "两屏三带"为主体的生态安全战略格局

划定三条控制线
党的十九大报告提出:"完成生态保护红线、永久基本农田、城镇开发边界三条控制线划定工作。"生态保护红线是保障国家生态安全的底线和生命线,是全国"一张图"管好生态环境的基础;基本农田控制线既是为了守住耕地红线、确保国家粮食安全,也是为了拥有"看得见山、望得见水"的美丽家园;城镇开发边界控制线,将优化规划,节约土地,推动城市集约化发展。

构建以青藏高原生态屏障、黄土高原—川滇生态屏障、东北森林带、北方防沙带和南方丘陵山地带以及大江大河重要水系为骨架,以其他国家重点生态功能区为重要支撑,以点状分布的国家禁止开发区域为重要组成的生态安全战略格局(见图 48.6)。青藏高原生态屏障,重点保护好多样、独特的生态系统,发挥涵养大江大河水源和调节气候的作用;黄土高原—川滇生态屏障,重点加强水土流失防治和天然植被保护,发挥保障长江、黄河中下游地区生态安全的作用;东北森林带,重点保护好森林资源和生物多样性,发挥东北平原生态安全屏障的作用;北方防沙带,重点加强防护林建设、草原保护和防风固沙,对暂不具备治理条件的沙化土地实行封禁保护,发挥"三北"地区生态安全屏障的作用;南方丘陵山地带,重点加强植被修复和水土流失防治,发挥华南和西南地区生态安全屏障的作用。

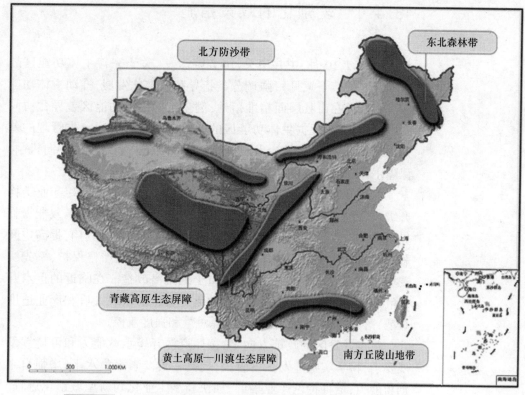

图 48.6 "两屏三带"为主体的生态安全战略格局

48.4 主体功能区的政策保障体系

各类主体功能区作为政策单元,要求各项政策更具针对性、有效性。从各类主体功能区的功能定位和发展方向出发,把握不同区域的资源禀赋与发展特点,实施差别化政策。《全国主体功能区规划》从产业、财税、投资、金融、土地、环保以及绩效考核等方面提出"9+1"的系列政策措施。"9+1"中的"9",指的是财政、投资、产业等9个方面的政策;"1"是1项分类考核绩效评价机制。

48.4.1 差别化的政策措施

2017年10月,中共中央、国务院印发《关于完善主体功能区战略和制度的若干意见》,强调分类指导和精准化发展,推动主体功能区战略格局在市县层面精准落地,健全不同主体功能区差异化协同发展长效机制,根据主体功能区的四大空间布局实行分类管理的差别化政策,形成经济社会发展符合各区域主体功能定位的导向机制,保障主体功能区战略的实施。

优化开发区的政策导向是,率先实现创新驱动发展和产业结构升级;从严控制并逐步降低开发强度,严格执行资源环境承载能力临界超载区域或超载区域管控措施,加强资源节约集约利用,提高空间利用效率。注重划定生态空间和农业空间并实施严格保护,率先实现城镇建设用地零增长,重视存量土地挖潜改造。在临近的重点开发区选择功能疏解承接地,引导优化开发区的超载人口和产业适度疏散;落实能源、水、土地资源消耗总量和强度双控。

重点开发区的政策方向是,按照资源环境承载能力和可持续发展要求,科学实施开发强度管控,提高各类要素聚集水平,增强自主创新能力,培育特色产业集群,加快新型工业化和新型城镇化进程。合理划定城镇空间和城镇开发边界,适度先行布局建设交通、水利等重大基础设施,科学引导城镇开发布局。合理安排城镇开发边界内各类用地,推动土地集约高效利用。按照产城融合、循环低碳的要求建设改造产业园区。

农产品主产区的政策方向是,着力改善农业生产条件,完善农业创新体系,实施产业准入负面清单制度,保障农产品供给水平和质量,确保国家粮食安全和食品安全。实施城乡建设用地总量零增长制度,建立粮食生产功能区和重要农产品生产保护区。加大中央涉农财政转移支付资金对农产品主产区的支持力度,落实国家支持农产品主产区建设的投资政策,加大对农产品主产区农业基础设施建设的倾斜力度,引导更多社会资金支持现代特色农业发展。

重点生态功能区的政策方向是,注重创新生态保护模式,提高生态系统服务功能,实施产业准入负面清单制度,不断提高生态产品供给能力,确保国家生态安全。严格控制城镇空间规模,鼓励符合条件的非永久基本农田和生态移民迁出区,通过退耕还林还草还湿等方式转化为生态空间。对按照**产业准入负面清单**要求提前关停并转的企业,给予必要的奖励补偿和安置补助。中央和地方财政统筹考虑

产业准入负面清单制度

在重点生态功能区开展资源环境承载能力评价的基础上,因地制宜制定限制和禁止发展的产业目录,完善相关配套政策,强化生态环境监管,确保严格按照主体功能定位谋划发展。

生态产品价值、生态保护红线、产业准入负面清单、生态保护成效等因素,加大重点生态功能区转移支付力度。落实国家支持重点生态功能区建设的投资政策。科学评估生态产品价值,培育生态产品交易市场,创新绿色金融工具,吸引社会资本支持重点生态功能区发展绿色生态经济。

专栏 48.4
国家生态补偿机制

为维护国家生态安全,引导地方政府加大生态环境保护力度,提高国家重点生态功能区所在地政府基本公共服务保障能力,促进经济社会可持续发展。2008 年以来,中央财政在均衡性转移支付项下设立国家重点生态功能区转移支付,制度基本形成,规模逐渐扩大。2008—2017 年,中央财政累计安排转移支付资金 3 710 亿元(见表 48.1),2017 年生态补偿范围已达 676 个国家重点生态功能区县和 87 个重点林业局(林场)。

表 48.1 国家生态补偿金额(2008—2017 年) 单位:亿元

年份	2008	2009	2010	2011	2012	2013	2014	2015	2016	2017
金额	61	120	249	300	371	423	480	509	570	627

48.4.2 分类考核的绩效评价机制

优化开发区实施创新高效绿色发展优先的绩效考核评价机制,对地方政府重点考核城镇土地(建设用海)产出效率、科技进步贡献率和资源环境超载程度缓解等指标。**重点开发区**实施工业化城镇化水平与质量并重、集约化发展优先的绩效考核评价机制,对地方政府重点考核地区生产总值、吸纳人口、财政收入、要素聚集程度、城镇土地(建设用海)产出效率、常住人口基本公共服务均等化、资源环境承载能力状况等指标。**农产品主产区**实施农业发展优先和提高农产品保障能力的绩效考核评价机制,对地方政府重点考核农业空间和海洋生物资源利用空间规模质量、农业综合生产能力、产业准入负面清单执行、农民收入、耕地质量、土壤环境治理等指标,不考核地区生产总值、固定资产投资、工业、财政收入和城镇化率等指标。**重点生态功能区**实施生态保护优先的绩效考核评价机制，对地方政府重点考核生态空间规模质量、生态产品价值、产业准入负面清单执行、自然岸线保有率、民生改善等指标，不考核地区生产总值、固定资产投资、工业、农产品生产、财政收入和城镇化率等指标。

内容小结

本章论述了主体功能区布局。实施主体功能区战略，形成主体功能区布局是生态文明建设的战略任务。主体功能区的内涵，就是要促进人口、经济与资源环境相适应，构建高效、协调、可持续的国土空间开发格局。主体功能区的基本理念包括适宜性开发、区分主体功能、根据资源环境承载能力开发、控制开发强度、调整空间结构、提供生态产品等六个方面；坚持优化结构、保护自然、集约开发、协调开发、陆海统筹等五项原则；主体功能区分为优化开发区、重点开发区、农产品主产区和重点生态功能区等四大空间布局，要构建科学合理的城镇化、农业发展和生态安全三大战略格局。实施主体功能区战略，重点是要实施差别化政策保障体系和分类考核绩效机制。

关键概念

主体功能区　　　　胡焕庸线　　　　　四大空间布局
三大战略格局　　　三条控制线　　　　优化开发区
重点开发区　　　　农产品主产区　　　重点生态功能区
差别化政策　　　　分类考核绩效评级机制

思考讨论题

1. 为什么说主体功能区规划是战略性、基础性、约束性的规划？
2. 请你联系实际谈谈对主体功能区基本理念和开发原则的认识。
3. 主体功能区四大空间布局、三大战略格局对生态文明建设具有什么重要意义？
4. 如何才能实施好差别化的政策措施和分类考核的绩效评价机制？

第 49 章
资源节约集约利用

资源利用水平,是生态文明建设的重要衡量指标。破解资源瓶颈约束,必须牢固树立节约集约循环利用的资源观,全方位、各领域强化节约要求,实行能源、水、建设用地等资源总量控制,推动资源利用方式根本转变,大幅提升资源利用效率,保障我国资源安全。

49.1 推进能源消费革命

形象地说,发展就是燃烧,燃烧就是排放。经济要发展,就要消耗能源,也必然产生污染物和温室气体排放。要实施节能优先战略,开展全民节能行动,抑制不合理的能源消费,提升能源消费清洁化水平,逐步构建节约高效、清洁低碳的用能模式。到2020年,能源消费总量控制在50亿吨标准煤以内。

49.1.1 深化重点领域节能

我国能源消费主要集中在工业、建筑等第二产业,2016年占到能源消费总量的68.4%,其中钢铁、有色、建材、化工等十大高耗能行业消费量占到37.8%,交通运输、商贸流通等第三产业占到17.2%。要抓住我国发展阶段性特征、产业结构和用能特点等因素,将节能工作贯穿到经济社会各方面和全过程,推进工业、建筑、交通运输、商贸流通等重点领域节能。

节能——"第五能源"

节能被认为是最快捷、最便宜、最干净的"能源",许多国家已将"能源效率"作为与煤炭、石油天然气、水能和核能并称的"第五能源"。对于我国这样一个能源资源短缺、能源需求刚性、能源依存度居高不下的大国来说,节约利用能源、提高能源效率尤为重要。

工业：实施工业能效赶超行动，加强高能耗行业能耗管控，在重点耗能行业全面推行能效对标，推进工业企业能源管控中心建设，推广工业智能化用能监测技术，力争到 2020 年我国规模以上工业企业单位增加值能耗比 2015 年降低 18% 以上，电力、钢铁、有色、建材、石油石化、化工等重点耗能行业能源利用效率达到或接近世界先进水平（见表 49.1）。

表 49.1 "十三五"主要工业产品能耗下降目标

指标	2015 年	2020 年	累计降速
(1) 规模以上企业单位工业增加值能耗下降(%)	—	—	18
吨钢综合能耗(千克标准煤)	572	560	
水泥熟料综合能耗(千克标准煤/吨)	112	105	
电解铝液交流电耗(千瓦时/吨)	13 350	13 200	
炼油综合能耗(千克标准油/吨)	65	63	
乙烯综合能耗(千克标准煤/吨)	816	790	
合成氨综合能耗(千克标准煤/吨)	1 331	1 300	
纸及纸板综合能耗(千克标准煤/吨)	530	480	
(2) 单位工业增加值二氧化碳排放下降(%)	—	—	22
(3) 单位工业增加值用水量下降(%)	—	—	23
(4) 重点行业主要污染物排放强度下降(%)	—	—	20
(5) 工业固体废物综合利用率(%)	65	73	
其中：尾矿(%)	22	25	
煤矸石(%)	68	71	
工业副产石膏(%)	47	60	
钢铁冶炼渣(%)	79	95	
赤泥(%)	4	10	

资料来源：《工业绿色发展规划（2016—2020 年）》。

建筑：实施建筑节能先进标准领跑行动，编制绿色建筑建设标准，开展绿色生态城区建设示范，推广节能绿色建材、装配式和钢结构建筑，到 2020 年我国城镇绿色建筑面积占新建建筑面积比重提高到 50%（见表 49.2）。同时，加大既有居住建筑节能改造，"十三五"实施改造面积 5 亿平方米以上，到 2020 年基本完成北方采暖地区有改造价值城镇居住建筑的节能改造。

表 49.2 "十三五"建筑节能目标

指标	2015	2020	年均增速（累计）
城镇新建建筑能效提升(%)	—	—	(20)
城镇绿色建筑占新建建筑比重(%)	20	50	(30)
城镇新建建筑中绿色建材应用比例(%)	—	—	(40)
实施既有居住建筑节能改造(亿平方米)	—	—	(5)
公共建筑节能改造面积(亿平方米)	—	—	(1)
北方城镇居住建筑单位面积平均采暖能耗强度下降比例(%)	—	—	(-15)
城镇既有公共建筑能耗强度下降比例(%)	—	—	(-5)
城镇建筑中可再生能源替代率(%)	4	6*	(2)
城镇既有居住建筑中节能建筑所占比例(%)	40	60*	(20)
经济发达地区及重点发展区域农村居住建筑采用节能措施比例(%)	—	10*	(10)

注：*表示预测值。
资料来源：《建筑节能和绿色建筑发展"十三五"规划》。

"十三五"全民节能行动计划

一是节能产品推广行动。提高用能产品能效，加快高效节能产品推广。二是重点用能单位能效提升行动。重点用能单位占全国能源消费总量的60%以上，"十三五"重点用能单位实现节能2.5亿吨标准煤。三是工业能效赶超行动。全面落实《中国制造2025》，"十三五"规模以上单位工业增加值能耗降低18%。四是建筑能效提升行动。大力发展绿色建筑，到2020年城镇新建建筑能效水平较2015年提升20%。五是交通节能推进行动。六是公共机构节能率先行动。七是节能服务产业倍增行动。八是节能科技支撑行动。九是居民节能行动。十是节能重点工程推进行动。

交通运输：加快推进综合交通运输体系建设，发挥不同运输方式的比较优势和组合效率，推广甩挂运输等先进组织模式，提高多式联运比重。大力推行公交优先，推广节能汽车、新能源汽车、液化天然气动力船舶等，加快相关配套基础设施建设。推进交通运输智能化与绿色化的融合，建立公众出行和物流平台信息服务，不断培育"共享型"交通运输模式。

专栏 49.1
"十三五"交通运输节能目标

到2020年，行业能源利用效率不断提高，能源消费结构得到明显改善；行业节能管理体制机制更加完善，监管与服务能力显著增强。

营运客车单位运输周转量能耗下降2.1%；
营运货车单位运输周转量能耗下降6.8%；
营运船舶单位运输周转量能耗下降6%；
城市客运单位客运量能耗下降10%；

> 港口生产单位吞吐量综合能耗下降2%；
> 新能源和清洁能源车辆占比在2015年基础上显著提高。
> **资料来源**：《交通运输节能环保"十三五"规划》。

商贸流通：推动零售、批发、餐饮、住宿、物流等企业建设能源管理体系，加快淘汰落后用能设备，加快照明、制冷、供热系统改造。开展绿色商场示范，鼓励商贸流通企业设置绿色产品专柜，推动大型商贸企业实施绿色供应链管理，推进绿色饭店、绿色仓储、绿色物流园区建设，鼓励清洁能源在饭店、仓储上的应用。

49.1.2　实行能耗总量和强度"双控"

20世纪80年代，国家在制定长远规划时曾经明确能源消费总量翻一番，国内生产总值总量要实现翻两番。实施结果从1981年到2000年，能源消费增长2.4倍，国内生产总值增长6.3倍，比值为1∶2.6，能源消费翻了一番，国内生产总值翻了两番多。但是到了"十五"和"十一五"期间，基本上是能源消费翻一番，国内生产总值翻一番。这里面既有我国经济结构总体偏重、能源利用效率总体偏低的因素，也有作为"世界工厂"大量出口、消耗了过多的能源资源的原因。我国作为全球温室气体排放第一大国，已向联合国提交了《强化应对气候变化行动——中国国家自主贡献》报告，提出到2030年左右碳排放达到峰值、非化石能源比重达到20%左右的目标。1980年以来我国能源消耗强度基本保持下降趋势，而能源消费总量却节节攀升，要实现对外承诺目标、保障国家能源安全，必须对能源消耗总量和强度实行双重控制。

根据各地区经济发展水平、能源消费基数、能源效率水平、大气污染治理要求、区域发展政策等因素，将总量和强度目标科学分解到各地区，继续强化节能降耗的指标约束，并合理设定能源消耗"天花板"。在分解目标的基础上，强化能耗总量和强度"双控"目标责任，完善相关考核指标体系，国家按年度开展省级人民政府"双控"目标责任评价考核。考虑到我国总体上仍处于工业化中后期阶段，以强度目标作为约束性目标，总量目标作为指导性目标。研究建立"双控"市场化机制，探索预算管理、有偿使用和交易制度。同时，对大气污染防治任务偏重、能源结构偏重的地区实施煤炭消费总量管理，促进重点区域能源结构调整和大气环境质量改善。

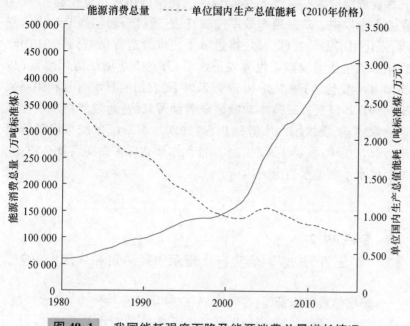

图 49.1 我国能耗强度下降及能源消费总量增长情况

资料来源：《中国统计年鉴2016》《中国能源统计年鉴2016》。

49.2 建设节水型社会

我国水资源时空分布不均,受经济结构、发展阶段和全球气候变化影响,水资源短缺已成为经济社会可持续发展的突出制约,新老问题交织。我国水资源短缺,用水粗放,常年缺水500多亿立方米;我国万元工业增加值用水量虽逐年下降,但仍为世界先进水平的2—3倍;农田灌溉水有效利用系数为0.52,也低于0.7—0.8的世界先进水平,如果我国农田灌溉水有效利用系数能提高0.1,就能节约300多亿立方米的水。节水已成为当下治水的优先和关键环节。

49.2.1 守住水资源管理三条红线

2012年,国务院印发《关于实行最严格水资源管理制度的意见》,确立"三条红线"管控制度。**一是水资源开发利用控制红线**:通过严格规划管理和水资源论证、严格控制流域和区域取用水总量、严格实施取水许可、严格水资源有偿使用、严格地下水管理和保护、强化水资源统一调度等措施,到 2030 年,使全国用水总量控制在 7 000 亿立方米以内。**二是用水效率控制红线**:通过全面加强节约用水管理、强化用水定额管理、加快推进节水技术改造等措施,到 2030 年,使用水效率达到或接近世界先进水平,万元工业增加值用水量(以 2000 年不变价计)减少到 40 立方米以下,农田灌溉水有效利用系数提高到 0.6 以上。**三是水功能区限制纳污红线**:通过严格水功能区监督管理、加强饮用水水源保护、推进水生态系统保护与修复等措施,到 2030 年,重要江河湖泊水功能区水质达标率提高到 80% 以上,城镇供水水源地水质全面达标。

专栏 49.2
"十三五"规划明确实行水资源消耗总量和强度"双控"

严格总量指标管理:在确定的 2020 年各省(区、市)用水总量控制目标的基础上,各省级地区完成所辖市、县用水总量控制指标分解,加快完成 53 条跨省重要江河流域、各省级行政区内跨市县江河流域水量分配。

严格强度指标管理:把万元国内生产总值用水量、万元工业增加值用水量和农田灌溉有效利用系数逐级分解到各省、市、县。

强化目标考核责任追究:逐级建立用水总量和强度控制目标责任制,突出"双控"要求,其中对严重缺水地区突出节水考核要求,建立起"双控"责任追究制度。

49.2.2　实施全民节水行动计划

"十三五"规划提出要实施全民节水行动计划,在农业、工业、服务业等各领域,城镇、乡村、社区、家庭等各层面,生产、生活、消费等各环节,通过加强顶层设计,创新体制机制,凝聚社会共识,动员全社会深入、持久、自觉地行动,以高效的水资源利用支撑经济社会可持续发展。

> **专栏 49.3**
> **《全民节水行动计划》**
>
> **农业节水增产行动**：优化调整种植业结构，在严重缺水的地下水漏斗区开展休耕试点，控制或压缩华北、西北等地下水超采区种植面积；大力发展旱作节水农业，积极发展集雨灌溉，大力推广覆盖保墒、膜下滴灌、保护性耕作等技术；发展农业节水灌溉，加快大中型灌排骨干工程建设与配套改造；完善养殖业节水配套建设，在牧区配套发展节水灌溉饲草基地。
>
> **工业节水增效行动**：优化高耗水行业空间布局，在生态脆弱、严重缺水、地下水超采地区严控新上或扩建高耗水项目，实行负面清单管理；提高工业用水效率，制定国家关于工业用水技术、工艺、产品和设备的鼓励和淘汰目录，开展企业水效对标达标改造；加强工业节水管理，制定工业行业用水定额，加强节水目标责任管理考核。
>
> **城镇节水降损行动**：推动城市供水管网漏损改造，对受损失修、材质落后和使用年限超过 50 年的供水管网进行改造，在 100 个城市开展分区计量、漏损节水改造；推动重点高耗水服务业节水，积极采用中水和循环水技术装备；实施建筑节水，2018 年起大型新建建筑和政府投资的住宅建筑应安装中水设施；开展园林绿化节水，严控景观用水；全面建设节水型城市，实施城镇节水综合改造。
>
> **缺水地区节水率先行动**：严格水资源刚性约束，以县域为单元开展水资源承载能力评价，加强规划和项目建设布局水资源论证；完善节水基础设施，强化用水检测计量；深入推进农业水价综合改革，严格执行非居民用水超定额、超计划累计加价政策，全面落实居民用水阶梯水价；积极利用非常规水源，增加高品质再生水利用规模，沿海缺水城市和海岛要将海水淡化作为生活用水补充水源。
>
> **产业园区节水减污行动**：构建有利于水循环的园区产业体系，将节水及水循环利用作为园区循环化改造的重要内容，鼓励入园企业串联用水、分质用水、一水多用和循环利用；提升园区污水处理和再生利用率。

49.3 强化土地节约集约利用

我国山地多,平地少,人均耕地只有 1.5 亩,远低于世界人均 3.3 亩的水平。生态脆弱区域面积较大,中度以上生态脆弱区域占全国陆地国土空间的 55%,其中重度脆弱区域占 19.8%,极度脆弱区域占 9.7%,这些区域不适宜人的生存和发展。我国国情决定了必须坚持最严格的节约用地制度,提高集约用地水平,严控增量,盘活存量(见图 49.2)。

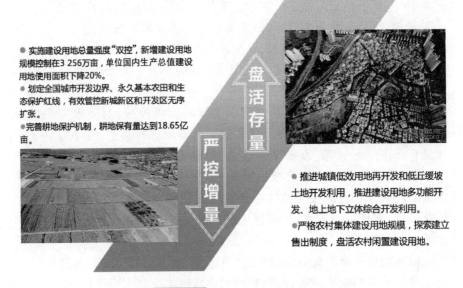

图 49.2 强化土地节约集约利用

49.3.1 控制建设用地总量

严控新增建设用地规模,逐步减少新增建设用地计划,实施建设用地总量控制和减量化管理,综合运用环境容量、功能定位、产业导向、城镇布局和用途管制等手段,统筹新增、存量、增减挂钩、集体建设用地流转、低丘缓坡土地开发和围填海造地,实现全国新增建设用地规模逐步缩小。合理安排大中小城镇新增建设用地。严禁突破土地利用总体规划设立新城新区和各类园区,对耕地后备资源不足的地区相应减少建设占用耕地指标。实施规模导向,差别化引导和控制土地利用的总体规模。加大土地利用规划计划管控力度,严格按规划计划落实耕地保有量、基本农田保护面积。在控制用地总规模的同时,因地制宜安排各类用地,促进生产、生活、生态用地合理布局。盘活存量建设用地。提高存量建设用地供地比重。制定工业用地等各类存量用地回购和转让政策,降低工业用地比例。明确闲置土地认定标准和程序,加快闲置土地处置。

49.3.2　提升节约集约用地水平

一是健全节约集约用地控制标准。制定区域节约集约用地控制标准,加快建立土地承载能力评价技术体系,探索开展区域土地开发利用强度和效益考核。建立由国家和省制定城镇区域投入产出、平均建筑密度、平均容积率控制标准,各城镇自主确定具体地块土地利用强度的管理制度。严格执行各行业建设项目用地标准。鼓励各地制定地方节约集约用地标准。二是加强节地考核评价。健全完善节约集约用地评价考核体系,构建规划节地评价指标体系。开展单位国内生产总值建设用地使用面积下降目标评价考核,落实建设用地强度控制目标。持续开展开发区节约集约用地评价,基本完成全国80%地级以上城市、60%县级城市节约集约用地初始评价。落实建设项目节地评价制度。三是推广节地模式和技术。推广重点城市、重点领域和重要地类节地技术和模式,编制推广节地模式和节地技术推广应用目录,完善用地取得、供地方式、土地价格等激励机制。加强地上地下空间开发利用管理,推进建设用地多功能立体开发和复合利用。推动标准厂房建设,引导铁路、公路、水利等基础设施减少工程用地和取弃土用地。

> **专栏 49.4**
> 城市片区立体分层综合开发节地模式——以长沙市黎托片区为例
>
> 长沙市黎托片区土地开发主要以"立体布局、立体开发"的节地模式,构建了城市立体分层开发建设的节约集约用地新模式。该节地模式使整个片区开发共节约用地 207.51 公顷,与传统开发模式相比直接节地达 13.6%。

高铁客运站采用立体化混合布局模式(见图49.3)。

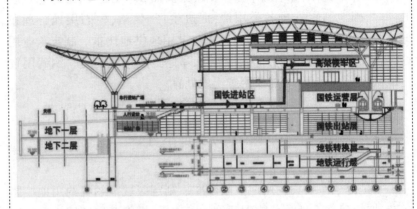

图 49.3　长沙武广高铁客运站立体模型

整修完毕的河堤充分利用河堤堤顶与现状地坪之间的自然高差,形成半地下空间,用于停车场和商业开发,其上部根据规划的需要布置城市公共绿化或开发商业住宅。

中小学均充分利用现状地坪和规划道路的自然高差,教学楼底层地下空间用于教学辅助设施用房,同时向社会提供公共停车场。

资料来源:国土资源部,《节地技术和节地模式推荐目录(第一批)》。

49.4　加强矿产资源节约管理

我国是世界上矿产资源比较丰富、种类配套齐全的少数国家之一,但人均资源占有量少,禀赋条件差,如铁矿石人均占有量仅为世界平均水平的17%左右,铁、锰、铜、铝、磷等重要矿产资源中贫矿多、富矿少,共伴生矿多、难选冶矿多,开发利用难。随着经济的发展,不仅主要矿产资源探明资源量相对不足更加突出,矿产资源利用效率较低的问题也不断凸显,我国矿产资源回收率和共伴生矿产资源综合利用率比发达国家低20个百分点左右。同时,矿产资源开发也带来了大量的生态环境问题,长时期的粗放发展积累的矿山环境问题突出。加强矿产资源利用管理,全面提升矿产资源节约集约利用水平,是我国可持续发展的重要方向。

49.4.1 坚持合理开发

促进矿山绿色开发,坚持生态保护第一,着力推动资源开发与区域发展、产业升级、环境保护、城乡建设相协调,实行矿种差别化、区域差别化管理,统筹矿产勘查开发布局与时序,形成协调有序的资源开发保护新格局。强化矿产资源绿色勘查开发,统筹矿产资源勘查开发区域布局。发布实施矿产资源规划,强化规划管控和引导作用,建设一批重要能源资源基地。推进西部地区资源开发与环境保护相协调,重点加强资源条件好、环境承载力高地区的矿产资源勘查开发,加快优势资源转化。推动中东部及东北地区矿业转型升级,统筹协调上游资源开发和下游产业发展,提高资源集约化开发水平。限制东部、控制中部和东北、优化西部地区煤炭资源开发,推进大型煤炭基地绿色化开采和改造。按照加快长江经济带创新发展的要求,促进上中下游矿产资源优势互补,互动合作。构建绿色勘查开采新模式,因地制宜推广充填开采、保水开采、减沉开采等技术方法,推广区域矿山建矿模式、多井一场油田井工厂模式和边开采边复垦边归还采矿用地模式,推广节能减排绿色采选冶技术,大力推进绿色矿山和绿色矿业发展示范区建设。

绿色矿山
是相对于以往开发粗放、资源浪费、破坏环境和高耗能为特点的落后矿山建设模式,提出的一种全新的矿山建设模式,核心是推进开采方式科学化、资源利用高效化、企业管理规范化、生产工艺环保化、矿山环境生态化,建设资源节约、环境友好、矿地和谐的矿山。

49.4.2 强化综合利用

大力促进矿产资源节约与综合利用,鼓励开采主要矿产的同时,对具有工业价值的共伴生、低品位矿产进行综合开采、综合利用;开展节约与综合利用关键技术攻关与推广示范,突破石油天然气高效开采、低品位矿经济合理利用、复杂共伴生矿综合利用、尾矿及固体废弃物回收利用等关键技术,实施一批矿产资源节约与综合利用示范工程。完善矿产资源节约和综合利用标准。健全矿产资源储量管理技术标准体系,加强共伴生资源综合评价。建立矿产资源开发利用水平调查评估制度,提高矿产资源产出率,完善重要矿产资源开采回采率、选矿回收率、综合利用率等国家标准。定期修订《矿产资源节约与综合利用先进适用技术推广目录》。鼓励各地结合本地区资源赋存条件,合理确定矿产资源工业品位指标。健全矿产资源节约与综合利用激励约束机制。

矿产资源综合利用"三率"
开采回采率:当期采出的纯矿石量占当期消耗的矿石资源储量的百分比。
选矿回收率:精矿中某有用组分的质量占入选原矿中该有用组分质量的百分比。
综合利用率:采矿作业中,各最终精矿产品中共伴生有用组分的质量之和与当期消耗矿产资源储量中共伴生有用组分质量的百分比。

49.5 发展循环经济

> **循环经济"3R"原则**
>
> 减量化（Reduce）旨在实现生产过程的减物质化；再利用（Reuse）是指将废物直接作为产品或者经修复、翻新、再制造后继续作为产品使用，或者将废物的全部或者部分作为其他产品的组件或者部件予以使用；资源化（Resource）是指将废物直接作为原料进行利用或者对废物进行再生利用。

循环经济，是在生产、流通和消费等过程中进行的减量化（Reduce）、再利用（Reuse）、资源化（Resource）"3R"活动的总称，是对"大量生产、大量消费、大量废弃"的传统增长模式的根本变革，是解决资源有限、需求无限的根本出路。发展循环经济，不仅是提高资源利用效率和保护生态环境的重要措施，也是生态文明建设的有效路径。要加快建立循环型工业、农业、服务业体系，推行企业循环式生产、产业循环式组合，持续推进生产、流通、消费等各环节的循环化。

49.5.1 工业园区的循环经济

我国产业已由原来的分散布局向集聚布局转变，各类园区已成为产业发展特别是工业发展的集聚区，同时也是能源资源消耗、污染排放强度高的集中区。要把园区循环化改造作为发展循环经济的主阵地，推动园区内企业废物交换利用、废水循环利用、能源梯级利用、土地节约集约利用、基础设施共建共享，推动新设园区循环化布局，加快存量园区循环化改造升级，按产业链、价值链进行改造提升，实现企业、产业间的循环链接，提高产业关联度和循环化程度，到2020年，实现75%的国家级园区和50%的省级园区循环化改造。

专栏 49.5
产业园区循环经济发展重点

构建园区循环经济产业链。根据物资流和产业关联性，对园区进行功能分区，合理布局企业、产业、基础设施及生活区。按照"横向耦合、纵向延伸、循环链接"的原则构建产业链，形成园区企业之间原料（产品）互供、资源共享的一体化。专业性产业园区要纵向延伸产业链，综合性产业园区要"补链"招商，工农业复合型产业园区要推进农副产品深加工利用，延长产业链，提高附加值。提高新建和搬迁改造园区的产业关联度和循环化程度。

推进园区资源高效循环利用。实施清洁生产，促进源头减量。

推动园区内企业废物交换利用、废水循环利用、能源梯级利用、土地节约集约利用。推进园区生活污水再生利用，建设雨水收集利用设施，鼓励有条件的地区发展海水淡化产业。大力发展清洁能源和可再生能源。鼓励专业化服务公司为园区废物管理提供"嵌入式"服务。

推动园区基础设施绿色化。 对园区内供水、供电、供热、道路、通信等公共基础设施实施绿色化改造，促进共建共享、集成优化。加快园区污染物集中治理设施建设及升级改造，鼓励园区创新环境服务模式，积极推进污水、垃圾处理设施建设和运行专业化、社会化。

资料来源：《循环经济发展战略及近期行动计划》。

49.5.2 农业领域的循环经济

加快发展农业循环经济是推进农业供给侧结构性改革的现实要求。要在农业领域加快推动资源利用节约化、生产过程清洁化、产业链接循环化、废物处理资源化，形成农林牧渔多业共生的循环型农业生产方式，改善农村生态环境，提高农业综合效益，促进种植业、林业、畜牧业、渔业等的发展方式转变。内蒙古牧场资源循环利用系统见图49.4。

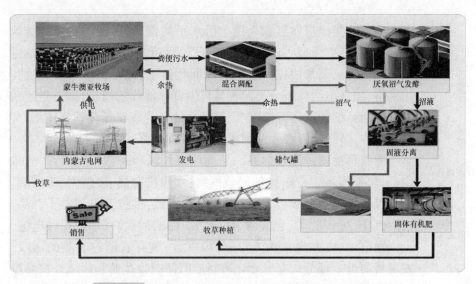

图 49.4 内蒙古牧场资源循环利用系统

种植业：发展节约型种植业，推广普及管道输水、膜下滴灌、水肥一体化等高效节水灌溉技术。推动农作物秸秆综合利用，因地制宜推广农作物秸秆饲料化、肥料化、基料化、原料化、燃料化等利用方式，推动农田残膜、灌溉器材回收利用。**林业**：推动林竹废弃物资源化利用，构建林业—"三剩物"、次小薪柴—板材，林业加工—木屑—食用菌—培养基—饲料、肥料，竹业—"三剩物"—竹炭、活性炭，竹业—"三剩物"—醋液—醋粉—药品、保健品，竹业—竹屑—型材，林竹—制浆—造纸等产业链。**畜牧业**：推广畜禽清洁养殖、雨污分流、干湿分离和设施化处理技术。鼓励利用畜禽粪便发展农村户用和集中供气沼气工程。构建畜禽粪便—沼气—发电，畜禽粪便—沼气—沼渣、沼液—无害化处理—肥料、农药—农林作物，畜禽加工—副产物—生化制品等产业链。**渔业**：发展循环水节水养殖，鼓励利用稻田、盐碱地、采矿塌陷区发展水产养殖。延伸渔业循环产业链。促进水产养殖业与种植业有效对接，实现鱼、粮、果、菜协同发展。推进老旧渔船及网具材料的综合利用。**工农业复合**：推进种植业、养殖业、农产品加工业、生物质能产业、农林废弃物循环利用产业、高效有机肥产业、休闲农业等产业循环链接，构建粮、菜、畜、林、加工、物流、旅游一体化和一二三产业联动发展的现代工农复合型循环经济产业体系。

49.5.3　生活领域的循环经济

随着我国经济发展和人民生活水平的提高，居民消费消耗资源不容小觑，社会领域中产生了大量可以循环利用的废弃物，这些都是宝贵的资源。要加快完善再生资源回收体系，健全再生资源回收利用网络，加强生活垃圾分类回收与再生资源回收的衔接，推进生产系统和生活系统的循环链接，建设覆盖全社会的资源循环利用体系，实现生活方式转变、资源永续利用、生态环境友好。

再制造
是以全寿命周期设计和管理为指导，以先进技术和产业化生产为手段，对废旧机电等产品进行修复和改造的一系列技术措施或工程活动的总称。

完善再生资源回收体系。建设城市社区和乡村回收站点、分拣中心、集散市场三位一体的回收网络；加强废金属、废塑料、废玻璃、废纸等传统再生资源的回收，创新回收方式，推进废电器电子产品、报废汽车、废旧轮胎、包装物、废旧纺织品的回收，推动废铅酸电池、废镉镍电池、废弃含汞荧光灯、废温度计、废弃农药包装物的回收。**发展再制造**。规范建立专业化再制造旧件回收企业和区域性再制造旧件税后物流集散中心；支持建立以汽车4S店、特约维修站点为主渠道，回收拆解企业为补充的汽车零部件回收体系；回收计算机服务器、硒鼓、墨盒等易回收产品。重点推进机动车零部件、机床、工程机械、矿山机械、农业机械、冶金设备、复印机、计算机服务器以及墨盒等的再制造。**推进餐厨废弃物资源化利用**。推动建立规范的餐饮企业、单位食堂餐厨废弃物定点收集、密闭运输、集中处理体系,建立家庭厨余垃圾收运体系。**促进生产与生活系统的循环链接**。推动生产系统的余能、余热等在社会生活系统中的循环利用,推进煤层气、沼气、高炉煤气和焦炉煤气等资源在城市居民供热、供气以及出租车等方面的应用;推动中水在社会生活系统中的应用,提高城市生活污水在工业生产系统中的应用水平;完善再生水用于农业浇灌的标准,推动矿井水用作生活、生态用水。

内容小结

本章从能源、水、土地、矿产资源以及发展循环经济等方面论述了资源节约集约利用问题。推进能源消费革命,要深化工业、建筑、交通运输、商贸流通等重点领域节能,实行能耗总量和强度"双控";建设节水型社会,要守住水资源开发利用控制、用水效率控制、水功能区限制纳污三条红线,实施全民节水行动计划;强化土地节约集约利用,要控制建设用地总量,提升节约集约利用水平;加强矿产资源节约管理,要坚持合理开发、综合利用;发展循环经济,要提高工业园区、农业领域、生活领域循环发展水平。

关键概念

重点领域节能　　　　　能源消耗总量和强度"双控"　　　"第五能源"
节水型社会　　　　　　水资源管理三条红线　　　　　　全民节水行动
建设用地总量　　　　　存量建设用地　　　　　　　　　绿色矿山
矿产资源综合利用"三率"　循环经济　　　　　　　　　　　"3R"原则
再制造

思考讨论题

1. 联系实际谈谈你对资源节约集约利用重要意义的认识。
2. 为什么要实施能源、水、建设用地消耗总量和强度"双控"制度?
3. 节约能源资源如何从自己做起?

第 50 章
生态环境保护

良好的生态环境是最公平的公共产品,是最普惠的民生福祉,也是全面建设小康社会的突出短板。要加快治理突出的环境污染问题,加强生态保护修复,多还旧账,不欠新账,让人民群众呼吸新鲜的空气,喝上干净的水,吃上放心的食品,在良好的环境中生产生活,同国际社会一道应对全球气候变化。

50.1 环境污染防治

以环境质量改善为核心,以人民群众反映强烈的大气、水、土壤等污染问题为重点,深入实施污染防治行动计划,开展环境综合治理,管控各类环境风险,打赢污染防治攻坚战,实现环境质量总体改善。

50.1.1 大气污染防治

近年来我国大气污染防治取得积极进展,但全国338个地级及以上城市空气质量未达标的达2/3以上,部分地区冬季重污染频发高发,离人民群众的期待还有较大差距。大气污染防治关键是抓好四个环节:**一是压煤**,控制煤炭消费总量,京津冀、长三角、珠三角等区域力争实现煤炭消费总量负增长;耗煤项目要实行煤炭减量替代;加大煤炭清洁化利用力度;在经济可行、资源可得的前提下,加快清洁能源替代利用。**二是控车**,机动车移动污染源已成为大气污染的

打赢蓝天保卫战

2018年6月,国务院印发《打赢蓝天保卫战》三年行动计划,作出了10个方面的战略部署,提出了39项重要举措。

主要目标指标:经过3年努力,大幅减少主要大气污染物排放总量,进一步明显降低细颗粒物(PM2.5)浓度,明显减少重污染天数,明显改善环境空气质量,明显增强人民的蓝天幸福感。

到2020年,二氧化硫、氮氧化物排放总量分别比2015年下降15%以上;PM2.5未达标地级及以上城市浓度比2015年下降18%以上,地级及以上城市空气质量优良天数比率比2015年下降25%以上。

主要来源之一,城市化地区尤其如此,要实施公交优先战略,推广智能交通管理,合理控制机动车保有量,加快淘汰黄标车和老旧车辆,加强机动车环保管理,加快推进低速汽车升级换代,大力推广节能与新能源汽车。**三是减排降尘**,加强工业企业大气污染综合治理,加快重点行业脱硫、脱硝、除尘改造工程建设,实施电厂超低排放和节能改造,推进挥发性有机物污染治理,综合整治城市扬尘,推进城市及周边绿化和防风防沙林建设。工业污染是细颗粒物产生形成的大头,要通过严格执法以及相应的管理措施加大细颗粒污染物削减力度。**四是联防联控**,雾霾污染具有区域性特征,涉及地区必须联防联控才能从根本上解决问题,其中以京津冀、长三角为重点区域,要建立区域协作机制和应急响应体系,组织实施统一环评、统一执法、统一标准、统一监测、信息共享、预警应急等大气污染防治措施,协调解决区域共同的环境问题。

PM2.5
也称为细颗粒物,是指环境中空气动力学当量直径小于或等于2.5微米的颗粒物。PM2.5的来源十分复杂,除燃煤、机动车、扬尘直接排放的一次细颗粒物,还有空气中二氧化硫、氮氧化物和挥发性有机物,经过复杂的化学反应、光学反应转化生成二次细颗粒。与较粗的大气颗粒物相比,PM2.5粒径小,富含大量有毒、有害物质且在空气中停留时间长、输送距离远,对人体健康、大气环境质量和能见度影响更大。

专栏 50.1
北方地区冬季清洁取暖

规划范围: 包括北京、天津、河北、山西、内蒙古、辽宁、吉林、黑龙江、山东、陕西、甘肃、宁夏、新疆、青海等14个省(区、市)以及河南省部分地区,涵盖了京津冀大气污染传输通道的"2+26"个重点城市(含雄安新区)。

总体目标: 到2019年,北方地区清洁取暖率达到50%,替代散烧煤(含低效小锅炉用煤)7400万吨。到2021年,北方地区清洁取暖率达到70%,替代散烧煤(含低效小锅炉用煤)1.5亿吨。供热系统平均综合能耗降低至15千克标准煤/平方米以下。热网系统失水率、综合热损失明显降低。新增用户全部使用高效末端散热设备,既有用户逐步开展高效末端散热设备改造。北方城镇地区既有节能居住建筑占比达到80%。力争用5年左右的时间,基本实现雾霾严重城市化地区的散煤供暖清洁化,形成公平开放、多元经营、服务水平较高的清洁供暖市场。

重点城市目标: 北方地区冬季大气污染以京津冀及周边地区最为严重,"2+26"重点城市作为京津冀大气污染传输通道城市,且所在省份经济实力相对较强,有必要、有能力率先实现清洁取暖。在"2+26"重点城市形成天然气与电供暖等替代散烧煤的清洁取暖基本格局,对于减轻京津冀及周边地区大气污染具有重要

清洁取暖

是指利用天然气、电、地热、生物质、太阳能、工业余热、清洁化燃煤（超低排放）、核能等清洁化能源，通过高效用能系统实现低排放、低能耗的取暖方式，包含以降低污染物排放和能源消耗为目标的取暖全过程，涉及清洁热源、高效输配管网（热网）、节能建筑（热用户）等环节。

意义。2019年，"2+26"重点城市城区清洁取暖率要达到90%以上，县城和城乡接合部（含中心镇，下同）达到70%以上，农村地区达到40%以上。2021年，城市城区全部实现清洁取暖，35蒸吨以下燃煤锅炉全部拆除；县城和城乡接合部清洁取暖率达到80%以上，20蒸吨以下燃煤锅炉全部拆除；农村地区清洁取暖率达到60%以上。

资料来源：国家发改委、国家能源局等，《关于印发北方地区冬季清洁取暖规划（2017—2021年）的通知》。

50.1.2 水污染防治

我国水环境质量差、水生态受损重、环境隐患多等问题突出，2017年地表水国控断面劣Ⅴ类比例超过8%。水污染直接关系群众的日常生活和身体健康。为强化水污染防治，2015年4月，国务院印发《水污染防治行动计划》，提出以改善水环境质量为核心，强化源头控制，水陆统筹、河海兼顾，对江河湖海实施分流域、分区域、分阶段科学治理，系统推进水污染防治、水生态保护和水资源管理，实现环境效益、经济效益与社会效益多赢。

专栏50.2
《水污染防治行动计划》（"水十条"）

主要目标：到2020年，全国水环境质量得到阶段性改善，污染严重水体较大幅度减少，饮用水安全保障水平持续提升，地下水超采得到严格控制，地下水污染加剧趋势得到初步遏制，近岸海域环境质量稳中趋好，京津冀、长三角、珠三角等区域水生态环境状况有所好转。到2030年，力争全国水环境质量总体改善，水生态系统功能初步恢复。到本世纪中叶，生态环境质量全面改善，生态系统实现良性循环。

主要指标：到2020年，长江、黄河、珠江、松花江、淮河、海河、辽河等七大重点流域水质优良（达到或优于Ⅲ类）比例总体达到70%以上，地级及以上城市集中式饮用水水源水质达到或优于Ⅲ类

> 比例总体高于93%,全国地下水质量极差的比例控制在15%左右,近岸海域水质优良(一、二类)比例达到70%左右。京津冀区域丧失使用功能(劣于Ⅴ类)的水体断面比例下降15个百分点左右,长三角、珠三角区域力争消除丧失使用功能的水体。到2030年,全国七大重点流域水质优良比例总体达到75%以上,城市建成区黑臭水体总体得到消除,城市集中式饮用水水源水质达到或优于Ⅲ类比例总体高于95%左右。
>
> **主要措施:** 一是全面控制污染物排放。二是推动经济结构转型升级。三是强化公众参与和社会监督。四是强化科技支撑。五是充分发挥市场机制作用。六是严格环境执法监管。七是切实加强水环境管理。八是全力保障水生态环境安全。九是明确和落实各方责任。十是着力节约保护水资源。
>
> **资料来源:**《水污染防治行动计划》。

50.1.3 土壤污染防治

由于经济发展方式粗放和环境管控不力,重金属等污染物排放总量居高不下,长期累积导致部分地区土壤污染严重,对农产品安全和人体健康构成严重威胁。2016年5月,国务院印发《土壤污染防治行动计划》,提出以保障农产品质量和人居环境安全为出发点,坚持预防为主、保护优先、风险管控,突出重点区域、行业和污染物,实施分类别、分用途、分阶段治理,严控新增污染,逐步减少存量,形成政府主导、企业担责、公众参与、社会监督的土壤防治体系,以农用地中的耕地和建设用地中的污染地块作为监管重点。对于农用地中的重度污染耕地采取更严格的管控措施,明确不能种植食用农产品;对于建设用地中的污染地块,区分不同用途,不简单禁用,而是根据污染程度,建立开发利用的负面清单。根据污染程度将农用地分为优先保护、安全利用、严格管控三个类别,分别实施不同的监管措施;对建设用地,逐步建立污染地块名录及开发利用的负面清单,设立标识、发布公告,按照不同用途明确管理措施,严格用地准入。

> **专栏 50.3**
> **《土壤污染防治行动计划》("土十条")**
>
> **主要目标**：到2020年，全国土壤污染加重趋势得到初步遏制，土壤环境质量总体保持稳定，农用地和建设用地土壤环境安全得到基本保障，土壤环境风险得到基本管控。到2030年，全国土壤环境质量稳中向好，农用地和建设用地土壤环境安全得到有效保障，土壤环境风险得到全面管控。到本世纪中叶，土壤环境质量全面改善，生态系统实现良性循环。
>
> **主要指标**：到2020年，受污染耕地安全利用率达到90%左右，污染地块安全利用率达到90%。到2030年，受污染耕地安全利用率达到95%以上，污染地块安全利用率达到95%以上。
>
> **主要措施**：一是开展土壤污染调查，掌握土壤环境质量状况。二是推进土壤污染防治立法，建立健全法规标准体系。三是实施农用地分类管理，保障农业生产环境安全。四是实施建设用地准入管理，防范人居环境风险。五是强化未污染土壤保护，严控新增土壤污染。六是加强污染源监管，做好土壤污染预防工作。七是开展污染治理与修复，改善区域土壤环境质量。八是加大科技研发力度，推动环境保护产业发展。九是发挥政府主导作用，构建土壤环境治理体系。
>
> **资料来源**：《土壤污染防治行动计划》。

50.1.4 环境风险防控

环境风险主要是重金属、危险废物、有毒有害化学品、核与辐射等领域的风险，管控不当就会成为影响人民健康的生态和社会环境危险因素，必须纳入常态化管理，守牢环境安全底线。要强化各类环境风险评估与源头防控，开展环境与健康调查、监测与风险评估，完善突发环境事件风险评估制度，强化饮用水安全、有毒有害气体、核安全等预警工作。推进重点领域环境风险防控，加大重金属污染防治力度，加强重点行业、重点区域管理，制订行业综合整治方案，分区指导、一区一策；提高危险废物处置水平，科学规划并实施危险废物集中处置设施建设，将相关设施纳入当地公共基础设施统筹建设；加强核与辐射安全管理，强化相关监管体系和能力建设。

专栏 50.4
"十三五"环境治理保护重点工程

（一）**工业污染源全面达标排放**：对钢铁、水泥、平板玻璃、造纸、印染、氮肥、制糖等行业不能稳定达标的企业进行改造。取缔不符合国家产业政策污染严重的项目。限期改造工业园区污水处理设施。全国地级及以上城市建成区基本淘汰10蒸吨以下燃煤锅炉，完成35蒸吨及以上燃煤锅炉脱硫脱硝除尘改造、钢铁行业烧结机脱硫改造、水泥行业脱硝改造。淘汰高汞催化剂乙炔法生产聚氯乙烯工艺。

（二）**大气环境治理**：以京津冀及周边地区、长三角、珠三角、东北地区为重点，控制区域煤炭消费总量，推进重点城市"煤改气"工程，新增用气450亿立方米，替代燃煤锅炉18.9万蒸吨。开展石化及化工企业、加油站挥发性有机物综合整治，加快淘汰黄标车和老旧车辆，实施国Ⅵ排放标准和相应油品标准。推进油罐车、储油库油气回收治理。

（三）**水环境治理**：对江河源头及378个水质达到或优于Ⅲ类的江河湖库实施严格保护。实施重要江河湖库入河排污口整治工程，完成重要饮用水源地达标建设。实施太湖、洞庭湖、滇池、巢湖、鄱阳湖、白洋淀、乌梁素海、呼伦湖、艾比湖等重点湖泊水污染综合治理和长江中下游、珠三角等河湖内源治理，推进长江、黄河、珠江、松花江、淮河、海河、辽河等七大重点流域综合治理，基本消除劣Ⅴ类水体。加大黑臭水体整治力度，地级及以上城市建成区黑臭水体控制在10%以内。开展京津冀晋等区域地下水修复试点。整治主要河口海湾污染。

（四）**土壤环境治理**：开展土壤污染加密调查。完成100个农用地和100个建设用地污染治理试点。建设6个土壤污染防治先行示范区。做好化工企业安全环保搬迁后的土壤污染治理工作。开展1000万亩受污染耕地治理修复和4000万亩受污染耕地风险管控。深入推进以湘江流域为重点的重金属污染综合治理。

（五）**危险废物污染防治**：开展全国危险废物普查，加强含铬、铅、汞、镉、砷等重金属废物以及生活垃圾焚烧飞灰、抗生素菌渣、高毒持久性废物等的综合整治。建设危险废物处置设施。

（六）**核与辐射安全保障能力提升**：建成核与辐射安全监管技术研发基地，加快建设早期核设施退役及历史遗留放射性废物处

> 理处置工程,建设 5 座中低放射性废物处置场和 1 个高放射性废物处理地下实验室,建设高风险放射源实时监控系统,废旧放射源 100% 安全收贮。加强国家核事故应急救援队伍建设。
>
> **资料来源**:《国民经济和社会发展第十三个五年规划纲要》。

50.2 生态保护修复

山水林田湖草是一个生命共同体。要坚持保护优先、自然恢复为主,按照生态系统的整体性、系统性及其内在规律,推进重点区域和重要生态系统保护与修复,构建生态廊道和生态多样性保护网络,有序推进各类生态系统休养生息,全面提升各类生态系统的稳定性和生态服务功能,切实筑牢国家生态安全屏障,维护国家生态安全。

50.2.1 提升生态系统功能

生态系统是生物群落及其地理环境相互作用的自然系统,包括森林、草原、苔原、湖泊、湿地、河流、海洋、农田等。生态群落同其生存环境相互作用、互相影响,处于动态平衡之中。生态系统包含四个基本组成,即无机环境、生物的生产者(绿色植物)、消费者(草食动物和肉食动物)、分解者(腐生微生物)。生态系统与生态过程中所形成的维持人类赖以生存的自然环境条件与效用,包括水源涵养、水土保持、培育土壤、防风固沙、调节气候、净化空气和水体、调蓄洪水、维持生物多样性等功能。

保护修复森林生态系统:森林生态系统具有涵养水源、保育土壤、固碳释氧、积累营养物质、净化大气环境与生物多样性保护等六大生态服务功能。我国曾是一个多林国家,但是由于历史变迁和乱砍滥伐、林地侵占,森林资源受到很大损害,已经成为少林国家。目前我国森林面积为 2.08 亿公顷,森林覆盖率达 21.63%,低于全球 31% 的水平;森林蓄积量达 151.37 亿立方米,人均森林面积只有世界平均水平的 78%,乔木林每公顷蓄积量只有世界平均水平的

森林
是由乔木或灌木树种为主体组成的绿色植物群体。森林与其中的动物、微生物等生物因子和它所处空间的土壤、水分、大气、日光、温度等非生物因子相互联系、相互影响,构成森林生态系统。依据不同气候特征和相应的森林群落,常常可以把森林划分为热带雨林、常绿阔叶林、落叶阔叶林和针叶林等基本类型。森林是地球上造氧能力最强的绿地,被称为"地球之肺"。

23%,森林资源总量相对不足、质量不高、分布不均的状况还未得到根本改变。

专栏 50.5
森林保护修复目标任务

主要目标：
到 2020 年,完成新造林 2 700 万公顷,森林抚育经营 4 000 万公顷,森林覆盖率达到 23%,森林覆盖率、蓄积量实现双增长,森林生态功能显著增强。

重点任务：
加强森林保护,全面停止天然林商业性采伐,扩大天然林保护面积,推进天然林资源保护和国家级公益林管护,发挥国有林区林场在绿化国土中的带动作用,创新产权模式,引导社会资金投入植树造林。

加强森林防火和林业有害生物防治体系建设。大力开展植树造林,加快推进"三北"等防护林体系建设,启动重大营造林工程建设。

强化森林经营,加强新造林地管理和中幼龄林抚育,加快林木良种化进程,提高良种使用率和基地供种率。

重点加强青藏高原生态屏障森林保护,提升和扩大黄土高原—川滇生态屏障森林质量和数量,开展南方丘陵山地带森林集约经营和合理利用,深入推进东北森林带森林休养生息,优化东部沿海地区绿化结构。

保护修复草原生态系统： 草原是我国面积最大的陆地生态系统,是以各种草本植物为主体的生物群落与其环境构成的功能统一体。我国是世界上草原资源最丰富的国家之一,草原面积近 4 亿公顷,占全国陆地国土总面积的 40%。由于过度放牧以及鼠害、虫害等原因,我国草原面积持续减少,一些牧场正面临着沙漠化的威胁。全国可利用天然草原 90% 出现不同程度的退化,1/3 的草原属于中度和重度退化,约 1 300 万公顷和 1 亿公顷草场受风沙侵蚀,全国重点天然草场平均牲畜超载率为 12.4%,比 2012 年下降了 10.6 个百分点。

草原
是一种植被类型,通常分布在年降水量 200—300 毫米的地区,是由旱生或中旱生草本植物组成的草本植物群落,处于湿润的森林和干旱的荒漠区之间。草原是重要的畜牧业基地,可为人的生产生活提供食物、燃料、药材、纤维、皮毛等生产和生活资料。草原的生态功能具有很大价值,能够防止水土流失并涵养水源,对局部气候和地球大气具有调节功能,还有巨大的碳汇作用。根据自然条件和生态学区系的差异,大致可将我国的草原生态系统分为三个类型:草甸草原、典型草原和荒漠草原。

平均牲畜超载率
是指每百亩草原上可以平均放牧的牛、羊数量。

> **专栏 50.6**
> **草原保护修复目标任务**
>
> **主要目标：**
> 到 2020 年,治理"三化"(退化、沙化、盐碱化)草原面积 3 000 万公顷,建设人工草地面积 400 万公顷。
> 基本实现草畜平衡,草原生态步入良性循环。
> **重点任务：**
> 加强草原保护和合理利用,推进基本草原划定、草原禁牧、休牧和划区轮牧,稳定和完善草原承包经营制度,促进草原休养生息。
> 加快草原治理,加大天然草原退牧还草力度,加强"三化"草原治理,逐步实现草原生态系统的健康稳定。
> 稳步开展牧区水利试点。
> 重点加强青藏高原生态屏障草原保护、退化草地治理；开展北方防沙带天然草原改良、"三化"草原治理；推进南方丘陵山地带草地合理利用。

保护修复荒漠生态系统：荒漠独特的气候是地球气候的一部分,大自然自身运行中形成的荒漠,是地球发展孕育过程中的作品,但人类活动造成的荒漠,则是生态环境恶化的表现。我国是世界上荒漠化面积最大、分布最广、受荒漠化危害最严重的国家之一,荒漠主要分布在新疆、内蒙古、西藏、甘肃、青海 5 省(自治区)(见图 50.1),目前仍有 262 万平方公里的荒漠化土地和 173 万平方公里的沙化土地,占国土总面积的 18%,31 万平方公里土地具有明显的沙化趋势。荒漠化地区植被总体处于初步恢复阶段。严重的土地沙化导致沙尘暴频发、耕地草地质量下降。

荒漠
是指气候干燥、降水量极少、植被缺乏、地貌荒凉的广大地理空间。大多分布在亚热带和温带干旱地区,主要处于南北纬 15—50 度之间,昼夜温差大,年降水量小于 250 毫米,气候干燥,自然条件极为严酷,动植物种类十分稀少,是最脆弱的陆地生态系统。虽然荒漠生态系统对人类社会的直接生态贡献很小,但荒漠上的动植物生态系统在物种多样性方面有着重要的生态意义。

> **专栏 50.7**
> **荒漠保护修复目标任务**
>
> **主要目标：**
> 到 2020 年,全国 2 560 万公顷以上可治理沙化土地得到初步治理。

重点任务：

加大荒漠生态系统保护修复力度，加快全国防沙治沙规划的实施。

有效防控重点治理区域土地荒漠化和沙化，加快风沙源区和沙尘路径区治理步伐，通过造林种草、合理调配生态用水，增加林草植被。

固定流动半流动沙丘，减少起沙扬尘，促进荒漠植被自然修复，遏制沙化扩展。

重点推进京津风沙源治理、新疆防沙治沙、石羊河流域防沙治沙及生态恢复。

以主要城市风沙源区为重点，加大投入力度，有效减轻大气沙尘危害。

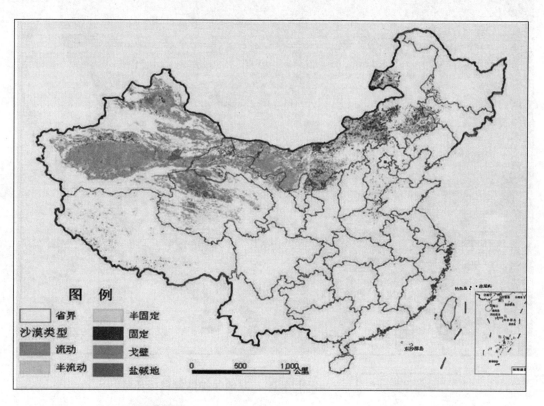

图 50.1 中国沙漠戈壁分布

湿地

《国际湿地公约》中把所有的天然、人工、长久或暂时性的沼泽地,泥炭地或水域地带,以及静止或流动的淡水、半咸水、咸水体,包括低潮时水深不超过6米的水域统称为湿地。湿地与森林一样是地球上最主要的自然生态系统,具有极为重要的生态功能,包括涵养水源、净化水质、蓄积洪水、调节径流、消解污染物、调节水热平衡、改善气候、供养繁育生物、保持生物多样性等,对于保持生态平衡发挥着至关重要的作用,因此湿地也被形容为"地球之肾"。

保护修复湿地生态系统:湿地具有强大的物质生产功能,蕴藏了丰富的动植物资源,覆盖地球表面仅6%,却包含了世界上40%的已知物种,是重要的生物遗传基因库,具有极为丰富的生物多样性。自然湿地中复杂多样的生态环境,为野生动植物,特别是一些珍稀或濒危野生动物提供了良好的栖息地。湿地中发生的复杂物理和化学变化,使有毒物质被沉淀和降解。湿地植物生长、促淤造陆等生态过程中积累了大量的无机碳和有机碳。水资源是湿地生态系统最直接的产出,向人类提供可再生的水资源,还可以充实地下水层的含水量。目前我国湿地保护面临严峻挑战(见图50.2),三江平原湿地面积已由中华人民共和国成立初期的5万平方公里减少至0.91万平方公里,海河流域主要湿地面积减少了83%。部分河湖水污染严重,全国69.8%的湖泊处于富营养状态。河流径流量减少,湖泊水面缩小,水生态破坏严重。

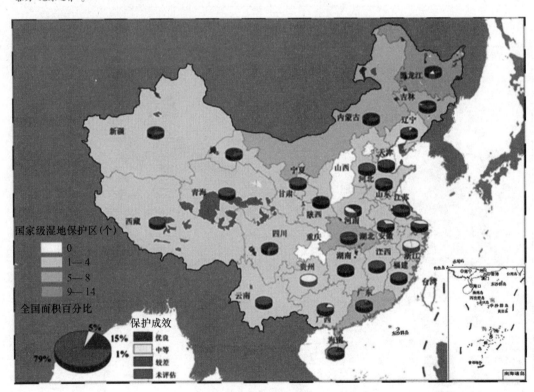

图50.2　湿地保护修复目标任务

> **专栏 50.8**
> **湿地保护修复目标任务**
>
> **主要目标：**
> "十三五"时期，新增自然湿地保护面积180万公顷以上，恢复湿地面积约20万公顷，建设湿地公园600处。
>
> **重点任务：**
> 系统整治江河流域，连通江河湖库水系，构建湿地、河湖保护管理体系，遏制自然湿地萎缩和河湖生态功能下降趋势。强化保护与管理能力建设，促进重要生态区域湿地与河湖生态系统保护。
>
> 确保重要湿地和河湖生态用水，开展湿地综合治理和湿地生态效益补偿试点、退耕还湿试点。
>
> 在国际和国家重要湿地、湿地自然保护区、国家湿地公园，实施湿地保护与修复工程，逐步恢复湿地生态功能。重点保护青藏高原生态屏障高寒湿地和湖泊，保障北方防沙带江河湖泊生态用水量。

50.2.2 推进重点区域生态修复

由于自然、历史和现实因素，一些重点地区肩负着重要的生态安全职责，关系到国家层面大范围、大尺度的生态安全，需要加以重点保护修复。如青海三江源被誉为"中华水塔"，必须继续强化三江源等江河源头和水源涵养区生态保护。长江、黄河是中华民族的母亲河，南水北调工程事关数亿人口的饮用水安全，需要加大南水北调水源地及沿线生态走廊、三峡库区等区域生态保护力度，推进长江生态廊道、沿黄生态经济带建设。华北地区因地下水超采形成了巨大的"漏斗区"，带来生态安全隐患，需完善国家地下水监测系统，在河北开展地下水超采区综合治理试点。实施京津风沙源治理二期工程，对京津冀地区大气污染治理意义重大。同时，还要开展典型受损生态系统恢复和修复示范，有步骤地对居住在自然保护区核心区与缓冲区的居民实施生态移民，有效保护重点区域的自然生态。

> **专栏 58.9**
>
> **三江源——"中华水塔"**
>
> 青海三江源位于青藏高原腹地青海省南部,总面积36.3万平方公里,因作为长江、黄河、澜沧江三大河流的发源地而得名。三江源地区河流密布,湖泊、湿地、沼泽众多,冰川总面积达1400平方公里以上,年消融量超过10亿立方米,每年为下游供水600亿立方米,素有"中华水塔"甚至"亚洲水塔"之称。三江源也被誉为"高寒生物自然种质资源库"。植被类型有针叶林、阔叶林、针阔混交、灌丛、草甸、草原、沼泽及水生植被、垫状植被和稀疏植被等,可分为14个群系纲、50个群系。珍稀野生动物中兽类85种、鸟类237种(含亚种263种)、两栖爬行类48种,其中国家重点保护动物69种。
>
> 由于地质原因、气候变化和人为因素,三江源生态环境遭到严重破坏,造成草地大规模退化与沙化、河流平均流量大幅下降、鼠害泛滥,使原本脆弱的生态系统濒临恶化的临界点。2000年起,国家和青海省采取建立三江源自然保护区、批准生态保护和建设总体规划、实施三江源生态保护工程等措施,初步遏制了生态系统退化趋势,但保护三江源依然任重道远。

50.2.3　扩大生态产品供给

生态产品
可分为有形的和无形的两种。**有形的生态产品**主要包括木材、林果、林菌、林药、生态旅游等;**无形的生态产品**主要包括吸收二氧化碳、释放氧气、涵养水源、保持水土、净化水质、防风固沙、调节气候、清洁空气、减少噪音、吸附粉尘、维持生物多样性、减轻自然灾害等。

生态产品是生态系统通过自身生态过程产生的对人类有益的有形和无形的产出,是维系生态安全、保障生态调节功能、提供良好人居环境的自然要素。目前,生态产品短缺已成为供给端的重大短板,人们渴望怡人舒适环境和绿色生态空间。需要发展特色经济林、林下经济、林业生物产业、沙产业等绿色生态产业,以及森林旅游休闲康养、湿地度假、野生动植物观赏等产业业态,不断丰富生态产品,满足老百姓对优质生态产品的需求。要加快构建生态公共服务网络,加大生态体验公共服务设施建设,开发生态教育、游憩休闲等生态服务产品,提升生态公共服务供给能力。加大风景名胜区、森林公园、湿地公园、沙漠公园等保护力度,在不损害生态环境的前提下,适度开发公众休闲、旅游观光服务和产品。在城镇化进程中,要保护修复城市自然生态系统,城市开发建设要尽量减少对自然的干扰和损害,保留自然景观,修复和扩大城市生态空间。

50.2.4 维护生物多样性

我国野生动植物濒危比例达到15%—20%,裸子植物和兰科植物高达40%以上;野生动物濒危程度加剧,233种脊椎动物面临灭绝,约44%的野生动物呈数量下降趋势,保护生物多样性已时不我待。要开展生物多样性本地调查和观测,实施生物多样性保护重大工程,保护、修复和扩大珍稀濒危野生动植物栖息地、原生境保护区(点),加强生物遗传资源保护,科学规划和建设生物资源保护库圃,建设野生动植物人工种群保育基地和基因库,强化野生动植物进出口管理,严防严控外来有害生物物种入侵,防范生物安全风险。

专栏 50.10
山水林田湖草生态工程

(一)国家生态安全屏障保护修复:推进青藏高原、黄土高原、云贵高原、秦巴山脉、祁连山脉、大小兴安岭和长白山、南岭山地地区、京津冀水源涵养区、内蒙古高原、河西走廊、塔里木河流域、滇桂黔喀斯特地区等关系国家生态安全核心地区生态修复治理。

(二)国土绿化行动:开展大规模植树增绿活动,集中连片建设森林,加强"三北"、沿海、长江和珠江流域等防护林体系建设,加快国家储备林及用材林基地建设,推进退化防护林修复,建设大尺度绿色生态保护空间和连接各生态空间的绿色廊道,形成国土绿化网络。

(三)国土综合整治:开展重点流域、海岸带和海岛综合整治,加强矿产资源开发集中地区地质环境治理和生态修复。推进损毁土地、工矿废弃地复垦,修复受自然灾害、大型建设项目破坏的山体、矿山废弃地。加大京杭大运河、黄河明清故道沿线综合治理。推进边疆地区国土综合开发、防护和整治。

(四)天然林资源保护:将天然林和可以培育成为天然林的未成林封育地、疏林地、灌木林地等全部划入天然林保护范围,对难以自然更新的林地通过人工造林恢复森林植被。

（五）新一轮退耕退牧还林还草：实施具备条件的25度以上坡耕地、严重沙化耕地和重要水源地15—25度坡耕地退耕还林还草。稳定扩大退牧还草范围，合理布局草原围栏和退化草原补播改良，恢复天然草原生态和生物多样性。开展毒害草、黑土滩和农牧交错带已垦草原治理。

（六）防沙治沙和水土流失综合治理：实施北方防沙带、黄土高原区、东北黑土区、西南岩溶区等重点区域水土流失综合防治，加强坡耕地综合治理、侵蚀沟整治和生态清洁小流域建设。新增水土流失治理面积27万平方公里。

（七）湿地保护与恢复：加强长江中上游、黄河沿线及贵州草海等自然湿地保护，对功能降低、生物多样性减少的湿地进行综合治理，开展湿地可持续利用示范。全国湿地面积不低于8亿亩。

（八）濒危野生动植物抢救性保护：保护改善大熊猫、朱鹮、虎、豹、亚洲象等珍稀濒危野生动物栖息地，建设救护繁育中心和基因库，开展拯救繁育和野化放归。加强兰科植物等珍稀濒危植物及极小种群野生植物生境恢复和人工拯救。

资料来源：《国民经济和社会发展第十三个五年规划纲要》。

50.3 应对气候变化

温室气体
是指对太阳短波辐射透明（吸收极少），对长波辐射有强烈吸收作用的二氧化碳、甲烷、一氧化二氮、氯氟烃及臭氧等气体，这些气体在大气中增加，导致地面及低层大气变暖。

保护生态环境，应对气候变化，维护能源资源安全，是全球面临的共同挑战。积极应对气候变化，不仅是中国担当和大国责任的重要体现，也是我国实现绿色低碳转型发展的必然选择。要兼顾当前和长远、减缓与适应，落实减排承诺，增强适应气候变化能力，为应对全球气候变化作出贡献。

50.3.1 有效控制温室气体排放

控制温室气体排放，是实现低碳发展、履行国际承诺的客观要求。能源领域是温室气体排放的主要来源，要通过节约能源和提高能效、优化能源结构和产业结构、增加生态系统碳汇等手段，大幅降低我国经济发展的碳排放强度，并逐步实现到2030年左右碳排放达到峰值的目标。针对我国发展阶段性特点,重点控制电力、钢铁、建材、化工等重点行业碳排放,着力推进工业、能源、建筑、交通等重点领域低碳发展,实施近零碳排放区示范工程,支持优化开发区域率先实现碳排放达到峰值。除二氧化碳外,还要控制甲烷、氢氟碳化物、全氟化碳、六氟化硫等温室气体排放。注重运用经济手段推进减碳降碳,建设全国统一的碳排放交易市场,实行重点单位碳排放报告、核查、核证和配额管理制度,完善交易规则。加大低碳技术和产品推广应用力度。

优化能源结构,是控制温室气体排放、实现低碳发展的重要抓手。我国能源结构以煤炭为主,化石能源占比高。"十一五"以来,通过大力发展新能源和可再生能源,在一定程度上优化了能源消费结构,煤炭消费占比从 2005 年的 71% 下降到 2017 年的 60%,但仍比世界平均水平高出 1/3。从全球发展趋势看,发达国家已完成从煤炭到油气的主体能源更替,开始进入低碳能源替代化石能源的新时代。我国正处于油气替代煤炭、非化石能源替代化石能源的双重更替期(见图 50.3)。要坚持多元化清洁低碳发展路线,实行"控煤提气",把推进煤炭清洁高效利用作为重点,扩大城市无煤区范围,大幅减少城市煤炭分散使用。适度控制石油消费,增加天然气消费;注重多元统筹,积极有序地发展水电,在确保高度安全的前提下稳步推进核电建设,按照集中开发和分散并举的原则,加快发展风能、太阳能,因地制宜推进垃圾发电和生物质能源利用;加快智能电网建设,切实解决弃风、弃光、弃水等问题,推动清洁低碳能源尽快成为我国增量能源的供应主体。

国家应对气候变化主要目标

《国家应对气候变化规划(2014—2020 年)》明确,到 2020 年,单位国内生产总值二氧化碳排放比 2005 年下降 40%—45%,非化石能源占一次能源消费的比重达到 15% 左右,森林面积和蓄积量分别比 2005 年增加 4 000 万公顷和 13 亿立方米。

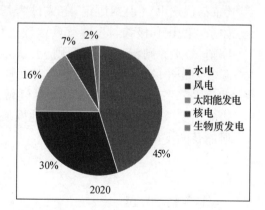

图 50.3 我国非化石能源电力装机构成和 2020 年目标

资料来源:《中国能源统计年鉴 2016》《中国能源战略行动计划(2014—2020 年)》。

50.3.2 实施适应气候变化行动

气候变化已经并将继续对我国经济社会发展产生重大影响。适应气候变化,减轻气候变化的不利影响,对实现安全可持续发展至关重要。要在城乡规划、基础设施建设、生产力布局等经济社会活动中充分考虑气候变化因素,适时制定和调整相关技术规范标准,实施适应气候变化行动计划,提高农业、林业、水资源等重点领域和生态脆弱地区适应气候变化的水平。比如,城市要积极应对热岛效应,保留并逐步恢复城市河网水系,提升供电、供热、供水、排水、燃气、通信等保障设置在极端天气气候条件下平稳安全运行,提高水利、交通、能源等基础设施适应能力;同时,要提高人群健康领域适应能力,加强气候变化对人群健康的影响评估,制订天气气候变化影响人群应急预案,加强气候变化系统观测和科学研究,健全预测预警体系,提高应对极端天气和气候事件的能力。

50.3.3 广泛开展国际合作

解决全球气候变化问题,必须通过各国携手合作、共同参与。经过国际社会二十多年的共同努力,各国已经就合作应对全球气候变化达成了一系列共识,初步建立了以《联合国气候变化框架公约》《京都议定书》《巴黎协定》等文件为基础的国际应对气候变化制度体系。我国积极参与全球气候治理进程,坚持共同但有区别的责任原则、公平原则、各自能力原则,承担与我国基本国情、发展阶段和实际能力相符的国际义务,落实应对气候变化行动的国家自主贡献,推动建立公平合理、合作共赢的全球气候治理体系,深化气候变化多双边对话交流与务实合作,并为其他发展中国家应对气候变化提供力所能及的支持和帮助。

专栏 50.11
《巴黎协定》

2015年12月,第21届联合国气候变化巴黎大会上,近200个缔约方通过了一项旨在加强全球应对气候变化威胁、形成2020

年后全球气候治理格局的协议——《巴黎协定》,于 2016 年 11 月 4 日正式生效。《巴黎协定》共 29 条,包括目标、减缓、适应、损失损害、资金、技术、能力建设、透明度、全球盘点等,主要内容包括:

(1) 把全球平均气温较工业化前水平升高控制在 2 摄氏度之内,并为把升温控制在 1.5 摄氏度之内努力。全球将尽快实现温室气体排放达峰,本世纪下半叶实现温室气体净零排放。

(2) 体现了"共同但有区别的责任"原则,指出各方都将以"自主贡献"的方式参与全球应对气候变化行动。发达国家将继续带头减排,并在资金、技术、能力提升方面加强对发展中国家的支持,帮助后者减缓和适应气候变化。

(3) 制定了"只进不退"的棘齿锁定机制。各国在"自主贡献"基础上持续改进应对气候变化的绩效;从 2023 年开始,每 5 年将对全球行动总体进展进行一次盘点,以帮助各国加大力度、加强国际合作,实现全球应对气候变化长期目标。

(4) 关于资金问题。《巴黎协定》明确要求发达国家缔约方应为协助发展中国家缔约方减缓和适应两方面提供资金资源,强调了发达国家应承担的历史责任;也希望其他国家根据自己的能力,为减缓和适应气候变化提供资金支持。

(5) 关于法律约束力问题。根据协议规定,其生效的条件是至少 55 个公约缔约方批准,且这些缔约方温室气体排放量至少占全球总排放量的 55%。

内容小结

本章论述了生态环境保护问题。良好的生态环境是最公平的公共产品,是最普惠的民生福祉,也是全面建成小康社会的突出短板。在环境污染防治方面,深入实施人民群众反映强烈的大气、水、土壤三大污染防治行动计划,开展环境综合治理,管控各类环境风险,实现环境质量总体改善;在生态保护修复方面,要坚持保护优先、自然恢复为主,提升森林、草原、荒漠、湿地等生态系统功能,推进重点区域生态修复,扩大生态产品供给,维护生物多样性,形成山水林田湖草生命共同体;在应对气候变化方面,要优化能源结构,实现低碳发展,有效控制温室气体排放,实施适应气候变化行动,广泛开展国际合作。

关键概念

大气污染防治　　　　水污染防治　　　　　　土壤污染防治
环境风险　　　　　　生态系统　　　　　　　生态保护
生态修复　　　　　　森林　　　　　　　　　草原
荒漠　　　　　　　　湿地　　　　　　　　　生态产品
生物多样性　　　　　山水林田湖草生命共同体　温室气体
能源结构　　　　　　非化石能源　　　　　　《巴黎协定》

思考讨论题

1. 请联系实际谈谈你对环境污染防治重大意义的认识和相关建议。
2. 为什么说山水林田湖草是一个生命共同体？
3. 如何控制温室气体排放？

第51章
健全生态文明制度体系

习近平同志指出,保护生态环境必须依靠制度、依靠法治,只有实行最严格的制度、最严密的法治,才能为生态文明建设提供可靠保障。要通过健全制度体系引导、规范和约束各类开发、利用、保护自然资源的行为,推进生态文明领域国家治理能力和治理体系现代化。生态文明制度体系框架图见图51.1。

"公地悲剧"
15—16世纪的英国,草地、森林、沼泽等属于公共用地,由于这一时期对外贸易的需要,纺织业高速发展,大量羊群进入公共草场,土地开始退化,"公地悲剧"出现。在自然资源公有的前提下,缺乏明晰的产权制度保护,此类事件就会大量上演。

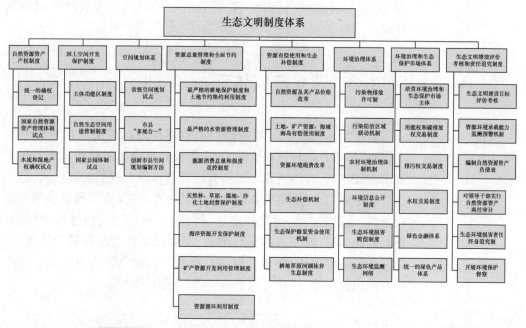

图51.1 生态文明制度体系框架图

51.1 自然资源资产产权制度

> **自然资源资产产权**
> 是关于自然资源资产所有权归属及其占有、使用、收益和处分等的权利束。

《中华人民共和国宪法》规定,矿藏、水流、森林、山岭、草原、荒地、滩涂等自然资源归国家所有;由相关法律规定属于集体所有的除外。同时,相关法律还规定了全民所有水资源、森林、土地等所有权的代表者。

51.1.1 统一确权登记

加快健全自然资源资产产权制度,首先要建立自然资源统一确权登记制度,对水流、森林、山岭、草原、荒地、滩涂以及探明储量的矿产资源等自然资源的所有权统一进行确权登记,界定全部国土空间各类自然资源资产的所有权主体,划清全民所有和集体所有之间的边界,划定不同集体所有者的边界,设立自然资源登记簿,记载自然资源的坐落、空间范围、面积、类型等自然状况,自然资源所有权主体和代表行使主体以及权利,自然资源开发、利用、保护要求等内容,夯实归属清晰、权责明确、监管有效的自然资源资产产权制度基础。

51.1.2 建立产权体系

要在统一确权登记和明确各类自然资源产权主体权利的基础上,处理好所有权与使用权的关系,根据自然资源的属性和开发保护要求,不断创新自然资源全民所有权和集体所有权的实现形式,除生态功能重要、负有重要生态安全属性的之外,可以推动所有权和使用权分离,适度扩大使用权的出让、转让、出租、抵押、担保、入股等权能。同时,丰富使用权的实现形式,不能以牺牲生态环境为代价,不能无偿或低价出让,必须全面建立覆盖各类全民所有自然资源资产的有偿出让制度,体现资源公有、有偿使用的原则。

51.1.3 健全国家自然资源资产管理体制

建立自然资源资产产权制度,也就相应要求健全国家自然资源资产管理体制,改变我国全民所有的自然资源资产所有者职责分散在有关部门,实施分头管理,难以形成合力、实施严格监管的问题。根据党的十八届三中全会和十九大的要求,后续要按照一个事一个部门负责的原则,整合分散的自然资源所有者职责,组建对全民所有的矿藏、水流、森林、山岭、草原、荒地、海域、滩涂等各类自然资源统一行使所有权的机构,代表国家行使所有者制度,统一负责全民所有自然资源的出让等,体现自然资源全民所有。

51.2 国土空间开发保护制度

长期以来,我国国土空间用途管制在保护耕地上发挥了积极作用,守住了18亿亩耕地红线,但管制还存在一些问题,也没有拓展到其他自然生态空间。无序开发、过度开发、分散开发,导致优质耕地和生态空间占用过多,以及环境污染、生态破坏等问题,建立国土空间开发保护制度迫在眉睫。

51.2.1 划定并严守生态保护红线

划定并严守生态保护红线对于保护生态环境、提高生态产品供给能力、构建国家生态安全格局具有重要意义。2017年2月,中共中央办公厅、国务院办公厅印发《关于划定并严守生态保护红线的若干意见》,作出总体部署和明确要求。要在识别生态功能重要区域以及生态环境敏感脆弱区域空间分布的基础上,落实好生态保护红线边界,确保红线落地准确、边界清晰,到2020年前,全面完成全国生态红线划定,确保生态功能不降低、面积不减少、性质不改变。

> **专栏 51.1**
> **严守生态红线的制度保障**
>
> **确立红线优先地位。**各类规划要符合生态保护红线空间管控要求,空间规划编制要将生态保护红线作为重要基础。
> **实行严格管控。**红线原则上按禁止开发区域的要求进行管理。
> **建立监测网络和监管平台。**建立和完善生态保护红线综合监测网络体系,布设相对固定的监控点位;建立国家生态保护红线监管平台,充分运用大数据、云计算、物联网等信息化手段。
> **开展定期评估。**定期开展生态系统格局、质量和功能等评估。
> **强化执法监督。**建立生态保护红线常态化执法机制,及时发现和依法处罚损害生态保护红线的违法行为。
> **建立考核机制。**对各省(自治区、直辖市)党委和政府开展生态保护红线保护成效考核,考核结果纳入生态文明建设目标评价考核体系。
> **严格责任追究。**对违反生态保护红线管控要求、造成生态破坏的部门、地方、单位和有关责任人员,按照有关法律法规和《党政领导干部生态环境损害责任追究办法(试行)》等规定试行责任追究。

51.2.2　建立国家公园体制

在国土空间开发保护中,世界各国对自然保护地高度重视。过去我国对各种具有代表性的自然生态系统、野生动植物集中分布区以及有特殊价值的自然遗迹和文化遗址,建立了覆盖比较全面的保护管理制度,形成了包括自然保护区、风景名胜区、地质公园、森林公园等在内的自然保护区管理体系,但各种保护区、保护地多头管理,涉及林业、环保、住建、国土、农业、海洋、水利、科技、教育、旅游等十多个部门,有的自然保护区,一部分是一个部门命名和管理的国家森林公园,另一部分是其他部门命名和管理的国家级自然保护区;同时,有关自然保护地的管理层级通常有国家级和地方级两个级别,有些在地方级中还分设省、市(县)级,造成各种保护区生态系统的整体性被部门割裂,以及各种保护区缺乏科学完整的技术规范体系等问题,保护性资金分散、运行效率较低,不利于保护自然文化遗产的原真性和完整性。在开展三江源、东北虎豹、大熊猫、祁连山、湖北神农架、福建武夷山、浙江钱江源、湖南南山、北京长城、云南香格里拉普达措等十个国家公园试点的基础上,2017年,中共中央办公厅、国务院办公厅印发《建立国家公园体制总体方案》,打破九龙治水,实行统一有效的保护和管理。

专栏51.2
湖北神农架国家公园体制试点

湖北省整合原神农架国家级自然保护区管理局、大九湖湿地公园管理局、神农架国家地质公园管理局、神农架林区林业管理局部分林场、神农架国家森林公园等保护管理机构,组建神农架国家公园管理局,由湖北省人民政府垂直管理,制定《神农架国家公园管理局管理手册》,实施生态移民搬迁计划,发展生态旅游、生态林业、生态农业。2016年7月,神农架入选世界自然遗产名录,成为我国首个、全球第二个获得联合国教科文组织人和生物圈保护区、世界地质公园、世界遗产三大保护制度共同录入的"三冠王"遗产地。

51.2.3 建立自然资源监管体制

建立国土空间开发保护制度,关键要落实相关用途管制要求,建立相应的监管体制。一些重点生态功能区资源富集,一旦开山挖矿将给生态环境带来极大破坏,并给国家生态安全带来重大隐患。对于这些限制、禁止开发的重点生态功能区,要建立建设项目准入负面清单制度,做到"非准勿入"。在政府管理体制上,改变各部门按各自管理权限、分领域实行用途管制的管理体制,将分散在各部门的有关用途管制职责,逐步统一到一个部门,统一行使所有国土空间的用途管制职责,并对生态系统实施统一保护修复。

51.2.4　建立空间规划体系

> **"多规合一"**
> 是以主体功能区规划为基础,统筹城乡规划、土地利用规划、生态环境保护规划等各类带有空间性质的规划,划定城镇空间、农业空间、生态空间的开发管制界限,解决各类空间性规划之间缺乏统筹、难以衔接、重叠交叉的问题。

我国现行的空间规划包括国土规划、城乡规划、主体功能区规划等,此外,生态环境规划、环境功能区划也具有空间性质。这些空间性规划在各自领域发挥了重要作用的同时,总体上还没有脱离部门分割的特征,存在着规划之间衔接不够甚至相互打架,规划权威性不足、管控难以形成合力等问题,相关规划在技术方法、标准规范、管理体制等方面不协调、不一致,影响了空间治理效率,增加了空间规划领域的制度性成本,已经不能适应经济社会发展和生态文明建设实际。迫切需要在国家层面厘清各类规划的功能定位,在市县层面推进"多规合一",明确居住区、工业区、城市建成区、基本农田以及生态空间的边界,从而建立统一规范、功能清晰、高效衔接的空间规划体系和治理体制。

建立空间规划体系,要以主体功能区规划为基础,落实好城镇、农业、生态空间和生态保护红线、永久基本农田、城镇开发边界"三区三线",并把各部门设计的管控型措施加以系统整合、协调衔接,与"三区三线"配套形成空间规划底图,从空间的大尺度上先布"棋盘",再落"棋子",把各类空间性规划的核心内容和空间要素按照一定的规则和次序落地,真正形成"一盘棋"和"一本规划、一张蓝图"。要统一不同坐标系的空间规划数据,形成资源环境承载能力、开发强度测算、"三区三线"划定等技术规范和空间规划综合管控等基本规范。

> **专栏51.3**
> **浙江省开化县"多规合一"试点**
>
> 2014年8月,开化县启动"多规合一"试点(见图51.2),主要做法:一是构建规划体系,编制统筹发展全局的一本规划。二是落实分区管控,绘成凸显"三区三线"的一张蓝图。三是破除技术壁垒,制定一套统一衔接的技术规程。四是实现协同共享,建成便捷高效的管理信息平台。五是强化监督协调,创新利于规划实施的体制机制。

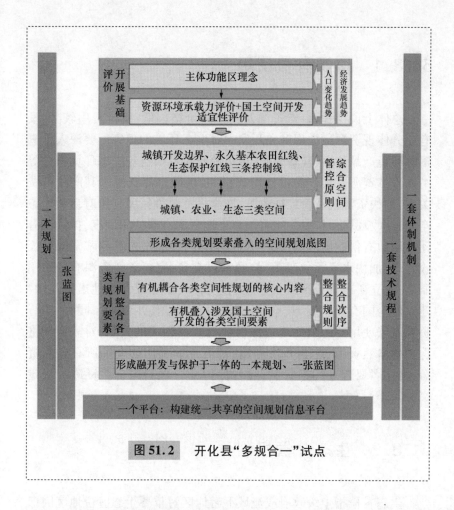

图51.2 开化县"多规合一"试点

51.3 资源有偿使用和生态补偿制度

我国自然资源资产有偿和生态补偿制度逐步建立,在促进资源保护和合理利用、调动地方保护生态积极性等方面发挥了重要作用,但目前资源税征收范围仅限于矿产、煤炭、天然气等,环境保护税刚刚启动实施,排污行为没有在企业内部充分成本化,相关制度和政策需要加快完善。

51.3.1 资源有偿使用

总体上说,我国自然资源及其产品价格偏低,所付费用较少,没有充分体现资源稀缺程度和开发中对生态环境的损害。要深入推进资源环境产品价格、税费改革,将资源所有者权益和生态环境损害等纳入自然资源及其产品价格形成机制,理顺自然资源及其产品税费关系,加快资源税从价计征改革,逐步将资源税拓展到所有自然生态空间,征收环境保护税。完善国有土地资源有偿使用制度,扩大国有建设用地有偿使用范围;完善水资源有偿使用制度,严格水资源费征收管理,加快水资源税改革,鼓励水权交易;完善矿产资源有偿使用制度,建立矿产资源国家权益金制度,扩大矿业权竞争性出让范围;建立健全国有森林资源、草原、海域海岛有偿使用制度。同时,实行资源有偿使用要正确处理资源保护与开发利用的关系,对需要严格保护的自然资源,严禁开发利用;对可开发利用的全民所有自然资源,使用者要遵守用途管制,履行保护和合理利用自然资源的法定义务。

51.3.2 生态补偿机制

生态补偿分类方式
横向:上级政府对下级保护地区通过转移支付等方式实施的补偿。
纵向:流域下游对上游地区的补偿。

生态补偿指上级政府或流域下游地区对重要生态区位地区因保护生态环境而对其丧失发展机会进行的补偿,是调动各方积极性、保护好生态环境的重要手段。总体上看,我国生态补偿存在着生态补偿的范围偏小、标准偏低,保护者和受益者良性互动机制不健全等问题。2016年5月,国务院办公厅印发《关于健全生态保护补偿机制的意见》,提出要不断完善转移支付制度,探索建立多元化生态保护补偿机制,扩大补偿范围,合理提高补偿标准,稳步实现森林、草原、湿地、荒漠、海洋、水流、耕地等重点领域和禁止开发区域、重点生态功能区等重要区域生态保护补偿全覆盖。同时,健全生态保护市场体系,完善生态产品价格形成机制,使保护者通过生态产品的交易获得收益,发挥市场机制促进生态保护的积极作用。通过相关政策设计,让保护地区守得住"绿水青山",让老百姓获得保护的红利。

> **专栏 51.4**
> **福建省实施全流域生态补偿**
>
> 从 2003 年起，福建省先后在九龙江、闽江、敖江、晋江等流域推动流域生态补偿，逐步加大对流域特别是上游地区水环境保护与污染防治的补偿力度。2015 年，福建省政府出台《重点流域生态补偿办法》。一是在资金筹措上，各地市按照地方财政收入、用水量等标准上缴一定资金，省级财政统筹有关专项预算，对预算内投资等予以支持，共筹集约 10 亿元资金；二是在资金分配上，综合考虑水环境综合评分（权重占 70%）、森林生态（权重占 20%）和用水总量控制（权重占 10%）等因素，以及上下游地区经济发展水平和财力的差异，将资金统筹分配到各流域范围内的市、县；三是在资金使用上，补偿资金由各地区统筹安排，主要用于本地区流域生态保护与污染治理。
>
> 福建省还与广东省共同推进汀江—韩江跨省流域生态保护补偿试点，探索构建上下游成本共担、效益共享、合作共治的跨省流域保护长效机制。

51.4　环境治理体系

目前我国环境污染严重，企业偷排、不达标排放处罚较轻，环保执法不到位及执法分散，区域流域"各自为战"等问题突出。要实现到 2020 年我国环境质量总体改善的目标，必须坚持问题导向，加快环境治理体系改革。

51.4.1　完善排污许可制度

排污许可制度是国际通行的一种环境管理基本制度，美国、日本、德国、瑞典、俄罗斯以及中国台湾地区、中国香港地区均已实行针对水、大气、噪声污染排放的排污许可制度。中国内地在 20 世纪 80 年代就提出建立这一制度，但现状仍然是立法层次低、地方宽严程度不一。要在全国范围内建立统一公平、覆盖所有固定污染源的企业

> **排污许可制度**
> 是对各企事业单位的排污行为提出具体要求并以书面文件予以明确，是排污者履行环保责任、监管者依法监督的法律依据。排污者必须持证排污、按证排污。

排放许可制度,完善污染物排放许可证制度,禁止无证排污和超标准、超总量排污,违法排放污染物、造成或可能造成严重污染的,要依法查封扣押排放污染物的设施设备。

51.4.2　建立污染防治区域联动机制

大气污染、水污染具有流动性强、涉及面广的特点,以地方"块块"为治理单元的管理体制,难以适应环保新要求。国家已在京津冀、长三角和珠三角建立重点区域大气污染防治联防联控协作机制,其他地区都要结合地理特征、区位因素及污染物传输规律等,建立本区域的污染防治协作机制,统一规划、统一标准、统一环评、统一监测、统一执法。开展按流域设置环境监管和行政执法机构试点,推动构建流域内水环境保护协作机制和风险预警防控体系。加强陆海统筹,建立区域联动的陆海污染防治机制和重点海域污染物排海总量控制制度。

51.4.3　改革环境保护执法体制

长期以来,我国环境保护实行分级管理体制,设置了国家、省、市、县四级环保主管部门及所属单位,环保主管部门领导干部实行以地方为主的双重管理。国家虽然实施了一系列环保法律法规和政策措施,但有法不依、执法不严、违法不究等问题仍然突出,现行的地方环保管理体制已不能适应工作需要。2016年9月,中共中央办公厅、国务院办公厅印发《关于省以下环保机构监测监察执法垂直管理制度改革试点工作的指导意见》,目的就是要提高环境监管的独立性和有效性,确保地方政府环保责任的落实。

> **专栏 51.5**
> **省以下环保机构监测监察执法垂直管理制度改革试点要点**
>
> (一) 合理划分地方各级环保部门职责,省级环保部门对全省(区、市)环保工作统一监督管理,统一规划建设监测网络;市级环保部门对全市环保工作统一监督管理,负责属地环境执法;县级环

保部门强化现场执法,现有环保许可等职能上交市级环保部门。
　　(二)调整市县管理体制,市级环保局实行以省级环保厅(局)为主的双重管理;县级环保局调整为市级环保局的派出分局。
　　(三)调整环境监察体制,试点省份将市县两级环境监察职能上收,由省级环保部门统一行使,通过派驻等形式对市县、跨市县区域监察。
　　(四)调整监测管理体制,省级环保部门统一负责本省(区、市)及所辖各市县生态环境监测、调查评估和考核工作。

51.5　环境治理和生态保护市场体系

随着我国市场机制日趋完善,各类市场主体蓬勃发展,可以通过培育生态环保市场主体、推行市场化交易机制、完善绿色金融体系等途径,引入社会资本、市场力量投入生态文明建设,壮大绿色发展新动能。

51.5.1　发挥市场主体活力

我国环境治理领域市场化进程滞后,综合服务能力偏弱,创新驱动力不足,恶性竞争时有发生,加之市场不规范、政策不完善等原因,影响了各类主体的积极性,巨大的市场潜力未能得到有效释放。要充分发挥市场主体在环境治理和生态保护中的重要作用,在市政公用、工业园区、重点行业等领域积极推行市场化环境治理模式。破除市场准入等方面的体制机制障碍,清理有悖于市场统一的规定和做法。要在市政公用领域大力推行特许经营等公私合作模式,在工业园区和重点行业推行环境污染第三方治理模式。推动政府由过去购买单一治理项目服务向购买整体环境质量改善服务方式转变,鼓励企业为流域、城镇、园区、大型企业等提供定制化的综合性整体解决方案。环保项目设计、施工、运营等全过程应严格采用竞争方式,不得以招商等名义回避竞争性采购要求;竞标资格不得设置与保障项目功能实现无关的竞标企业和单位注册地、所有制、项目经验和注册资本等限制条件。要把环境治理的政策需求转化为环保产业发展的市场需求。

51.5.2　推行市场化机制

用市场化机制激励节能减排降碳,不但可以降低生态文明建设的行政成本,而且能够激发市场活力。在实行总量控制的背景下,建立健全用能权、用水权、排污权、碳排放权初始分配制度,通过分配核定或交易方式,取得量化的用能权、用水权、污染物排放权和碳排放权权能,创新有偿使用、预算管理和投融资机制,逐步发展交易市场。取得初始分配权是市场化交易的前提,要坚持共同而有差异的原则,对严重环境污染、耗能大户、严重缺水的地区和企业,从严控制总量指标;对环境容量大、西部地区、重要能源基地和生态保护任务重的地区,可适当倾斜。

51.5.3　建立绿色金融体系

绿色金融是指为支持环境改善、应对气候变化和资源节约高效利用的经济活动,即对环保、节能、清洁能源、绿色交通、绿色建筑等领域的项目投融资、项目运营、风险管理等所提供的金融服务。构建绿色金融体系,可以通过绿色信贷、绿色债券、绿色股票指数和相关产品、绿色发展基金、绿色保险、碳金融等金融工具和相关政策支持经济向绿色化转型,动员和激励更多社会资本投入绿色产业,促进环保、新能源、节能等领域的技术进步,加快培育新的经济增长点,提升经济增长潜力。

专栏 51.6
构建绿色金融体系

发展绿色信贷:对于绿色信贷支持的项目可按规定申请财政贴息支持,将绿色信贷实施情况关键指标评价结果、银行绿色评价结果作为重要参考,纳入相关指标体系,形成支持绿色信贷等绿色业务的激励机制和抑制高污染、高能耗和产能过剩行业贷款的约束机制。

> **发展绿色证券**：推动证券市场支持绿色投资，完善各类绿色债券发行的相关业务指引、自律性规则，明确发行绿色债券筹集的资金专门(或主要)用于绿色项目；积极支持符合条件的绿色企业上市融资和再融资，支持开发绿色债券指数、绿色股票指数以及相关产品，逐步建立和完善上市公司和发债企业强制性环境信息披露制度，鼓励养老基金、保险资金等长期资金开展绿色投资。
>
> **设立绿色发展基金**：中央财政整合现有节能环保等专项资金设立国家绿色发展基金，投资绿色产业。鼓励有条件的地方政府和社会资本共同发起区域性绿色发展基金，支持地方绿色产业发展。支持社会资本和国际资本设立各类民间绿色投资基金。
>
> **发展绿色保险**：在环境高风险领域建立环境污染强制责任保险制度，鼓励和支持保险机构创新绿色保险产品和服务。
>
> **完善环境权益交易市场**：发展各类碳金融产品，发展基于碳排放权、排污权、节能量(用能权)等各类环境权益的融资工具，拓宽企业绿色融资渠道。
>
> 资料来源：《关于构建绿色金融体系的指导意见》。

51.6 绩效评价考核和责任追究制度

建立系统完整的生态文明制度体系，不仅需要从源头上加强布局引导、规划管控、产业准入，在过程中加强执法监管、用途管制，还要从结果上强化生态文明绩效评价考核与责任追究。

51.6.1 生态文明建设目标评价考核

在资源环境领域针对省级人民政府开展的专项评价考核，包括节能减排、大气污染防治、最严格水资源管理、最严格耕地保护等方面的考核，对促进相关领域资源节约和环境保护起到了重要作用。在此基础上，要建立综合性的生态文明建设目标评价考核制度。2016 年 12 月，中共中央办公厅、国务院办公厅印发实施《生态文明建设目标评价考核办法》，国家发展改革委、国家统计局、环境保护部、中央组织部印发《绿色发展指标体系》《生态文明建设考核目标体系》，对省级党委和政府进行生态文明建设目标评价考核，重点评价考核生态环境质量、公众满意程度等反映人民群众获得感的指标，标志着我国首次对生态文明建设进行制度规范。发挥考核的"指挥棒"作用，将考核结果作为省级党政领导班子和领导干部综合考核评价、干部奖惩任免的重要依据，对考核等级为优秀的地区通报表扬，对考核等级为不合格的地区通报批评、约谈其党政主要负责人，在结果应用上实现"奖惩并举"。

专栏 51.7
生态文明建设目标评价考核

（一）采取年度评价和五年考核相结合的方式，在节能减排、大气污染防治、最严格耕地保护、最严格水资源管理等现有专项考核的基础上综合开展，但不替代专项考核。

（二）以五年考核为主、年度评价为辅，考核重在约束、评价重在引导，各有侧重地推动地方党委和政府落实生态文明建设重点目标任务。

（三）年度评价由国家统计局、国家发展改革委、环境保护部会同有关部门按照《绿色发展指标体系》实施。

（四）五年考核由国家发展改革委、环境保护部、中央组织部会同有关部门按照《生态文明建设考核目标体系》实施。

51.6.2　环境保护督察

2015年8月，中共中央办公厅、国务院办公厅印发《环境保护督察方案（试行）》，将建立环保督察工作机制作为建设生态文明的重要抓手，要求把环境问题突出、重大环境事件频发、环境保护责任落实不力的地方作为先期督察对象，启动之初要把大气、水、土壤污染防治和推进生态文明建设作为重中之重。环境保护督察工作督察层级高，明确环境保护督查组的性质是中央环境保护督察。实行"党政同责"和"一岗双责"，落实中央关于生态文明的决策部署，各级党委和政府具有同样的责任，各个分管岗位也要负起相应责任。强化督查结果运用,督察结束后,重大问题要向中央报告,督察结果要向中央组织部移交移送。

51.6.3　生态环境损害责任追究

十八届三中全会明确提出,建立生态环境损害责任终身追究制。2015 年 8 月,中共中央办公厅、国务院办公厅印发《党政领导干部生态环境损害责任追究办法(试行)》,划定了领导干部在生态环境领域的责任红线,督促各级领导干部正确履职,不能在生态环境保护问题上再越雷池一步。紧扣对生态环境负面影响大、社会反映强烈的党政领导干部履职行为设定追责情形,如致使本地区生态环境和资源问题突出或者任期内生态环境状况明显恶化的,作出的决策与生态环境和资源方面政策法律法规相违背的,违反主体功能区定位或者突破资源环境生态红线、城镇开发边界,不顾资源环境承载能力盲目决策造成严重后果的等,坚持问题导向,强化责任追究。

内容小结

本章论述了生态文明制度体系。保护生态环境必须依靠制度、依靠法治。自然资源资产产权制度,就是要统一确权登记,建立产权体系,健全国家自然资源资产管理体制,解决所有者不到位、所有权边界模糊等问题;国土空间开发保护制度,就是要划定并严守生态保护红线,建立国家公园体制,建立自然资源监管体制,建立空间规划体系,解决无序开发、过度开发、分散开发等问题;资源有偿使用和生态补偿制度,就是要坚持有偿、补偿的原则,解决自然资源及其产品价格偏低、保护生态得不到合理回报等问题;环境治理体系,就是要完善排污许可制度,建立污染防治区域联动机制,改革环境保护执法机制,解决执法不到位及执法分散的问题;环境治理和生态保护市场体系,就是要发挥市场主体活力,推行市场化机制,建立绿色金融体系,解决市场主体和市场体系发育滞后的问题;绩效评价考核和责任追究制度,就是要建立生态文明建设目标评价考核机制、环境保护督察机制、生态环境损害责任追究机制,解决绩效评价不全面、责任落实不到位、责任追究缺失等问题。

关键概念

生态文明制度体系　　自然资源资产产权　　国土空间开发保护制度
国家公园体制　　　　空间规划体系　　　　多规合一
绿色金融体系　　　　排污许可制度　　　　环境治理和生态保护市场体系
资源有偿使用与生态补偿机制　　生态文明绩效评价考核和责任追究制度
环境保护督察

思考讨论题

1. 生态文明制度体系按照源头预防、过程控制、结果严管来设计，哪些制度属于源头预防，哪些属于过程控制，哪些属于结果严管？
2. 你认为目前生态文明制度体系最大的短板是什么？
3. 你对落实生态文明制度体系有什么建议？

本篇参考文献

中共中央文献研究室，《习近平关于社会主义生态文明建设论述摘编》，中央文献出版社，2017年。

《党的十九大报告辅导读本》，人民出版社，2017年。

中共中央、国务院，《关于加快推进生态文明建设的意见》，2015年4月。

国家发展和改革委员会，《〈中华人民共和国国民经济和社会发展第十三个五年规划纲要〉辅导读本》，人民出版社，2016年。

《〈中共中央关于制定国民经济和社会发展第十三个五年规划的建议〉辅导读本》，人民出版社，2015年。

钱易、何建坤、卢风，《生态文明十五讲》，科学出版社，2015年。

国务院，《全国主体功能区规划》，2011年6月。

中共中央、国务院，《生态文明体制改革总体方案》，2015年9月。

《中华人民共和国国民经济和社会发展第十二个五年规划纲要》，2011年3月。

《中华人民共和国国民经济和社会发展第十三个五年规划纲要》，2016年3月。

中共中央、国务院，《关于完善主体功能区战略和制度的若干意见》，2017年10月。

国务院，《"十三五"节能减排综合工作方案》，2016年12月。

国家发展和改革委员会、国家能源局，《能源生产和消费革命战略（2016—2030）》，2016年12月。

《循环经济发展战略及近期行动计划》，人民出版社，2013年。

水利部水资源管理中心,《全国节水型社会建设试点实践与经验》,中国水利水电出版社,2017年。

国土资源部,《国土资源"十三五"规划纲要》,2016年4月。

杜祥琬、谢和平、刘世锦,《生态文明建设的重大意义与能源变革研究》,科学出版社,2017年。

国务院,《大气污染防治行动计划》,2013年9月。

国务院,《水污染防治行动计划》,2015年4月。

国务院,《土壤污染防治行动计划》,2016年5月。

国家发展和改革委员会等,《关于印发北方地区冬季清洁取暖规划(2017—2021年)》,2017年12月。

国务院,《"十三五"生态环境保护规划》,2016年11月。

国家发展和改革委员会,《耕地草原河湖休养生息规划(2016—2030)》,2016年11月。

姜春云,《拯救地球生物圈——论人类文明转型》,新华出版社,2012年。

贾治邦,《论生态文明》(第2版),中国林业出版社,2015年。

国务院,《国家应对气候变化规划(2014—2020年)》,2014年9月。

国务院,《"十三五"控制温室气体排放工作方案》,2016年10月。

杜祥琬等,《低碳发展总论》,中国环境出版社,2016年。

田成川等,《道生太极:中美气候变化战略比较》,人民出版社,2017年。

《〈中共中央关于全面深化改革若干重大问题的决定〉辅导读本》,人民出版社,2013年。

国务院办公厅,《健全生态保护补偿机制的意见》,2016年5月。

国务院,《全民所有自然资源资产有偿使用制度改革的指导意见》,2016年12月。

中共中央办公厅、国务院办公厅,《生态文明建设目标评价考核办法》,2016年12月。

国家发展和改革委员会,《关于印发〈绿色发展指标体系〉〈生态文明建设考核目标体系〉的通知》,2016年12月。

中共中央办公厅、国务院办公厅,《环境保护督察方案(试行)》,2015年8月。

中共中央办公厅、国务院办公厅,《关于省以下环保机构监测监察执法垂直管理制度改革试点工作的指导意见》,2016年9月。

《不可忽视的真相》(An Inconvenient Truth)(美国纪录片),2016年。

〔美〕蕾切尔·卡森,《寂静的春天》,吕端兰、李长生译,上海译文出版社,2014年。

〔英〕克莱夫·庞廷,《绿色世界史》,王毅译,中国政法大学出版社,2015年。

〔日〕岩佐茂,《环境的思想与伦理》,冯雷、李欣荣、尤维芬译,中央编译出版社,2011年。

世界环境与发展委员会,《我们共同的未来》,1987年。

第13篇

形成全面开放
新格局

从特定意义上说,开放是伴随15世纪以来欧洲海外扩张为主要特征的全球化而出现的理念;从更宽视角上看,开放是人类社会文明传播与发展、冲突与融合的行为。当今世界,各国越来越依赖全球资源、全球市场的开放,越来越尊重开放中形成的文化和社会多样性。当今中国,开放是引领现代化建设、推动民族复兴的重要法宝。正如习近平同志所言:"开放带来进步,封闭必然落后。中国开放的大门不会关闭,只会越开越大。"中国将始终奉行互利共赢的开放战略,促进和而不同、兼收并蓄的文明交流,谋求开放创新、包容互惠的发展前景,做世界和平的建设者、全球发展的贡献者、国际秩序的维护者。

第 52 章
对外开放的历史地位

以史为鉴,可以知兴衰。世界在变,中国在变,开放的内容和形式在变,但开放的大势始终没有变。纵观古今,世界文明史就是一部开放史,跨文明的互动交流是人类发展进程的重要驱动力。文明因开放而强盛而发展,因封闭而落后而衰败。

52.1 世界文明史是一部开放史

世界文明史就是一部不同文明在相互交流、相互碰撞中不断融合发展的开放史。要么通过商贸往来、技术和宗教传播实现相互学习和渗透,要么通过暴力对抗、帝国征服等方式相互征伐和斗争。古代文明的孕育,在主动或被动的对外开放中,获得发展进步的不竭动力;人类社会的发展历史,总体上说,就是从封闭走向开放、从冲突走向共存,最终走向融合的历史。

开放的定义
《辞海》的表述是,开放就是敞开,允许进入,解除封锁、禁令、限制等。

52.1.1 大河流域文明的开放特征

当人类从以血缘关系为纽带的氏族社会逐渐过渡到奴隶社会,集居地从部落、村庄、城市过渡到王国甚至帝国,同一区域内不同民族间的开放交流与融合就成为生产力持续进步的重要源泉。由于相似的地理条件,居于特定大河流域的不同民族或种族之间具有交流接触的便利性;这种便利性也增强了不同种族间竞争和淘汰的可能性,通过长期的交流和融合,最终建立了各种典型的大河流域文明。

大河流域文明时期
从大约公元前3500年到公元前1000年。这一时期,出现区别于早先崇尚平等的部落社会,沿底格里斯河、幼发拉底河、尼罗河、印度河及长江黄河流域分布的从事农业生产、形成阶级分化的新文明。
——斯塔夫里阿诺斯《全球通史》

相比之前的部落文化,这些文明有一些共同的典型特征,包括城市中心、由制度确立的政治权力、纳贡或税收、文字、社会阶层分化、巨大的建筑物等。技术从文明核心区向周边区域的持续扩张和传播,是大河流域文明时期一个重要的开放特征。这一时期,灌溉技术、冶金术、犁的发明等农耕文明生产工具和辅助技术逐步发展并广泛传播,推动了人类社会从部落文化到大河流域文明的转变。技术进步促进了新的社会分工和阶层出现,进而带来社会制度的相应变革;城市的出现带来的手工业发展等社会分工的进一步细化,也为技术的进一步发展奠定了良好的基础。

52.1.2 古典文明的开放特征

古典文明时期
是指公元前1000年到公元500年前后。这一时期,统一的王国政治取代大河流域文明,欧亚大陆趋于整体化。最典型的是公元1世纪时,亚欧大陆以罗马帝国、安息帝国、贵霜帝国和汉帝国为主体,连成了一条从苏格兰高地到中国海,自西到东横贯欧亚大陆的文明地带,各帝国在一定程度上开始相互影响。
——斯塔夫里阿诺斯
《全球通史》

公元元年前后,世界各个区域的开放几乎同时呈现出繁荣的局面,区域间的相互联系因而更加持久和多样化。欧洲的古希腊—罗马文明开放程度极高,古希腊人的海外贸易和早期殖民地拓展,古罗马的征服行动和帝国体制,推动了早期西方和近东文明的融合,其开放精神更是塑造了近现代西方人的性格。东方的中国和印度也都先后建立了统一的王朝帝国,经济文化繁荣,对外交往频繁,基于陆路和海路的对外贸易发展迅速。亚欧大陆中部的波斯和非洲也成为连接东西方的重要桥梁。古典文明时期,跨越不同文明区域的商贸往来日渐频繁,以陆上和海上丝绸之路为标志的跨越帝国版图的商贸往来,极大地促进了不同文明之间的交流互鉴(见图52.1)。这些不同地区文明间的互相接触、互相融合,推动了古代世界各地区生产水平的进步,为中世纪的开放、近代地理大发现乃至今天的全球化奠定了重要基础。

丝绸之路出土的汉代绢地刺绣

西班牙仍在使用的古罗马引水渠

图 52.1 古丝绸之路交流的印记

52.1.3 中世纪文明的开放特征

中世纪文明时期,政治因素尤其是帝国的扩张,伊斯兰教帝国、阿拔斯王朝、蒙古帝国等成为推动欧亚大陆不同板块交流的重要力量。信奉伊斯兰教的阿拉伯人在民族探险精神、先进航海技术和帝国经济繁荣的支持下,沿着古典文明时期开辟的"海上丝绸之路",大量开展东西方之间的贸易,足迹遍布地中海、红海、印度洋和中国沿海等地区,成为欧亚大陆历史甚至世界历史的重要转折点。13世纪建立的蒙古帝国疆域空前广阔,其版图包括朝鲜、中国、整个中亚、俄国和中东的大部分地区。同时,宗教信仰在中世纪文明时期得到空前传播,尤其在跨区域交流中发挥着越来越重要的作用。基督教和大乘佛教虽都发源于古典时期,但其在欧亚大陆的扩张和传播,也主要是在中世纪时期完成的。基督教从中东发源,最后基本覆盖了整个欧洲;而佛教从印度向外扩张,在中国等亚洲地区影响深远。欧洲基督教传教士与探险家、商人的海外活动,标志着中世纪的结束,也标志着世界文明史从欧亚大陆为主进入全球化阶段,人类活动开启了近代全球化发展的新模式。

中世纪文明时期
从公元500年到1500年。这一时期,首次出现了人类历史上的超级大帝国,疆域空前辽阔,跨越欧亚大陆绝大多数陆地,许多原本相对孤立的文明区域开始发生直接的联系,商业、技术、宗教和各种知识在欧亚大陆更加迅速地传播开来。
——斯塔夫里阿诺斯《全球通史》

52.1.4 中华文明的开放特征

中国是世界上文明出现最早的国家之一。中华文明具有包容、开放、共享的核心文化理念,自夏朝建立至今四千多年一直与世界其他文明有着广泛的经济文化交流。丝绸之路开启了东西方文明的早期交流,谱写了汉唐盛世的开放华章。汉代开创了以开疆拓土、民族融合和文化交流为主要内容的开放格局,是人类文明孤岛时期开放风尚的重要代表;唐朝形成了主动开放的格局,域外文明与中原文明频繁互动、交相辉映,不断吸收外部知识、资源和文化,中国的社会文化、价值理念、宗教艺术和生活方式日益走向多元化,科学和技术进步层出不穷,成为繁荣强盛的泱泱大国。宋元时期,中国的综合国力遥遥领先于同时期的世界各国,这种繁荣一直延续至16世纪初,中国与奥斯曼帝国、波斯帝国并驾齐驱,是当时世界三大帝国之一。明清五百年,从郑和下西洋到清末1840年鸦片战争前,中国的开放格局逆转,从敞开大门走向闭关锁国,国力由此衰弱,陷入落后挨打的惨境。

朝贡体系
自3世纪开始,直到19世纪末期,存在于东亚、东北亚、东南亚和中亚地区的,以中国中原帝国为主要核心的等级制网状政治秩序体系。

马嘎尔尼使团访华
1792年(乾隆五十八年),英国国王乔治三世派遣马嘎尔尼勋爵率使团来访,祝贺乾隆八十大寿,并携带了大量礼品,包括精密仪器、装备、火器、战舰模型等,随行还有大批科技专家和工匠,并提出通商交好的八项建议。马嘎尔尼不愿行"三跪九叩之礼",只愿按英国礼仪单膝跪地,触怒了乾隆皇帝,最终未能与清政府达成通商协议。由于傲慢自大,清政府丧失了向近代西方学习的一次重要机会。

> **专栏 52.1**
> **亨廷顿关于世界七大文明区域的划分**
>
> 其一,**西方文明**,包括美国、加拿大、西欧、中欧、大洋洲。按照西方传统的观点,是否盛行基督教(天主教、新教)文化是区分西方文明圈与其他文明圈的重要依据。
>
> 其二,**拉丁美洲文明**,包括中美洲、南美洲的大部分。因西班牙、葡萄牙长期的殖民统治,这一文明与西方文明有诸多相似之处,但印第安人的玛雅文明、阿兹特克文明、印加文明,又使其有别于西方文明,独具特色。
>
> 其三,**东正教文明**,包括俄罗斯在内的苏联诸多国家。该文明起源于东罗马帝国,后因俄罗斯的兴起,该文明的中心转移至东欧。拿破仑、希特勒等曾一度掌控整个欧洲的独裁者,都折戟于这片土地。
>
> 其四,**伊斯兰文明**,包括大中东、西非、北非等。历史上,穆罕默德在麦地那创建伊斯兰教之初,便实行了政教合一的体制,这使得伊斯兰文明的扩张尤为迅猛。伊斯兰世界冲突频仍,伊斯兰文明也被认为是目前世界上最不稳定的文明。
>
> 其五,**印度文明**,包括南亚的印度、不丹、尼泊尔等国家。雅利安人入侵印度后,所形成的种姓制度成为该文明深入骨髓的特征。典型的超世宗教——佛教也诞生于此。
>
> 其六,**中华文明**,包括中国、朝鲜、韩国、新加坡等国家,并影响散居东南亚各国的华裔移民。根植于小农经济的儒家文化,使得该文明呈现出内敛、包容的特点,并极富生命力地绵延五千年至今。
>
> 其七,**日本文明**。历史上,日本深受中华文化的影响,但近现代以来学习西方的浪潮,又使日本成为一个具有相当独特性的文明。善于吸收其他文明、极具危机意识是日本文明的两大特征。
>
> 除此之外,亨廷顿认为:撒哈拉以南的非洲,暂时还没有形成一个整体,但具有成为第八个文明的潜力。
>
> **资料来源**:〔美〕萨缪尔·亨廷顿,《文明的冲突与世界秩序的重建》(修订版),周琪等译,新华出版社,2010 年。

52.2 开放是近代大国崛起的必由之路

1500年前后,哥伦布、达·伽马和麦哲伦的远洋探险,标志着人类文明进入了新的历史阶段。此后,欧洲以殖民为特征的海外扩张,掀起了人类历史上第一次全球化的浪潮,欧洲国家成为近代世界贸易、外交和战争的主角,西方世界开始并一直占据全球优势地位。众多近代大国的崛起,使得全球各大洲之间建立了直接而紧密的联系,人、财、物开始在全球范围内流通、集聚和扩散,客观上加速了全球化进程。

52.2.1 英国的崛起与工业革命

相比之前的西班牙、葡萄牙、荷兰等国家仅仅依靠大航海带来的阶段性繁荣,英国的崛起是政治、经济和文化多领域综合作用的结果,也是近代第一个真正成为全球性大国的国家。通过16世纪的宗教改革,英国将更具开放和创新精神的新教确立为国教;17世纪光荣革命后,英国正式确立君主立宪制政体。英国对内通过圈地运动解放了大量的劳动力,吸引和培育了大量工业革命发生所必需的流动资金和企业家人才;对外采取积极的殖民扩张活动,建立海上霸权;在几代英国皇室的支持下,英国推行重商主义全球贸易政策,通过各种关税条例、航海法令和以英国东印度公司为代表的半军事化垄断企业,创造了16—18世纪全球最大的纺织品市场、棉花供应链和贸易网络。这些都有力地支持了第一次工业革命的发生。依靠先进的工业技术、丰富的原材料、广阔的国内外市场和经济理论的指导,英国成为近代全球现代化的先行者,并依托先前建立的全球海上优势,用坚船利炮将其先进的价值理念、文化理念和廉价商品一同扩散至世界各地,共同构筑了英国的全球殖民体系,成为最强大的"日不落"帝国。

> **专栏 52.2**
> **欧洲崛起背后的全球资源掠夺**
>
> 荷兰、英国、法国等欧洲国家的崛起,在一定程度上是建立在对世界其他国家和地区资源的殖民剥削基础上的。乌拉圭作家爱德华多·加莱亚诺在 1971 年出版的《拉丁美洲被切开的血管》一书中,揭开了被西方历史掩盖和篡改的事实,讲述了殖民时代欧洲围绕拉丁美洲金银、农作物和其他矿产等进行掠夺,通过自由贸易、贷款、铁路、阴谋和暴力等方式,将拉丁美洲的民族工业发展扼杀在襁褓中,并解析了投资、技术、经济援助、合资企业、金融机构、国际组织等现代文明手段如何不文明地参与了古老的掠夺战。
>
> 部分西方历史学家对这个问题进行过批判性的反思。加拿大多伦多大学社会学系教授贡德·弗兰克在《白银资本:重视经济全球化中的东方》中,就强调了欧洲在"西方崛起"过程中对其他国家和地方资源的剥削,认为航海大发现前的五千年是亚洲时代,中国和印度是全球经济体系的中心;欧洲因为征服了拉丁美洲并占有其贵金属,才站到了亚洲的肩膀上,成为全球经济的新中心。

美国主导构建的全球经济体系

第二次世界大战后,美国凭借强大的经济实力和综合国力,主导构建起以国际货币基金组织、世界银行、世界贸易组织为三大支柱的全球经济体系。

1944 年建立的布雷顿森林体系,是以美元与黄金挂钩、其他国家货币与美元挂钩的国际货币体系,以国际货币基金组织、世界银行作为两大支柱。1971 年,尼克松政府宣布美元与黄金脱钩,但直至今天,美元仍然是世界上最主要的国际储备货币、结算货币。

1947 年建立的《关税及贸易总协定》,是以美国为中心、各国共同遵守、协调贸易关系的多边国际协定,是世界经贸秩序的主要支柱。1994 年,关税及贸易总协定演进为世界贸易组织。

52.2.2 美国的崛起与全球秩序

自 1776 年至今,美国建国只有二百多年的历史,却打造了比大英帝国更加广阔的国内和国际市场,成为当今世界唯一的超级大国,建立起政治、经济和军事等领域的巨大优势。美国的崛起,既有人文经济的历史原因,也得益于其得天独厚的自然条件基础。通过南北战争,美国消弭了内部的分裂和矛盾;通过发挥移民的开拓创新精神,不断地扩张领土,从无到有发展经济,实现国力稳步增长;最终建立横跨整个北美大陆、拥有从大西洋到太平洋广阔土地、数亿人口规模的国家。以美国为主导建立的全球秩序,是两次世界大战后至今美国综合国力和世界影响力不断提升的一个重要结果。两次世界大战使得传统大国国力遭受重创,失去了在世界格局中的支配权,也给了美国制定和主导新的国际秩序的机会。尤其 20 世纪 70 年代西方"滞胀"危机以来,通过高举自由主义经济的旗帜,美国积极推动全球贸易和投资自由化,并成立专门的促进机构积极扩大对外贸易和投资,很多大型跨国企业成功进入全球各个国家和地区。随着美元全球货币地位的确立,计算机和互联网科技革命迅猛发展,美国作为全球秩序领导和维护者的地位愈发稳固,"全球霸主"地位自然形成。

52.2.3 日本的崛起与明治维新

作为亚洲少数成功跻身发达国家行列的国家之一,日本在近现代两度成功实现崛起,发展壮大的过程具有鲜明特点。以"明治维新"为代表的主动开放和全面向西方学习,是近代日本崛起的开始。以1853年"黑船来航"为转折点,美国用武力胁迫日本签订《日美亲善条约》,日本被迫打开国门。1868年,日本明治天皇颁布"誓文",提出"破除旧习,求知识于世界",转被动为主动,终结了闭关锁国的国策,拉开了全面向西方学习的序幕。这次改革十分彻底,涵盖了日本政治、经济、社会、军事等几乎所有方面,比如君主立宪制的确立,教育体系的全面西化改造,引进欧美技术发展现代工业,改造并创设现代化军队,等等。这一次"主动学习"改革的成功,奠定了近现代日本成为东方第一工业强国的基础。第二次世界大战后,美国出于全球战略的考量,将亚洲政策中心放在日本,及时构建起美日同盟。日本借美国之手推进政治改造、经济复兴和管理革新,制定外向型的经济发展战略,调整产业结构,扩大贸易出口。20世纪60年代末,日本成为世界上最大的电视机生产和出口国之一;据统计,1960—1970年间,日本国民生产总值年均增长11.3%;1968年,日本成为世界第二大经济体;1987年,日本外汇储备居世界首位;1988年,世界排名前30位的大公司中,日本占了22家。

黑船来航
1853年,美国海军准将马修·佩里率黑色近代铁甲军舰驶入江户湾浦贺及神奈川(今横滨),武力胁迫日本政府开港通商。1854年,日美在神奈川签订了《日美亲善条约》,日本被迫同意开放下田、箱馆两港口,供美国船只停泊休整,条约还允许美国在这两个港口派驻领事,并享有最惠国待遇。不久,英、俄、荷等国援例而来,与日本政府签署了类似条约。

52.3 我国四十年开放的伟大进程

历史的经验表明,只有开放,才能融入世界,共享世界;只有开放,才能强盛中国,复兴中国。1978年以前,我国实际上处于半封闭的状况,基本上是自己关起门来搞建设,中国对世界了解不多,世界对中国知之甚少。1978年党的十一届三中全会以后,在改革开放的总设计师邓小平同志的引领下,我国开启对外开放的新航程,大致可以分为三个阶段。

52.3.1 沿海率先开放带动沿江沿边内陆开放(1978—2000年)

始于1978年的对外开放,是根据全党工作重点转移制定的一项重要战略、一个基本国策。我国对外开放是一个渐进的过程,开放的路径以沿海地区作为重要窗口,率先起步,逐步扩大到沿江、沿边和内陆地区,形成对外开放的新格局。

以建立经济特区为标志,拉开对外开放序幕。创建经济特区是实行对外开放的一个伟大创举,1979年4月,中央工作会议期间,广东省委提出,希望中央下放若干权力,让广东在对外经济活动中有必要的自主权,允许在毗邻港澳的深圳、珠海和汕头举办出口加工区;福建省委也同时提出了类似设想。1979年6月,广东、福建两省分别向中央上报了《关于发挥广东优势条件,扩大对外贸易,加快经济发展的报告》和《关于利用侨资、外资,发展对外贸易,加快福建社会主义建设的请示报告》,同年7月,两省报告得到中央的确认。邓小平同志明确指出:"还是叫特区好,陕甘宁开始就叫特区嘛!"同时说道:"中央没有钱,可以给些政策,你们自己去搞,杀出一条血路来。"1985年8月,全国人大常委会批准广东、福建两省在深圳、珠海、汕头、厦门设置经济特区。特区呈现强劲发展势头,迅速成为国内外关注的改革开放的窗口,以"时间就是金钱、效率就是生命"的深圳速度,在全国形成巨大的示范效应。从1980年到1984年,广东、福建两省累计实际利用外商直接投资17亿美元,占全国的40%,经济增速年均达到9%以上。

以构建沿海经济开放区为重点,形成对外开放前沿地带。1984年5月,大连、秦皇岛、天津、烟台、青岛、连云港、南通、上海、宁波、温州、福州、广州、湛江、北海等14个沿海港口城市对外开放;1985年2月,中央又批准将长江三角洲、珠江三角洲和闽南厦漳泉三角地区划为沿海经济开放区;使我国对外开放初步形成了从经济特区到沿海开放城市再到沿海经济区这样一个多层次、有重点、点面结合的开放格局,形成了包括2个直辖市、25个省辖市、67个县、约1.5亿人口的沿海对外开放前沿地带。1988年3月,国务院决定适当扩大沿海经济开发区,新划入140个市县,包括杭州、南京、沈阳三个省会城市;同年4月,七届全国人大一次会议通过设立海南省和建立海南经

经济特区
当时在经济特区内实行一系列特殊政策和管理体制,建设资金以引进侨资、外资为主;所有制结构以中外合资合作和外商独资经营企业为主;产业结构以工业为主;产品以外销为主,主要到国际市场竞争;外汇实行包干上缴、超额留用;财政体制实行大包干;自主经营进出口业务;进口生产所需的生产生活资料免征进口税;对土地使用费给予优惠待遇。

济特区的决定;1990年4月,中央批准开发开放浦东,实行经济技术开发区和某些经济特区的政策,这一重大决策,催生出一个外向型、多功能、现代化的新城区崛起,对上海以及长江流域乃至全国都产生了强大的辐射效应。

以浦东开发区为龙头,逐步形成从沿海到沿江、从沿边到内陆的对外开放新格局。中央确立以浦东为龙头带动长江流域经济起飞的发展战略,确定要在21世纪初将上海建成国际经济、金融、贸易中心。1992年,我国对外开放又迈出新步伐:一是开放芜湖、九江、岳阳、武汉、重庆五个沿江城市和三峡库区;二是开放哈尔滨、长春、呼和浩特、石家庄四个边境、沿海省会城市;三是开放珲春、绥芬河、黑河、满洲里、二连浩特、伊宁、塔城、博乐、瑞丽、畹町、河口、凭祥、东兴13个沿边城市;四是开放太原、合肥、南昌、郑州、长沙、成都、贵阳、西安、兰州、西宁、银川11个内陆省会城市。随后几年,又陆续开放了一大批符合条件的内陆市县。2000年以后,伴随西部大开发、振兴东北等老工业基地和中部崛起等战略的实施,对外开放进一步向全国广大腹地拓展。同时,利用外资的领域逐步扩大到金融、贸易、商业、交通、旅游和其他第三产业。

52.3.2 加入世界贸易组织后构建全方位开放格局(2001—2012年)

加入世界贸易组织,对我国改革开放进程具有重大的历史意义,标志着我国对外开放进入一个全方位、多层次、宽领域的新阶段。这一过程是一个漫长的过程,经历了长达15年的艰难谈判。1986年7月,中央作出申请我国关税及贸易总协定缔约国地位的决定;1993年11月,江泽民同志与美国总统克林顿首次会晤时,从战略高度阐明中国处理"复关"问题的三项原则:关税及贸易总协定是一个国际性组织,如果没有中国这个最大的发展中国家参加是不完整的;中国要参加,毫无疑问是作为发展中国家参加;中国加入这个组织,其权利和义务要平衡。针对西方国家的高要价,我国坚持态度积极、方法灵活、善于磋商、不可天真、水到渠成等方针,通过不懈的努力,2001年12月,中国正式成为世界贸易组织的第143位成员。

加入世界贸易组织,使我国经济深度融入全球经济,获得更为广阔的发展空间。对外贸易、利用外资、对外投资等领域取得重要进展,开放型经济水平不断提高(见图52.2)。2002年到2011年,中国

"引进来"与"走出去"相结合战略
20世纪90年代末,我国提出对外开放"引进来"和"走出去"相结合战略,在大力引进国外资金、先进技术和管理经验的同时,积极扩大出口,有步骤地组织和支持一批有实力、有优势的企业"走出去",到国外主要是到非洲、中亚、中东、东欧、南美等地投资办厂。加入世界贸易组织后,这一富有远见的战略决策,在充分利用国内外两种资源、两个市场上取得突破性进展。

加入世界贸易组织10年,进出口总额以年均21.8%的速度增长,高出世界平均增速的1倍,货物贸易额在全球排名由第6位上升到第2位;2010年,累计外商直接投资居发展中国家首位,对外投资居世界第5位。中国每年平均进口8 955亿美元的商品,为全球贸易伙伴创造了大量就业岗位和投资机会。加入世界贸易组织后,中国经济保持快速增长,国内生产总值2005年超过法国,2006年超过英国,2007年超过德国,2010年超过日本,成为仅次于美国的世界第二大经济体。

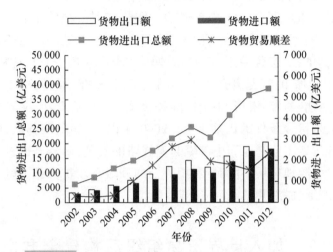

图 52.2　2002—2012年中国对外贸易整体情况

资料来源:国家统计局网站。

加入世界贸易组织,有力推动了对外经济体制改革,我国贸易和投资自由化、便利化程度显著提高。不断扩大农业、制造业市场准入,降低进口关税税率,取消所有不符合规则的进口配额、许可证等非关税措施,全面放开对外贸易经营权,大幅降低外资准入门槛。加入世界贸易组织10年,中国关税水平由15.3%降到9.8%,达到并超过了世界贸易组织对发展中国家的要求;服务贸易开放部门达到100个,接近发达国家水平;中央政府共清理法律法规和部门规章2 300多件,地方共清理19万件。对外开放政策的稳定性、透明度、可预见性不断提高。

52.3.3　"一带一路"建设推动形成全面开放新格局(2013年至今)

"一带一路"建设,是在新的历史条件和国际背景下,在今后相当长一个时期内,统领我国全面对外开放的一项重大战略决策。"一带一路"是"丝绸之路经济带"和"21世纪海上丝绸之路"的合称。2013年9月,习近平主席在哈萨克斯坦纳扎尔巴耶夫大学发表重要演讲,首次提出加强政策沟通、道路联通、贸易畅通、货币流通、民心相通,共同建设"丝绸之路经济带"的战略倡议。同年10月,习近平主席在印度尼西亚国会发表重要演讲时明确提出,中国致力于加强同东盟国家的互联互通建设,愿同东盟国家发展好海洋合作伙伴关系,共同建设"21世纪海上丝绸之路"。"一带一路"建设,标志着我国对外开放进入一个新境界、新阶段。

"一带一路"建设,可谓"一子落而满盘活"。它以一种古老而崭新的形式将亚欧非国家合作推向新的历史高度,以一种前瞻性的思路构成了中国沿海沿边内陆全面开放新格局,在提升向东开放水平的同时,加快向西、向北开放步伐,助推西南部、东北部等沿边内陆地区由对外开放的边缘迈向对外开放的前沿。无论是"东出"还是"西进",都将给我国经济和沿线国家开辟广阔的空间,带来众多商机。"一带一路"建设,将推动沿线国家交通、能源、通信等基础设施建设,促进生产要素的融合和比较优势的发挥,改善亚欧大陆经济格局,提高沿线国家发展水平,惠及沿线广大民众;"一带一路"建设;倡导开放包容原则,有利于解决全球化和地区一体化之间的矛盾,推动二者彼此包容、相互促进。

党的十九大提出,以"一带一路"建设为重点,坚持"引进来"和"走出去"并重,遵循共商共建共享原则,加强创新能力开放合作,形成陆海内外联动、东西双向互济的开放格局。拓展对外贸易,培育贸易新业态新模式,推进贸易强国建设。实行高水平的贸易和投资自由化便利化政策,全面实行准入前国民待遇加负面清单管理制度,大幅度放宽市场准入,扩大服务业对外开放,保护外商投资合法权益。凡是在我国境内注册的企业,都要一视同仁、平等对待。优化区域开放布局,加大西部开放力度。赋予自由贸易试验区更大改革自主权,探索建设自由贸易港。创新对外投资方式,促进国际产能合作,形成面向全球的贸易、投融资、生产、服务网络,加快培育国际经济合作和竞争新优势。2013—2017年中国双向投资情况见图52.3。

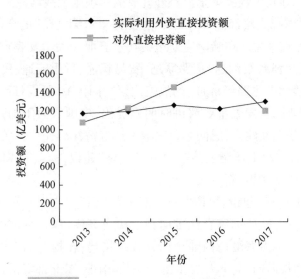

图 52.3　2013—2017 年中国双向投资情况

内容小结

本章论述了对外开放的历史地位。从大河文明、古典文明、中世纪文明、中华文明可以看到,世界文明史就是一部开放史;从英国、美国、日本等国崛起的历史看,开放是近代大国崛起的必由之路;从我国四十年开放的伟大进程看,只有开放,才能融入世界,共享世界,只有开放,才能强盛中国,复兴中国。1978年党的十一届三中全会后,在改革开放的总设计师邓小平同志引领下,我国开启对外开放的新航程,大致分为沿海率先开放带动沿江沿边内陆开放、加入世界贸易组织后构建全方位开放格局、"一带一路"建设推动形成全面开放新格局三个阶段。

关键概念

开放	大河流域文明	古典文明	中世纪文明
中华文明	大国崛起	经济特区	世界贸易组织
"引进来"和"走出去"	"一带一路"		

思考讨论题

1. 谈谈开放对世界文明发展和近代大国崛起的重要影响。
2. 中华文明的开放进程有哪些主要特征和惨痛教训?
3. 联系实际谈谈你对1978年以来我国对外开放几个阶段的认识。

第 53 章
完善对外开放战略布局

丰富对外开放内涵,提高对外开放水平,协同推进战略互信、经贸合作、人文交流,全面促进双向开放,促进国际国内要素有序流动、资源高效配置、市场深度融合,加快培育国际竞争新优势。

53.1 优化对外开放区域布局

推动开放型经济发展与区域协调发展紧密结合,加大内陆、沿边开放力度,在深化沿海开放的同时,进一步向西开放、向周边国家开放,提高边境、跨境经济合作区发展水平,拓展开放合作新空间。构建陆海内外联动、东西双向互济的全面开放新格局。

53.1.1 构建内陆开放新机制

内陆开放是沿海开放的深化。随着深入推进新一轮西部大开发、全面振兴东北地区等老工业基地、大力促进中部地区崛起等区域发展总体战略的实施,内陆地区迎来加速开放的新机遇,开始发挥重要的支撑作用。以内陆中心城市和城市群为依托,建设内陆开放战略支撑带,完善对外开放新机制。建设大通道,支持内陆城市增开国际客货运航线、发展多式联运,形成横贯东中西、联结南北方的对外经济走廊;实施大通关,改革海关监管、检验检疫等管理体制,推动内陆同沿海沿边通关协作;构建大平台,加快内陆开发区和产业聚集区发展,强化海关特殊监管区域整合,推进双边国际合作产业园建设;

培育产业大集群,以加工贸易梯度转移重点承接地为依托,鼓励承接东部产业转移,发展特色外向型产业,支持在内陆中心城市建设先进制造业中心,推动内陆贸易、投资、技术创新协调发展,形成有利于推动内陆产业集群发展的体制机制。

53.1.2 培育沿边开放新支点

沿边开放是加快向周边国家开放的重点。在长达 22 000 公里的陆上边境线上,6 个边境省(区)与俄罗斯等 15 个国家接壤。目前已经形成广西东兴、云南勐腊等 5 个重点开发开放试验区、72 个沿边国家级口岸(见图 53.1)、28 个边境城市、17 个边境经济合作区和 1 个跨境经济合作区,要以此为依托,建成我国与周边国家合作的重要平台。加强沿边地区口岸和基础设施建设,开辟跨境多式联运交通走廊,加快推进互联互通境外段和境内段的项目建设,加强边境城市口岸能力建设等;改善体制机制,促进要素流动便利化,加大简政放权力度,提高贸易、投资、人员往来、运输等各领域便利化水平;建设能

图 53.1 中国沿边开放口岸示意图

源资源进口加工基地,开展面向周边市场的产业合作;实施差异化扶持政策,促进特色优势产业发展,鼓励对外贸易方式转变,完善边民互市贸易等,探索发展边境旅游产业和特殊区域等,提高边境经济合作区、跨境经济合作区的对外合作水平。

53.1.3　建设沿海开放新高地

沿海地区是东部率先发展的前沿地带。发挥长三角、珠三角、环渤海地区对外开放门户的作用,建设若干服务全国、面向世界的国际化大都市和城市群,打造具有更强国际影响力的沿海经济带,实现更高水平的对外开放。进一步通过自由贸易试验区、自由贸易港区、经济特区等先试先行的特殊区域,率先对接国际高标准投资和贸易规则体系;支持沿海地区发展高端产业,加快从全球加工装配基地向研发、先进制造基地转变,推进服务业开发先行先试;依托沿海具备全球品牌影响力和全球竞争力的中国跨国企业,鼓励不断改善公司治理模式,提升研发创新能力和全球资源配置能力,全面参与全球经济合作和竞争。

专栏 53.1
海南全岛建设自由贸易试验区

战略定位:
全面深化改革开放试验区、国家生态文明试验区、国际旅游消费中心、国家重大战略服务保障区。

战略目标:
第一步,海南全岛建设自由贸易试验区。要以制度创新为核心,赋予更大改革自主权,支持海南大胆试、大胆闯、自主改,加快形成法治化、国际化、便利化的营商环境和公平开放统一高效的市场环境。

第二步,逐步探索、稳步推进建设中国自由贸易港。符合中国国情、符合海南发展定位,学习借鉴国际自由贸易港建设经验,不以转口贸易和加工制造为重点,而以发展旅游业、现代服务业和高新技术产业为主导,打造更高层次、更高水平的开放型经济。

53.1.4 深化内地和港澳、大陆和台湾地区合作

全面准确贯彻"一国两制""港人治港""澳人治澳"、高度自治的方针,严格依照宪法和基本法办事。支持港澳提升经济竞争力。支持香港巩固和提升国际金融、航运、贸易三大中心地位,强化全球离岸人民币业务枢纽地位和国际资产管理中心功能,推动融资、商贸、物流、专业服务等向高端高增值方向发展。支持香港发展创新及科技事业,培育新兴产业。支持香港建设亚太区国际法律及解决争议服务中心。支持澳门建设世界旅游休闲中心、中国与葡语国家商贸合作服务平台,积极发展会展商贸等产业,促进经济适度多元可持续发展。深化内地与港澳合作。支持港澳参与国家双向开放、"一带一路"建设。加大内地对港澳开放力度,推动内地与港澳关于建立更紧密经贸关系安排升级。深化内地与香港金融合作,加快两地市场互联互通。加深内地同港澳在社会、民生、文化、教育、环保等领域的交流合作,支持内地与港澳开展创新及科技合作,支持港澳中小微企业和青年人在内地发展创业。支持共建大珠三角优质生活圈,加快前海、南沙、横琴等粤港澳合作平台建设。支持港澳在泛珠三角区域合作中发挥重要作用,推动粤港澳大湾区和跨省区重大合作平台建设。

专栏 53.2
粤港澳大湾区建设

粤港澳大湾区与世界三大湾区的比较见表 53.1。

表 53.1 粤港澳大湾区与世界三大湾区的比较

湾区(2015年)		人口(万人)	国内生产总值(万亿美元)	人均国内生产总值(美元)	占地面积(万平方千米)	机场旅客吞吐量(亿人次)	第三产业比重(%)	世界100强大学数量(个)	世界500强企业总部数(个)
东京湾区		4 374	1.8	41 068	3.68	1.12	82.3	2	60
旧金山湾区		715	0.8	105 263	1.79	0.71	82.8	3	28
纽约湾区		2 340	1.4	59 829	2.15	1.30	89.4	2	22
粤港澳大湾区	珠三角	5 998	1.0214	17 205	5.763	1.75	56.1	4	15
	香港	734	0.3209	43 743	0.1106	0.69	92.2	4	5
	澳门	65	0.0448	69 372	0.00305	0.06	92.2	0	0

资料来源:根据相关资料整理。

粤港澳大湾区

规划范围:包括香港特别行政区,澳门特别行政区,以及广东省广州市、深圳市、珠海市、佛山市、惠州市、东莞市、中山市、江门市、肇庆市。

战略定位:充满活力的世界级城市群、具有全球影响力的国际科技创新中心、"一带一路"建设的重要支撑、内地与港澳深度合作的示范区、宜居宜业宜游的优质生活圈。

> **《深化粤港澳合作 推进大湾区建设框架协议》**
>
> **合作宗旨：**全面准确贯彻"一国两制"方针,完善创新合作机制,建立互利共赢合作关系,共同推进粤港澳大湾区建设。
>
> **合作原则：**开放引领,创新驱动;优势互补,合作共赢;市场主导,政府推动;先行先试,重点突破;生态优先,绿色发展。
>
> **合作领域：**推进基础设施互联互通;进一步提升市场一体化水平;打造国际科技创新中心;构建协同发展现代产业体系;共建宜居宜业宜游的优质生活圈;培育国际合作新优势;支持重大合作平台建设。
>
> （2017年7月1日国家发展改革委、广东省人民政府、香港特别行政区政府、澳门特别行政区政府于香港签署）

推进两岸关系和平发展和祖国统一进程。坚持"九二共识"和一个中国原则,坚决反对"台独"。在坚持原则立场基础上,以互利共赢方式深化两岸经济合作,扩大两岸合作领域,促进两岸经济融合发展。推动两岸产业优势互补、融合发展,鼓励两岸企业相互持股、合作创新、共创品牌、共拓市场。深化两岸金融合作,支持两岸资本市场开展多层次合作。推动两岸贸易投资扩大规模、提升层次。扩大对台湾服务业开放,加强两岸在农渔业、中小企业、电子商务等领域的合作。推进海峡西岸经济区、中国（福建）自由贸易试验区建设,打造台商投资区、平潭综合实验区、福州新区、昆山深化两岸产业合作试验区等对台合作平台,深化厦门对台合作支点建设。鼓励长三角、珠三角、环渤海等台资企业聚集区发挥优势,支持台资企业转型升级,引导向中西部地区梯度转移。加强两岸人文社会交流。扩大两岸人员往来,完善台湾同胞待遇政策措施,为台湾居民在大陆工作、学习、生活提供更多便利。加强两岸文化交流合作,增进两岸同胞文化、民族认同。深化两岸教育交流合作,扩大两岸高校学历互认范围,推进闽台职业教育交流合作试验区建设。鼓励两岸联合开展科技研发合作,深化两岸学术交流。

53.2 推进贸易强国建设

中国出口贸易额占世界的份额从1980年的0.9%大幅提高到

2017年的12.8%,成为世界第一大出口国、第二大进口国和第一大货物贸易国、第二大服务贸易国。但随着国际贸易保护主义的抬头,全球贸易规则面临重构,国内要素成本攀升和资源环境约束增大,传统比较优势正在弱化,新的竞争优势又尚未形成,因此必须拓展对外贸易,培育贸易新业态新模式,推动贸易强国建设。

贸易保护主义
指在对外贸易中实行限制进口以保护本国商品在国内市场免受外国商品竞争,并向本国商品提供各种优惠以增强其国际竞争力的主张和政策。具体手段主要有两类:一是关税壁垒,通过征收高额进口关税阻止外国商品的大量进口;二是非关税壁垒,即采取进口许可证制、进口配额制等一系列非关税措施来限制外国商品自由进口。

53.2.1 加快对外贸易优化升级

迈向全球产业链中高端环节,走质量和效益并重的高附加值道路,是中国从制造型经济的"世界工厂"向制造型和服务型经济融合发展调整的必然要求。实施优进优出战略,推动外贸向优质优价、优进优出转变。促进加工贸易创新发展,提高传统优势产品竞争力,鼓励企业提高产品科技含量和附加值,加强营销和售后服务网络建设,鼓励跨境电子商务、市场采购贸易、外贸综合服务企业等新型贸易方式发展;立足国内制造业升级的大局,壮大装备制造等新的出口主导产业,大力推进国际产能和装备制造合作,积极营造资本和技术密集型产业出口优势,提高中国企业在全球价值链的地位;顺应国内服务业高速发展的情况,进一步落实和完善促进服务贸易发展的政策措施,在稳定和拓展运输、旅游、劳务等传统服务贸易的同时,重点培育通信、金融、会计等新型服务贸易,实现服务贸易与货物贸易融合发展,大力发展生产性服务贸易,到2020年服务贸易占对外贸易的比重达到16%以上;积极扩大进口,完善进口促进政策,更多进口先进设备和优质消费品,稳定能源、资源产品进口,合理增加一般消费品进口,引导境外消费回流。

53.2.2 促进出口市场和结构多元化

积极实行市场多元化战略是拓展对外贸易、优化对外贸易布局的重要举措。重点是推动出口市场多元化,一方面,深耕美、欧、日等传统市场,巩固和稳定市场份额;另一方面,加大拉美、非洲等新兴市场开拓力度,逐步提高新兴市场比重。通过深化与"一带一路"沿线国家的贸易合作,稳定劳动密集型优势产品在沿线国家的出口,加快机电产品和高新技术产品的出口,扩大对沿线国家的进口,促进贸易平衡。抓住沿线国家基础设施建设和产业发展机遇,推动产能与装备领域的国际合作,带动大型成套设备及技术、标准、服务出口。

专栏 53.3
中国出口市场分布

2017年,全球货物贸易出口额为17.7万亿美元,其中中国出口额为2.3万亿美元,占全球份额的13.0%,已连续九年保持全球第一大货物贸易出口国地位。按出口商品种类分布来看,机电产品、传统劳动密集型产品仍为出口主力(见图53.2)。2017年,我国机电产品出口8.95万亿元,占出口总值的58.4%;传统劳动密集型产品出口3.08万亿元,占出口总值的20.1%。从出口区域分布来看,美国、欧盟、东盟、中国香港和日本为中国内地货物出口的前五大经济体(见图53.3)。

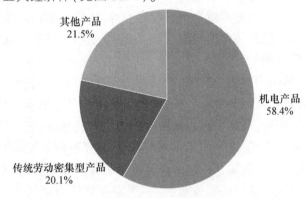

图 53.2 2017年中国主要出口商品种类分布情况

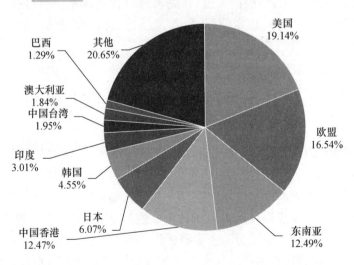

图 53.3 2017年中国内地对主要贸易伙伴的出口分布情况

53.2.3 培育对外贸易新业态新模式

积极发展跨境电商、融资租赁等贸易新业态新模式,对中国参与国际新型贸易规则的制定意义重大。依托全球范围内庞大的贸易总量和市场网络,发挥国内制造业先发优势和消费市场基础作用,积极发展跨境电子商务等新型贸易方式,培育扶持通关、物流、退税、金融、保险等相关的综合外贸服务企业等,发展出口信用保险,努力形成包括电商、物流、信息服务、信用支付、保险、财会、税务等上下游产业链在内的完整跨境电商产业集群。同时,还要积极应对国外技术性贸易管制措施,强化贸易摩擦预警,努力预防和化解各类贸易摩擦与争端。

专栏 53.4
中国跨境电商的快速崛起

我国跨境电商贸易起步较晚,但发展迅猛。2008 年,我国跨境电商的交易规模仅为 0.7 万亿元,此后交易额高速增长,2010 年和 2013 年增速均超 50%,复合增长率达 30.3%;到 2017 年,跨境电商的交易规模达到 7.6 万亿元(见图 53.4)。从跨境电商进出口角度来看,我国以出口为主。2017 年,我国跨境电商的出口交易额为 6.3 万亿元,占跨境电商交易规模总额的 82.9%。

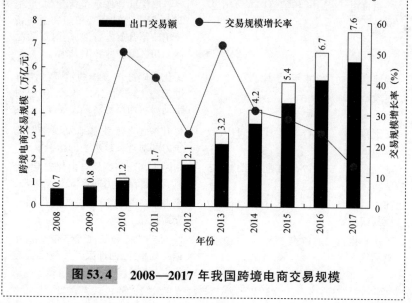

图 53.4 2008—2017 年我国跨境电商交易规模

53.2.4 深化国内自由贸易试验区改革

自由贸易试验区是国内对外开放水平最高的特殊开放区域,以制度创新推动我国开放型经济新体制建设。国内自由贸易试验区,是由国家在境内划出特定区域,准许外国商品豁免自由进出,实行比世界贸易组织相关规定更加优惠的贸易安排,探索创新外商投资管理模式,在试验区内先行先试,对外商投资实施准入前国民待遇加负面清单的管理模式,积累构建高水准国际营商环境的经验。2013年9月,上海自由贸易试验区率先设立;2014年、2016年第二批和第三批试验区方案陆续公布,目前已获批11个自由贸易试验区(见表53.2),实现了从沿海地区到内陆地区的拓展,在更广领域、更大范围形成各具特色、各有侧重的试点格局。

表53.2 国内自由贸易试验区定位

名称	成立时间	实施范围(平方公里)	基本定位
上海自由贸易区	2013年9月	120.72	国际水准的投资贸易便利、货币兑换自由、监管高效便捷、法治环境规范的自由贸易试验区,辐射带动长江经济带创新发展
天津自由贸易区	2014年12月	119.9	京津冀协同发展高水平对外开放平台,辐射带动环渤海地区发展
广东自由贸易区	2014年12月	116.2	粤港澳深度合作示范区,"21世纪海上丝绸之路"重要枢纽和全国新一轮改革开放先行地,辐射带动泛珠三角区域产业转型升级
福建自由贸易区	2014年12月	118.04	深化两岸经济合作的示范区,"21世纪海上丝绸之路"核心区,辐射带动海峡西岸经济区发展
辽宁自由贸易区	2017年3月	119.89	提升东北老工业基地发展整体竞争力和对外开放水平的新引擎
浙江自由贸易区	2017年3月	119.95	国际大宗商品贸易自由化先导区,具有国际影响力的资源配置基地
河南自由贸易区	2017年3月	119.77	服务"一带一路"建设的现代综合交通枢纽
重庆自由贸易区	2017年3月	119.98	"一带一路"和长江经济带互联互通重要枢纽、西部大开发战略重要支点

(续表)

名称	成立时间	实施范围（平方公里）	基本定位
湖北自由贸易区	2017年3月	119.96	实施中部崛起战略和推进长江经济带发展的示范区
四川自由贸易区	2017年3月	119.99	内陆开放型经济新高地、内陆与沿海沿边沿江协同开放示范区
陕西自由贸易区	2017年3月	119.95	内陆改革开放新高地、"一带一路"经济合作和人文交流重要支点

资料来源：根据相关公开资料整理而成。

53.3 提升利用外资和对外投资水平

双向投资是对外开放的更高级形态，是我国深度融入世界经济的有效途径。坚持"引进来"和"走出去"并举，提高利用外资和对外投资水平，提高全球资源和市场配置能力，整合和延伸产业链，增强与世界各国的利益汇合点和优势互补点。

53.3.1 积极有效利用外资

外资已经成为我国经济的重要组成部分。我国实际利用外资，从1983年的9.2亿美元增加到2017年的1 310.4亿美元，位居全球第二位。积极有效利用外资，不是简单地引进资金，而是同时引进国外的先进技术、经营理念、管理经验和市场机会等，进而带动我国企业嵌入全球产业链、价值链和创新链。要深化外商投资管理体制改革，完善法制化、国际化、便利化的营商环境，构建公平竞争的市场环境、高效廉洁的政务环境、公平透明的法律政策环境、开放包容的人文环境。扩大开放领域，放开准入限制，统一内外资法律法规，对外资全面实行准入前国民待遇加负面清单管理制度，实现引资和引技引智并举，提升利用外资的技术溢出效应、产业升级效应。

准入前国民待遇
国民待遇，是指给予国外投资者及外资的待遇，不低于在相似情形下给予本国投资者及内资的待遇。在传统投资协定中，国民待遇一般适用于投资后的阶段，即"准入后"，准入前国民待遇，则是将国民待遇延伸到了投资发生之前的阶段，对应于更为开放的投资体制。

负面清单管理制度
是东道国对外资准入的限制和监管的另一种方式，指东道国在投资协定中以负面清单的方式，明确公开划定禁止或限制外资进入的领域范围；在负面清单之外的行业、领域、业务，外资与内资均可依法平等进入。

世界银行营商环境评估十大维度
创办企业、办理建设许可、获得电力、注册产权、获得贷款、保护少数投资者、纳税、跨境贸易、执行合同、办理破产。

> **专栏 53.5**
> **中国在《全球营商环境报告》中的排名**
>
> 2017年10月31日,世界银行第15次发布《全球营商环境报告》,中国营商环境在全球190个国家中综合排名位列第78位。从2006年世界银行首次将中国加入排行榜至今,中国排名呈现波动式上升,2013年以来排名稳步上升,从96位提升到78位(见图53.5)。
>
>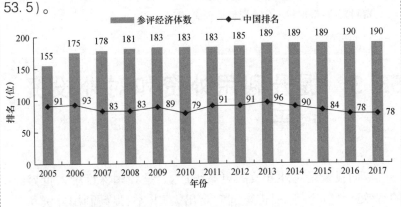
>
> **图 53.5** 中国营商环境排名的变化趋势

准入前国民待遇与负面清单制度相结合的外资管理模式,是国际投资规则发展的主流趋势和主要国家的普遍做法。该模式有助于保证外资政策的稳定性和透明度,国外资本可以从负面清单中辨别出东道国在外资准入方面的实际限制和偏好,在此之外均可享有与国内资本相当的地位。2017年,外商投资准入前国民待遇加负面清单模式在全国实施,是我国外商投资管理体制的历史性变革。2018年6月30日,《自由贸易试验区外商投资准入特别管理措施(负面清单)(2018年版)》发布,自由贸易试验区负面清单进一步缩短,由2017年版的95条措施减至2018年版的45条措施(见表53.3、表53.4)。

表 53.3 2018年版自由贸易区外商准入负面清单
(26个禁止投资领域)

1	中国稀有和特有的珍贵优良品种的研发、养殖、种植以及相关繁殖材料的生产。
2	农作物、种畜禽、水产苗种转基因品种选育及其转基因种子(苗)生产。

(续表)

3	中国管辖海域及内陆水域水产品捕捞。
4	钨、钼、锡、锑、萤石勘查、开采。
5	稀土勘查、开采、选矿。
6	放射性矿产的勘查、开采、选矿。
7	中药饮片的蒸、炒、炙、煅等炮制技术的应用及中成药保密处方产品的生产。
8	卫星电视广播地面接收设施及关键件生产。
9	宣纸、墨锭生产。
10	烟叶、卷烟、复烤烟叶及其他烟草制品的批发、零售。
11	空中交通管制。
12	邮政公司(和经营邮政服务)、信件的国内快递业务。
13	互联网新闻信息服务、网络出版服务、网络视听节目服务、互联网上网服务营业场所、互联网文化经营(音乐除外)、互联网公众发布信息服务。
14	中国法律事务(提供有关中国法律环境影响的信息除外),不得成为国内律师事务所合伙人。
15	社会调查。
16	人体干细胞、基因诊断与治疗技术开发和应用。
17	人文社会科学研究机构。
18	大地测量、海洋测绘等。
19	国家保护的原产于中国的野生动植物资源开发。
20	义务教育机构、宗教教育机构。
21	新闻机构。
22	图书、报纸、期刊、音像制品和电子出版物的编辑、出版、制作业务。
23	各级广播电台(站)、电视台(站)等。
24	广播电视节目制作经营(含引进业务)公司。
25	电影制作公司、发行公司、院线公司以及电影引进业务。
26	文物拍卖的拍卖公司、文物商店和国有文物博物馆。

表53.4　2018年版自由贸易区外商准入负面清单
(19个限制外资股比领域)

序号	仍保留外资股比限制的领域	限制措施
1	小麦、玉米新品种选育和种子生产	中方股比不低于34%
2	出版物印刷	中方控股
3	汽车整车制造	中方股比不低于50%
4	核电站的建设、经营	中方控股
5	城市人口50万以上的城市燃气、热力和供排水管网的建设、经营	中方控股

序号	仍保留外资股比限制的领域	限制措施
6	国内水上运输公司	中方控股
7	国内船舶代理公司	中方控股
8	公共航空运输公司	中方控股
9	通用航空公司	合资、中方控股
10	民用机场的建设、经营	中方控股
11	限于中国入世承诺开放的电信业务	中方控股
12	证券公司的外资股比,证券投资基金管理公司	外资股比不超过51%,2021年取消
13	期货公司的外资股比	外资股比不超过51%,2021年取消
14	寿险公司的外资股比	外资股比不超过51%,2021年取消
15	市场调查,其中广播电视收听、收视调查须由中方控股	合资合作、中方控股
16	学前、普通高中和高等教育机构限于中外合作办学	中方主导
17	医疗机构	合资、合作
18	电影院建设、经营	中方控股
19	文艺表演团体	中方控股

53.3.2 完善境外投资管理体制

从贸易大国到投资大国、从商品输出到资本输出,是我国全面参与经济全球化的必然结果。随着国内产能、技术和外汇等对外投资合作条件的日益成熟,我国"走出去"的基础和条件已然发生重大变化。2014年以来,我国成为仅次于美国的世界第二大对外投资大国。借鉴国际经验,建立健全有利于合作共赢、同国际投资贸易规则相适应的境外投资管理体制,核心是以备案为主、核准为辅,健全对外投资促进政策和服务体系。首先,支持企业扩大对外投资,完善境外投资的发展规划和重点领域、区域、国别规划体系,建设一批大宗商品境外生产基地及合作园区等;其次,积极搭建对外投资金融和信息服务平台,提高便利化水平,推动个人境外投资,健全合格境内个人投资者制度,建立国有资本、国有企业境外投资审计制度,健全境外经营业绩考核和责任追究制度;最后,构建高效有利的海外综合服务保障体系,完善跨境投资风险防范的体制机制,提高海外服务水平和安全保障能力等。

53.4 推进国际产能和装备制造合作

国际产能和装备制造合作,是指围绕生产能力新建、转移和提升的国际合作,以企业为主体,以市场为导向,以制造业及相关基础设施建设、能源资源开发为主要领域,以直接投资、工程承包、装备贸易和技术合作为主要形式。

53.4.1 重点领域和合作方向

2015年5月,国务院《关于推进国际产能和装备制造合作的指导意见》明确提出将我国产业优势和资金优势与国外需求相结合,推动制造能力强、技术水平高、国际竞争优势明显、国际市场有较大需求的重点领域开展国际产能装备合作,并明确了总体思路和主要方向(见表53.5)。

表53.5 国际产能和装备制造合作重点领域与合作方向

序号	重点领域	主要合作方向
1	钢铁、有色行业	在资源条件好、配套能力强、市场潜力大的重点国家建设炼铁、炼钢、钢材等钢铁生产基地;结合境外矿产资源开发,延伸下游产业链,开展铜、铝、铅、锌等有色金属冶炼和深加工,带动成套设备出口。
2	建材行业	在有市场需求、生产能力不足的发展中国家,以投资方式为主,结合设计、工程建设、设备供应等多种方式,建设水泥、平板玻璃、建筑卫生陶瓷、新型建材、新型房屋等生产线。
3	轨道交通装备	以推动和实施周边铁路互联互通、非洲铁路重点区域网络建设及高速铁路项目为重点;积极开发和实施城市轨道交通项目,扩大城市轨道交通车辆国际合作。在有条件的重点国家建立装配、维修基地和研发中心。

(续表)

序号	重点领域	主要合作方向
4	境外电力项目	积极开拓有关国家火电和水电市场;积极与有关国家开展核电领域交流与磋商,推进重点项目合作,带动核电成套装备和技术出口;积极参与有关国家风电、太阳能光伏项目的投资和建设;积极开展境外电网项目投资、建设和运营。
5	资源开发与化工产业	在市场需求大、资源条件好的发展中国家,加强资源开发和产业投资,建设石化、化肥、农药、轮胎、煤化工等生产线。
6	轻工纺织行业	依托当地农产品、畜牧业资源建立加工厂,在劳动力资源丰富、生产成本低、靠近目标市场的国家投资建设棉纺、化纤、家电、食品加工等轻纺行业项目;在境外条件较好的工业园区,形成上下游配套、集群式发展的轻纺产品加工基地。
7	汽车行业	积极开拓发展中国家汽车市场,推动国产大型客车、载重汽车、小型客车、轻型客车出口。在市场潜力大、产业配套强的国家设立汽车生产厂和组装厂,建立当地分销网络和维修维护中心,带动自主品牌汽车整车及零部件出口,提升品牌影响力。鼓励汽车企业在欧美发达国家设立汽车技术和工程研发中心。
8	信息通信行业	发挥大型通信和网络设备制造企业的国际竞争优势;鼓励电信运营企业、互联网企业采取兼并收购、投资建设、设施运营等方式"走出去",在海外建设运营信息网络、数据中心等基础设施,与通信和网络制造企业合作。鼓励企业在海外设立研发机构。
9	工程机械等制造业	加大工程机械、农业机械、石油装备、机床工具等制造企业的市场开拓力度;支持企业同具有品牌、技术和市场优势的国外企业合作,鼓励在发达国家设立研发中心。
10	航空航天装备	大力开拓发展中国家航空市场,在亚洲、非洲条件较好的国家探索设立合资航空运营企业,建设后勤保障基地;积极开拓发达国家航空市场,推动通用飞机出口。加强与发达国家在卫星设计、零部件制造、有效载荷研制等方面的合作。
11	船舶与海洋工程装备	大力开拓高端船舶和海洋工程装备市场;提高船舶高端产品的研发和制造能力,提升深海半潜式钻井平台、浮式生产储卸装置、海洋工程船舶、液化天然气船等产品国际竞争力。

资料来源:《关于推进国际产能和装备制造合作的指导意见》。

53.4.2 重点国别和重大项目

秉承企业主体、绿色永续、开放平衡和互利共赢的基本理念，我国产能和装备制造"走出去"与"一带一路"建设紧密结合，以亚洲周边国家和非洲国家为重点国别(或区域)，依托境外经贸合作园区作为主要的企业投资和产业集聚平台逐步推进。从政策对接看，双边和多边层面的各种合作机制广泛建立。在双边层面，已同三十多个沿线及其他国家签署了产能合作文件，纳入机制化轨道，与有关国家对接规划和项目，共同为企业间合作穿针引线、铺路架桥；在多边层面，积极参与区域、次区域合作，共同谋划产能合作的重点领域和重大项目。从项目建设看，一批合作国家急需、采用中国装备和技术的钢铁、有色、建材等领域重大项目稳步实施。"一带一路"沿线国家已经成为中国企业对外投资的重要目的地，成为中国基建、装备、技术、服务和品牌的重要市场。中国也为合作国家完善基础设施、提高生产能力、加快产业发展、扩大就业机会、改善民生福祉作出了贡献。合作过程中，需要发挥政府部门、金融机构、驻外使馆、行业协会、中介机构等多方面的积极性，为企业开展国际产能合作提供外交、商事、信息等各类优质服务。

> **第三方市场合作**
> 将中国的中端制造能力同发达国家的高端技术、先进理念结合起来，为第三国提供高水平、高性价比、更具竞争力的产品和服务，实现"三方共赢"。可以概括为两国共同协商，第三国同意，第三国参与，第三国受益。

内容小结

本章论述了完善对外开放战略布局。重点是优化对外开放区域布局，构建内陆开放新机制，培育沿边开放新支点，建设沿海开放新高地，深化内地和港澳、大陆和台湾地区合作；推进贸易强国建设，加快对外贸易优化升级、促进出口市场和结构多元化、培育对外贸易新业态新模式、深化国内自由贸易试验区改革；提升利用外资和对外投资水平，积极有效利用外资、完善境外投资管理体制；推进国际产能和装备制造合作，确定重点领域和合作方向、重点国别和重大项目。

关键概念

内陆开放　　　　沿边开放　　　　　沿海开放　　　　　贸易强国
贸易保护主义　　货物贸易　　　　　服务贸易　　　　　跨境电子商务

自由贸易试验区　　　双向投资　　　　　准入前国民待遇　　　营商环境
负面清单　　　　　　国际产能和装备制造合作

思考讨论题

1. 如何优化对外开放区域布局？
2. 你对推进贸易强国建设有何看法和建议？
3. 我国双向投资面临哪些挑战？如何应对？
4. 谈谈你对国际产能和装备制造合作重要意义的认识。

第 54 章
推进"一带一路"建设

"一带一路"是千百年来东西方交流合作的印记,是世界文明的宝贵遗产。它植根于历史,但面向未来,源自中国,但属于世界。"一带一路"建设,弘扬和平合作、开放包容、互学互鉴、互利共赢的丝路精神,遵循共商共建共享原则,致力于实现和平之路、繁荣之路、开放之路、创新之路、文明之路的愿景,顺应了全球治理体系变革的内在要求。

54.1 "一带一路"建设的基本理念

"一带一路"重大倡议,根据中国发展的丰富实践和全球发展的共同目标,提出一种新的发展理念,致力于打造政治互信、经济融合、文化包容的利益共同体、命运共同体和责任共同体,彰显了同舟共济、权责共担的命运共同体意识。

54.1.1 丝路精神

两千多年前,亚欧大陆上勤劳勇敢的人民探索出多条连接欧亚非几大文明的贸易和人文交流通路,后人将其统称为"丝绸之路"。古丝绸之路绵亘万里,延续千年,积淀了以"和平合作、开放包容、互学互鉴、互利共赢"为核心的丝路精神,是沿线国家共同的历史记忆。**和平合作**,是指古丝绸之路开拓的事业之所以名垂青史,是因为使用的不是战马和长矛,而是驼队和善意;依靠的不是坚船和利炮,而是宝船和友谊。一代又一代丝路人架起了东西方合作的纽带、和平的桥梁。**开放包容**,是指不同文明、宗教、种族求同存异、开放包容,并肩书写相互尊重的壮丽诗篇,携手绘就共同发展的美好画卷。文明在开放中发展,民族在融合中共存。**互学共鉴**,是指古丝绸之路不仅是一条通商易货之路,更是一条知识交流之道。中国将丝绸、瓷器、漆器、铁器等传到西方,而佛教、伊斯兰教及阿拉伯的天文、历法、医药传入中国,商品和知识交流带来了观念创新。**互利共赢**,是指古丝绸之路见证了陆上"使者相望于道,商旅不绝于途"的盛况,也见证了海上"舶交海中,不知其数"的繁华。在这条大动脉上,资金、技术、人员等生产要素自由流动,商品、资源、成果等实现共享。

54.1.2 三大原则

"一带一路"秉持共商共建共享的合作理念。共商共建共享,也是"一带一路"建设的重要指导原则。三者相辅相成、密不可分,构成一个有机统一的整体。**共商**就是本着伙伴精神,按照协商一致的原则,通过平等协商方式,密切政策协调,对接发展战略,共同制订合作方案,共同采取合作行动,形成规划衔接、发展融合、利益共享的局面。**共建**表明"一带一路"不是无偿援助,而是遵循市场规律和国际通行规则,充分发挥市场在资源配置中的决定性作用和各类企业的主体作用,同时发挥好政府的作用,发掘区域内市场的潜力,促进投资和消费,创造需求和就业,一起做大蛋糕,一起分好蛋糕。**共享**强调"一带一路"的目的是共同发展,目标是合作共赢。互利共赢是其最鲜明的特色,也是其强大生命力所在。"一带一路"把共享作为出发点和落脚点,努力让经济全球化更好地惠及各个国家、各国人民,让各国人民相逢相知、互信互敬,共享和谐、安宁、富裕的生活。

54.1.3 "五路"愿景

"一带一路"的发展理念和建设目标充分体现在习近平主席提出的"五路"之中。**建成和平之路**:"一带一路"建设离不开和平安宁的环境。要积极构建以合作共赢为核心的新型国际关系,打造对话不对抗、结伴不结盟的伙伴关系,尊重彼此主权、尊严、领土完整,尊重彼此发展道路和社会制度,尊重彼此核心利益和重大关切。**建成繁**

荣之路:发展是解决一切问题的总钥匙。推进"一带一路"建设,聚焦发展这个根本性问题,释放各国发展潜力,实现经济大融合、发展大联动、成果大共享。**建成开放之路**:以开放为导向,解决经济增长和平衡问题。打造开放型合作平台,维护和发展开放型世界经济,推动构建公正、合理、透明的国际经贸投资规则体系,促进生产要素有序流动、资源高效配置、市场深度融合。**建成创新之路**:"一带一路"建设本身是一个创举,要坚持创新驱动发展战略,加强在数字经济、人工智能、纳米技术、量子计算机等前沿领域合作,推动大数据、云计算、智慧城市建设,连接成21世纪的"数字丝绸之路"。**建成文明之路**:"一带一路"建设以文明交流超越文明隔阂、文明互鉴超越文明冲突、文明共存超越文明优越,推动各国相互理解、相互尊重、相互信任。建立多层次人文合作机制,搭建更多合作平台,开辟更多合作渠道。

54.2 "一带一路"建设的主要内容

"一带一路"贯穿亚欧非大陆,一头是活跃的东亚经济圈,一头是发达的欧洲经济圈,中间广大腹地国家经济发展潜力巨大。结合古代陆海丝绸之路的基本轨迹,"一带一路"建设确定了五大走向,并在此基础上形成"六廊六路多国多港"主体框架,为各国参与"一带一路"合作提供了清晰导向。

54.2.1 五大走向

"一带一路"建设的五大重点方向(见图54.1),包括"丝绸之路经济带"的三大走向:一是从中国西北、东北经中亚、俄罗斯至欧洲、波罗的海;二是从中国西北经中亚、西亚至波斯湾、地中海;三是从中国西南经中南半岛至印度洋。"21世纪海上丝绸之路"的两大走向:一是从中国沿海港口过南海,经马六甲海峡到印度洋,延伸至欧洲;二是从中国沿海港口过南海,向南太平洋延伸。

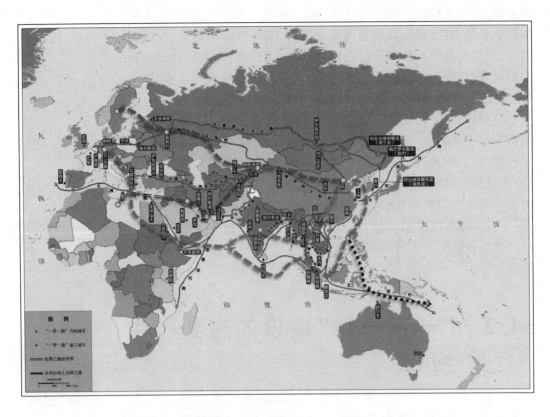

图 54.1 "一带一路"五大走向示意图

54.2.2 六大走廊

"一带一路"建设陆上依托国际大通道，以沿线中心城市为支撑，以重点经贸产业园区为合作平台，共同打造若干国际经济合作走廊；海上以重点港口为节点，共同建设通畅安全高效的运输大通道，提出建设六大国际经济合作走廊（见图54.2）。**新亚欧大陆桥经济走廊**，由中国东部沿海向西延伸，经中国西北地区和中亚、俄罗斯抵达中东欧，新亚欧大陆桥经济走廊建设以中欧班列等现代化国际物流体系为依托，重点发展经贸和产能合作，拓展能源资源合作空间，构建畅通高效的区域大市场。**中蒙俄经济走廊**，积极同俄罗斯跨欧亚大铁路、蒙古国草原之路倡议进行对接，加强铁路、公路等互联互通建设，推进通关和运输便利化，促进过境运输合作，研究三方跨境输电网建设，开展旅游、智库、媒体、环保、减灾救灾等领域务实合作。**中国—中亚—西亚经济走廊**，由中国西北地区出境，向西经中亚至波斯湾、

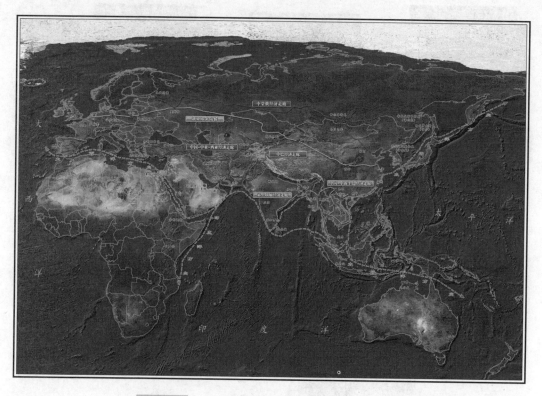

图 54.2 "一带一路"六大经济走廊

阿拉伯半岛和地中海沿岸,辐射中亚、西亚和北非有关国家。主要涉及中亚五国、伊朗、土耳其等国。**中国—中南半岛经济走廊**,以中国西南为起点,连接中国和中南半岛各国,是中国与东盟扩大合作领域、提升合作层次的重要载体。**中巴经济走廊**,积极对接巴基斯坦"2025愿景",是一条包括公路、铁路、油气和光缆通道在内的贸易走廊,以瓜达尔港、能源、交通基础设施、产业合作为重点,形成"1+4"的经济合作布局。**孟中印缅经济走廊**,连接东亚、南亚、东南亚三大次区域,沟通太平洋、印度洋两大海域,辐射带动南亚、东南亚、东亚三大经济板块联合发展。"一带一路"建设中相关省份定位见图 54.3。

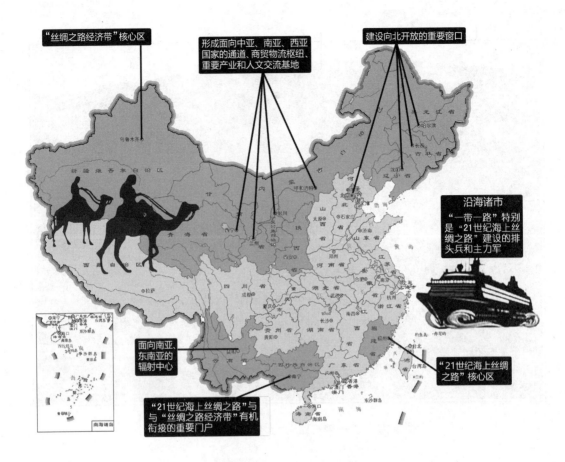

图 54.3 "一带一路"建设中相关省份定位

54.2.3 "五通"合作

"一带一路"沿线各国资源禀赋各异,经济互补性强,合作潜力和空间大。习近平主席首次提出"丝绸之路经济带"重大倡议时,同时提出"政策沟通、设施联通、贸易畅通、资金融通、民心相通"的合作重点。**政策沟通是重要保障**。加强政府间合作,积极构建多层次政府间宏观政策沟通交流机制,深化利益融合,促进政治互信,达成合作新共识。沿线各国可以就经济发展战略和对策进行充分交流对接,共同制定推进区域合作的规划和措施,协商解决合作中的问题,共同为务实合作及大型项目实施提供政策支持。**设施联通是优先领域**。在尊重相关国家主权和安全关切的基础上,沿线国家宜加强基础设施建设规划、技术标准体系的对接,共同推进国际骨干通道建设,逐步形成连接亚洲各次区域以及亚欧非之间的基础设施网络。强化基础设施绿色低碳化建设和运营管理,在建设中充分考虑气候变化的影响。**贸易畅通是合作重点**。宜着力研究解决投资贸易便利化问题,消除投资和贸易壁垒,构建区域内和各国良好的营商环境,积极同沿线国家和地区共同商建自由贸易区,激发释放合作潜力,做大做好合作"蛋糕"。**资金融通是重要支撑**。深化金融合作,推进亚洲货币稳定体系、投融资体系和信用体系建设。扩大沿线国家双边本币互换、结算的范围和规模。推动亚洲债券市场的开放和发展。深化中国—东盟银行联合体、上海合作组织银行联合体务实合作,以银团贷款、银行授信等方式开展多边金融合作。支持沿线国家政府和信用等级较高的企业以及金融机构在中国境内发行人民币债券。符合条件的中国境内金融机构和企业可以在境外发行人民币债券和外币债券,鼓励在沿线国家使用所筹资金。**民心相通是社会根基**。传承和弘扬丝绸之路友好合作精神,广泛开展文化交流、学术往来、人才交流合作、媒体合作、青年和妇女交往、志愿者服务等,为深化双多边合作奠定坚实的民意基础。

基础设施建设资金需求

布鲁金斯学会研究员帕拉格·康纳在2016年出版的《超级版图:全球供应链、超级城市与新商业文明的崛起》一书中指出,人类在未来40年内要建设的基础设施将超过以前4000年的总和。

亚洲开发银行2017年报告指出,亚洲基础设施建设仍存在显著差距。逾4亿人仍缺乏电力供应,逾3亿人无法获得安全饮用水,约15亿人无法享用基本卫生设施。许多经济体因港口、铁路和道路不足而无法与更广阔的市场高效连接。从2016年到2030年,亚洲基础设施建设投资需求将超过26万亿美元,年均1.7万亿美元。该数据是亚洲开发银行2009年发布的同类预测数字的两倍多。

专栏 54.1
五通合作成果
(截至 2018 年 8 月)

政策沟通:通过高层互访、战略对接、政策沟通,目前我国已与103个国家和国际组织签署了118份共建"一带一路"合作协议,与沿线40个国家建立知识产权合作等。

设施联通:中老铁路、中泰铁路、匈塞铁路建设稳步推进。雅万高铁部分路段开工建设,瓜达尔港具备作业能力,希腊比雷埃夫斯港投入运营,中欧陆海快线经营初具规模。中欧班列累计开行数量突破1万列,运行线路57条,到达欧洲15个国家43个城市。中国民航与62个国家签署双边政府间航空运输协定,与43个沿线国家实现直航。

贸易畅通:与沿线国家货物贸易额累计超过5万亿美元,对外直接投资超过700亿美元。在沿线国家建设的75个境外贸易合作区总投资200多亿美元,创造就业数十万个,给当地带来税收数十亿美元。2017年,对沿线国家进出口总值达到7.37万亿元,同比增长17.8%,占全部进出口总值的26.5%,其中出口4.3万亿元,增长12.1%,进口3.07万亿元,增长26.8%。2017年,沿线国

肯尼亚蒙内铁路

肯尼亚蒙内铁路全长480公里,设计客运时速120公里、货运时速80公里,设计运力2500万吨,采用中国国铁一级标准进行设计施工。远期规划,连接肯尼亚、坦桑尼亚、乌干达、卢旺达、布隆迪和南苏丹等东非6国。2014年9月开工,2017年5月31日建成通车。

这是首个海外全中国标准铁路项目,合同总金额逾38亿美元,其中90%由中国进出口银行提供信用贷款,肯尼亚设立专门的海关税种基金进行还贷担保。由中国交通建设集团总承包,中国路桥承建。

家在华实际投资 50 多亿美元,新设企业 3 500 多家。

资金融通: 11 家中资银行在 26 个沿线国家设立了 71 家一级机构,21 个沿线国家和地区的 55 家银行在我国设立分支机构。与 17 个国家共同核准《"一带一路"融资指导原则》,与 31 个国家签署双边金融监督合作谅解备忘录或合作换文。与非洲开发银行、泛美开发银行、欧洲复兴开发银行等多边开发银行开展联合融资合作。出台了鼓励金融机构开展人民币海外基金业务等政策,发起创立了亚洲金融合作协会。

民心相通: 2017 年,已与 60 多个沿线国家签订了文化合作协定,确定了 300 多个文化交流执行计划,在沿线国家建设了 16 个中国文化中心。建立"丝绸之路国际博物馆联盟"和"丝绸之路国际艺术节联盟",146 家中外博物馆和 124 家中外艺术节加入。与 134 个国家缔结涵盖不同种类护照的互免签证协定,其中 55 个为沿线国家。2017 年,与 60 多个国家签署了共建"一带一路"教育合作协议,来自沿线国家留学生达 30 多万人,赴沿线国家留学人数达 6 万多人。在捷克、吉尔吉斯斯坦等国设立了 16 个中医药海外中心,实施 45 个"幸福家园"项目、13 个"爱心助困"项目和 29 个"康复助医"项目。向 32 个国家提供 15.5 亿元紧急粮食援助,累计为沿线国家培训 1.7 万名各类人才。

主要多边合作机制
上海合作组织(SCO)、中国—东盟"10+1"、亚太经济合作组织(APEC)、亚欧会议(ASEM)、亚洲合作对话(ACD)、亚洲相互协作与信任措施会议(CICA)、中阿合作论坛、中国—海湾合作委员会战略对话、大湄公河次区域(GMS)经济合作、中亚区域经济合作(CAREC)。

主要的国际论坛、展会
"一带一路"国际高峰论坛
博鳌亚洲论坛
中国—东盟博览会
中国—亚欧博览会
欧亚经济论坛
中国国际投资贸易洽谈会
中国—东亚博览会
中国—阿拉伯博览会
中国西部国际博览会
中国—俄罗斯博览会
前海合作论坛
中国国际进口博览会

54.3 "一带一路"建设的合作机制

合作机制是实现政策沟通、增进政治互信、推进务实合作的有效渠道。积极与"一带一路"沿线国家共同打造多层次合作机制,为推进多领域互利共赢务实合作创造良好条件。

54.3.1 多双边合作机制

建立多层次、多种形式的新合作机制,根据与沿线国家签订合作备忘录,依托国际经济走廊建设,推动与沿线国家发展规划、技术标准体系对接,推进沿线国家间的运输便利化安排,开展沿线大通关合作。积极商建自由贸易区,逐步形成立足周边、辐射"一带一路"、面向全球的高标准自由贸易区网络。利用好现有双边、多边合作机制,与有关国家不断强化双边机制作用,服务互联互通、贸易投资、产能合作、人文交流等共建"一带一路"重点领域合作;重视维护和促进多边机制作用,利用上海合作组织等多边机制和峰会平台,开展合作对话;依托博鳌亚洲论坛等大型展会,促进多边国际交流合作;利用"一带一路"高峰论坛成功举办的重大成果,健全后续联络机制。加强公共外交,发挥政党、议会桥梁纽带作用,开展与沿线国家政治团体的党际友好往来。加强各国议会、政党、地方、民间组织往来,密切妇女、青年、残疾人等群体交流,促进包容发展。完善"一带一路"智库合作联盟等合作机制,调动智库、民间组织、媒体等各方面力量,支持和带动开展多种形式的民间交往,增进沿线人民之间的相互了解。

54.3.2 "1+4"合作模式

以高层互访为引领,推动战略协议、合作规划、机制平台和重大项目对接。**高层互访的引领**:以国家元首和政府首脑互访为契机,促进形成合作共识、签署合作框架、推动项目建设、扩大合作成果,为深化"一带一路"合作提供强大推动力。**战略协议的对接**:发展战略对接是国与国之间最高层次的政策沟通,有利于增进政治互信和合作共识,从宏观上寻求合作最大公约数,找准共同行动的方向。通过更加主动推动"一带一路"倡议与重点国别、区域发展战略和全球发展议程对接,把"一带一路"建设国际合作同落实联合国2030年可持续发展议程、二十国集团领导人杭州峰会成果结合起来,同亚太经济合作组织、东盟、非盟、欧亚经济联盟、欧盟、拉美和加勒比国家共同体区域发展规划对接起来,产生"1+1>2"的效果。**合作规划的对接**:合作规划是对发展战略的细化和量化,将发展战略确定的愿景明确为具体的重点合作领域,以及时间表和路线图,同时发挥各国的比较优势,以更低的成本、更高的效率,分步骤地实现发展目标。按照协商一致的原则,与先期签署备忘录的国家共同编制双边合作规划纲要,积极为有关国家提供规划编制方面的技术援助。**机制平台的对接**:机制与平台是实施规划的重要载体,是共建"一带一路"倡议框架下的双边和多边合作规划能否顺利落实的关键环节。通过机制平台将各国有关执行机构有效衔接起来,构建顺畅的交流、沟通、磋商渠道和机制,并更有效地对接有关资源,及时解决规划实施和项目执

丝路基金

2014年11月，APEC北京峰会期间，中国宣布出资400亿美元成立丝路基金，并将其定位为中长期开发性投资基金，通过股权、债权、贷款、基金等多元化投融资方式，为"一带一路"建设和双边、多边互联互通提供投融资支持。截至2017年，丝路基金已签约17个项目，实际出资金额累计62亿美元。丝路基金还单独出资20亿美元设立了中哈产能合作基金。粗略估算，丝路基金所参与项目涉及的总投资额达到800亿美元。

金砖国家开发银行

2013年3月，第五次金砖国家领导人峰会决定成立金砖国家开发银行，旨在简化金砖国家之间的相互结算和贷款业务，减少对美元和欧元的依赖，构筑一个共同的金融安全网和资金池，为金砖国家及其他新兴经济体的基础设施与可持续发展项目筹集资金。2015年7月，金砖国家开发银行正式开业。

亚洲基础设施投资银行

亚洲基础设施投资银行(简称亚投行)成立宗旨是为了促进亚洲区域基础设施互联互通和经济一体化的进程。2013年10月提出筹建倡议，2015年12月正式成立。亚投行创始成员国57个，截至2018年5月，成员国数量已达到86个。亚投行的法定资本为1 000亿美元，中国初始认缴资本目标为500亿美元左右，占出资总额的50%，为最大股东。各意向创始成员国同意将以国内生产总值衡量的经济权重作为各国股份分配的基础。截至2017年，亚投行批准投资项目24个，总金额超过43亿美元。

行中面临的问题和困难，推动共建"一带一路"合作协议加快落实。

重大项目的对接：项目是实施战略与规划的最基本的单元和载体。项目对接要坚持市场运作，遵循市场规律，以企业为主体，同时各国也要发挥政府的推动作用，为企业进行项目合作营造良好环境、提供必要帮助；根据政府间签署的共建"一带一路"合作框架协议或备忘录，谋划确定重点合作项目和早期收获项目，深化务实合作。

54.3.3 金融合作平台

加强同国际金融机构合作，鼓励参与亚洲基础设施投资银行、金砖国家新开发银行建设，发挥丝路基金作用，吸引国际资金共建开放多元共赢的金融合作平台。发挥东盟与中日韩(10+3)金融合作机制，上海合作组织财长和央行行长会议，上海合作组织银联体，东亚及太平洋中央银行行长会议组织，中国—东盟银联体，以及中亚、黑海及巴尔干地区央行行长会议组织等机制作用，加强金融政策沟通。通过高层交往、联合融资、贸易投资合作和政策沟通等方式，加强与世界银行、亚洲开发银行、欧洲复兴开发银行合作。积极发挥金砖国家新开发银行作用，助力中国等新兴经济体推动全球经济治理改革，简化金砖国家之间的相互结算和贷款业务，为金砖国家及其他新兴经济体的基础设施与可持续发展项目筹集资金。更好地发挥丝路基金作用，为"一带一路"沿线国家基础设施、资源开发、产业合作和金融合作等与互联互通相关的项目提供投融资支持，助力国内高端技术和优质产能"走出去"。进一步扩大与项目所在国政策性银行、商业银行、主权投资基金、保险公司、风险资本等的合作，凝聚沿线国家金融资源，为"一带一路"建设提供持续可靠的融资保障(见表54.1)。

表54.1 开创性的三大金融推手

	金砖国家开发银行	丝路基金	亚洲基础设施投资银行
功能定位	携手金砖国家共谋发展	服务"一带一路"互联互通	面向亚洲基础设施需求
创立年份	2013年	2014年	2015年
行长/总裁	瓦曼·卡马特(印度)	金琦(中国)	金立群(中国)

(续表)

	金砖国家开发银行	丝路基金	亚洲基础设施投资银行
主导国家	金砖五国轮换提名行长	中国	中国（倡议国）
参与国家	金砖五国	境外投资者可参与	英、德等86个国家
总部所在地	上海	北京	北京
资本额	500亿美元	400亿美元	1 000亿美元
最大出资国	金砖五国平均出资	中国（首期资金100亿美元）	中国（30.34%）

内容小结

本章论述了推进"一带一路"建设。基本理念包括"和平合作、开放包容、互学互鉴、互利共赢"的丝路精神，共商共建共享的三大原则，建成和平之路、繁荣之路、开放之路、创新之路、文明之路的"五路"愿景；主要内容包括"丝绸之路经济带"三大走向和"21世纪海上丝绸之路"两大走向，新亚欧大陆桥经济走廊、中蒙俄经济走廊、中国—中亚—西亚经济走廊、中国—中南半岛经济走廊、中巴经济走廊、孟中印缅经济走廊等六大国际经济合作走廊，政策沟通、设施联通、贸易畅通、资金融通、民心相通等"五通"合作；合作机制包括多双边合作机制，以高层互访为引领、推动战略协议、合作规划、机制平台和重大项目对接等方面的"1+4"合作模式，以金砖国家开发银行、丝路基金和亚洲基础设施投资银行为代表的金融合作平台。

关键概念

丝路精神　　　　三大原则　　　　"五路"愿景　　　　五大走向
六大走廊　　　　"五通"合作　　　合作机制　　　　　合作模式
金砖国家开发银行　丝路基金　　　　亚洲基础设施投资银行

思考讨论题

1. 如何认识"一带一路"建设的重大现实意义和历史意义？
2. 请谈谈你对共商共建共享三大原则的理解。
3. 怎样才能更好地推动"五通"合作？

第 55 章
推动构建人类命运共同体

中国人民的梦想同各国人民的梦想息息相通。推动构建人类命运共同体,是习近平新时代中国特色社会主义思想的重要组成部分。世界命运掌握在各国人民手中,人类前途系于各国人民的抉择。中国人民愿同各国人民一道,共同创造人类的美好未来。

55.1 推动建设新型国际关系

构建人类命运共同体,核心是"建设持久和平、普遍安全、共同繁荣、开放包容、清洁美丽的世界",需要超越传统的国际关系体系。中国高举和平、发展、合作、共赢的旗帜,恪守维护世界和平、促进共同发展的外交宗旨,坚定不移在和平共处五项原则基础上发展同各国的友好合作,推动建设相互尊重、公平正义、合作共赢的新型国际关系。

55.1.1 以相互尊重为基础

中国主张世界各国一律平等,坚决反对以大欺小、以强凌弱、以富欺贫。各国和各国人民应该共同享受尊严,各国主权范围内的事情只能由本国政府和人民去管,世界上的事情只能由各国政府和人民共同商量来办。在国际关系中,充分尊重人类文明多样性和发展道路多样性,超越狭隘的意识形态,以及国家之间或者不同文明、文化、宗教之间的一些分歧和冲突。中国在多样性基础上寻求共性,充分照顾各地区、各国之间的利益差异和关切,寻找共同发展道路。这是中国长期坚持的对外经济合作、政治交往、安全合作主线。中国在多年的外交实践中始终坚持和平共处五项原则,坚持多边主义,不搞单边主义,倡导将协商民主作为现代国际治理的重要方法,致力于走出一条"对话而不对抗,结伴而不结盟"的国与国交往新路。只有坚持相互尊重,世界的和平繁荣才有保障,新型国际关系的构建才有基础。

55.1.2　以公平正义为准则

当今世界,很不安宁,不稳定性、不确定性加剧。归根结底是冷战思维、霸权主义、强权政治作祟,置国际公平和正义于不顾。建设一个持久和平的世界,要求每个国家在谋求自身发展的同时,要积极促进其他各国共同发展。中国坚持国际关系民主化,坚持和平共处五项原则,坚持国家不分大小、强弱、贫富都是国际社会平等成员,坚持世界的命运必须由各国人民共同掌握,坚持维护国际公平正义,为广大发展中国家说话。中国秉持共商共建共享的全球治理观,倡导国际关系民主化,支持扩大发展中国家在国际事务中的代表性和发言权。中国一直致力于加大对发展中国家特别是最不发达国家的援助力度,促进缩小南北发展差距,推动建设开放型世界经济。中国正在用实实在在的努力,积极维护世界公平与正义,推动新型国际关系落到实处。

55.1.3　以合作共赢为目标

"合作共赢"是新型国际关系的核心。建设新型国际关系,就是积极倡导以合作取代对抗,以共赢取代独占,不再搞零和博弈和赢者通吃那一套。中国积极发展全球伙伴关系,扩大同各国的利益交汇点,推进大国协调和合作,尊重彼此核心利益和重大关切,管控矛盾分歧;按照亲诚惠容理念和与邻为善、以邻为伴周边外交方针深化同周边国家关系,秉持正确义利观和真实亲诚理念加强同发展中国家团结合作,永远做发展中国家的可靠朋友和真诚伙伴。中国将维护世界贸易组织规则,支持开放、透明、包容、非歧视性的多边贸易体制,为世界经济全面可持续增长提供新动力。中国继续积极努力构建中美"不冲突不对抗、相互尊重、合作共赢"的新型大国关系,正如

2018年中非合作论坛北京峰会
习近平主席提出中非双方携手打造责任共担、合作共赢、幸福共享、文化共兴、安全共筑、和谐共生的中非命运共同体。中国将与非洲国家密切配合,重点实施产业促进、设施联通、贸易便利、绿色发展、能力建设、健康卫生、人文交流、和平安全等"八大行动"。中国将以政府援助、金融机构和企业投融资等方式,向非洲提供600亿美元支持,其中包括提供150亿美元的无偿援助、无息贷款和优惠贷款;提供200亿美元的信贷资金额度;支持设立100亿美元的中非开发性金融专项资金和50亿美元的自非洲进口贸易融资专项资金;推动中国企业未来三年对非洲投资不少于100亿美元。免除部分国家到期未偿还的政府间无息贷款债务。

习近平主席所言,"宽阔的太平洋足够大,容得下中美两个大国"[①];"世界上本无'修昔底德陷阱',但大国之间一再发生战略误判,就可能自己给自己造成'修昔底德陷阱'"[②]。

55.2 维护发展开放型世界经济

经济全球化是不可阻挡的历史潮流,发展开放型世界经济有利于全球经济稳定和共同繁荣。坚持互利共赢原则,促进全球贸易投资的自由化和便利化,坚决反对各种形式的贸易保护主义,推动经济全球化朝着更加开放、包容、普惠、平衡、共赢的方向发展。

55.2.1 支持多边贸易体制

区域全面经济伙伴关系

区域全面经济伙伴关系(Regional Comprehensive Economic Partnership, RCEP),由东盟十国发起,邀请中国、日本、韩国、澳大利亚、新西兰、印度共同参加(10+6),通过削减关税及非关税壁垒,建立16国统一市场的自由贸易协定。它是东盟国家近年来首次提出,并以东盟为主导的区域经济一体化合作,是成员国间相互开放市场、实施区域经济一体化的组织形式。RCEP将涵盖约35亿人口,国内生产总值总和将达23万亿美元,占全球总量的1/3,成为世界最大的自由贸易区。

由关税及贸易总协定和世界贸易组织主导制定的多边贸易规则体系,是第二次世界大战以后经济全球化最重要的支柱。多边贸易体系的特点是通过多边磋商仲裁机制以保护产权、促进贸易和维护国际经济秩序。多边贸易体制与规则是国际贸易自由化、便利化的基础,其生命力在于普惠性和非歧视性。目前世界贸易组织拥有164个成员方,成员方贸易总额达到全球贸易总量的98%,随着成员方的不断增加,协调不同国家(地区)之间利益冲突、寻找共同利益困难加大,多边服务贸易自由化面临较大挑战。我国是多边贸易体制积极的参与者、坚定的支持者,也是重要的建设者和受益者,必须维护世界贸易组织在全球贸易投资中的主渠道地位,推动其始终朝着"规则为基""开放为基""妥协为基"和"发展为基"的方向迈进,促进多边贸易体制均衡、共赢、包容发展。以更加积极的姿态参与多边贸易体制谈判和现有国际规则的完善,避免全球贸易治理体系碎片化。

55.2.2 促进自由贸易区建设

以周边为基础,以"一带一路"沿线地区为重点,加快构建形成面

---

① 习近平2012年2月12日接受《华盛顿邮报》书面采访。
② 习近平2015年9月在美国西雅图的演讲。

向全球的高标准自由贸易区网络(见表55.1)。**一是区域自由贸易区**。区域自由贸易合作是多边贸易体制的有益补充,许多国家开始将重点转向区域合作,区域和双边自由贸易正在朝着跨地区、跨大陆、跨大洋的方向迅猛发展。我国区域自由贸易区合作的一个重点方向,就是加强与"一带一路"沿线国家的宏观政策沟通与协调,商建区域次区域合作;完善区域次区域合作机制,发挥亚太经济合作组织、亚欧会议、上海合作组织作用,强化中非、中阿、中拉等合作机制,推进大湄公河、中亚、图们江、泛北部湾等次区域合作。**二是双边自由贸易区**。双边自由贸易协定是多边贸易协定和区域自由贸易区的有效补充。在多边和区域贸易谈判中无法达成的协议却经常能够在双边自由贸易协定的谈判中达成。我国将在"一带一路"框架下,倡导更具包容性的自由贸易,与沿线经济体积极开展贸易协定谈判。在完成中国—东盟自由贸易区升级,中国—格鲁吉亚、中国—马尔代夫自由贸易区自由贸易谈判基础上,积极推动中国—以色列、中国—斯里兰卡以及中国—巴基斯坦自由贸易区第二阶段谈判,推动中国与尼泊尔、巴布亚新几内亚、蒙古、巴勒斯坦、孟加拉国和摩尔多瓦自由贸易协定联合可行性研究。

表55.1 国际自由贸易区协定

已签订自由贸易区协定(13个)		
多边区域自由贸易协定(FTA)(1个)	与发达国家的双边自由贸易区(FTA)(6个)	与发达国家的双边自贸区(FTA)(6个)
中国—东盟	中国—新西兰 中国—新加坡 中国—冰岛 中国—瑞士 中国—澳大利亚 中国—韩国	中国—巴基斯坦 中国—智利 中国—秘鲁 中国—哥斯达黎加 中国—格鲁吉亚 中国—马尔代夫
谈判中的自由贸易区(12个)		讨论中的自由贸易区(8个)
多边自由贸易协定(FTA)(3个)	双边自由贸易区(FTA)(9个)	双边自由贸易区(8个)
《区域全面经济伙伴关系协定》(RCEP) 中国—海合会 中日韩	中国—斯里兰卡 中国—以色列 中国—挪威 中国—巴基斯坦 中国—新加坡 / 中国—新西兰 中国—毛里求斯 中国—摩尔多瓦 中国—巴拿马	中国—哥伦比亚 中国—斐济 中国—尼泊尔 中国—巴布亚新几内亚 / 中国—加拿大 中国—孟加拉国 中国—蒙古国 中国—巴勒斯坦

55.2.3 推动完善国际经济治理体系

推动全球经济治理体制改革完善,促进国际经济秩序朝着平等公正、合作共赢的方向发展,为全球经济可持续发展提供制度保障。**推动全球治理体制更加公平合理**。完善国际经济治理体系并不是推倒重来,也不是另起炉灶,而是创新完善,建立一种以全球广泛参与、国家共同治理为核心的新型体系。推动国际货币基金组织、世界银行等国际经济金融组织切实反映国际格局的变化,推动各国在国际经济合作中的权利平等、机会平等、规则平等,推动建设国际经济金融领域、新兴领域、周边区域合作等方面的新机制新规则;增加新兴市场国家和发展中国家的代表性和发言权,主要方式是在现有的国际经济组织框架内实现优势互补和争取共同利益,同时通过区域和跨区域合作机制来提升在全球经济治理中的地位与作用。**加强宏观经济政策国际协调**。各国宏观经济政策具有国际溢出效应。主要国家应该采取更加全面的宏观经济政策,统筹兼顾财政、货币、结构性改革政策,努力扩大全球总需求,全面改善供给质量,巩固经济增长基础。各个国家或国际组织之间,以发达国家或国际经济组织为主体,就贸易政策、汇率政策、货币政策和财政政策等宏观经济政策进行磋商和协调,以缓解政策溢出效应和不利影响。宏观经济政策协调,不仅包括财政和金融的政策,而且包括信息共享和监管的一致或协调,在国际政策协调中,要加强信息的共享和沟通。**积极参与网络、深海、空天等国际规则制定**。在经济全球化时代,随着科技的飞速发展,虚拟的网络空间、深邃莫测的深海、浩瀚无垠的太空等,被赋予国际关系中的"新边疆"概念。在网络、深海、空天等新领域,一方面表现的是国家之间的冲突、竞争和实力的较量,另一方面表现的是国际合作的推进、国际制度和国际法的建设,但加强合作、共同治理是主流趋势。以网络空间为例,网络空间是人类社会的共同财富。面临网络空间发展新现实和网络安全新威胁,推动世界各国携手努力,共同构建和平、安全、开放、合作的网络空间,建立多边、民主、透明的国际互联网治理体系。积极同有关国家建立网络事务对话机制,参与多边网络对话与合作,推动在联合国框架下制定"信息安全国际行为准则",帮助发展中国家弥合"数字鸿沟",推动国际社会共同打击网络犯罪和网络黑客行为。

55.3　积极承担国际责任和义务

中国以维护世界和平、促进共同发展为己任,致力于在国际事务中发挥建设性、负责任的大国作用,是国际秩序的参与者、建设者和贡献者。积极承担国际责任和义务,体现了中国外交的基本宗旨,展现了中国为人类进步事业勇于担当的宽广胸怀。

55.3.1　扩大对外援助力度

对外援助是发挥负责任大国作用的重要体现。中国是世界上最大的发展中国家,在发展进程中,中国坚持把中国人民的利益同各国人民的共同利益结合起来,在南南合作框架下向其他发展中国家提供力所能及的援助,支持和帮助发展中国家特别是最不发达国家减少贫困、改善民生。中国提供对外援助,坚持不附带任何政治条件,不干涉受援国内政,充分尊重受援国自主选择发展道路和模式的权利。相互尊重、平等相待、重信守诺、互利共赢是中国对外援助的基本原则,重点支持其他发展中国家促进农业发展,提高教育水平,改善医疗服务,建设社会公益设施,并在其他国家遭遇重大灾害时及时提供人道主义援助。扩大防灾减灾、环境治理、野生动植物保护、减贫等领域对外合作和援助,主动参与 2030 年可持续发展议程。中国将继续增加对外援助投入,进一步优化援助结构,突出重点领域,创新援助方式,提高资金使用效率,有效帮助受援国改善民生,增强自主发展能力。

55.3.2　维护国际公共安全

当今世界,各国安危与共、唇齿相依,维护国际公共安全事关各国切身利益,也是每个国家应尽的责任。中国积极倡导共同、综合、合作、可持续的安全观,致力于同各国增进互信、弥合分歧、深化合作。**国际反恐**。坚决反对一切形式的恐怖主义,积极开展国际反恐合作,深入参与联合国、亚太经济合作组织、全球反恐论坛等多边机制框架下的反恐合作,遏制恐怖主义滋生蔓延。通过双多边渠道推

国际责任
国际责任(International Liability)是指国际社会某个成员对国际社会在经济、政治、安全、道义等方面所应承担的国际义务及所作出的贡献。国际责任不仅体现国际社会共同利益,也体现了国家利益的客观诉求和战略选择。

中国对外援助成果
1950—2016 年,中国在自身长期发展水平和人民生活水平不高的情况下,累计对外提供援款 4000 多亿元人民币,实施各类援外项目 5000 多个,其中成套项目近 3000 个,举办 11 000 多期培训班,为发展中国家在华培训各类人员 26 万多名,成为南南合作的典范。

进反恐合作、标本兼治、多措并举,努力推动国际社会在打击网络恐怖主义、外国恐怖作战分子、暴力极端主义等领域取得更多实质成果。**国际维和**。坚定支持并加大参与联合国维和行动力度,继续为践行《联合国宪章》精神、为维护包括非洲在内的国际和平与安全作出更大贡献,为维护国际和平与安全承担我们应有的国际责任。坚持维和行动的基本原则,推动维和行动改进授权和规划,提升管理水平和能力建设,重视解决发展中国家关切,使维和行动更好发挥止战促和的作用。**军控和防扩散**。反对大规模杀伤性武器及其运载工具的扩散,倡导通过政治和外交手段实现防扩散目标。加强防扩散国际合作,充分发挥联合国等国际组织的核心作用,平衡处理防扩散与和平利用的关系,反对歧视性措施和双重标准。**管控热点敏感问题**。参与管控热点敏感问题,积极推动国际和地区热点敏感问题的政治解决,坚定致力于朝鲜半岛和平稳定和无核化进程,坚持通过和平方式处理同有关国家的领土主权和海洋权益争端,坚持通过对话协商方式推动有关热点敏感问题得到妥善管控和解决。**维护国际通道安全**。共同维护、努力保障国际通道安全畅通,确保世界贸易、物流、航运等事业健康发展。积极参与海上安全对话与合作,构建有关多双边合作机制,在海上灾难救援、人道主义援助、环境保护、打击海盗等国际合作中发挥更重要作用。加强多边和双边协调,参与维护全球网络安全。

内容小结

本章论述了推动构建人类命运共同体。中国始终做世界和平的建设者、全球发展的贡献者、国际秩序的维护者。重点是推动建设新型国际关系,以相互尊重为基础、以公平正义为准则、以合作共赢为目标;维护发展开放型世界经济,支持多边贸易体制、促进自由贸易区建设、推动完善国际经济治理体系;积极承担国际责任和义务,扩大对外援助力度,维护国际公共安全。

关键概念

人类命运共同体　　新型国际关系　　开放型世界经济　　多边贸易体制
自由贸易区　　　　国际经济治理体系　对外援助　　　　国际公共安全

思考讨论题

1. 请谈谈你对推动构建人类命运共同体重大意义的认识。
2. 为什么要构建相互尊重、公平正义、合作共赢的新型国际关系？
3. 如何推动完善国际经济治理体系、维护发展开放型世界经济？

本篇参考文献

习近平，《习近平谈治国理政》，外文出版社，2014年。

习近平，《习近平谈治国理政》(第二卷)，外文出版社，2017年。

《党的十九大报告辅导读本》，人民出版社，2017年。

国家发展和改革委员会，《〈中华人民共和国国民经济和社会发展第十三个五年规划纲要〉辅导读本》，人民出版社，2016年。

郭树勇，《大国成长的逻辑——西方大国崛起的国际政治社会学分析》，北京大学出版社，2006年版。

〔美〕L·S.斯塔夫里阿诺斯，《全球通史：1500年以前的世界》，吴象婴等译，上海社会科学出版社，1999年。

〔美〕约瑟夫·斯蒂格利茨，《让全球化造福全球》，雷达等译，中国人民大学出版社，2013年。

冯天瑜等，《中华开放史》，湖北人民出版社，1996年。

门洪华，《开放与国家战略体系》，人民出版社，2008年。

陈锦华等，《开放与国家盛衰》，人民出版社，2010年。

国家发展和改革委员会国际合作中心，《中国区域对外开放指数研究》，人民出版社，2016年。

吴敬琏，《当代中国经济改革教程》，中国远东出版社，2015年。

后 记

经过近两年的努力,这部浩繁的书稿终于问世。回想起多少个日夜的讨论、疾书,多少人给予的鼓励、支持,内心满满的感慨与谢意!

记得有一句格言:"如果你想走得快,就一个人走;如果你想走得远,就一群人走。"这本书就是集体智慧和力量的结晶。编写团队的每位成员,倾心尽力,精诚合作,完成了这件有意义的事情。各篇的撰写者是:第 1 篇总论,徐宪平、邬曦;第 2 篇我国发展的战略环境,徐林、陈雷;第 3 篇新时代的战略思想,徐宪平、胡拥军;第 4 篇完善社会主义市场经济体制,宋葛龙、盛磊;第 5 篇建设创新型国家,沈竹林、赵军;第 6 篇优化现代产业体系,傅久岭、赵军、付保宗、魏琪嘉;第 7 篇实施乡村振兴战略,方言、涂圣伟;第 8 篇推进新型城镇化,陈亚军、相伟;第 9 篇推动区域协调互动发展,于合军、江洪、阎豫桂;第 10 篇构筑现代基础设施网络,任虹、楚琪、綦树利;第 11 篇共建共治共享促进社会发展,刘宇南、陈俊、贺婷、刘敏、韩非池;第 12 篇建设生态文明美丽中国,田成川、熊哲、阎豫桂;第 13 篇形成全面开放新格局,刘建兴、谢琳灿。徐宪平负责全书统稿,带着邬曦、阎豫桂、胡拥军和北京大学光华管理学院博士后王贵东、陈路,逐篇逐章进行了修改、完善。

由衷感谢北京大学光华管理学院三任院长厉以宁教授、刘俏教授、蔡洪滨教授的指导和支持,他们的序言为本书增色添彩;由衷感谢龚六堂、周黎安、李其、张圣平、张志学、滕飞、陈玉宇、刘学、马力、王辉等老师参与书稿的讨论,并提出宝贵的修改意见。

特别感谢国家社会科学基金给予的立项支持,使我们能够从课题研究走向教学实践;特别感谢国家发展和改革委员会各司局和同志们的热情帮助,使我们能够更好地理清编写思路,便捷地收集相关资料;特别感谢北京大学出版社社长王明舟、总编辑助理林君秀和编辑贾米娜等同志的专业精神,使本书得以高质量出版。

来年修订时,结伴再同行。

作 者
2018 年 10 月